JN215173

川尻秋生 編

古代文学と隣接諸学 8

古代の都城と交通

竹林舎

監修のことば

『古代文学と隣接諸学』と題する本シリーズは、古代日本の文芸、言語や文字文化を対象とする文学のほか、歴史学、美術史学、宗教史学などの隣接諸分野の研究成果を広く包摂した全一〇巻の論文集である。すでに公刊されている『平安文学と隣接諸学』『中世文学と隣接諸学』などに続くシリーズとして、二〇一四年初夏、私が本シリーズの企画、編集のスーパーバイズを求められて以来、編者の委託、執筆者の依頼、内容の検討を経てここに実現するに至った。

『古代文学と隣接諸学』の各巻に共通する目標ないし特色は、古代日本の人々の様々な営みを東アジアの視点から認識する姿勢である。作品や資料を遡及的、解釈的に捉えるだけにとどめず、歴史的展開の諸要素を一々細かくフォーカスして、古代史像の総体的な復元に立ち向かうことである。特に歴史学については、古代史における王権や国家の働きをア・プリオリに認めるのでなく、個々の事実に基づいて真の成り立ちや実態を追い求め、本質を突こうと努めている。加えて、人々のイデオロギーや心性、社会と密接な芸術、生活空間、環境、交通などにも目配りしている。

このように『古代文学と隣接諸学』は、核とする文学とそれに隣り合う専門分野の第一線で活躍する大勢の中堅、気鋭による多彩で豊富な論考を集めて、今日の研究の最高峰を指し示すものである。

本シリーズには学際研究の新鮮なエッセンスが満ちている。学際研究は異分野の研究を互いに認め合って接近し、知識やヒントを得たり方法論や理論を摂取したりすることができる。既成の事実の再考察を促すこともある。さらには研究の融合、進化をも可能にする。文学では、上代、上古、中古などという独自の時代区分を考え直すことになる。文学と文芸の関係性を解く糸口が得られる。世界文学と日本文学をめぐる議論を作り出すかもしれない。歴史学でも、多様な知見に耳を傾け、または抗うことによって、細分化する傾向にある古代史研究の総合化、体系化の方向を展望できるであろう。

本シリーズが多くの読者を魅了し、諸学の成果を踏まえて未知の地平を切り拓き、今後の研究を押し広げ、深めるきっかけとなることが大いに期待される。それが新たな文学と文学史の再構築につながり、ひいては日本の人文科学の進展に寄与するならば幸いである。

二〇一七年四月

鈴木靖民

目次

Ⅱ　都城の変遷と都市住民

Ⅲ　日本古代交通の特色

Ⅳ　中央と地方

はじめに

川尻　秋生

一　古代都城論

「古代都城論」では、日本古代の宮・都について扱う。

まず、宮と都の違いについて説明しておこう。宮とは、王（天皇）の居住する場所のことで、もともとは尊敬を表す「ミ（御）」と、建物を示す「ヤ（屋）」が組み合わされた言葉であった。基本的には王宮を指し、そのまわりの空間を含まないか、限定的に含む程度であった。

一方、都とは、「ミヤ（宮）」と、所を表す「コ（処）」を合成した語である。都とは、宮とその周辺に広がる大極殿や朝堂院、およびそのまわりの役所、それに条坊によって区切られた京域を含むことになる。いわゆる平城京や平安京に代表される都城のことで、いわゆる前期難波宮（大化改新後、孝徳天皇が遷都した宮）に京域があったとする説もあるが、一般的には藤原京から京域を持つと考えられている。

現在、遺跡として確認できる最古の宮は、推古天皇の豊浦宮であるが、豊浦寺の下層から石敷の遺構が確認されている。こうした宮が都へ発展していく過程は、まだ発掘調査が十分でないだけに、今後の展開が楽しみである。

都は、天皇の居所であるばかりではなく、政務や儀礼が行われ、また、外交使節が訪れる場所であった。そのためには、巨大で荘厳な空間を演出することが求められた。これが藤原京や平城京、そして平安京が建設された理由である。

こうした都城は、基本的には中国のそれをもとにしてつくられた。

近年の研究をみると、二つの特徴をあげることができる。

一つは、考古学的発掘調査の進展である。周知のように、平城宮の本格的な発掘は、昭和三十年代から始まり、続いて藤原宮、難波宮、恭仁京・紫香楽宮・長岡京などが相次いで行われるようになった。平安京については、都市化の影響で、大規模な調査は行えないが、それでも小規模な調査は継続して行われている。

こうした発掘により、大極殿・朝堂院、それを取り巻く官衙、また、条坊や地割など多くの実態が明らかになってきている。さらに、遺物も豊富に出土し、当時の貴族および都市住民の生活実態についても光が当てられるようになった。

このうちまず注目すべきは、木簡の出土である。とくに平城宮からは多量の木簡が出土し、都城に関してはもちろん、古代史全般にわたって、現在では欠くことのできない資料群となった。

もう一つは、文献史料の精緻な解釈および読み直しである。明治期から、都城研究は始まったが、その中心は六国史や律令格式を中心とした文献史料によるものであった。しかし、昭和四十年代から、「正倉院文書」の本格的な研究が開始され、それとともに前記文献をはじめとする古代史料の新たな解釈や読み直し作業が行われるようになった。さらに、この傾向は、木簡など出土文字資料との相互補完関係を構築し、現在の都城論を形成する前提となった。

現在では、文献史学・考古学以外にも、歴史地理学・建築史・動植物の遺存体研究など、隣接諸分野との協業体制がとられるようになり、都城研究は一つの総合学問体系を形成するようになったといえる。都城遺跡は、世界の至る所に存在するが、とくに、平城京の研究は、その先進的なものとして評価されている。

本書に収められた論文でも、これらの点は遺憾なく発揮されている。

さて、本書には、十一本の論文を収めた。内容は多岐にわたるが、簡単にまとめておきたい。

仁藤敦史「古代都城の思想」は、これまでの氏の研究をコンパクトにまとめたもので、現在の都城制研究のエッセンスが詰まっている。本論に付された注の論文を読み込むことで、日本の都城制研究の到達点を知ることができよう。

豊田裕章「アジアからみた日本の都城」は、中国都城の画期を隋代に求め、藤原京は、中国の前漢時代から南北朝時代の伝統的な空間構成を、隋唐代の礼制上の認識を通して受容したと推測する。日本の都城研究は多いが、中国の都城制から日本のそれを見通した点は貴重。

相原善之「飛鳥の王宮と王都の形成」は、飛鳥を中心とした地域の王宮から都城の形成を見通した研究。それぞれの王宮の歴史的特質と発掘成果が説かれており、実際、飛鳥地域に精通している筆者ならではの指摘が各所に見える。

古市晃「二つの難波宮」は、孝徳天皇によって造営された前期難波宮と聖武天皇の手になる後期難波宮を文献と考古学的発掘成果によって詳述する。とくに味経宮、難波長柄豊碕宮、小郡宮、子代離宮の関係について、丁寧に研究史を述べている点は有益であろう。

小田裕樹「藤原宮・京の造営」は、これまでの藤原京研究を、論点に沿ってわかりやすく整理した論考で、筆者が実際に関与している発掘成果も用いた最新の論考である。運河や動物遺存体の研究など、今後の発展が楽しみである。

海野聡「門と条坊にみる平城京と建築の接続」は、宮都と条坊道路の設計が一体としてなされたため、両者は一体としてよく対応するのに対して、寺院の門は条坊道路と一貫性に乏しいことを指摘する。従来、あまり顧みられなかった門を視点として、平城京を見通すところが興味深い。

中島正「恭仁京から紫香楽宮へ」では、平城京から恭仁京および紫香楽宮への遷都理由を想定した上で、水陸、とくに河川交通を重視し、両京の考古学的成果を概観する。紫香楽宮については、二十年ほど前にその中心部が発見されたが、恭仁京については、さらなる解明が待たれる。

國下多美樹「桓武天皇と長岡京」は、長年長岡京ならびに関連遺跡を発掘調査してきた担当者ならではの論考である。研究の現状を丁寧に分析することにより、長岡京の革新性はもとより、平城京ならびにそれ以前の都城との連続性も垣間見える点が貴重。

従来、平安京研究は、紙に書かれた文献史料を用いて研究されてきた。ところが近年、居住者名が判明した邸宅跡や木簡、そして仮名が書かれた墨書土器など、考古学的発掘成果が相次いで報告されている。吉野秋二「平安京を探る」は、こうした学際的研究を推し進め、新しい平安京像を追い求めた意欲作である。

上村和直「変貌する平安京」は、平安京の変質から筆を起こし、京近辺や郊外の院御所などを総括的に叙述し、平安京が古代から中世へどのように変質していったのかを明らかにする。実際に発掘を手がけた筆者の洞察は鋭い。

久米舞子「六波羅蜜寺における結縁の講と都市民」は、六波羅蜜寺が結縁の講を開催することによって、都市の周辺部における中心的寺院になっていったことを、詳細な史料の分析すら跡づける。平安京には含まれないことが、かえって人々の信仰心をかき立てたとの指摘は興味深い。

二　古代交通論

古代交通研究は、ここ二十年ほどでかなり進化した。

その理由は、大きく二つ考えられる。一つは文献史料による研究の進化である。それまでの交通史研究は、中世・近世を中心とし、古代についてはあまり振るわなかった。もちろん、坂本太郎による先駆的研究は存在したが、駅伝制度を中心として、六国史や律令格式による制度的な研究が主であった。

しかし、歴史地理学者の木下良による文献史料の精緻な読み込み、および歴史地理学的考察により、それまでの研究レベルとは次元を異にするようになった。木下の研究を受けて、古代交通研究会が組織され、現在では駅家・官道・海上交通などの研究がかなり進化している。

もう一つの要因は、考古学的調査事例の蓄積である。一九八〇年代後半に訪れたいわゆるバブル期、日本は発掘ブームに沸いたが、それは古代交通研究にも大きな影響を与えた。その結果、もっとも注目されているのは、官道の形態と道幅の問題であろう。東海道や東山道の遺構が発見されると、その直線性に驚かされた。多少の高まりや湿地が存在したとしても、削平したり、埋め立てたりして、それらを避けることなく、なるべく直線を貫いていた。

一方、道幅は、広い場合には側溝を含めて一〇メートルを越える規模を持つことが明らかにされた。中世の鎌倉道が数メートルであったことと比べても、その規模の異様さは特筆に価した。

古代官道の特徴は、もともと中国の秦王朝まで遡り、始皇帝が軍事道路として、都と地方を結ぶ直道を用意したことに起源が求められる。こうした道のあり方は、朝鮮半島については不明な点が多いが、隋・唐を経由して古代日本にもたらされたと推測される。

また、軍事道路としての面のみならず、国家の威厳を示す機能も持っていた。中央に藤原京・平城京などの都城を構え、その中心を南北に貫く朱雀大路が敷設されたように、路とは一面では、威信を内外に示すシンボルでもあった。交通や情報を伝えるためだけならば、中世以降の路と同様の規模で事足りたが、古代官道はそれに収まらない特徴を持っていたと言える。

考古学的調査の影響は、それだけではなかった。中央では藤原京や平城京といった都城、地方では国府や郡家といった官衙遺構が発見され、官道との関係も実態として浮き彫りになってきた。その詳細については、本書に収めた論考に譲るが、官衙と官道・駅家などの交通関連の諸施設が有機的な連関を持っていたことは重要である。

なお、駅家の遺構は、山陽道を除くと、明確な検出例はほとんどない。これは山陽道が外交使節の往来に用いられていたためで、古代官道が敷設された目的をよく表しているだろう。

古代交通研究は多岐にわたるが、今後も多くの研究成果を産んでいくに違いない。

さて、本書には、九本の論文が収められているが、その概要は以下のとおりである。

中村太一「古代交通の思想――古代道成立の前提として――」は、古代道成立の前提として、「ミコトモチ」を取り上げ、王権が地域社会を支配・統合する上で、大きな機能を果たし、それがやがて「国司」という形で具現化することを示す。個別の研究が多い中で、「道」の本質を捉えようとした研究は貴重である。

中大輔「古代交通制度の成立――駅伝制の史的前提――」は、クニノミコトモチミヤケ制を通して、駅伝制の成立を論じる。七世紀以前の駅制については、史料も少なく検討が遅れているが、通常の「評」とは異なる「駅評」が設置され、後に駅家に進化したする説は興味深い。

市大樹「日唐比較交通論――律令条文を中心として――」は、近年発見された天聖令を主として用いた日唐令文の比較により、日本の交通およびその施設などの特色を活写する。とくに、広大な領域を持つ唐に対して、東西に細長い日本列島の地理特色や交通に関する考え方の違いが令文に反映しているとの指摘は興味深い。

河内春人「遣唐使の交通――その往路――」は、遣唐大使が天皇から節刀を下賜された瞬間から遣唐使の旅が始まるとの視点を示した上で、船体構造、航路、航海のようすなどを、興味深い史料を列挙しながら詳述する。時代差も考慮しながら、長安までの旅が叙述されており、遣唐使の旅が過不足なく記されている。

近江俊秀「近畿の古代交通」は、大和と河内間の交通網を、方位に力点を置きながら概観する。こうした中央の道路網の整備と、大橋論文が指摘する地域社会の交通網の関係が、今後問われるところであろう。

荒井秀規「古代東日本の交通――駅路と往来する人々――」は、東国の交通を東海道・東山道および支路にあたる甲斐・越について述べ、平安時代の文学作品についても言及する。古代東国の交通における武蔵国の重要性が明瞭に知られることは、本論文の特徴であろう。

大橋泰夫「官衙と古代交通」は、官衙（国府・郡家）と駅家・道路の関係について多角的に論じ、二つの画期を設定している。とくに七世紀末から八世紀初頭にかけての変化が大きいことを実例をもって示している。

川尻秋生「古代の水上交通」は、古代の水上交通について、文学史料を用いながら、概括的に論じる。瀬戸内海を中心とした西国の水上交通、東国、東国と東北、北陸道など海に囲まれた日本列島の、環境にあわせた盛んな海上交通を指摘する。

Ⅰ　都城とは何か

古代都城の思想

仁藤　敦史

はじめに――宮室から都城へ――

本稿では、古代都城についての基本的な概念や思想を検討する。とりわけ、宮室から都城への断絶と継承の要素、奈良期における複都制の意味、「みやこ」と「ひな」の意識などの論点を考察する。

まずは、宮室から都城への展開を概観しておきたい。倭国の政治形態は、古くは大王と有力豪族たちとの同盟的な関係が基本であった。大王の代替わりごとに、豪族たちとの関係は結び直されるので、政権を担当する豪族は入れ替わる可能性があった。すでに豪族たちは、ヤマトやカワチといった地域を中心に自己の勢力圏を有していた。彼らとの関係を代替わりごとに結び直す度にその連合のあり方は変動する可能性があり、そのため大王の居住地である宮も移動を余儀なくされた。大王には豪族たちを本拠から切り離して宮の近傍に集住させるだけの強い権力はまだなく、彼らの協力を得るためには豪族の根拠地近くに宮を経営する必要があった。「歴代遷宮」

と称される代替わりごとに宮を移動させる慣行は、こうした必要性が背景に存在した。その段階には、後の「京」に相当する官人居住区はまだ存在せず、大王とその生活を支える内廷的な施設が存在するのみで、朝堂院のような公的な空間は未発達であった。

条坊制をともなう京が成立したのは、七世紀後半以後であり、大宝令施行以後の新益京段階（藤原京は史料用語ではない）であったと想定される。それ以前にも『日本書紀』には「倭京」のように「京」と呼ばれる空間が存在したと記されるが、その内実は大きく異なり、広すぎる空間に施設と幹線道路が点在するあり方であった。ようやく新益京の後半段階に、こうした広い京域を条坊制秩序（位階の高下により京内の宅地面積と居住場所が規定される）により圧縮することに成功し、京の内外を領域的に限定することができるようになった。これにより、本拠地から離れなかった豪族たちを京に集住させ、「代耕の禄」[注1]を与えて天皇にのみ忠誠を誓う官僚として編成することができるようになった。

しかしながら、豪族の中心的な本貫地である飛鳥に都が存在する限りは、限定された京内に住み替えることの強制は効果がなかった。彼らを京内に集住させなければ、中央集権的な律令国家の充実は望めない。白村江の敗戦以降、唐・新羅の連合軍が列島内部に侵攻する危機感をバネに、高度な富国強兵策としてさまざまな律令制度の導入が図られた。こうした政策に連動したものとして官人集住の実質化が目指され、飛鳥から離れた奈良盆地北端に位置する奈良へ遷都が行われた。平城京の京域は、当初の新益京よりもコンパクトであったが、これは条坊制の導入や官衙地区の整備により成し遂げられた集積化の成果であった。

だが平城遷都によっても豪族の集住化は十分には達成されず、聖武天皇による平城京から恭仁京への遷都時には、「現二在平城一者」と「自余散二在他所一者」とあるように、五位以上全員に平城京および他の本貫地から恭仁京への集住を強制する命令が出されている。[注2] 八世紀末には、水陸の便に考慮して副都難波京を廃止し、山背への遷都がなされ、長岡京そして平安京へ遷都した。長岡京は京都盆地と瀬戸内海を結ぶ内陸河川に接続していた。奈良盆地の平城京段階まではもたなかった水運による物流の掌握を目指した点に大きな違いが認められる。都城に都市民が増加することにより、彼らの食料を確保することが占地の大きな条件となってきたことが指摘できる。短命ではあったが恭仁京への遷都も木津川を介して同様な指向を持っていたと想定される。桓武は副都難波京を廃止して、当該地域の豪族層の集住を促すとともに、従来この副都が果たしていた港湾機能を長岡京に吸収し単都を指向した。しかし、水運による利便性は水害の発生と背中合わせであり、長岡京を襲った二度の大水害により、脆弱な長岡京を放棄させることとなった。当時の未熟な治水技術では水害を完全に防ぐことは困難であり、十年で長岡京は放棄され、同じ条件ながら大河川からは少し離れた平安京に遷都することとなった。長岡京の貴重な経験を生かすことで、千年続くこととなった平安京の長期的な安定をもたらしたと考えられる。

古代の遷都は、権力的には天皇権力の確立および国家のみに従属する都市貴族の育成、経済的には米の消費の増大にともなう水陸交通の重視などが大きな課題となり、平安遷都によりそれらが一定の達成を迎えたことにより約一千年間の「動かない都」になった。[注3]

一　中国古典にみえる都城

最初に中国における都城思想の要点を整理しておく。文献的な議論については那波利貞氏による古典的な研究がまずは参照される。[注4] 司馬遷の『史記』や班固の『漢書』によれば、漢民族のような定住農耕民が、「城郭」の民と呼ばれたのに対して、匈奴や烏孫などの遊牧民は「行国・随畜」の民と表現された。

『史記』大宛伝

烏孫在二大宛東北一、可二二千里一、行レ国随レ畜、与二匈奴一同レ俗。

『漢書』西域伝序

西域諸国、大率土着、有二城郭・田畜一、与二匈奴・烏孫一異レ俗。

『漢書』西域伝大月氏条

大月氏、本行レ国也、随レ畜移レ徒、与二匈奴一同レ俗。

こうした「城郭之民」（漢民族）と「行国（随畜）之民」（遊牧民）の区別を前提に、外国の地誌に細々と城郭の有無を記録することにより、文明化を計る尺度とした。ちなみに、『孟子』告子下にも、「貉」なる民族に対する評価として「城郭・宮室・宗廟・祭祀の礼」が欠けていることがみえる。[注5] 中国においては記載が確認される少なくとも紀元前二世紀以降には、城壁に囲まれた都市が存在したことが確認される。

さらに城と郭の区別については、『太平御覧』巻一九三所収『呉越春秋』逸文に、

鯀築レ城以衛レ君、造レ郭居レ人、此城郭始也。

とあるように、君主が住む宮殿を城、住民が住む区画を郭といって区別していた。さらに、

『管子』度地編

内為二之城一、城外為二之郭一。

とあるによれば、城と郭は内外の二重構造であったことが知られる。さらに同書によれば内城が外郭の内部中央にあって天子の居所とされている。[注6] これを理念化したものが、後述する『周礼』考工記にみえる都城の制とな

る。ただし、発掘成果とは必ずしも一致せず、後代の儒教理念的な位置づけに留まる。

この内城・外郭については宮崎市定氏の三類型論がある。[注7] すなわち、A郭一重の城壁式、B二重の内城外郭式、C城一重の山城式である。時代的にはC→B→Aの順に発展するとした。しかしながら近年の発掘成果によれば、大きくはC→B・Aという流れで、宮殿と居住区が城内に併存する段階から、城と郭が分離連結する段階への転換として理解されている。[注8]

城郭の成立過程については、舜の人望を示す事例において集落の規模が比較されている。

『史記』五帝本紀

一月而所㆑居成㆑聚、二年成㆑邑、三年成㆑都。

これによれば人口の密集度により聚落は「聚・邑・都」の段階的な区別が示され、邑よりも大規模な拠点的な集落を「都」と位置づけている。都と邑の違いについては、

『左伝』荘公二十八年条

凡邑、有㆓宗廟先君之主㆒曰㆑都、無曰㆑邑。

とあるように、君主の住居すなわち宗廟のあるところが邑のなかでも、特に都と称されたという。[注9] これによれば城郭には、本来的に防御的施設と宗廟祭祀の要素が必要であったことになる。『左伝』成公十三年条にも、

国之大事、在㆓祀与戎㆒。

とあるように、国の要素として「戎」と表現された軍事と「祀」と表現された祭祀が重要視されている。軍事については「築㆑城以衛㆑君」、祭祀については「宗廟先君之主」とも表現されていた。

一方、現在の国の旧字「國」には国構えがあるが、これは古くからのものではない。「國」字の外郭である

「口」構えは国都を囲む城壁と推定され、殷代の甲骨文字には囲いがない「或」と表記されている。これは殷代の国都には城壁が存在しなかった証拠とされている。[注10] そして、国構えが一般化するのは春秋時代に入ってからとされる。[注11]

『戦国策』趙策、襄文王下には、

古者四海之内。分為二万国一。城雖レ大無レ過二三百丈一者。人雖レ衆無レ過二三千家一者。

とあり、国には周囲三百丈（正方形では二百メートルクラス）以下の城が存在したとあり、国と防御施設としての城との密接な関係が説かれている。

さらに『左伝』隠公元年条には、

祭仲曰、都城過二百雉一、国之害也。

とあり、都クラスの城は、百雉（一辺一キロメートル程度）を超えてはいけないともある。春秋時代には諸侯の居城を国、子弟を封じた邑を都と呼んだという。[注12] さらに、『国語』や『管子』には、国―鄙の関係も語られており、国・都・鄙は総称して邑であり、諸侯の住む邑が国、その分邑が都、国郡の支配を受ける住民の邑が鄙と呼ばれた。[注13]

以上によれば、或と邑には城郭の要素はないが、都と国（國）にそれが認められる。[注14]

城郭にとって軍事と祭祀の要素が初期には重視され、「城市」「都市」などと表現されるように市場も重要な要素であったが、後述する『周礼』考工記が理想化するように、すべてがコンパクトに当初から城郭内部に存在したわけではなかった。その場所は必ずしも都市の城内に限られず、城郭の門外や郊外にも発達した。前漢長安城においても長安九市のうち東西市は城内に存在したが、それ以外の多くの市は城外に存在したと考えられる。[注15] 市場は歴史的には、国家により囲い込まれていく。前漢代においては、宗廟や陵邑も同様に場外に存在し、都市民もすべてが城郭内部に取り込まれたわけではなかった。儒教が伝統として絶対的権威を確立する以前においては、城郭の内外を前提とする二分法は確立していなかったのであり、異なる空間が展開していたとするのが妥当である。[注16] 少なくとも帝陵周辺の陵邑に商人たちが強制移住させられたことは、[注17]『周礼』考工記が述べるような城郭内部に宗廟と社稷を取り込んだ儒教的都市構想とは大きく異なっている。外郭内部に宗廟をいれるという点では、分散的な前漢長安城よりも新しい儒教的発想によると想定される。[注18] しばしば秦の咸陽や前漢の長安に対して、都城のかたちを天体にたとえることがなされているが（『史記』天官書・秦始皇本紀、『三輔黄図』）、すでに批判があるように漢代以降の解釈であろう。[注19] 前代の伝統的部分を基礎とした発展拡張や洪水をさける地形的制約などが都城のプランを規定していたと考えられる。

このように論じたうえで、しばしば議論される『周礼』考工記が論じる理想的な都城と現実の都城との差異がなぜ生じたかを考えたい。

『周礼』考工記

匠人営国、方九里、傍三門、国中九経、九緯、経涂九軌、左祖右社、面朝後市、市朝一夫。

わずか一行程度の簡単な記述しかないが、この大意は「匠人が国都を造営するに当たっては（匠人営国）、各辺を九里にし（方九里）、東西南北それぞれの辺に三門を設ける（傍三門）。国都の中には縦の道路と横の道路を九本ずつ造り（国中九経、九緯）、道幅は九台の車が通れるようにする（経涂九軌）。王宮の左側に宗廟、右に社稷（左祖右社）、前方に朝廷、後方に市場をおく（面朝後市）。市場と朝廷とは百歩四方とする（市朝一夫）」というもので、理想的な儒教的城郭都市のあり方を語っている。

この理念には左右や前後が方位を記さずに論じられているが、「天子南面」を前提としている。[注20]「天子南面」理念は、後漢の洛陽城段階において、集約された北宮と南宮からの南北軸を中心とする都城構成がはじめて実現するが、すでに「北宮」を中心とすれば「北闕」的都城の開始としても位置づけは可能である。[注21]

『周礼』考工記の理念は、内城・外郭という春秋戦国時代以来の、城と郭が分離連結する伝統を前提に、中央に天子の居所を配し、「天子南面」という新しい要素を組み入れて内部に宗廟・社稷・市場などを配するレイアウトを構想したものと考えられる。内城・外郭という伝統を主に、「天子南面」の要素を調和的に取りいれたものが『周礼』であるとすれば、「天子南面」をさらに強調純化したものが、北魏洛陽城以降の「北闕」的都城となる。その意味では、『周礼』考工記の理念は、あくまで内城・外郭という伝統を尊重した過渡期的な様相を示しており、以後の都城に必ずしも継承されないのは、皇帝権力の確立や、都市住民の内部編成[注22]というあらたな要素が増加したことにより、「天子南面」を純化した「北闕」型都城が以後、標準化したためと考えられる。

以上の検討によれば、理念的な都城の展開過程は、まず

①「無城郭」→②「城・郭一重」→③「城・郭部分連接」→④「内城・外郭」

という形態に移行し、その後に

⑤「天子南面」（宮内）→⑥「中央宮闕」→⑦「北闕」

という変化が起きたと考えられる。

二　都城と宮室

一方、我が国における都城宮室の発達を考察する場合、考慮しなければいけないのは、「都城」と「宮室」と

の間における断絶面と継承面における配慮である。すなわち、「都城」という用語の初見は天武天皇による複都宣言の詔で、

凡都城・宮室、非二一処一、必造二両参一。故先欲レ都二難波一。

とあり、[注23] 桓武天皇の長岡京造営時にも、

於レ是、経二始都城一、営二作宮殿一。

とある。[注24] このように史料上には「都城」と「宮室」あるいは「宮殿」が対になって表現されている。中国的な都城と伝統的な宮室が別なものであるという考えが当時の支配層に存在したことになる。

「宮室」が本質的に王の私宅であり、『日本書紀』神武即位前紀己未年三月是月条に「橿原宮」を「帝宅」と表記するように前代の家産制的な執務機関＝内廷を象徴するとするならば、『続日本紀』和銅元年二月戊寅条に「京師者。百官之府。四海所レ帰」とあるように、「都城」は公的な国家支配機構を象徴する。その両者が律令制下で併記して使用されていたことは、井上光貞氏が律令国家を「律令制」と「氏族制」による二元的国家とするように、律令制国家の「二面性」をいいあらわしているとも考えられる。[注25]

その一方で「宮室」自体の質的変化も見逃すことはできない。すなわち、仁徳天皇の難波高津宮について「都二難波一。是謂二高津宮一。即宮垣宮屋弗二堊色一也。桷梁柱楹弗二藻飾一也。茅茨之蓋弗二割斉一也。此不下以二私曲之故一、留中耕績之時上者也」[注26] と記す。これによればまだ「宮室」は公的なものではなく、大王の私的な邸宅としてしか位置づけられていなかったことになる。

『続日本紀』には元明天皇の平城遷都の詔として、「往古已降、至二于近代一、揆レ日瞻レ星、起二宮室之基一、卜レ世相レ土、建二帝皇之邑一。定鼎之基永固、無窮之業斯在。衆議難レ忍、詞情深切。然則京師者、百官之府、四海

所レ帰。唯朕一人、独逸豫[注27]」とある。

さらに神亀元年の平城京を壮麗にするため貴族邸宅などを瓦葺・朱塗・白壁にすることを提案した太政官奏に「上古淳朴、冬穴夏巣、後世聖人、代以二宮室一。亦有二京師一、帝王為レ居。万国所レ朝、非二是壮麗一、何以表レ徳。其板屋草舎、中古遺制、難レ営易レ破、空殫二民財一[注28]」とある。この部分の記載は、

『史記』高祖本紀八年条

蕭丞相営二作未央宮一。立二東闕・北闕・前殿・武庫・太倉一。高祖還、見二宮闕壮甚一、怒謂二蕭何一曰、天下匈匈苦レ戦数歳、成敗未レ可レ知。是何治二宮室一過レ度也。蕭何曰、天下方未レ定。故可三因遂就二宮室一。且夫天子以二四海一為レ家。非二壮麗一、無二以重レ威。且無レ令三後世有二以加一也。

という、前漢長安城の未央宮造営をめぐる蕭何と高祖の問答を下敷きにしている。すなわち、度を超えた宮殿造営に対して怒った高祖に、蕭何は天下が安定していないからこそ、宮室は壮麗でなければ威を重くすることはできないと答え、高祖がそれを了解して喜んだとの故事による（『漢書』高帝紀七年二月条）。天子は四海を家となすとの表現も見える。

律令制下になると「宮室」は単に天皇の私的な居宅ではなくなり、はるかに公的な性格を強めた「帝皇之邑」「京師」となり、都城の中心的部分を占めるようになる。すなわち、大王の私的な居宅から、天皇を中心とする国家支配機構の中枢へと発展したことが確認される。そこには「宮室」が「私曲之故」、すなわち公的な性格を有さないため、荒れるにまかせた段階から、「百官之府、四海所レ帰」「万国所レ朝」としての性格が強まり、「唯朕一人」のみでは遷都を決定できず、「壮麗」でなければ、徳を示せないと観念される段階へのおおきな質的転換を読み取ることができる。

三　首都と副都

古代では「みやこ」という言葉が首都を意味し、「都（みやこ）」は大王—天皇の居住地をさす言葉で、「宮（みや）」プラス場所を表す「処（こ）」をあわせたものが語義とされる。[注29] 宮としての属性が都市にも引き継がれていることが指摘できる。京と都の使い方については、

詔して百官を朝堂に喚し会へ、問ひて曰はく、「恭仁・難波の二京、何をか定めて都とせむ。各その志を言せ」とのたまふ。[注30]

とあるように恭仁京と難波京の「二京」をいずれを「都」とすべきかという諮問が出されている。つまり、「二京」のうちから「都」を決定するとあり、複数の京から都を選ぶという意識が確認される。

集中度の弱い前近代の都市において首都は、単体で十全な機能を発揮できるようになるまでには充実のための時間が必要であった。その間、過渡期的に機能したのが、首都機能を分散させる複都制（陪都制）であったと考えられる。[注31] 平安定都以前には、難波京、長岡京および北京と呼ばれた保良宮、西京と呼ばれた由義宮などが首都に対する副都として機能した。平安京に定都される以前には、しばしば遷都があり、複都制の体制が維持されたのは、首都が単独で首都機能（首都性）を排他的に果たせない段階における現象であった。その場合には、首都は理念としての「みやこ」、すなわち天皇のいる場所を示すことになるが、象徴的には都城段階には天との接点と位置付けられた大極殿に置かれた高御座の所在が問題となる。

ちなみに、現在における遷都の議論においても「遷都」とは呼ばず、「首都機能の移転」とするのは、「首都

の移転」は、天皇の居所の移動を伴うとの古代以来の認識を前提としている。

『万葉集』の難波宮の歌に、「都なしたり　旅にはあれど」「大君の敷きます時は　都となりぬ」（『万葉集』巻六―九二八・九二九番歌）とあるように、行幸時には一時的に都となるという意味の歌があるので、高御座の存在だけでなく、天皇が滞在するということがこの場合には重要となる。そして遷都に際してどのような措置がとられたかは、「恭仁宮の高御座幷せて大楯を難波宮に運ぶ」（『続日本紀』天平十六年二月甲寅条）とあるように、恭仁宮から高御座と大楯が運ばれたとあり、とりわけ高御座が遷都にとって重要なものであるとの意識があった。すなわち首都には高御座が必須の物と考えられていたことになる。高御座は大極殿におかれて、即位や重要な儀式に際して、天皇が出御する場所である。天とのつながりという意識からすれば、副都にも大極殿は存在するので、大極殿は存在しても天とのつながりは高御座に規定されることになり、高御座の有無が首都性において大きな意味を持っていたと考えられる。儀礼における高御座のもつその象徴的意味は重要である。たとえば、

天皇が御世御世、天つ日嗣高御座に坐して治め賜ひ慈しび賜ひ来る食国天下の業

（『続日本紀』和銅元年正月乙巳条）

天皇が御世御世、天日嗣高御座に坐して治め賜ひ恵び賜ひ来る食国天下の業　（同天平勝宝元年四月甲午条）

などの表現によれば、天皇が高御座に坐して天下を統治していることを、定型化した文章の中で述べている。すなわち、高天原にも天つ高御座があり、そこから天皇家の先祖が連綿と受け継ついできたという、高天原との神話的時間の連続性を「天皇が御世御世」という表現により述べ、さらに「天」という言葉により、天上世界との唯一の結節点としての役割が高御座にあるという垂直的な空間をも表現する。[注32]ただし、高御座のこうした位置付けが歴史的に明瞭化してくるのは、七世紀の後半段階で、それより以前において、天を祀る施設は槻樹や須弥山

など歴史的に多様に存在し、それらを統合した結果、天との結節点が高御座に集中することになった。それより以前は「飛鳥寺の西の広場」という場所が、外国人や辺境地域で異民族視された蝦夷・隼人らに対する饗宴・盟約、さらには有力な臣下との誓約の場などに用いられ、皇極朝から持統朝にかけて頻繁に利用されており、都城の成立とともに廃絶する。そこには宗教的な意味を有する大きな槻が存在し、儀式では仏教において世界の中心と観念された須弥山がその中心に置かれていた。[注33]これらを収斂することによって、高御座が天との唯一の結節点として位置付けられるようになる。[注34]高御座が置かれた都城中枢の大極殿は天皇が出御する排他的な儀礼空間として位置付けられた。

古代の遷都を考える場合、問題が複雑なのは陪都の存在である。天武天皇の時代から桓武天皇の時代にかけて難波京が副都として機能していた。天武十二年（六八三）の複都宣言によれば、「凡そ都城・宮室は一処にあらず、必ず両参を造らん」（『日本書紀』天武十二年十二月庚午条）とあるように、桓武朝の長岡遷都に連動する難波大宮停廃まで、難波に副都としての役割が与えられている。通説では、長安と洛陽という中国都城の単純な模倣とされ、日本が複都制を取り入れる必然性はなかったとされている。[注35]中国では食料や軍事力の維持の面で複都制が議論されている。[注36]私見では、日本の複都制は単なる中国の模倣ではなくて、外交・経済・交通の拠点としての難波の位置を理解したうえで、官人の供給地としての役割を強調すべきと考える。奈良時代においては難波が外交の拠点であったが、平安時代になると日本は国家レベルでは鎖国的状態となり、必然的に難波の外交的役割は低下する。また交通の拠点としての難波津もその機能低下が指摘されており、それにともない経済の中心地としての役割は、長岡京さらには平安京に収斂されていく。こうした外交・交通・経済の拠点としての役割の低下や移転により、副都としての機能は奈良末に終焉を迎える。

先述したように日本の複都制は都城制の高度に発達した段階に出現するのではなく、むしろ天皇権力の確立や都市貴族の創出が課題となっていた未熟な段階に出現する形態と考えられる。在地豪族層を官人化する場合、一つの都に集めることは困難を伴うため、複数の都に分番させることは、次善の策として有効であった。そのように見た場合、広義の難波地域豪族の性格として、極めて強固な在地性をもっていることが指摘できる。本来国司は中央派遣官で在地性を持つことはないが、摂津職の官人には多く在地豪族が登用されている。第二に、当該地域は百済王氏など渡来系氏族が多く居住している場所であり、官人の出身母胎として期待される地域でもあった。彼らを中下級官人として位置付けることにより、大きな官僚制の進展が望めることになる。やがて、官人制の成熟によって、副都の役割が終わる時期が来る。それが長岡京から平安京の段階、すなわち桓武朝の段階であると考える。平安時代になると京貫と呼ばれる、地方ないし畿内の豪族たちが、都に住むことを願う、奈良時代までとは異なる自発的な集住現象が活発化する。史料のうえでは延暦十五年（七九六）を初見とし、

大和国人正六位上大枝朝臣長人、河内国人正六位上大枝朝臣氏麻呂、正六位上大枝朝臣諸上、正七位下菅原朝臣常人、従七位上秋篠朝臣全継等十一人を右京に貫付す。（『日本後紀』延暦十五年七月戊申条）

とあるように『日本後紀』以降に頻出するが、難波京の廃止と長岡遷都により大幅な官人層の再編が行われたことは疑いないので、実際には長岡京段階から存在したと想定される。[注37]

四 「帝皇之邑」と「百官之府」

都城の成立過程を考える場合、その分析視角として二つの点が留意される。[注38]『続日本紀』によれば、「平城遷都

の詔」（和銅元年二月戊寅条）に都城の機能を説明するために用いられた用語として「帝皇之邑」（天皇が内裏の唯一の主人となること）と「百官之府」（在地性を強く残す豪族層を京内に集住させ、国家にのみ依存する都市貴族化すること）がある。前者は、天皇のみが太上天皇・皇后・皇太子などの存在に左右されることなく、超越的な権力を持つ空間となることであり、これは平安京段階において太上天皇・皇太后の居住空間たる後院が内裏から分離、奈良期までは独立的であった皇后宮の後宮への編成、恒常化した東宮施設の内裏内への取り込みなどにより一応の到達を迎える。[注39]

一方、後者は在地性を有する豪族を都市に住む官僚として如何に組織するかという問題で、天皇にのみ奉仕する官人が、天皇との距離を表す位階秩序により、京内にその位置と規模を定められ、整然と宅地班給される空間の規制を意味する。この側面は、京貫の徹底（理念的には内裏に相当する一条一坊に対して賜姓源氏を含めて対象とされた）、在地との関係を希薄化した都市貴族の発生などにより平安京段階に一応の達成を見る。この二つの理念を達成するためのプロセスとして遷都が必要であり、平安京の嵯峨朝段階以降に遷都が行われなくなるのは、この二つの目的が一応達成されたためと考えられる。これにより都城制の成立過程を巨視的に見通すことが可能になると考える。

日本の古代王権には、遷宮・遷都・行幸など「動く王」としての伝統が平安初期までは濃厚に見られる。ところが、平安期の天皇は、内裏の奥に籠り、儀式にも出御せず、人々に素顔を見せないが故に神秘性を有する「見えない天皇」となっていく。具体的には、平安京が実質的に「万代宮」となるのは平城上皇の乱を経た嵯峨朝以後であり、天皇の畿外行幸が行われなくなるのも弘仁六年（八一五）の近江行幸以後で、やはり嵯峨朝を画期とする。嵯峨朝以降は平安京近郊への日帰り行幸が中心となり、代替わりごとの御禊行幸や一年一度のような野行幸に限定されるようになる。前代のような在地首長層との関係維持ではなく、都市民や都市貴族に対して、京内で行列を見せる、天皇の「限定された露出」として演出されるようになる。ほぼ嵯峨朝を境としてそれ以前を「移動する大王」の側面を強く残す「移動する天皇」、以後を「移動しない天皇」として区分することができる。こうした「動く王」から「動かない王」への変化は王権自体の変質を象徴的に示唆するものといえる。

五 「みやこ」と「いなか」の成立

つぎには、都城の成立にともなう律令貴族の都鄙観念の変化を『万葉集』や『古今集』を素材として検討する。

貴族の「みやこ」意識として指摘すべき点は、「みやこ」と「いなか」の両貫性の問題である。[注40] 奈良時代には長屋王家木簡などからもうかがわれるように「みやこ」と「いなか」「ふるさと」との二重生活が行われていた。本来「みやこ」は理念的には、「代耕之禄」(『続日本紀』慶雲三年三月丁巳条)を与えられることにより生産労働から分離し、官人すなわち「大宮人」(『万葉集』巻六―一〇四七番歌など)としての役割を果たす場として位置付けられたが、一方で生産労働の場である「いなか」「ふるさと」も存在し、この生産労働の場から完全に貴族や下級官人が抜け出ていない状況が存在した。

たとえば、『万葉集』には、「ももしきの大宮人は今日もかも暇を無みと里に去かずあらむ」という歌があり(一〇二六番歌)、「大宮仕えをしているお方は、今日も暇がなくて里に退出なさらないのでしょうか」との意で、「いなか」を有する他の貴族に対して都市貴族すなわち大宮人化した橘諸兄の優越感を歌っている。一方、「然とあらぬ五百代小田を刈り乱り田廬に居れば都し思ほゆ」（一五九二番歌）という歌は、「わずかばかりの五百代の田を刈り乱して田の小屋にいると賑やかな都が思われる」との意であり、農業労働と都市生活との葛藤がそこから読みとれる。

『万葉集』などからうかがえる奈良時代貴族層の都鄙意識を示す用語を構造化するならば、「ひな」および「ふるさと」「いなか」は「みやこ」を間に挟んで対置される概念であると位置付けられる。すなわち、「ひな」は畿外にあり、天から離れたる場所とされる。一方、「みやこ」は藤原京以降の天皇の居住する現都であって、大極殿の高御座を媒介として天との結節点として位置付けられる。そして飛鳥・藤原・難波など豪族らの旧居住地が情緒的に「ふるさと」、景観的に「いなか」と表現された。[注41] 構造的には、「みやこ」を中心に「ふるさと」が畿内、「ひな」が畿外という同心円的構造をとるが、「ひな」と「ふるさと」が即時的に直接対比されるわけではない。両者は「みやこ」を媒介としてのみ成立する関係であることが重要である。少なくとも『万葉集』には「ひな」と「ふるさと」を一体的に詠んだ歌はなく、「みやこ」が必ず中心に意識される関係がある。そのように考えた場合、「ふるさと」「いなか」と「みやこ」の対比は、都城の成立および官人制の成立により意識が形成されたものと考えられる。

貴族の「みやこ」意識において重要な点は、「みやこ」を詠んだ歌は、都城内部で詠まれたものはほとんどなく、国司や遣唐使などの赴任先の現地で懐かしんで詠まれたものが多数を占めているという事実である。「あをによし寧楽の京師は咲く花の薫ふがごとく今盛りなり」という有名な歌も小野老が大宰少弐在任中のものである（三二八番歌）。こうしたみやこ以外の他所（畿外の国司赴任先）から詠む歌が圧倒的で、京内では詠まれていないだけでなく、京内の具体的な描写を欠いている空洞化した都表現であり、「ひな」と「みやこ」の対比を前提とした図式的・観念的な理解がなされている。村落に住む豪族が大宮人として都市貴族化するという生産の場からの離脱が前提に想定される。

さらに「ふるさと」という語は、比較的新しい時期に用いられ、『万葉集』でも最後の時期、いわゆる第四期の歌人を中心に用いられている。したがって、「ふるさと」意識の形成は比較的新しく、豪族層の集住により形成された「みやこ」の成立と連動していたと考えられる。

一方、「ひな」と「みやこ」の対比も同様で、「ひな」は国司や遣唐使など都から地方へ派遣される場合に用いられた概念で、都城制や国司制の成立を前提として意識が形成されたと考えられる。これは天との距離感を示す人為的・差別的な観念であり、高度に抽象化した意識である。「みやこ」の大宮人が国司として「ひな」＝地方へ赴任することにより畿内・畿外の意識が明瞭化するというプロセスが想定される。いずれにしても、「ひな」（畿外）と「ふるさと」（畿内）の同心円的構造は、一見すると畿内の成立の古さを証明しているようにも見えるが、問題は「みやこ」を媒介としてのみ成立する関係であり、七世紀後半以降の「みやこ」の成立に規定される、歴史的に形成された観念であることは明らかである。「ふるさと」意識のように「みやこ」（都城）にのみ収斂されない意識構造を含むことや、「みやこ」「ひな」の意識が比較的新しく観念的であることは、過渡期的な様相を示している。

つぎに『古今集』における同様な用例を検討するならば、まず「みやこ」は一般的には平安京を単に「みやこ」、平城京や菅原伏見・石上布留を「ふるきみやこ」と呼び、「ふるさと」としても位置付けている（四二・九〇・一一一・一四四・三二一・三二五・四四一・九八六番歌）。平安期における新たな意識は、「ふるさと」が旧都平城京のある大和国だけでなく、京周辺の「桂」「深草」「宇治山」にも意識されるようになり（九六八・九七一・

九八三番歌）、京外に身を引く隠棲する場所として位置付けられていることである。「須磨」も同様であり（九六二番歌）、『源氏物語』における「京」と「宇治」「須磨」「明石」とのイメージ的対比に通じることは留意される。「平安京」は、京郊外の「み山」にある「松葉」「柳」「秋の錦」との対比で「若葉」「桜」「春の錦」など明るいイメージで詠まれるようになり（一九・五六番歌）、さらには平安京＝「みやこ」の優越性を畿外の「みかの原」「唐琴」「甲斐」「筑紫」などとの対比で語られるようになる。「みやこまで聞こえる名声」「諸国になかなか出かけられない都人」「昔住んだなつかしい京の都」などの表現によりみやこを諸国よりも優れた住みやすい「ふるさと」として位置付けるようになっている点は『万葉集』段階との大きな相違である。『万葉集』段階に頻出した「ひな」の用例が激減することも大きな変化である（隠岐国を「ひな」と呼ぶ九六一番歌の事例が唯一か）。桓武朝以降、三関は廃止されたが、軍事的かつ物理的障害から、固関儀の存続に典型的なように観念的な境界として機能するようになり、実質的には大索・四堺祭などでは京・山城国境が重視されるようになった。さらに寛平期の支配層に対する居住移動規制法令[注42]により畿内と畿外の差別化や移動の自由が制限されたため、都市貴族の生活空間が平安京とその周辺に限定され、京を中心とする同心円的な閉じた空間が意識されるようになった。嵯峨朝以降、平安京が遷都のない「万代宮」となることにより、みやこ＝平安京を中心とする同心円的・観念的な空間認識が強化され、みやこ＝都市、いなか＝農村の乖離が拡大した。これにより、生活空間が矮小化し、「みやこ」を「ふるさと」として生活する優越感を背景に、「みちのく」のような遠国の地名と景色を、京内で観念的に理想化して詠む名所たる歌枕が成立する。『伊勢物語』の「東下り」のモチーフはまさにこうした段階の産物である。

平安期になると、平安京段階の自発的な京貫により都市貴族化が進行し、流通経済の発展にともない京内の住居が住み易い場所となることにより、京内が貴族の故郷となると考えられる。「里内裏」という用語に示されるように、平安京内での里意識が形成されることとなる。『伊勢物語』第一段では奈良の京が「ふる里」とされ、『方丈記』では福原遷都時の古京（京都）が「ふるさと」と表現される。一方、「ひな」の用字は「夷」から「鄙」に変化し、その内容も「みやび」＝都風に対する「ひなび」＝田舎風のように、「いなか」と類似的なものになる。『伊勢物語』五十八段には「みやこ」であった長岡京が「いなか」として表現された描写がある。そこには田を刈っているという農村的景観が「いなか」と位置付けられている。「みやこ」と「いなか」は遷都により互換されうるものと考えられる。「ひな」が「みやこ」にならないこととは大きな相違である。平安時代以後は支配の均質化により「ひな」が喪失し、平安定都や豪族層の都市貴族化により「みやこ」自体が「ふるさと」化する。その結果、現在にまで残る「みやこ」（都市）と「いなか」（農村）の二元的構造に変化していくことになる。[注43]

注

1 『続日本紀』慶雲三年三月丁巳条。

2 『続日本紀』天平十三年閏三月乙丑条。期限については「限二今日内一」とあるが、今月の誤りとも考えられる。いずれにしても短期間での集住を命令している。

3 拙稿「王都」（『週刊朝日百科』一三、二〇一三年）。

4 那波利貞「支那都邑の城郭と其の起源」（『史林』一〇―二、一九二五年）。

5 宮崎市定「戦国時代の都市」（『宮崎市定全集』三、岩波書店、一九九一年、初出一九六二年）、一六五頁。

6　駒井和愛『日本古代と大陸文化』野村書店、一九四八年、一三二頁。
7　宮崎市定「中国城郭の起源異説」（『宮崎市定全集』三、岩波書店、一九九一年、初出一九三三年）。
8　楊寛『中国都城の起源と発展』学生社、一九八七年、七八～八三頁。応地利明『都城の系譜』京都大学学術出版会、二〇一一年、一一一～一二一頁。
9　宮崎市定前掲注7論文、一〇四頁。
10　関野雄「黄河文明の形成」（『岩波講座・世界歴史』四、岩波書店、一九七〇年）、四五頁。
11　五井直弘「中国古代城郭史序説」（『中国古代の城郭都市と地域支配』名著刊行会、二〇〇二年、初出一九八四年）、三六頁。
12　五井直弘「比較都市論」（注11前掲書、初出一九九二年）、一七四頁。なお、『周礼』によれば、王城の外は「郊」さらには「野」と呼ばれた。
13　松本光雄「中国古代の邑と民・人との関係」（『山梨大学学芸学部研究報告』三、一九五二年）、宇都宮清吉『漢代社会経済史研究』弘文堂、一九五五年、五井直弘注11前掲論文。
14　那波利貞注4前掲論文。
15　佐原康男「漢代の市」（『漢代都市機構の研究』汲古書院、二〇〇二年、初出一九八五年）。
16　佐原康男「都城としての漢長安城」（同前、初出一九九九年）。
17　『文選』西都賦には、長安の城郭と向かい合って、南に杜陵と覇陵、北に五陵が望見され、各地の大都市から集められた富豪たちがこれら陵邑の奉仕に充てられたとある。
18　わずかに宮室の北側に市場を置く「面朝後市」の理想は、漢長安城において実現されているように見えるが、より根本的な「天子南面」が大前提の理念であることからすれば、東西軸を中心に配列されている長安城段階とは段階を異にすると考えられる。その意味では、「傍三門」は東西南北の外壁において実現しているが、東辺のみが唯一、三門が直線で並ぶのは、東側が正面であることを意識したことによるもので、「天子南面」とは異なる原理を読み取れる。
19　池田雄一「咸陽城と漢長安城」（『中央大学文学部紀要』七六、一九七五年）、鶴間和幸「秦漢比較都城論」（『茨城大学教養部紀要』二三、一九九一年）。具体的には阿房から渭水を渡って咸陽に連絡する復道は、天極において閣道づたいに天の川を渡って営室星に至ることを象徴したとの記載や（『史記』秦始皇本紀）、前漢長安城の北壁は北斗七星にたとえられたとの記載である（『三輔黄図』)。

20 応地利明注8前掲書、六五~七三頁。左右と前後という相対的方位を記しただけでは基準とはならないが、面を南にむけて宮殿の中央に立つ天子を不変の基準にするならば、左右が東西、前後が南北を示すという絶対的な方位となる。「天子南面」思想が『周礼』の前提にあり、天子にとっての左と前が相対的に重視される理念が確認される。さらに、思想的には「天円地方」と「天帝天子」の理念が背景にある。すなわち、前者は、天は丸く地は方形であるが、天地の中心点は一致し、互いに相応するという考えである。「地方」は、漢民族の居住空間が方形という地理空間認識を前提とする。天円の中心は、天帝の王宮(紫宮)がある北辰=北極星に位置し、地方の中心は、天帝の子たる天子が住む王宮=都城に存在する。方形をなす地の中心にある都城も当然方形でなければならないとされた。

21 応地利明注8前掲書、二五八頁。なお、佐原康男注16前掲論文、九八頁によれば、班固の「両都賦」(『文選』)において、長安に比較して洛陽は、儒教的な「正しさ」が強調されているのは、洛陽で初めて儒教的な天子の都が実現されたことを示すとされる。おそらく天子南面と南北軸道路の要素により、従来の都城とは異なる段階に達したことが指摘できる。

22 五井直弘「城市の形成と中央集権体制」(注11前掲書、初出一九八二年、一一九頁)によれば、北魏の洛陽城以降、碁盤目状の区画の成立により外郭造営の意味が、外敵の侵入に備えることから、都市住民の内部編成に力点が移ったとされる。

23 『日本書紀』天武十二年十二月庚午条。

24 『続日本紀』延暦三年六月己酉条。

25 井上光貞「日本の律令体制」(『井上光貞著作集』五、一九八六年、初出一九七一年)。

26 『日本書紀』仁徳天皇元年正月己卯条。

27 『続日本紀』和銅元年二月戊寅条。

28 『続日本紀』神亀元年十一月甲子条。

29 『日本国語大辞典』小学館、一九七八年。

30 『続日本紀』天平十六年閏正月乙丑朔条。

31 拙稿「複都制と難波京」(『古代王権と都城』吉川弘文館、一九九八年、初出一九九二年)、同「古代都城の首都性」(都市史研究会『年報 都市史研究』七、一九九九年)、同「首都平城京――古代貴族の都鄙観念――」(広瀬和雄・小路田泰直編『古代王権の空間支配』青木書店、二〇〇三年）。

32　石上英一「律令制と古代天皇支配による空間構成」（『講座　前近代の天皇』四統治的諸機能と天皇観、青木書店、一九九五年）。

33　拙稿「古代王権の表象——槻木・厨子・倚子——」（『家具道具室内史』創刊号、二〇〇九年）。

34　拙稿「古代都城の首都性」（『年報・都市史研究』七、山川出版社、一九九九年）。

35　滝川政次郎「複都制と太子監国の制」（『京制並に都城制の研究』角川書店、一九六七年）。

36　谷岡道雄『増補隋唐帝国形成史論』（筑摩書房、一九九八年）、藤井律之「北魏皇帝の行幸」（前川和也・岡村秀典編『国家形成の比較研究』学生社、二〇〇五年）。

37　拙稿「『新撰姓氏録』からみた京貫と改氏姓」（『朧谷壽先生記念論集』思文閣出版、二〇〇九年）。

38　以下の記載は、拙稿「平城遷都からみた王権と都城」（東京学芸大学『史海』五八、二〇一一年）を基礎としている。

39　拙稿「太上天皇制の展開」（『古代王権と官僚制』臨川書店、二〇〇〇年、初出一九九六年）。

40　薗田香融「万葉貴族の生活圏」（『万葉』八、一九五三年）。

41　「赤駒の匍匐ふ田井を都となしつ」（『万葉集』巻十九—四二六〇番歌）の歌も表記は「田居」で、「みやこ」と「いなか」の景観的落差を示すか（千田稔「日本における『ヰナカ（田舎）』の成立」『歴史地理学』四一巻一号、一九九九年）。なお、正倉院文書にも年不詳の三月十一日付阿刀造与佐美（安預参）書状（続々修四十四帙第十巻裏／大日古二十五—二四一頁）に「昨日を以て、田舎自り参り来たり侍る」とあり、平城京外の「田舎」から寺に戻ってきたことが書かれている。

42　『類聚三代格』巻十五、禁制事、寛平三年九月十一日官符・同七年十二月三日官符。

43　拙稿注34前掲論文、同「律令国家の王権と儀礼」（『日本の時代史』四、吉川弘文館、二〇〇二年）、同「首都平城京——古代貴族の都鄙観念——」（前掲）、同「古代王権と文芸——古代の漢詩・和歌とその『場』——」（『和歌と貴族の世界』塙書房、二〇〇七年）。

アジアからみた日本の都城

豊田　裕章

はじめに

アジアにおける漢字文化圏の都、とりわけ中国や日本の都を表す言葉として、日本では、同義語である「京城」や「王城」よりも、「都城」という言葉が、東洋史学、日本史学や考古学における学術用語として定着している。そして、この学術用語としての都城という言葉は、京域全体、つまり都そのものを表す言葉であるということを前提として用いられている場合がほとんどである。

これに対し筆者は、これまでの論考で、[注1]中国で隋唐時代に都城の概念が大きく変化をしており、必ずしも都城という言葉が京域全体を表しているわけではなく、その問題が日本の都の構造に本質的な影響を与えていることを指摘した。

ところで、筆者は、このような都城の概念の変化に関する研究とともに、都城内部の宮室中枢部の構造について、中国の経学で理想的なモデルとされた周制の三朝制との関わりという観点から研究を行ってきた。

本稿は、筆者のこれまでの都城に関する研究と、周制の三朝制に関する研究をふまえて、さらに両者がどのように関わるのかという問題を通して、日本の都の本質的構造とその建設思想について考察したものである。

一　漢代から魏晋南北朝時代の都城の概念

ここでは、隋唐時代に変化する以前の前漢時代から魏晋南北朝時代にかけての都城の概念について述べたい[注2]（挿図1）。

中国の漢代から魏晋南北朝時代の都は、宮の区域とそのまわりの城の区域、さらにそのまわりの郭の区域から構成される三重の空間構成であった。これは、内城的空間（宮の区域と城の区域）と外郭的空間（郭の区域）から構成されるものであると表現することもできる。

前漢の都である長安は、未央宮（びおうきゅう）などの諸宮（宮の区域）を内包する、堅固な城壁で囲まれ十二門の配された城の区域、さらにその外部の郭の区域から構成されていた。城の区域の内部、つまり、長安城には諸宮とともに官署や特定の人々の住宅地が存在し、内城に相当するこの内部が都城（京城）であったようである。その城外の郭の区域は住宅地であるとともに墳墓も存在する近郊的な様相を呈する区域であった。郭の区域の外縁には郭門があったことが推定されているが、郭壁が存在したかどうかは明らかでない。

後漢から三国の魏、西晋の都である洛陽も、北宮などの宮（宮の区域）を内包する城の区域の内部、つまり洛陽城が都城（京城）であった。城の区域の周囲は十二門を配した重厚な城壁で囲まれていた。その外部には、住宅地区である郭の区域が広がっていたようであるが、郭の区域の外周をめぐる郭壁の存在の有無についてはわからない。おそらく、それは簡素なものであったか、或いは設けられていなかったという可能性さえ考えられる。なお、この内城的空間は、『文選』巻一や『後漢書』巻四十に収められた班固の『両都賦』に見えるように、本来都城の雅称である「皇城」と表現されることもあった。

北魏の都である洛陽も、『魏書』巻百十四、釈老志、神亀元年（五一八）の記載に明確にみえるように、宮城（宮の区域）とその周りを取り巻く城の区域の内部、つまり内城的空間が都城であった。そしてグリッド状の街区のある郭の区域は都城に含まれなかった。北魏洛陽の城の区域の内部には、宮の区域である宮城とともに、永寧寺のような寺院、官署や住宅地が混在した。また、郭の区域にも住宅や寺院が建ち並んでいた。ただし、都城の周囲は重厚な城壁で囲まれていたのに対して、郭の区域の外縁の郭壁は、高さや幅などの点で簡素なものであった。

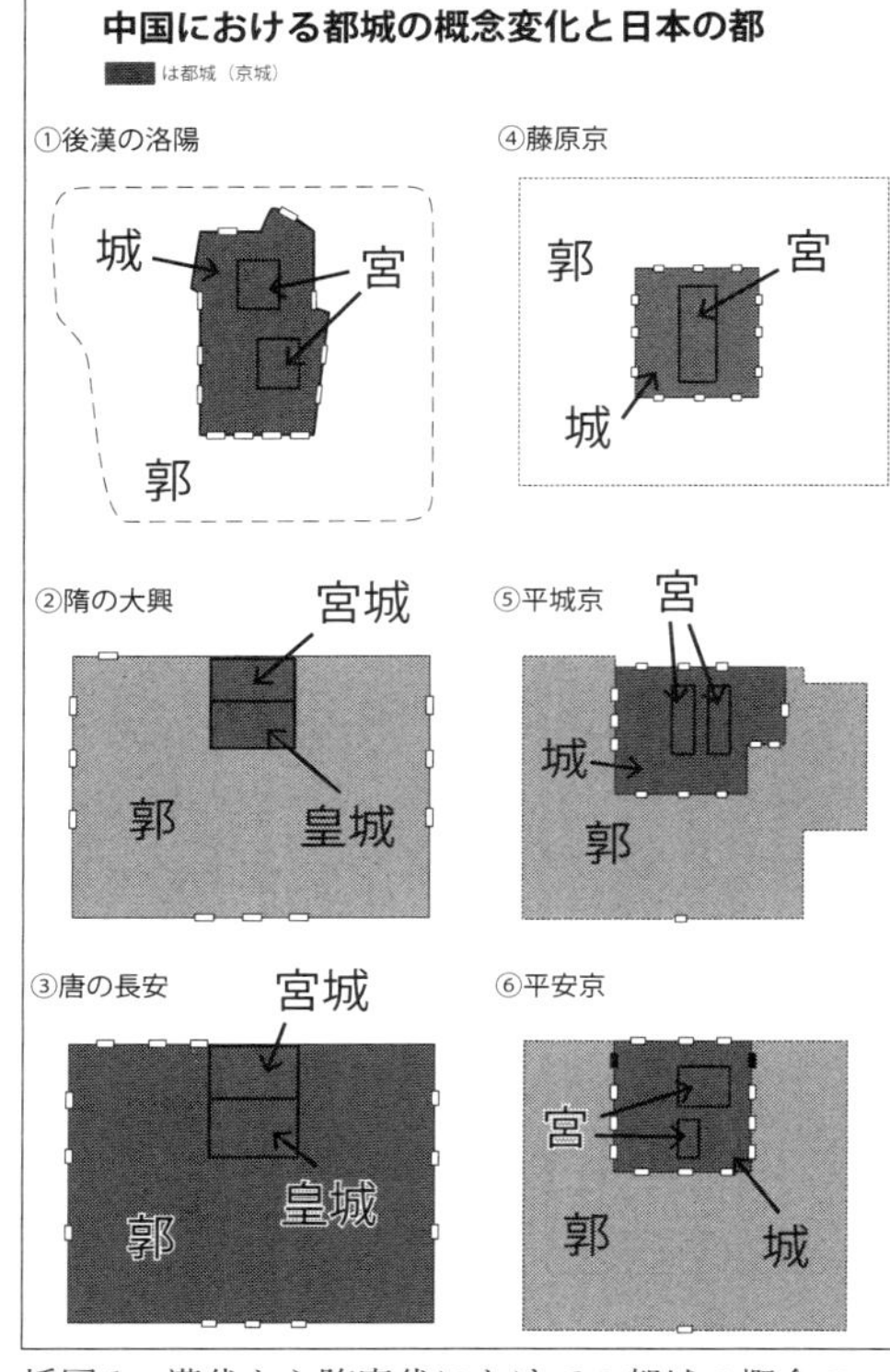

挿図１　漢代から隋唐代にかけての都城の概念の変化の模式図

南朝の建康には、台城とも呼ばれる宮城（宮の区域）を内包するように「六門之内」或いは「六門(ろくもん)都墻(としょう)」と呼ばれる城の区域が存在した。この内部が都城であり、そこには宮城とともに官署や住宅地が存在した。この都城の外部には広大な郭と呼ばれる都市域が存在したけれども、郭の区域は都城に含まれなかった。この郭の区域は「郊郭」と表現されることもあった。この郊郭という言葉は、もともと都城の城外の近郊地域に、スプロール的に形成された都市域であるという、郭の本質を的確に表現していると考えられる。

なお、建康では、宮の区域の城壁が最も堅固で、城の区域は初め「竹籬（ちくり）」という簡素な防御施設で囲まれていたけれども、後に版築で築かれた囲壁と考えられる「墻」に改修された。これに対し郭の区域の周囲は、南朝の末期に至るまで「竹籬」という簡素な囲壁で囲まれていた。

南朝の梁の武帝の時に郭の区域の外縁である竹籬に、国城の門の意味である「国門」と呼ばれる門が一つではあるが設けられている。郭の区域までを都城に含める新しい都城の概念の萌芽的様相を看取できる。

以上のように、前漢時代から南北朝時代にかけての中国の都は、宮の区域を内包する城の区域の内部、つまり、内城的空間が重厚な城壁を擁する城塞としての都城（京城）であった。その城外に形成された市街地である郭の区域は都城には含まれず、むしろ近郊と重なる区域として認識されていた。なお、南北朝時代も終わりに近づいた梁の時代には、郭の区域までを都城に含めるような認識も生じている。

二　隋唐時代における都城の概念の変化

1　隋時代ならびに唐時代初期の大興における都城の概念の過渡的様相

隋時代には、都城の概念が変化するけれども、礼制上は漢代以来の伝統的な都城の概念が併存していた過渡的

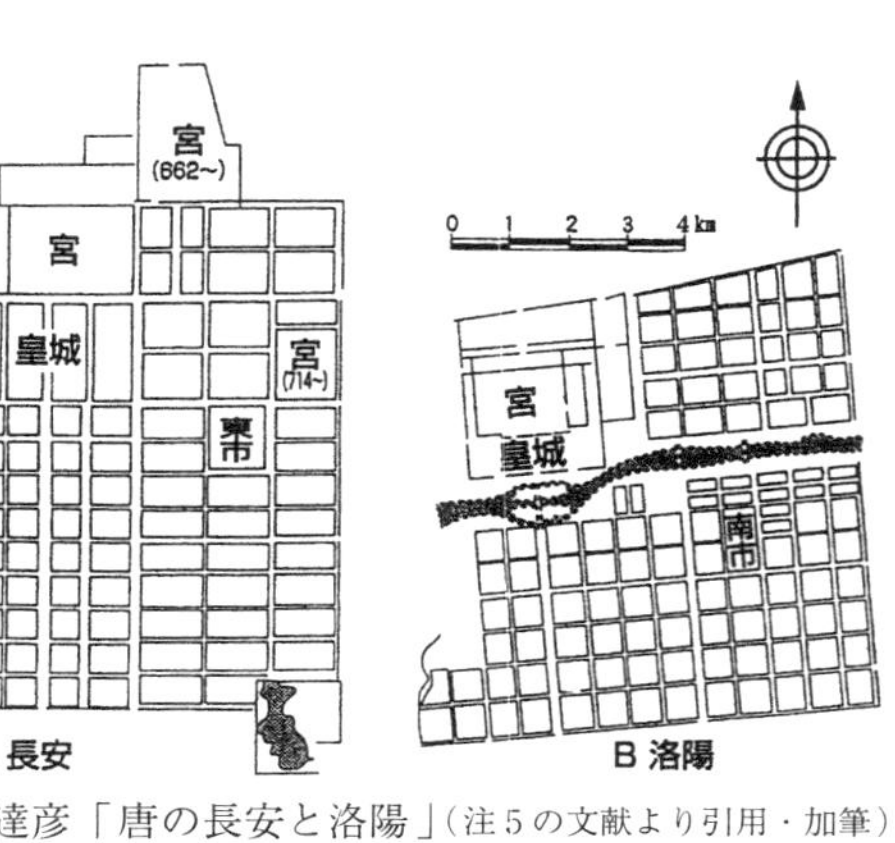

挿図２　妹尾達彦「唐の長安と洛陽」（注５の文献より引用・加筆）

状態であった。[注3] ここでは、その問題について述べたい。

隋時代の都である大興（唐代に長安と改称される）は、文帝によって前漢時代以来の長安城の東南に新たなプランで造営されたものである。この大興では、いくつもの画期的な都市構造の改革がなされた（挿図１・２）。

その重大な改革点の一つとして、宮の区域である宮城と城の区域である皇城が、それまでの中国の王朝の都で見られるような入れ子状の構造ではなく、連結されたような構造となった点がある。

そして、もう一つの大きな改革点として、それまでの王朝の都と異なって、宮の区域と城の区域、つまり、内城的空間の内部から住宅が一切排除された点がある。[注4] そのことによって、大興の都ではグリッド状の街区が設けられた郭の区域のみが住宅地区となった。

さらに、大興における改革点として、内城的空間や外郭空間の外縁のラインが直線的になるとともに、郭壁の東、西、南の各面に三つずつの門が整然と配置されている点も注目される。後述するように、王城（都城、京城）の重要な指標として『周礼（しゅらい）』冬官、匠人の条に見える、王城の各面に三つずつの門を配置する十二門を、代替的に象徴するものであると考えられる。[注5] つまり、大興の構造は、郭の区域までを王城とみなすような形で全体設計がなされているのである。このような隋都大興の構造は、唐時代の長安にほぼそのまま継承される。[注6] なお、隋唐の都の外郭壁は、内城的空間である宮城や皇城の城壁が堅固な構造であることに比べて高さや幅などの点で簡素な構造である。[注7]

『隋書』巻八十、陸譲母伝には、文帝の仁寿年間（六〇一〜六〇四）のこととして、「上於レ是集二京城士庶於朱雀門一」（上是において京城の士庶を朱雀門に集む）と記されている。これは、隋の文帝が、「京城」に居住する士人と庶民を朱雀門に集めたという記載である。隋都大興では、宮の区域（宮城）や城の区域（皇城）の内部に士人や庶民の居住するような空間はない。ここにいう「京城」は、グリッド状の街区が設けられた郭の区域までを含めたものであると考えられる。

また、『隋書』巻二十九、地理志の京兆郡の条には、「城東西十八里一百十五歩、南北十五里一百七十五歩、東面通化春明延興三門、南面啓夏明徳安化三門、西面延平金光開遠三門、北面光化一門、里一百六、市二」とある。

ここで、「城」として記される「東西十八里一百十五歩」、「南北十五里一百七十五歩」という範囲は、『旧唐書』巻三十八、地理志にみえる唐の長安の郭域までを含めた範囲である「東西十八里一百五十歩、南北十五里一百七十五歩」とほぼ同じ数値である。　また、そこに開かれたと記載される通化、春明、延興などの諸門は、郭の区域の外縁に設けられた門である。

つまり、『隋書』巻二十九、地理志に見える隋都大興における「城」とは、宮の区域である宮城と城の区域である皇城の内部だけでなく、郭の区域までを含めたものであることが理解される。これは、郭の区域までを含めて都城（京城）とするような、新しい都城の概念による認識が行われるようになったことを示している。

しかし、これらの事例とは異なって、同じ『隋書』の中に、漢代から魏晋南北朝時代の伝統的な都城の概念に依拠した記載がなされている部分がある。それは、次に述べる『隋書』巻七、礼儀志に見える大興の周囲に設けられた、国家的な祭祀を行うための壇の位置についての記載である。

それは、「国城東南七里延興門外、為二霊星壇一」（国城の東南七里の延興門の外に、霊星壇を為る）、「隋制…（略）

…城東北七里通化門外、為㆓風師壇㆒…（略）…国城西南八里金光門外、為㆓雨師壇㆒」（隋制…（略）…城の東北七里の通化門の外に、風師壇を為る…（略）…国城の西南八里の金光門の外に、雨師壇を為る）、「開皇初…（略）…又於㆓国城東南七里延興門外㆒、為㆓霊星壇㆒」（開皇の初め…（略）…また国城の東南七里の延興門の外に、霊星壇を為る）というものである。

これらの『隋書』礼儀志の記載は、国家的な祭祀壇の位置が、都城の同義語で礼制と関わりの深い言葉である「国城」を基準にした方向と距離によって示されている。

ここに見える延興門、通化門、金光門などの諸門は、『隋書』地理志に見える隋都大興の郭の区域の外縁に設けられた門である。なお、これらの諸門は、門名とともに唐の長安にそのまま継承される。

『隋書』礼儀志の記載では、延興門の外にある霊星を祀る壇について、国城（都城）から東南に七里離れた位置にあるとし、通化門の外にある風師を祀る壇について、国城の東北に七里離れた位置にあるとする。また、金光門の外にある雨師を祀る壇については、国城の西南に八里離れた位置にあると記す。先述したように延興門、通化門、金光門は、隋の大興の郭壁に設けられた門であった。霊星、風師、雨師などの祭祀壇は、それらの諸門の門外でその付近にあった。

『隋書』礼儀志に記された距離やそれらの諸門との位置関係から見て、隋の大興における国城は、内城に相当する宮城（宮の区域）と皇城（城の区域）のことであると考えられる。

この『隋書』巻七、礼儀志の記載から見ると、隋の大興では内城的空間である宮城（宮の区域）と皇城（城の区域）のみが都城である国城であり、その外部に広がるグリッド状の街区のある郭の区域は国城には含まれなかったことになる。

これは、先述した『隋書』陸譲母伝や地理志で郭までの範囲を都城に含めている記載と大きく矛盾する。『隋書』の帝紀と列伝は、唐時代の太宗の貞観十年（六三六）に完成したものであるけれども、礼儀志や地理志などの志の部分は、それとは別個に貞観十五年（六四一）に編纂が開始され、高宗の顕慶元年（六五六）に『隋書』に編入されたものである。

都城に関する認識は、『隋書』の中で編纂過程が異なる列伝と志との間だけでなく、さらに同じ編纂過程を経た志の内部においてさえ、地理志と礼儀志では全く異なっていることになる。

筆者は、このことについて、同じ『隋書』でも礼儀志に見られるような、礼制と関わりが深い国城という言葉には、前漢時代から南北朝時代にかけての伝統的な都城の概念が色濃く継承されていたためであると考える。隋時代は、都城の概念が大きく変化したけれども、郭の区域を含めない伝統的な都城の概念も併存する過渡的状態であったと考えられる。

なお、先述したように、『隋書』は唐の太宗の貞観年間から高宗の顕慶年間に完成されたものであり、ここで見てきたような記載は唐代の文飾である可能性もある。これらの記事が文飾であった場合、都城に関しては伝統的な概念と新しい概念が併存する状態が、『隋書』に志の部分が編入された唐の顕慶年間に至っても続いていたことになる。また、これが文飾でなかった場合も、唐の貞観、顕慶年間において、前王朝である隋の正史編纂という国家的事業が行われる際に、古い伝統的な都城の概念と新しい都城の概念が併存して同一文献の中に記されていても、違和感なく受け取られる状況であったということでもある。

要するに、隋時代のみならず唐時代初期においても、都城の概念の過渡的状況が存続していたと考えられるのである。

2　唐時代における新しい都城の概念の定着

盛唐期である玄宗の開元年間になると、郭の区域までを含める新しい都城の概念が、伝統を重視する礼制上の認識も含めて定着している。[注8] そのことを示すのが次の諸史料である。

『大唐六典』は、玄宗の命によって、開元十年（七二二）から編纂が開始され、開元二十六年（七三八）に完成したものとされる。この『大唐六典』巻七、工部郎中員外郎の条では、「皇城在㆓京城之中㆒…（略）…宮城在㆓皇城之北㆒」（皇城は京城の中に在り…（略）…宮城は皇城の北にあり）というように、宮城（宮の区域）と皇城（城の区域）のみでなく、その外部にある郭の区域までの範囲を含めて京城（都城）とみなしている。

また、『大唐六典』巻八、城門郎の条では、「明徳等門為㆓京城門㆒、朱雀等門為㆓皇城門㆒、承天等門為㆓宮城門㆒…（略）…東都諸門准㆑此」（明徳等の門を京城門と為し、朱雀等の門を皇城門と為し、承天等の門を宮城門と為し…（略）…東都の諸門此に准ず）とある。郭の区域の南面正門である明徳門が京城門とされていることからも、都城と同義語である京城の概念が、郭の区域までを含めた範囲のこととなっていることが確認される。

『旧唐書（くとうじょ）』巻二十四、礼儀志には、代宗の永泰二年（七六六）のこととして、「礼儀使于休烈請、依㆓旧祠風伯雨師於国門旧壇㆒、復為㆓中祠㆒、従㆑之」（礼儀使于休烈請う、旧祠の風伯雨師を国門の旧壇において、復して中祠となさんことをと、これに従う）とある。これは、礼儀使の于休烈の申請により、風伯、雨師の国門旧壇での祭祀を復活したという記事である。

風伯、雨師を祀る壇は、先に『隋書』の記載でみたように、通化門、金光門という大興（唐の長安）の郭門の付近にあったものである。『旧唐書』の礼義志に見える「旧壇」は、これらの壇を指していると考えられる。この記載では長安の郭門が国城の門である国門として記載されていることになる。

唐の徳宗朝の王涇(おうけい)の撰になる『大唐郊祀録』巻七には、唐時代の雨師の祭祀壇について、「祀二雨師於国城西南一…（略）…隋制壇於二国城西南八里金光門外一…（略）…其壇長安在二金光門外一里半道南一」（雨師を国城の西南に祀る…（略）…隋制は国城の西南八里金光門外に壇す。その壇は長安の金光門外一里半の道の南にあり）と記す。隋制では大興の国城の西南八里にあった雨師壇を、唐では国城の西南の金光門外一里半の道の南にあったと記す。このことからも、隋時代には内城的な宮城と皇城のことであった国城の概念が、唐時代中期には金光門の開かれた郭の区域までを含めるようになったことがうかがえる。

これらの記載から、都城（京城）と同義語ではあるけれども、礼制と深く関わり伝統を重視する国城の概念も、唐時代中期までに郭の区域までを含むように変化していることが確認されるのである。つまり、郭の区域までを含める新しい都城（京城）の概念が、伝統を重視する礼制上の認識も含めて定着しているのである。

なお、北宋時代（九六〇～一一二七）の都である開封では、郭の区域に相当する外城までを含めた範囲が都城（京城・国城）であるとともに、郭の区域の外縁をめぐる郭壁も堅固な構造となる。[注9] この北宋の開封のあり方は、隋唐時代における新しい都城の概念に応じた構造の完成形態であるといえる。[注10]

三　都城の概念の変化と日本の都

今まで述べてきたように、中国の前漢時代から魏晋南北朝時代までの都では、宮とそれを内包する城の区域、つまり内城的空間が本来的な意味での都城であり、外郭空間である郭の区域は都城には含まれなかった。しかし、隋時代から唐時代初期にかけての過渡的様相を経て、唐時代中期までには、郭の区域までを含める新しい都城の概念が定着している。日本で本格的な都の造営が志向されるようになる飛鳥時代から奈良時代は、まさに中国において都城の概念が大きく変化する時期に該当し、この問題が日本の都の構造に大きな影響を与えた可能性が考えられる。

それではここで、中国における都城の概念の変化が、どのように日本の都の空間構成に本質的な影響を与えたのかという問題について、日本における本格的な初期の都城であり、しかも全体構造の解明が進んでいる藤原京を中心に述べたい。注11

1　城塞的構造を有する藤原京の宮域

藤原京注12の全体構造は、内城的空間である宮域（藤原宮）に対して、外郭的空間である条坊域の付随性がかねてより指摘されていた。注13それは内城の内部を都城とする中国の古い都城の概念による空間構成と類似している。注14

藤原宮の周囲は瓦屋根を備えた高さ約五・五メートルの掘立柱の大垣で囲まれ、注15その大垣には東西南北の各面にそれぞれ三門ずつの合計十二門が開き、これらの門は桁行五間、梁行二間の構造であったと推定されている。注16宮域の周囲の大垣の内側には内濠（南・北・西面で幅約二・一メートル、東面で幅約三・二メートル）が巡らされ、大垣と内濠とは約一〇・六メートルの距離を隔てていた。また、大垣の外側には外濠（西面で幅約七・〇八メートル、南・東・北面で幅約五・三メートル）が巡らされていた。大垣と外濠の間には壖地（ぜんち）とも呼ばれる幅の広い空地が存在した。その壖地は、東・西面で一七・七メートル、北面で二一・二メートル、南面中央部で一七・七メートルの幅を有していた。注17さらに、藤原京では、外周帯と呼ばれる幅約三〇メートル前後（南面で二八・三メートル、東面

で二八メートル余り）の空地が、外濠のさらに周囲に巡らされていた。[注18]

阿部義平氏は、壖地や外濠、内濠と同様のものが、平城宮のみならず、多賀城をはじめとする古代東北の城柵にも見られ、とりわけ志波城や宮沢遺跡では外周帯のようなものも検出されていることから、これらの施設の有する軍事的機能を指摘されている。[注19]

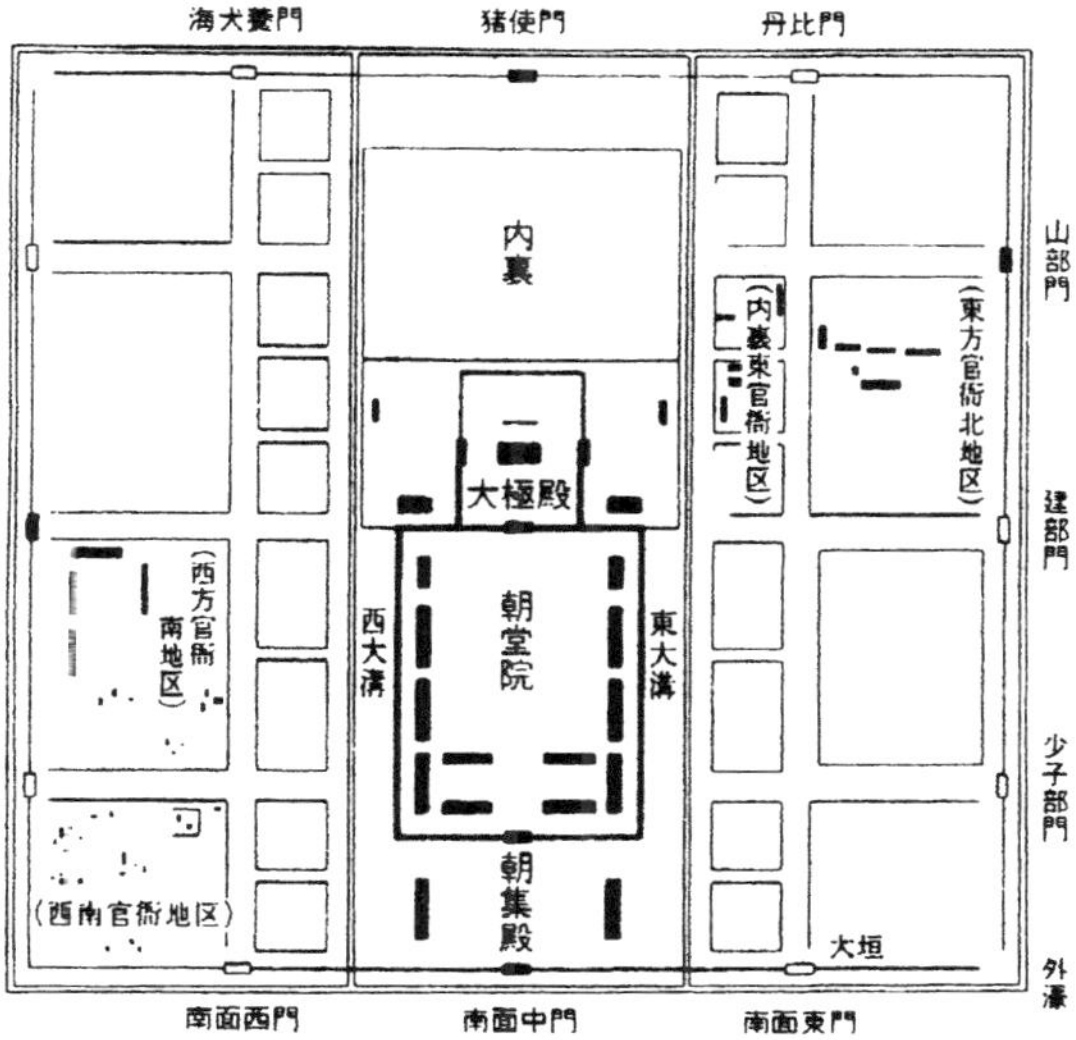

挿図3　寺崎保広「藤原宮復元図」（注24の文献より引用）

なお、この壖地を養老令の注釈書である『令義解』巻五、宮衛令では「道内」という名称で呼んでいる。[注20] この「道内」について、『令集解』所引の大宝令の注釈書とされる古記[注21]によると、ここは兵士が守備する場所であり、[注22]物を積むことなども禁止されていた。[注23] このことから、壖地（道内）は軍事的な機能を有する施設として本来認識されていたことが理解される。

藤原京で、内城的な空間である宮域（藤原宮）が城塞的なあり方を示す全体構造は、中国の前漢時代から南北朝時代にかけての、内城的空間を城塞的な本来の都城とする構造と類似しているのである（挿図3[注24]）。

2　京城、皇城と呼ばれた藤原京の宮域

『続日本紀』には、藤原京の宮域（藤原宮）が、当時

において都城と同義語の京城、或いはその雅称である皇城と呼ばれた可能性をうかがわせる記載がある。

それは、『続日本紀』巻三、慶雲三年（七〇六）三月丁巳の条に、「詔曰…（略）…又如レ聞京城内外、多有二穢臭一、良由三所司不二レ存検察一、自レ今以後、両省五府並遣二官人及衛士一、厳加二捉搦一、随レ事科決」（詔して曰く…（略）…又聞くが如くんば京城の内外、多く穢臭あり、良（まこと）に所司の検察を存ぜさるに由る、今より以後は、両省五府並びに官人及び衛士を遣わし、厳しく捉搦を加え、事に随い科決せよ）という記載である。

これは、「京城内外」の穢臭に対して、兵部省や五衛府などの官人や衛士を派遣して取り締まらせるという記事である。この穢臭は排便や排尿によるものである可能性が考えられるが、何によるものであるのかは、この記事のみからは判然としない。しかし、この穢臭の原因を取り締まるため、条坊域の外部にまで兵部省や五衛府の官人を派遣するとは考えがたい。

それらの点から見て、ここでいう京城は、通常宮域（藤原宮）とされている区域と考える。なお、この件に関する詔勅が、『類聚三代格』にも収められているが、そこでは「京城」ではなく「皇城」や「城闕」と記されている。注25

また、『続日本紀』巻五、和銅三年（七一〇）正月壬午朔の条には「三年春正月壬子朔、天皇御二大極殿一受レ朝、隼人蝦夷等亦在レ列、左将軍正五位上大伴宿禰旅人、副将軍従五位下穂積朝臣老、右将軍正五位下佐伯宿禰石湯、副将軍従五位下小野朝臣馬養等、於二皇城門外朱雀路一東西分頭、陳二列騎兵一、引二隼人蝦夷等一而進」（三年春正月壬子朔、天皇　大極殿に御して朝を受く、隼人蝦夷等また列にあり、左将軍正五位上大伴宿禰旅人、副将軍従五位下穂積朝臣老、右将軍正五位下佐伯宿禰石湯、副将軍従五位下小野朝臣馬養等、皇城門外朱雀路において東西に分頭し、騎兵を陳列し、隼人蝦夷等を引きて進む）とある。

ここに見える「皇城門」は、文脈から考えて通常朱雀門とされる門のことであろう。このことから、藤原京では朱雀門より内部の区域である宮域（藤原宮）が、和銅三年の段階で、都城の雅称である皇城とも呼ばれていたことがうかがえる。

この記事については、平城遷都にさしかかる微妙な時期であり、平城京のことか藤原京のことか明確ではない。ただし、これが平城京のことであったとしても、養老年間に成立していた養老令では、皇城門という呼称は用いられず宮城門と呼ばれていることから、養老年間以前のことであると考えられる。[注26]さらに遡及した藤原京の段階で皇城門という呼称が用いられ、宮域（藤原宮）が皇城と呼ばれていた可能性は高い。

これらの記載から、藤原京では、宮域と通常されている区域（藤原宮）が、京城、もしくは皇城と呼ばれていた可能性が考えられるのである。

京城は都城の同義語であり、皇城は本来的に都城の雅称である。そうであれば、藤原京では、宮域と通常されている区域（藤原宮）が都城であり、郭の区域に相当する条坊域は京内ではあるけれども都城（京城）には含まれなかったことになる。

このような藤原京の空間構成は、内城に相当する空間（宮の区域とそれを内包する城の区域）を都城として、その外部の郭の区域を都城に含めない、中国における漢代以来の伝統的な都城の概念による空間構成と類似している。おそらく、先述した隋時代から唐時代初期にかけての国城の概念を通して、時代の隔たる漢代以来の、郭の区域を含めない都城の概念に依拠する空間構成を継受したものであろう。

3　藤原京の宮域と『周礼（しゅらい）』冬官の国（王城・国城）

近年、藤原京の京域全体が、儒教思想の中で理想的な王城のモデルを示しているとされる『周礼』冬官、匠人の条[注27]を建設理念として造営されたとする小澤毅氏、中村太一氏の見解が有力な学説となっている。[注28]しかし、筆者は、先述したような検討をふまえると、むしろ『周礼』冬官、匠人の条の記載と対比するべきは、条坊の施行された区域を含めた京域全体ではなく、内城に相当する通常宮域とされている区域（藤原宮）であると考える。

小澤氏や中村氏の見解では、藤原京の京域全体と『周礼』冬官、匠人の条に見える本文の記載との対比を行い、その中に見える「匠人営国、方九里、旁三門」や「国中九経九緯」という字句を十条十坊のような条坊のあり方として解するものであった（挿図4）。[注29]

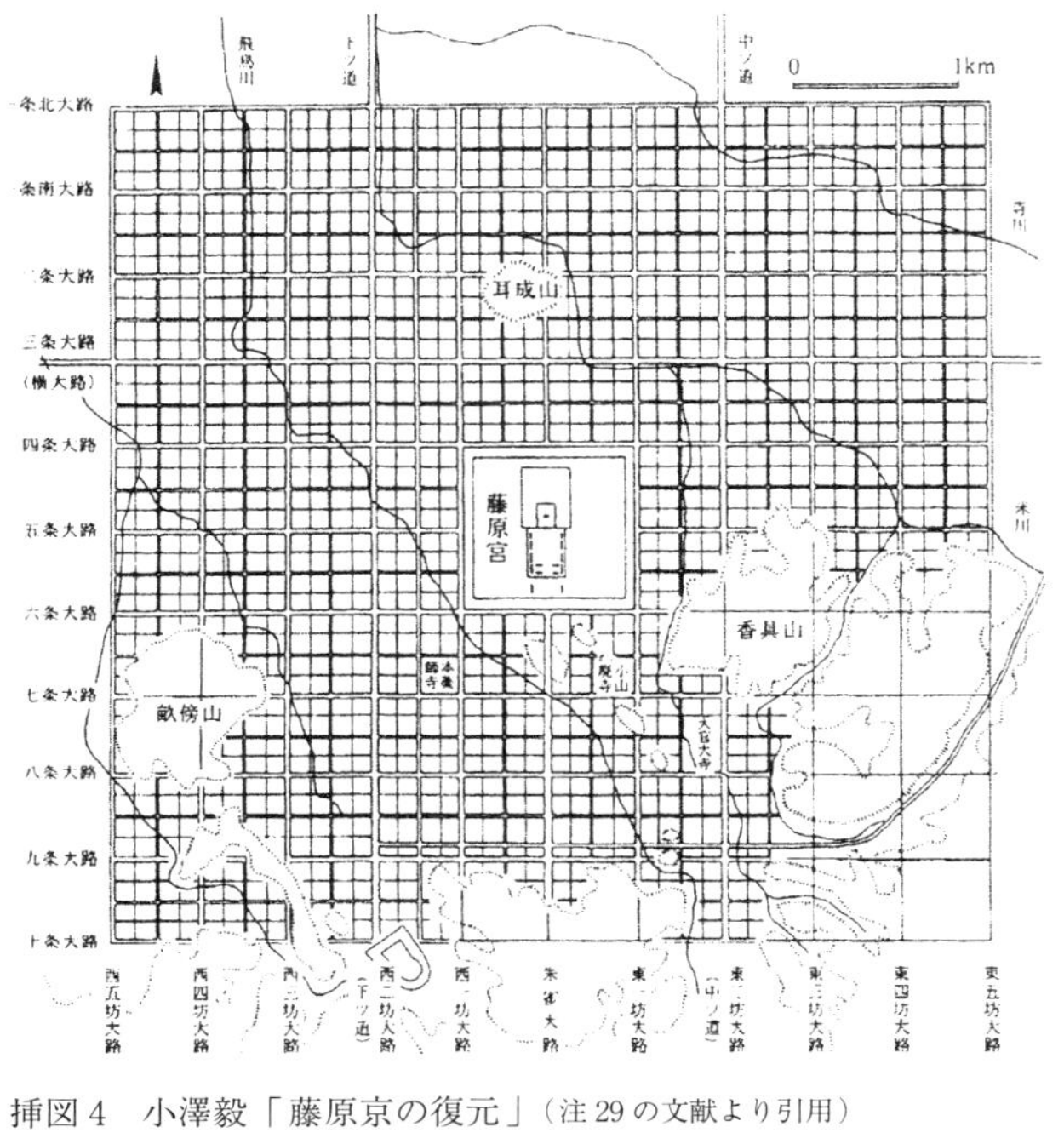

挿図4　小澤毅「藤原京の復元」（注29の文献より引用）

しかし、当時の中国では経と注は一体化して流通していることから、[注30]『周礼』冬官、匠人の条を、当時最も有力な解釈であった後漢時代の鄭玄（じょうげん）の注に沿って読む必要がある。そこで、これらの字句を鄭玄の注やさらにそれを敷衍した唐時代初期の賈公彦（かこうげん）の『周礼注疏（しゅらいちゅうそ）』の義疏（ぎそ）に見えるような解釈に依拠して読むと、それぞれ次のようなこととなる。

先ず「匠人営国、方九里、旁三門」について、鄭玄は「営謂レ丈二尺其大小一、天子十二門」（宮とは、その大小を丈尺するを謂う、天子は十二門なり）とする。賈公彦は「王城各面三門」（王城の各面に三門なり）とする。また、「国中九軽九緯」について鄭玄は、「国中城内也、経緯謂涂也」（国中は城内なり、経緯は涂(みち)を謂うなり）とする。

このような解釈は、『周礼』天官、冢宰(ちょうさい)の条の「体国経野」に関する賈公彦の義疏では、『周礼』冬官、匠人の条の記載も踏まえて、よりまとまった形で示される。それは、「旁謂四方、方三門則王城十二門、門有三道、三三而九則九道、南北之道謂之経、東西之道謂之緯」（旁は四方を謂う、方に三門なれば、則ち王城十二門なり、門に三道なり、三三にして九なれば則ち九道なり、南北の道を経と謂い、東西の道を緯と謂う）という記載である。

このように、藤原京が造営された時期に最も有力な『周礼』の解釈であった鄭玄の注や賈公彦の義疏に見られるような解釈に沿って、『周礼』冬官、匠人の条に見える「匠人営国、方九里、旁三門」や「国中九経九緯」を読むと、国（国城）すなわち王城の各辺に三つずつの門があり、それぞれの門にある三つの開口部（門道、扉口）から、現代で言えば、まるで三車線のように三本に小分けされた街路が、王城の内側に向かって延びているというものであった。これを藤原京の全体構造と対比すると、十二門の配置やそれぞれの門の構造（開口部が三つであったらしいこと）などから見て、むしろ、この配置は通常宮域（藤原宮）とされている区域と対応することになる。鄭玄は「天子十二門」と記し、これを天子の王城の重要な指標としている。藤原京の宮域（藤原宮）は都城（京城）であるとともに、『周礼』冬官、匠人の条に見えるような王城（国、国城）でもあったのである。その外縁に配された朱雀門などの十二門は、国城の門である国門ということになる。

ところで、重要文化財である『石清水八幡宮文書』には、平安時代末期に信西が朝廷に上申した勘文の鎌倉時

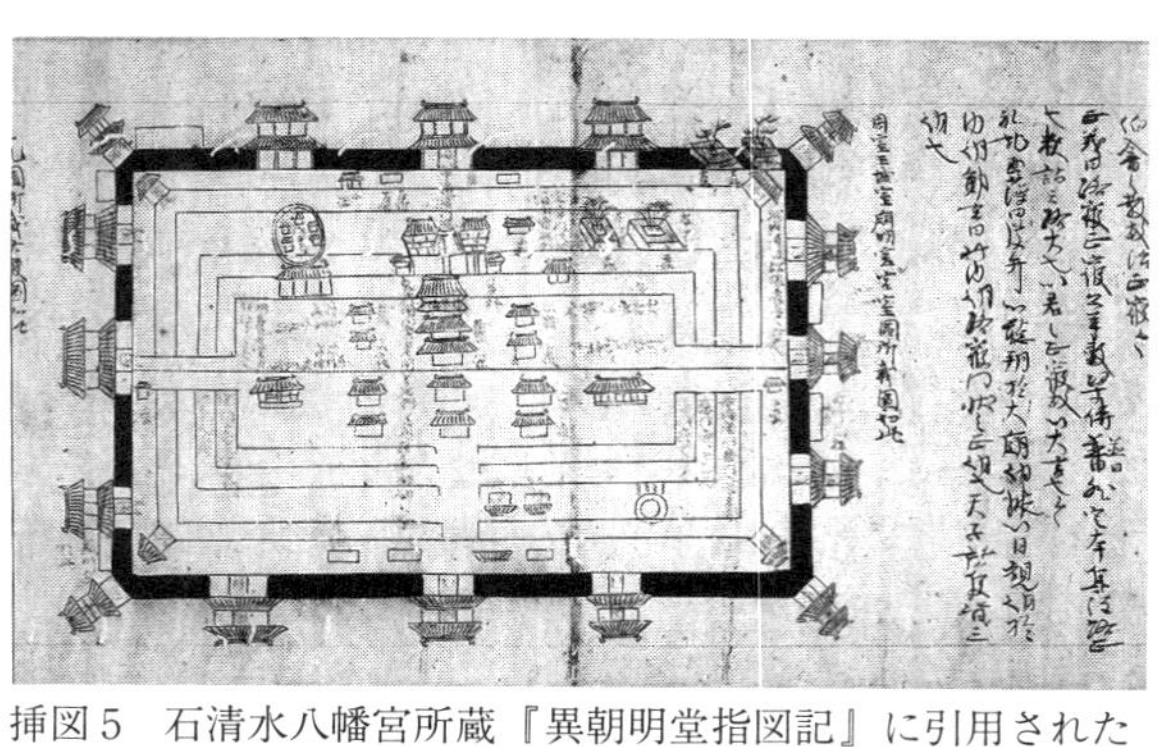

挿図５　石清水八幡宮所蔵『異朝明堂指図記』に引用された王城図

代の写本が、『異朝明堂指図記』という題号を付して収められている。筆者は、その『異朝明堂指図記』には、後漢時代末期から三国時代初の人である阮諶（げんしん）の撰になる、『周室王城明堂宗廟図』に引用されている逸図と考えられるものが引用されていることを旧稿で指摘した。[注31] その中には、後漢時代の経学で理想化して考えられた周代の王城を描いたものがある（挿図5）。[注32] その図には、周代の王城（国、国城）について、鄭玄や賈公彦の解釈と同様に一つの門に三つの門道を有する十二門が、東西南北の各辺に三門ずつ描かれている。鄭玄の注を敷衍して賈公彦の『周礼注疏』に見られるような王城十二門に関する解釈が、後漢時代において鄭玄だけでなく、おそらく普遍性を有する解釈として成立していたことをうかがわせる。

藤原京では、通常宮域とされている区域（藤原宮）に、理想的な王城（都城、京城、国城）の姿を示しているとされる『周礼』冬官、匠人の条に見られるような構造が、当時の経学で最も有力で普遍性を有する解釈を踏まえて案出されていると考えられる。

四　周制の三朝制と日本の宮室、都城

先述したように、藤原京は、都城に郭の区域を含めない漢代以来の伝統的な空間構成に依拠して、[注33] 内城的な空

間である宮域（藤原宮）に、『周礼』冬官、匠人の条に見られるような理想化された周代の王城モデルを勘案して、全体構造が案出されたと考えられる。

それでは、宮域の内部にある内裏、大極殿院、朝堂院[注34]という宮室中枢部の構造も、同様に『周礼』が勘案されているのであろうか。

『周礼』冬官、匠人の条には、王城の構造について記す中で、「面レ朝」（朝に面す）という字句がある。ここに見える王が面する「朝」が具体的に何であるのかについて、鄭玄も賈公彦も匠人の条の部分では特に解釈を記していない。しかし、『周礼』天官、冢宰の条の「体国経野」に関する賈公彦の義疏では、「面レ朝」について「三朝、皆是君臣治政之処」（三朝なり、皆これ君臣治政の処なり）とする。つまり、藤原京が造営された当時の経学解釈では、王城（国城）における「朝」とは、君臣が治世を行う三朝であるということになる。

それでは、ここで三朝と日本の宮室の関わりについて、藤原京の宮室中枢部の祖型である前期難波宮にまで遡及して考えてみたい[注35]。

1　周制の三朝制と前期難波宮の宮室中枢部

大阪市中央区で発見された前期難波宮の遺構は、日本における、内裏、大極殿院、朝堂院から構成されるような宮室中枢部の構造の原型的存在である。この遺構は、『日本書紀』白雉三年（六五二）に完成した孝徳天皇の難波長柄豊碕宮の遺構であると推定されている（挿図6）[注36]。

この前期難波宮の宮室中枢部の遺構は、門によって内裏の空間、朝堂院の空間、朝堂院南門と朱雀門の間の空間という三つの空間に分けられる。筆者は旧稿で、このような空間構成が、周制の三朝制を志向して案出されたものであると考えられることを述べた[注37]。

周制とは、儒教で理想とされる先秦時代の周王朝の制度である。この周制については、漢代以来、儒教の経書などに基づいて、それがどのようなものであったかが考えられてきた。ただし、経書などを通して考えられた制度は観念的なものであり、必ずしも周代の実態を反映しているとは限らない。

しかし、後漢末期の鄭玄（一二七〜二〇〇）によって『周礼』や『礼記』のような儒教の経書などをもとに体系化された解釈（主として「注」の形式で示される）や、それをさらに敷衍した魏晋南北朝時代から隋唐時代にかけての

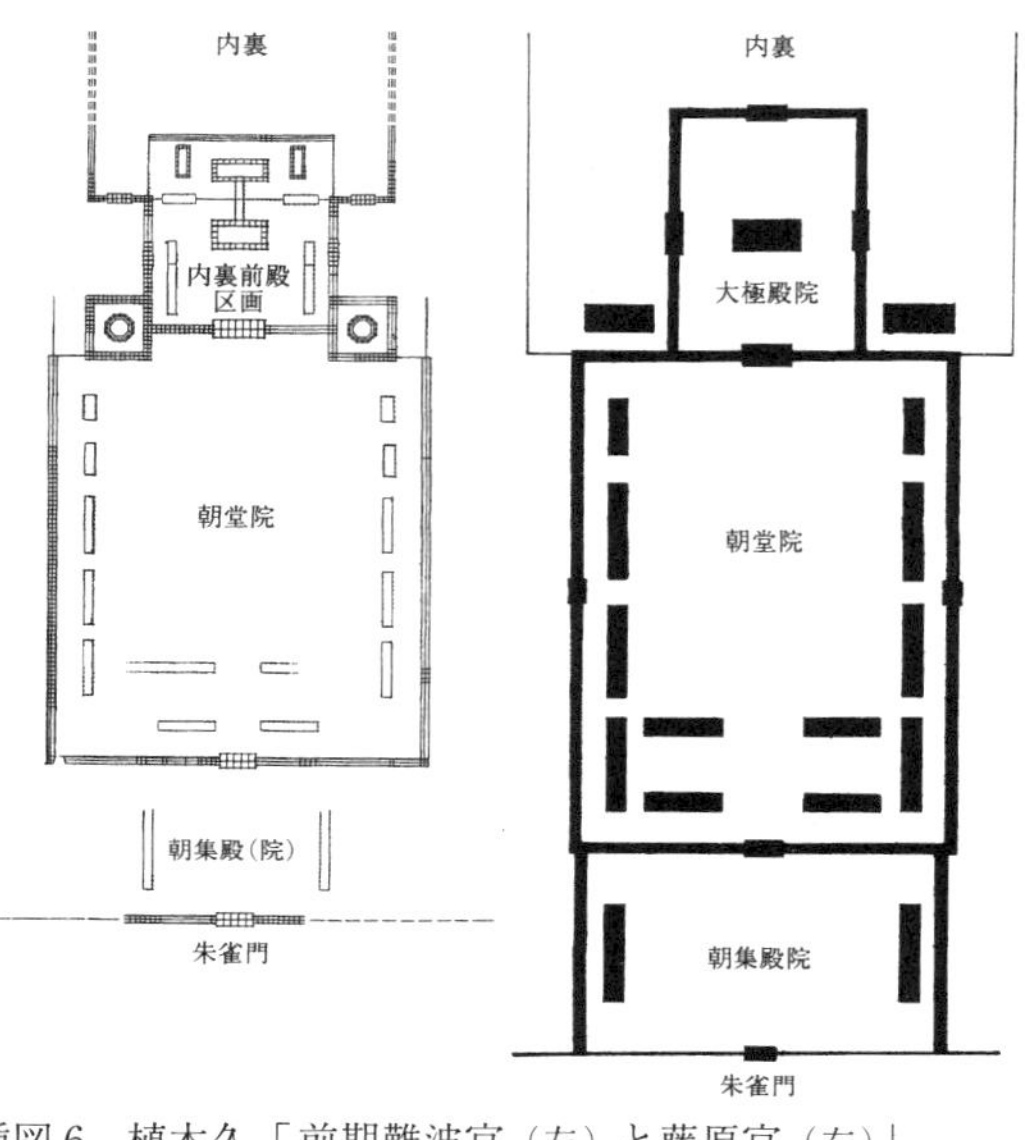

挿図6　植木久「前期難波宮（左）と藤原宮（右）」
（注36の文献より引用）

解釈である『周礼注疏』や『礼記正義』のような「義疏」（「疏」ともいう）は、これらの解釈自体が大きな社会的影響力を有していた[注38]。先述した『周礼』冬官、匠人の条に見えるような国（王城・国城）に関する解釈も、周制の一環である。

三朝制は、鄭玄などによって体系化された周制の中の宮室の空間構成の原理である。筆者は、このような三朝制を、「周制の三朝制」と措定した。この周制の三朝制は、宮室中枢部の空間を、縦軸に、燕朝、治朝、外朝という三つの空間に分節するものである（三朝については、内朝、中朝、外朝と表現される場合もある）。なお、周制の三朝制には、五つの門（路門、応

門、雉門、庫門、皐門）によって空間が分節される五門の三朝制と、三つの門（路門、雉門、庫門）によって分節される三門の三朝制がある。

五門の三朝制は天子の制度で、三門の三朝制は諸侯の制度であるとされる。しかし、三門の三朝制であっても天子の制度としての性格を帯びる場合があり、その場合には、雉門は五門の三朝制の応門を、庫門は皐門を兼ねる。[注39]なお、日本の宮室は、周制の三門の三朝制を天子の制度として勘案していると考えられるため、本稿では三門の三朝制を中心に述べたい。[注40]

なお、周制の三門の三朝制では、三朝の最外部の門は庫門である。しかし、本稿では、三門の三朝制が天子の制度として用いられたと考えられるので「皐門」と表現した。

周制の三門の三朝制では、宮室中枢部は、路門、雉門、皐門によって、燕朝、治朝、外朝という三つの空間に分節される（挿図7）。その中で最も奥の空間である燕朝は、王の燕息（休息の意である）のための空間である。

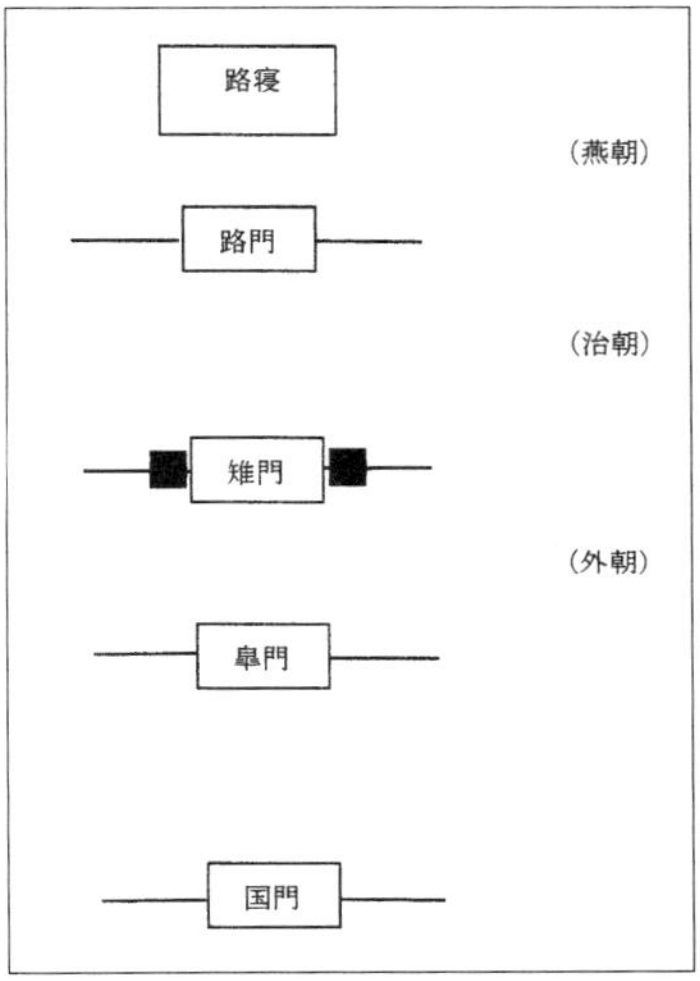

挿図7　周制の三朝と国門

燕朝の南側には路門と呼ばれる門があり、その前方には治朝（正朝ともいう）と呼ばれる空間がある。治朝は「群臣治事之朝」とも言われ、群臣が政務を行う空間である。ここには九卿が執務をするための九室と呼ばれる建物もある。

治朝の南には雉門があり、その両側に象魏とも呼ばれる楼観が設けられる。雉門は、『周礼』秋官、朝士の条に関する鄭玄の注に、「王五門、雉門為二中門一、雉門設二両観一、与二今宮門一同」（王の五門は、雉門を中門となし、雉門には両観を設く、今の宮門と同じ）と記され、『周礼』天官、閽人（こんじん）の条には、「閽人掌㆓守王宮之中門之禁㆒」（閽人は王宮の中門の禁を掌守す）とある。これに対する鄭玄の注では、「中門於㆓外内㆒為㆑中、若㆓今宮闕門㆒」[注41]（中門は外内において中となす、今の宮闕門のごとし）とある。また、『周礼』天官、冢宰には、「閽人、王宮毎㆑門四人」（閽人は、王宮の門ごと四人なり）と見える。

雉門は、閽人が守衛し、五門の三朝制においても、三門の三朝制においても、中心軸上でちょうど中間に位置するため中門とも呼ばれる。また、この門は王宮の門であり、両観（両側の門楼）を備え、後漢時代の宮闕門（きゅうけつもん）（宮門）に相当するという。この内部が王宮ということになろう。

この雉門とさらにその南にある皐門の間の空間が外朝となる。皐門については、『周礼』秋官、士師の条では、宮禁などの五禁に関する鄭玄の「宮、王宮也」という注に対して、『周礼注疏』の賈公彦の義疏では、「云㆓宮王宮也㆒者、謂㆓皐門㆒也」（宮は王宮なりと云うは、皐門を謂うなり）というように、王宮の宮禁の対象となる門を皐門とする。つまり、当時の経学では、皐門を宮門とする解釈もあったのである。本稿では、雉門の内部を王宮とするものを狭義の宮、皐門の内部を王宮とするものを広義の宮と措定した[注42]。

なお、三朝は王城（国、国城）の内部に存在するものであり、国城の門である国門は、三朝の最も外部の門である皐門よりさらに外部に位置する。先述した王城の周囲に配された十二門が国門である。

また、王城の城外の都市域は、『周礼』地官、載師の条に関する『周礼注疏』の賈公彦の義疏に「郭謂㆓郛郭㆒」（郭とは郛郭を謂う）と見えるような、郛郭（ふかく）と呼ばれる区域であった。

旧稿[注43]では、周制の三門の三朝制と前期難波宮の遺構との対比を行い、前期難波宮の、大極殿院と未分化な内裏を燕朝、朝堂院を治朝、朝堂院南門と朱雀門の間を外朝に比定した。そして、内裏南門を路門、朝堂院南門を雉門、朱雀門を皐門に比定した。

前期難波宮における周制の三朝制を志向する構造は、それ以後の宮室にも発展的に継承されたと考える。[注44] 朝堂院南門が、大宝令で中門と呼ばれ、養老令で宮門と呼ばれることや、長岡宮や平安宮において朝堂院南門（平安宮では応天門）の両側に門闕である翔鸞楼、棲鳳楼のような楼観が設けられるようになることは、前期難波宮以来の雉門としての性格が継承されたためであると考えられる。

なお、日本の古代の都では、宮門である朝堂院南門の内部が狭義の宮であり、[注45] 通常宮域と呼ばれている区域は、広義の宮であると考える。これは先述した三朝制における経学上の狭義の宮、広義の宮とも対応する。

2　周制の三朝制と藤原宮

藤原宮の宮室中枢部に関しては、佐竹昭氏によって、『周礼』や『礼記』などの儒教の古典に見える「古典的な三朝制」（筆者の提示する用語で言えば、周制の三朝制に該当すると考えられる）との対比が行われている。[注46] 佐竹氏は、大極殿院と内裏を含めた空間を燕朝、朝堂院を治朝、朝堂院南門以南を外朝に比定される。佐竹氏の示される比定によるならば、藤原宮の大極殿院南門が路門、朝堂院南門が雉門、朱雀門が皐門となる。

ただし、佐竹氏は、儒教の古典に見える三朝制との対比について、あまりにも時代が隔たっているため、やや飛躍に過ぎたものとして類似しているとしか言えないと自ら慎重な見解も示される。[注47] しかし、筆者は、周制が、当時の東アジアの社会において大きな影響力を有したことや、前期難波宮からの流れから考えても、藤原宮の内裏、大極殿院、朝堂院に関する佐竹氏の「古典的な三朝制」との対比を首肯すべきものであると考える。

佐竹氏の藤原宮の宮室中枢部と古典的な三朝制との対比によれば、朝堂院南門は雉門であり、朱雀門は皐門となる。しかし、朱雀門は、先述したように、国城の門（国門）の一つである。藤原京では、朱雀門に皐門とその外部にあるはずの国門の性格が重なってしまうことになるのである。そこで、次にこの問題について考えてみたい。

五　都城概念の変化と三朝との関わり

先述したように、藤原京は、隋時代から唐時代初期に、礼制上の認識として伝存していた前漢時代以来の伝統的な都城の概念に依拠して、内城的な空間であり藤原宮とも呼ばれる宮域を都城（京城、王城、国城）とする空間構成であると考えられる。そして、この宮域に、『周礼』に見えるような周制の王城の構造が勘案されている。

藤原京の朱雀門は、都城（京城、国城）の外縁に配された十二門の一つである。これらの十二門は、周制では国城の門、即ち国門に相当すると考える。周制で国門は皐門の外部にある門であるけれども、藤原京では、三朝制で雉門に相当する朝堂院南門と国門に相当する朱雀門の間にあるべき皐門がなく、朱雀門が皐門とその外部にあるはずの国門の性格を併せ有する構造となっている。

この要因として、筆者は、都城の概念の変化する過渡期である隋時代から唐時代初期の国城の概念を通して、漢代から魏晋南北朝時代における宮闕門と都城の門の位置関係が受容されたためではないかと考える。そこで、隋時代の都である大興と洛陽の構造について見てみたい。

隋都の大興では、都城（京城）の概念は郭の区域までを含めるように変化していた。しかし、都城と同義語ではあるが礼制と関わりの深い国城という言葉は、既述したように漢代以来の伝統的な都城の概念に則して、内城的な空間である宮城と皇城を意味した。

隋時代の大興では、門闕を有する宮城門の広陽門[注48]（唐では承天門）が三朝制に比擬すれば雉門に相当する。隋では内城的空間である宮城、皇城が国城と認識されていたので、皇城門である朱雀門は国城の門（国門）ということになる。雉門と国門の間には、五門の三朝制で言えば、庫門、皐門が必要であり、三門の三朝制で言えば、皐門があるはずである。しかし、隋時代の大興では雉門と国門の間に門はなく、雉門に相当する宮城門（広陽門）と国門に相当する皇城門（朱雀門）が直接相対していた。[注49]換言すれば、隋時代の大興においては、皇城門である朱雀門が、皐門の性格と国門の性格とを併せ有していたのである。また、これは、宮闕門と都城の門が直接相対していると表現することもできる。

隋時代の洛陽においても国城は、大興と同様に宮城と皇城のことであったと考えられる。宮城門である則天門（唐の応天門に継承される）は門闕を有する宮闕門であったので、これは三朝制でいえば雉門に相当する。また、皇城門である端門が国門となる。洛陽でも、雉門である宮城門（則天門）と国門である皇城門（端門）は相対する位置関係にあり、端門が三朝制で言えば皐門と国門の性格を併せ有する構造となっている。

隋都の大興や洛陽で見られるこれらの点は、礼制上は漢代以来の都城の概念が伝存していた唐時代初期まで継続していたと考えられる。藤原京の朱雀門が、三朝制の皐門と国門の性格を併せ有するあり方と共通する。

筆者は、宮闕門と都城の門が直接相対する位置関係を、漢代から魏晋南北朝時代の都における基本的な構造であると考える。これが、隋時代から唐時代初期における宮闕門と国城の門の位置関係を通じて、藤原京に受容されたと考える。

なお、『大業雑記』[注50]には、隋代の洛陽の宮城門である則天門を「宮城正門」と記すとともに、皇城門である端門を「宮南正門」と記載する。隋時代の都で本来の宮というべきは宮城であるけれども、これらの記載から宮城と皇城を併せた内城的空間全体も宮と認識されていたことがうかがえる。

隋時代の都では、宮城と皇城という内城的空間は、国城であるとともに広義の宮でもあったのである。藤原京の内城的空間である宮域は、既述したように都城（京城、国城）であるとともに広義の宮であった。それとともにこの宮域は藤原宮と呼ばれるように広義の宮であった。内城的空間が都城であって、しかも宮であるというあり方も、[注51]隋時代の大興や洛陽と共通する。[注52]

藤原京に先行する前期難波宮の全体構造に関しては未解明な部分がまだ多いけれども、宮室中枢部が周制の三朝制を志向したと考えられる構造であることや朝堂院南門と朱雀門の位置関係から見て、朱雀門が皐門の性格と国門の性格を併せ有するようなあり方が既に構築されていた可能性も考えられる。そうであれば、朱鳥元年（六八六）に焼失するまで残されていた前期難波宮の全体構造が藤原京の空間構成に影響を与えている可能性も考えられるのである。[注53]今後の発掘調査成果を注視して検討したい。

結びにかえて

中国の漢代から魏晋南北朝時代の都は、宮の区域とそのまわりの城の区域、さらにそのまわりの郭の区域から構成される三重の構造であった。これは、内城的空間（宮の区域と城の区域）と外郭空間からなる空間構成と表現することもできる。これらの中でこの時代に都城（京城）と見なされていたのは、内城の空間（宮の区域と城の区域）であり、その外部の郭の区域は都城には含まれなかった。

しかし、隋時代に都城（京城）の概念は郭までを含むように変化した。ただし、礼制と関わりの深い国城という言葉は、都城（京城）と同義語であるにも関わらず、伝統的な都城の概念を踏襲して郭の区域を含まなかった。このような伝統的な都城の概念は、唐時代初期まで存続していたと考えられる。隋時代から唐時代初期にかけては、新しい都城の概念と伝統的な都城の概念が併存する過渡期であったのである。しかし、唐時代中期までには、礼制と関わりの深い国城の概念も、郭の区域までを含むように変化している。

ところで、中国で都城の概念が大きく変化する隋時代から唐時代初期は、日本で本格的な都城の造営が模索される時期である。日本の本格的な都の原型的存在である藤原京では、内城的空間である宮域（藤原宮）が、都城の同義語である京城、或いはその雅称である皇城と呼ばれていた。また、この宮域は、当時の日本にあっては城塞的な構造を有していた。

藤原京は、中国の前漢時代から魏晋南北朝時代の郭の区域を都城に含めない伝統的な空間構成を、隋時代から唐時代初期の礼制上の認識を通して受容したと考えられる。そして、内城的な空間である宮域（藤原宮）に、『周礼』などの儒教の経書に見える周制の王城の構造を、当時最も有力な解釈であった後漢時代の鄭玄の注や唐時代の賈公彦の義疏に見られるような解釈を介して受容している。宮域の外縁に、周制の王城の指標である十二門を整然と配置するのは、このためであると考えられる。

日本の都では、宮室中枢部に関しても周制が勘案され、前期難波宮に見られるような周制の三朝制による空間構成がそれ以後の宮室においても発展的に継承されたと考えられる。ただし、周制の三朝制と都城との関りを考えると、藤原京では朱雀門に、周制の三朝制における皐門とその外部にあるはずの王城（国城）の門である国門の性格が重ねられている。

その要因として筆者は、都城の概念の変化する過渡期である隋時代から唐時代初期の国城の概念を通して、漢代から魏晋南北朝時代における宮闕門（雉門に相当）と都城の門（国門に相当）が直接相対する位置関係を受容したためであると考える。

なお、日本の都で、雉門に相当する朝堂院南門の内部、つまり内裏・大極殿院・朝堂院が狭義の宮で、通常宮域とされる宮城が広義の宮であるというあり方の淵源も、隋都に見られる認識を継受している可能性がある。

前期難波宮から藤原京にかけて確立した日本の都の構造は、漢代以来の伝統的な空間構成に依拠して、内城的空間を周制の王城として、その宮室中枢部に周制の三朝制を勘案して全体構造が案出されたと考えられる。それは、周制を建設思想の基調とする構造である。ただし、周制のすべてを教条的に再現しようとしたものではない。これを基調としつつも、隋時代から唐時代初期の礼制上の認識を通して、漢代から魏晋南北朝時代の宮闕門と都城の門の位置関係を受容し、内城である宮域に住宅を設けないという隋代における改革も取り入れるなど他の要素も摂取して主体的に再構成されたものであろう。[注54]

平城京では、唐で定着した郭までを含める新しい都城の概念が導入され、京域全体が都城（京城）と認識されるようになる。[注55]しかし、平城京以後の都である長岡京、平安京にも、[注56]周制における王城の重要な指標である十二門が内城的空間である宮域に原則的に踏襲されていく。このことは、藤原京で確立した漢代以来の伝統的な空間構成に依拠して、周制を建設思想の基調とする構造が、それ以後の時代においても、根強く遺制として継承されたためであると考えられる。また、宮室中枢部も唐代の構造を重層的に受容しながらも、周制の三朝制を志向する構造が基底的に継承されていく。

これは、前期難波宮から藤原京にかけて確立した宮室や都城の構造が、日本の実情に適合したものであり、律令制度による政治構造が完成されていく過程において、権威の創出をはかりつつ、効率よく政務運営や宮室や官署群の防御を行うことのできる合理性を追求した優れた構造であったからではないかと考える。

注

1　都城制に関係する筆者のこれまでの論考には、次のようなものがある。なお、本稿で筆者の論考を本注以外で引用する場合は、筆者の名前に発行年を併せたもので記す。同一年に二本ある場合は、さらに1、2などの数字を加えて区別して表示した。「中国都城制に関する一考察――「宮」・「城」・「郭」という言葉を中心に――」（網干善教先生古希記念会篇『網干善教先生古希記念考古学論集』網干善教先生古希記念会、一九九八年）。「前期難波宮と「周制」の三朝制について」（『ヒストリア』一七三、二〇〇一年）。「隋唐代における「都城」の概念の変化について――日本の宮都との関係を含めて――」（『条理制・古代都市研究』一八、二〇〇二年）。「中国における都市城壁の問題について――南北朝時代から隋唐時代の宮都を中心として――」（『郵政考古紀要』三三、通巻四二、二〇〇三年）。中塚良・豊田裕章「古代景観形態学の試み――長岡宮「宝幢」パースペクティブ実験を例に――」（『立命館大学考古学論集Ⅳ』立命館大学考古学論集刊行会、二〇〇五年）。「前期難波宮の小柱穴について――裳階という観点から――」（日本書紀研究会編『日本書紀研究』二七、塙書房、二〇〇六年）。「藤原京の宮域と王城（國）との関わりについて」（『古代文化』五九―一、二〇〇七年→豊田裕章二〇〇七―1）。「石清水八幡宮所蔵「異朝明堂指圖記」と阮諶『周室王城宗廟明堂圖』」（『皇學館大学史料編纂所所報　史料』二〇八、皇學館大学史料編纂所、二〇〇七年→豊田裕章二〇〇七―2）。「中国における都城の概念の変化と日本の宮都」（王維坤・宇野隆夫編『古代東アジア交流の総合的研究』国際日本文化研究センター、二〇〇八年）。「中国都城のモデルと日本の都城」（タンロン1000年記念事業指導国家委員会編『文明的　英雄的　平和のための首都ハノイの持続的発展――国際会議』ハノイ国家大学出版社、二〇一〇年、※この論文はファン・レー・フイ氏にベトナム語に翻訳していただいて発表。書籍名・出版社名はベトナム語であるが、ここでは日本語で表示した）。「中国における都城モデルの変遷と日本の都城」（研究代表者桃木至朗『中・近世ベトナムにおける権力拠点の空間的構成』二〇〇八年度―二〇一〇年度科学研究費補助金、基盤研究（B）研究成果報告、二〇一一年）。「後飛鳥岡本宮・飛鳥浄御原宮の建設思想についての考察――「前殿」の制度との関わりを中心に――」（『日本書紀研究』第二九冊、塙書房、二〇一三年→豊田裕章二〇一三―1）。「礼制からみた日本古代宮室中枢部の変遷について――周制の三朝制、明堂、唐制、洛陽の視点から――」（林博通先生退任記念論集刊行会編『林博通先生退任記念論集』サンライズ出版、二〇一三年→豊田裕章二〇一三-2）。「秦漢時代から隋唐時代にかけての宮室における前殿と路寝」（塚口義信博士古希記念会編『塚口義信博士古希記念　日本古代学論叢』和泉書院、二〇一六年）。なお、これらの論考における参考文献のすべてを、本稿で明示するのは紙幅の関係で困難であり、その点も併せて筆者のこれまでの論考を参照していただければありがたい。

2 豊田裕章一九九八、二〇〇二、二〇〇三、二〇〇七-1、二〇〇八、二〇一二

3 豊田裕章二〇〇二

4 隋代の大興（唐の長安）の内城にあたる宮城と皇城は、宮室と官署街となり、それまでの時代と異なって住宅が一切排除された。北宋時代の宋敏求は自著の『長安志』で、このことについて「実隋文之新意也」と記し、隋の文帝の「新意」であるとする。

5 妹尾達彦『長安の都市計画』（講談社、二〇〇一年）。妹尾達彦氏も隋唐長安城の都市プランに儒教の経書である『周礼』の王都モデルが色濃く反映していることを指摘されている。

6 挿図2は先掲した妹尾達彦『長安の都市計画』から引用させていただき加筆したものである。

7 豊田裕章二〇〇三

8 豊田裕章二〇〇二

9 豊田裕章二〇〇三、二〇〇八

10 筆者は都城の概念の変化と北宋の開封との関わりについて、豊田裕章二〇〇八等で言及した。桃木至郎氏は、「大越（ベトナム）李朝の昇竜都城に関する文献史料の見直し」（『待兼山論叢（史学篇）』四四、二〇一〇年）で、大越の李陳朝の昇龍京においても、京城が陳朝初期までに城外の空間までを含むように変化したと考えられることを指摘されている。なお、中国では、元時代（一二七一～一三六八）以後、再び内城的な区域を都城とみなすようになる。明清時代の北京も内城の内部が本来の都城（京城）であり、天壇などのある郭の区域に相当する区域は都城（京城）には含まれなかった。このように元時代以後の中国では、漢代から南北朝時代の伝統的な都城の概念に回帰するような現象が生じている。この要因が何であるのかは今後検討していきたい。

11 豊田裕章二〇〇七-1、二〇〇八、二〇一〇、二〇一一

12 『日本書紀』には、「藤原宮」、「新益京」という呼称はあるけれども、藤原京という呼称は見えない。本稿では「学術用語」

として「藤原京」という言葉を用いている。

13 山中章「条坊制の変遷」(『日本古代都城の研究』柏書房、一九九七年所収、一九九三年初出)。仁藤敦史「倭京から藤原京へ」(『古代王権と都城』吉川弘文館、一九九八年所収、一九九二年初出)。林部均「藤原京関連条坊の意義」(『古代宮都形成過程の研究』青木書店、二〇〇一年所収、一九九三年初出)。林部均『飛鳥の宮と藤原京』(吉川弘文館、二〇〇八年所収、一九九九年初出)。

14 多賀城や大宰府も内城に相当する区域が城塞的構造をしているのに対し、条坊の施工された区域は付随的であると考える。

15 奈良国立文化財研究所『平城宮跡発掘調査報告XI』(一九八二年)。黒崎直『掘立柱塀と築地塀――藤原宮と平城宮の外周施設をめぐって――』(『立命館大学考古学論集I』一九九七年)。

16 小笠原好彦『藤原宮、京』(『古代日本と朝鮮の都城』所収、二〇〇七年)。なお、藤原京の宮域の門については南面中門、北面中門、西面中門、東面北門が発掘されている。とりわけ、北面中門は完掘され、しかも遺存状態も比較的良好である。これらの調査成果については次のような報告がある。奈良国立文化財研究所『藤原宮の調査』(『飛鳥・藤原宮発掘調査報告I』一九七六年)、奈良国立文化財研究所『南面中門地区の遺跡(第1次調査)』(『飛鳥・藤原宮発掘調査概報1』一九七一年)、奈良国立文化財研究所『藤原宮第18次の調査』(『飛鳥・藤原宮発掘調査概報6』一九七六年)、奈良国立文化財研究所『藤原宮西面中門地域の調査(第37次)』(『飛鳥・藤原宮発掘調査概報14』一九八四年)、奈良国立文化財研究所『藤原宮第27次(東面北門)の調査』(『飛鳥・藤原宮発掘調査概報10』一九八〇年)。なお、小笠原氏の論考に見える「中門」は、本稿の三朝制の部分で述べる「中門」とは別のものである。

17 ここで述べた藤原京の宮域に関する数値は、井上和人『藤原京――新益京造営に関する諸問題――』(『佛教藝術』一五四、一九八四年)を参照した。

18 奈良国立文化財研究所・飛鳥資料館『藤原宮――半世紀にわたる調査と研究――』(明日香村、一九八四年)。

19 阿部義平『古代の城柵跡について』(『国立歴史民俗博物館研究報告第1集』一九八二年)。山中章氏も、「宮都研究の現状と課題」(『日本古代都城の研究』柏書房、一九九七年所収)で平城京の宮域の門の前に架かる橋の幅に対して藤原京のその幅がきわめて狭いことから、藤原京の宮域の濠は内部警備や防御を目的として設置されたもので、宮域は大垣と濠という二つの施設で守られていたとしている。西野修『志波城・徳丹城跡』(同成社、二〇〇八年)によると、志波城は、多賀城跡にも匹敵する大規模な城柵であり、一辺八四〇メートルの築地大垣で区画された内外には大溝が巡り、さらに外側には一辺九二八メートル規模の外大溝が土塁をともない巡り、南辺と東辺ではさらに一〇八メートル外側に大溝が確認されており、外郭（筆者のいう「郭の区域」の意味ではなく外囲の意味）に三重区画をもつ堅固な城柵であったとされる。

20　『令義解』巻五、宮衛令の「凡宮墻四面道内」（凡そ宮墻四面の道内）という令の条文について、義解では「謂、街辺通渠与二宮墻間一地、是為二道内一也」（謂うこころは、街辺通渠と宮墻の間の地なり、是を道内となすなり）とする。『令義解』は養老令の注釈であるので、養老令の段階で通常宮域の大垣とその周囲の大路の側溝との間の空地が、「道内」と呼ばれていたことが理解される。

21　宮部香織「大宝令注釈書「古記」について――研究史の整理と問題点――」（『國學院大學日本文化研究所紀要』第九〇輯、二〇〇二年）。

22　『令集解』巻二十四、宮衛令に収められている古記では、「古記云、四面道内、謂墻与レ溝之間、兵士守レ内也。」とある。宮域の東西南北の四面の墻（大垣）と溝（外濠）との間を「道内」と呼び、兵士が守備する場所であったというのである。前掲宮部香織「大宝令注釈書「古記」について――研究史の整理と問題点――」で、古記は天平時代に編纂された大宝令の注釈書であることが指摘されている。このことから壖地は少なくとも天平年間或いはさらに藤原京の時代に「道内」と呼ばれていたと考えられる。

23　『令義解』巻五、宮衛令。『令集解』巻二十四、宮衛令。

24　挿図3は、寺崎保広『藤原宮の形成』（山川出版社、二〇〇二年）より引用させていただいた。

25　『類聚三代格』巻十六に収められた詔勅の中に「詔曰…（略）…又皇城都邑、四海之府、万国朝宗、如レ聞、城闕内外多有二穢臭一、良由三所司不二レ存撿察一、宜自レ今以後、両省五府並遣二官人及明鋪衛士一、厳加二捉搦一、随レ事科決、若不レ合二与同罪一者、録レ状上聞。」とある。『続日本紀』の記事とは若干の異同があり、どちらが本来の詔勅の文章に近いかは判然としない。本稿に関わりのある部分では、『続日本紀』の記事には見えない「皇城都邑」の語が見え、『続日本紀』で「京城」とされている部分が「城闕」となっている。ちなみに「臰」は「臭」の俗字である。

26　養老令の注釈書である『令集解』巻二十四、宮衛令の「京城門」の奈良時代末頃の注釈とされる令釈に、「謂、羅城門也、釈云、羅城門謂之京城門」とある。つまり養老令の段階では、羅城門の設けられた条坊域までが京城とされている。

27　『周礼』は天官、地官、春官、夏官、秋官、冬官の各篇から成るが、冬官は早くに失われ『考工記』という別の文献で補われたものである。

28 小澤毅「古代都市藤原京の成立」（『日本古代宮都構造の研究』青木書店、二〇〇三年所収、一九九七年初出）。小澤毅「藤原京の造営と京域をめぐる諸問題」（『日本古代宮都構造の研究』青木書店、二〇〇三年所収）。中村太一「藤原京と『周礼』王城プラン」（『日本歴史』五八二号、吉川弘文館、一九九六年初出）。中村太一「藤原京の条坊制」（『日本歴史』六一二、一九九九年）。私は両氏の復元案を必ずしも否定しているものではない。むしろ両氏の藤原京の構造と『周礼』のような中国の古典との関係を指摘する見解には強い共感をおぼえる。ただし、『周礼』冬官、匠人の条に見える王城の記載を藤原京の空間構造の中で、外郭空間である条坊域までを含めて対比される点については、両氏の見解とは異なった認識をしている。

29 挿図4の「藤原京の復元」の図は、先掲した小澤毅「古代都市藤原京の成立」より引用させていただいた。

30 古勝隆一『釈奠学と義疏学』（京都大学人文科学研究所研究報告『中国の礼制と礼学』朋友書店、二〇〇一年）。

31 豊田裕章二〇〇七-2、二〇〇八。この逸図の性格について、古橋紀宏「藤原通憲「王宮正堂正寝勘文」とその礼図について」（『西脇常記教授退休記念論集　東アジアの宗教と文化』京都大学人文科学研究所、二〇〇七年）も同様の指摘をされている。なお、阮諶の息子の阮武を魏の明帝に推挙した盧毓（ろいく）の父が盧植である。盧植は鄭玄とともに馬融に師事している。そのため、阮諶は鄭玄や盧植とつながりのある人物であると考えられるので、ともに馬融の弟子であった可能性もある。『周室王城明堂宗廟図』に描かれているような解釈は、馬融にまで遡及するのではないか。なお、この逸図は、稀代の碩学であった信西が、朝廷に提出した勘文に引用したものである。川尻秋生氏は、「日本古代における「議」」（『史学雑誌』一一〇編三号、二〇〇一年）で、勘文とは、太政官の諮問に応え、明経・紀伝・明法・外記・史などの専門家集団が前例・意見などを太政官へ提出したものであり、勘文による勘申は太政官の合議を経て奏聞され、太政官を経ずに直接提出される議とは異なるものであることを指摘される。

32 挿図5の写真は、石清水八幡宮所蔵の「異朝明堂指図記」に引用された「周室王城明堂宗廟図」を皇學館大學史料編纂所が撮影されたものである。石清水八幡宮の御許可を得て本稿に掲載させていただいた。この図には後述するような三朝や王城の十二門も描かれている。なお王城の四隅の建物は「城隅」と呼ばれる櫓状の建物である。なお、王城の十二門は、『三輔黄図』や『後漢書』に見られるように、漢代の都城においても重要な指標的なものであると考えられる。周制の解釈には漢代の構造が反映されているところがある。この問題については別稿で詳述したい。

33 相原嘉之氏は、豊田裕章二〇〇七について、「古代都城形成史――王都における条坊制の導入過程――」（『明日香村文化財調査研究紀要』第一七号、二〇一九年）で、「藤原宮には宮と官衙しか配置されておらず、宮内に住宅地や市・寺院などは配置されておらず、宮城を古い「城」の概念の区画とはいえない。藤原京は古い概念でなく、新しい概念の範疇に含まれるとみるべきである」とされる。しかし、相原氏は、筆者の言う新しい都城の概念と隋時代に文帝が都市構造を改革したこととを混同して誤解されているように考えられる。筆者の言う新しい都城の概念とは、郭の区域を都城（京城）に含めるかどうかという問題である。その点からいえば、藤原京は都城に郭の区域を含めない、漢代以来の伝統的な古い都城の概念による構造である。なお、藤原京の造営に『周礼』を参照するにあたり、すべてを採用するのではなく取捨選択があったという相原氏の指摘には、筆者も同意見である。筆者も、これまでの論考において、藤原京やさらに遡及した前期難波宮の宮室や都のプランは、周制を志向したものとはしているが、それらが周制のすべてに則して教条的に造られてきたとは述べていない。日本の都は、『周礼』などをもとに経学で考えられた周制を志向してこれを基調となる建設思想、設計思想としながらも、取捨選択や内城の内部を宮室と官署のみにするという隋代の新しい要素なども部分的に摂取して全体像が主体的かつ合理的に再構成されていると考える。

34　内裏、朝堂院、朱雀門などの語は、前期難波宮の時期にこのような呼称で呼ばれていたかは明らかでないが、本稿では学術用語として用いている。

35　本稿の前期難波宮と周制の三朝制に関する部分は、豊田裕章〔二〇〇一〕の内容から主として引用した。

36　挿図6の「前期難波宮（左）と藤原宮（右）」は、植木久『難波宮跡』（同成社、二〇〇九年）から引用したものである。

37　豊田裕章〔二〇〇一〕

38　野間文史『五経正義の研究――その成立と展開――』（研文出版、一九九八年）によると、『礼記正義』を含む『五経正義』は貞観年間から永徽年間にかけて編纂されたけれども、その中に見える解釈の大半は南北朝時代から隋時代にかけてのものである。なお、賈公彦の『周礼注疏』は『五経正義』の中にはない。ただし、賈公彦が『五経正義』の編纂にも加わっていることから、『周礼注疏』も同様の傾向を有しているのではないかと考えられる。

39　『周礼』秋官、朝士の条に関する鄭玄の注に見える。

40　雉門については、天子の制度としての三門の三朝制ということから言えば、応門という表現を用いるのがふさわしいという点もあるが、後述するように雉門は、中門、宮門であって宮闕門にも相当するということが日本の宮室を考える上で重要であると考えられることから、本稿では雉門の語を用いた。

41　これに関しては「宮閽門（きゅうこんもん）」とする版本と「宮闕門（きゅうけつもん）」とする版本があるけれども、筆者は宮闕門であると考えるのでそのように訂正した。

42　周制の三朝における経学上の狭義の宮、広義の宮に関しては、旧稿ではふれていなかった。本稿であらためて指摘した。

43　豊田裕章二〇〇一、二〇一六

44　平城京以後、唐代の宮室構造が重層的に受容され、内裏が朝堂院から独立し、大極殿院と朝堂院が一体性を強めるように変遷していく。しかし、前期難波宮以来の周制を基調とした構造が基底的に継承されていくため唐代の宮室とは異質な構造となっている。

45　平城宮の宮域内に、中宮、西宮などの宮が、入れ子のように存在する構造の淵源はこのような点にあると考える。

46　佐竹昭「藤原宮の朝庭と赦宥儀礼――古代宮室構造展開の一試論」（『日本歴史』第四七八号、一九八八年）

47　佐竹昭「古代宮室における「朝庭」の系譜」（『日本歴史』第五四七号、一九九三年）。

48　村元健一「隋の大興、洛陽の二つの宮城」（村元健一『漢魏晋南北朝時代の都城と陵墓の研究』汲古書院、二〇一六年所収）。村元健一氏は、隋時代において広陽門は門闕を有する門であり、後に顕陽門、昭陽門と改名されたことを指摘される。

49　筆者は、豊田裕章二〇一六で指摘したように、唐時代の宮室構造は、秦漢時代以来の前殿の制と周制の三朝制的構造が折衷されたものであり、『大唐六典』に見られるような唐の宮室における三朝には、前殿の制の特徴が大きく関わっていると考える。日本の朝堂院南門と朱雀門の間の位置関係には、前漢時代から南北朝時代の前殿の制による宮室構造における宮闕門と都城の正門との位置関係が継受されていると考える。この問題については、さらに別稿で詳述したい。

50　本稿では、辛徳勇輯校『両京新記輯校　大業雑記輯校』（三秦出版社、二〇〇六年）に拠った。

51　『日本書紀』の天武紀、持統紀に見える「新城」の語が、同じく『日本書紀』に散見する「藤原宮」のことであると考えると、これらは藤原京の宮域が都城であって、しかも宮であるという性格を表していることになる。日本の都で通常宮域とされている区域が「宮城」と呼ばれることもこの問題が関わるのではないかと考える。

52　藤原京においても宮域を周制の王城（国城）とする認識とともに、京域全体を都城とするような認識も受容されつつあったのではないかということについては、藤原京では隋都大興と異なって、内城である宮域に整然と十二門が配されていることから、その可能性は低いと考えるが、今後、さらに検討していきたい。

53　前期難波宮のようなプランが考え出される上で、遣隋使とともに隋に渡り隋末の大動乱を体験して唐代初期に帰国した南淵請安、僧旻、高向玄理のような遣隋留学生の役割は大きいと考えられる。とりわけ僧旻は孝徳天皇に厚く信頼された政治顧問のような存在であり、その意見が前期難波宮の構造に反映されている可能性は高いと考える。氣賀澤保規「『隋書』倭国伝からみた遣隋使」（氣賀澤保規編『遣隋使がみた風景――東アジアからの新視点』八木書店、二〇一二年所収）では、唐にとって前朝の記録である『隋書』は秘密にされる性格のものではなく、むしろみずからの正当性を裏付けるために積極的に公開されてよいものであったことを指摘される。そのことから考えると、『隋書』は唐代初期に完成した文献であるけれども、遣唐使によって将来され、藤原京の設計がなされる上で参照されていた可能性も考えられる。唐代の特に宮室に関わる文献は機密情報としての性格があり入手が困難な場合が多かったと考えられるけれども、『五経正義』や『周礼注疏』のような義疏とともに、宮室や都城の構造に関しても『隋書』や隋時代の様々な文献は入手しやすかったものと考えられる。唐に比べて看過されがちではあるが、日本の宮室や都城の構造に隋時代の影響は大きいのではないか。また、平城京以後においても隋時代の文献を通じて唐の情報が類推されている可能性も考えられる。

54 宮域内に住宅を設けないで内城に防御の力点を置く構造は、宮室や官署を防御するということを都の造営の主眼とした場合は合理的な構造である。

55 大和郡山市教育委員会・（公財）元興寺文化財研究所編・発行『平城京十条発掘調査報告書（旧称下三橋遺跡）』（二〇一四年）では、平城京が初期の段階において、従来言われていたような南北九条ではなく十条であったとされる。この段階では羅城門はなかったようである。その後、羅城門は九条に創建されているが、筆者は、平城京の羅城門の創建は養老令との関わりがあるのではないかと推定する。その創建は、唐の長安で定着した京域全体を都城とする空間構成の受容を象徴的に示すものではないだろうか。井上和人「平城京羅城門再考――平城京の羅城門・羅城と京南辺条条里――」（『古代都城制条里制の実証的研究』学生社、二〇〇四年）では、正面間口が七間、桁行総長一一五尺の大規模な建築として推定復元をされている。

56 平安宮では十四門となっているけれども、瀧浪貞子『日本古代宮廷社会の研究』（思文閣、一九九一年）は、十四門の内、上東、上西の二門が新たに造られた門であり、各種行事が行われるのは「宮城十二門」に限られ二門は除外されていたことを指摘される。

飛鳥の王宮と王都の形成

相原　嘉之

一　はじめに

飛鳥地域は七世紀の約百年間、王宮や官衙、邸宅などが集中する首都で、政治・文化の中心であった。ここで生まれた制度や風習が、現在の社会制度の基礎となっている。

昭和八年（一九三三）、石舞台古墳で発掘調査がなされた。飛鳥において初めての本格的な調査であった。その後、しばらく大規模な調査はなかったが、飛鳥地域で再び発掘調査がはじまったのは、吉野川分水路建設に伴い昭和三十一年（一九五六）から始まった飛鳥寺の調査である。引き続き川原寺・飛鳥宮跡（伝飛鳥板蓋宮跡）の調査と続き、以降今日に至るまで継続した調査を実施してきている。これらの調査によって、飛鳥の王宮・王都の実態が徐々に明らかになってきた。

現在、飛鳥地域とは、明日香村を中心に橿原市・桜井市・高取町の一部を含む地域が、一般に「飛鳥地域」と呼ばれている。実際、この範囲には飛鳥時代の遺跡が濃密に分布している。しかし、厳密に当時「飛鳥」と呼ばれていた地は、ごく狭い範囲であった。岸俊男氏は、香具山以南、橘寺以北の、主として飛鳥川右岸（東岸）と推定したが、その後の調査で「飛鳥」の北限や対岸に想定された「小墾田」の比定に関わって、小澤毅氏は飛鳥川東岸を中心として、北に「小墾田」、南は「橘」と呼ばれ、「飛鳥」には飛鳥諸宮と飛鳥寺・川原寺が占地していたとする。

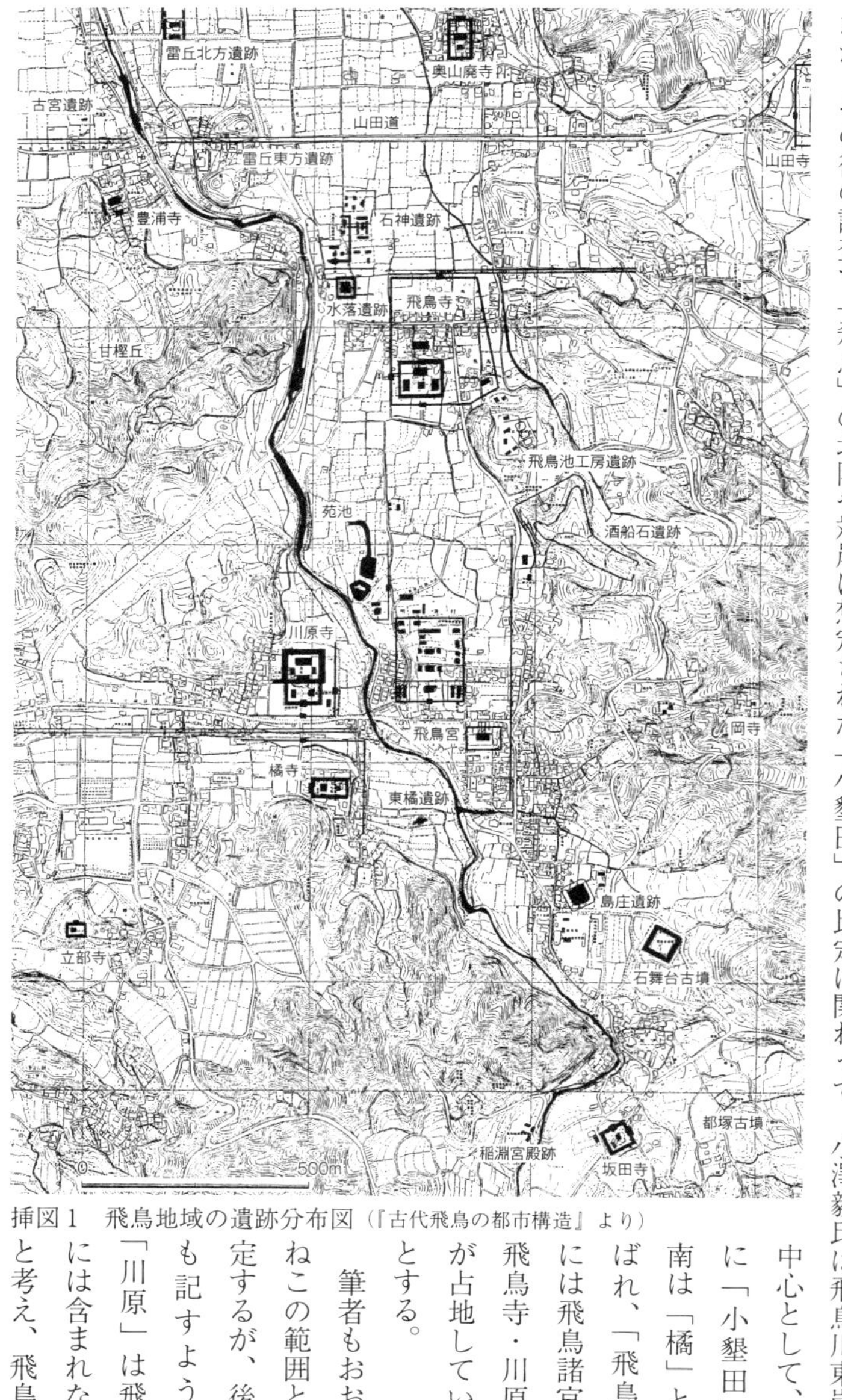

挿図１　飛鳥地域の遺跡分布図（『古代飛鳥の都市構造』より）

筆者もおおむねこの範囲と推定するが、後にも記すように「川原」は飛鳥には含まれないと考え、飛鳥川を境界とする。また、北限については「小墾田」との境が飛鳥寺北面大垣に沿う古山田道、南限については唯称寺川までの範囲とする平地部と理解する。本稿では狭義の地名としての飛鳥を「飛鳥」と呼び、広域を示すときは「飛鳥地域」と呼ぶことにする（挿図1）。

一方、飛鳥時代とは一般に、推古天皇が豊浦宮に即位した崇峻五年（五九二）から藤原京の時代を含む、平城京遷都の和銅三年（七一〇）までと考えられている。ただし、「飛鳥地域」のほぼ中心に建てられた最初の大型建築物は用明二年（五八七）に発願された飛鳥寺であることから、ここでは飛鳥寺から話を始める。なお、「天皇」の名称は天武朝以降に呼ばれていたと考えるが、ここでは慣例に従って、天武朝以前においても「天皇」と記すことにする。

二　飛鳥の王宮の変遷

始めて法興寺を作る――飛鳥寺の創建――

飛鳥地域の開発は、蘇我本宗家の氏寺である飛鳥寺の造営から始まる。それまで原野にちかく、小規模な集落が点在していたところである。『日本書紀』崇峻元年（五八八）条には「飛鳥衣縫造が祖樹葉の家を壊ちて、始めて法興寺を作る」と記されている（以下、史料はことわりのないがぎり『日本書紀』『続日本紀』からの引用である）。ここに、突如として基壇をもち、礎石の上に朱塗の柱を立て、屋根には瓦を葺いた異国情緒あふれる建築が立ち並んだのである。特に、寺院のシンボルである塔は、天空にまで聳えるような超高層建築であった。その飛鳥寺の発願は用明二年（五八七）であるが、奈良の元興寺極楽坊に残されているヒノキの建築部材（巻斗）の伐採年代は、年輪年代によると五八二年以降の五九〇年頃と推定されている。まさに発願にちかい年代を示しているといえる。また、元興寺の屋根には、今も千四百年前の飛鳥寺創建瓦が、現役で建物を守っているのである。

飛鳥寺の建築は、当時の百済・高句麗など、東アジアとの文化交流によって造営されたといってよい。史料では寺工・瓦博士などの技術者が派遣されていたことがわかり（崇峻元年〔五八八〕条）、瓦文様や建築技術からもこれを窺うことができる。さらに一塔三金堂という伽藍配置は、高句麗の清岩里廃寺の配置との共通性がみられる。塔の埋納品をみると、八世紀の鎮壇具と共通する金箔や玉など舎利容器が出土すると共に、後期古墳に副葬されるような馬具や勾玉などもあり、東アジア各国の新しい文化と日本の古来からの文化の融合をここにみることができる。

このような古代寺院の堂塔の中には、様々な仏教絵画が描かれていた。法隆寺の金堂に壁画があることは有名であるが、その前身寺院である若草伽藍のものとされる壁画片が発掘調査でも確認されている。これらの壁画も新たな仏教文化と共に、もたらされたのである。

飛鳥寺は、蘇我馬子によって発願された日本で最も古い本格的伽藍をもつ寺院であるが、その造営はまだ、推古天皇が豊浦宮で即位する四年前の崇峻元年（五八八）のことである。蘇我氏は未開であった「飛鳥」の地に飛鳥寺を造営し、推古天皇を呼び入れたのである。このことは飛鳥寺が飛鳥小盆地の入口に建設されたことや、舒明朝以降に「飛鳥」を中心に王宮が建設されることから、蘇我氏の意思が強く働いていたと考えられる。

飛鳥地域への進出 ── 豊浦宮での即位 ──

推古天皇は、崇峻五年（五九二）十二月に豊浦宮で即位した。崇峻天皇が暗殺された一ヶ月後のことである。豊

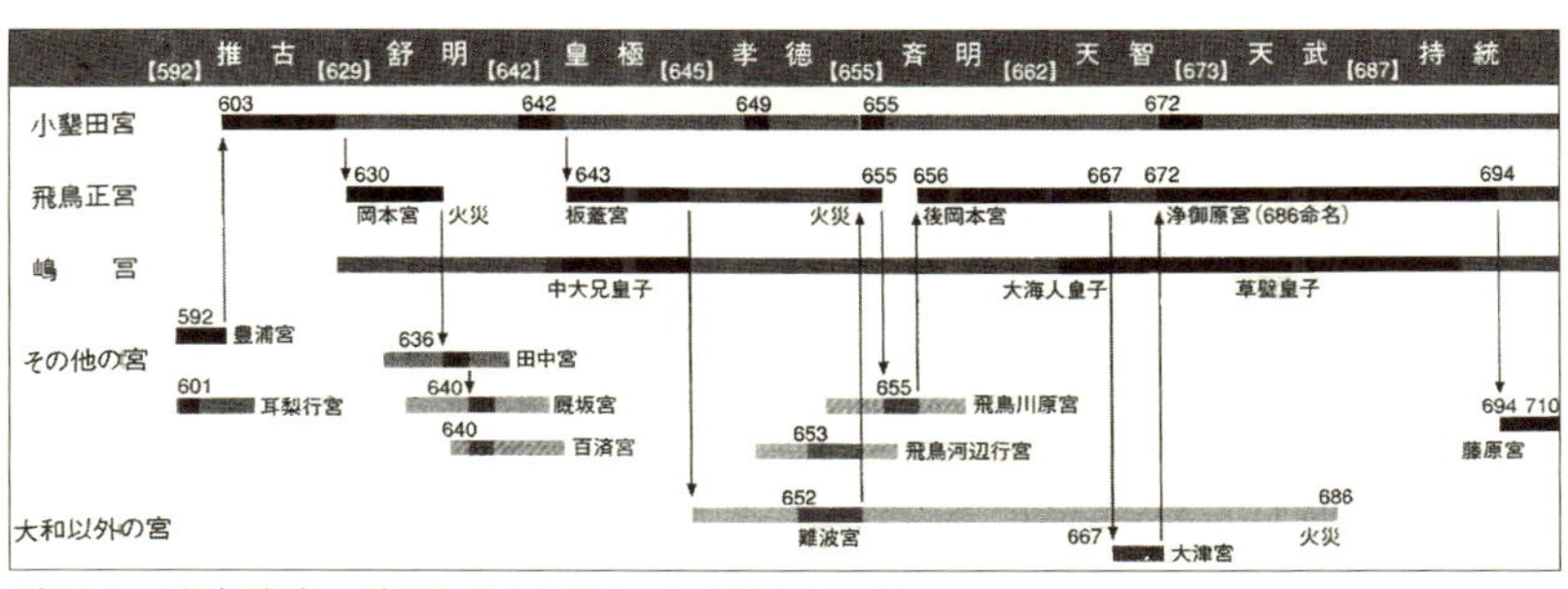

挿図2　飛鳥諸宮の変遷（『古代飛鳥の都市構造』より）

浦宮はわずか一ヶ月で造営されたことになり、豊浦の地には蘇我稲目の「向原の家」（欽明十三年（五五二）十月条）があることや、蘇我蝦夷が「豊浦大臣」と呼ばれていたことから、推古天皇が蘇我系の血筋で、即位の背景に蘇我氏が関わっており、蘇我氏の邸宅を改修した王宮であった可能性が高い。その推定地は豊浦にある豊浦寺、現在の向原寺周辺である。向原寺境内では豊浦寺講堂が確認されており、その南に金堂が確認されている。さらに南方には塔の礎石が現存している。

豊浦寺は豊浦宮の跡地に建てられたことが、『日本三代実録』元慶六年（八八二）からわかっており、豊浦寺講堂跡の下層で、石敷を伴う掘立柱建物の一部が確認された。地形に合わせて約一九度西偏した方位をしている。建物周囲を石敷舗装をするのは、飛鳥の王宮の特色のひとつである。その範囲は周辺地形から復元して、最大でも南北約一五〇メートル×東西約八〇メートル程度までと推定でき、天皇の居住空間だけからなる王宮であった。まさに古墳時代の王宮の延長上にあるといえる。

東アジアへの憧憬――小墾田宮の造営――

豊浦宮で約十年を過ごした後、推古天皇は推古十一年（六〇三）に新たな王宮「小墾田宮」へ遷る。小墾田宮造営の背景には、推古八年（六〇〇）の遣隋使があった。『隋書』倭国伝によると、文帝が遣隋使に倭国の風俗を問うたところ、「倭王は天を以って兄と為し、日を以って弟と為す。天未だ明けざる時、出でて政を聴き、跏趺して坐す。日出ずれば、便ち理務を停め、我が弟に委ねんと云々」と使者が答えたのに対して、「此れ大だ義理無し」と改めさせたと記す。このような国際的な要因により、倭国の政治体制の変更を余儀なくされる。

推古十一年（六〇三）には冠位十二階を制定し、中下級役人に対する身分制度を確立した。翌推古十二年（六〇四）には憲法十七条の制定・発布、推古二十八年（六二〇）には『天皇記』『国記』などの史書編纂など、身分制度による階級制や法治国家としての法律制定、国家の正当性を示す歴史書の編纂などのソフト面の整備を行った。さらに推古十五年（六〇七）には灌漑用水のための池を多数掘削し、推古二十一年（六一三）には「難波より京に至るまでに大道を置く」と官道整備などのハード整備を行っている。これらはいずれも小墾田宮遷宮以降の政策であり、新しい王宮の造営も、この一環と理解できよう。このように推古八年（六〇〇）の遣隋使がもたらした内容が小墾田宮造営の契機になった。小墾田宮は、豊浦宮とは比べものにならない構造で、東アジアを意識した王宮を目指したことは間違いない。

小墾田宮の構造については、推古十六年八月条・推古十八年十月条・舒明即位前紀条から復元されている。それによると、南門を入ると朝庭の左右に庁（朝堂）が並び、その北に大門があって、その奥に天皇の座す大殿があるという、後の王宮中心部の構造（内裏・朝堂院）に近い姿が復元されている。しかし、近年の飛鳥宮跡の成果を参考にすると、内郭の南に庁と庭を区画塀で囲った朝堂院がなかった構造であった可能性がある。先の史料のうち、推古十八年十月条だけ主催者が天皇ではないことから、この記事の場所が小墾田宮でなかった可能性がある。朝堂院が形成されない庭の空間が広がる構造とみる方が妥当であろう。

この小墾田宮は推古天皇の王宮として造営されるが、その後も皇極元年（六四二）十二月条に一時利用したことが記され、大化五年（六四九）三月二十四日条の分註にも登場、斉明元年（六五五）十月条には瓦葺宮殿の建設が図られたが、中止した記事がある。さらに天武元年（六七二）六月条の壬申の乱において「小墾田兵庫」の記載がある。その後暫く記録から消えるが、『続日本紀』に天平宝字四年（七六〇）八月条や天平神護元年（七六五）十月条に淳仁・称徳天皇が行幸していることから、この頃まで離宮として存続していたと考えられている。

この小墾田宮の位置はまだ確定していない。従来、飛鳥川左岸の豊浦にある古宮遺跡がその推定地とされていた。ここでは明治十一年（一八七八）に金銅製四環壺が出土しており、昭和四十五年（一九七〇）の発掘調査で七世紀前半の庭園遺構が確認されているが、王宮中心施設はみつかっていない。しかし、昭和六十二年（一九八七）になって、飛鳥川対岸の雷丘東方遺跡から「小治田宮」と記された多数の墨書土器が出土したことから、ここが奈良時代の小治田宮であることが判明した。この土器の出土した井戸は七六〇年頃に伐採されたヒノキ材で、淳仁天皇の小治田宮行幸に伴って造られた井戸である。さらに倉庫も複数確認されており、諸国の調庸を収納した記事（天平宝字四年〔七六〇〕八月条）や『日本霊異記』上巻第一話に、雷丘が「古京の少治田宮の北に在り」とも一致する。遡って、七世紀前半の池跡や斜方位の溝も確認されることから、飛鳥時代の小墾田宮も同遺跡にあるとするのが有力である。

挿図３「小治田宮」墨書土器
明日香村教育委員会提供

しかし、雷丘東方遺跡が奈良時代の小治田宮であったことは確定されたが、飛鳥時代の小墾田宮が同位置であったかは、斜行する溝などが確認されているだけで確証がない。むしろ隣接する雷丘上に七世紀初頭の横穴式石室墳が存在することや、雷丘東方遺跡の東側は湿地状を呈していたこと、山田道が現在の位置に築道されるのは七世紀中頃以降で、七世紀前半には飛鳥寺北辺を通過していたと考えられることから、雷丘の東方が小墾田宮であった可能性は低いと考える。そこで、筆者は、七世紀の小墾田宮を石神遺跡東方隣接の微高地とみる。飛鳥寺北面大垣に沿う道路が七世紀前半の山田道であり、この道路を境として、北が「小墾田」、南が「飛鳥」であった。この山田道に北接する石神遺跡東方では、七世紀前半の正方位をとる遺構群があり、その中には、瓦葺建物もみられる。さらに石神遺跡Ｂ期（七世紀後半）からは鉄鏃が多く出土しており、「小墾田兵庫」の可能性がある。また、石神遺跡の東隣接地に造られた施設は、少なくとも斉明朝までは、石神遺跡とは別の区画として存在し、天武朝になって、石神遺跡の区画が東を取り込むという変遷も、『日本書紀』の小墾田宮の記事と整合する。

ここで飛鳥時代と奈良時代の小墾田宮の場所が異なる理由として、史料から小墾田宮が消える約百年間に注目する。この時期に「小墾田」地域には二度の大規模な土地区画整理が行われている。条坊施工と条里施工である。この改変により王宮が消失し、奈良時代には条里地割に沿って小治田宮が造営された。このように、推古朝段階では、飛鳥寺とその北辺に沿った山田道沿いのみが開発され、まだ飛鳥寺南方地域は未開の地であった。そして、小墾田宮ははじめて正方位を示す王宮として造営されたのである。

三　飛鳥宮の誕生

「飛鳥」最初の王宮――飛鳥岡本宮の造営――

推古天皇が崩御すると、次期天皇の皇位継承問題が起きる。そして田村皇子が舒明天皇として即位（舒明元年

（六二九）一月四日条）し、飛鳥寺南方に王宮・飛鳥岡本宮を造営した。「飛鳥」に造営された最初の王宮で、以降三時期にわたる王宮が営まれることになる。この地は、飛鳥寺が北の入口を塞ぐことにより、小盆地状となる一等地である。舒明天皇が蘇我蝦夷の後盾により即位したことと合わせて、飛鳥岡本宮は蘇我氏の強い影響力を受けた王宮といえる。この飛鳥岡本宮は、二〇度西偏する飛鳥宮跡の下層にあたるⅠ期遺構とすることが有力である。これまでの調査では、上層遺構保存のために十分な調査はできていないが、掘立柱遺構や石列などの一部が確認されている。「飛鳥岡の傍」（皇極二年十月十二日条）と推定される飛鳥岡は東側にある通称「岡寺山」と推定されることや、後続するⅢ期遺構が後飛鳥岡本宮・飛鳥浄御原宮であることや、その時期が根拠となっている。

飛鳥の王宮は、これまでの調査・研究では飛鳥宮跡Ⅱ期の飛鳥板蓋宮以降から南北方位を重視した正方位の王宮を造営したと考えられている。これに対して七世紀前半の遺構群の多くが地形に合わせて斜方位をとることから、岡本宮も西偏すると推定されていた。しかし、小墾田宮が正方位の王宮であるとすると、次の飛鳥岡本宮も正方位をしている可能性があるのではないだろうか。造営期間（即位直後から造営を開始したとすると、最長で一年九ヶ月）と立地を考えると、未調査であるⅢ期内郭の東方に正方位の王宮中心部が想定される。七世紀前半の石神遺跡東方でも中心部は正方位の建物が確認されるが、隣接地は斜方位の遺構が展開している。これまで確認されている斜方位の遺構群は、王宮周辺の施設の可能性がある。

香具山の北方へ――百済大宮・大寺の造営――

しかし、この飛鳥岡本宮も舒明八年（六三六）六月に焼失すると、舒明天皇は田中宮・厩坂宮などを仮宮とする。田中宮は後に田中廃寺になったと推定され、厩坂宮は軽衢付近と推定されている。舒明十一年（六三九）七月条「今年、大宮及び大寺を造作らしむ」「則ち百済川の側を以て宮処とす。是を以て、西の民は宮を造り、東の民は寺を作る。便に書直縣を以て大匠とす」と記す。大宮の造営には西国の、大寺の造営には東国の労働力が投入されたことは、豪族の力だけでなく、広く仕丁を動員できる体制が確立したといえる。百済大寺と推定される吉備池廃寺は九重塔をはじめ、並外れた規模の堂塔と伽藍をもつ。一方、百済大宮に遷宮したのは舒明十二年（六四〇）十月なので、王宮造営には一年四ヶ月の期間がかかっている。百済大宮も相応の王宮と思われる。造営期間と体制、巨大な大寺との併存は大きな画期となる。

その王宮の場所は確認されていない。舒明十一年（六三九）七月条の記事が、宮と寺の位置関係も示しているとすると、百済大寺の西にあったことになる。しかし、米川の西側は「膳夫」という地名だったので、米川までの範囲に推定する必要がある。さらに王宮は立地からみると、吉備集落の微高地が有力候補地となる。

岡本宮焼失後、同地に再建せず、飛鳥から離れた香具山北方に建設したことは、蘇我氏に頼らず、舒明天皇が蘇我氏と距離を置いていたことを示しており、氏族からの脱却を図っていた。舒明天皇は蘇我氏の後ろ盾によって即位した天皇ではあるが、この時期には蘇我氏と不仲になっていたと考えられる。このことは、蘇我本宗家の権力が増大することとも無関係ではない。しかし、舒明十三年（六四一）に天皇が崩御し、皇極天皇が即位すると、蘇我氏との関係が修復されることになる。

前時代からの転換 ―― 飛鳥板蓋宮の造営 ――

皇極天皇は蘇我氏に詔をして、飛鳥板蓋宮を飛鳥岡本宮の地に再び造営した（皇極元年（六四二）九月十九日条）。飛鳥板蓋宮は、飛鳥宮跡Ⅱ期遺構と推定されている。内部の建物などは不明であるが、南北一九八メートル以

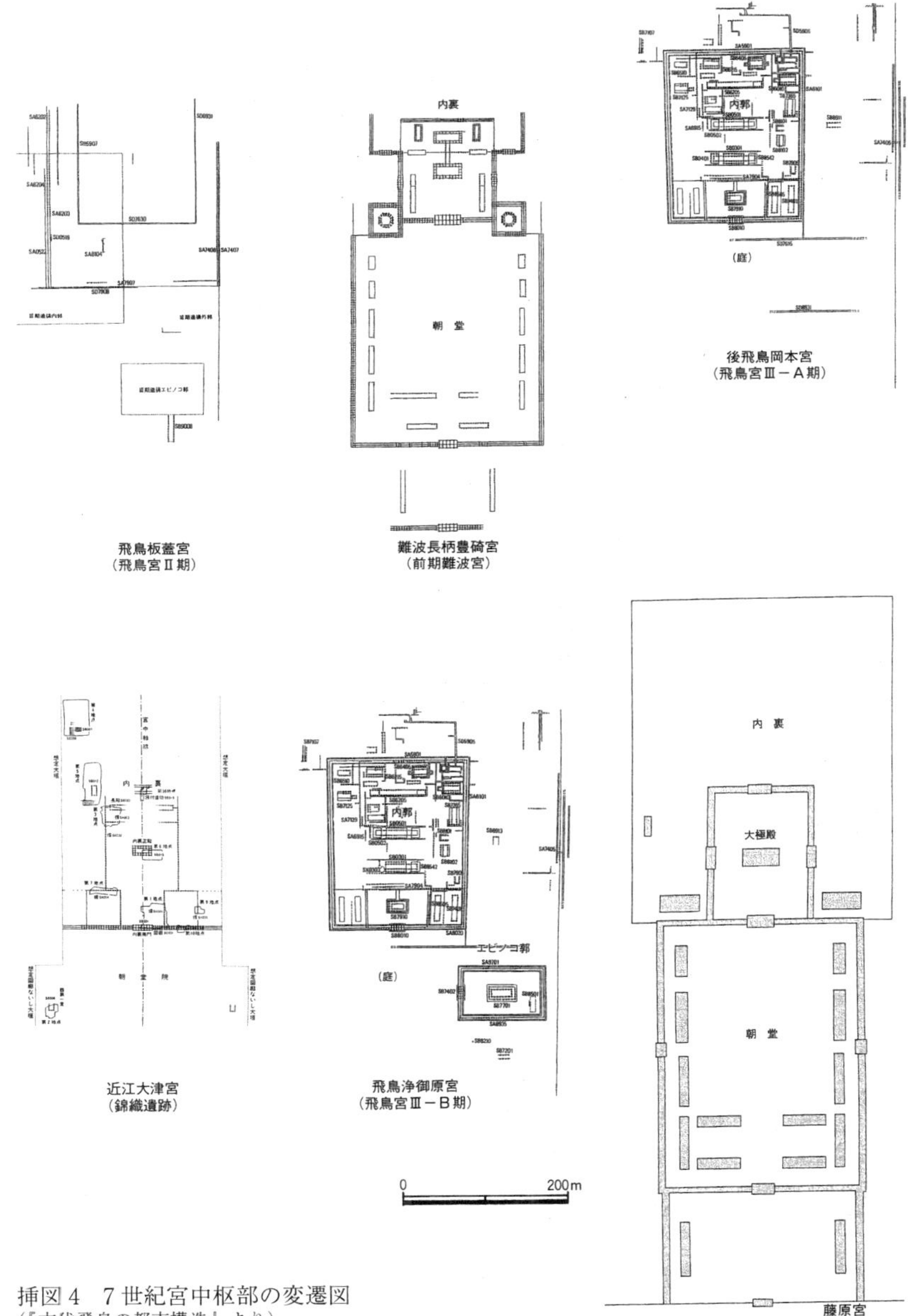

挿図４ ７世紀宮中枢部の変遷図
（『古代飛鳥の都市構造』より）

上、東西一九〇メートルの範囲を掘立柱塀で囲む。これはⅢ期内郭よりも規模が大きい。王宮造営に、わずか約七ヶ月で造営しているが、遠江から安芸国までの広範囲の仕丁を動員している（皇極二年〔六四三〕四月二十八日条）ことからも頷ける。さらにⅠ期段階で正方位の施設を造るために、一部が造成されていたと考えれば、より理解できる。蘇我氏の拠点である飛鳥への回帰は、再び蘇我氏との関連を強く示唆するものであった。

　この時期、皇極天皇の政治・政策については『日本書紀』にあまり記されていない。南淵での雨乞いは、女帝のシャーマン的な色彩を色濃く残しているといえる。この時期まで、天皇の「政」は、祭祀と政治を併せ持つものであった。『日本書紀』は、天皇の功績よりも、蘇我蝦夷・入鹿の横暴ぶりを強調している。編纂者の意図も充分に考慮しなければいけないが、それは乙巳の変に向けての布石でもあった。蘇我蝦夷・入鹿は甘樫丘に邸宅を建て、蝦夷の家を「上の宮門」、入鹿の家を「谷の宮門」と呼び、柵で厳重に囲み、兵庫や水槽を備えた堅固なものであった（皇極三年十一月条）。甘樫丘東麓遺跡が蘇我氏の邸宅であるとの見解もあるが、発掘調査では邸宅中心部と考えられる建物群は確認されておらず、邸宅は別の地点に想定できる。むしろ、甘樫丘周辺部を含めて、遺跡・寺院、そして古墳については、いずれも蘇我氏との関連が強いもので、七世紀前半の甘樫丘全域が蘇我氏の支配下にあったと言っても過言ではない。そして、七世紀中頃を境として、遺跡の様相が大きく変わる。蘇我本宗家の滅亡を受け、甘樫丘は没官地となり、次世代には都市化の波に巻き込まれるのである。七世紀前半の蘇我氏の横暴を打破しようとしたのが、乙巳の変であった。ここにおいて豪族の時代が終焉し、律令国家への歩みを再び歩みはじめたのである。蘇我本宗家滅亡の意義は、この点にある。

四　律令国家への飛躍

新天地・難波での挑戦――難波長柄豊碕宮の造営――

その後、新政府は、新しい政策を実施するために難波へと遷る。難波長柄豊碕宮である。「飛鳥」を離れ、難波へ遷都した理由は、蘇我本宗家は滅亡したものの、未だ豪族の勢力の多く残る飛鳥地域からの脱却と、新たに天皇を中心とした中央集権国家を目指したためと考えられる。改新の詔は、大化二年（六四六）正月一日に出されるが、是月に「天皇、子代離宮に御す」とあることから、詔は飛鳥（孝徳天皇の皇子宮か）で発せられた可能性が高い。翌月には「子代離宮より還りたまふ」（大化二年二月二十二日条）とあることからも示唆される。難波遷都にあたって、仮宮を転々としていたが、大化二年の政策を実現するために、小郡宮を造営し、さらに新政権は大化五年（六四九）には、巨大な難波長柄豊碕宮の造営を開始したと推定されている。

この難波長柄豊碕宮は、前期難波宮跡と推定されている。北に内裏、南に巨大な朝堂院をもち、周囲には官衙も配置されている。これらを大垣によって東西約六五〇メートル、南北約七五〇メートルの範囲を囲む。この建物配置や規模は、後の藤原宮に匹敵するものである。ただし異なる点もみられる。すべて掘立柱建築であることや、内裏と朝堂院が接続していること、内裏から突出する形で正殿（内裏前殿）が造られることである。内裏前殿は、後の「大極殿」への系譜を窺うことができると同時に、その南に後の「朝堂院」にあたる空間も創出された。これはそれまでの儀式空間である「庭」と、衆議の空間である「朝堂」を一体化させたもので、ここに画期性と先進性を読み取ることができる。

しかし、わずか二年九ヶ月で、前期難波宮跡のような大規模な王宮を造営できるのだろうか。大化二年三月十九日条「農の月にして、民を使ふ合からざれども、新しき宮を造るに縁りて、固に已むこと獲ず」を難波長柄豊碕宮の造営とみると、大化元年（六四五）十二月九日条「都を難波長柄豊碕に遷す」の記事が遷都予定地が決定したことを意味する。同二年には造営が開始されたとみられる。史料と遺跡からみると、その構造・規模はそれまでの飛鳥の王宮にはなかった並外れたもので、『日本書紀』には「宮殿の状、殫に論ふべからず」（白雉三年〔六五二〕九月条）と記されるほど立派であったとする。その造営期間も後の藤原宮に匹敵する七年ちかくかかっていたことになる。

この王宮は「大化改新」と呼ばれる政治改革を実践しようとした王宮であるが、改新の詔については、その信憑性や年代に疑問を投げかける研究者も少なくない。しかし、前期難波宮の造営期間や構造・規模は、新政権の意気込みを示すのに十分な内容であると考えられる。詔の内容が、短期間に広範囲にわたって、実際に施行されたかは検証が必要であるが、実施しようとしたことだけは間違いないと考える。

しかし、中大兄皇子は皇極前天皇らを連れ、飛鳥へと戻った。改新政権の政策路線の齟齬が、政権分裂へと繋がった。飛鳥へ戻ると「飛鳥川邊行宮」にはいったとする。従来、飛鳥川上流の稲淵宮殿跡をその候補地とするが、「飛鳥」の地名を冠することから、「飛鳥」の地域名の中で求めるべきであろう。

倭京の荘厳化――後飛鳥岡本宮の造営――

難波から還都した皇極前天皇は、斉明元年（六五五）一月三日に旧宮であった飛鳥板蓋宮で斉明天皇として即位する。しかし、その冬に「飛鳥板蓋宮に災けり。故、飛鳥川原宮に遷り居します」とあるように、飛鳥板蓋宮は火災で焼失し、飛鳥川原宮へと遷る。この飛鳥川原宮は川原寺の下層と推定され、臨時に天皇の仮宮になったと推定されている。しかし、飛鳥が地名だとすると、「飛鳥」にある川原の宮となり、先の飛鳥川邊行宮も同様に、「飛鳥」にある川邊の行宮となる。「飛鳥」で川原あるいは川邊と呼べるのは、飛鳥川右岸（東岸）しかなく、飛鳥宮の北西は苑池があることから、飛鳥寺西地域しかない。ここは槻樹広場が広がっており、建物はみられない。この時期に建物があるのは、石神遺跡A-1・2期と水落遺跡下層である。しかし、古山田道が「小墾田」と「飛鳥」の境界とすると、石神遺跡は「小墾田」で「飛鳥」ではない。そこで水落遺跡下層の建物群が飛鳥川邊行宮・飛鳥川原宮の候補となる。

斉明天皇はこの翌年に新しい王宮を造営し、遷宮した。後飛鳥岡本宮（飛鳥宮跡Ⅲ-A期）である。しかし、それは難波宮とは異なり、大規模な「朝堂院」は付随せず、大化前代の王宮を踏襲しているようにみえる。ただし、王宮の中心建物の配置をみると、中軸線に三棟並ぶ殿舎配置などは、前期難波宮をトレースしている。

斉明天皇は王宮そのものよりも、王都建設や国家体制の強化に力を入れていた。飛鳥寺西には、槻樹のある石敷広場がある。乙巳の変の幕開けともなった、中大兄皇子が蹴鞠に興じている時に、中臣鎌足との出会いの場として有名であるが、孝徳天皇即位時には槻樹下で忠誠を誓わせている。その後も壬申の乱時に近江軍の駐屯地となったり、蝦夷らの饗宴の空間として、飛鳥史のエポックには必ず現れる地域であった。その北側隣接地には、我が国はじめての漏刻台である水落遺跡、さらには蝦夷や新羅などからの夷狄・蕃客を迎えた迎賓館と推定される石神遺跡の施設群が広がっている。ここには石人像や須弥山石などの噴水石造物が饗宴場のオブジェとして設置されていた。漏刻は、時と人民を支配するという意味では、時間と国土を治めることを示し、仏教世界の中心である須弥山を模した石造物造立は、ここが飛鳥の中心、世界の中心であったことを示している。斉明天皇は、

挿図６　須弥山石（復元）
奈良文化財研究所提供

挿図５　水落遺跡　奈良文化財研究所提供

ここを中心として、蝦夷や新羅などの夷狄・蕃客などを取り込む、小中華世界を形成したのである。

一方、飛鳥宮の東方丘陵上には酒船石が座している。この石造物を取り巻くように、丘陵中腹には、天理砂岩の石垣が構築され、幾重もの石列・石垣が巡っており、『日本書紀』に記される「宮の東の山の石垣」「石の山丘」（斉明二年条）を彷彿させる。さらにこの石垣の石材を運搬するのに「狂心渠」という巨大な運河を掘って、船二〇〇艘で運んだと記す。これらの数字については、労働力を算出したところ、大きな違いはなく、比較的正しいと思われる。この運河も、酒船石遺跡の東から、飛鳥寺の東から北を通過する水路が確認されている。さらに遺跡北裾では亀形石槽などで構成される導水施設がある。天皇祭祀に関わる施設である。この遺跡は次の天武朝においても、改修しながらも使用されており、極めて重要な祭祀施設であった。天武朝に、天皇権力の昇華のために、はじめて大嘗祭を実践したことを考え合わせると、天皇の最重要祭祀が執り行われていた遺跡といえる。

斉明朝には須弥山石や酒船石・亀形石槽をはじめ、亀石や猿石など、未だ用途の確定していない石造物が多く造られる。古墳の硬質系石材（花崗岩）を加工する技術は我が国にもあったが、石材を彫刻する技術は無に等しかった。この時期だけに突如として現れ、次の天智朝には新たに石造物が造られなかったことを考えると、これらの石造物は斉明天皇の趣向であり、彫刻技術者を当時、硬質系石材加工技術に優れていた百済から呼び込んだと考えられる。

この頃、百済は滅亡の危機に瀕しており、百済再興のために天皇は九州まで赴くも、朝倉橘廣庭宮で崩御する（斉明七年〔六六一〕七月二十四日条）。朝倉宮の推定地としては、玄界灘から遠く離れた朝倉市とされるが、大宰府政庁下層と推定する意見もある。その後、水城や山城の築城や大宰府の設置から、こちらの方が妥当と考える。

挿図7　亀形石槽　明日香村教育委員会提供

淡海への遷都――近江大津宮の造営――

この時代、韓半島は動乱の時代であった。百済が唐・新羅から攻められ、これを救援するために斉明天皇は自ら九州まで赴いたのだが、ここで崩御することになる。後を継いだ中大兄皇子は、斉明天皇の意思を受け継ぎ、韓半島で応戦するものの、圧倒的な軍事力をもつ唐・新羅連合軍に対して、白村江において敗退することになったのである。この敗北は、当時の倭国において国際的な緊張をもたらすことになった。

中大兄皇子がまず行ったのは、国土防衛である。この前後、烽が置かれ、水城を置き、防人を配置（天智三年

〔六六四〕条）。大野城・基肄城を築城し、さらに瀬戸内から北部九州にかけて山城を造営した（天智四年〔六六五〕条）。飛鳥においても、飛鳥を巡る「羅城」的な掘立柱塀が設置されたのもこの頃である。そして、六六七年に天智天皇は、都を飛鳥から近江大津宮に遷したのである。

この大津の地で、天智天皇はいくつもの政策を立案している。この中でも「戸籍を造る」（天智九年二月条）は重要である。全国にわたる戸籍である庚午年籍によって人民支配を行った。また、冠位・法度の事を施行した。所謂「近江令」である。この近江令による官制が官僚組織として成立していたことを示し、次の飛鳥浄御原令へと繋がる。

大津宮は西に比叡山の山塊が迫り、東は広大な琵琶湖が広がっている。このような立地的条件から、大津宮は小規模にしかならず、朝堂院も備わっていない。その王都も湖畔沿いの南北に細長い地形にしかならない。西近江路に沿って直交する道路があった程度であろう。また、官人の居住エリアもこの範囲だけでは収まらなかったのであろう。『藤氏家伝』（天智八年十月十六日）によると、中臣鎌足の邸宅は「淡海」つまり近江京内にもあるが、他に「山科の陶原」（『帝王編年記』斉明三年）にもあることからも窺うことができる。王都としての形態には不備があったが、緊急時には琵琶湖対岸に船で渡ることもでき東国へ、北へ抜けると北陸へと抜けることができる。そこには、唐・新羅と対峙していた高句麗があったのである。天智九年二月に「天皇、蒲生郡の匱迮野に幸して、宮地を観はす」とあり、琵琶湖対岸の湖東に視察する記事があるが、湖東の広大な土地に新都の構想をもったのであろうか。そこは渡来人が多く住む地域でもあった。

五　日本国の形成

飛鳥への凱旋――飛鳥浄御原宮への遷宮――

天智天皇が崩御すると、大友皇子と大海人皇子との間で、皇位継承をめぐる古代史上最大の内乱が起きる。壬申の乱である。その舞台となったのは、近江・大和のみならず、河内から東海へと広がる。石神遺跡からは多数の鉄鏃が出土しており、倉庫と考えられる建物もみられる。壬申紀にみる「小墾田兵庫」と推定でき、水落遺跡の上層遺構にはこの時期最大の四面廂建物があり、留守司の有力な候補地となる。そして、近江軍が飛鳥古京を守るために軍営を張ったのが、飛鳥寺の西の槻樹の広場であった。

壬申の乱を勝ち抜いた大海人皇子は、天武天皇として即位、日本国の形成に向けて本格的に動き出した。天武天皇が、国家形成に意欲を見せた理由は、白村江の敗戦であり、壬申の乱であった。唐の巨大な軍事力や国家体制に、我が国も追いつく必要性を感じていたのである。

天武天皇の王宮は、母である斉明天皇の後飛鳥岡本宮を増改築した飛鳥浄御原宮（飛鳥宮跡Ⅲ-B期）である。ここには、後の大極殿に相当する「エビノコ大殿」も建てられた。「大極殿」とは「太極」のことで、天命思想に基づいている。天武天皇が武力によって政権を獲得した簒奪政権であったからこそ、正当性を示す必要があった。後飛鳥岡本宮を使用したことや、新たに「大極殿」（エビノコ大殿）を造ったのもこのためである。さらに君臣確認のための祭祀・大嘗祭も創設した。

「大極殿」の名称は天武十年（六八一）からしか現れない。「エビノコ大殿」の造営時期がこの頃まで下る可能性もあり、天武十年という年は、天武朝でも画期となる。天武朝前半の政策は、官人の登用・勤務評定・給与・公民への課税・出挙など細かな制度整備が行われたが、これらは近江令を補う細部修正にすぎない。この時期、国際関係では、六七二年に唐が高句麗遺民を攻め、唐軍対高句麗・新羅軍が戦闘状態になっていた。このため、我が国は唐との国交を絶ち、新羅との交流に重きを置いていた。これに対して、天武十年以降、重要な政策を次々と発する。飛鳥浄御原令の編纂の勅命を「大極殿」で発する（天武十年二月二十五日条）。同年三月には「帝紀および上古の諸事を記し定めしたまふ」を記す『日本書紀』の編纂を命じている（天武十年三月条）。また、禁式九十二条が立てられ、服飾規定を行った。諸氏の族姓を整理統合した「八色の姓」など、社会秩序が礼法・冠位制として整えられたと同時に、歴史書編纂という、神話から続く皇統の正当性を示そうとしたのである。

これらの制度・行政組織の整備に伴って、宮内（内郭の東方及び北方）には各種の官衙群が建ち並ぶことになる。宮内の一角には、海外からの賓客をもてなす、巨大な苑池もある。一方、宮外においても、官衙群が並んでいた。石神遺跡では具注暦木簡が出土しており、当時の役所において、暦が使用されていたことを示している。さらに東面大垣外にも木簡を出土する官衙が推定される。

挿図８　富本銭
奈良文化財研究所提供

この時期、国家形成を端的に示す遺物が出土したのは飛鳥池工房遺跡である。この工房は、多様な品々を製作していた飛鳥時代最大の官営工房である。その製品や製作技術、生産体制は国家のレベル水準を表しており、特に、最古の鋳造貨幣である富本銭の鋳造は、国家としての成熟度を示している。また、「天皇」木簡の発見は、この時期に天皇号が使用されていたこと

挿図9　「天皇」木簡　奈良文化財研究所提供

を証明し、「天皇」と名乗った最初の人物は、天武天皇であった可能性が高い。「次米」木簡の出土は、『日本書紀』の記述とも相まって、天武朝において毎年のように大嘗祭・大新嘗祭が実践されていたことを記しており、隣接してある天皇祭祀の酒船石遺跡が注目される。

この天武朝後半の時期は、飛鳥浄御原令の制定や、国史の編纂、官僚機構の整備、伊勢神宮や天皇祭祀など、多くの機構整備がなされた時代でもある。壬申の乱以降、律令国家への道程は大きな飛躍をしたのである。次の藤原宮の造営が始まるのも、まさにこの頃である。

文物の儀、是に備れり――藤原京への遷都――

持統八年（六九四）十二月一日、持統天皇は、都を飛鳥から新益京（藤原京）へと遷した。平城京へと遷都するまでの約十六年間、日本の首都となる。藤原宮は天皇の居所である内裏、政治儀式の中心である大極殿・朝堂院、そして各省庁の官衙建物が、高さ五メートルの大垣に囲まれた、約一キロメートル四方の中に集約されている。この中でも大極殿・朝堂院には宮殿ではじめて礎石・瓦葺建物が採用され、我が国の王宮構造が確立した。それはプロトタイプであった前期難波宮の造営から五十年後のことである。

この藤原宮の周辺には、中国の条坊制都城を模した、一辺五・三キロメートルを碁盤目状に区画した街区が形成されている。飛鳥の道路網から藤原京の道路網への変化は、広域道路から区画道路への変化でもあった。この区画内に寺院や宮外官衙、そして皇族や官人の邸宅が建ち並んでいた。このような正方形の都城の中心に王宮を配置し、市を北方に置くのは、『周礼考工記』に記された王都と共通しており、まさに中国理想の都を具現化したにほかならず、唐に対抗する王都を造営したのである。

しかし、新益京の造営過程は複雑で、持統八年（六九四）の遷都時には、大極殿・朝堂院はもとより、大垣でさえ完成していなかったのである。近年の調査・研究の成果によると、その造営は、天武五年（六七六）まで遡ることがわかっている。しかし、筆者は通説とは異なり、段階的な発展があったと理解している。まず倭京の一画にニュータウンとしての方形街区「新城」を天武五年に施工した。その後、天武十年頃に「新城」区画を拡大整備した「新益京」を計画・造営したのである。つまり、天武天皇は即位した直後には、新市街地を設けたが、後にこれを拡大整備して、国家の中心である都の造営を目指し、それが王都「新益京」だったのである。しかし、志半ばで倒れ、その計画は一時中断をする。その意思を受け継いだのが妻の持統天皇であったのである。

我が国ではじめての巨大な都城の造営は、造営期間の長さにも現れるように、そう簡単ではなかった。精緻な測量技術や大規模な土木工事、大量の造営物資の生産・調達、その資金や労働力の確保など、これまでにない規模のプロジェクトである。柱などの木材は近隣地域はもとより、遠く近江国の田上山から切り出し、河川や人工運河を掘削して運んでいる。また、瓦も大和国内だけでなく近江や讃岐、淡路島で生産しているのである。先に見た富本銭は、藤原京造営資金の一環としても発行された。

そして、大宝元年（七〇一）正月、「文物の儀、是に備れり」としたのは、大宝律令制定に現れるソフトである行政機構、ハードである王宮・王都が完成し、名実共に整った律令国家「日本国」であることを高らかに宣言したのである。

この翌年、粟田朝臣真人を遣唐使として、実に三十年ぶりに派遣する。大唐帝国に「日本国」を正式外交によって報告するためである。遣唐使が帰国したのは二年後の慶雲元年（七〇四）のことである。正式な国交を断絶していた唐の都の様子や政治を見てきた遣唐使の報告によると、時の皇帝は天子南面するの思想通り、北の高所から南を向いて政治を行っている。都の形態も北端の高所に王宮を営んでいたのである。これらの最新の情報に加えて、藤原京においても理想と現実の齟齬が現れ始めていた。慶雲四年（七〇七）には、早くも遷都の議題があがり、翌、和銅元年（七〇八）には平城京遷都が決定されるのである。そして、都は和銅三年（七一〇）三月十日に平城京へと遷ったのである。

六　都市構造の骨格となる道路網

これまで飛鳥時代の王宮の変遷とその歴史をみてきたが、飛鳥地域の王都の構造を考える重要な視点のひとつとして、道路網の解明がある。飛鳥地域には横大路・下ツ道・中ツ道・山田道と呼ばれる幹線道路がある。これらの設置・整備時期と構造、ここから飛鳥中心部への道路網の復元が、都市構造の解明へと繋がる。

幹線道路は基本的に直線で施工される。これまで、この古道の明確な設置時期は明らかではなかった。しかし、下ッ道や上ッ道・山田道については、その設置時期が七世紀初頭にまで遡る発掘成果が得られている。この時期の幹線道路は、基本的に直進性はあるものの、丘陵や湿地があれば、これを迂回するなど、障害物を避けながら直進している。このことは山田道の調査で明らかとなっている。現在の山田道は、少なくとも、飛鳥川から山田付近の間が設置されるのは七世紀中頃以降であることが判明している。それまでは、石神遺跡北方は湿地であり、また、推定路線上に斜方位の建物群が建てられているなど、ここには七世紀前半の山田道はない。七世紀前半の山田道は約三〇〇メートル南の飛鳥寺北面大垣に沿う位置に推定される。また、豊浦古宮遺跡の調査では、七世紀前半の山田道が小さな尾根の張り出しを避けているのに対して、七世紀後半になると、真東西の直線道路に付け替えられていることが判明している。このように古道の設置は七世紀初頭まで遡るものの、谷を埋め、小さな丘陵を削平してまで、直線に整備されるのは七世紀中頃のことといえる。

七世紀前半の飛鳥では飛鳥寺周辺と、古山田道に沿った地域だけが開発されていた。しかし、王宮が飛鳥寺の南方に造営されると、山田道からは、飛鳥寺の西から南を回り込み、丘陵に沿って、飛鳥宮の東を南下することになる。既存施設や地形を避けながら王宮へと向かうのである。これを回避するために斉明朝になると、下ツ道から飛鳥宮へ幅一二メートルの直線道路（仮称・飛鳥横大路）を施工する。丘陵部を平らに削平し、谷を造成してまで直線を指向する。この道路に面して川原寺（宮）や橘寺が配置され、この道路に直交する道路を設けて、五条野向イ遺跡や小山田遺跡への進入路とする。この時期は新山田道が移設される時期と重なり、直線古道を整備することにより、王宮へ向かう都市のメインストリートが形成される。

飛鳥横大路を境界に、南には「橘」や「檜隈」、北には「川原」と呼ばれる地名が展開する。つまり、七世紀中頃以降においては直線道路が地域名称の境界となっていた。それまでは谷や河川などの地形が地域名称の境界であったが、人工的な直線道路を施工することにより、地域が分断され、名称の境界となった。このことは「飛鳥」と「小墾田」の境界が古山田道であることとも符合する。

天武五年（六七六）には飛鳥北方域に条坊規格の方形街区の形成をはじめる。旧来の飛鳥中心部の北方の平野部に新市街地を創出した。この中に邸宅などの宅地を配置することになり、その都市基盤として街区が形成される。しかし、この方形街区は飛鳥の郊外に造られた新市街地であり、王宮との一体性はない。天武十年頃に、方形街区を拡大整備し、王宮である藤原宮を中央に置く都城「新益京」の造営を開始することになる。

七　都市居住空間としての宅地の形成

飛鳥地域の邸宅については、必ずしも明確ではない。しかし、『日本書紀』や『万葉集』などから、ある程度の推定がされるものがある。

まず、七世紀前半の豪族、特に蘇我氏の邸宅は、史料から山田道沿線に集中する。蘇我氏の邸宅は西から軽・田中・和田・豊浦・小墾田・山田などに推定され、いずれも氏寺としての古代寺院（軽寺・田中廃寺・和田廃寺・豊浦寺・小墾田寺・山田寺）が隣接あるいはエリア内に建立されている。このように推定すると、山間部にみられる檜隈寺や立部寺・坂田寺の隣接地にも邸宅が想定される。実際、檜隈寺の隣の尾根には東漢氏の居宅とみられる建物群が見つかっている。

七世紀後半の邸宅についても、『日本書紀』や『万葉集』によって、いくつかは判明する。例えば、天武天皇の皇子について、高市皇子は香具山に、草壁皇子は嶋宮に、忍部皇子は雷丘周辺に、舎人皇子は細川周辺に、弓削皇子は南淵周辺に、新田部皇子は八釣周辺に邸宅を構えていたことが推測される。実際、発掘調査でも、断片ながらも七世紀後半の邸宅遺構の一部が確認されている。

この中でも建物配置や規模が判明するものに、五条野向イ遺跡や五条野内垣内遺跡、雷丘北方遺跡などがある。いずれも掘立柱塀によって方形に区画され、その内部に正殿・脇殿が整然と建ち並んでいる。しかし、これらの調査例を除いて、飛鳥地域では広範囲な調査が行われておらず、断片的に建物が数棟あるいは、建物の一部が確認されているにすぎない。そこで建物規模や柱間寸法、廂や区画施設の有無など、建物そのものがもつ属性を比較すると、A~Dの四クラスの宅地に分類ができる。

飛鳥の盆地の中心部には、飛鳥宮や小墾田宮・嶋宮などの宮殿・離宮と飛鳥京跡苑池や石神遺跡・水落遺跡などの官衙、飛鳥寺・川原寺・橘寺などの寺院などの公共施設しか配置されていない。宅地は基本的にない。宅地はその周辺の中山間部に位置する。

Aクラスの宅地（興善寺跡・雷丘北方遺跡・五条野向イ遺跡・五条野内垣内遺跡など）は香具山山麓・飛鳥東方丘陵の山間部や甘樫丘南麓の比較的飛鳥周辺部に位置する。Bクラスの宅地（藤原宮下層・左京六条三坊下層・東山マキド遺跡・御園遺跡など）は飛鳥北方の平野部と飛鳥周辺の中山間部、檜前の盆地中心部にある。Cクラスの宅地（竹田遺跡・西橘遺跡・平田クルマゴエ遺跡など）はBクラス同様に飛鳥周辺の中山間部と檜前盆地の周辺山間部にある。Dクラスの宅地（藤原宮下層遺跡）は、飛鳥北方の平野部にある。

このように飛鳥地域の宅地は王宮を中心として、それをとりまくように存在する。大局的には上級クラスの宅地が近在し、下級クラスの宅地が遠方という傾向がある。

ここで注目されるのは、飛鳥北方域の「新城」方形街区内の宅地である。天武五年（六七六）には「新城に都をつくらむとす」（天武五年条）とあり、藤原地域に条坊規格の方形街区の造営がはじまる。この時に造営がはじまった方形街区は、おおよそ古道（横大路・下ッ道・中ッ道・山田道）に囲まれた範囲内（いわゆる岸説藤原京）に施工された。しかし、これは飛鳥地域の北方に方形街区を伴う新市街地を造営したもので、この段階の王宮は飛鳥浄御原宮であった。しかし、天武十一年には藤原宮の位置を決定し、王宮の造営を開始、これに合わせて、条坊区画を拡大整備して、十条十坊の広大な王都「新益京」の造営を開始したと考える。

方形街区内にはA・BクラスとDクラスの宅地がある。藤原宮下層にはBクラス（宮東南隅下層）Dクラス（西方官衙下層）が混在する。さらに「新城」南域にはAクラスの雷丘北方遺跡がある。一方、新益京（十条十坊）段階の宅地は、藤原宮の近郊に大規模宅地、遠方に小規模宅地が配置されていたことがわかっている。つまり、藤原宮周辺に高位の人物、京縁辺に下位の人物が居住していた。しかし、「新城」段階の方形街区では、後の藤原宮の造営される場所を中心としたランク付けはみられない。むしろ飛鳥宮からの距離が重視されている。さらにBとDクラスの宅地が藤原宮下層に混在することから、ある程度自由に、あるいは許可を得て居住していた可能性が高い。このことは、難波京のことではあるが天武十二年（六八三）十二月十七日条「百寮の者、各往りて家地を請はれ」とあるように、宅地班給ではなかったと考える。新益京は持統五年（六九一）十二月八日条「右大臣に賜う宅地四町。直廣貳より以上には二町。大参より以下には一町。勤より以下、無位に至るまでは、其の戸口に隨はむ。其の上戸には一町。中戸には半町。下戸には四分之一。王等も此に准へよ」とあるように、宅地班給がなされていた。「新城」段階では、まだ区画としての機能しかなく、新益京に整備したことにより、都城としての官人の管理装置になったと考える。

八　王都の変遷——飛鳥から新益京へ——

これまで王宮の歴史的な変遷をみてきたが、王宮と共に、王都にも変遷がみられる。新益京（藤原京）において条坊制都城が成立するだ、この条坊制導入に至るまでにも、段階的な変遷がみられる。

七世紀の王都としては、推古朝の飛鳥から始まる。推古朝の飛鳥は、王宮である小墾田宮と飛鳥寺が、ほぼ古

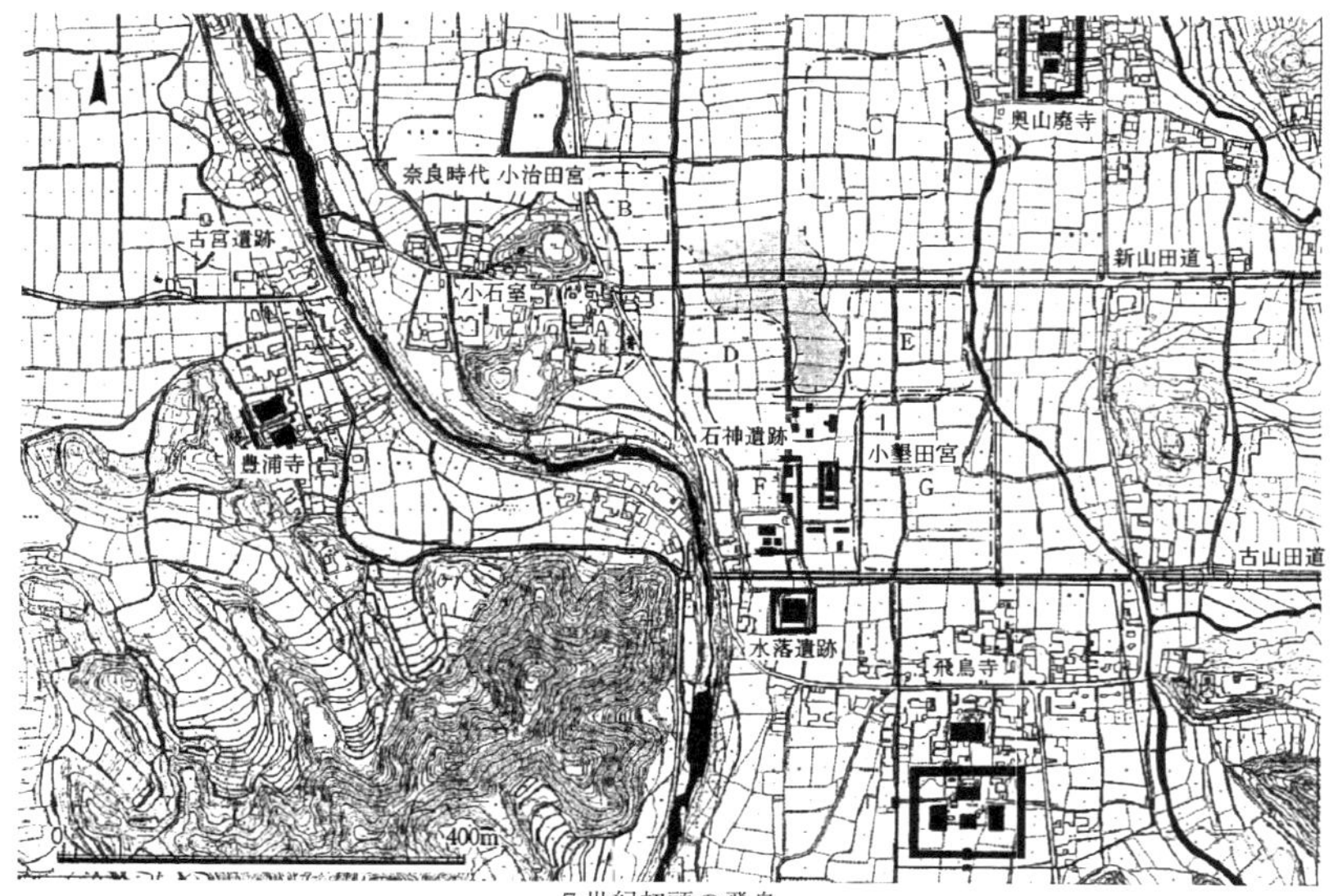

7世紀初頭の飛鳥

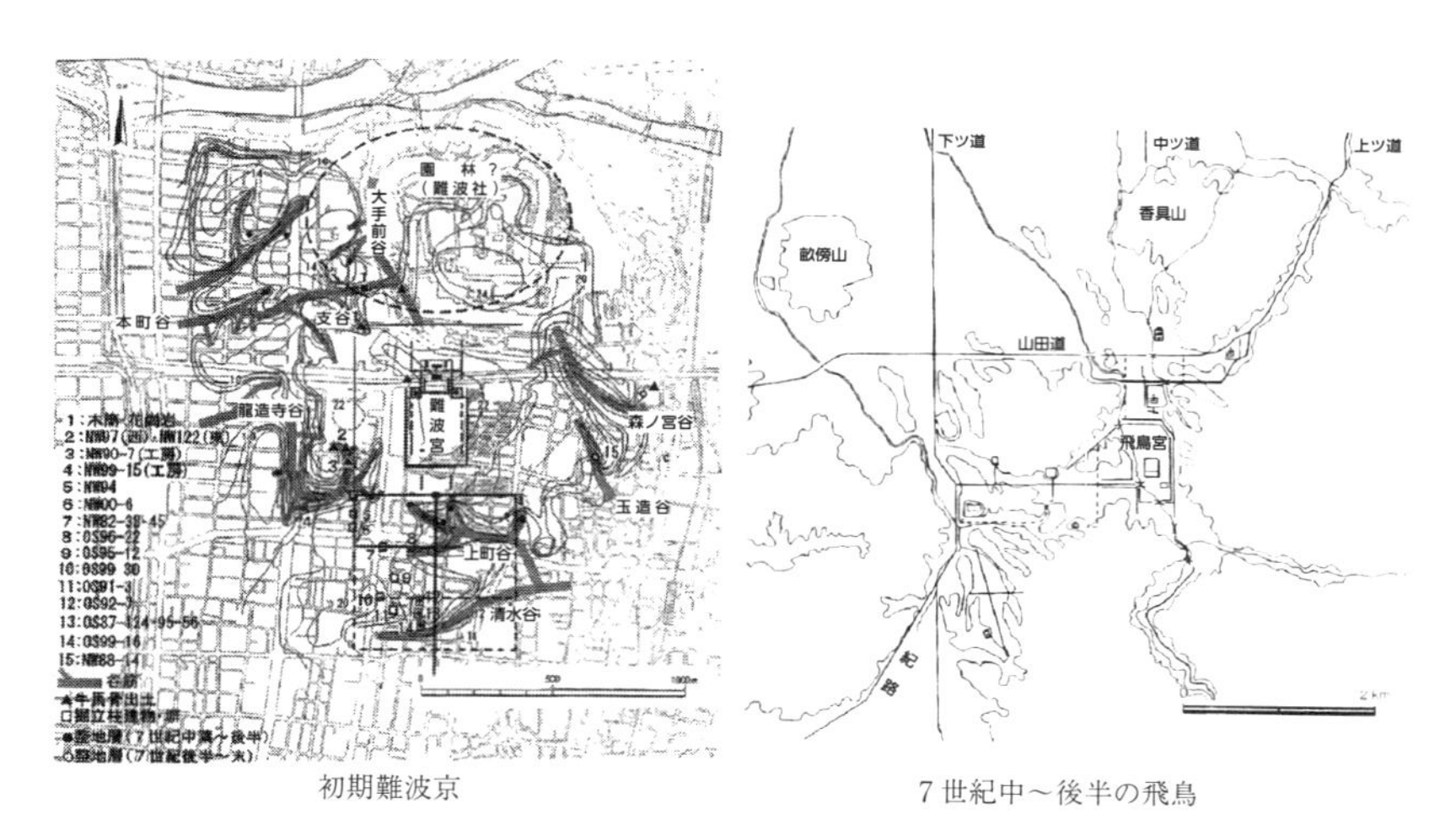

初期難波京

7世紀中～後半の飛鳥

挿図10　王都の変遷①（『明日香村文化財調査研究紀要』第17号より）

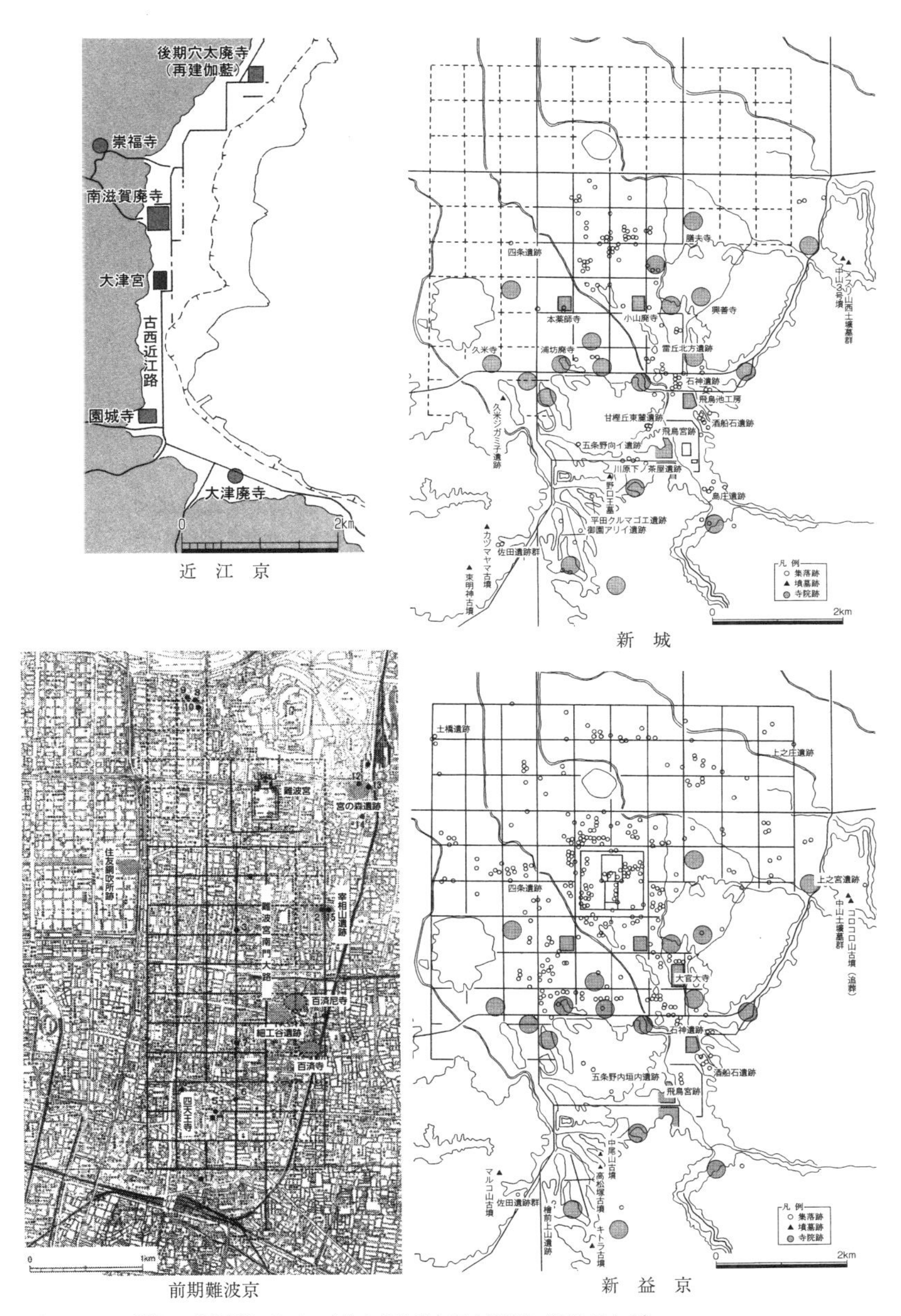

挿図 11　王都の変遷②（『明日香村文化財調査研究紀要』第 17 号より）

山田道を挟んで対峙した位置に配置された。むしろ古山田道に面して施設が配置されたとみるべきであり、豪族の邸宅なども古山田道沿いの支配拠点に分散しており、集約されておらず、都市的様相はまだみられない。皇極朝になると、飛鳥宮が飛鳥寺の南方に造営されたことにより、幹線道路から既存施設を迂回して王宮に向かう必要が生じる。山田道からは、飛鳥寺の西から南へ回りこみ、飛鳥宮の東を南下することになる。施設や地形に左右され、必ずしも正方位ではなく、道路にも計画性はみられない。そして大化年間、都は難波へと遷った。難波長柄豊碕宮に伴う孝徳朝の初期難波京では、王宮の南西、朱雀大路の西で東西九〇〇大尺（三一五・三メートル）、南北六〇〇大尺（二一〇・三メートル）の長方形区画が復元できる。区画西面塀は王宮の西面大垣の延長にあたり、王宮と一体的に計画されたと推定される。理念上、朱雀大路の両側に南北最大三区画想定されるが、実際は谷筋がいくつも入り、地形的に形成されたのは南西部のみであった。朱雀大路もこの範囲内であったと推定される。しかし、宅地を班給するものではなく、その範囲も狭く、「朱雀大路」も、「朱雀門」前の儀礼空間の広場としての性格しかなかった。斉明朝の飛鳥では、王宮の周囲に苑池や迎賓館、漏刻、祭祀場、寺院など、様々な施設が造営され、都市的景観が形成されていく。さらに飛鳥宮へ下ッ道から直線の道路（飛鳥横大路）が計画される。それまでは幹線道路を基本に王宮が配置されていたが、飛鳥の都市計画において初めて計画的に施工された直線道路と、これに直交する道路を設け、そこに施設を配置する事例がみられることである。この直交する道路は区画道路ではなく、施設への進入路となっている。天智朝の近江京は、急峻な山間部と琵琶湖に挟まれた狭小な地域を南北に通過する古西近江路を基軸として形成される。大津宮は古道を中軸線として配置されるが、四五〇大尺の規格で屈曲しており、この規格で一部に直交あるいは平行する地割がみられる。しかし、地形的な制約もあり方格地割とはなっておらず、邸宅等の施設は未解明である。天武朝初期の藤原地域では、古道に囲まれた範囲に四五〇小尺規格の方形街区が形成され、「新城」と呼ばれる。しかし、この時期、まだ王宮は飛鳥浄御原宮であり、方形街区は新市街地として計画されたとみられる。天武十年頃には、新城の規格を十条十坊に拡大整備し、中心に王宮を配置する新益京が計画、施工をはじめる。この王都が条坊制都城としてはじめて造られた王都である。これとほぼ同じ頃、天武朝の前期難波京が形成される。それは、初期難波京の規格とは異なり、新城同様の四五〇小尺規格の区画に変化する。

しかし、新益京と次の平城京とは、決定的な違いがある。それは新益京の王宮が都城の中央にあるのに対して、平城京は王宮が都城の北端にある点である。これ以外の相違点については、都城形態及び制度の進化に伴うものといえる。新益京が中央宮闕をとるのは、天武が天皇を頂点とした中央集権国家を王都に反映したもので、中華の王都思想や『周礼』の影響があったことは間違いない。平城京が北闕型に変更されるのは、大宝度の遣唐使によってもたらされた唐長安城の情報であったことは間違いない。新益京が王宮を中心として、同心円状に配置したことに対して、平城京は唐長安城を規範として、羅城門・朱雀大路・朱雀門・大極殿という南北軸の儀礼装置を導入したのである。このことが平城京遷都の大きな理由のひとつである。

九　飛鳥の王宮と王都の形成

飛鳥時代の王宮・王都の変遷は、単純なものではない。特に、難波宮の構造・規模にみられるように、一概に発展していくわけでもなく、そこには大いなる飛躍や後退を繰り返しながらも、進化を遂げていったのである。その背景には国際的な関係や、国内的な事情が、時の政策に影響とインパクトを与えており、王宮の構造・規模の変遷に繋がっている。同様に制度の充実や確立に伴い、官衙域の発展を促し、藤原宮域内への集約になる。これらは、王都の発展においてもみられ、徐々に拡大しながらも、最終的には、新益京の都城となって結実する。これら王宮・王都の解明が、古代律令国家の形成過程を鮮明に表すもので、宮都研究は国家形成の鏡であることは間違いない。新益京で確立された律令国家体制は、続く奈良時代の平城京において昇華され、平安京へと受け継がれていく。しかし、平安時代も中頃になると、律令国家が崩壊していき、古代都市から中世都市へと変化をする。その過程も平安京の研究によって明らかになりつつあるのである。

［参考図書］

相原嘉之『古代飛鳥の都市構造』吉川弘文館、二〇一七年
市大樹『飛鳥藤原木簡の研究』塙書房、二〇一〇年
小澤毅『日本古代宮都構造の研究』青木書店、二〇〇三年
小澤毅『古代宮都と関連遺跡の研究』吉川弘文館、二〇一八年
亀田博『日韓古代宮都の研究』学生社、二〇〇〇年
岸俊男『日本古代宮都の研究』岩波書店、一九八八年
豊島直博・木下正史編『ここまでわかった飛鳥・藤原京』吉川弘文館、二〇一六年
林博通『大津京跡の研究』思文閣、二〇〇一年
林部均『古代宮都形成過程の研究』青木書店、二〇〇一年
林部均『飛鳥の宮と藤原京――よみがえる古代王宮――』吉川弘文館、二〇〇八年

ふたつの難波宮

古市　晃

はじめに

『古事記』『日本書紀』には、応神の大隅宮、仁徳の高津宮、孝徳の長柄豊碕宮をはじめ、難波に置かれたとされる諸宮が見える。また『続日本紀』にも聖武朝の難波宮造営の他、歴代の天皇の行幸先として難波宮が見える。早く失われたこれらの諸宮の所在をめぐっては、近世以来、関心が寄せられてきたが、飛鳥・奈良時代の難波宮の所在地を明らかにしたのは、一九五四年、山根徳太郎によって開始された発掘調査である。

六〇年を超える発掘調査によって、難波宮についての多くの知見がもたらされてきた。[注1] 二〇〇〇年代以降も、重要な発見が相次いでいる。ここではそれらの基本的な調査成果を紹介し、その上で、文献史料も合わせて検討すべき課題を提示したい。

一　前期難波宮をめぐって

1　前期難波宮の発掘成果

大阪市中央区法円坂には二時期の宮殿遺構がほぼ重なって存在し、それぞれ前期難波宮、後期難波宮と呼ばれる。後期難波宮が奈良時代、神亀三年（七二六）に造営が開始された聖武朝の難波宮にあたることは、早くから確定していたが、前期難波宮については、調査担当者の間では孝徳朝の難波長柄豊碕宮に求める意見が強かったものの、[注2]その遺構が壮大であることから天武朝に求める意見もあり、[注3]決着がつかなかった。しかし一九九〇年代に至って前期段階の遺構から年代の基準となり得る土器群が一括して出土し、それを元に難波地域の土器編年が進んだこと、[注4]かつ宮の北西部の谷から六四八年にあたる「戊申年」と記された木簡が出土したことなどから、[注5]前期難波宮が孝徳朝段階の遺構であることは、ほぼ確定するに至った。『日本書紀』には、孝徳朝の難波宮として複数の宮名が見えるのであるが、飛鳥時代の宮殿遺構としては抜きん出た規模であること、上町台地のほぼ最高地点に立地することなどから、孝徳朝の難波で最後に造営された宮殿である、難波長柄豊碕宮に相当する可能性が高いと考えられている。ここでも、前期難波宮は難波長柄豊碕宮であることを前提として論を進めたい。

前期難波宮は、建物はすべて掘立柱で、瓦を用いない。北に内裏、南に朝堂院相当施設を備える。この点で、その平面構成は藤原宮をはじめとする律令制下の諸宮と基本的に共通するといえる。しかしその内部構造には独自の構成を取る部分が多い。大極殿は未成立で、内裏と朝堂院が直接向き合うが、内裏前殿は桁行九間（三六・六メートル）、梁行五間（一九・〇メートル）の、前期難波宮最大の建造物である。内裏南門もまた巨大であ

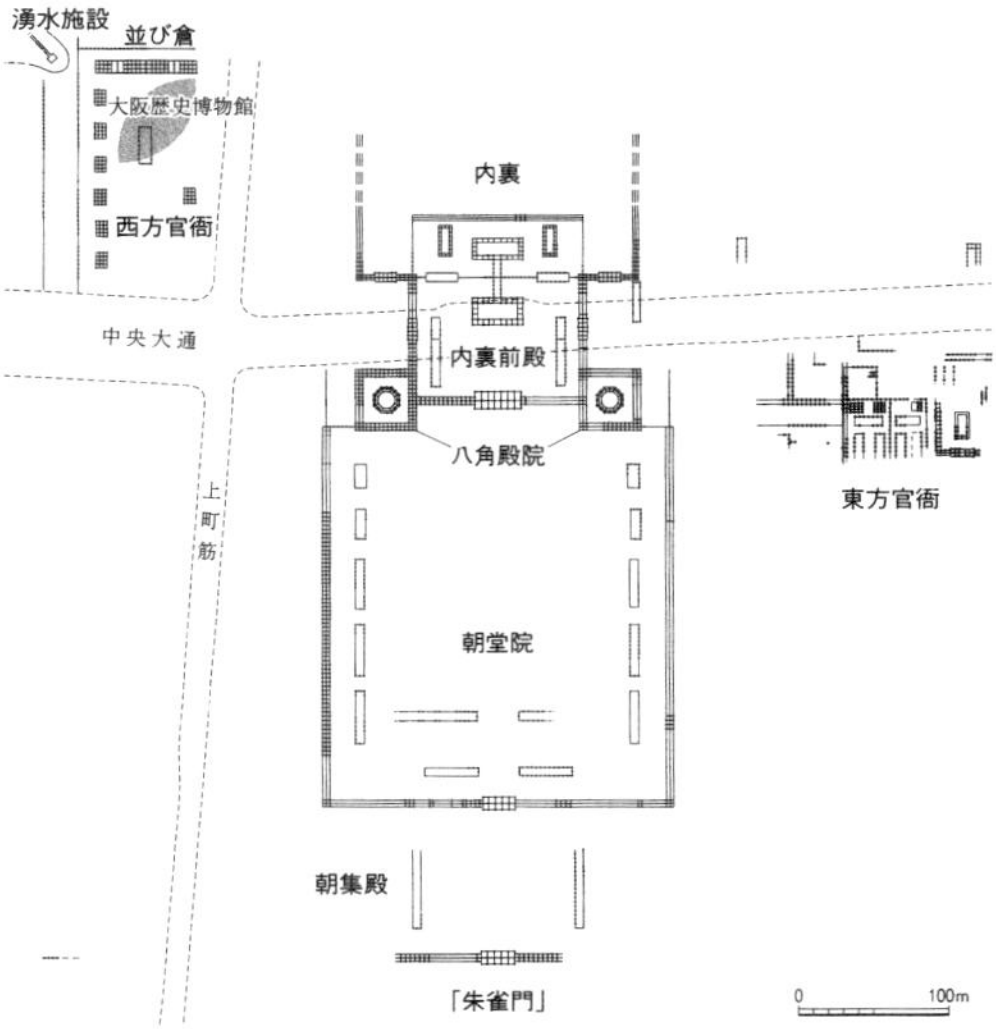

り、その規模は平城宮朱雀門をしのぐ。東西には重層の八角殿が屹立する。これは後の諸宮には踏襲されない、前期難波宮独自の施設である。このように、内裏と朝堂院の間が明確に区分されている点が大きな特徴である。

朝堂院は朝庭と朝堂で構成され、一見、律令制下の諸宮と類似するが、朝堂は少なくとも一四堂、もしくはそれ以上ある可能性が高く、平城宮や平安宮の一二堂を超える。これも、朝堂の機能が律令制下のそれとは異なるものであった可能性を推測させる。

朝堂院の南には後の朝集堂に相当する建物が東西に二棟配されるが、後世の朝集堂と異なり、遮蔽されていない。その規模は南北五〇メートル以上に達する。その南に立つ宮城南門（朱雀門に相当）は、内裏南門より小規模であるものの、左右には翼廊が取り付けられ、威儀を高める効果が期待されたことが明らかである。これらの中枢施設の柱穴に焼土が入ることから、前期難波宮は焼失しており、それは『日本書紀』に記される朱鳥元年（六八六）正月の火災にあたるとするのが通説である（同年正月乙卯条）。

宮の中枢施設の周囲でも、多くの遺構が確認されている。宮の北西部には、内裏西方官衙と呼ばれる、倉庫を中心とする広大な施設がある。建物の配置が宋代の呂大防により描かれた「唐長安図」の「太倉」に酷似すること、平安期の『儀式』に記される季禄支給儀礼との関連が推測できることから、大蔵省前身官衙とする説があ

挿図１　前期難波宮遺跡配置図

る。内裏西方官衙のさらに北西では、大規模な貯水施設と、石組の排水施設が見つかっている。

宮の東では、複数の掘立柱建物や一本柱塀、単廊、桁行五間の門などが見つかり、東方官衙と呼ばれる。東方官衙は建て替えられており、古い段階を前期、新しい段階を後期とした時期もあったが、地割りや造営尺の共通性から、いずれも前期段階の遺構と考えられるようになっている。[注6] 施設の性格は不明ながら、厨子のような小建築に用いられる小型鴟尾や丸瓦が出土しており、また五間門の存在などから、格の高い施設であったことが窺われる。五間門は当初の八脚門を建て替えたもので、その際に石敷が付加されていることから、これを施設の格式を上げるための措置と見る説がある。[注7]

宮域について、南限は宮城南門の存在から明らかであり、それを西に延長した線上でも一本柱列が見つかっている。西限は、内裏西方官衙の西で見つかった南北の一本柱列がそれにあたると考えられている。北限は、内裏西方官衙の北で見つかった谷（戊申年と記した木簡が出土した谷と同じ）より北からは、難波宮の遺構は見つかっていない。東限は、先に見た東方官衙の東側にやはり大きな落ち込みがあり（そこから白壁を含む前期段階の壁土が大量に出土している[注8]）、そこを東限とする見方がある。前期難波宮が立地する上町台地には多くの谷が入って起伏に富んでおり、そうした自然地形に制約されて宮域が定まったことになる。

但し宮域が不整形であったか、または藤原宮や平城京のような方形を呈するものであったかについては、諸説がある。内裏南門や宮城南門の存在により、前期難波宮に南北の中軸線が存在したことは確実である。その中軸線を対象とする方形の宮域を考える説がある。[注9] 一方でその想定線上で柱穴が区画施設が見つからないことや、その外側から建物群が見つかることなどから、不整形な宮域を考える説もあり、[注10] 定まっていない。

この他、特筆すべき遺物として、木簡を挙げておきたい。難波宮跡周辺で出土している七世紀代の木簡として、栄原永遠男は、二〇一四年の論文で計七箇所、五七点を挙げている。[注11]その後出土したものとして、東方官衙の東側の落ち込みから出土した釈読不能の一点（NW一〇―四次調査[注12]）、難波宮跡南方の調査区三地点で計三点（NW一二―四次調査、一三―五次調査、一四―二次調査[注13]）が出土しているので、計一一箇所、六一点ということになる。飛鳥などと比較して点数が少ないのは、高燥な上町台地上という立地の問題や、大都市での調査のため、点的な調査を迫られるなどの制約によるものと考えられる。これまでの出土事例がほぼ例外なく谷からのものであり、湿潤な状況で消滅を免れたことが示されていると考える。宮の周辺では曹司と考えられる遺構も見つかっており、前期難波宮の段階で、すでに文書を用いた活動が開始されていたことが窺える。

この内、内裏北西部の谷に投棄された三二点の木簡に、戊申年と記されたものが含まれていたことはすでに述べた。この他、「支多比」「宍」「伊加比」など、食品名のみを記した荷札が出土しており、贄にあたる可能性が指摘されている。[注14]この他、難波宮跡南方では、近年「玉作五十戸俵」、「斯斯一古」などと記された荷札が出土しており、七世紀中葉の税制の実態を示すものとして注目される。

難波宮跡南方の谷から出土した木簡として、「皮留久佐乃皮斯米之刀斯（はるくさのはじめのとし）」と記したものがある。仮名表記の韻文が七世紀中葉には成立していたことを示すもので、和語表記史上画期的な意義を持つものとされる。またその形態などから、典礼などに際して読み上げられることを目的とする、歌木簡であることが指摘されている。[注15]ただこの木簡を難波宮との関係で評価する場合、「はるくさ」の語が注意を引く。『日本書紀』の「春草」の用例は、倭の援軍を待つ百済の態度を、甘雨に打たれる春草の姿になぞらえたもので（「伏待二恩詔一、如三春草之仰二甘雨一也」。欽明一四年八月丁酉条）、天皇に接する臣下の対応と関わる語であることに注目したい。『万葉集』にも、柿本人麻呂の歌に「春草の　いやめづらしき　我が大君かも」と、春草の勢いあるさまにたとえて大王を歌っており（巻三、二三九番歌）、「はるくさ」の語が倭王の前で述べられる文言としてふさわしいものであったことを確認できる。[注16]

同様の観点から注目されるのは、内裏西方官衙北で出土した、人形に転用された木簡である。「奴我罷間、盗以此往在・・・於是、本奴主・・・□[知カ]部君之狂、此事・・・」などと記されており、[注17]詳細は不明であるものの、木簡の作成者と某部君との間に、奴婢に関わるトラブルのあったことが推測できる。[注18]『日本書紀』には、訴訟を抱えた人々が多く難波に参集している状況が記され（大化二年二月戊申条）、またウヂ名の混乱にともなう訴訟がこの時期に頻発している状況も記されており（同年八月癸酉条）、この木簡は難波におけるこうした状況を生々しく伝えるものである可能性がある。

2　前期難波宮の特徴

前期難波宮は、発掘調査によってその概要が判明する最古の宮殿遺跡であり、かつ大規模であることから、その淵源を中国の都城に求めるのが通例であった。『日本書紀』には、孝徳朝の難波宮造営には渡来系の倭漢直荒田井比羅夫があたっていることから（大化三年〔六四七〕是歳条、白雉元年〔六五〇〕一〇月条）、渡来の技術が用いられたことは推測できるが、従来の研究では、さらに『周礼』などの経典に見える中国宮城の構成である三朝制が、難波宮にも導入された可能性が説かれてきた。三朝制は外朝—治朝（中朝）—燕朝（内朝）の三朝からなり、具体的な比定は論者によって異なるが、それが前期難波宮中枢部の構造に影響を与えたとするのである。[注19]

これについては村元健一が、三朝制は周の王宮の理念形であり、そもそも唐の王宮がそれにあてはまる確証はなく、『周礼』を直接に模倣することも当時の倭人には非常に困難であったと説くのが説得的であろう。[注20]村元は、六三〇年に派遣された遣唐使が、翌年、長安城で太宗に謁見していることに注目し、その際に実見した長安城が難波宮の構造に影響を与えていることを推測する。

宮の威儀に関連して、七世紀中葉を画期として、前期難波宮の南方の建物群が正方位を志向するものとなった。宮を区画する塀と柱筋をそろえる塀があらわれる。積山洋は、前期難波宮の南方に同一地割の京が設計されたと評している。[注21]この段階では条坊制をともなう京域は造営されておらず、京と呼べるかどうかは疑問の余地があるものの、宮と地割を合わせた正方位の建物群が出現することの意義は大きい。

このことと関連して、宮の南北中軸線の南の延長上九・五キロメートルにあたる大和川今池遺跡で、幅一八メートルの南北の直線道路が見つかっており、宮の近辺にも後の朱雀大路に相当する南北道路を想定する見解が優勢であった。早く岸俊男は、明治期の地形図に、宮の南方に延びる道路を見出し、それを朱雀大路に相当する道路の痕跡と考えた。[注22]しかし近年、想定される南北線上の発掘調査によっても、古代の道路遺構が見つからないことから、朱雀大路に相当する道路の存在を疑問視する見解も提示されている。高橋工は、上町台地の開発は前期難波宮以西に偏しており、朱雀大路に相当する道路自体が存在しなかったことを主張している。[注23]村元健一もまた、七世紀中葉段階での上町台地の開発は宮の周辺に限定されたものであったことを強調し、朱雀路の存在を否定する。[注24]道路遺構の未検出がただちにプランの欠落を示すわけではないが、少なくとも、孝徳朝段階の開発が上町台地の全体に及ぶようなものではなかったことは確認できるであろう。

この他、中国都城の影響として、積山は、宮の北方に未完の園林が存在したことを推測する。[注25]難波宮の北側の本町谷と称される地点で近畿地方各地から集められた花崗岩が放置されていたこと、谷底に池状の滞水環境が存在したと考えられることから、中国の都城を模倣した園林が計画されていたとし、白雉元年二月、穴戸（長門）

から献上された白雉が放たれた「園」(『日本書紀』同元年二月甲申条)がそれにあたるとする。ただ積山も指摘するように、難波宮域には元来、生國魂神社があり、難波杜(『日本書紀』推古六年〔五九八〕四月条)と称される森林が広がっていた。孝徳は、おそらくは難波宮造営のためにその森の樹木を伐採したことが特筆されているのだが(『日本書紀』孝徳即位前紀)、神域の森と中国風の園林をただちに同一視することは躊躇される。白雉元年段階の難波宮に「園」があったことは確実としても、それが本町谷にあたるかどうかは、現時点では慎重であるべきであろう。

3 難波の諸宮と難波長柄豊碕宮

前期難波宮の特徴を論じる上で、乙巳の変後の難波遷都の過程をどのように考えるかが大きな意味を持つ。『日本書紀』孝徳紀には、難波遷都の過程が以下のように記される。まず大化元年一二月に難波長柄豊碕への遷都が示され、翌二年正月、孝徳は子代離宮に遷る。分注には、「或本云」として、難波狭屋部邑子代屯倉を壊して仮宮を作ったことを記す。翌月には子代離宮からの孝徳の帰還が記され、同年九月、蝦蟇行宮に御したことが見える。翌三年の是歳条には、小郡を壊して小郡宮を作り、そこで礼法を定めたことが見える。その年の一二月晦日には、孝徳は有間温湯から帰還して武庫行宮にまで至り、翌日、難波碕宮に幸したことが記される。白雉元年〔六五〇〕正月、孝徳は味経宮に幸して元日朝賀儀を見て宮に帰り、二月には難波宮の紫門外で穴戸から献上された白雉を迎えている。同年一〇月には宮地に入るために破壊された墳墓や、移転させられる人々に対する補償があった。翌二年一二月晦日、味経宮で二一〇〇余の僧尼を迎えて仏事が行われ、ここに孝徳は大郡から新宮に移り、その名を難波長柄豊碕宮と名づけた。翌三年正月には元日朝賀儀の後大郡宮に遷り、三月には宮に帰ったことが記される。同年九月、造宮が終わったが、その宮殿の様子は口に表せないほどであったとされる。

これらの諸宮相互の関係、また遺構としての前期難波宮との関係を考えることが必要となる。これについて、吉川真司は、子代離宮や蝦蟇行宮などを小郡宮と同一とし、さらに味経宮を難波長柄豊碕宮と同一として、難波遷都は当初の小郡宮から、評制が施行される大化五年頃に難波長柄豊碕宮へという二段階を経たと主張した。[注26] 以後、吉川説が通説的な位置を占めたが、近年、相次いで批判が提起されている。味経宮と難波長柄豊碕宮を同一とする点は、近年の説も概ね一致するが、[注27] その一方で、難波長柄豊碕宮の造営を大化五年以前と見る点がひとつの特徴である。古内絵里子は、壮大な難波長柄豊碕宮の造営には時間がかかること、近年の研究成果から評制施行が大化元年から三年頃と考えられることから、大化三年には造営が始まったと見る。[注28] 西本昌弘は、『日本書紀』大化二年三月辛巳条に見える「新宮」の造営記事を難波長柄豊碕宮に関わるものとして、小郡宮改作と難波長柄豊碕宮の造営は並行しており、それは大化二年に遡るとする。[注29] 市大樹もまた、古内と同様の疑念から、従来小郡宮に関わるとされていた記事を難波長柄豊碕宮について記したものと見て、大化二年には造営に向けての動きが始まっていたとする。[注30] 全体としては、評制の施行時期をめぐる近年の研究成果に依拠しつつ、壮大な難波長柄豊碕宮の造営が難波遷都当初からの本命と見る見解であるように思われる。

吉川説をめぐっては、筆者は以前、味経宮＝難波長柄豊碕宮説は卓見であるものの、小郡宮と子代離宮を同一とみる点については慎重な検討が必要との私見を述べた。[注31] この点で西本昌弘が、『倭名類聚抄』や『行基年譜』に、子代離宮の所在地とされる狭屋部邑（讃楊郷）が西成郡に位置し、「摂津国家地売買公験案」から小郡の地名が東成郡にあることをもって両者の同一説を批判したのは、説得力があると考える。[注32] 西本はさらに、難波長柄豊碕宮遷居以前の孝徳の常宮について、外交使節のための儀礼施設である大郡をそれにあてる門脇禎二、[注33] 吉田晶説[注34]に賛意を表するのであるが、この点はどう理解すべきであろうか。

これについて、難波長柄豊碕宮すなわち前期難波宮を孝徳朝の当初から予定されていた王宮と見るのは、前期難波宮を知っている者の後付けの見方であり、そのことはそれ以前の王宮の評価には関わらせるべきではないことは、確認しておく必要があるだろう。小郡宮が当時の王権にとって一時的な王宮にすぎなかったかどうかは、そうした先入観から離れて理解すべきではないか。次に、大化五年という時期を評制施行と関わらせる理解は困難としても、孝徳朝の政治過程の中で再検討する余地はあるのではないか、という問題がある。

まず小郡宮は、西本が指摘するように、子代離宮とは別の王宮と考えるべきであるが、そうであれば、その初見は大化三年是歳条となる。この時には、孝徳は小郡宮にあったとされるので、その造営は大化三年よりも遡ると考えるべきであろう。大化二年に難波に移った際、孝徳は子代離宮を拠点としながら小郡宮の造営を急がせていたのではないか。同年三月に見える新宮造営記事は、したがって小郡宮を指すと見て問題はないと考える。その際、難波長柄豊碕宮も同時に造営が進められていたと考える論拠となっているのが、大化四年の武庫行宮からの帰還記事に、難波碕宮とあることであろう。これを難波長柄豊碕宮と同一と考えるかどうかが問題となる。私見では、難波碕宮と難波長柄豊碕宮は似て非なる名称であり、両者を同一とすることはできないと考える。『日本書紀』神武即位前紀戊午年二月丁未条に「難波碕」とあるように、難波碕宮とは、難波碕つまり上町台地上にある王宮を指す、相対的な呼称にすぎない。『日本書紀』がこの名称を用いるのは、有間温湯から武庫行宮という離れた地点から難波にある王宮を指して述べているからであろう。一方、難波長柄豊碕宮は、柄杓の柄のように豊かに長く伸びた台地上に造られた王宮という美称であり、その点で孝徳朝当時のものか、疑念なしとしない。記紀の佳名に基づく宮号が後次的とする北村優季[注35]の指摘にしたがえば、難波長柄豊碕宮の宮号も天武朝に下る可能性も否定できない。

したがって、難波遷都の経緯については、以下のように考える。大化二年当初は子代離宮を拠点としつつ小郡宮の造営に着手し、翌三年には小郡宮に遷居するに至る。大化四年の難波碕宮も、小郡宮を指す。小郡宮の比定地が淀川の旧本流に向けて下る傾斜地であることから、この名称にふさわしくないとする見解もあり得るが、上町台地上にあるのは事実であり、大きな問題とはならない。小郡宮もまた、新たな礼法や七色十三階の冠位が実施された、当時としては画期的な王宮であったはずであり、したがって大化四年に見える朱雀門や、白雉元年二月の白雉貢進儀礼に見える紫門や中庭などの施設も、小郡宮のものと見るべきである。造営を担当したのが難波長柄豊碕宮と同じ東漢直荒田井比羅夫であることも、小郡宮の画期性を考える上での論拠となる。

難波長柄豊碕宮つまり味経宮の造営が開始されたのは早くても大化四年以降であるが、白雉元年正月に味経宮で元日朝賀儀が行われていることからすると、臨時的なものにせよ、その頃には一定の施設は備わっていたことになる。以上の理解でなお解決できないのは大郡宮であるが、小郡宮については種々の施設名が見えるのに対して、大郡宮は子代離宮などと同様、具体的な施設名があらわれない。またその名称が見えるのは白雉二年と三年の二回のみであり、大化年間にも大郡が利用されていたか、疑問が残る。大郡宮についてはなお検討する余地があるものの、現時点では、小郡宮から難波長柄豊碕宮への遷居以降に利用されたものと考えておきたい。

難波長柄豊碕宮造営の画期となったのは、当該期の政治過程との関係からすれば、やはり大化五年と見るべきであろう。大化五年は、それまで孝徳の治世を支えてきた蘇我倉山田石川麻呂、阿倍倉梯麻呂の二人が相次いで逝去した年である。別に検討したところによれば、皇位継承予定者としての孝徳の地位は舒明朝の段階ですでに高く、大化期の王権は孝徳と先帝の皇極の二人によって担われたと考えることができる。[注36]『日本書紀』に見る中大兄皇子の乙巳の変での功績は、中臣氏側の記録による潤色の可能性が高く、ただちに信用することはできない。大化五年は石川麻呂と倉梯麻呂の死によって権力中枢の均衡が崩れ、中大兄が台頭する契機となる年であったといえる。孝徳の難波での治世がなお五年続くことからすれば、難波長柄豊碕宮造営の直接の契機は、孝徳への一層の権力集中を図るものであった可能性もあるだろう。この点はなお検討を続ける必要がある。

二　後期難波宮をめぐって

1　前期から後期へ

白雉五年（六五四）、飛鳥還都以降、難波が再び都とされるのは、天武一二年（六八三）のことである。この時、「およそ都城・宮室は一処にあらず、かならず両三を作れ、ゆえにまず難波に都せん」の詔が下された（『日本書紀』同年一二月庚午条）。いわゆる複都制である。宮の周辺の発掘調査では、この時期に限定的ながら正方位の方格地割が確認でき、それは条坊制の実施を示すという。[注37]孝徳朝の前期難波宮を継承しつつ、周辺地域の拡大が図られたわけであるが、複都の目的について、かつて直木孝次郎は、強大化した新羅に対して壮麗な陪都を顕示するためとし、[注38]舘野和己は首都大和の外交機能を分掌したものとする。[注39]いずれも対外関係を重視する見解であるが、栄原永遠男は翌一三年、一四年の藤原京造営計画、信濃造都計画（『日本書紀』天武一三年二月庚辰条、同年三月辛卯条、同一四年一〇月壬午条）と一体で理解すべきものとし、天武には藤原京を中心に、西を難波、東を信濃を拠点とする構想が存在したと指摘する。[注40]栄原が指摘するように、難波にはすでに難波長柄豊碕宮があり、それに基づいて複都制が構想されたわけであるが、天武が逝去する朱鳥元年正月、先に見たように難波長柄豊碕宮は焼失する。

その後、神亀三年（七二六）、天武の孫にあたる聖武の時、式部卿藤原宇合が知造難波宮事に任じられ、難波宮造営が開始される。これが後期難波宮にあたると考えられている。

しかし朱鳥元年から神亀三年に至る四〇年の間、難波宮に何の施設も存在しなかったわけではない。文武天皇三年（六九九）には、文武の難波宮行幸があり（『続日本紀』同年正月癸未条）、およそ二〇日間程度滞在している（『続日本紀』同年二月丁未条に帰還記事）。慶雲三年（七〇六）にも、九月から一〇月にかけて、文武は難波宮に滞在している（『続日本紀』）。養老元年（七一七）二月には元正天皇の難波宮行幸があり、神亀二年（七二五）一〇月には聖武も行幸している。このように、歴代の天皇が難波宮行幸をくり返しているからには、何らかの施設が存在したものと考えられる。

この問題について、李陽浩は、内裏西方官衙の中心建物（並び倉）や東方官衙など、前期難波宮の中にも焼失していない建物が存在することを指摘し、周辺の難波大郡や小郡なども含めた施設が利用された可能性を指摘する。[注41]さらに、前期難波宮の柱の抜き取り穴に後期難波宮段階の瓦が入り込んだ事例を集め、奈良時代の難波宮再建の直前まで、朱鳥の火災痕跡が現場に残されたままであったとする、興味深い指摘を行っている。後期難波宮の南北中軸線が前期難波宮とほとんど変わらないことや、聖武朝の造営が五年以上を費やしていることなども、火災痕跡の残存を念頭に置けば説明できるという。

神亀三年に開始された造営は、天平四年（七三二）、宇合らに賜禄があったことから、この頃に一応の目処が立ったものと思われる。同六年には聖武の行幸があり、知造難波宮事らに賜禄があり、東生・西成二郡の祖と調が免除されるなどの恩典があった（『続日本紀』同年三月丁丑条）。同じ年には難波京の宅地が班給されているので

（同、同年九月辛未条）、この頃までには京の造営もほぼ完成していたのであろう。但し正倉院文書には、天平一〇年（七三八）までは「造難波宮司雇民」（天平九年但馬国正税帳）、「難波宮雇民」（天平一〇年和泉監正税帳）の名称が見えるので、造営官司としての造難波宮司はこの頃まで存続し、造営に関わっていたことが確認できる。

2　後期難波宮の発掘成果

後期難波宮の発掘調査成果を概観しておきたい。後期難波宮の構造は、内裏の前方に大極殿、その前方に朝堂院を配するというもので、基本的には藤原宮や平城宮の南北中軸線上の中枢施設と共通する。内裏の規模は、東西幅一七四・五メートルで、平城宮にきわめて近い（南北の規模は不明）。朝集殿院や朱雀門は確認されていない。中心的な建物は内裏を除けば瓦葺きで礎石建ち、基壇を備える。難波宮の瓦としては、長らく重圏文の軒丸・軒平瓦が当初のものと考えられてきたが、近年の研究によってそうではなく、蓮華文の軒丸・軒平瓦が用いられたことが明らかにされている。[注42] 大極殿は高さ二・一〜二・四メートルほどの基壇の上に立ち、その前面に朝堂院が展開する。推定される朝堂院の規模は、東西約一六六メートル、南北約一八六メートルで（いずれも外周）、平城宮よりもひと一回り小さい。朝堂院の中には朝堂があるが、前期難波宮が一四堂以上あるのに比べ、後期は八堂しかない。なお後期の主要な建物や資材は解体・運搬されて長岡宮で再利用され

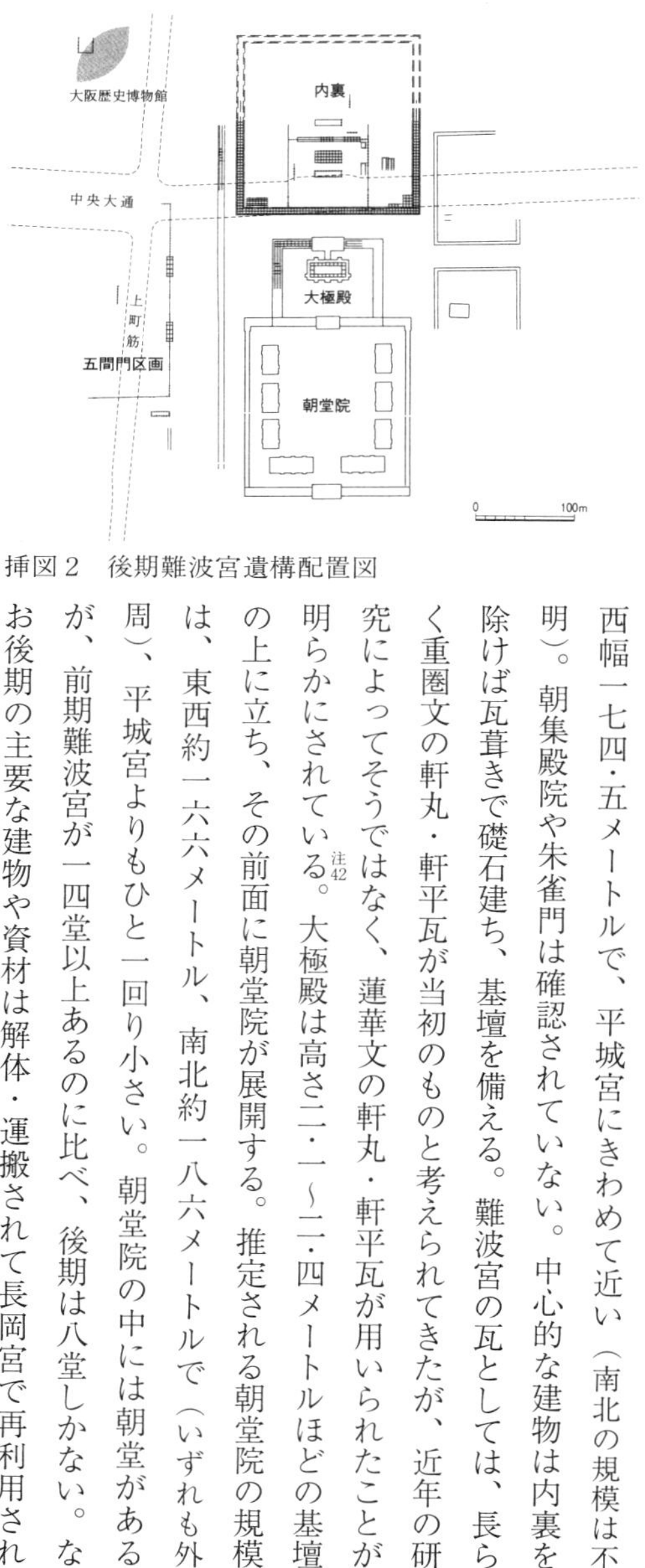

挿図２　後期難波宮遺構配置図

る。ただでさえ後世の都市化による削平・破壊がある上に、このような事情も手伝って、後期難波宮の遺構は分かりにくいものとなっている。

中枢施設の西側には、桁行五間、梁行二間の格式の高い門が南北に二つ並ぶ区画がある（五間門区画）。桁行五間の門は、通常は朝堂院などに限って用いられるもので、後期難波宮の場合もどのような施設に用いられたものか興味深いが、くわしい内部構造はまだわかっていない。植木久は、平城宮中央区朝堂院、平安宮豊楽院のような儀礼・饗宴施設が、後期難波宮にも存在したことを想定する。[注43] しかし平城宮や平安宮の事例が宮の中軸線上に作られているのに対して、難波宮の場合はその西側に位置するという違いがあり、またそうした施設にこのような門が取り付く事例も知られていない。五間門は、他の施設よりも早く撤去され、その跡に石組溝が作られることがわかっている。[注44]

朝堂院の東側では、本格的な発掘調査が始まる以前の一九五三年、大型の鴟尾が出土しており、鴟尾を備える格の高い施設の存在が想定されていた。難波宮の第一次調査が行われた場所でもある。近年の調査により、鴟尾を用いた建物は見つかっていないものの、石敷を備えた、瓦葺きの区画が南北に二つ並ぶことが明らかになった。高橋工は、これらの区画施設を回廊をめぐらせた格式の高い一画と考え、天平一六年（七四四）二月、難波宮を皇都とする勅が出された際、元正太上天皇の居所とされた可能性、天平勝宝八歳（七五六）二月、孝謙天皇と聖武太上天皇が難波に行幸した際、孝謙が入ったとされる東南新宮（『続日本紀』）の二つの可能性を想定する。[注45] この区画でも朝堂院の西側と同様、時期を異にする遺構の存在が確認されており、後期難波宮が広範囲にわたって造替されていることが明らかになりつつある。

先に述べたように、基壇の上に礎石建ちの形式を取ることが多い後期難波宮の遺構は、後世に削平される可能性が高く、瓦は出土するものの遺構の性格が分かりにくいことが多い。『続日本紀』には、「楼閣」（天平一三年三月辛丑条）、「宮中外門」（天平一六年三月甲戌条）など、奈良時代の難波宮のいくつかの施設名が判明する。しかしそうした施設に相当する遺構は、これまでのところ見つかっていない。中枢施設の周辺にも曹司的な建物が多く存在した可能性が高いが、現在のところ、その可能性のある建物群が一部が見つかっているにすぎない。[注46] しかしなおそうした施設が見つかる可能性は充分にあり、調査事例の蓄積が待たれる。

宮の周囲には、方格地割が広範に検出される。断片的な調査事例を丹念に収集した積山洋は、後期難波宮の段階では、方九百尺の条坊地割が四天王寺の南から宮を超えて大川南岸にまで達していたこと、しかしそれは左右非対称で、推定朱雀大路（積山は難波宮南門大路の名称を使用する）から東には大きくは広がらなかったことを指摘している。[注47] 四天王寺から大川南岸といえば、難波宮を挟む南北の流通の拠点で、四天王寺の北方には難波市があったと推測され（『続日本紀』延暦三年〔七八四〕五月癸未条）、大川南岸は難波堀江に接して難波館などの公的な施設が集中する。こうした人口の密集地帯に限って、条坊地割が施行されたことになる。そもそも左右対称のプランが存在しなかったのか、なお検討すべき課題は残るものの、傾聴に値する指摘といえよう。

3　後期難波宮造営の契機と展開

奈良時代の難波宮が神亀三年に始められたことの理由について、これまでにいくつかの説が出されている。後期難波宮が前期難波宮とほぼ同じ場所に造営されることから、聖武による祖父天武の事業の継承者たることを示して自身の権威付けに利用したとする説、[注48] 即位儀礼の一環として難波における八十島祭があり、それを重視したとする説、さらに、八世紀前半の国際情勢、特に渤海の興隆に端を発する軍事的緊張への対応とする説[注49]などがある。八十島祭について、岡田精司は難波津に派遣された女官が天皇の衣服（御衣）に神霊を付着させるところに祭祀の中心があるとする。[注50] 八十島祭の史料上の初見は文徳朝であるが（『日本文徳天皇実録』嘉祥三年〔八五〇〕九月壬午条）、その起源は六世紀代に遡るとも指摘する。平安時代には王権と難波の関係は相対的には薄れているから、六世紀とする点はともかくも、起源を古く遡らせる点は妥当であろう。聖武が体調不良に陥った際に難波行幸をくり返した事例があり（天平一七年〔七四五〕と天平勝宝八歳〔七五六〕）、栄原永遠男は聖武が難波行幸によって自らの生命力に活力を与えようとしたとする興味深い見解を提示している。[注51] 栄原はさらに、難波宮再建に先立って聖武が播磨の印南野に行幸した事例に注目し、印南野が王権祭祀に用いる柏の採取地であること、この地がかつての中大兄皇子の訪問の地であるなど、王権との深い関係を有していたことなどから、難波宮造営が聖武の天智や天武の後継者としての地位の正当性を示すためのものであったことを指摘している。[注52]

難波宮再建の契機を単線的に捉える必要はなく、多様な要因が存在してもかまわないと考える。これまでの諸説では、王権にとっての難波の特殊な位置づけ、国際的契機、さらに天武をはじめとする過去の天皇による正当性の担保などに求められている。いうまでもなく、難波津や難波堀江を擁する難波地域は、王権にとって対外関係の拠点であり、同時に王族・貴族や有力寺院が経営拠点を置くなど、[注53] 経済的な基盤の一つでもあったことが前提となる。その上にこれらの事情が契機となって、難波宮再建が実現したものと考えられる。

ただ難波地域には、聖武の重要な支持勢力が存在したことにも注目しておきたい。天平一六年（七四四）二月、同一二年の藤原広嗣の乱以降、恭仁、紫香楽、難波などの諸宮を転々としていた聖武は、難波宮を皇都とすることを定めた。正月以来、難波宮行幸のための装束司が任命され、閏正月には恭仁宮で百官人に、市で市人に恭仁と難波のいずれを都とすべきかについての下問があったが、二月一日には恭仁宮に保管されていた駅鈴・内外印、さらには高御座と大楯が難波宮に運ばれるなど、事実上の遷都が実現しつつあった。同じ月の二六日、聖武自身は紫香楽宮に行幸して不在であったが、難波宮に残った元正太上天皇の下で、左大臣橘諸兄が難波宮を皇都とすべしとの勅命を宣した。翌三月には難波宮中外門に大楯・槍が立てられ、一五日は僧三〇〇人によって大般若経が読まれるなど、威儀具や法会を通じて難波遷都が明示されるに至った（以上、『続日本紀』）。

このように、天平一六年二月から三月にかけて、恭仁宮に代わって難波宮が正式な都になったことは確実なのだが、聖武は紫香楽宮に滞在を続け、結局のところ一一月には紫香楽宮が甲賀宮として正式な都となる。[注54] 結局のところ、難波宮の皇都としての期間は短期間に終わるのだが、難波を中心に見るならば、難波と強い結びつきを持つ貴族が聖武の恩寵にあずかっていることに注目したい。百済王氏である。

百済王氏についてはすでに述べたことがあるが、[注55] もと百済の亡命王族、善光王の後裔で、七世紀後半以降、難波（摂津国百済郡）に拠点を置いてきた。難波宮が皇都と定められた際の天平一六年二月、聖武は難波の安曇江に行幸して松林を遊覧するが、その際に百済王氏が陪従し、百済楽を奏して、主立ったものが叙位に預かっていること（『続日本紀』同年二月丙辰条）に注目したい。[注56] これに先立つ天平一二年の難波行幸の際にも、百済王氏の奏楽が行われていることが確認できる（『続日本紀』同年二月丙子条）。これらの奏楽は、難波を代表する貴族としての百済王氏の存在感を示すものと考えられる。この時期の百済王氏の一員である百済王敬福は、その薨伝に、聖武の寵遇ことに厚い人物であったことが記される（『続日本紀』天平神護二年（七六六）六月壬子条）。百済王氏の難波の拠点には、百済寺のあったことが史料に見えているが（『日本霊異記』上、第一四、『聖徳太子伝暦』下題跋）、一九九〇年代の発掘調査によって、僧寺の他にも「百済尼寺」と称すべき尼寺の存在が明らかになった。百済寺と考えられる堂ヶ芝廃寺や四天王寺と共に、尼寺では難波宮の重圏文瓦や平城宮の瓦が用いられていた。これらの都城の瓦が用いられた時期として、天平一六年の難波宮が皇都となった段階を想定する見解が参考となる。[注57] 百済王氏の寺院に、奈良時代中頃に王権の関与があったことが窺われるのであり、このことは、後期難波宮造営と百済王氏が密接に関係していたことを示すものと考える。積山洋は、摂津国分寺が百済郡に立地することに注目し、その配置に百済王氏の影響を見る。[注58] 奈良時代の難波宮再建に際して、難波地域の代表的渡来系氏族である百済王氏が一定の役割を担ったことは確実であろう。都城の造営と維持に地域社会がどのように関与したのか、難波宮のみならず、検討を深めるべき課題であると考える。

おわりに

小稿では、飛鳥時代と奈良時代の二つの難波宮について、その調査成果を紹介し、その意義について検討してきた。その過程で触れるべくして触れることのできなかった成果・論考も多い。とりわけ近年、難波宮に先行する段階から中・近世に至る上町台地の開発の諸相が総合的に明らかにされつつあることが、難波宮を検討する際にも格別の意味を持つ。[注59] これについては今後の課題としたい。

注

1　積山洋「近年の難波宮・難波京の発掘調査と課題」(『条里制・古代都市研究』三〇、二〇一四年)では、難波宮の調査について三期、難波京については四期に分けて説明している。

2 沢村仁『日本古代の都城と建築』（中央公論美術出版、一九九五年）、中尾芳治『難波宮の研究』（吉川弘文館、一九九五年）。

3 山中敏史「律令国家の成立」（『岩波講座日本考古学』六、岩波書店、一九八六年）、仁藤敦史「副都制と難波京」（同『古代王権と都城』吉川弘文館、一九九八年、初出一九九二年）。

4 佐藤隆「古代難波地域の土器様相とその史的背景」（大阪市文化財協会『難波宮址の研究』一一、二〇〇〇年）、同「難波地域の土器編年からみた難波宮の造営年代」（中尾芳治・栄原永遠男編著『難波宮と都城制』吉川弘文館、二〇一四年）。

5 拙稿「孝徳朝難波宮の史的意義」（拙著『日本古代王権の支配論理』塙書房、二〇〇九年、初出二〇〇二年）。なお栄原永遠男（「難波宮跡北西部出土木簡再考」前掲『難波宮と都城制』）は、戊申年と記された木簡を含む木簡群が投棄された時期が、斉明朝・天智朝まで下る可能性があることに注意を喚起する。その場合でも、共伴する土器の年代観から、天武朝まで下るものではないことを重視したい。

6 寺井誠「NW八〇—九次およびその周辺の調査」（大阪市文化財協会『難波宮址の研究』一二、二〇〇四年）。

7 高橋工「前期・後期難波宮跡の発掘成果」（前掲『難波宮と都城制』）。なお高橋は五間門をともなう区画を大津宮の「浜台」のような、生駒山や河内湖を見下ろす眺望を前提とする施設とするが、伝承飛鳥板蓋宮跡の東南郭に類する儀式空間とする見解もあり（李陽浩「前期難波宮東方官衙の『楼閣風建物』をめぐる復元的考察」『大阪歴史博物館研究紀要』一〇、二〇一二年）、今後の検討が待たれる。

8 李陽浩「前期難波宮をめぐる新知見」（大阪文化財研究所『難波宮址の研究』一八、二〇一二年）。

9 中尾芳治「難波宮——研究状況と課題——」（『都城研究の現在』おうふう、一九九七年）、拙稿前掲「孝徳朝難波宮の史的意義」。

10 積山洋「初期難波京の造営——孝徳朝の難波宮と造都構想——」（同『古代の都城と東アジア——大極殿と難波京』清文堂、二〇一三年、二〇〇四年）。

11 栄原永遠男前掲「難波宮跡北西部出土木簡再考」。

12 大庭重信「難波宮跡」（『木簡研究』三六、二〇一四年）。

13 高橋工「難波宮跡」（『木簡研究』三七、二〇一五年）。

14 栄原永遠男「難波宮北西部出土木簡の諸問題」（『大坂の歴史』五五、二〇〇〇年）。

15 栄原永遠男「木簡としてみた歌木簡」(『美夫君志』七三、二〇〇七年)。
16 拙稿「難波宮出土木簡の諸問題」(大阪市立大学大学院文学研究科都市文化研究センター『都市文化創造のための比較史的研究(重点研究報告書)』二〇〇八年)。
17 釈文は以下のとおり。
・×奴我罷間盗以此往在
×□言在也自午年□□(国カ)
・×於是本奴主有□□□
×□部君之狂此事□口言□(知カ)
18 拙稿前掲「難波宮出土木簡の諸問題」。
19 佐竹昭「藤原宮の朝庭と赦宥儀礼」(同『古代王権と恩赦』雄山閣、一九八八年、初出同じ)、中尾芳治「前期難波宮と唐長安城の宮・皇城」(前掲『難波宮の研究』)、豊田裕章「前期難波宮と『周制』の三朝制について」(『ヒストリア』一七三、二〇〇一年)他。
20 村元健一「中国宮城の変遷と難波宮」(前掲『難波宮と都城制』)。
21 積山洋前掲「初期難波京の造営」。
22 岸俊男「難波――大和古道略考」(同『日本古代宮都の研究』岩波書店、一九八八年、初出一九七〇年)。
23 高橋工「細工谷遺跡周辺の古代における谷の開発について」(大阪市文化財協会『細工谷遺跡発掘調査報告』Ⅱ、二〇〇七年)。
24 村元健一「前期難波宮の南方空間」(『大阪歴史博物館研究紀要』一三、二〇一五年)。
25 積山洋前掲「初期難波京の造営」。
26 吉川真司「難波長柄豊碕宮の歴史的位置」(大山喬平教授退官記念会編『日本国家の史的特質』古代・中世、思文閣出版、一九九七年)。
27 鷺森浩幸は子代離宮と味経宮を同一と見て、それを前提として新たに難波長柄豊碕宮が造営されたとする(「難波と大和王権」『続日本紀研究』四一二、二〇一四年)。
28 古内絵里子「七世紀における大王宮周辺空間の形成と評制」(同『古代都城の形態と支配構造』同成社、二〇一七年、初出二〇一二年)。
29 西本昌弘「元日朝賀儀の成立と孝徳朝難波宮」(同『日本古代の王宮と儀礼』塙書房、二〇〇八年、初出一九九八年)

30 市大樹「難波長柄豊碕宮の造営過程」（武田佐知子編『交錯する知――衣装・信仰・女性――』思文閣出版、二〇一四年）。
31 拙稿前掲「孝徳朝難波宮の史的意義」。
32 西本昌弘「改新政府と難波大郡宮・小郡宮」（『日本書紀研究』三〇、二〇一四年）。
33 門脇禎二「いわゆる『難波遷都』について」（同『「大化改新」史論』下、思文閣出版、一九九一年）。
34 吉田晶『古代の難波』（教育者歴史新書、一九八二年）。
35 北村優季「記紀にみえる日本古代の宮号」（『山形大学歴史・地理・人文学論集』四、二〇〇三年）。
36 拙稿「大化期の王権構造」（『歴史評論』八二一、二〇一八年）。
37 積山洋「前期難波京の造営」（同前掲『古代の都城と東アジア』初出二〇一一年）。
38 直木孝次郎「天武朝の国際関係と難波宮」（同『日本古代の氏族と国家』吉川弘文館、二〇〇五年、初出一九九七年）。
39 舘野和己「日本古代の複都制」（奈良女子大学古代学学術研究センター『都城制研究』四、二〇一〇年）。
40 栄原永遠男「天武天皇の複都制構想」（大阪市立大学日本史学会『市大日本史』六、二〇〇三年）。
41 李陽浩「中期難波宮をめぐって――朱鳥火災後の整理作業と後期難波宮の造営過程――」（『ヒストリア』二五六、二〇一六年）。
42 佐藤隆「後期難波宮の造営過程と『副都説』の再検討」（『条里制・古代都市研究』二五、二〇一〇年）。
43 植木久「後期難波宮朝堂院西方区画の性格をめぐって――五間門を通してみる『副都』難波宮の実態――」（『大阪の歴史と文化財』六、二〇〇〇年）。
44 大阪市文化財協会『難波宮址の研究』一三（二〇〇五年）。
45 高橋工前掲「前期・後期難波宮跡の発掘成果」。
46 朝堂院の西側で曹司の可能性のある建物群が見つかっている（大阪文化財研究所『難波宮址の研究』二二、二〇一七年）。
47 積山洋「後期難波京の造営」（同前掲『古代の都城と東アジア』初出二〇一一年）。
48 山本幸男「聖武朝の難波宮再興」（『続日本紀研究』二五九、一九八八年）。
49 栄原永遠男「古代における難波地域の性格」（同編『大坂および日本の都市の歴史的発展』大阪市立大学大学院文学研究科都市文化研究センター、二〇〇六年）。
50 岡田精司「即位儀礼としての八十島祭」（同『古代王権の祭祀と神話』塙書房、一九七〇年、初出一九七〇年）。

51 栄原永遠男「行幸からみた後期難波宮の性格」（栄原永遠男・仁木宏編『難波宮から大坂へ』和泉書院、二〇〇六年）。
52 栄原永遠男「聖武天皇の印南野行幸と難波宮の造営」（『大阪歴史博物館研究紀要』一三、二〇一五年）。
53 吉田晶前掲『古代の難波』他。
54 橋本義則「紫香楽宮攷」（同『日本古代宮都史の研究』青史出版、二〇一八年、初出一九九四年）。
55 拙稿「難波地域の開発と難波宮・難波京」（吉村武彦・山路直充編著『都城　古代日本のシンボリズム』青木書店、二〇〇七年）。
56 難波における百済王氏の奏楽については榎村寛之も注目している（「古代都市難波の祭祀」前掲『難波宮から大坂へ』）。
57 八木久栄「瓦塼類」（大阪市文化財協会『細工谷遺跡発掘調査報告書』Ⅰ、一九九九年）。
58 積山洋前掲「後期難波京の造営」。
59 二〇〇九年から二〇一三年にかけて、脇田修を代表者として取り組まれた科学研究費補助金による総合調査が、とりわけ大きな意味を持ったと理解している。杉本厚典編『大坂上町台地の総合的研究――東アジア史における都市の誕生・成長・再生の一類型――』（大阪文化財研究所、二〇一四年）を参照。

〔図版出典〕挿図1、2 大阪文化財研究所『難波宮――都市に埋もれた幻の古代宮殿』

藤原宮・京の造営

小田　裕樹

はじめに

『続日本紀』大宝元年（七〇一）春正月に、文武天皇が藤原宮大極殿に出御して朝賀を受け、正門に烏形の幢、左右に日・月像と四神の幡を立てたこと、新羅使らが参列したことを記し、「文物の儀、是に備れり」と特記する。これは続日本紀の編者が「律令国家の完成」を宣言した古代史上の歴史的一場面として著名な記述である。

この儀式がおこなわれた藤原宮は約一キロメートル四方の方形を呈し、中央に内裏・大極殿・朝堂院を、その東西に官衙区画を配置する。そして、初めて大極殿や朝堂院などの宮中枢建物に瓦葺き建築を採用し、宮殿区画内に儀式・政務に関わる施設を整然と配置した画期的な規模と構造の宮殿であった。また、藤原宮を中心とする「藤原京」[注1]は方形の区画＝条坊を施工した日本で初めての中国式都城であった。このように、藤原宮・京はそれまでにない、画期的な規模と構造をもって日本列島内にあらわれた空間であったといえる。それではこの藤原宮・京がどのような過程を経て造営されたのか、また古代都城の変遷の中でどのような位置づけを与えることができるのかについて、近年の調査・研究の成果を参照しつつ論じたい。

一　藤原京の造営

1　文献史料からみた藤原京の造営

持統八年（六九四）十二月、持統天皇は飛鳥浄御原宮から藤原宮へと遷居する。この年以降、和銅三年（七一〇）の平城京遷都までの十六年間、藤原宮・京は持統・文武・元明の三代の都であった。藤原宮・京の造営にあたっては『日本書紀』の記述から、紆余曲折の過程を経たことが明らかになっている（岸一九六九、橋本二〇〇〇）。

まず、天武五年（六七六）是歳条に「新城」の造営が計画されたこと、その造営に際して一定の範囲の田園を造営予定地として定めたが、耕作されずに荒れ地となっていたとある。この時、宮殿は飛鳥地域にある飛鳥浄御原宮であったことから、天武天皇がこの宮とは別に「新城」の造営を計画したものの、実現せずに中止に至ったことがわかる。次に、天武十一年（六八二）三月に「新城」に三野王と宮内官大夫を派遣し、地形を調査させた記事がみられることから、天武五年に中断された「新城」の造営が再び開始されたことを示すとみられる。天武十二年（六八三）七月とそれに続く天武十三年（六八四）三月には天武天皇による「京師」巡幸がありこの時「宮室之地」を定めた。また、天武十四年（六八五）には京及び畿内（九月条）、京職大夫（三月条）がみえ、この頃には一定の領域をもつ行政単位としての「京」が存在していたことが確認できる。

しかし、朱鳥元年（六八六）の天武天皇の崩御により、これらの造営は中断を余儀なくされたものと考えられる。造営中断からの再開は、持統四年（六九〇）十・十一月に高市皇子と持統天皇が「藤原の宮地」を観る記事が現れることから、持統四年正月の持統天皇の即位後であったと考えられる。これ以降は順調に造営がおこなわれていたとみられ、持統五年（六九一）十月に「新益京」の鎮祭をおこない、十二月に宅地班給の詔が出されていることから、官人らの居住空間としての京域が整いつつあることが窺える。さらに、持統六年（六九二）正月に持統が「新益京」の路を観す、との記事があり、同五月に難波王等を派遣して、藤原の宮地を鎮祭したこと、持統六年六月と持統七年（六九三）八月には「藤原の宮地」に行幸し、持統七年（六九三）二月には造京司に墳墓から掘り出した屍を収容するように詔している。そして、持統八年（六九四）正月には藤原宮に行幸し、十二月の遷居を迎える。

以上のように、文献史料からは「新城」「京師」「新益京」という、藤原宮とそれを取り巻く京域となる空間を指す語が年代ごとに現れる。天武天皇により飛鳥地域北西部に新たな都城空間を設けることが計画され、実施に移されたものの、天武五年の造営計画のとん挫や朱鳥元年の天武崩御など複数回の造営中断を経たこと、持統四年頃から造営が再開され、持統八年の藤原宮に遷居するに至ったことがわかる。また、それ以降も造営は続いており、慶雲元年（七〇四）十一月に「始めて藤原宮の地を定む。宅の宮中に入れる百姓一千五百五烟に布賜ふこと差有り。[注2]」とみえる。これをもって、京域の造営工事が一つの区切りを迎えたと評価されている（小澤一九九七、吉川二〇〇四）。

2　発掘調査からみた藤原京の造営

以上のような史料上から確認できる藤原宮・京の造営の実態については発掘調査の成果によるところが大きい。

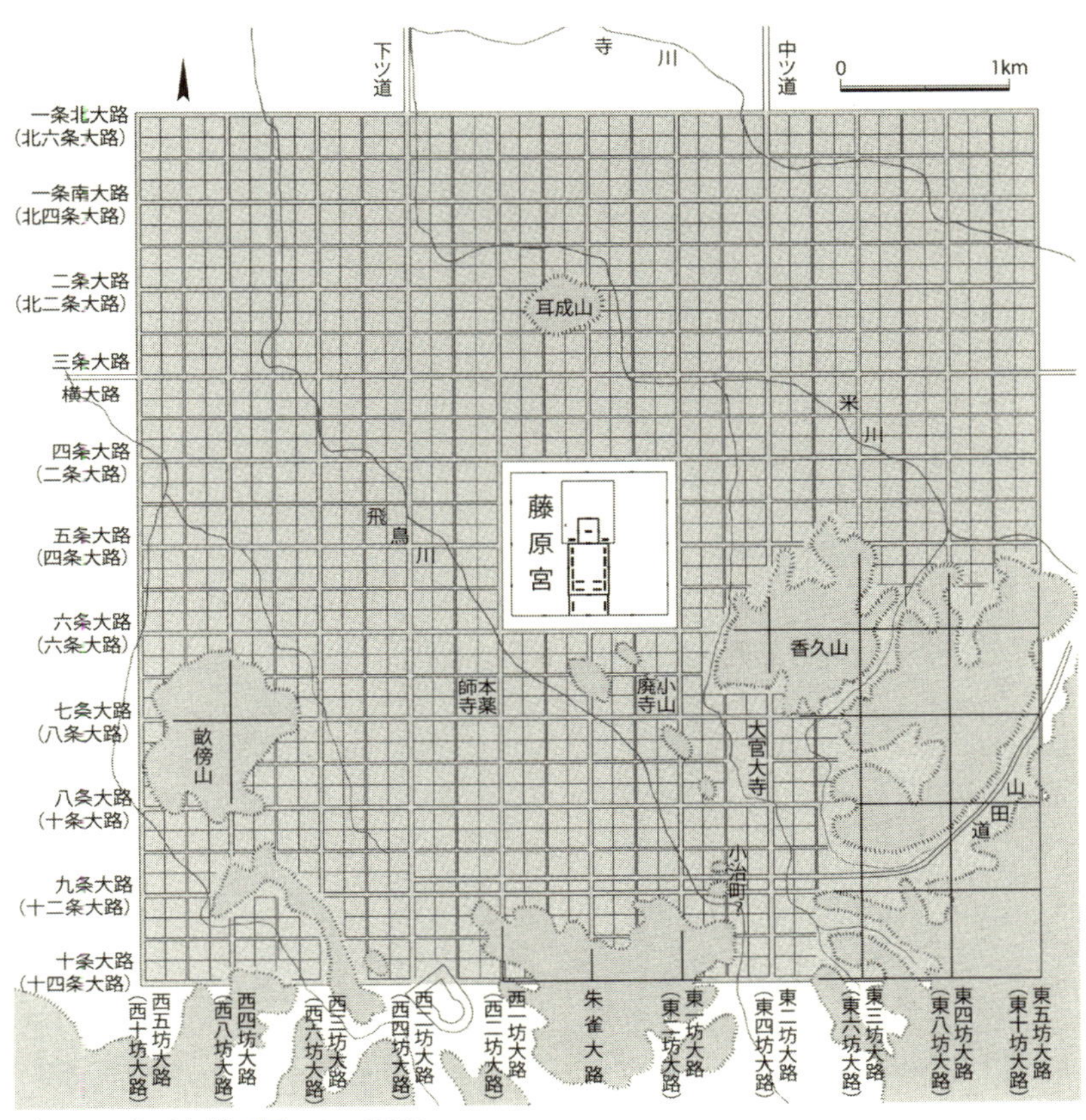

挿図1　藤原京復元図　1：60000

まず京域をめぐっては、岸俊男による京域の復元が基礎となる。岸は藤原宮域北方の発掘調査成果をもとに藤原京は大和の古道である横大路を北京極、下ツ道を西京極、中ツ道を東京極とし、東西四里・南北六里の地域に十二条八坊の条坊制に基づいて設定されたとした（岸一九六九）。しかし、発掘調査の進展によりこの岸が復元した藤原京域よりも外の範囲で同じ規格の条坊遺構が多く検出されてきたことにより、岸説藤原京の再検討がなされ、大藤原京説ともよばれる諸説の展開へと研究が進展した。

そして、一九九六年に橿原市

土橋遺跡で西京極大路、桜井市上ノ庄遺跡で東京極大路と考えられる道路側溝が検出され、藤原京の東西幅が約五・三キロメートル（一〇里）であることが確定した。これをもとに、新たな藤原京域の復元案が提示された（小澤一九九七、中村一九九六）。小澤毅の復元によると、藤原京は十条十坊の正方形を呈し、その中央に藤原宮が位置する（挿図1）。この十条十坊復元案に基づく藤原京について小澤は、『周礼』考工記の匠人営国条の記述にみる都城の理想型として、正方形の都城の中央に宮をおき、一辺に三つずつの門を開くこと、前面に政治の場、後方に市を設けること、南北と東西に九本ずつの道路を交差させることなどが関連すると指摘し、このような中国都城の理想型に基づく「理念先行型の都城」としての性格を考える（小澤二〇〇三）。

この小澤の藤原京復元案に対して、実際の条坊道路の検出範囲や後の藤原京域とは異なる空間として倭京（飛鳥京）や新城を評価する立場がある（仁藤一九九二、山中二〇〇一、林部二〇〇八・二〇一〇）。近年では相原嘉之が「新城」を倭京の一画の方形街区であるとみて、さらにこれを天武十年ごろに拡大整備した「新益京」とみる（相原二〇一五）。また重見泰は藤原京に繋がる京域プランは天武五年以前の新城造営まで遡ると想定しつつも、天武初年段階では宮域は定まっておらず、天武十一年の地形調査を受けて設定された可能性が高いとする[注3]（重見二〇一七）。

このうち京域の造営および条坊道路の施工時期については、早くに岸が指摘したように、持統元年（六八七）十月に築造を開始した檜前大内陵（天武・持統合葬陵＝野口王墓古墳）が藤原京朱雀大路の南延長線上に正しく位置すること（小澤・入倉二〇〇九）、天武九年（六八〇）十一月に発願され、持統二年（六八八）正月に無遮大会がおこなわれている本薬師寺の中門の発掘調査で先行する条坊道路とそれに造営方位を合わせた掘立柱建物が検出されたこと（奈良国立文化財研究所一九九四・一九九六）を根拠に、天武末年の「新城」再開記事と齟齬しない時期に藤原京の造営がおこなわれていたことは確実といえる。

問題は、天武末年以前の「新城」の造営を後の藤原京の造営と一連とみるかどうか、また藤原宮の位置が京域の中心に設定されたのがどの段階か、ということにある。これらは藤原宮内の先々行条坊や先行条坊道路に沿う建物群の時期と性格、また藤原京左京六条三坊下層などで検出されたような飛鳥時代後半の南北正方位をとる建物群（玉田編二〇一七）の性格の究明が必要であろう。

現在の藤原京の造営をめぐる問題は理念としての藤原京のプランの議論とともに、実際に検出された藤原京域の各遺構の検討という二つの視点で検討を続けていく必要があると思われる。特に後者の視点については、藤原京期前後に展開する検出遺構に基づいて、坪内の利用状況と展開過程を復元し、藤原京域の利用実態を探る研究の方向性が有効であると思われる。

3　藤原京の土地利用の実態

藤原京内の土地利用に関わる史料として、持統五年（六九一）十二月乙巳条の「右大臣に賜ふ宅地四町。直廣貳より以上には二町。大参より以下には一町。勤より以下、無位に至るまでは、其の戸口に随はむ。其の上戸には一町。中戸には半町。下戸には四分之一。王等も此に准へよ」との詔がある。これは官人層に対して位階に応じた面積の宅地が班給され、本拠地を離れた京内への集住を促すものである。

藤原京内の宅地班給の実態について、竹田政敬による宅地や坪の占地状況についての整理がある（竹田二〇〇三・二〇一〇）。竹田によると、藤原京内の宅地について『日本書紀』『続日本紀』に記載された人員数から計算して宅地予定地の七割が班給されており、諸国から上番した人々なども勘案すると宅地の大半は班給されていたとした。そして、遺構の様相から班給に伴う坪内の細分は条坊施工と同様、区画溝や区画道路、塀などにより区画されていたこと、大規模宅地は宮周辺、小規模宅地はその外側に配置されており、「コの字型」などの複数の配置類型があり、一町以上の大規模宅地から小規模宅地まで採用されていることを指摘した。

近年、玉田芳英は藤原京域で調査された京内の遺構を整理し、藤原京内における占地の規模と宅地や施設の様相をまとめた（玉田二〇一七）。玉田によると、藤原宮周囲では複数町占地を含む大規模な施設が多いという竹田の知見を追認した上で、小規模に分割された宅地が展開するといわれてきた宮北方でも、宮南方や東方と同じく複数町占地の施設が存在する可能性が高いとした。また、藤原京周縁部（岸説藤原京の範囲外）でも、坪内を分割した占地が認められることから、京内の広い範囲で宅地としての広範な利用が認められるとした。[注4]

竹田・玉田らの研究は藤原京域の遺構を悉皆的に集め、かつ整理したもので、高く評価される。これらの成果によると、藤原京域が実際に宅地としての土地利用がおこなわれ、それが宮から遠い京極付近でもおこなわれていたことが明らかになりつつある。

現在までの発掘調査から窺える状況ではあるが、藤原京域の土地利用の実態としては、条坊道路に区画された坪を大小に区画し、その内部に南北正方位を指向する建物と生活に不可欠な井戸などを備えた空間であった。そして同様の遺構が宮周辺から京極付近まで展開していた。これらをふまえると、藤原京域では、実際に宅地としての土地利用がおこなわれており、持統五年の宅地班給記事が実態を伴うものであったとの見通しが得られよう。

北村優季は条坊を宅地班給のために設定された土地区画と評価し、官僚の居住空間としての京域を準備し、各地の氏族に対して本拠地を離れて京内に居住させることを重視したものであったとする（北村一九九三）。藤原京域において実際に宅地としての利用が広くおこなわれていたとの見通しが得られたことは、藤原京の成立によって本拠地を離れた官人層の出現を具体的に認めることができ、藤原京の造営と律令国家の成立とをより密接に関連付けることができる重要な知見と考える。

今後も調査の進展に伴い、検出遺構に基づく京域内の利用実態の復元とさらなる検証が必要である。また、先にまとめたように天武末年までに造営が進められていた「新城」と「新益京」との関係についての評価に関連する京域内の各遺構の変遷と造営時期については、遺構の年代を絞ることができる良好な調査事例の蓄積が必要な段階であり、今後も遺構・遺物両面からの精緻な検討が必要である。

玉田の言う藤原京域の利用実態がいつごろから開始し、どのような過程を経て展開したのか、そして平城京以降の各都城における京域利用との質的差異を明らかにすることが今後の研究課題といえる。

二　藤原宮の造営

1　藤原宮中枢部造営過程の復元

前章で見たように、藤原京域では発掘調査の蓄積による実態解明の端緒が摑めつつある。藤原京の中心に位置する藤原宮では学術目的による計画的かつ継続的な発掘調査が重ねられており（挿図2）、特に藤原宮大極殿院および朝堂院地区における宮造営に関わる運河と関連遺構の調査がおこなわれている。

これらの遺構変遷などの考古学的所見を整理することにより、藤原宮中枢部の造営過程が明らかになってきた。筆者はこれらの成果をふまえて、六段階の変遷として整理し、その後一部を更新した（小田二〇一五・二〇一七）。本稿では、二〇一七年度までの調査成果をふまえて、再度A～Hの八つの段階として整理する。（挿図3・4）

A段階　藤原宮造営期の土地利用が開始された段階

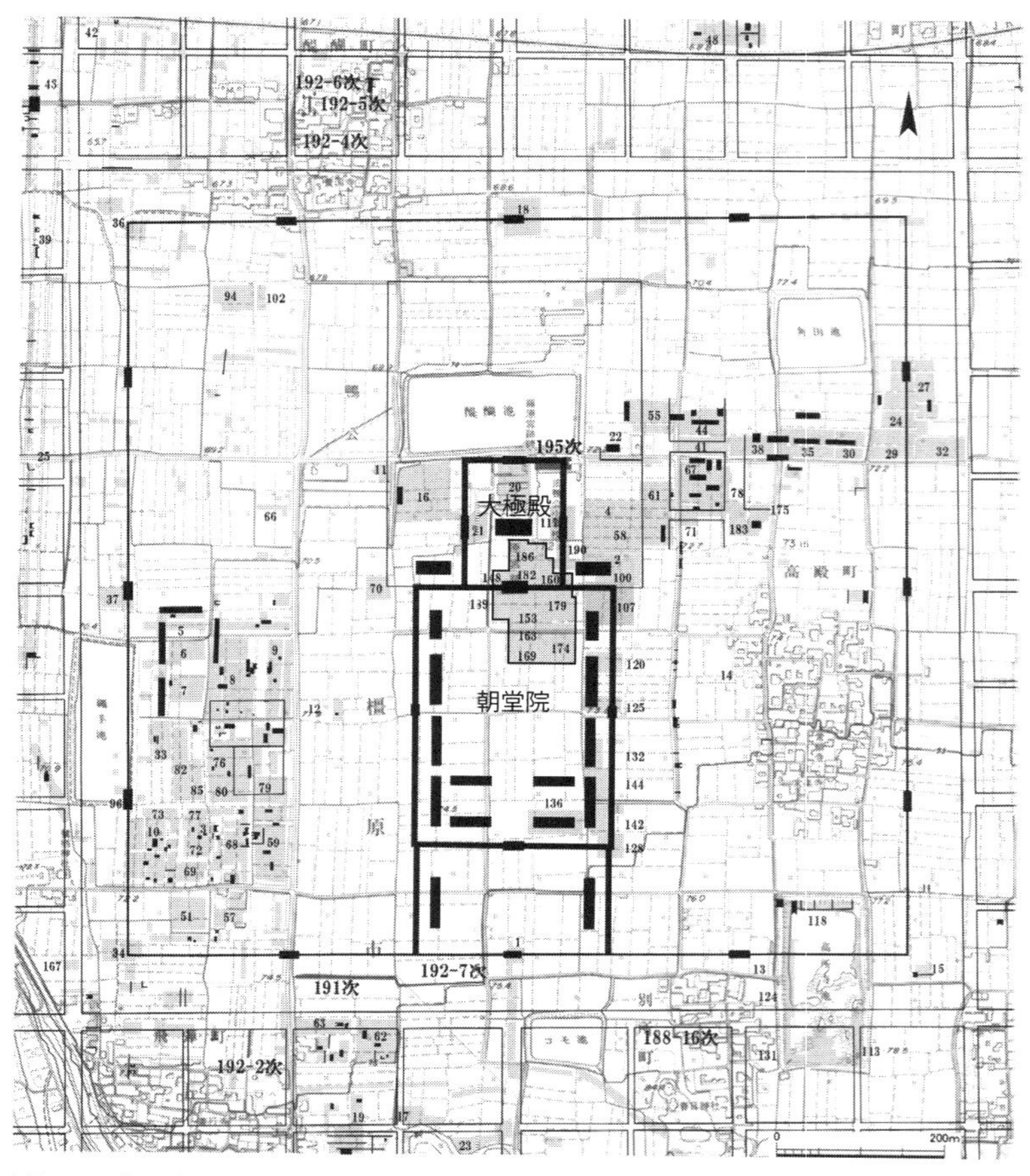

挿図２　藤原宮発掘調査位置図　1：12000

　藤原宮造営以前は弥生時代以来の集落や水田、古墳時代の豪族居館とみられる建物が展開する微高地と複数の流路が存在する地域であった（西口二〇〇三）。この旧地形を改変する整地（第一次整地）を施し、正方位を指向する溝の掘削や建物の造営をおこなう。特に先々行条坊・先行条坊とよばれる、藤原宮造営期の前後二時期の先行する条坊道路が施工されている。これは先に整理した新城・新益京などの施工実態との関連が想定される。先々行条坊は内裏地区における調査（第一〇〇次調査）で先行条坊と重複し、これよりも先行する溝として確認された（寺崎・小澤二〇〇〇）。先々行条坊は、限られた範囲のみに施工された可能性が考えられ、天武五年の「新城」施工と関連づける指摘がある（寺崎・小澤二〇〇〇）。この先々行条坊が施工された範囲について、先行朱雀大路についてもSD10796とSD11420が先々行朱雀大路の両側溝となる可能性が指摘されている（大澤ほか二〇一七）一方、大極殿北方の四条々間路以北では西側溝が検出されておらず、今後の調査課題といえる。

先行条坊は幅約一六メートルの四条大路と先行朱雀大路が確認されている。また藤原宮朝堂院・大極殿院の調査では先行朱雀大路東側溝の東に掘立柱の柱穴列を検出しているが、それ以外の遺構については不明である。

B段階　運河SD1901Aを掘削し、造営資材を搬入する段階

先行朱雀大路東側溝の東側に幅六～九メートル、深さ約二メートルの大規模な南北溝SD1901Aを掘削する。この溝は藤原宮北面中門から朝堂院北部まで総延長五七〇メートル以上にわたって掘削されていたと判断できる。この運河を北に延長すると藤原宮の北東から横大路に沿って西に流れ、耳成山の東裾へと北流する米川の屈曲点付近にあたることから、この運河は藤原宮南方の飛鳥川や東方の中の川の水を引き込み、北方の米川を繋げる役割であったと考えられる。

大極殿北方でおこなわれた第二〇次調査では先行朱雀大路、宮先行条坊との関係から、運河SD1901Aが先行条坊の施工後に掘られた溝であり、かつ条坊側溝と併存して機能していたこと、廃絶と埋め立ては先行条坊の廃止すなわち藤原宮の造営の過程で埋め戻されていることが明らかになった。またSD1901A最下層から天武十一～十三年の年紀、天武十四年（六六五）制定の冠位「進大肆」を記す木簡が出土したことからSD1901Aの機能時期が天武末年であったことが明らかになった。さらにSD1901Aの溝埋土からは建築部材風の木材や手斧の削り屑

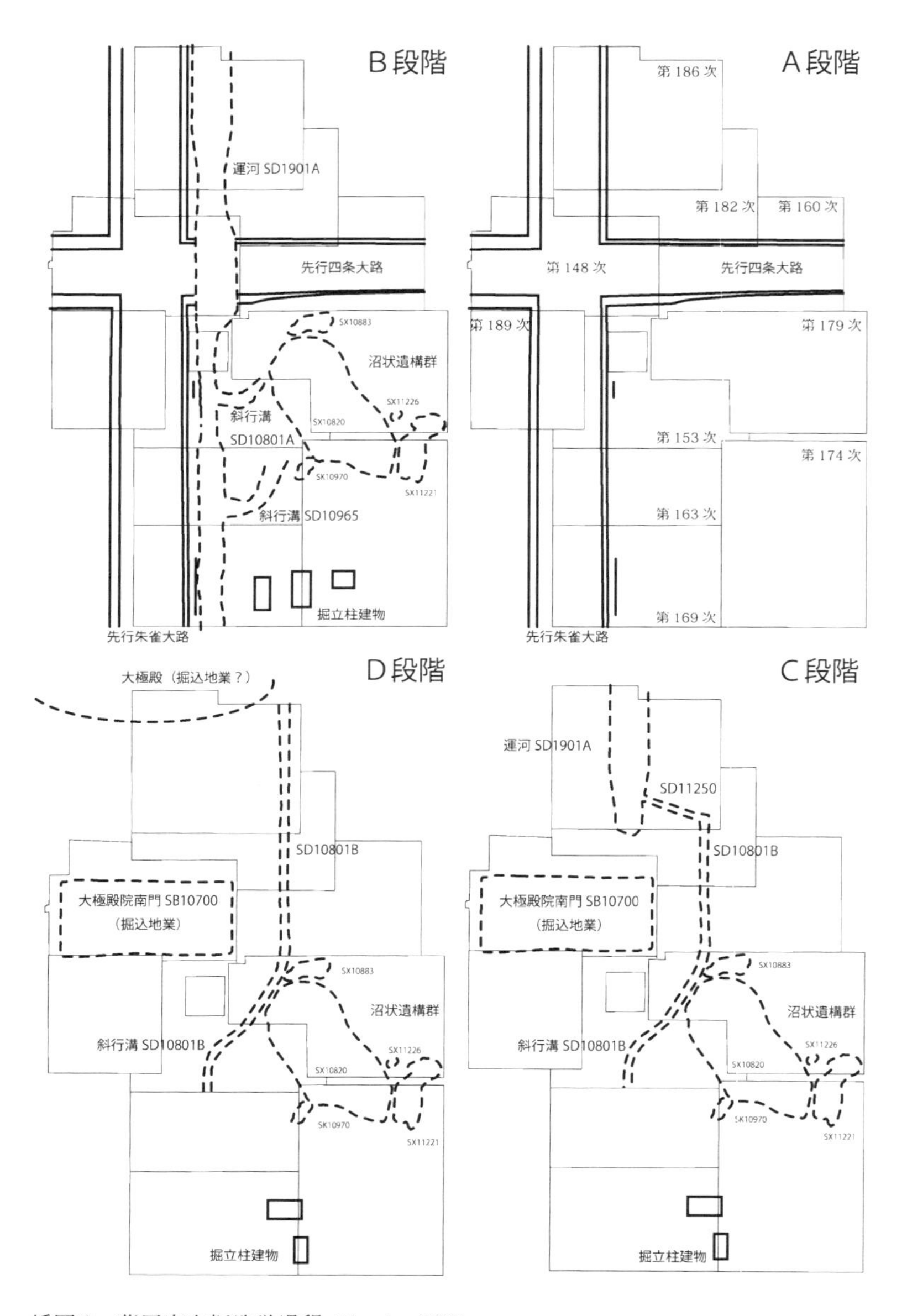

挿図３　藤原宮中枢造営過程 (1)　1：2000

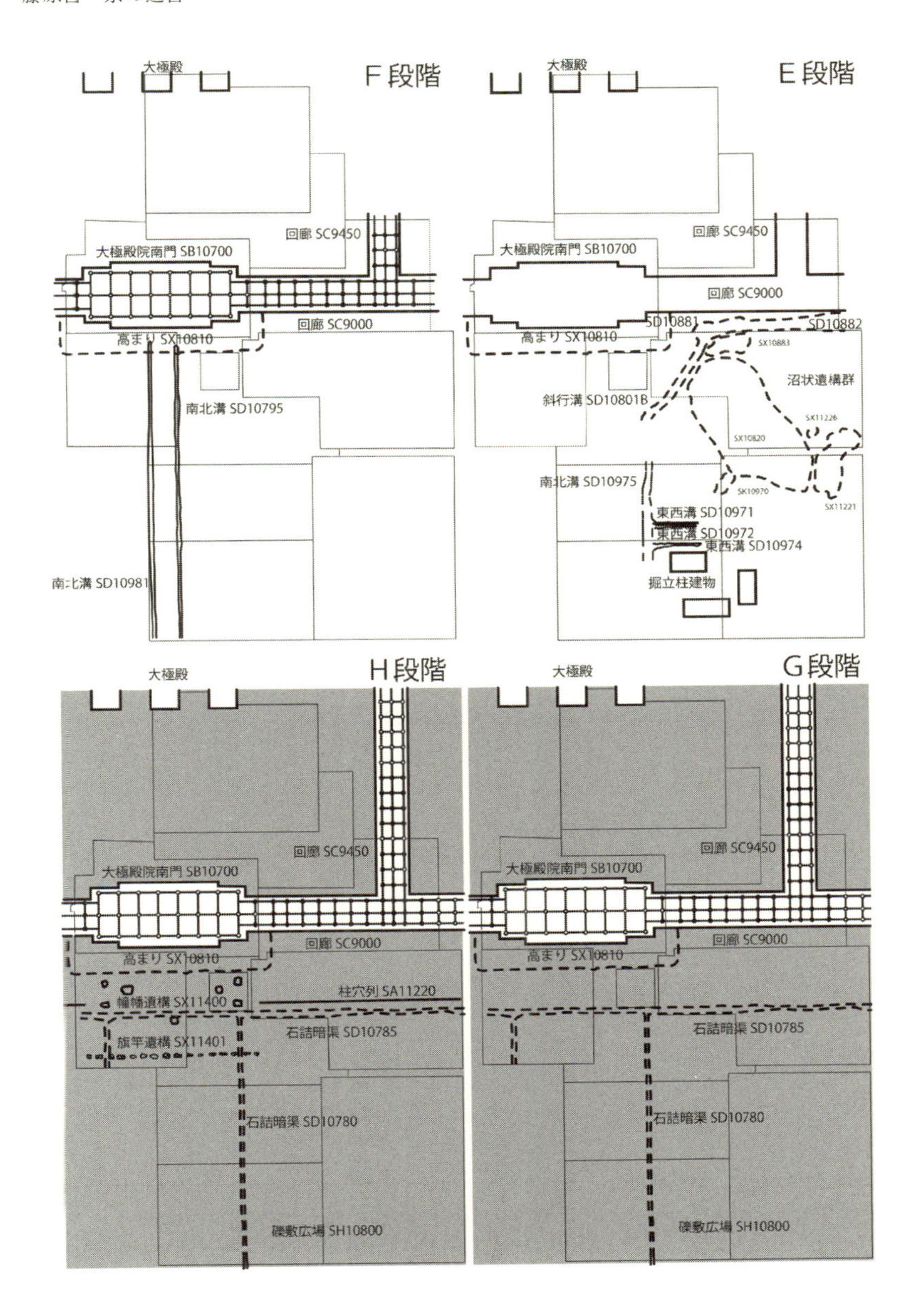

挿図4　藤原宮中枢造営過程 (2)　1：2000

など造営工事に関わると考えられる遺物が多量に出土した。これらの成果から、SD1901Aが天武末年頃に掘削された藤原宮造営のための運河であったと位置づけられた（奈良国立文化財研究所一九七八）。

また、朝堂院朝庭下層の調査では、この運河から派生する溝やそれらと関連する遺構群を検出した。第一五三次調査で検出した運河から派生する斜行溝SD10801Aは約一五メートルで途切れる。運河本流であるSD1901Aとの底面レベルの差から、水量を調節し、資材の荷揚げをおこなう機能を担った可能性がある。SD10801Aの南では同様の斜行溝SD10965が派生していることから複数の溝が存在していたことが想定される。そして、これらの支流が途切れた隣に、大小様々の規模の沼状遺構群がある。これらは、一部旧地形を活かしつつ肩部を掘削した大小のプール状施設であり、沼状遺構の堆積土からは木材加工で生じたとみられる大量の木屑が出土したことから、搬入した木材の一時貯木施設であったと想定する（小田二〇一五）。これらの各遺構は有機的な関連をもつものであり、造営資材の搬入と一時貯留・加工のための施設として機能していたと考えることができる。

この段階は藤原宮の造営に直接関わる段階であり、運河を通じて木材を主とする造営資材を搬入する段階と位置付ける。

C～E段階　中枢建物の建設に伴い、運河本流を埋め、派生する溝を付け替える段階

運河SD1901Aから派生する溝が数段階にわたって付け替えられており、この溝の付け替え状況と中枢建物との関係により細分が可能である。筆者は前稿で、大極殿院南門が建設される段階と大極殿院・朝堂院回廊の建設が開始される段階の前後二段階に区分したが、これは朝堂院側の遺構変遷をふまえた整理であった（小田二〇一五）。近年は大極殿院の調査が進み、新たな知見が得られた。

大極殿と大極殿院南門の間においておこなわれた第一八二・一八六次調査で大極殿院南門を迂回させた南北溝

SD1080Bの延長部分と、これから分岐して再びSD1901Aに接続する斜行溝SD11250が検出された。そして、SD11250は運河SD1901Aがある程度埋まったのちに接続し、同時に開口していた時期が存在していたとの知見が得られた。さらにSD1901A埋土の堆積構造と植物遺体の分析から、SD1901Aの埋没には複数の段階があり、SD1901Aの機能停止後に湿地化し、その後迂回溝SD1080Bから接続するSD11250が掘削されて機能した後、再度自然堆積がみられるとの所見が示された（大澤・村田ほか二〇一八）。

これらの所見は大極殿南方のSD1901Aが機能を停止した後、一定期間開口状態にあり、この間に南門を迂回する斜行溝SD11250が掘削され、機能していたことを示すものであり、大極殿建設予定地ではSD1901Aの埋没が南門建設開始よりも遅れることを示すと考えられる。[注5] すなわち、運河本流（SD1901A）は大極殿と大極殿院南門の掘り込み地業開始を前に一気に埋め戻すのではなく、下流にあたる大極殿南方以北の本流は残して、迂回する溝を付け替えつつ、南門の掘り込み地業が進められたことを示している。

この理解に従って遺構変遷を整理すると、南門の掘り込み地業段階（C段階）→大極殿の掘り込み地業段階（D段階）→大極殿院・朝堂院回廊の施工段階（E段階）の三つの段階を経たと考えられる。

なお、この遺構変遷からは大極殿院南門が先に完成し、続いて大極殿が完成したと解釈することも可能ではあるが、筆者は運河の埋め立ての順序と中枢建物のどちらが先に建ったか、という点は別次元の問題として判断するべきと考える。造営工事の段取りからみると、まず大極殿建設予定地の運河を先に埋めて地業を施し、その後南門側を埋めるとすると、運河下流にあたる大極殿側と上流にあたる南門側の二段階に分けて運河を埋めることとなり、これに応じて迂回溝を掘削する手間などが余計に生じる。より効率的に工事を進めるためには、上流にあたる南門側の運河から先に埋めて地業工事に入り、その後下流の大極殿側の運河を埋め立て、地業を進めた方が合理的であると思われる。運河埋め立てに関わる遺構変遷の解釈として、周到な計画による合理的な工事施工という点を評価すべきであり、建物が完成した順序については別途検討すべきと考える。

以上のようにC・D段階は工事上の段取りとして、効率的な排水や資材運搬を意図した周到な工事計画の存在を示すものである。そして、E段階ではSD10801Bを朝堂院回廊南のSD10881・10882として大極殿院の外側に迂回させており、大極殿院内の基礎工事がさらに進捗したことが窺える。

F段階　運河関連遺構を埋め立て、儀式空間としての朝堂院朝庭の整備を開始する段階

運河関連遺構を埋め立て、第二次整地土を施す。朝庭に礫敷きを施す前の段階にあたり、南北溝SD10795とSD10981を検出している。これらは朝庭内部の通路側溝の可能性があり、礫敷きを施す前の段階で、既に朝庭が広場として機能していた可能性を示している。ただし、後述する幢幡遺構のような儀式に関わる遺構については検出されておらず、詳細は不明である。

G段階　藤原宮朝堂院朝庭に礫敷きを施し、広場SH10800を完成させる段階

礫敷き施工前に礫詰暗渠SD10780とSD11410を東西対称位置に南北に設置し、東西溝SD10785に流れ込むようにしている。第一五三次調査では、先行朱雀大路東側溝とほぼ同位置に南北溝SD10790を認識し、大極殿南門前面から朝堂院側への通路の側溝であると判断した（小田二〇一五）。しかし、中軸線を挟んだ対称位置にあたる第一八九次調査では先行朱雀大路西側溝上面は礫が落ち込むものの、朝堂院の整地とともに掘削された溝かどうかについては確認できないとの所見が示された（大澤ほか二〇一七）。しかし、F段階ではSD10795・10981という通路側溝とみることができる溝が検出されており、G段階にもこのような溝により空間の区画を明示する方法が存在した可能性は否定されるべきではない。礫敷広場中央における通路（区画を明示する施設）の存在は、朝堂院

朝庭全体の区画や空間のあり方に深く関わる問題であるため、今後の継続的な調査課題と考える。

H段階　藤原宮中枢部を儀式空間として使用する段階

朝庭での儀式の際に立てられた旗竿の柱穴と考えられる七基の幢幡遺構SX11400と一六基の柱穴列SX11401（SX10770～10778、SX11412～11418）、仮設的な柱列SA11220・11420が設置されている。このうち、SX11401が後述するように大宝元年元日朝賀の際に立てられた幢幡の柱穴とみられることから、この段階で元日朝賀などの儀式が確実におこなわれている。

H段階には儀式空間としての大極殿院と朝堂院朝庭が機能していたことが明らかであるが、この段階をもって藤原宮中枢部の完成を意味するわけではなく、朝堂院東南隅の調査（第一二八次）（箱崎ほか二〇〇四）で朝堂院回廊の下層にあたる南北溝SD9815から大宝三年（七〇三）の年紀を記す木簡が出土しており、朝堂院回廊の完成はこれ以降まで下り、朝堂院の造営自体は継続していたことがわかる。

以上のように朝堂院朝庭および大極殿院の調査成果をもとに、運河SD1901Aおよびそこから派生する遺構の変遷を軸として八段階に整理した。

これらの諸段階は、藤原宮造営開始前（A段階）、藤原宮の造営前半期（B～E段階）、藤原宮の造営後半期（F・G段階）として分けることができ、H段階を儀式空間としての藤原宮中枢部のひとまずの完成とみることができる。また各段階の実年代については、B段階が運河SD1901A出土木簡より天武末年頃、H段階が七基の幢幡遺構により大宝元年頃に比定できる。

また、藤原宮造営期の遺構・整地土から出土する瓦の分析によると、造営前半期の運河及び運河関連遺構から出土する瓦は大垣所用瓦を中心として、大極殿・朝堂院関連の瓦は出土していない。そして、運河最上層・埋め立て土など造営後半期の整地土・遺構から大極殿・朝堂院関連の瓦が出土することが明らかにされている（石田二〇一三）。これらの成果から、造営前半期では宮大垣の造営が進行中であり、中枢建物に瓦を葺き始めるのが造営後半期にあたることがわかる。

2　藤原宮中枢部造営過程の特質

この藤原宮の造営過程について、筆者が重要と考える点は次の点にある。

①先行する条坊区画を基準として運河・運河関連施設を計画的に配置している。

前稿でも指摘した通り、運河を先行朱雀大路に沿って直線的に掘削しており、貯木施設の可能性がある運河関連の諸施設は先行四条大路以南に設置する。また、四条大路以北の坪には木簡を使用する実務区画（深澤二〇一三）が設置されていた可能性が高い。これらは先行する条坊区画を前提として、藤原宮造営に関わる諸施設を計画的に配置し、効率的な資材搬入や造営工事の管理ができるように計画されていたと読み取ることができる。これは先行条坊が藤原宮の造営計画線として掘削されたとする評価（小澤一九九七）以上に、藤原宮の造営に関して実際に各施設の区画割りの基準として機能していたことを示している。

②運河から派生する溝を付け替えるなど、進捗状況に応じた柔軟な造営工事がおこなわれている。

運河本流である**SD1901A**は直線的な形状や大量の木屑の出土、瓦の出土が少量であることから、筆者は運河設置の主目的が木材の搬入であったと評価している（小田二〇一五）。この主目的が果たされた後、運河の排水機能を残し、建物などの造営工事に支障が出ないように、付け替えをおこなっている。その際にも**SD1901A**を一気に埋め戻すのではなく、まず大極殿院南門、次に大極殿というように、造営工事の進捗状況に応じた計画的・効率的な対応がおこなわれている。これも①と同様に、周到な造営工事の計画の存在とその実施を示していると評価できる。

③中枢建物の建設にあたり生じる問題に対して、既存の土木技術を利用して対処を試みている。

先行する条坊区画を基準として造営関連施設を配置したことにより、結果的に運河の上に大極殿・大極殿院南門などの主要な施設を建設することになった。これに対して、総地業や壺地業をおこなうことにより中枢建物を建設している。掘り込み地業は飛鳥時代の寺院基壇の構築にあたっても採用された手法であるから（青木二〇一三）、軟弱地盤の地盤沈下を防ぎ建物を建てるために既存の土木技術を利用する意図が窺える。しかし、運河の埋め立て土の沈み込みは想定以上であったとみられる。運河埋め立て後の礫敷きが沈み、さらに土を入れて礫敷きをおこなった事例[注6]など、既存の技術では対応できない想像以上の状況に苦慮した様子が窺える。この点が画期的な規模と構造をもつ藤原宮の造営に際しての限界であったと評価したい[注7]。

このように、藤原宮の造営過程からは、当時の造営計画および土木工事の実態についての二つの側面を読み取ることができる。すなわち、周到に計画された造営工事計画が存在し既存の知識・技術で予想される困難を乗り越えようとした側面と、それにも関わらず想定外の事態が起き、対応に苦慮しつつ当初の目的を維持しようという側面である。特に後者は、画期的な規模・構造をもつ藤原宮の造営が当時の想像を超えたものであったことを如実に物語っているといえよう。

3　藤原宮朝堂院朝庭の幢幡遺構の発見

近年の藤原宮の発掘調査で、大きな話題となったのは藤原宮朝堂院における幢幡遺構の発見である。これは、二〇〇八年に実施した大極殿院南門前面の朝堂院朝庭の調査（第一五三次調査）において、二本柱タイプの旗竿遺構が見つかり、その際に藤原宮中軸線上にのる柱穴一基と三角形状に配置される建物を構成しない三基の柱穴が検出されていた。これらの遺構について、玉田芳英が大宝元年に建てられた幢幡遺構ではないかとの見通しを示したものの、宮中軸線から東半分の調査であったこと、平城宮第二次大極殿前面の例のように、当時は未調査であった大極殿院内庭部に存在することが考えられたことから、結論はその先とした（玉田・小田ほか二〇〇九）。

そして、大極殿院の調査が進む中で、幢幡遺構の検出についても注意されたが、大極殿の前面には幢幡の候補となるような遺構が検出されず（森川ほか二〇一五、廣瀬・清野・大澤ほか二〇一六）、改めて朝堂院朝庭の柱穴が候補として考えられた。そこで二〇一六年に第一八九次調査がおこなわれ、果たして西側でも三角形状に配置される同様の柱穴が見つかったことにより、あわせて七本の大型柱穴が大極殿院南門の南面に存在したことが明らかになり、これが大宝元年の幢幡遺構である可能性が極めて高いと結論付けられた（大澤ほか二〇一七）。これは仮説と検証にもとづく継続的な学術調査の蓄積が明らかにした重要な成果といえる。

さて、見つかった幢幡遺構 SX11400 は七基の大型柱穴からなる（挿図５）。柱穴 SX10760 は藤原宮中軸上に位置し、各三基がそれぞれ三角形状をなす東側の柱穴 SX10765 ～ 10767 と西側の柱穴 SX11405 ～ 11407 が藤原宮中軸を挟んで東西対称の位置にある。

各大型柱穴は、柱掘方が一辺一・五～二メートルほどの方形に復元され、いずれも柱掘方が柱抜取穴により壊されている。深さは礫敷き面から一・四メートル～一・五メートルと近似する。柱抜取穴埋土に礫敷き由来の礫を多く含む。平面および土層断面により確認できる柱抜取穴が一か所のみであること、柱抜取穴の底面から柱のアタリ状に一か所だけ沈み込むことから、柱を一本のみ立てた可能性が高く、一本柱であったと考えられている。

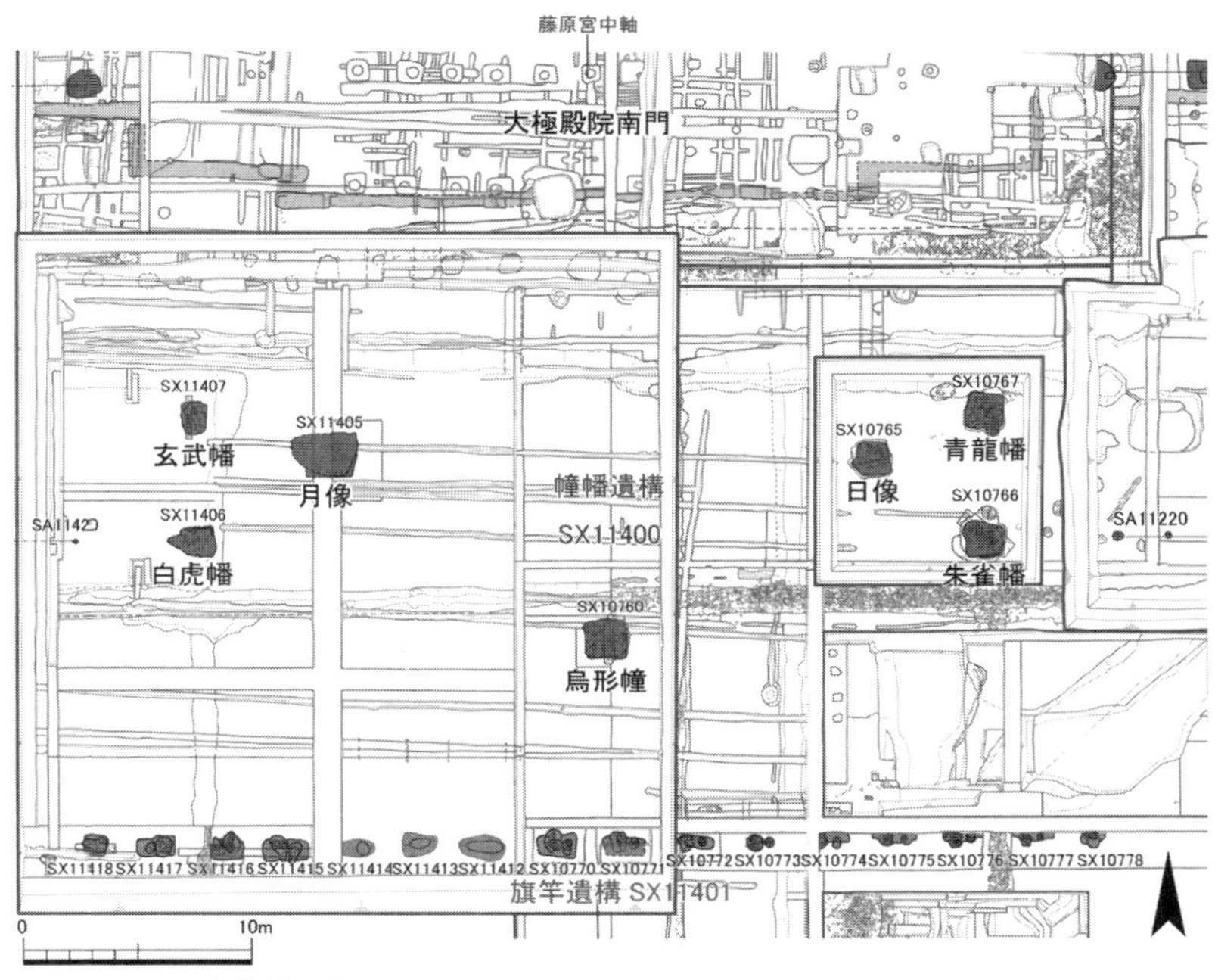

挿図５　藤原宮幢幡遺構平面図　1：500

そして、『続日本紀』大宝元年春正月条の「正門に烏形の幢を樹つ。左は日像・青竜・朱雀の幡、右は月像・玄武・白虎の幡なり」の記述に基づいて、中央のSX10760が烏形幢、その東のSX10765が日像、同じく西のSX11405が月像、東北のSX10767が青龍幡、東南のSX10766が朱雀幡、西北のSX11407が玄武幡、西南のSX11406が白虎幡に対応するとされた。

また幢幡遺構の他に、より南方で東西に並ぶ一六基からなる柱穴列SX11401を検出している。これは、藤原宮中軸を挟んで東西対称に八基ずつが並ぶ。両端の柱穴では方形の柱掘方に柱抜取穴が一つであるのに対して、中央の一四基の柱穴では、横長の柱掘方の中に東西に並ぶ二つの柱抜取穴が確認できることから、一つの柱掘方に二本一組の柱・支柱が立つタイプであったことが判明した。さらに、幢幡遺構の東西では東西方向に続く小柱穴列SA11220と

SA11420を検出している。

これらの柱穴列を一体の遺構群とみて、朝堂院朝庭で執り行われた儀式に際し、儀仗旗を立てた旗竿遺構と儀式に伴う幔幕の支柱や簡易な塀であったと考え、大宝元年元日朝賀に際して七本の宝幢・四神旗が立ち並び、その南に儀仗旗が立ち、幢幡の東西には幔幕あるいは簡易な塀が立てられていた可能性が考えられている（大澤二〇一八）。

この藤原宮幢幡遺構は、文献上でも発掘遺構としても最古の宝幢・四神旗を立てた幢幡遺構であり、七本の幢幡を立てる儀式の初現的なあり方を示していると評価される。さらに、この藤原宮の配置例から、奈良時代中頃までに三本の柱を立てる三～四メートルほどの横長の柱穴を東西一列に七基配列する型式へと変化し、定型化したという幢幡（幢旗）遺構の展開過程が明らかになった（大澤二〇一八・二〇一九）。この藤原宮幢幡遺構の特異な柱配置や歴史的意義をめぐって既にいくつかの論考があり（松村二〇一七、内田二〇一八）、平城宮以降の幢幡遺構の見直しも進んでいる（大澤二〇一九）ことから、今後さらに活発な議論が交わされることが期待される。

この遺構について、筆者が関心を持ったのは、一本柱を立てること、である。『文安御即位調度之図』では、幢幡の高さは三丈（約九メートル）とされ、主柱に対して二本の脇柱がつく。藤原宮朝堂院の幢幡遺構の柱穴深さと平城宮第一次大極殿院・第二次大極殿院および長岡宮大極殿院の幢幡遺構の柱穴の深さは大差ないことから、高さ・太さについてもほぼ同じであったと考えられる。このような長大な柱を立てる際には安定した装置として支柱が有効であり、平城宮以降では支柱を伴う三本柱タイプが採用されている（挿図6下）。これに対して、藤原宮では幢幡遺構の前面に二本柱タイプがあることから支柱を設置するタイプ自体は存在していたにも関わらず、幢幡遺構が一本柱である意義については検討しておく必要があるだろう。

一つの可能性として、藤原宮以前の寺院にみられる一本柱タイプの幢幡と関連する可能性がある。寺院の事例としては、奥山久米寺（奈良国立文化財研究所一九八八）や山田寺（奈良国立文化財研究所二〇〇二）で検出例がある。これらの寺院における堂塔や空間全体を荘厳する幢幡と関連づけることは可能であろう。しかし、藤原宮以前の寺院でも一本柱タイプ以外に二本柱タイプの事例も存在することから（海野二〇一九）、藤原宮の幢幡に一本柱タイプが採用された理由を寺院の幢幡との関連のみに求めることは難しいと思われる。

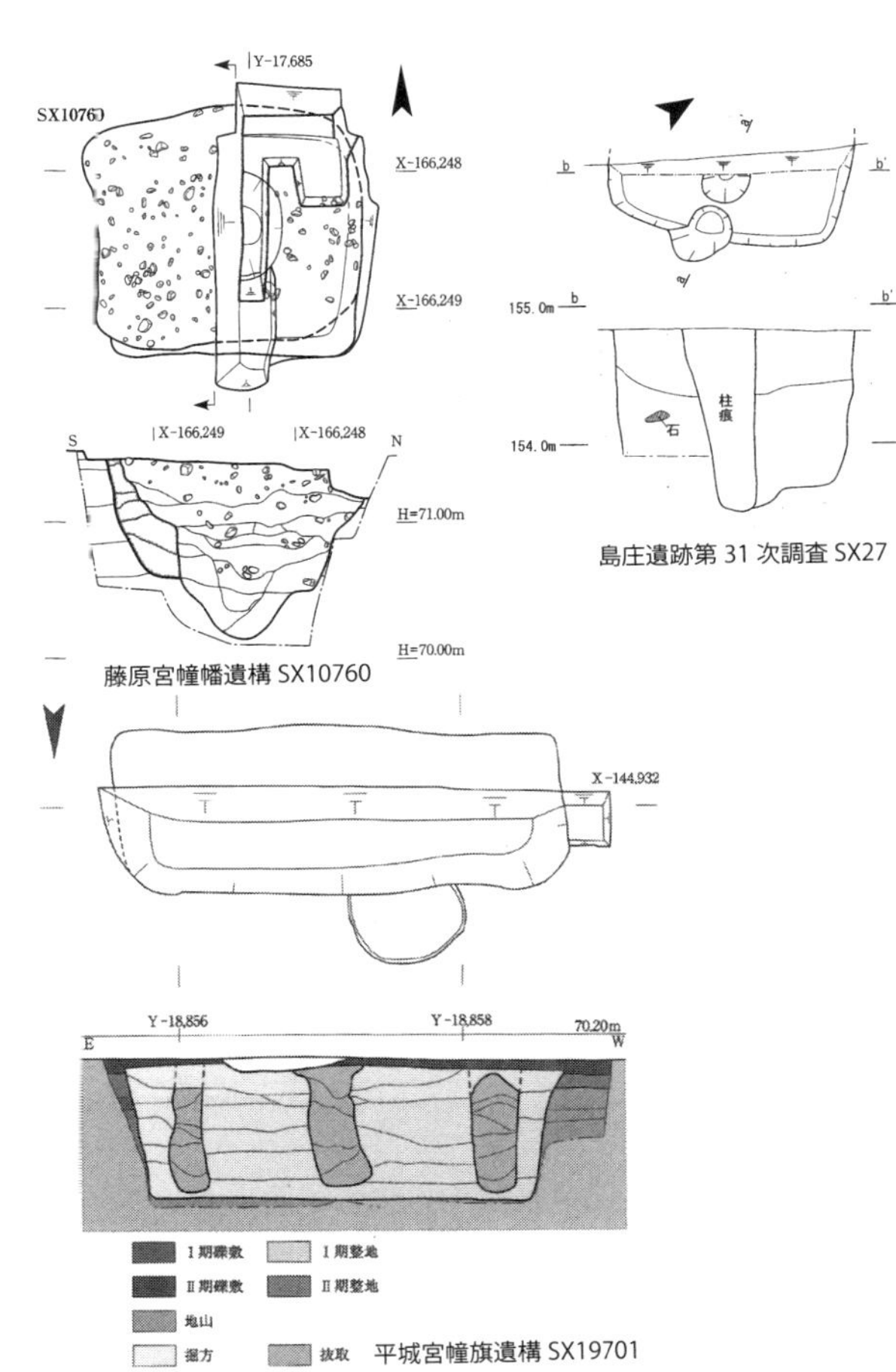

挿図 6　幢幡遺構の柱穴断面　1：80

　筆者はもう一つの可能性として、飛鳥時代前半に存在していた立柱習俗との関連を考える。『日本書紀』推古二十八年（六二〇）冬十月のこととして、欽明天皇の檜前陵について「砂礫を以て檜隈陵の上に葺く。即ち域外に土を積みて山を成す。仍りて氏毎に科せて、大柱を土の山の上に建てしむ。時に倭漢坂上直が樹てたる柱、勝れて太だ高し。故、時の人號けて、大柱直と曰ふ」と記す。欽明天皇陵の域外で複数の氏がそれぞれ大柱を建てたことがわかる。これは現欽明天皇陵の南にあたる字池田から檜の大木が出土しており、『日本書紀』の記述を裏付けるものと考えられている（今尾一九九五）。

また、石舞台古墳の北東の丘陵にあたる島庄遺跡第三一次調査では、大型柱穴SX8・SX27が検出されている。SX8は一辺一・八メートル、深さ一・八メートルで径三〇センチメートルの円形柱痕跡を検出している。SX27は一辺一・七メートル、深さ一・三メートルで径三〇センチメートルの円形柱痕跡と添柱の痕跡を検出している（挿図6右上）。

これらは建物を構成する柱穴ではなく、単独の大柱を立てた遺構である。周囲で砂利敷きや複数の柱穴が検出されていることもふまえて、これらの遺構は舒明天皇即位前紀の推古三十四年（六二六）に蘇我馬子を桃原墓に葬る際に、「蘇我氏の諸族等悉に集ひて、嶋大臣の為に墓を造りて、墓所に次れり。」と、蘇我氏一族が馬子の墓の周囲に常駐し、墓を造っていたことと関連づけられている。大型柱穴については先の欽明天皇陵の記事を参照し、七世紀前半頃に墓の周囲に大柱を立てる習俗があり、石舞台古墳を対象に立てられた大柱の痕跡であると想定されている（小栗二〇〇七）。

これらの事例から、飛鳥時代前半に大王（天皇）や豪族の墳墓周辺において複数の氏族が参加して立柱をおこなう習俗が存在していたことが窺える。そして、いずれも長大な一本柱の立柱であったと想定されること、建物の荘厳ではなく立柱そのものに意味を有し、それが大王（天皇）や豪族の墳墓でおこなわれているという特徴が見出せる。

これらの立柱を渡来氏族の習俗とみる評価（町田一九八〇）も可能ではあるが、筆者は坂上直以外にも各氏毎に柱を立てさせていることから渡来氏族のみには限定できず、これらの立柱を通じて、大王・豪族とそれに奉仕する氏族間の結合を強化する機能を担っていたものと考える。注8 そして、藤原宮朝堂院朝庭の幢幡遺構が一本柱タイプであったことの淵源をこれに求めたい。

藤原宮朝堂院での立柱は、七本の幢幡を樹立する画期的な性格をもつものではあるが、それらを立てる行為自体には飛鳥時代前半にみられる天皇や氏族らの結合を強化する機能をもった立柱習俗の流れをくむものであり、両者が統合した象徴的行為であったと位置づけることができるのではないだろうか。

その後の平城宮以降では支柱をもつ三本柱タイプに定型化して儀式の一環として組み込まれるものではあるが、最初期にあたる藤原宮朝堂院における大宝元年の幢幡の立柱は前代からの伝統と融合しておこなわれた儀式であったとみる。藤原宮朝堂院の幢幡遺構は、まさに古代都城における藤原宮・京の歴史的位置を象徴しているように思われる。

おわりに

藤原宮は画期的な規模と構造を誇る宮殿であった。大宝元年元日朝賀に際して、「文物の儀、是に備われり」と誇られるようにそこで執り行われた儀式は律令国家の成立を誇る重要な一場面であった。藤原宮をとりまく藤原京域でも、それまでの日本列島にはない空前の規模を対象とする造営がおこなわれていた。

藤原宮・京の造営にあたっては周到な計画がおこなわれ、実践されていたとみられるとともに、想像以上の困難な状況に直面し苦慮しつつ対応していた様子が窺える。これには前代以来の造営工事や土木技術についての知識や経験の蓄積をふまえ、その応用が試みられた側面と想像以上の状況に直面した実態とを読み取ることができる。これこそが画期的な規模と構造をもつ藤原宮・京の造営における限界といえ、古代都城史における位置づけを示すものと考えられる。これらの画期性と限界性が次の平城宮・京においてどのように踏襲され克服されたのかについての究明が必要である。

藤原宮・京の発掘調査は現在も継続しており、新たな事実が次々に生まれる目が離せない都城といえる。本稿は現時点での筆者なりの整理である。今後の調査・研究の蓄積をふまえて再検討を期したい。

注

1 「藤原京」の語は藤原宮を中心とする京域にあたる範囲を示す喜田貞吉の造語による学術用語である。本稿では、通例に従い藤原京と記述する。また、本稿では藤原京の条坊表記について岸説藤原京の条坊呼称を延長させて表記する。

2 以下、各史料の引用は『日本古典文学大系新装版　日本書紀』(岩波書店)、『新日本古典文学大系　続日本紀』(岩波書店)による。

3 重見泰は同論文中にて筆者の飛鳥時代の土器に関する理解に関して批判を加えておられる。これについては、本稿の主旨と異なること、また現在飛鳥・藤原地域の土器の再整理作業が進んでいることから、論点を整理したうえで別の機会に論じたい。

4 なお玉田は従来一町占地の貴族邸宅とされてきた右京七条一坊西南坪について再検討をおこない、藤原京期において大規模な改作を受けた可能性が高いこと、その後半期には七条一坊西北・西南坪と八条一坊西北坪にまたがる三町以上の占地であったとした(玉田二〇一七)。そして、後半期の遺構群について、西南坪が正殿を中心とした儀礼空間、西北坪が小規模な建物群からなる実務空間とみて宮外官衙、具体的には右京職に比定する。大宝令施行に伴う右京職の新設にあたって、七条一坊西南坪の一町占地の貴族邸宅を官が接収し、複数町占地の右京職へ改作されたものと位置づけた。発掘調査で明らかになった各遺構について区画施設の変遷の再検討に基づいて坪内の利用状況を復元し、遺物の検討をふまえて、京職から左京職への変遷がみられる左京六条三坊の位置づけと対応する重要な成果である。ただし、正殿にあたる七条一坊西南坪のSB4900と後殿SB4930についてはSB4900の廂の作り替えが指摘されたものの、建て替えはおこなわれておらず（奈良国立文化財研究所一九六七）、大規模な改作に伴っても正殿が引き続き利用されている事実については、さらなる説明が必要であるように思う。

5 なお、第一八六調査の概要報告（大澤ほか二〇一八）では、大極殿と南門にあたる部分の運河機能停止後における建物造営の前後関係については周辺の調査の蓄積を待つべきとして結論を保留している。

6 二〇一八年におこなわれた大極殿院北方の調査（第一九八次調査）で得られた所見である。第一九八次調査の成果については『奈良文化財研究所紀要二〇一九』を参照されたい。

7 運河が中枢建物下層を通ることから、元々宮の位置が確定していなかったとの評価もあるが（林部二〇〇八）、これは造営計画と施工段階において、効率的な計画と既存の技術で対応しようとした当時の藤原宮造営工事に対する認識を示すものであり、宮の位置が決定していたかどうかとは関わらないと考える。

8 大脇潔は、寺院の心柱の立柱について立て方の方法を検討している。これによると、高い柱を立てるための工夫として、民族・民俗例にみられる曳綱や丸太を組んだ道具の存在や御柱祭における柱穴の根元に杭や矢板が設置されていたことが指摘されている。また、滑車・ろくろなどの重量物の移動に利用できる装置の有無が不明であるが、人海戦術をとれば可能であるともされる。藤原宮の幢幡遺構では柱が抜き取られているため不明ではあるが、立柱のための装置が柱近くに設置されていた可能性はあると思われる（大脇二〇一六）。

【文献】

相原嘉之二〇一五「新益京造営試論」（『古代飛鳥の都市構造』吉川弘文館、二〇一七年に所収）

青木敬二〇一〇「飛鳥・藤原地域における七世紀の門遺構」『官衙と門』奈良文化財研究所

青木敬二〇一三「掘込地業と版築からみた古代土木技術の展開」『文化財論叢Ⅳ』奈良文化財研究所

石田由紀子二〇一三「藤原宮における瓦生産とその年代」『文化財論叢Ⅳ』奈良文化財研究所

石田由紀子二〇一八「藤原宮の造瓦体制」『古代』第一四一号　早稲田大学考古学会

今井晃樹・森川実ほか二〇一三「朝堂院朝庭の調査―第174次」『奈良文化財研究所紀要二〇一三』

今尾文昭一九六五「古記録にみる飛鳥猿石の遍歴」（『律令期陵墓の成立と都城』青木書店、二〇〇八年に所収）

内田和伸二〇一八「藤原宮朝堂院朝庭における幢幡遺構の配置と設計思想」『ランドスケープ研究』八一―五
海野聡ほか二〇一五「平城宮第一次大極殿院広場の調査―第520次」『奈良文化財研究所紀要二〇一五』
海野聡二〇一九「古代寺院の幢幡による荘厳とその構造」『条里制・古代都市研究』第三四号
大澤正吾ほか二〇一七「藤原宮朝堂院の調査―第189次」『奈良文化財研究所紀要二〇一七』
大澤正吾二〇一八「藤原宮の幢幡遺構」『飛鳥・藤原京を読み解く』クバプロ
大澤正吾二〇一九「宮殿における幢幡（旗）遺構の展開」『条里制・古代都市研究』第三四号
大澤正吾・村田泰輔ほか二〇一七「藤原宮下層運河 SD1901A の機能と性格の検討――第186次」『奈良文化財研究所紀要二〇一七』
大脇潔二〇一六「塔の考古学」『日本古代考古学論集』同成社
小栗明彦二〇〇七「島庄遺跡第31次調査」『奈良県遺跡調査概報二〇〇六年』第二分冊
小澤毅一九九七「古代都市「藤原京」の成立」（『日本古代宮都構造の研究』青木書店、二〇〇三年に所収）
小澤毅二〇〇三「藤原京の造営と京域をめぐる諸問題」『日本古代宮都構造の研究』青木書店
小澤毅二〇一〇「藤原京の成立」（『古代宮都と関連遺跡の研究』吉川弘文館、二〇一八年に所収）
小澤毅・入倉徳裕二〇〇九「藤原京中軸線と古墳の占地」『季刊明日香風』一一一、飛鳥保存財団
小澤毅二〇一八『古代宮都と関連遺跡の研究』吉川弘文館
小田裕樹二〇一五「藤原宮の造営と運河」『日本古代の運河と水上交通』八木書店
小田裕樹二〇一七「藤原宮の運河」『考古学ジャーナル』六九五号、ニューサイエンス社
小田裕樹・海野聡二〇一三「都城の形成と井戸」『続・井戸再考』埋蔵文化財研究会
岸俊男一九六九「緊急調査と藤原京の復原」（『日本古代宮都の研究』岩波書店、一九八八年に所収）
北村優季一九九三「条坊の論理」（『平城京成立史論』吉川弘文館、二〇一三年に所収）
桑田訓也ほか二〇一四「朝堂院朝庭の調査―第179次」『奈良文化財研究所紀要二〇一四』
重見泰二〇一七「新城の造営計画と藤原京の造営」『考古学論攷』第四〇冊、奈良県立橿原考古学研究所
高田貫太ほか二〇〇八「大極殿院南門の調査―第148次」『奈良文化財研究所紀要二〇〇八』
竹田正敬二〇〇三「藤原京の宅地」『橿原考古学研究所論集』第一四、八木書店

竹田正敬二〇一〇「藤原京の宅地建物遺構」『日本基層文化論叢』雄山閣
玉田芳英・小田裕樹ほか二〇〇九「朝堂院の調査―第153次」『奈良文化財研究所紀要二〇〇九』
玉田芳英二〇一七「藤原京の発掘調査」『飛鳥・藤原宮発掘調査報告Ⅴ』奈良文化財研究所
玉田芳英（編）二〇一七『飛鳥・藤原宮発掘調査報告Ⅴ』奈良文化財研究所
高橋知奈津ほか二〇一〇「朝堂院回廊・大極殿院回廊の調査―第160次」『奈良文化財研究所紀要二〇一〇』
寺崎保広・小澤毅二〇〇〇「内裏地区の調査―第100次」『奈良文化財研究所年報二〇〇〇―Ⅱ』
寺崎保広二〇〇二『藤原京の形成』（日本史リブレット六）山川出版社
中村太一一九九六「藤原京と『周礼』王城プラン」『日本歴史』五八二、吉川弘文館
奈良国立文化財研究所一九七六「藤原宮第18次の調査」『飛鳥・藤原宮発掘調査概報六』
奈良国立文化財研究所一九七八「藤原宮第20次（大極殿北方）の調査」『飛鳥・藤原宮発掘調査概報八』
奈良国立文化財研究所一九八七『藤原京右京七条一坊西南坪発掘調査報告』
奈良国立文化財研究所一九八八「奥山久米寺の調査（一九八七―一）」『飛鳥・藤原宮発掘調査概報一八』
奈良国立文化財研究所一九九四「本薬師寺の調査」『飛鳥・藤原宮発掘調査概報二四』
奈良国立文化財研究所一九九六「本薬師寺の調査」『飛鳥・藤原宮発掘調査概報二六』
奈良文化財研究所二〇〇二『山田寺発掘調査報告』
西口壽生二〇〇二「古墳時代の飛鳥藤原地域」『あすか以前』飛鳥資料館
仁藤敦史一九九二「倭京から藤原京へ」（『古代王権と都城』吉川弘文館、一九九八年に所収）
箱崎和久ほか二〇〇四「朝堂院東南隅・朝集殿院東北隅の調査―第128次」『奈良文化財研究所紀要二〇〇四』
橋本義則二〇〇〇「藤原京造営試考」（『日本古代宮都史の研究』青史出版、二〇一八年に所収）
林部均二〇〇一「藤原京の条坊施工年代」『古代宮都形成過程の研究』青木書店
林部均二〇〇八『飛鳥の宮と藤原京』吉川弘文館
林部均（編）二〇〇八『飛鳥京跡Ⅲ』奈良県立橿原考古学研究所
林部均二〇一〇「藤原京の条坊施工年代再論」『国立歴史民俗博物館研究報告』第一六〇集、国立歴史民俗博物館
廣瀬覚ほか二〇一二「朝堂院朝庭の調査―第169次」『奈良文化財研究所紀要二〇一二』

廣瀬覚・清野陽一・大澤正吾ほか二〇一六「藤原宮大極殿院の調査―第186次」『奈良文化財研究所紀要二〇一六』
深澤芳樹二〇一三「「藤原京の成立」遺構解釈の一例」『史林』第九五巻一号
町田章一九八〇「飛鳥の古墳と石造物」『飛鳥・白鳳の美術』（日本美術全集第三巻）学習研究社
松村恵司二〇一七「藤原宮の幢幡遺構を読み解く」なぶんけんブログ、コラム作寶樓一六一
(https://www.nabunken.go.jp/nabunkenblog/2017/03/20170301.html)
森先一貴二〇一三「藤原宮の設計基準と先行条坊」『文化財論叢Ⅳ』奈良文化財研究所
森川実ほか二〇一六「藤原宮大極殿院の調査―第182次」『奈良文化財研究所紀要二〇一五』
山﨑健二〇一三「藤原宮造営期における動物利用」『文化財論叢Ⅳ』奈良文化財研究所
山﨑健（編）二〇一六『藤原宮出土馬の研究』奈良文化財研究所
山中章二〇〇一「古代宮都成立期の都市性」『都市社会史』新体系日本史六、山川出版社
吉川真司二〇〇四「七世紀宮都史研究の課題」『日本史研究』五〇七、日本史研究会
若杉智宏ほか二〇一一「朝堂院朝庭の調査―第163次」『奈良文化財研究所紀要二〇一一』

【図版出典】 挿図1 奈良文化財研究所二〇一二『特別史跡 藤原宮跡』。挿図2 奈良文化財研究所二〇一八『奈良文化財研究所紀要二〇一八』に加筆。挿図3・4 筆者作成。挿図5 大澤ほか二〇一七に加筆。挿図6 大澤ほか二〇一七、小栗二〇〇七、海野ほか二〇一五。

【謝辞】本稿の執筆にあたり、大澤正吾氏、廣瀬覚氏より多大なご助言とご援助をいただいた。また、本稿は奈良文化財研究所都城発掘調査部をはじめ藤原宮・京の発掘調査に関わる諸機関の調査成果に全面的に拠っている。本稿における調査成果の理解に誤りがあれば、すべて筆者の責任である。

門と条坊にみる平城京と建築の接続

海野　聡

一　都城と建築

条坊の整備された都城には宮殿や寺院をはじめとする諸施設が建てられた。瓦を葺き、朱色に塗られた宮殿や寺院が都城の景観を構成する重要な要素であったことは『続日本紀』神亀元年（七二四）十一月甲子（八日）条の建物の荘厳の奨励からもうかがえるし、官大寺をはじめとする寺院の高層の塔婆は都城という都市において重要なランドマークであった。また「営繕令」で私邸における楼閣の建設が禁止されたように、重層の建物が少なかったからなおさらであろう。いうなれば都城において建築は象徴性（シンボリズム）や記念性（モニュメンタリティ）の表出であったのである。[注1] それゆえ奈良時代の建築の歴史に関する既往研究では、象徴性の高い宮殿の大極殿・内裏や大寺の諸堂塔などの中心施設に焦点が当てられてきた。また都城に関しては都市的観点として条坊の設計に関する指摘がなされている。

いっぽうでこれらの施設と条坊をつなぐ境界に位置する門は都市と建築を接合する装置として大きな意味を持

つが、条坊と接道する門との関係性に関する研究は十分に行われてきたとは言い難い。[注2] さらに言えば、古代の門は単なる通用の機能を有した建物ではなく、内側の空間の表出であり、その象徴であった。そのため門と門前空間が儀礼の場として用いられることもあり、代表的なものは宮殿内の大極殿院における出御の形態で、「大極殿出御型」と「閤門出御型」の二つが想定されている。[注3] このように門自体が権威性を帯びた建物であり、閤門と門前空間は重要な儀礼の場でもあったのである。

さて格子状の道路で構成される都城という都市の中で門を捉えた場合、門は道路のアイストップとなる建物であり、都城という都市の性格を考えるうえでも、重要な役割を担っている。そして門の内側の施設を表出する顔としての機能も有している。すなわち門は都市のモニュメントと単一の建築の両面性を有しているのであり、都城という舞台の設計にも門の意味が大きく表出していると考えられる。そこで本稿では平城京における道路と門の関係、門前空間について考察し、律令制下における都城と建築・空間について検討したい。

条坊道路に関しては、発掘調査や『延喜式』等の文献史料を基にした条坊の大きさや施工精度に関する研究の蓄積がある。[注4] また平城宮の一部の宮城門に関しては、発掘調査を通じて、その平面の検討がなされており、特に朱雀門に関しては、上部構造の検討までなされ、二重門が復元されている。これらを通して、都城における宮城門の特質を明らかにしたい。そして比較対象として、大寺の南大門を取り上げたい。大寺南大門に関しても、発掘調査の成果に加え、資財帳や「七大寺巡礼私記」などの史料から、単層・重層などの情報が確認できる。これらをもとに、門の幅（桁行）と門前の条坊の幅を比較することで、条坊のアイストップとしての門の特徴や視点について考察し、門前空間の特性を見ることで、都城と建築の結節点としての役割を検討したい。

二　平城京における条坊と門

1　条坊と門の基本構成

平城京の条坊は大路・小路・条間小路などがあり、先行研究により、これらの大きさが明らかになっている。最も大きい朱雀大路は幅約七四メートル（二一〇大尺）で、以下、大路、条間路・坊間路、小路とそれぞれ大きさが異なっており、規模と規格が発掘調査を通して判明している[注5]（挿図1）。

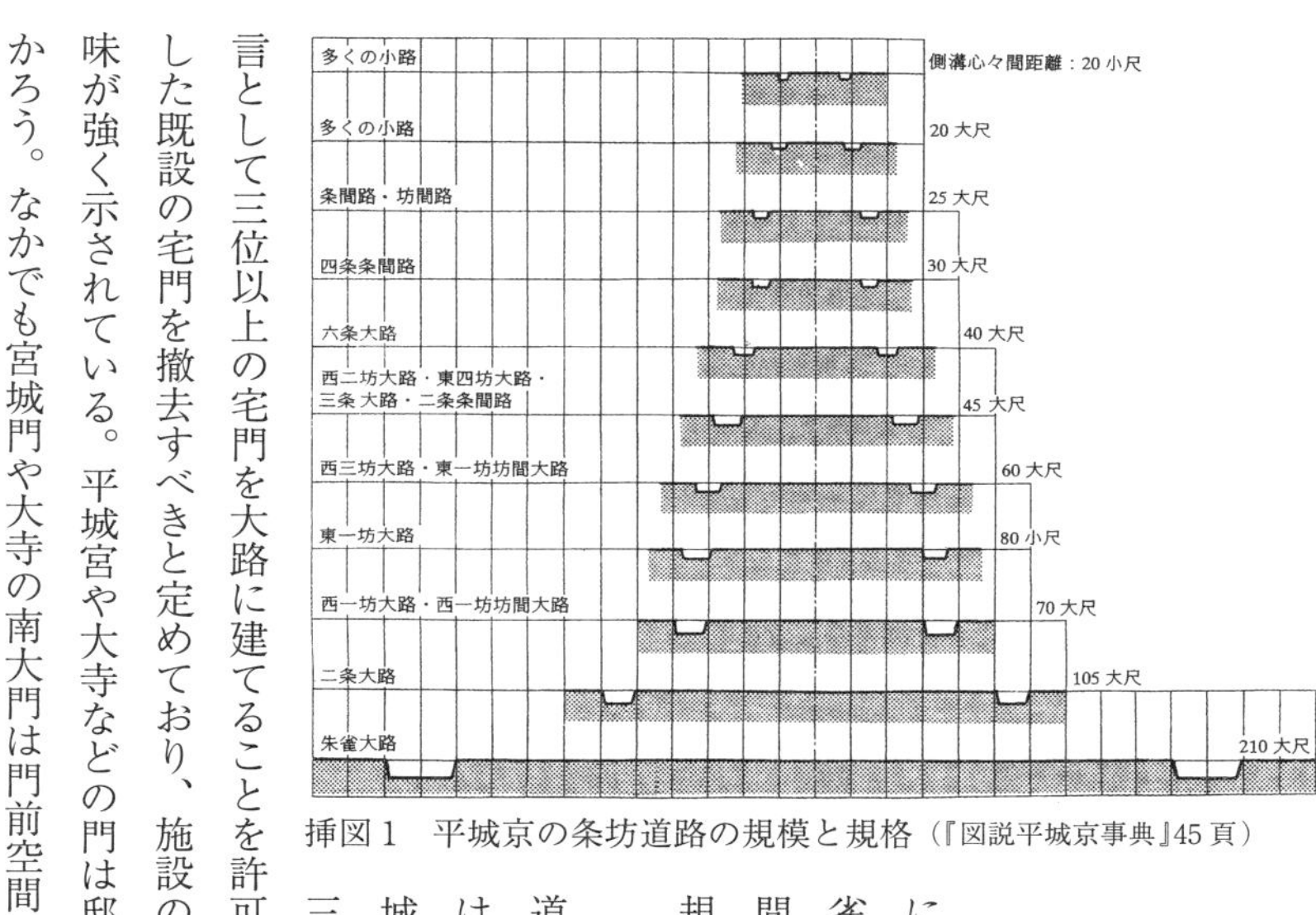

挿図1　平城京の条坊道路の規模と規格（『図説平城京事典』45頁）

条坊が都城の根幹であることは改めて述べるまでもないが、道幅や通観性は律令支配体制を体現するもので、道路に開く門は単なる建築ではなく、門内部の区画や領域の象徴である。都城における門の意義を象徴するものの一つが『続日本紀』天平三年（七三一）九月戊申（二日）条にある宅門の制で、左右京職の言として三位以上の宅門を大路に建てることを許可している。さらに三位以上のものが没した時には、大路に面した既設の宅門を撤去すべきと定めており、施設の顔としての門が厳格に規定されていたことが知られ、門の意味が強く示されている。平城宮や大寺などの門は邸宅以上に象徴性の強いものであるから、その傾向はさらに強かろう。なかでも宮城門や大寺の南大門は門前空間の重要性を鑑みると、都城と建築の結節点として建築の形式や

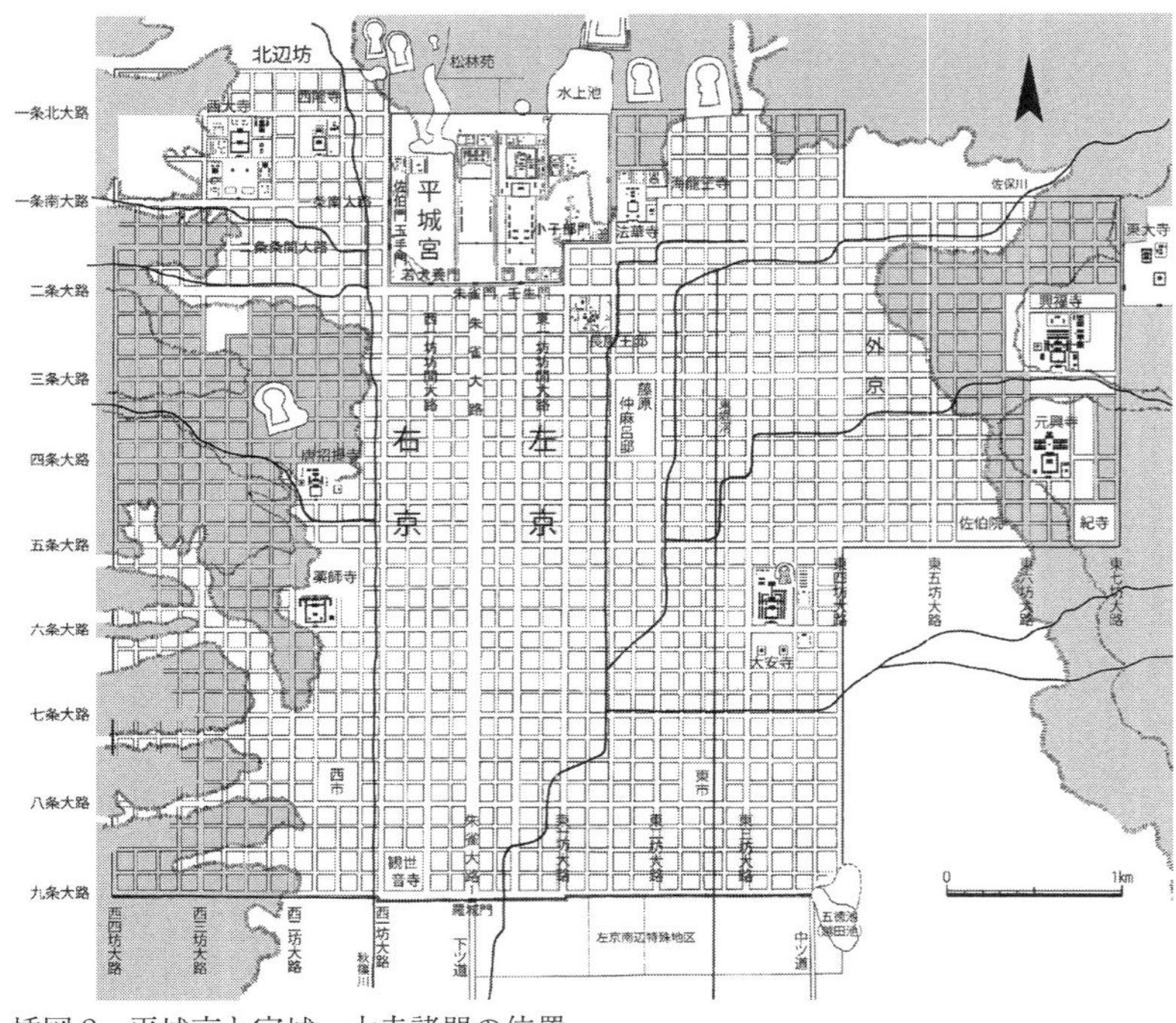

挿図２　平城京と宮城・大寺諸門の位置

立地にそれが反映されている可能性が高い。

それゆえ、まず宮城門と京内の大寺の南大門を対象に、その門前の道路・空間について検討する。特に大寺については、南大門の規模や構造が発掘調査・文献史料から推察でき、条坊と寺地の計画性が窺えるものを対象としたい。すなわち大寺のうち、平城京遷都直後から寺院が計画的に配置された興福寺・元興寺・薬師寺・大安寺が対象となる。[注6] これらの南大門と条坊の関係性を検討し、[注7] 宮城門と比較する材料としよう。

これらの宮城門や大寺南大門を取り上げるにあたって、門の条坊の軸線、条坊の幅と門の幅の二点に着目する。いずれも平城京という都市の視点で、前者は門が見通せるか否かという観点と直接的に関係する（挿図２）。

第一点目は門前に門と直交する条坊道路が通る場合、条坊の先のアイストップとして、門が高い記念性（モニュメンタリティ）を有することになる。いっぽう、門と直交する条坊道路がない場合、門前には遮蔽施設が迫ってくるため、門前空間は閉鎖的になる。さらに条坊の軸線は強調されず、門のアイストップとしての役割は持たない。

二点目は条坊の幅と門の幅の関係で、門前に門と直交する条坊道路がある場合の条坊道路からの視点場で考えた際に、門の全景が見えるのかどうかにかかわり、門の記念性（モニュメンタリティ）に影響する。仮に道路幅よりも門の幅が著しく広い場合、アイストップとして門が存在したとしても、その全景は視認できず、門の象徴性（シンボリズム）は相対的に低下する。以上のことから、門前の条坊の有無、門と道路の幅の関係性は都城と門をつなぐ重要な視点となるのである（表1）。

表1　門と道路の類型

門名称	門の位置	門前道路	門基壇規模	門桁行規模	門前道路幅	門の型式	備考
平城宮朱雀門	宮南面中門	朱雀大路		25・2m（85尺）	74・5m（210大尺）	五間、二重門カ	堀込地業の幅は約31・9m。
平城宮壬生門	宮南面東門	東一坊坊間大路		25・2m（85尺）	21・3m（60大尺）	五間、単層カ	当初は掘立柱の門。
平城宮小子部門	宮南面東門	東一坊大路		19・3m（65尺）	23・7m（80小尺）	五間、単層	道路幅は70大尺の可能性あり
平城宮若犬養門	宮南面西門	西一坊坊間大路		25・2m（85尺）	24・9m（70大尺）	五間、単層カ	
平城宮玉手門	宮西面南門	二条条間大路	31・7m＊	25・2m（85尺）	16・0m（45大尺）	五間、単層カ	堀込地業のみ。朱雀門と同規模カ
平城宮佐伯門	宮西面中門	一条南大路	29・5m＊	25・2m（85尺）	24・9m（70大尺）	五間、単層カ	堀込地業のみ。朱雀門と同規模カ
興福寺南大門	寺院南大門	無	30・8m	78尺	—	五間、二重門	セットバック
元興寺南大門	寺院南大門	東七坊坊間西小路	—	—	7・1m（20大尺）カ	—	
大安寺南大門	寺院南大門	無	32・7m	85尺	—	五間、二重門	セットバック
薬師寺南大門	寺院南大門	西二坊坊間東小路	33・3m	（86尺）	7・1m（20大尺）カ	五間、二重門	

＊堀込地業の幅

2　平城宮の宮城門の立地と門前

まず平城宮の十二の宮城門のうち、発掘調査で明らかになっている門（挿図2）のうち、奈良時代当初には掘立柱で小規模であった建部門（東院南門）を除く六門の規模をみてみよう。平城宮の南面中門である朱雀門と南面西門である若犬養門が桁行五間、梁行二間、一七尺等間、佐伯門・玉手門・壬生門は桁行五間一七尺等間、梁行二間一五尺等間と平面が復元されている。そして東院南面西門にあたる小子部門は中央三間一五尺、両端間一〇尺の桁行五間、梁行二間一五尺等間とされる。近年、井上和人が発掘調査の測量精度を踏まえて再検討しており、これによると朱雀門、若犬養門、佐伯門、玉手門の平面形式は、いずれも桁行五間、梁行二間、柱間寸法一七尺等間であるとする説も出されている。[注8] この指摘は門号氏族と宮城諸門の関係を考えるうえで重要な課題であるが、本稿では建物規模のうち桁行を対象とするため、いずれも桁行総長八五尺であり、どちらの規模であっても本論旨に影響はない。

次にこれらの平城宮宮城門の門前道路について平城宮の南面の諸門から見ていくと、南面中門である朱雀門の門前は朱雀大路である。その幅が破格の約七四メートル（二一〇大尺）であることは先に述べたが、さらに特殊な門前空間を構成しており、これについては別項にて後述する。南面西門の若犬養門は西一坊坊間大路、南面東門の壬生門の東一坊坊間大路の北端に位置し、その道幅はそれぞれ約二五メートル（七〇大尺）、二一メートル（六〇大尺）である。そして若犬養門・朱雀門・壬生門の前には幅約三七メートルの二条大路が東西に通っている。また東院の南西に位置する小子部門はその南に幅約二四メートル（八〇小尺）の東一坊大路が延びている。

次に平城宮西面の諸門をみると、中門である佐伯門から西には幅約二四・九メートル（七〇大尺）の一条南大路が延びており、西面南門の玉手門の前には幅約一六メートルの二条条間大路が延びている。

これらの宮城門はいずれも大垣と筋を揃えており、門は道路よりも敷地側に位置を動かすセットバックをせずに宮城大垣と棟通りを揃えている。これは宮城門が幅の広い二条大路、もしくは西一坊大路に面しており、門前空間が狭小となることなく、十分な空間を確保できるためと考えられる。

同時に宮城門の軸線上に条坊道路が必ず配される点は大きな特徴である。後述する大寺の南大門の場合には、南大門の前に門と直交する道路がなく、条坊から南大門を見通せないこともあるのに対し、宮城門の前には必ず道路が通る点は諸宮城門と条坊が計画的に造られていることを示している。すなわち門の非セットバックと門と軸を揃えた条坊道路の存在は門と都市の関係性から見ると、宮城門と都城の条坊の一体的な計画性と強い軸線性の表出で、都城における宮城門、さらには宮殿の特異性を強く示す要素であるといえる。言い換えれば、宮城門は特に高い象徴性（シンボリズム）を帯びた宮城の権威性を示すモニュメントなのであったことを条坊と宮城門の関係性に看取できるのである。

3　大寺の南大門の立地と門前

次に興福寺・薬師寺・元興寺・大安寺の南大門と条坊、門前空間についてみてみよう。平城京の大寺では、中門が単層となるのに対して、南大門が重層であることが多く、条坊に対する一定の荘厳性がうかがえる[注9]（挿図３）。

興福寺は平城京の東の張り出し部、左京三条七坊に位置し、南大門は三条大路に面している。現在、興福寺南大門の南方の一段下がった地には天平二十一年（七四九）に造られた猿沢池があり、奈良時代初頭の様相は明らかではないが、いずれにせよ南大門は条坊道路の軸線上にはない。そして三条大路からセットバックして南大門は

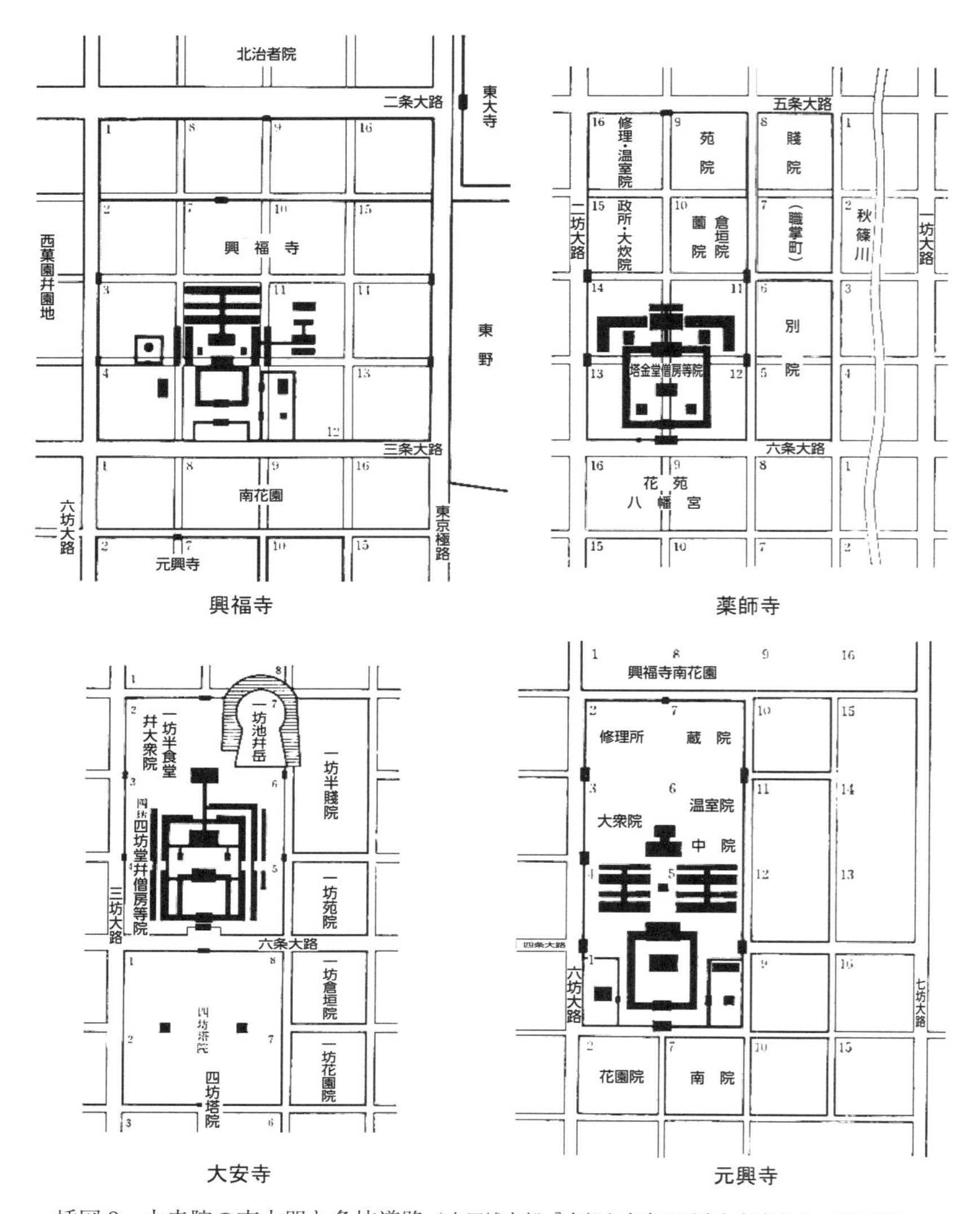

挿図3　大寺院の南大門と条坊道路（太田博太郎『南都七大寺の歴史と年表』を一部改変）

挿図4 「春日社寺曼荼羅」に描かれた興福寺境内

位置し、その門前の東西には守屋とみられる小規模な建物が置かれる。

南大門は発掘調査によって桁行五間、梁行二間で、柱間寸法は桁行中央三間約四・八（一六尺）等間とし、端間・梁行は約四・五メートル（一五尺）等間、桁行総長約二三・一メートル（七八尺）であることが明らかになっている（奈良文化財研究所二〇〇九）。また「春日社寺曼荼羅」（挿図4）に描かれた興福寺伽藍には二重門で描かれており、発掘遺構とも齟齬はなく、二重門と推定される。

薬師寺は右京六条二坊の一画に位置し、伽藍南面は六条大路に面している。伽藍東西幅は三坪分であるが、金堂を含む伽藍中枢部は一一～一四坪であり、南大門は西二坊坊間東小路の軸線上に位置する。薬師寺南方の小高い丘陵地には二坪分の区画が想定されており、現在は休ケ岡八幡宮が鎮座している。休ケ丘八幡宮は寛平年間（八八九～八九八）に薬師寺別当の栄紹によって勧請されたものであるが、既往研究の復元では薬師寺南大門の南方に延びる坊間小路の存在が想定されている。この薬師寺南方の位置では確認していないが、休ケ岡八幡宮の勧進前には西二坊坊間東小路があったと考えられ、同じ筋の坊間小路は西隆寺の発掘調査において確認している。[注10]

南大門は桁行五間、梁行二間で、柱間寸法は桁行中央三間を五・三三メートル（一八尺）等間、桁行端間・梁行を四・七三メートル（一六尺）とする。桁行総長は約二五・四六メートル（八六尺）である（奈良文化財研究所一九八七）。「薬師寺縁起」によると、二重門で両端間に獅子を据えたという。南大門の門前の東西道路である六条大路は南北幅三一メートルで、南大門はセットバックしていない。

大安寺は左京六条四坊から七条四坊の一画にあり、南大門は桁行五間、梁行二間、柱間寸法一七尺等間で、朱雀門と同規模である（奈良市教育委員会一九九九）。ただし「大安寺伽藍縁起幷流記資財帳」や「七大寺巡礼私記」などの史料からでは大安寺南大門が重層であるか単層であるかについて判然としない。この南大門は六条大路に面し、東四坊坊間西小路の軸線上に位置しているが、その南方には東西塔を含む大安寺の伽藍（四坊塔院）が広がっており、南大門から南北に延びる道路は確認できない。南大門は「大安寺伽藍縁起幷流記資財帳」によるとその付近には宿直屋にあたるとみられる小建物が置かれたといい、六条大路からセットバックしているとされるが、興福寺の例を鑑みるに、南大門の前面に条坊道路がないため、南大門のセットバックにより門前空間を確保し、南大門のヴィスタを意識したものと考えられる。

元興寺は左京四条六坊から五条六坊の一画にあり、南大門は東七坊坊間西小路の軸線上に位置し、五条条間北小路に面する。長元八年（一〇三五）の「堂舎損色帳」（『平安遺文』二―五五一）には各建物の詳細や破損度合いが記され、元興寺の主要建築の規模や構造を知ることができるが、南大門については巻首の欠損部分で規模や構造は明らかではない。詳細は不明であるが、「元興寺古伽藍図」などの描写では南大門はセットバックしておらず、大岡實・太田博太郎らは南大門の南方には南院・花園院の間に東七坊坊間西小路が通ると復元している。[注11]

以上のように大寺院南大門の桁行総長は八五尺前後に集中しており、一定の規範が窺える。いっぽう通観性の面では、宮城門の前の条坊道路は見通すのに対し、寺院南大門の前には南北道路が通らない事例もあり、寺院南大門のもつ条坊に対するヴィスタは宮城門に比べて重要ではなかったと考えられる。寺院の場合、南大門よりも高層の塔婆というシンボリックな建物があったため、南大門の条坊に対する立地は寺院伽藍の選地において考慮されなかったのかもしれない。いっぽうで、門前空間の確保のために門のセットバックが確認でき、南大門自体の記念性は確保されていた。

三　朱雀門の門前空間の特殊性

1　朱雀門と朱雀大路・二条大路

宮城門については、前述のように平城宮の朱雀門をはじめ、壬生門・小子部門などの発掘調査が行われており、平面規模を窺うことができる。そのなかでも朱雀門は通常の宮城門とは建築・都市の観点から大きく異なっている。それゆえ、ここでは近年の発掘調査による精度の高い測量に基づいて門前空間の様相が比較的、明らかな佐伯門の門前と比較することで（奈良文化財研究所二〇一六・二〇一七a・b）、その規模と門前空間の特異性について検討したい。

（1）朱雀門と朱雀大路の幅

平城宮朱雀門は発掘調査により、東西棟の桁行五間一七尺（約五メートル）等間、梁行二間一七尺等間という柱配置で、桁行総長は八五尺（約二五メートル）と判明している。また掘込地業は桁行方向（東西）約三一・九メートル、梁行方向（南北）約一六・六メートルと確認されている。朱雀門上部構造については『伴大納言絵詞』に描かれた平安宮朱雀門の描写などから二重門と考えられており、一九九八年に復元されている。[注12] いっぽうの朱雀門の前には南北に朱雀大路、東西に二条大路が通り、それぞれ幅約七四・九メートル、約二四・九メートルである。

朱雀門の前は特別な空間で、儀式が行われたことが史料から知られる。『日本書紀』によると和銅八年（七一五）の元旦には朱雀門前で献上品を持って来朝した蝦夷や隼人らを歓迎する儀式が行われた。『続日本紀』天平六年（七三四）二月癸巳朔条には歌垣が催され、天皇も出御して観覧したと記述される。このように朱雀門の門前は重要な儀礼の場であり、天皇の出御の場ともなる都城・宮城の両面で重要な場であったのである。

これを踏まえて朱雀門前の空間をみると、発掘調査から判明した以下の二点が特徴的である（奈良文化財研究所二〇一六・二〇一七a）。一つは朱雀門に最も近い左京三条一坊・右京三条一坊の一坪がそれぞれ塀などで囲まれた空間ではなく、開放的な広場状の空間であったことである。もう一点は朱雀大路の東西側溝が二条大路を横断し、二条大路北側溝まで延びている点である（挿図5）。通常、大路の側溝は道路を跨がないため、この点は大きな特徴である。この二点に留意しつつ、朱雀門と門前空間について一考を案じたい。

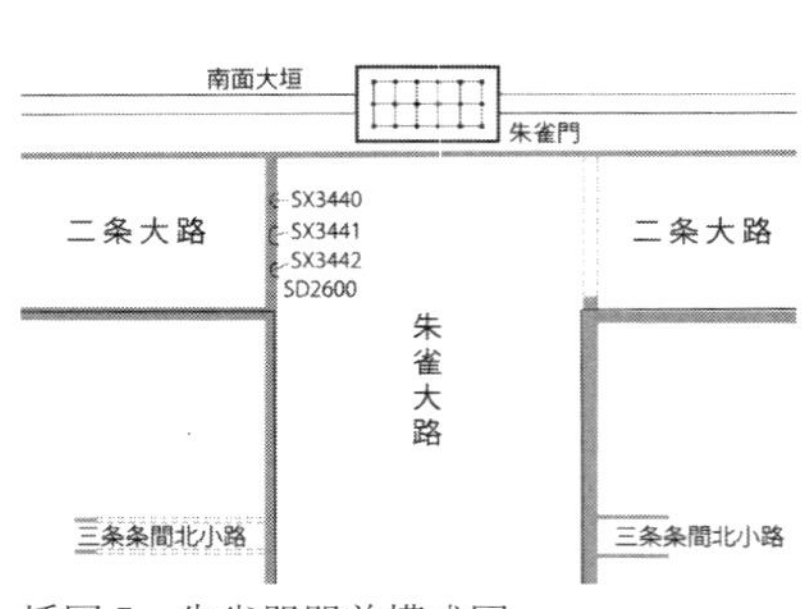

挿図5　朱雀門門前模式図

（２）朱雀大路西側溝の二条大路部分

前述のように朱雀大路西側溝は二条大路部分を横断しており、ここでは張り出しの遺構SX3440～3443を検出している（挿図6・7）。この張り出し遺構の上に橋を架けた可能性も提示されているが、正確に二条大路の中軸や三分する位置ではないことから、橋と考えるには疑義がある。排水量の調整の可能性も指摘されており、この張り出し遺構の性格や上部構造の有無は不明である。[注13] 他の朱雀大路側溝の橋と比較すると、三条条間北小路付近では朱雀大路西側溝に架かる橋SX3355の杭列を検出しており、その付近から橋の一部とみられる板材が出土している。またこの部分には張り出しは確認できず、溝には手を加えずに、杭と板による架橋と考えられる。

このように三条条間北小路の朱雀大路に架かる橋の構造が①土木工事によって溝の幅を狭くする張り出しを利

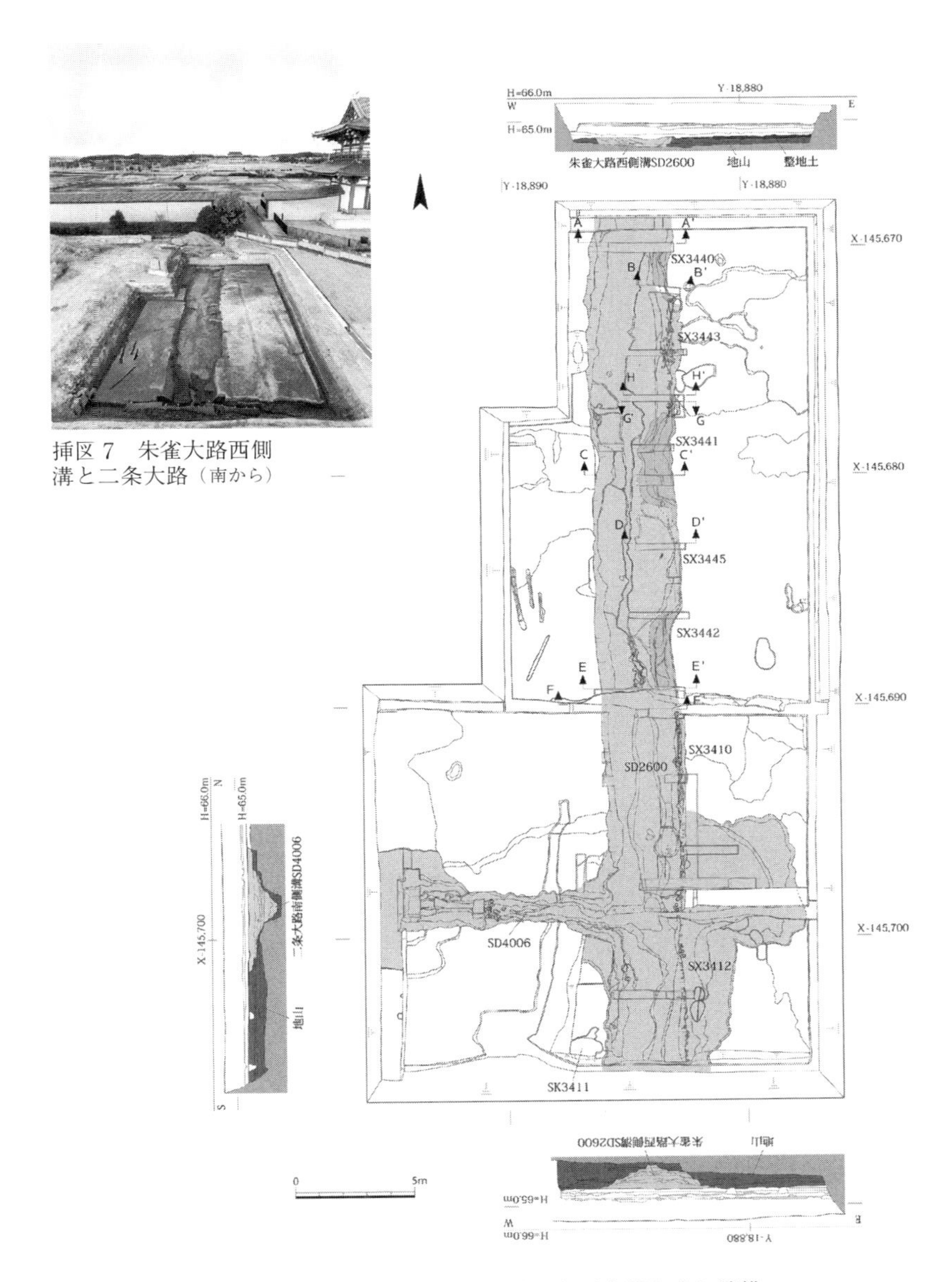

挿図7　朱雀大路西側溝と二条大路（南から）

挿図6　朱雀大路西側溝の二条大路部分と張り出し遺構
（出典【奈文研紀要】566次　東区・578次平面図断面図）

用しない、②側溝の岸を直線として杭と橋桁などの架構による橋を架ける構造である、という点を考慮すると、二条大路を横断する溝SD2600の張り出し遺構SX3440～3443を橋の構造物と考えるのは説得力を欠く。削平によって痕跡が失われている可能性もあるが、橋であるとすると、溝の朱雀大路側のみではなく、東西の両岸に張り出しを設ける必要があろう。管見の限り、平城京内で条坊側溝の護岸の張り出しによる橋の類例は確認できないうえに、近接する同じ朱雀大路西側溝に架かる二つの橋で構造が全く異なる合理的な根拠もない。それゆえこの張り出し遺構は橋などの渡河のための構造物ではなく、水流の勢いを抑え、溝や道路、特に朱雀大路を保護するための設備であった可能性がある。こうした水流調整の事例は石神遺跡にも確認でき[注14]、朱雀大路の護岸のための設備と考えるほうが蓋然性は高かろう。

さらに、この二条大路部分の朱雀大路西側溝の溝の西方の西一坊坊間東小路付近に造られた二条大路を横断する南北溝SD3400ではオーバーフローが顕著で、実用性を持った南北溝であった。これに対して、朱雀大路西側溝の二条大路部分ではオーバーフローはなく、堆積土から判断される水量も少なく、この溝自体が二条大路北側溝の排水機能を大きくは担っていなかったと判断される。以上のことを考えると、朱雀大路西側溝が二条大路をあえて横断する目的は、水流などの実用的利点ではなく、朱雀大路の南北軸の象徴性の向上と考えられる。この南北軸の強調は朱雀大路の軸線の重要性を示す事象でもある。

これを補強する材料として、二条大路部分の朱雀大路西側溝では、しがらみによって、朱雀大路側である東岸のみを護岸している（挿図8）。もちろん、西岸の

挿図8　朱雀大路西側溝のしがらみ護岸

護岸が削平された可能性もあり、朱雀大路東側溝の当該部分を発掘していない点を考慮する必要はあるが、朱雀大路と反対側の二条大路については路面保護への関心が低いとも考えられ、上記の朱雀大路の象徴性や重要性とも合致し、張り出し遺構が橋ではないという推定を補強する。

さて、朱雀大路西側溝が二条大路を横断し、かつ橋が架からないとすると、問題となるのが二条大路の東西方向の通行機能である。すなわち、東西方向の移動を考える際に、朱雀大路へ横断する際に、橋がないと不便である（挿図9）。いっぽうで、橋を架けないことで、朱雀門の正面を横切るということを制限したとは考えられないだろうか。朱雀大路の南北の軸性が都城の空間構成において重要であることは前述のように明らかであるが、その軸性を阻害する東西方向の通行はこれを妨げる行為である。

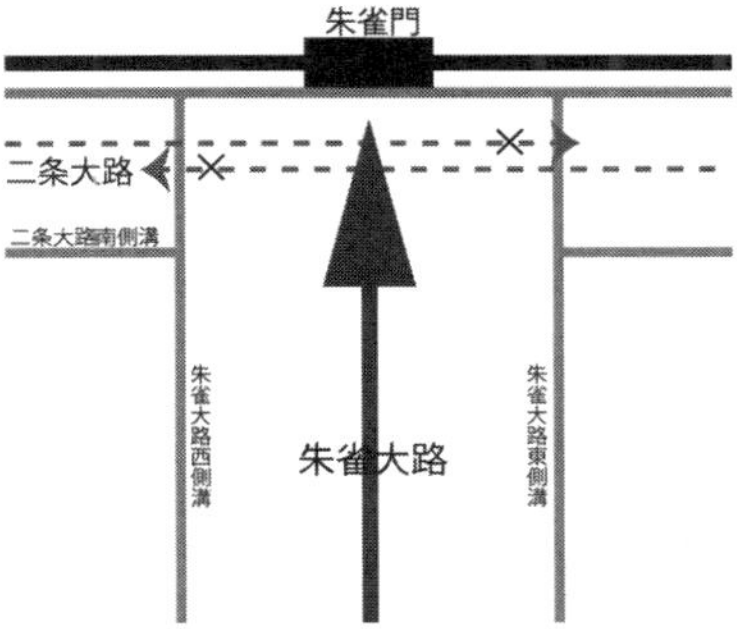

この二条大路の東西方向の通行で、朱雀大路を横断する通行は通常、想定されない。つまり、宮内への移動であれば、壬生門や若犬養門などの門より宮内に入り、東西方向に移動すればよいし、二坊より南への移動であれば、あえて朱雀門前を通過する必要はなく、二条大路から朱雀大路側に渡れずとも、実態として大きな問題は生じないのである。さらに前述のように、朱雀大路西側溝の二条大路横断部分の性格が、朱雀大路、あるいは朱雀門前の門前空間の南北性の強調という荘厳性にあることを考えると、横断の必要性も低く、朱雀大路の側溝が二条大路部分を通った朱雀大路の横断を制御したと考えられるのである。他の朱雀大路西側溝の橋が杭を打ち込む形式である点や張り出しSX3440～3443が位置や構造から橋の遺構と推定する根拠が薄弱である点と併せて考えると、都城

挿図9　朱雀門前の動線の模式図

における朱雀大路の優位性や南北の軸性を強く示す例と判断できる。さらに言えば、南北の優位性は道幅や朱雀大路を横断する二条大路南側溝がないことからも明らかで、次に述べる佐伯門とその門前空間と比較すると特異性が際立っていることがわかる。なお佐伯門前では西一坊大路を横断する溝 SD3387 を検出しているが、南北対称の位置には横断する溝はなく、SD3387 は実用的な排水溝と考えられる。これと比較しても、朱雀大路の南北軸線性とその正面に位置する朱雀門の記念性（モニュメンタリティ）の強さがうかがわれよう。

（3）朱雀門の門前空間

朱雀門の門前空間の特質として、近隣の坪の遮蔽施設について触れておく必要がある。平城京の場合、各条坊道路によって囲まれた一画は寺院であれ、邸宅であれ、築地塀などの遮蔽施設によって囲われる。ところが朱雀門に最も近い左京三条一坊一坪・右京三条一坊一坪には遮蔽施設がなく、朱雀門の門前には空閑地が広がっていたことが発掘調査で明らかになっている。いっぽうで先述のように条坊や条坊側溝は通されており、都城全体としての条坊の計画があったうえで、朱雀門の門前空間を創出している。言い換えれば、朱雀門前では儀礼の場として広い空閑地を確保するいっぽうで、側溝を通すことで、都城の条坊による軸線を強調しているのである。

この朱雀門の門前空間の設計過程には次の二つの方法が考えられる。ひとつは条坊による都城の設計が先行しており、その後に左京三条一坊一坪・右京三条一坊一坪の遮蔽施設を設けないことで、空閑地を造り出すという方法である。

もうひとつは朱雀門前の空閑地を先に確保したうえで、その空閑地に意図的に条坊側溝を通すという設計方法である。後者の場合は空閑地の確保という門前空間が重視されたことに加えて、都城の条坊による軸性の表現が空閑地の確保以上に重要な要素であったと考えられる。

平城京の条坊や坪の設計がトップダウン式の条坊側溝の芯々設計であることを踏まえると、前者の条坊先行の設計とみる方が自然である。いっぽう後者の設計方法であった場合、門前空間の重要性とともに条坊や条坊側溝による高い軸線性を示す設計方針で、都城の設計思想における条坊の中核性が看取される。両者のいずれであるかについて、発掘調査では明らかになっていないし、計画変更の痕跡が見つからない限り論証は不可能であろうが、いずれの設計方法でも、あくまで都城の設計において、条坊が根幹であり、その軸線性が重視されたと理解できる。

朱雀門の門前空間の特殊性は宮城南面大垣の造営過程からもうかがえる。平城宮の瓦を分析した今井晃樹氏によると、南面大垣のうち、朱雀門付近の東西のみが遷都間もない時期に造営され、それ以外の部分は遅れ、大垣よりも北方に掘立柱が築かれた。[注15] すなわち朱雀門前の空間のみを門・南面大垣・朱雀大路・二条大路・側溝で儀式を行うに足る舞台として整えたのである。この平城宮の造営過程も朱雀門の門前空間の特異性を示している。

このように朱雀大路の格別の道幅、朱雀大路近傍における遮蔽施設のない坪、朱雀大路西側溝の二条大路横断、同西側溝の東側のみの護岸、二条大路の朱雀大路部分における分断、遷都時の南面大垣の優先的な造営など、多くの手法を用いて、朱雀大路の南北性の強調と朱雀門の象徴性(シンボリズム)の具現化、それによる広大な門前空間の構築とその荘厳による舞台装置の確立により、特異な朱雀門の門前空間を作り上げたのである。

2　佐伯門と一条南大路

(1) 佐伯門と一条南大路の幅

佐伯門では基壇下の掘込地業のみが残っており、基壇外装や柱位置を示す痕跡は発掘調査では確認できていな

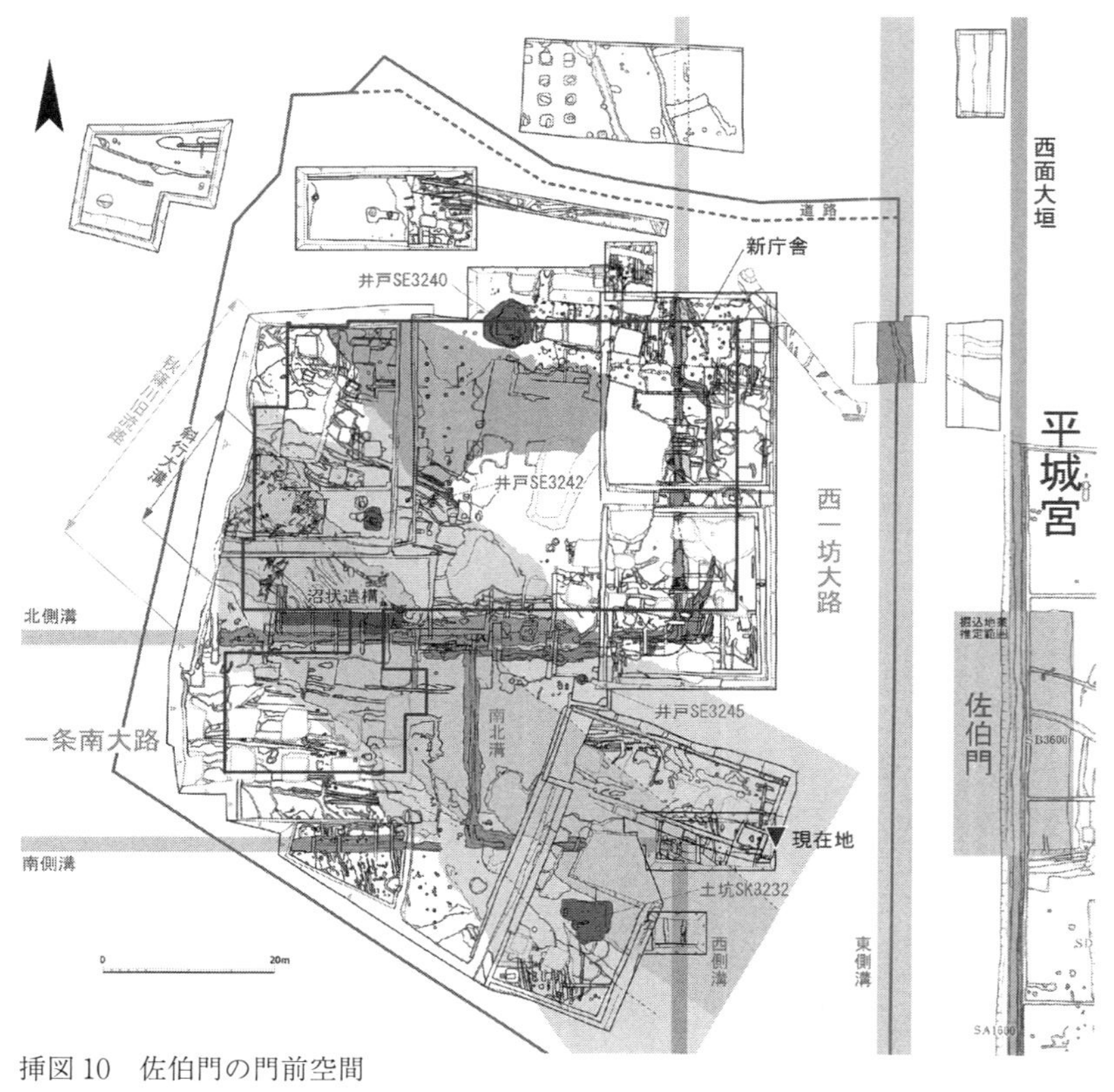

挿図 10　佐伯門の門前空間

い。掘込地業の規模は発掘成果とそれに基づく検討により南北（桁行方向）二九・五メートル、東西（梁行方向）一六・七メートルで（井上二〇一〇）、掘込地業の規模は基壇の規模に近いと推察され、基壇規模は南北二九・五メートルで復元整備されている。東西幅については現状、道路が通るため、整備されておらず、旧状を示してはいない。さて佐伯門の掘込地業の規模と朱雀門の掘込地業の規模を比べると、両者はほぼ同じ大きさである。この平城宮の西面中門が大伴氏とともに門号氏族の中でも門の儀礼をつかさどった佐伯氏の名を冠していることからも、西面中門の重要性が表れている。

なお佐伯門は桁行五間、梁行二

間、単層の五間門で、柱間寸法は桁行約一七尺（五・〇メートル）で桁行総長は約八五尺（二五・二メートル）と推定されている。前述のように梁行に関しては、井上和人氏が述べるように別案も提示されている。

また佐伯門の前には一条南大路が通っており、その幅は検出した側溝の心々距離で約二四・九メートル（七〇大尺）で、ここから想定される一条南大路の中軸は上記の発掘調査から想定される佐伯門の中軸とほぼ一致する（挿図10）。なお路面は削平されているが、路床部分が残っている。[注16] この約二五メートルという一条南大路の幅は門の基壇桁行規模（掘込地業の南北幅）よりも小さいが、推定される門本体の桁行規模とはほぼ一致している。これは平城京におけるヴィスタを考慮すると、道路幅を門の幅と近似させることにより、宮城門に対する通観性を確保する意図がうかがえる。そのいっぽうで、基壇規模は道路幅よりも広く、あくまで門の上部構造を対象としたヴィスタが重視されたと考えられる。同様の道幅と門の幅の関係性は若犬養門や壬生門にもみられる。ただし宮城西面の南側の門である玉手門にはその通観性は見られないため、北面・東面は不明ではあるものの、平城宮各面の中門と南面において特にヴィスタを重視した都市設計がうかがえる。この門と条坊の関係から宮城門のなかでも南面と少なくとも西面中門を重要視した設計思想がうかがえるのである。

（４）一条南大路と西一坊大路にみる門前空間

一条南大路の南北では道路側溝となる東西方向の溝を検出しており、東端では西一坊大路西側溝と接続する（奈良文化財研究所二〇一六）。朱雀大路と二条大路の関係と同じく、佐伯門前においても西一坊大路を横断する東西溝SD3387が検出されているが、若干、一条南大路南側溝SD3302と筋をたがえており、また一条南大路北側溝SD3301と軸をそろえる溝は検出していないことから、佐伯門の門前において一条南大路による東西の軸線性や優位性は確認できない。この状況は佐伯門に向けた軸線の強調を示すものではなく、佐伯門前の空間の確保に配慮したものとみられる。この点は朱雀門と朱雀大路・二条大路の関係性とは異なっており、朱雀大路の特異性がここからもうかがえよう。いっぽうで一条南大路を横断する南北溝SD3303は西一坊大路西側溝より約二〇メートル西側に位置している。この大路を渡る溝SD3303の位置は佐伯門の門前空間の確保の意図を示していると考えられる。

なお佐伯門の門前の条坊に関しては奈良時代後半に改修されている。西一坊大路の西側溝の改修のために大路側に迂回溝を仮設し、改修ののちに再び条坊側溝を整えている。この改修は二つの大きな意味を持っている。ひとつめは建築・都市の完成という歴史の瞬間だけではなく、改修という歴史の中の行為が新たな意味を持つ点である。平城京において建造物・工作物ともに、建設当初のものが存続し続けるのではなく、必要に応じて維持管理をなされたことを示している。

二点目は再整備そのものが持つ意味で、この改修が単なる条坊側溝の改修ではなく、佐伯門前の門前空間の再整備ととらえることができる点である。奈良時代後半には称徳天皇の発願により西大寺が開かれており、平城宮とその西方の開発の関係を考えるうえで重要な意味を持っている。つまり佐伯門前の条坊の再整備は単なる条坊と側溝の改修という意味に加えて、宮城と平城京の西方をつなぐ接点としての佐伯門およびその周辺の整備、さらには平城京西方の重視という意味を有していたと考えられるのである。

このように佐伯門の前の状況を見ると、佐伯門と一条南大路の軸線が一定程度、重視され、条坊のアイストップとして佐伯門を位置付けた都市の設計が確認できる。そして一条南大路・西一坊大路の関係性について大路を渡る溝の位置をもとにみると、朱雀大路の南北性に比べて、一条南大路の東西性は低く、逆説的に朱雀大路の特殊性がここからも裏付けられているのである。

四　平城京における門のヴィスタと門前空間の意義

1　門と都市とのかかわり

前項までにまとめた宮城や大寺の諸門と条坊の関係性については、下記のA～Cが都市と建築の観点として重要になろう。

A 門と直交する道路の有無

B 門前空間の拡大性（門のセットバック）

C 門と道路幅（道路の幅＞門の幅）

Aについては門と条坊の関係性による類型化である。門と直交する道路があれば、門が条坊のアイストップとしての機能を有すことになる。いっぽう、Bについては通常、条坊の一部をセットバックすることはなく、セットバック自体が特異性を示すものであるが、軸線性よりも門前空間の拡大性にかかわってくる。Cについては門の全景が見えるかという観点で、門の視認性と大きく関係している。この三点に着目することで、都城における門の意義を検討しよう。

この三つの観点の中で、宮城門と大寺南大門を見る限り、A・Bの関係性は密接であり、両者の関係性から理論上、①～④の四類型に分けられる（表2・挿図11）。ただし実際に確認できる形式は表2の①～④の四類型のうち、②③

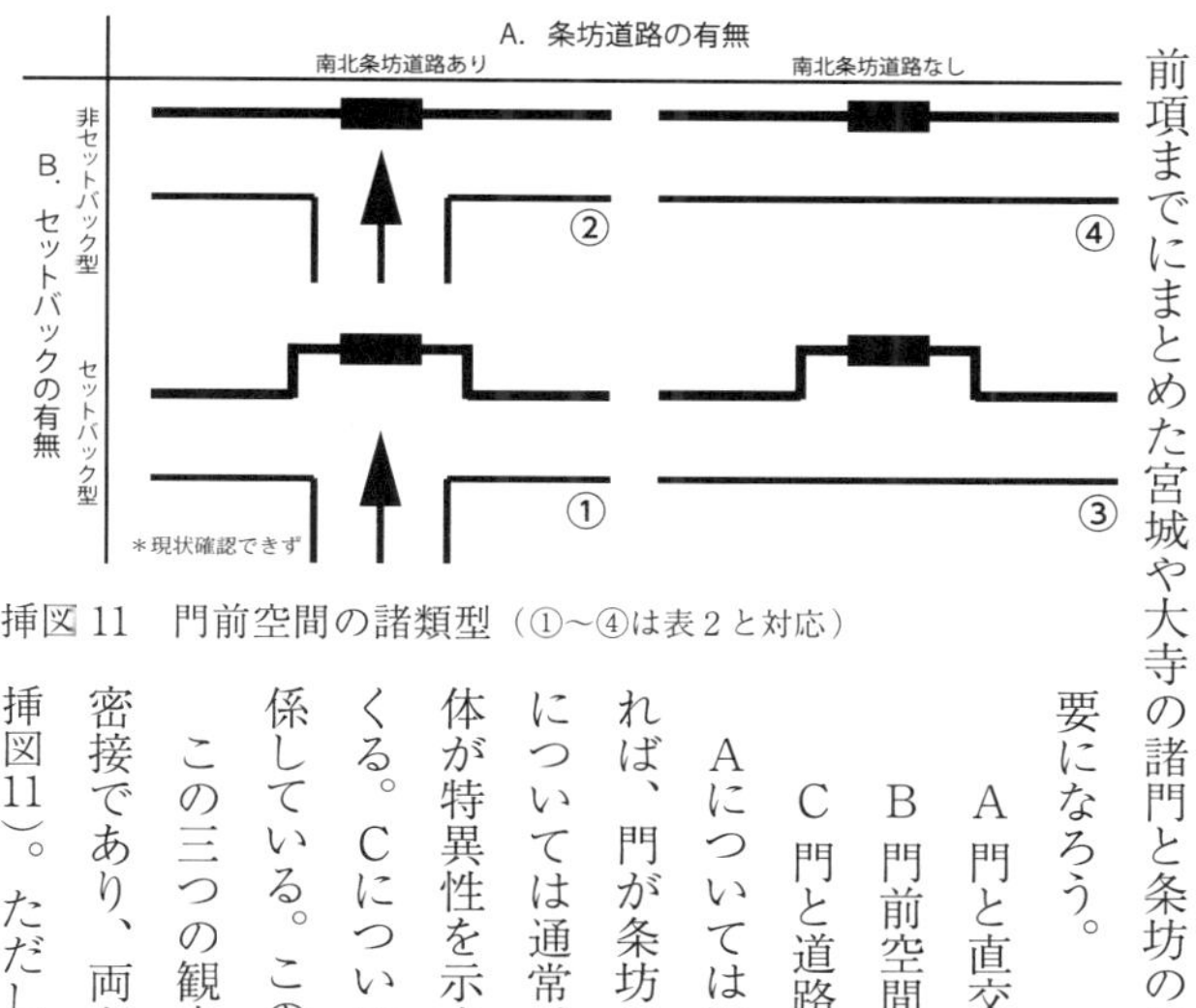

挿図11　門前空間の諸類型（①～④は表2と対応）

表2　条坊と門の諸類型

A：門と道路の軸線	B：門のセットバック	門前空間の類型	
あり	あり	①アイストップ・セットバック型	存在せず
	なし	②アイストップ・非セットバック型	
なし	あり	③単独・セットバック型	
	なし	④単独・非セットバック型	存在せず

の二類型のみに限られる。すなわち門と直交する道路がある場合は門のセットバックによる門前空間の拡大はなされない[注17]（②）。いっぽうで門と直交する道路がない場合には門はセットバックしており（③）、門前空間の確保に努めている。逆説的には門と直交する道路があって、門をセットバックする事例（①）や門と直交する道路がなく、門をセットバックしない事例（④）は確認できず、両者には一定の関係性がうかがえるのである。これらのことから、道路と門のセットバックの設計は一体的に行われたと考えられる。

次にCについては道路が門前にある場合のみ、比較の対象となる。平城宮の宮城門については、南面・西面の宮城門の門前には条坊道路が通り、平城宮の東の張り出しの入隅部に位置する小子部門を除き、門と道路の軸線を同じくする。先述のように朱雀大路と朱雀門は特殊であるとしても、南面および西面中央の宮城門についても、基壇はともかくとしても条坊の幅は門の幅よりも大きい。いっぽう寺院の南大門に関しては、門前に南北道路がないことのほうが多く、その存在が想定される元興寺においても、東七坊坊間西小路という幅の狭い道路で、門の規模よりも狭い。

2　門の立地にみる宮城と寺院

条坊からの視点とその範囲を考えると、条坊の方が門よりも幅が広い場合は門の正面性が強く、条坊の方が狭い場合には、門の全体幅を認識できる範囲が門前の限られた範囲となってしまう（挿図12）。さらに門前道路が

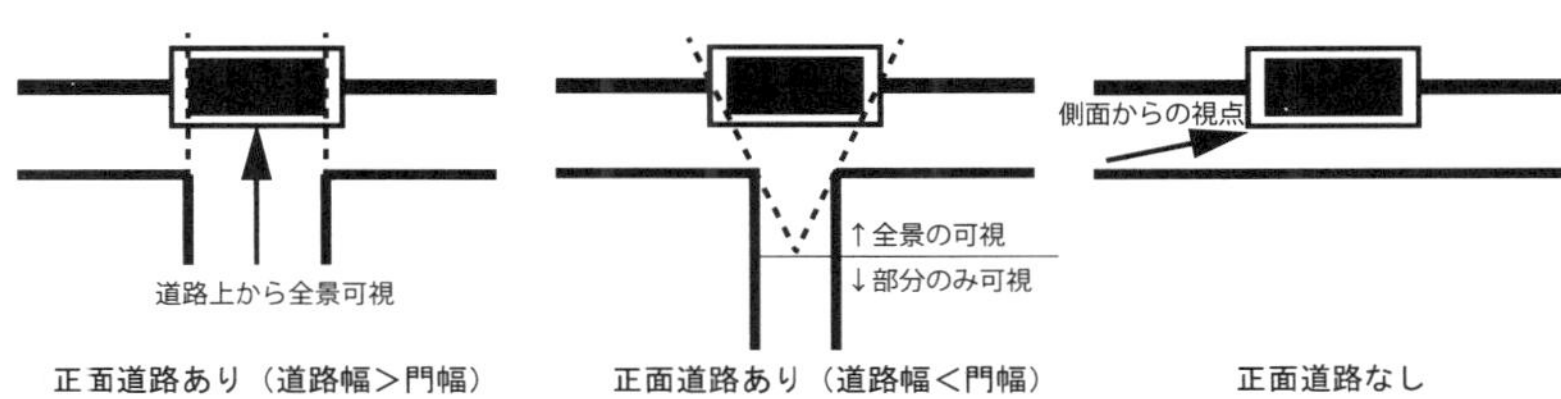

挿図12　門前空間と条坊からの視点

ない場合には、門の正面性は認識できず、その側面が望見できる範囲となる。つまり条坊からの視点から見た際に、門と直交する道路の有無が門の象徴性（シンボリズム）に大きな影響を与えるのである。

いっぽう、門のセットバックという観点からみると、南大門の門前に南北道路がない大安寺・興福寺の例に限られ、門がセットバックすることにより門前空間を拡大している。門前空間の拡大は単なる空間の拡大だけではなく、南大門の視認性にもかかわってくる。重層門と考えられる南大門は狭い道幅ではその規模を視認しがたいが、門をセットバックすることで二重門の規模の認知が可能となる。これにより門の通観性の遮断による象徴性（シンボリズム）の喪失を門前空間の拡大による重層門の視認性の確保によって補完していると考えられるのである。

このセットバックと門の関連性に対して、都城において、門前の条坊道路によるヴィスタとアイストップが満たされる条件においては、門のセットバックによる門前空間の拡大は不要であったと考えられる。セットバックした門には宿直屋の存在が確認できることから、単純に都市における門の象徴性（シンボリズム）の観点からのみで断ずることはできないが、寺院における南大門の立地において、門前の南北道路の存在の有無は門前空間の形成と密接に関連していると判断できる。

そのいっぽうで、寺院南大門の門前空間の様相は宮城門とは異なる。寺地の規模により、南大門の位置が条坊と筋を違えることがあるのに対し、宮城門は条坊道路と筋を揃える。さらに南面と西面中央の宮城門を朱雀大路・坊間大路と揃える点は都城と宮城の一体的な計画を示しているといえよう。さらに言えば、寺院が都城の景観を構成する重要な要素であったことは否定できないが、門を通して立地をみると、宮城と都城の直接的な関係性に比べ、都城の景観や設計において寺院は関連性が薄れていると判断できる。[注18] 寺院における南大門前のセットバックなどは寺地の制約のなかで都城における寺院の象徴性（シンボリズム）を担保するための対応策であったのかもしれない。

五　おわりに

本稿では、平城京における門と条坊道路の関係性を検討したが、平城宮と大寺で門前空間の様相が大きく異なることが明らかとなった。

平城宮の宮城門の門前空間については、平城京という都市の中における門という意義が大きく、道路のアイストップとしての門や道路の軸線を重視した門前空間の構成が窺えた。すなわち、宮城門が平城京という都市と建築の結節点であった。これは平城京という都城の設計と宮都の設計が一体的になされ、かつ、軸線を重視した律令的な空間構成が重要視されたことを改めて裏付ける特徴である。さらに朱雀門の門前に関しては条坊の軸線が二条大路をまたぐ溝によって強調されており、宮城門のなかでも朱雀門は特に象徴性の強い建築で、都市と建築の重要な接点であった。

いっぽうで、寺院南大門の門前空間については、寺地による制約により、門前に門と直交する南北道路が通らないものもあり、その場合には南大門を道路からセットバックさせ、門前空間を大きくしており、これにより二重門の南大門の大きさが十分に認識できる空間を構築したのである。さらに門前の空間を広くしたことで、門前で儀式を行うスペースも確保された。このように寺院の南大門は都市の中で構成されたものではなく、寺地の理屈によって設けられたもので、都城との関連性は宮城門ほど強くなかった。

この門の象徴性という観点でいえば、朱雀門以外の宮城門が単層であるか、重層であるかという点は大きな問題となる。井上和人氏の再検討によれば、佐伯門・玉手門・若犬養門は朱雀門と同規模の平面であるとされている。従来、平城京の造営時に朱雀門のみ重層門とする差別化がなされたと理解されてきたが[注19]、条坊におけるヴィスタを考えた場合、平面規模の同じ宮城門は重層門であった可能性も考えられる。もちろん、壬生門の柱配置が梁行一五尺という問題があるが[注20]、条坊と門の立地という視点からみると、宮城南面・西面中央の諸門は通観性に加えて道幅との関係性も計画的で、アイストップという観点からは重層門の可能性も考えておく必要があろう。これらの点については、平城宮の東面・北面の宮城門の発掘に期待したいが、今後の課題であろう。

なお奈良時代後半に造られた東大寺では、一条大路の延長線上に転害門、一条南大路の延長上に焼け門（中御門）、二条大路の延長上に西大門が置かれ、東西方向のヴィスタを意識した配置としている。東大寺の伽藍は既存の条坊という背景のもとで選地されたものであるが、門と都市の関係を意識した設計であり、宮城門もこれと同様に条坊の軸線を意識した可能性は高かろう。

このように、宮城門・大寺院南大門で、それぞれ門前空間の様相は異なるが、ともに二重門も多く、都城における門の象徴性を示している。そして、宮城門では、門前の道路と軸線を揃えることで、都城の中でアイストップの位置に門が置かれ、その性格をさらに強く示しているのである。また本稿では坊門などの条坊と門の関係についで言及できていない。今回は宮城門と大寺南大門に限定して考察したが、他寺の諸門や平城京以外の事例に関しても、同様の関係性が窺える。建築と都市の接点である門を新たな出発点として、今後、都城研究の道が開かれることを期待して、結びとしたい。

［付記］二〇一八年十月に本稿を提出したが、その後、奈良市による史跡大安寺旧境内の発掘調査により、南大門と塔院の間に六条大路南側溝が存在することと塔院北門の遺構が確認された（二〇一八年十一月発表）。本稿では発掘遺構以外の視点から、大安寺の南に六条大路の存在を想定したが、この推定が発掘調査によって確かめられたことを記しておきたい。

注

1 海野二〇一八ほか。建築史において、都市や社会における建築の意義が触れられることは少ないが、都城を整備した時代においては、条坊インフラや宮殿・寺院などの巨大建築の持つ意味は大きい。

2 官衙と門を扱った研究としては、『官衙と門』（奈良文化財研究所報告4　第13回古代官衙・集落研究会報告書、奈良文化財研究所編、クバプロ、二〇一〇年）があるが、条坊との関係性や門の意味などに関する検討は不足する。

3 橋本義則『平安宮成立史の研究』塙書房、一九九五年。

4 井上和人『古代都城制条里制の実証的研究』学生社、二〇〇四年ほか。

5 奈良文化財研究所編『図説 平城京事典』柊風舎、二〇一〇年。なお本稿では道幅を示しているが、条坊復元の精度での数値の提示ではないことを断っておく。ただし、近接する門の規模との比較であるため、おおよその数値の比較でも本旨には大きく影響しない。

6 遷都と同じ和銅三年（七一〇）に開かれた興福寺はもちろん、実際の移転が遷都より遅れた霊亀二年（七一六）の大安寺、養老二年（七一八）の薬師寺・元興寺も奈良時代初期の伽藍整備で、条坊との計画的な配置がうかがえる。

7 遷都後に計画された寺院の場合、門の建設にも既存の条坊の影響が少なからずあるため、条坊の設計と寺院の選地自体が門前空間の形成に大きな意味があると考えられる。

8 井上二〇一〇。この指摘によると、諸宮城門の規模の面で朱雀門の優位性が失われることになる。

9 いっぽう、飛鳥時代の寺院をみると、南門を単層門、中門を二重門とした可能性がある。

10 太田博太郎一九七九。ただし同じ筋の条坊でも位置により道幅が異なることもあり、今後の発掘調査が待たれる。

11 大岡實一九六六・太田博太郎一九七九。なお大岡實は同書中で寺地復原図では南大門をセットバックして表現しているが、伽藍復原図ではセットバックさせていない。また南大門・中門・金堂は土壇として近世初頭まで残っていたらしいと記している。

12 奈良国立文化財研究所一九七四。

13 奈良文化財研究所二〇一七a。ここでは橋の可能性を提示しつつ、水量調整の可能性にも言及している。このほか浦蓉子氏は奈良文化財研究所第一二〇回公開講演会において、「橋はあったのか？――朱雀門周辺の発掘成果の紹介――」と題し、朱雀大路西側溝の二条大路延長部に関する報告を行っている。

14 小田裕樹氏のご教授による。溝内の張り出しという特徴は共通するものの、区切られた三つの池の大きさが異なっており、より水流調節の性格を強く示している。なおこの遺構に関しては石橋茂登氏が水流の調整方法を含めて論じている（石橋茂登「石神遺跡の水制状遺構について」『飛鳥文化財論攷』納谷守幸氏追悼論文集、明新社、二〇〇五年）。

15 今井晃樹「平城宮の造営過程――長期にわたる建設事業」『第10回奈良文化財研究所東京講演会　藤原から平城へ　平城遷都の謎を解く』講演資料集、クバプロ、二〇一八年。今井氏によると、壬生門や若犬養門の造営も遅れたと考えられ、宮城門のなかでも朱雀門のみ造営が急がれたとみられる。

16 奈良文化財研究所二〇一六。条坊の構築以前の溝を丁寧に埋め立てて施工している。

17 薬師寺については発掘調査から明らかではないが、休ケ岡八幡宮がない場合、二坪を占地する必然性はなく、西二坊坊間東小路が通っていたと考えられる。

18 条坊・宮城の計画がなされたのちに、寺院の伽藍占地がなされたと考えられる。宅地班給との先後関係は不明であるが、条坊・宮城の計画に寺地の占地が遅れたことは確かであろう。なお平城宮東院の占地に関しては、渡辺晃宏氏が朱雀門と平城宮南面のバランスから東院の南方を切り欠いたと考えている（「平城京の歴史的位置――遷都とその契機――」『第10回奈良文化財研究所東京講演会　藤原から平城へ　平城遷都の謎を解く』講演資料集、クバプロ、二〇一八年）。この指摘は都城設計と宮城の占地における理念や先後関係を示唆するもので慧眼であろう。

19 渡辺晃宏『平城京1300年「全検証」』柏書房、二〇一〇年。

20 井上和人氏によると、壬生門は当初、掘立柱の門で、東区朝堂院の掘立柱、非瓦葺の朝堂群に対応するものであるとする（井上二〇一〇）。これの改修にあたって、壬生門も同様の建築形式に造替されたと判断している。

［参考文献］

井上和人二〇一〇「日本古代の都城における門形制の展開」『官衙と門』奈良文化財研究所報告4　第13回古代官衙・集落研究会報告書、クバプロ

海野聡二〇一八『建物が語る日本の歴史』吉川弘文館

大岡實一九六六『南都七大寺の研究』中央公論美術出版

太田博太郎一九七九『南都七大寺の歴史と年表』岩波書店

奈良国立文化財研究所一九八七『薬師寺発掘調査報告』奈良国立文化財研究所学報第四五冊

奈良国立文化財研究所一九九四『平城宮朱雀門の復原的研究』奈良国立文化財研究所学報第五三冊

奈良文化財研究所二〇〇九『興福寺　第1期境内整備事業にともなう発掘調査概報Ⅴ』

奈良文化財研究所二〇一〇『官衙と門』奈良文化財研究所研究報告4　第13回古代官衙・集落研究会報告書

奈良文化財研究所二〇一六「右京一条二坊四坪・二条二坊一坪・一条南大路・西一坊大路の調査――第530次・第546次・第560次」『奈良文化財研究所紀要二〇一六』

奈良文化財研究所二〇一七a「平城京朱雀門周辺・朱雀大路・二条大路の調査――第552次・第566次・第577次・第578次」『奈良文化財研究所紀要二〇一七』

奈良文化財研究所二〇一七b「平城京右京一条二坊四坪・西一坊大路・一条南大路の調査――第565次」『奈良文化財研究所紀要二〇一七』

奈良市教育委員会一九九九「史跡大安寺旧境内の調査」『奈良市埋蔵文化財調査概要報告書　平成10年度』

［図版出典］

挿図1 奈良文化財研究所編『図説 平城京事典』（柊風舎、二〇一〇年）。挿図2 奈良文化財研究所編『官衙と門』資料編（奈良文化財研究所研究報告4　第13回古代官衙・集落研究会報告書、二〇一〇年）六五頁図1を一部改変。挿図3・5・9・11・12 海野作成。挿図4 奈良国立博物館蔵。挿図6・7・8 奈良文化財研究所『奈良文化財研究所紀要二〇一七』（二〇一七年）図194・図版7・図196。挿図10 奈良文化財研究所所蔵図面。

Ⅱ　都城の変遷と都市住民

恭仁京から紫香楽宮へ

中島　正

一　はじめに

『続日本紀』[注1]天平十二年（七四〇）十月二十九日、九州で勃発した「藤原広嗣の乱」の混乱の最中、聖武天皇は討伐軍の大将軍大野朝臣東人らに「朕意う処有るに縁りて、今月の末暫く関の東に往かむ。その時に非ずと雖も、事已むこと能はず。将軍これを知るとも、驚き怪しむべからず。」と勅し、唐突にも東国行幸に出発する。以後、ほぼ五年に及ぶ聖武天皇の所謂「彷徨」の始まりである。平城宮を発ち伊賀国を経て伊勢国河口頓宮（関宮）より伊勢神宮に幣帛を奉納し停まる間、反乱終結の報を受けるも、天皇の巡行はなおも継続された。その後、鈴鹿郡赤坂頓宮から十二月に入って美濃国不破頓宮に至り、四日には行幸の前後を守る騎兵の軍団を解散・帰還させ、近江国横川に停まる六日には、右大臣橘諸兄を山背国相楽郡恭仁郷計略のために先発させている。その後、天皇一行は横川・野洲・禾津を経て、十四日には山背国相楽郡玉井頓宮に停まり、翌十五日、聖武天皇は元正太上天皇・光明皇后を残して先に出立し、後日、太上天皇一行を平城京ではない新都へ迎え入れている。ここに恭仁京遷都がなされたのである。当然のことながら、翌天平十三年（七四一）元日朝賀の儀では、「宮の垣就らず、繞すに帷帳をもってす。」というありさまであった。

正史を読む限り、聖武天皇の戦乱最中の東国巡行や突然の恭仁京遷都は、いかにも唐突な行動である。しかも、この東国巡行に従駕した若き大伴家持は、河口行宮にて詠んだ歌（『万葉集』巻第六―一〇二九）[注2]の題詞に「十二年庚辰の冬十月、大宰少弐藤原朝臣広嗣の謀反して軍を発すに依りて、伊勢国に幸したまいし時に、河口の行宮にして内舎人大伴宿禰家持の作りし歌一首」と記しており、天皇に近侍する家持ですら、この行幸が広嗣の乱に起因するものと認識していたようである。それにしても「河口の野辺に廬りて夜の経れば妹が手本し思ほゆるかも」の歌からは、何ら謀反を反映した緊迫感は感じられない。むしろ、先述した『続日本紀』の「その時に非ずと雖も、事已むこと能はず。」とする勅からは、突発的な乱の最中とはいえ、今さら計画の変更はできないとする、天皇の並々ならぬ決意と切迫感を読み取るべきであろう。正史は多くを語らないが、すべて聖武天皇とその政権中枢が隠密裏にしかも周到に準備した行動ではなかったのか。

ここでは、天平十二年の東国巡行から十七年（七四五）五月十一日の平城京還都まで続く聖武天皇の所謂「彷徨五年」について、この間に営まれた恭仁・難波・紫香楽宮といったん廃都された平城京を比較しながら、現時点での考古学的調査成果を改めて整理し、天皇の意図したところを考えてみたい。

二　恭仁京遷都と紫香楽宮造営過程

『続日本紀』天平十三年（七四一）二月二十四日、あわただしい恭仁京遷都直後のこの時期に、いわゆる「国分寺建立勅」が発せられる。しかし、この勅は、天平九年（七三七）三月三日の丈六釈迦三尊像と『大般若経』の造写が諸国に命じられたことにはじまり、同十二年六月十九日の七重塔建立と『法華経』書写、同年九月十五日の観世音菩薩像と『観世音経』の造写、恭仁京遷都直後の同十三年正月十五日の国分寺建立勅直前に釈迦丈六像造立の料として封三千戸の施入が諸国に命じられたことを前提としており、ついに、『最勝王経』書写と金字『最勝王経』の七重塔内安置や僧寺・尼寺の名称、寺領・僧尼の定数、願文の細目を定めることにより、諸国国分寺の建立事業はようやく具体化するのである。この一連の国分寺建立構想実現にあたり、天平十二年九月三日の藤原広嗣の乱勃発を受けた同月十五日の観世音菩薩像と『観世音経』造写以外は、広嗣の乱とは無関係である。ならば、国分寺造営の全体像の表明が、なぜ、旧都平城京ではなく、遷都直後の恭仁京でなされねばならなかったのであろうか。

さらに、恭仁宮の完成には程遠い翌天平十四年（七四二）二月五日、「是の日、始めて恭仁京の東北道を開き、近江国甲賀郡に通せしむ。」と東北道開通記事があり、その年の八月十一日には甲賀郡紫香楽村への行幸のため造離宮司を任命し、同月二十七日には恭仁・平城二宮に留守官を任命し、聖武天皇は初めて紫香楽宮へ行幸している。この恭仁京東北道の規模・ルートについては必ずしも確定していないが、歴史地理学の足利健亮は恭仁京東北隅（石原宮）からそのまま北上し、相楽郡和束町の口畑・奥畑・石寺を経由して紫香楽へ向かう山越えのルートを想定している。[注3] いずれにしても、天皇の行幸を可能とするような山越え道の開削・拡幅整備工事には、相当の日数と労力を必要とすることは想像に難くない。恭仁京東北道の整備は、都の造営と並行して遷都直後から着手したもとの考えられるのである。天平十五年十月十五日、四回目の行幸となった紫香楽宮で、ついに聖武天皇は「大仏発願の詔」を宣言するのである。恭仁京遷都・国分寺建立勅・紫香楽宮造営・大仏発願の詔は、一連の構想のもとすべて連動しているのである。

恭仁京遷都の直接の原因が藤原広嗣の乱でないことは、既に述べた。しかし、まったく無関係とも言い切れないのである。天平九年（七三七）、政敵長屋王を倒し政権を独占していた藤原四子が、前年より都中に蔓延していた天然痘とみられる疫病に冒され、相次いで病死する。政治的影響力を失った藤原氏にかわって国政に大きな発言力をもったのが、翌年右大臣となった橘諸兄である。広嗣の乱は、藤原氏の政権奪還を意図した直接的な聖武―諸兄体制批判なのである。疫病の流行による社会不安と広嗣の乱に象徴される政界の混乱を一気に収束させる有効な手段として、恭仁京遷都が断行されたとしてもあながち無理とはいえない。それでもなお、平城京を捨ててまで、聖武天皇の専制的な政治体制を確立するためには、遷都先がどこであってもよいはずはない。二ヵ月近い「東国巡行」を経て、なぜこの地に都を定めたのであろうか。

恭仁京が営まれた地は、平城京から北の奈良山を越えて山陰・山陽・北陸・東山道がこの地で結束し、また平城京の外港（泉津）が置かれて水陸交通の要衝であった。さらに奈良山丘陵一帯には宮殿・寺院所用の瓦を生産した奈良山瓦窯址群が築かれ、木津川上流には和同開珎を鋳造した銭司遺跡がある。まさに産業・交通の両面で都を支えた地域なのである。そして、恭仁宮が営まれた木津川市東部の加茂町瓶原地域は、平城宮から直線距離で約十キロメートルと至近の位置にある。ここは急峻な笠置山地を抜けた木津川が開放されて平野に注ぐ最初の地であり、和銅元年（七〇八）に元明天皇が行幸した岡田離宮や平城遷都以後、元明・元正・聖武天皇が度々訪れた甕原離宮が営まれた地でもある。現在、これら離宮の所在は不明であるが、上流に切立つ断崖や川の景観を眺める風光明媚な景勝の地である。遷都の理由については、交通の要衝である点や聖武天皇旧知の土地であることのほか、橘諸兄の相楽別業が近くにあり自らの勢力圏でもある相楽郡への遷都を諸兄が主導した可能性も考えられよう。

しかし、先述したように恭仁京遷都と国分寺建立勅が具体化の過程で連動しているならば、国分寺構想の中に恭仁京遷都の理由を求めるべきではないだろうか。吉田一彦は、国分（僧）寺における「護国」と国分尼寺における「滅罪」の思想的背景を論じ、平安期以降の「鎮護国家」の概念で「護国」を論じるのは誤りであり、「護国」も「滅罪」も直接的には「疫瘡」（天然痘）を除き滅ぼすものとしている。[注4] 諸国国分寺構想の企画段階（藤原広嗣の乱勃発以前）においては、むしろ、「疫瘡」に穢された平城京を捨て清浄な地へ移ることが、遷都の直接の目的ではなかったかと考えられるのである。そこで選ばれた地が、泉津を擁した水陸交通の要衝であり、かねてより馴染みのある風光明媚な清浄の地で、しかも橘諸兄の勢力圏でもあった。ここに、国分寺造営の全体像の表明が旧都平城京ではなく、遷都直後の恭仁京でなされねばならなかった事情があったと考えられるのである。なぜなら、後述するように、聖武天皇は遷都に際して平城宮の大極殿院を解体移転しており、すでに平城京を捨てる背水の陣を敷いているのである。

ところで、都城としての恭仁京の位置付けについては、古く喜田貞吉が唐の洛陽城を模して造営されたと論じたが、[注5] 瀧川政次郎は隋唐の複都制度や地勢が唐の副都洛陽に似ているため陪都としてこの地が選ばれたとする説[注6]を唱え、唐の三都制採用の中に位置づけた。また、瀧浪貞子は恭仁京を紫香楽での大仏建立のための仮の都であったとする説[注7]を唱え、聖武天皇の東国巡行を壬申の乱における大海人皇子の行動を追体験するものと評価しており、偉大な祖としての天武天皇の模倣としている。なお、先述したように、恭仁宮大極殿は平城宮大極殿を移築したものであり、とうてい仮の都とする評価は受け入れ難いが、先学が示した隋唐の複都制を範としたとする説や天武天皇の構想との類似は、極めて多くの示唆に富む。

恭仁京遷都に先立つ聖武天皇の東国行幸については、瀧浪氏が指摘したように偉大な祖としての天武天皇の事

挿図1　東国行幸の経路と壬申乱行軍経路

績を追体験することで、これから成そうとする大業の出発点とする目論見があったことはほぼ間違いなかろう（挿図1）。『日本書紀』[注8] 天武天皇十二年（六八三）十二月十三日、天武天皇は「凡そ都城、宮室、一處に非ず、必ず兩參造らむ。故、先づ難波に都つくらむと欲ふ。」とし、翌十三年二月二十四日には信濃での都選定を、三月八日には京師（飛鳥付近）で宮室を定めたとある。この天武天皇の三都構想が聖武天皇の都づくりに影響し、だからこそ、まず、壬申の乱の故地を巡る必要があったと考えられるのである。聖武天皇は、即位して間もない神亀二年（七二五）十月二十六日、藤原宇合を知造難波宮事に任命し難波宮・京の造営に着手した。そして、天平六年（七三四）九月十三日には宅地が班給されている。平城京に対する陪都として構想されたものであろう。しかし、平城京での「疫瘡」蔓延以後、状況は一転する。天武天皇の三都構想は、聖武天皇による仏教政策と相まって、平城京の廃都を前提とする恭仁京・難波京・紫香楽宮として、再構成されたと考えられるのである。外交・防衛の拠点としての難波京、政治・経済・流通の拠点としての恭仁京、大仏造立の仏都紫香楽宮の三都構想は、相互に補完しながら唐の三都制を範として構想されたのである。

三　恭仁京と紫香楽宮の実態

平城宮の建物を移建し、あしかけ四年の歳月をかけて推進した恭仁宮の造営は、その間に着手した紫香楽宮造営もあって、『続日本紀』天平十五年（七四三）十二月に突然中止される。そして、翌十六年二月二十六日に難波宮への遷都宣言がなされ、さらに翌十七年（七四五）五月にはわずか一年で難波京を捨て、天平十二年以来五年にして宮都はふたたび平城京にもどるのである。恭仁京の歴史は、天平十六年二月の廃都宣言、同十七年五月の東西市の移動によって完全に終わる。そして天平十八年（七四六）九月、恭仁宮大極殿は山背国分寺に施入され、国分寺としての新たな歴史が始まるのである。

紫香楽宮については、恭仁京東北道開通以後、天平十四年（七四二）八月の造紫香楽離宮司任命から開始されるが、大仏発願の詔を経て甲賀寺の寺地が開かれる。なお、十六年十二月二十六日には新たに紫香楽宮を造営する記事があるので、これを単なる離宮から天皇の常在所への移行とすべきであろうか。『続日本紀』では甲賀宮への名称変更あるいは別宮とも考えられるが、不明である。天平十七年正月元旦、紫香楽宮にとどまる聖武天皇の宮前に「楯と槍」が立てられる。しかし、紫香楽における大仏像立計画は、頻発する山火事や地震によって座礁し、恭仁京と同じ運命を辿ることとなるのである。

1　恭仁宮・京の実態

京都府教育委員会では、昭和四十八年（一九七三）以来今日にいたるまで宮域での発掘調査を継続実施しており、旧加茂町（平成十九年木津町・山城町と合併して木津川市）教育委員会による昭和六十一年（一九八六）以来の調査もある。[注9]また、京域についても㈶京都府埋蔵文化財調査研究センターによる散発的な調査が実施されている。なお、これらの調査はすべて足利健亮の歴史地理学的研究を基礎としており[注10]（挿図2）、その検証を出発点としている。以下、これら今日までの調査成果を概観したい。

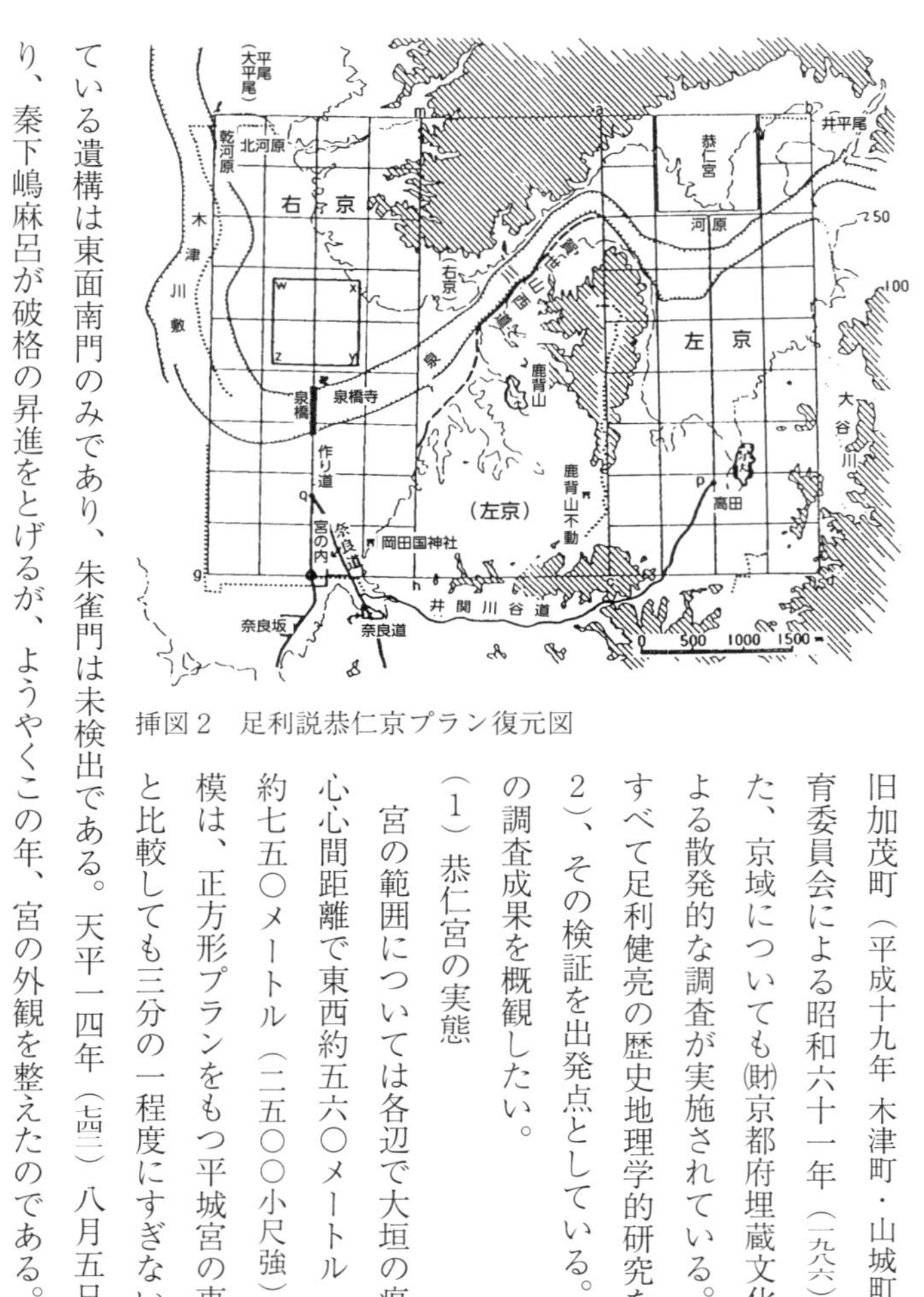

挿図２　足利説恭仁京プラン復元図

（1）恭仁宮の実態

宮の範囲については各辺で大垣の痕跡が確認されており、心心間距離で東西約五六〇メートル（一八〇〇小尺強）・南北約七五〇メートル（二五〇〇小尺強）の規模をもつ。この規模は、正方形プランをもつ平城宮の東張り出し部を除く面積と比較しても三分の一程度にすぎない。宮城門として検出している遺構は東面南門のみであり、朱雀門は未検出である。天平一四年（七四二）八月五日、大宮垣築造の功により、秦下嶋麻呂が破格の昇進をとげるが、ようやくこの年、宮の外観を整えたのである。

恭仁小学校の北側に残る大極殿の土壇は、天平十八年（七四六）、山背国分寺に施入されて金堂となったものである。現在も原位置をとどめる花崗岩製の礎石二基と移動または転用された凝灰岩製の礎石六基が残っている。発掘調査では、国分寺金堂の最終段階の姿を検出しているが、基壇の外装は瓦積で基壇正面には乱石積の中央階段を付設していた。正確な規模等は不明であるが、瓦積の南北規模で約二八メートル（九四尺）を測り、東西約五三メートル程度が予想されている。建物は桁行九間×梁間四間の入母屋造りに復元可能で、この規模からは「大極殿並びに歩廊」を壊して運んだとする文献記載通り、平城宮第一次大極殿の移設が行われたと解釈されている。だとしたら、当初の基壇は凝灰岩による壇上積基壇と考えてよかろう。なお、最近の調査では、大極殿院東回廊西側の礎石据付穴の一部が確認されており、やはり文献記載通り「歩廊」の移設があったとすると、平城宮での調査成果から複廊式の築地回廊が復元でき、東西築地の心心間距離で四八〇尺（四〇〇大尺）の大極殿院規模が予想されている。ただ、この築地回廊の痕跡は大極殿院北西部でわずかに一部確認できているが、近年の京都府教育委員会の調査では、南辺で掘立柱板塀となっている可能性が示され、龍尾壇の存在を含め根本的な再検討がなされている。[注11] 後殿および回廊の南北規模・閣門・南門の位置・規模などは不

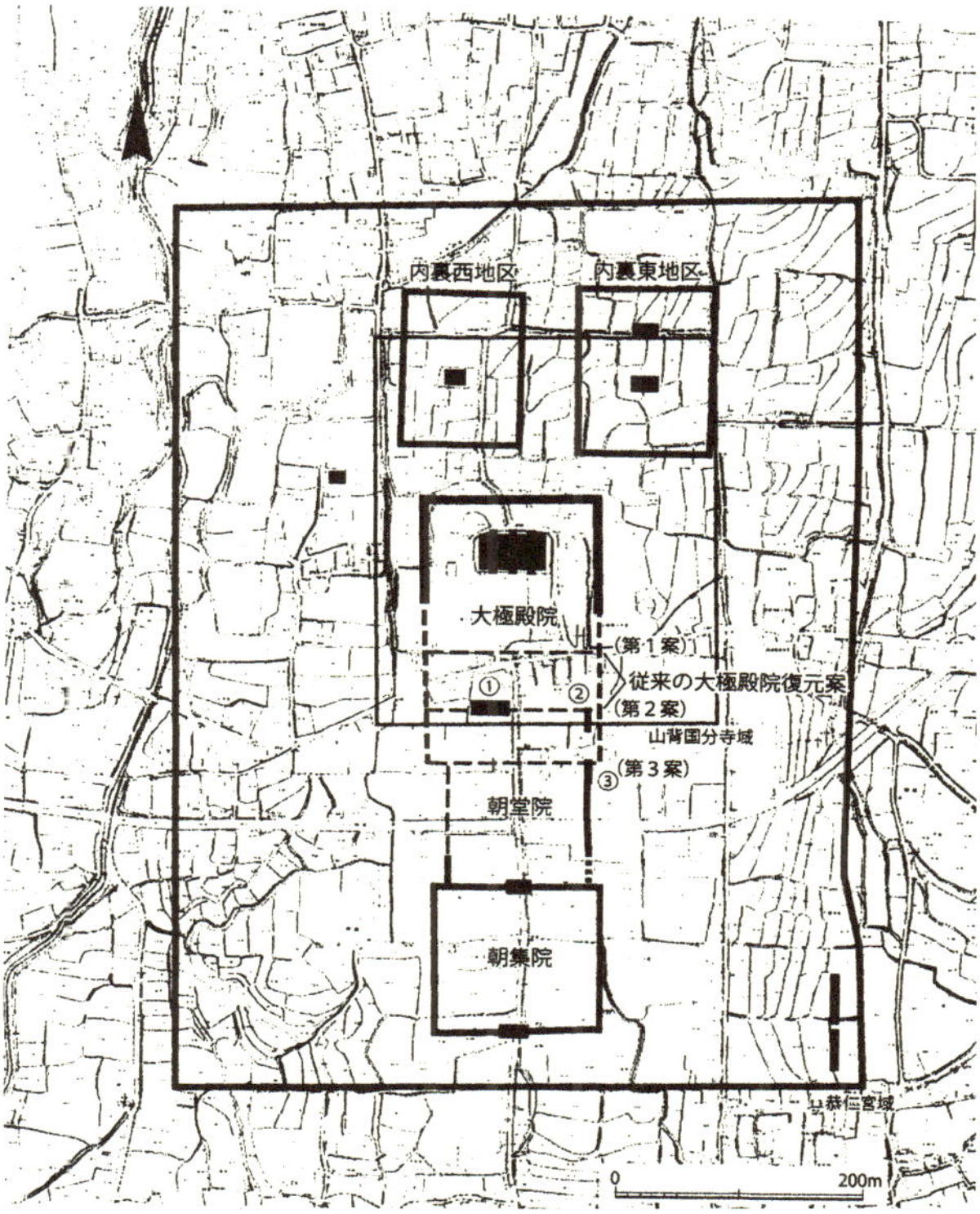

挿図３　恭仁宮跡発掘調査図　1/10000

明である。

朝堂院については、築地塀ではなく掘立柱塀で東・西・南三方を区画しており、その規模は東西約一二五メートル（四二〇尺）を測る。朝堂院の南側には朝集殿院が設けられ、それぞれで南門が確認されている。朝集殿院の規模は北辺で四三〇尺、南辺で四五〇尺、南北二七〇尺となり、五間門として南門が復元されている。なお、朝堂院南北規模は不明である。現段階では、区画内部の朝堂建物の存在すら確認できていない。大極殿院・朝堂院ともに平城宮に比べて大幅に縮小されている。

大極殿北方の内裏地区においては、掘立柱塀で区画された二つの地区が東西に並置されていた。内裏西地区と呼ぶ区画は、東西約九七・九メートル（三三〇尺）、南北約一二七・四メートル（四三〇尺）の規模をもち、ほぼ同規模と考えられる東地区同様、正殿の可能性をもつ東西棟の大型掘立柱建物を内包している。建物相互の性格や各地区の役割など不明な点が多い。

以上のように、恭仁宮に関してはいかに短期間の造営だとしても、平城宮に比べて規模は縮小され簡素であることは否めない。これらの施工が本格施工を前にしたとりあえずのものであったのか、当初からの設計であったのかの判断は保留するとして、宮の造営に際しては大幅な土地の改変はなされておらず、旧来の地形にうまくコンパクトに収めた感がある（挿図3）。

京域に関しては、宮域の調査に伴い条坊関連の遺構がいずれも部分的ではあるが検出されている。宮南面大路（平城京では二条大路）南北両側溝（溝心心間距離約四〇メートル）、宮東面大路（東一坊大路）東西両側溝、朱雀大路東側溝がそれである。天平十三年（七四一）七月十日、新都建設の槌音が響くなか、聖武天皇は元正太上天皇を木津川河頭に迎える。このとき辿った道は朱雀大路だったのか。あるいは二条大路だったのであろうか。このころ工事に着手し同年十月十六日には、二条大路の西端から木津川対岸に向けての架橋工事が終了する。また、翌年の八月十三日には朱雀大路を下って対岸への大橋建設が開始されるのである。まさに恭仁京は、橋で連結された水上都市として建設されたのである。

（2）恭仁京条坊の実態

天平十三年（七四一）九月十二日条の恭仁京宅地班給記事には、賀世山西道より以東を左京・以西を右京とするとある。この賀世山西道こそ木津川市木津町の鹿背山西麓の道であり、ここから東の加茂町側に左京、山城・木津町側に右京が展開するのである。このことは、天平十七年（七四五）五月六日条に紫香楽から発した聖武天皇が「恭仁京の泉橋に至る」とする記事からも、その広がりを知ることができる。

足利健亮は、この京域に南北九条・東西八坊の平城京のプランをあてはめ、右京中軸線を山城・木津町にそれぞれ呼び名を残す「作り道」に、左京中軸線を大極殿の中軸線に求めて条坊の復元を行った。その結果、木津町鹿背山付近に京内ではあるが条坊の敷かれていない方形の区画を設け、その東西に左京と右京を分割するという画期的な学説となったのである。その後、千田稔[注12]、伊野近富[注13]らによる別の復元案も提示されているが、近年、岩井照芳により確定した宮域との整合性を図った魅力的な京域の復元案が提示[注14]された。岩井説では、鹿背山西道について谷間を南北に延びる「釜ヶ谷遺跡」の延長線に求め、南北九条・左右京各八坊の復元案となっている。ただ、今日でもなお、京域に関する考古学的データが決定的に不足している現状では、検証不能と言わざるを得ない。

それでも近年、右京域の上狛北遺跡（木津川市山城町上狛）や岡田国遺跡（木津川市木津馬場南）で恭仁京の条坊に関する道路遺構等が㈶京都府埋蔵文化財調査研究センターによる調査で検出されており、短期間の施行ではあっても恭仁京期条坊の存在が明らかとなってきている（挿図4）。

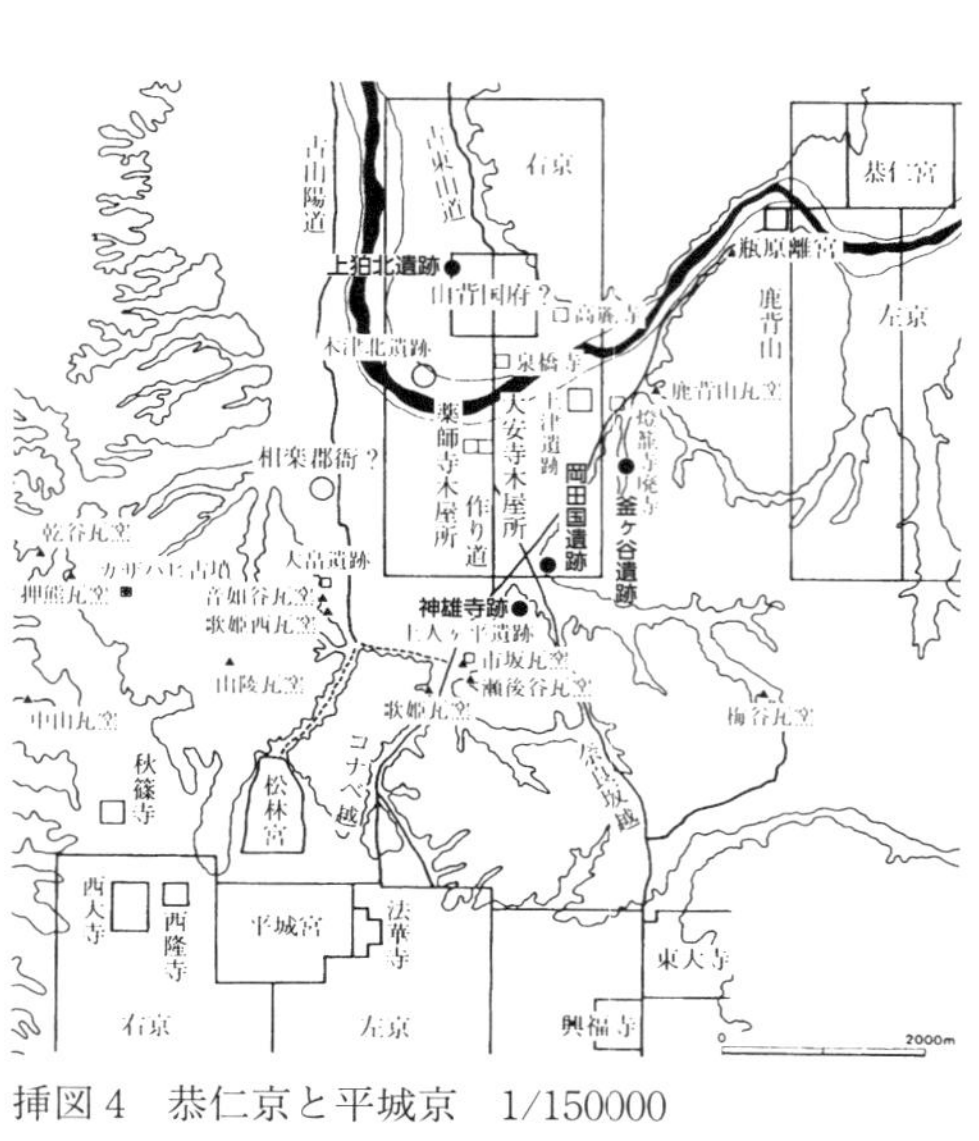

挿図４　恭仁京と平城京　1/150000

上狛北遺跡の調査[注15]では、府道上狛城陽線建設工事に伴い、恭仁京期の条坊道路西側側溝と考えられる南北溝（ＳＤ21）を総延長一〇〇メートルにわたり検出している。溝の幅は〇・七～一・〇メートルを測り、道路側溝幅で五メートル程度まで確認され、周囲の様相からは坊間路以上の遺構であろう。敷設時期は不明であるが、出土土器の様相からは平城還都後しばらくして埋没しており、西側に溝と方位をそろえた掘立て柱建物跡が数棟確認されている。注目すべきは宅地部で木簡や墨書土器がまとまって出土しており、平城京域での出土状況に類似する様相を示していることである。土壙（ＳＸ96）から出土した「讃岐國鵜足郡少領□……」と記された木簡は、現在の香川県丸亀市付近の鵜足郡の郡司某から上狛北遺跡にあった施設あるいは人物に贈られた文書木簡と考えられる。また、同遺構から出土した「海戸主海八目戸服部姉虫女米五斗……」と読める木簡は圭頭状の形態から荷札木簡と考えられ、「海」表記は「海部郷」の略記の可能性が高い。よって、海部郷の戸主「海八目」の戸口である「服部姉虫女」が「米五斗」を貢進したというものであろう。「海部郷」の所在国郡名は不明であるが、略式地名の表記からは公式な税物ではなく、寺院や貴族の邸宅など私的な施設が貢納先であったようである。他には瓦も出土しており、恭仁宮大極殿所用瓦である軒丸瓦ＫＭ〇二Ｂ（平城宮六二八二Ｄａ）、軒平瓦ＫＨ〇一（平城宮六六九一Ａ）・ＫＨ〇四Ａ（平城宮六七二一Ｃ）は、恭仁宮との関連を示している。

岡田国遺跡の調査では[注16]、国道一六三号線バイパス建設工事に伴い、条坊区画を反映した宅地ほぼ三区画分が部分的に確認されている。調査地は、恭仁京の足利復元で右京の南京極付近にあたり、史跡神雄寺跡（旧馬場南遺跡）の北側に隣接する。轍痕跡を残す道路遺構は、南北坊間路で東西側溝の心心間距離で六・七メートル、東西条間路で七・〇メートルの規模をもち、平城京における一六分の一町（約三三メートル四方）宅地を画すものと考えられる。宅地内では、道路と方位をそろえた複数の住宅・倉庫などの掘立て柱建物跡や井戸跡が検出され、多数の畝で構成される畑地に隣接する。出土遺物としては、道路側溝内から出土した人面墨書土器や宅地内出土の刀子・円面硯・和同開珎・「越後」銘墨書須恵器などがある。恭仁京における下級官吏の居住実態を示すものとして、近年調査が進展する平城京左京九条三坊五・六坪での宅地割り実態との共通性が注目される[注17]。いずれにしても、都城南京極付近の状況として理解可能である。他には、鹿背山西道に関連する可能性がある釜ヶ谷遺跡で自然流路から墨書人面土器や土馬・斎串・ミニチュア竈などの祭祀遺物が出土し、後述する泉津関連の上津遺跡や片山遺跡からは当該期の正方位掘立て柱建物跡や溝が検出されており、これらも恭仁京条坊に関する遺構の可能性がある。

（3）泉津と泉橋

藤原京や平城京の造営には、近江国の田上山そのほかの檜材が利用された。泉津は、平城京への材木供給基地として外港の役割を担うが、恭仁京期でも右京の中心的役割を担う。平城還都後の天平十九年（七四七）の「大安寺伽藍縁起幷流記資材帳」には、山背国相楽郡にある荘園のひとつとして「一泉木屋幷薗地二町 東大路 西薬師寺木屋 南自井一段許退於北大河之限」とあり、泉津には大安寺だけではなく薬師寺の木屋所も並んであったことがわかる。泉津には、諸司・諸大寺が軒を連ねて拠点を構えていたのである。泉津の範囲については不明であるが、木津川南岸に広く展開していたと考えられる。上津遺跡では一九七〇年代に宅地開発に伴う発掘調査が実施され、市司関連の官衙遺跡としてある程度その様相を知ることができる。[注18]木津川の自然堤防上に立地するこの遺跡からは、恭仁京存続期を含む奈良時代の多量の土器・瓦類が出土しており、特に三彩を含む鉛釉陶器や墨書土器・硯・銭貨・帯金具・海老錠の鍵・漆運搬用の長頸壺などは、官衙的性格を示している。他には「泉」とヘラ書きされた丸瓦の破片があり、泉津を暗示する遺物である。

大量の物資が陸揚げされる泉津は、南北に縦貫する北陸道が渡河する地でもあり水陸交通の要地である。多くの官人や市人、そして港湾・建設・運搬労働者が集住する地は、多くの貧困都市民を生み出すと同時に潜在的な労働力も確保する。救済されるべき民衆と潜在的労働力の結集する場こそ、僧行基の活動拠点となるのである。当初、行基の布教活動は国家から禁止されていたが、一転して土木工事の組織者としての能力が認められて大仏造立などの国家的な土木・建設事業にも手腕をふるい、天平十七年（七四五）正月二十一日の詔で大僧正にまで任じられた。前年の十一月十三日にようやく漕ぎ着けた紫香楽での大仏体骨柱建立の功によるものであろうか。

泉津の対岸、山城町の上狛にある泉橋寺は、行基創建の四十九院のひとつ発菩薩院泉橋院（泉橋院）を前身としており、別に隆福尼院と泉布施屋があった。これら二寺は、『行基年譜』によると恭仁京造都直前の天平十二年（七四〇）に建てられており、翌年の三月には泉橋院で聖武天皇と行基が対面している。やはり『行基年譜』には泉大橋（泉橋）も記されており、泉橋・泉橋院・泉布施屋がセットで造営されたことがわかる。なお、後述する神雄寺跡からは「□橋寺」銘の墨書須恵器も出土している。聖武天皇にとっては、恭仁京の造営において行基による民衆の組織力はぜひとも必要であった。前節で記した天平十三年十月十六日の左京における木津川の架橋記事では、行基の名こそ登場しないが「畿内および諸国の優婆塞らを役し、成るに随って得度させること七五〇人」とあり、行基集団の公認が架橋事業の見返りであった可能性が考えられる。

（4）恭仁京期の寺院

京内当該期の寺院については、遷都前から存続している寺院として右京では山城町域の高麗寺跡・泉橋寺、木津町域の燈籠寺廃寺・神雄寺跡などがある。[注19]

飛鳥時代創建の高麗寺[注20]については、『日本霊異記』に天平年中のこととして高麗寺僧栄常の記事があり、『今昔物語集』他にも同様の説話が収録されている。また、『播磨増位山随願寺集記[注21]』には中世の縁起ではあるが、天平十五年（七四三）三月、興福寺・薬師寺・播磨増位寺の僧等が内裏（恭仁宮）で読経した後、増位寺僧栄常が高麗寺から戻らなかったと記している。これは『続日本紀』の同年三月四日条、一月から四十九日間四十九人の衆僧を金光明寺に集めて行った金光明最勝王経転読の行事が終わり、衆僧を慰労したとする記事と関連するようである。これは、高麗寺が直接この行事に関わったわけではないが、高麗寺が京内の寺院となったことで生じた播磨増位寺との交流を知ることができる。しかも、高麗寺跡からは、いわゆる播磨国府系の古大内式（加古川市古大内遺跡・加古駅跡推定地出土例同笵）軒丸・軒平瓦、本町式（姫路市本町遺跡出土例同笵）軒丸瓦が出土しており、播磨地域との結び付きを証明している。近年、平城京左京五条四坊八・九坪でも古大内式同笵軒瓦や播磨系土器が大量に出土しており、同地に播磨国調邸が置かれていた可能性が指摘されている。[注22]高麗寺出土例との比較からも両者は古大内式初期の製品であり、恭仁京期前後の時期のものである。また、出土瓦には、恭仁宮造営時所用の軒丸・軒平瓦や特徴的な文字瓦が含まれており、恭仁京造営と連動した寺院整備がなされていることは明らかである。南山背で恭仁宮造営と密接な関連がうかがえるのは、城陽市の平川廃寺や橘諸兄創建と伝える綴喜郡井手町の井手寺がある。[注23]なお、高麗寺では、木津川に面して築地塀を整え、小規模な南門にも大振りな鴟尾を飾っており、いかに木津川に面した正面観を意識したかがわかる。

賀世山西道沿いに立地する燈籠寺廃寺は、泉津の市司関連遺跡と考えられる上津遺跡に隣接し、一基の土壇を残している。周囲からは飛鳥時代末期様式の素弁蓮華文軒丸瓦が採集され、周辺の発掘調査では白鳳期の軒平瓦や平城宮式・山背国分寺創建期軒瓦も出土している。[注24]ここからは谷間の釜ヶ谷遺跡を南へ抜けて神雄寺跡に通じている。なお、恭仁京条坊復元の岩井説では、このルートを木津川へ至る上ツ道延長ラインとしてとらえており、木津川を隔てて北側に高麗寺がある。

神雄寺跡（馬場南遺跡[注25]）は、足利復元の右京南京極付近に位置し、奈良山丘陵北裾の天神山から南側の谷間に立地している。付近には岡田国神社・幣坂神社が鎮座し、平城京から木津川へ至る幣坂（平坂）越えの道に面している。発掘調査では、南向きの丘陵裾で礎石建ちの仏堂跡と南側に一段低く軸線を揃えて建つ掘立て柱の礼堂跡、仏堂西側の尾根上に建つ礎石建ちの塔跡、これら儀礼空間を東・南側で区画する曲水状池跡、この池を隔てて東側に重複する掘立て柱建物跡と柵跡および横板井籠組の井戸跡などが検出されている。なお、曲水状池跡の水源は仏堂背後の谷奥にあり、その水源祭祀の様相からは湧水施設の存在が予想される。また、流下した池の水は西側で一度北に屈曲したあと堤で堰き止められ、上下二段の木樋によって内部の水量調整がなされていた。これら確認できた諸遺構は、出土遺物の様相から恭仁京期をはさんだ奈良時代中頃から後

挿図５　神雄寺跡復元イラスト図（早川和子作画）

期のものとすることができる（挿図５）。

出土遺物としては、曲水状池跡から八千点を超す燈明皿を含む土師器・須恵器や施釉陶器・墨書土器等の土器資料、木簡・建築部材等の木製品、瓦類、ガラス製の管状製品や土馬、和同開珎・万年通宝等の銭貨などがある。施釉陶器には緑釉陶器や三彩陶器（奈良三彩）があり、緑釉の塔椀蓋や三彩の火舎型香炉（四足）・托・小壺・浄瓶・水瓶など多彩である。また、水波や巌を表現した山水施釉陶器片（刻書二点「右三」「左五」、墨書一点「東廿一」）が多数出土しており、組合せ式の須弥山、本尊台座（瑠璃地・池敷）あるいは灌仏盤を据える調度とする説が唱えられている。墨書土器もまた多彩である。「黄葉」「神」「寺」「神雄寺」「神尾」「山寺」「□橋寺」「大殿」「造瓦」「□利諸□」「悔過」などの文字が判読でき、「神雄寺」「神尾」「山寺」は本寺の名を、「□利諸□」は経文の一部、「悔過」は本寺における供養を示すと考えられ、「大殿」は本寺に集う人物の性格を示唆するものであろうか。他には、人面を描いた須恵器皿や蓮を描いた土師器皿、舞楽に用いる須恵器製鼓胴片もある。木簡は五点出土しており、特に「阿支波支乃之多波毛美智・・・」（以下欠損）の墨書をもつ歌木簡は貴重である。これは『万葉集』巻一〇の雑歌・相聞歌「秋萩の下葉もみちぬあらたまの月の経ゆけば風をいたみかも」の上の句と一致し、万葉集成立時の同時代資料となる。しかも、裏面には「越中守ヵ」とも読める墨書が残されており、直接ではないにしても大伴家持と無関係とは考えられない。

火災により焼失した仏堂跡須弥壇周辺からは、多量の塑像片や塼仏片、焼壁土や瓦類、扉金具や釘等の金属製品等が出土している。塑像片はその特徴から等身大の四天王像と考えられ、細片化しているもののその出土位置の偏りから須弥壇上での位置関係（持国天・増長天・広目天・多聞天）を特定することができた。焼壁土は、本堂建物四面のうち東・西・南の中央二間に扉が付き、それ以外は壁と考えられるため大量に出土するが、鉄製の円形鋲留扉金具や釘・銅製鋲は、扉や堂内荘厳具の様子を窺わせるものである。瓦類には軒瓦、丸・平瓦、鬼瓦、塼、塼仏などがある。軒瓦は、軒丸瓦七型式七種、軒平瓦三型式四種があり、平城宮瓦編年のⅡおよびⅣ期とそれ以後に大別できる。なお、平城宮式軒丸瓦には奈良市中山瓦窯の製品があり、このことは、本堂須弥壇の骨材として使用された平瓦に梅谷瓦窯産の製品が含まれることからも、神雄寺の創建時期を聖武朝初期に求める根拠となる。しかも、軒瓦のほとんどが平城宮式であることや皇后宮職（長屋王邸跡）出土例との同笵関係の多さは、この寺の性格を端的に示している。また、塼仏片は、その形態を特定できるものは一点しかないが、三重県名張市の夏見廃寺出土の方形三尊塼仏と同じ原型によるものであることがわかる。

大規模な仏教法会（燃燈供養）を執り行う神雄寺の儀式空間を囲む池は、水源における湧水の祀りに象徴される清浄な水で満たされていた。この儀式空間は、仏堂・礼堂・塔とその前面の平坦面、背後の現天神山で閉じられており、池の南側に西から東へ広がるであろう谷部の雑舎群とを峻別する。この状況は、現天神山の南裾に儀式空間が張り出すように設置されており、儀式の場として充足したものと言えよう。しかも、儀式空間を囲む池そのものが南側の尾根と現天神山によって遮蔽された空間となっているのである。大規模な仏教法会を執り行う特殊な装置としての「神雄寺」は、学解中心の平地寺院や山林修行を中心とした山岳寺院（山林寺院）とは異なる、別の寺院形態と言わざるを得ない。ただし、神雄寺では、特別に大規模な仏教法会（燃燈供養、読経、舞楽、歌の朗詠等）が行われただけではなく、寺院を維持していくための日常的な水源祭祀が行われていた。このことは、神雄寺が神山の清浄性を保つための日常的な機能と、その清浄性に裏打ちされた特別な仏教法会を行う儀式の場としての機能を併せ持つ寺院であることを示しているのである。しかし、その機能を必要とした都が長岡・平安京へ遷都するとき、神雄寺の存在もまた不要となったのであろう。神雄寺の終焉である。

2　紫香楽宮の実態

先述したように聖武天皇の東国行幸・恭仁京遷都・諸国国分寺造営勅・恭仁京東北道設置・紫香楽での大仏造顕詔はすべて連動している。しかし、恭仁京遷都は、事前に諮られることなく東国行幸の途次、遷都に擬して橘諸兄を先発させて強行され、遷都後の天平十三年（七四一）正月十一日、伊勢神宮と七道の諸神に使者を派遣して遷都を報告することで、ようやく周知されるのである。東国行幸が恭仁京遷都の前提であることは、禾津頓宮跡とみられる大津市膳所城下町遺跡の発掘調査例[注26]からみて明らかである。同様に、遷都後の聖武天皇の足跡をたどると、この恭仁京遷都は紫香楽での大仏造顕を前提としていることがわかる。ならば、恭仁京遷都と紫香楽での大仏造営構想は、いつ頃計画されたのであろうか。なお、先述したように平城京廃都と諸国国分寺構想は、天然痘の流行や天平九年（七三七）三月三日の丈六釈迦三尊像と『大般若経』の造写が諸国に命じられたことに淵源を求めた。平城京脱出後の遷都先と大仏造営地の選定については、天平十二年二月七日の難波宮行幸の折、河内智識寺で廬舎那仏を拝したことを契機とするとされているが、ことは速やかに具体化されたようである。ただ、この計画には強硬な反対が予想され秘密裏に進められたのであろうが、このことと直接結びつくかは不明ながら、直前になって藤原広嗣の乱が勃発するのである。

恭仁宮・京の造営と紫香楽での大仏造営がセットであることは、恭仁宮造営当初から紫香楽へ通じる東北の道開削が並行して行われていることから明らかである。しかも、藤原宮大極殿を移築し建てられた平城宮大極殿が再度恭仁宮へ移されたことは、恭仁京正都化と平城京廃都がセットであることを如術に示している。恭仁京と大仏造営のセット関係については、唐の洛陽城に対する奉先寺廬舎那仏の関係を模したとする先述の瀧川政次郎説がある。このことは、木津川を内包する恭仁京の建設とともに、歴代の遣唐使や天皇の側近である玄昉・吉備真備から情報を得、唐の制度として模倣したと考えられるのである。国分寺の制度についても、則天武后による大雲寺の制に範を取ったものであろう。なぜ紫香楽の地が選ばれたのかについては、大仏造立に不可欠な「資材と燃料」確保のためとする小笠原好彦説[注27]や、当時の「日本図」では「紫香楽村」が日本の中心に位置していたとする黒崎直説[注28]があるが、確定していない。

恭仁宮・紫香楽宮造営途中の天平十五年（七四三）十二月二十六日、聖武天皇は大仏造営を優先するため恭仁宮の造作を停止し、翌十六年閏正月一・四日、天皇は都をどこにするかの意見を百官のみならず市人にまで問うている。この世論調査の結果は、百官では恭仁支持・難波支持でわれるが・市人では圧倒的に恭仁京支持の結果となった。それにもかかわらず、紫香楽宮滞在中の天皇は二月二十六日、難波宮を皇都とする勅を橘諸兄に代読させるのである。

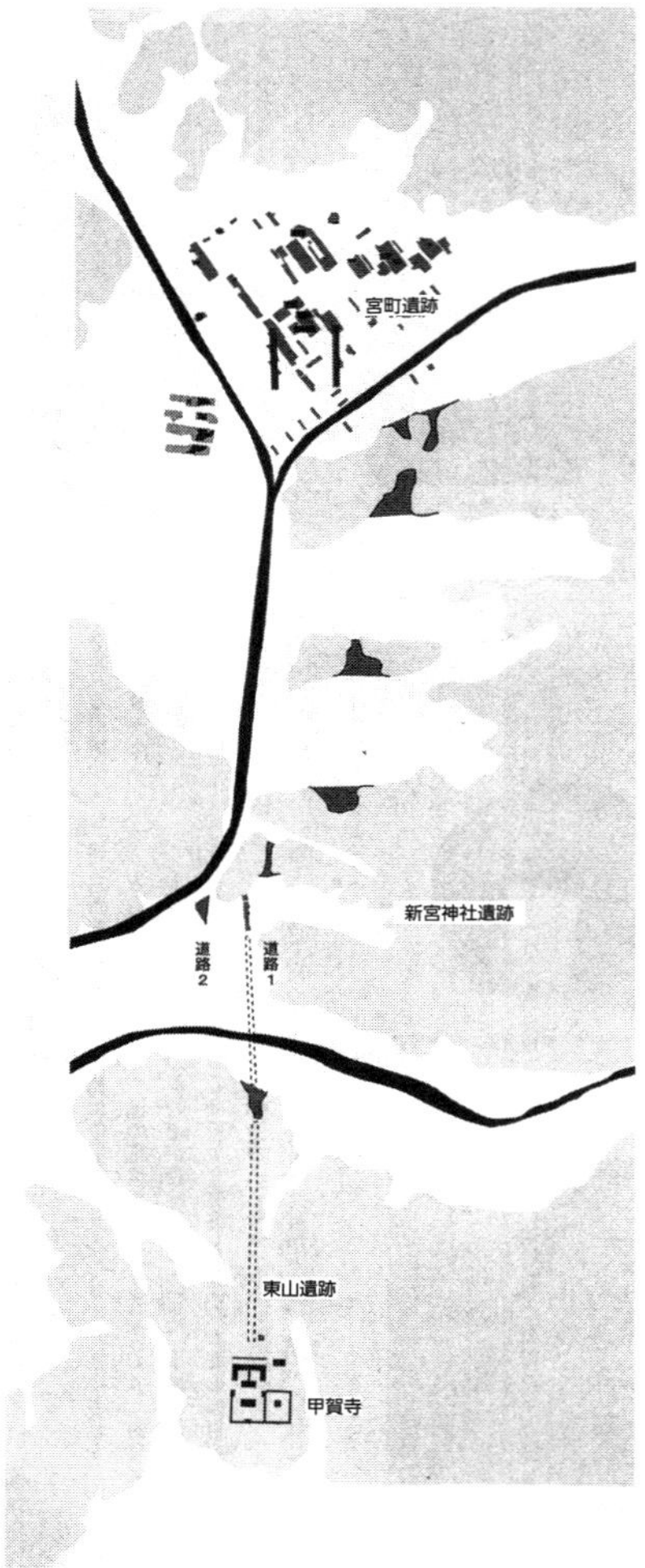

挿図6　宮町遺跡と甲賀寺

しかし、大仏の体骨柱が立てられた四日後の十一月一七日、元正太上天皇が難波から紫香楽を訪れ、大方の理解を取り付けたはずの紫香楽における大仏像立は、頻発する山火事や地震によって座礁してしまうのである。なお、天平一七年正月元旦、紫香楽宮にとどまる聖武天皇の宮前に「楯と槍」が立てられる。これを「皇都」のあかしとするか単に天皇の居所を示すものとするか定かではないが、聖武天皇による仏都構想を読み取ることは可能であろう。以後の歴史を見ても、恭仁宮は山背国分寺に施入され大仏造営の地は甲賀寺として再生するのである。

甲賀市内での紫香楽宮と大仏建立の実態[注29]については、恭仁京同様、短期間の造営であり離宮としての紫香楽宮と甲賀宮との区別も定かではない。それでも大仏造立に係る甲賀寺跡（史跡紫香楽宮跡）と鍛冶屋敷遺跡、紫香楽宮や甲賀宮跡と考えられる宮町遺跡、両者をつなぐ東山遺跡の存在は重要である。甲賀寺跡については、近江国分寺としての造営以前の大仏建立の甲賀寺の痕跡は皆無であるが、東北方丘陵裾の鍛冶屋敷遺跡からは大規模な鍛冶関連工房跡が検出されており、大仏鋳造との関連を暗示する（挿図6）。

甲賀宮跡（紫香楽宮跡）と推定される宮町遺跡では、東西に並立する長大な南北棟掘立て柱建物跡二棟が検出されている。両棟とも梁行四間×桁行二十五間以上の四面廂の建物で、北側奥中央に東西棟の正殿と後殿が検出されている。この構造は、平城宮第一次朝堂院の朝堂あるいは西池宮に近似しており、饗宴の場として機能していた可能性がある。ならば、桁行九間×梁行四間の正殿は、天平十七年正月七日条に記す甲賀宮大安殿とみなし得ようか。なお、近年、宮町遺跡と甲賀寺跡を南北に結ぶ道路跡が東山遺跡で検出されており、貴重である。

四　まとめ

聖武天皇の「彷徨五年」を通して恭仁京から紫香楽宮への道のりを概観したが、恭仁宮の造営にあたって宮のシンボルである平城宮の第一次大極殿は解体され、官人の平城京への帰郷も禁じられており、恭仁宮の造営期間中は明らかに平城宮の機能は消失している。したがって、この間に存在した宮都は恭仁・難波の二都と紫香楽宮の三つである。しかし、恭仁宮には大極殿は移されたが、宮の実態は難波宮や平城宮に比べるとはるかに縮小され簡素である。また、近年の調査では大極殿院の規模はほぼ維持されるが朝堂院が大幅に縮小されており、朝政の機能そのものが危ぶまれる状況である。そして、朝堂の今一つの機能である饗宴さえ内裏で行われているのである。天平十六年閏正月一・四日に実施された皇都決定の意見聴取でも恭仁京と難波京のいずれかを選ぶものであり、政治機能で評価するならば百官のうち半数が八堂の朝堂をもつ難波宮を選んだのも当然である。これらのことから、恭仁京を大仏造営のための仮の都とする瀧浪貞子氏の説は傾聴に値する。実際に、大仏造営を優先するために恭仁宮の造作を中断もしているのである。しかし、いずれにしても聖武天皇は、平城京に戻る選択を当初から排除している。

挿図７　恭仁京復元イラスト図　（早川和子氏　作画）

恭仁京の京域については、近年、条坊痕跡が徐々に検出され始めてはいるものの、大路級の指標が不明の現状では未だ全体像の復元は留保せざるをえない。また、従来の復元案とは構造原理が異なった独自の区画が存在したとする意見もあるが、資料の蓄積を待つ必要がある。[注30] 足利健亮氏が左京と右京の間に条坊の存在しない空閑地を想定したように、計画上の左右京は存在しても現実に条坊の施工不能な丘陵部が多いことは事実である（挿図７）。なお、泉津が右京域の中核であることは、平城京の造営以後、恭仁京の期間を含め都市機能を当初から備えていたことを暗示している。しかも、神雄寺跡の存在は都城の境界を示唆するものであり、方形の条坊区画の存在を現時点で排除すべきではない。

紫香楽宮と恭仁京の関係については、天平九年の諸国国分寺構想初期の段階では存在しないが、行基の活動と大仏造立構想が一体化することによって、実現に動き出したと考えられる。最終的には聖武天皇にとって、甲賀寺での大仏造立が最優先課題となり、甲賀寺と甲賀宮の造営は一体のものとなった。しかし、紫香楽での大仏造立の挫折は結果的に東大寺で再開されるが、天皇にとって平城京への還都は相当な苦痛であったに違いない。天平十七年（七四五）五月十一日の還都後、九月十七日には難波宮で病に伏すこととなるのである。

聖武天皇の「彷徨五年」について正史は多くを語らないが、聖武天皇にとっては強い天皇として人生で最も輝いた期間であり、多くの障碍を果敢に克服しようとした意欲溢れる時期であったと言えよう。結果的には短い期間であり、地中に多くの痕跡を残すことはないが、天平文化の原点としての存在意義は大きいのである。

注

1 以下、本文中天平期の記事については、新日本古典文學大系『続日本紀』（岩波書店）の表記による。
2 以下、本文中の万葉歌の引用については、新日本古典文學大系『萬葉集』（岩波書店）の表記による。
3 足利健亮・中谷雅治「造営の原像」『加茂町史』一、一九八八
4 吉田一彦「国分寺国分尼寺の思想」『国分寺の創建』思想・制度編（吉川弘文館、二〇一一）
5 喜田貞吉『帝都』（日本学術普及会、一九一五）
6 瀧川政次郎『京制並びに都城制の研究』（角川書店、一九六七）

7　瀧浪貞子『日本古代宮廷社会の研究』（思文閣出版、一九九一）
8　新日本古典文學大系『日本書紀』下（岩波書店、一九七四）
9　京都府教育委員会『恭仁宮跡発掘調査報告――瓦編――』一九八四、『恭仁宮跡発掘調査報告Ⅱ』二〇〇〇
10　足利健亮「恭仁京域の復原」（『社会科学論集』第四・五号、一九七三）、「恭仁京」（『講座考古地理学』第二巻、学生社、一九八三）
11　京都府教育委員会「史跡恭仁宮跡　平成30年度発掘調査の成果」（現地説明会資料、二〇一九）
12　千田稔『宮都の風光』（『日本文明史』第三巻、角川書店、一九九〇）
13　伊野近富「恭仁宮と恭仁京の復元」（『京都考古』第六三号、一九九一）
14　岩井照芳「泉津と古代都城――上ツ道・中ツ道・下ツ道の北の拠点」（『古代文化』第六二巻第二号、二〇一〇）、「恭仁京の復元――泉津の下津道を拠点とした都市計画――」（『古代文化』第六四巻第一号、二〇一二）
15　㈶京都府埋蔵文化財調査研究センター「3 上狛北遺跡第2次」（『京都府遺跡調査報告書』第一五〇冊、二〇一二）
16　㈶京都府埋蔵文化財調査研究センター「平成29年1月28日　岡田国遺跡現地説明会資料」「平成29年8月27日　岡田国遺跡現地説明会資料」二〇一七
17　奈良市教育委員会「平城京九条三坊五坪の調査2」（現地説明会資料、二〇一九）
18　木津町教育委員会「上津遺跡第二次発掘調査概報」（『木津町埋蔵文化財調査報告書 第三集』一九八〇）
19　同志社大学歴史資料館『南山城の古代寺院』（『同志社大学歴史資料館調査研究報告』第九集、二〇一〇）
20　山城町教育委員会『史跡高麗寺跡』（京都府山城町埋蔵文化財調査報告書第七集、一九八九）、木津川市教育委員会『史跡高麗寺跡Ⅱ』（『京都府木津川市埋蔵文化財調査報告書』第十集、二〇一一）
21　兵庫県『兵庫県史』史料編 中世4、一九八九
22　奈良市教育委員会「奈良を掘る」6（ミニ展示資料、二〇一九）
23　中島正「恭仁宮大極殿施入前の寺院に関する憶測」『考古学論叢』（坪井清足先生卒寿記念論文集、二〇一〇）
24　㈶京都府埋蔵文化財調査研究センター「6 燈籠寺遺跡・燈籠寺廃寺跡」（『京都府遺跡調査報告書』第六四冊、一九九五）
25　㈶京都府埋蔵文化財調査研究センター「（1）馬場南遺跡第次」（『京都府遺跡調査報告書』第一三八冊、二〇一〇）、木津川市教育委員会『神雄寺跡（馬場南遺跡）発掘調査報告書』（京都府木津川市埋蔵文化財調査報告書第十六集、二〇一一）

26　滋賀県教育委員会・㈶滋賀県文化財保護協会『滋賀県立膳所高等学校校舎等改築工事に伴う発掘調査報告書 膳所城下町遺跡』二〇〇五

27　小笠原好彦『聖武天皇が造った都――難波宮・恭仁宮・紫香楽宮――』（吉川弘文館、二〇一二）

28　黒崎直「紫香楽大仏の造立をめぐる一つの憶測――なぜ紫香楽に大仏が造立されようとしたのか――」『考古学論究』（小笠原好彦先生退任記念論集、二〇〇七）

29　鈴木良章「紫香楽宮関連遺跡の調査――朝堂建物の発掘調査を中心に――」（『考古学ジャーナル』四七〇、ニューサイエンス社、二〇〇一）、甲賀市教育委員会「東山遺跡第3次発掘調査」（現地説明会資料、二〇一九）

30　難波京や恭仁京の京域設定に関し、山田邦和氏（「日本古代都城における複都制の系譜」『日本古代・中世都市論』吉川弘文館、二〇一六）は都城の条坊制方形プランを前提とすべきではなく、地形上の制約を考慮した不定形プランの可能性を評価している。筆者も同意する点は多いが、京極の観念については限定すべき何らかの認識は必要であろう。

〔図版出典〕
挿図1・6 ㈶滋賀県文化財保護協会 他『聖武天皇とその時代――天平文化と近江――』（展示図録）二〇〇五より転載。挿図2・4 木津町『木津町史』本文編、一九九一より転載。挿図3 京都府教育委員会『平成29年度恭仁宮跡発掘調査（第97次）現地説明会資料』二〇一七より転載。挿図5 早川和子作画、木津川市教育委員会「馬場南遺跡第5次発掘調査概報」『木津川市内遺跡発掘調査概報Ⅲ』二〇一一より転載。挿図7 早川和子作画

桓武天皇と長岡京

國下　多美樹

はじめに

古代律令国家において、奈良時代末期～平安時代前期の桓武朝をどのような時代と見るべきなのか。本稿は、桓武朝最初の都城である長岡京の考古学的な調査と研究成果を柱に置いて、また関連する文献史学の成果も援用しながら、この課題を検討することにしたい。

まず、主人公である桓武天皇の事績はどのように評価されているのであろうか。もう刊行されて五年を経過したが、二人の文献史学者によって桓武天皇を取り上げた人物誌がまとめられている。井上満郎氏の『桓武天皇と平安京』[注1]、西本昌弘氏の『桓武天皇』[注2]である。いずれの論者も延暦二十五年四月の崩御に伴う伝記[注3]を引用して、桓武の事績は征夷と造都事業という国家的負担を導く「当年の費え」であったが、その政策は後の時代の基礎と王権の安定、ひいては社会の安定を導いたと評している。[注4]とりわけ、百済系の渡来氏族を母方にもつ桓武天皇は、長岡京、平安京の遷都事業と征夷事業の完結を経て、皇位の正当性を得たとみているのである。おそらく、これに異論を唱える研究者は少ないであろう。

本稿の主題となる桓武天皇の時代は、新皇統の正当性を確定するまでの過程が長岡京の都造りの中のどこに具体的にみられるかを明らかにすることが期待されるのである。この点について、最新の調査・研究の動向を踏まえた分析を行うことになる。しかし、一方では、文献史料に残らない、古代都市としての都城の姿についても変化を読みとらなければならない。例えば、都市のプランたる条坊施工の実態と機能である。首都として計画された都がどのような過程を経て施工され、一体どこまで完成し機能していたのか、そして前後の都城との構造上の違いはどこにあるのか、さらに都の内と外との交通路となる陸運や水運との関係を解明しなければならない。さらに、都の経済活動を支える市の実態はどうであるのか、という諸問題がある。

そこで、（一）宮殿構造にみる新王朝の姿、（二）京条坊と宅地の実態、（三）市と津の機能・交通網、（四）長岡京の葬地の伝統性、という四点を主眼に冒頭の課題に迫ってみたい。

一　宮殿構造にみる新王朝の姿

1　長岡宮城の個性

まず、桓武は、一体どのような都を新王朝の理想と考えていたのであろうか。この点、長岡宮は、その理念を反映して理想的な土地が選ばれたとみている。すなわち、宮殿中枢部は、低地となる京域との比高が一〇～二〇メートルもある丘陵・段丘上に置かれており、飛鳥時代以来の伝統的な宮城の立地条件とは明確に異なることが注意される。

宮城内は、内裏とともに政治機構の中枢である政庁が置かれた。政庁域は、傾斜地を「ひな段」状に平坦造成された面に配置されたが、平坦面どうしを繋ぐ斜面地は残った。例えば、大極殿・朝堂院の置かれた標高三〇メートル前後の平坦面と東方の一段低い内裏「東宮」との間には約一〇メートルの段差があり傾斜地も残った（宮第三三一次調査）。その結果、方形区画であるべき官衙区画が空間に規制され変則的形態にならざるを得なかった。何よりも宮城内にすべての中央官衙を配置することは相当の困難を極めたと推測される。特に、宮城北方は、段丘崖が形成され、大極殿・朝堂院地区よりも地形的に低くなっている。このような立地であるから、当時は出仕する官人の行動が制限されたものと推測される。そして何よりも雨排水処理に苦労することになるのである。しかし、敢えて丘に宮殿を置いたのであるから、この不便さよりも重要な何らかの理念が貫徹されたのであろう。筆者は、宮城を丘陵に置いたのは、東方や南方に広がる低地からみると屹立した宮城に見えるという外観性を重視し、丘を含めた宮殿全体の視覚的効果を狙ったものと見ている。おそらく、手本となった宮殿があるものと推測する。

このような長岡宮城の外観を重視する指向性は、宮城内の建築物からも読み取ることができる。まず、大極殿院回廊の南西隅部には礎石建ちの付属施設が確認されており、南東隅と左右対称位置に楼風施設の存在が見込まれる。平安宮白虎楼、蒼龍楼の原型が長岡宮にあった可能性は高い。そして、何よりも朝堂院南門に付設された複廊と楼閣がある。門と楼閣を廊下で繋ぐ建築様式は、門闕と呼ばれる。これは、いわゆる中国の礼制建築であり、中国の宮殿様式を模倣したことを証左する。のちの平安宮では応天門棲鳳楼・翔鸞楼として引き継がれている。特に、長岡宮朝堂院南門は、歴代都城で初めて朝堂院南門を「門闕」構造にしたのであり、桓武の理念と繋がる示唆的な建築とみて良い。桓武朝における儒教思想を権力の基盤に置いたとする見方や中国の皇帝に近い唐風化天皇の実現を進めたことが有力視されることと大いに関係するのである。[注5] すなわち、長岡宮城の手本は、唐代皇帝の宮殿、例えば長安城大明宮含元殿が想起されるのである。

しかし、このような唐風化天皇が志向した理念の形は、長岡京が都であった時期にすべて実現できたわけではなかったようである。実質十年に満たない都城の期間とも関係しようが、断片的にしかその気風は追うことができないことに特色がある。完全な理念の実現は、後の平安京時代の前期、特に嵯峨朝に明確になるから、桓武朝長岡京の時期は、その契機、ひいては礎を作ったと評価するのが適切であろう。

2 移建・改造された大極殿と太政官院（朝堂院）

さて、長岡宮の大極殿、朝堂院の大部分の諸施設は、後期難波宮から移建されたことは、両宮殿間の建物比較と難波宮式軒瓦の移動によって確定している。しかし、厳密に見ると、まったく同じ形、大きさ、配置で移したのではないことは重要である。調査によって明らかになった長岡宮大極殿の基壇痕跡は、東西四一・四メートル、南北二一・六メートルである。後期難波宮のそれぞれ対応する位置間の寸法は、四一・七メートル、二一・二メートルであり、ほぼ等しい。朝堂院は、八堂形式で共通し基壇規模もほぼ一致すると見られている。しかし、構造は異なる。まず長岡宮大極殿・後殿は、大極殿院回廊から完全に独立し、大極殿前庭を広く確保、元日朝賀儀の装置である宝幢空間を確保する為に、南北長を広くしている。これは平城宮東区大極殿と比較しても広い。

南門以外を築地に変更し、朝堂を内側に寄せている。朝堂院内の機能が変化したことによって区画も回廊から築地に変わったのである。長岡宮朝堂院諸堂の階段は、裏手に当たる位置で省略されたものもある。意外に多くの施設について設計変更をしている。

特に注目すべき点は、藤原宮以来、伝統的に大極殿の北に配置されてきた内裏は、長岡京遷都当初、大極殿から完全に独立した。[注6] この点は、兵衛が奏賀・奏瑞のために大極殿院南門で叫閤して女官を呼ぶ旨を取り次ぐ作法「兵衛叫閤」が停止された事実からも明らかである。[注7]

ところで、大極殿院、朝堂院出土瓦は、従来、後期難波宮の軒瓦が圧倒的多数を占めることが強調され、資材移動の根拠とされるとともに、初期造営の年代観を知る資料と見られてきた。近年、大極殿院や朝堂院の一部から少量出土する平城宮式六七三二Q型式軒瓦についての分析が進み、[注8] 平城京の造営にも関与した西大寺造瓦所から長岡宮の初期造営に関わった長岡京市谷田瓦窯に工人と瓦范が移動、生産が一段落するまでの短期間の供給とともに西大寺へ戻されたと推定されている。『続日本紀』に拠れば、長岡宮大極殿は、遷都の翌年、延暦四年（七八五）正月には完成、後に朝堂院と呼ばれた太政官院は、延暦五年七月に完成したことが知られ、相対的に初期の造営にも平城宮式も含まれる可能性が示唆された。軒瓦は、長岡京よりも古い時期の都である後期難波宮、平城宮のものであるが、平城宮式軒瓦の搬入時期は後述する「東宮」の造営頃まで行われなかったというのが従来の見解であった。遷都に伴う軒瓦の移動現象に造営年代を当てはめることの困難さが明確になっている。大極殿や朝堂院の構造は長岡宮で少なからず改造されたのであるから旧材も足らなくなるのは当然のことと思える。

このように、長岡京の遷都事業は、大極殿、太政官院（朝堂院）を後期難波宮の資材に求め、一部平城京の資材も搬入するという旧都資材に多くを依存した形で進められたものであった。しかし、旧材を利用しただけでなく、朝堂院南門を門闕様式とし、大極殿院の儀式空間を拡大するなど、新しい要素を含んだ設計変更を行っている。

ところで、歴代の都城との構造を比較した上で特筆される点は、大極殿院正門（閤門）を残している点である。同じ桓武朝の平安宮では門は無くなり、龍尾壇となる。この点で長岡宮の閤門は飛鳥・奈良時代の伝統を残したことになる。しかし、長岡宮では奈良時代の閤門出御が行われた形跡はないから、あくまで形式的に残したに過ぎないものであった。

3 内裏の独立と配置の意義

さて、奈良時代までの宮殿の構造と比較して、最も大きな差異は、内裏が独立したばかりでなく、大極殿の東と西に配置された点である。ただし西の内裏は裏付けが十分でないという批判[注9]もあるから確定するに至っていないという表現が正しい。

長岡宮の内裏は、『続日本紀』「西宮より東宮に御す」という記事から、延暦三年（七八四）十一月～八年（七八九）二月までの「西宮」と延暦十二年正月「東院」遷御までの「東宮」があったと考えられている。筆者は、大極殿西方の複廊で区画された某施設（宮第六五・四八一次地点他）を「西宮」と想定してきた。しかしこれを「嶋院」とする考えもある。[注10]仮に正殿級建物が確認されたとしても俄かに性格を特定することは難しい。この施設が「西宮」であることを立証するためには、木質遺物が残りやすい井戸などを確認し、遺構から木簡や墨書土器などの文字資料が出土することを待つよりない。

ところで、なぜ内裏を二つ用意して、「西宮」から「東宮」へ移転しなければならなかったのであろうか。「西宮」を太上天皇宮予定地として、今上天皇宮である「東宮」を含む二つの内裏の施設計画を待っていたとする解釈[注11]は魅力的である。「西宮」推定地は、「東宮」と比較して空間的に狭く、「東宮」の内裏機能をそのままレイアウトすることは不可能である。隠居所としての限定的な利用を保証するだけで十分であったからかもしれない。そして西宮は、東宮完成までの仮内裏として利用した可能性も想定出来よう。[注12]

東宮は、平城宮内裏の構造を引き継ぎながらも新たな施設を生み出した。まず、内裏正殿（紫宸殿）は、平城宮V期（光仁朝）の建物SB447の規模を引き継ぎ、桁行九間、梁行四間、十尺等間の三面庇・南広縁付東西棟掘立柱建物である。[注13]長岡宮内裏正殿は、これと同一規模であるが、庇の四隅を欠いて、一部に礎石を用いた礎石掘立混用建物で甍棟檜皮葺であった。東宮では、正殿を中心に長岡宮式軒瓦が約二割、内郭築地回廊を中心に平城宮式約七割、残り一割弱がその他の施設から出土するから主要殿舎と築地回廊は平城宮の資材を移動ないしそのまま移建したと推測される。施設の中には、正殿のように一部改造して建築様式を変えた施設もあった。内郭の建物配置においては、平安宮内裏との共通する点が多いが、いくつかの施設配置は異なることも判明している。平安宮内裏の春興殿相当建物は、東西棟で確認されている（宮第四七二次地点）。これは長岡宮の内裏が奈良時代の伝統的な内裏の方形プランを踏襲した結果、スペースの関係で東西棟に変更せざるを得なかったものとみられる。

また近年、東宮の南外郭築地遺構が確認され（宮第五二一次地点）、西面築地の成果（宮第三三二次地点）など過去の成果と合わせて外郭構造をもつことがほぼ確定したのである。[注14]また、外郭南面築地の規模は、基底幅が推定二・一メートル（七尺）であった。長岡宮朝堂院築地は、一・五メートル（五尺）であり、宮城大垣に匹敵するものである。東宮は、特に南面を重視していることを示すものと評価しておきたい。

まず確認すべき点は、平城宮内裏との比較である。奈良時代後半の平城宮内裏は、内郭と大極殿院を囲郭する外郭築地が巡る。長岡宮では大極殿から完全に独立し、外郭内の官衙施設（現状は北外郭のみ確認）を一部残し縮小したことになる。そして平安宮内裏外郭では、西外郭内に新たに中和院、釆女町、内膳司を配置している。すなわち、長岡宮内裏東宮は平城宮内裏の二重構造を縮小化する形で残し、平安宮中和院の成立で再度拡大したのである。しかも、平安宮で新設された中和院は、宮城の中心点に位置することになった。中和院は、天皇の親祭である神今食を行う場で、神嘉殿を主殿とする。天皇神事がいかに重要度を高めたかをはっきりと示す。長岡宮では延暦九年六月に神今食を神祇官曹司で行っているので、通常は内裏で行っていたとみられる。[注15]未だ、明確な神事重視に至っていない過渡期の様相を示すのである。

長岡宮内裏は、方形プランで、内部の基本配置において奈良時代の伝統を引き継ぎながらも、内裏を大極殿院から完全に独立し、内部構造や個々の殿舎は、平安宮内裏に引き継がれる変化が始まっていた。

二　京条坊と宅地の実態

1　長岡京の条坊制と完成度

長岡京では、平城京における不均等な面積の宅地を条坊制に組み込まざるを得なかった矛盾を解消し始めた「長岡京型条坊制」[注16]が導入された。具体的には、宮城に面する街区を平城京型として、離宮や官衙、貴族の邸宅など、主に公的な空間を配置する。以外の宅地は、すべての宅地が四〇〇尺四方となるように設計された平安京型であった。

この設計のもとで、実際の施工がどの程度の精度で、どの範囲まで進んだかについても明らかになってきた。筆者の整理では京の南方は、東西路（条路）が七条大路付近以北に限られ、南北路（坊路）のみ以南で確認され

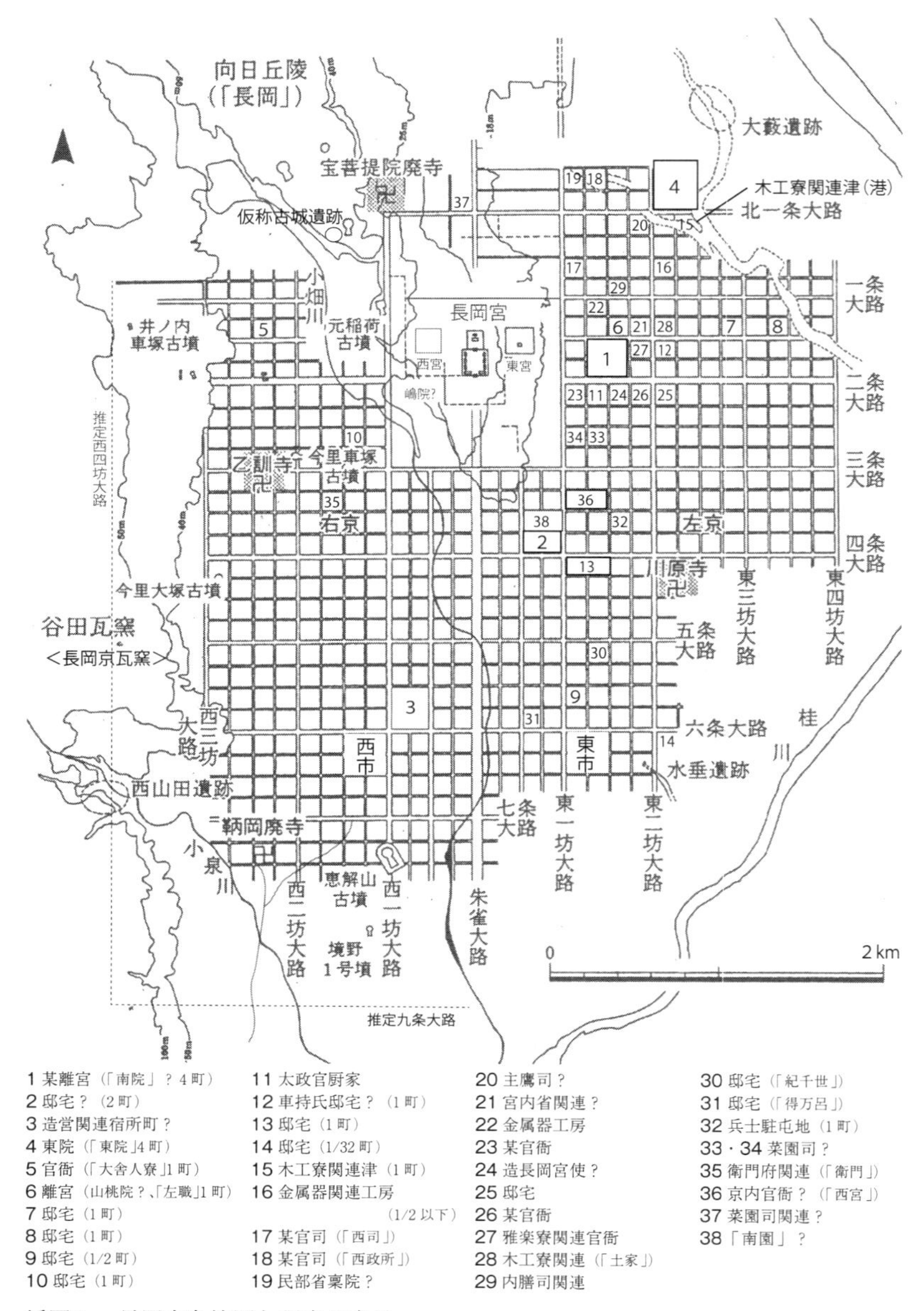

挿図1　長岡京条坊図と調査の成果

ている。[注17] 右京八条三坊の西国街道に面する古代寺院、鞆岡廃寺付近を長岡京の実質上の玄関口と位置づけ、後の国府隣接寺院と想定する考えとも調和的である。[注18]

一方、長岡京北部はどうであろうか。長岡京は、北闕型都城であるが、宮城内に配置される街区が地形の制約から北面に移動配置されている。その結果、見かけ上、宮闕型にも想定されることもある。[注19] しかし歴代都城の原型模倣の系譜上、この想定は難しい。施工段階の止むを得ない措置として取られた結果、街区が北方に広がったのであろう。少なくとも東一坊大路は、筆者の推定した一条大路以北、一・三三キロメートルまで延長されていることが判明している。この道路周辺に街区が形成されていたのかという宅地利用の問題は、未解明である。現状では都城から北方に向かう道のみが整備されているものと見ておきたい。このような京条坊を延長した場所に道路を設ける例は、平安京二条大路の延長位置で六勝寺の「二条末大路」があり、まったく実例がないわけではない。今後の調査の進展を待たねばならないが、街区は、現況で北京極小路の一町北までに止まるものと考えられる。

長岡京の条坊は、大路二四・八メートル（約八四尺）、小路・条坊間路八・九メートル（約三〇尺）を原則として、二条大路四四・四メートル（一五〇尺）、朱雀大路六五・一メートル（約二二〇尺）で復原できる。[注20] 発掘で確認された条坊遺構相互を比較し、造営時の触れを確認すると、意外にもいくつかの単位で同じ方向に振れていることが明らかになった。これは、時期差が起因する可能性もあるが、複数原点による造営単位の違いを反映している可能性が高いと見ている。すなわち、長岡京の条坊は、宮城付近、六条付近の複数の地点から同時に条坊施工をはじめて、四条付近で連結していることがわかった。いち早く造営するための方策であったのであろう。条坊道路の規模は、朱雀大路→二条大路・一般大路→小路の順にランクサイズルールがあった。重要なことは規模こそ異なるが、この原則は、平安京に引き継がれている点である。条坊制が有していた本来的なあり方は、長岡京で整理され、型式が定まったと見て良い。そして平安京は、すべての宅地を同じ方形にするという、都市性を高めたものとなった。平城京以来、手本にしたはずの唐長安の坊墻制から発展した、日本独自の条坊制を造ることに成功したのである。

2　離宮と儀式・饗宴の空間

長岡京の特色は、儀式・供宴の空間としての離宮が宮城周辺と京内の北部に多数配置されている点である。文献史料、木簡から少なくとも七つの離宮が知られ、儀式と供宴の空間となった。

史料上、最も早く登場するのが、延暦四年（七八五）の内裏と嶋院の節日饗宴、延暦六年（七八七）には、内裏（西宮）で曲水宴が行われている。そして、延暦八年～十一年まで、南院、南園、猪隈院、木蓮子院が響宴の場として登場する。史料上、離宮の多くが延暦八年以降に集中するのは、同年十二月に皇太后高野新笠の崩御、延暦九年三月の皇后藤原乙牟漏、同年九月に皇太子発病など、相次ぐ不幸と無関係ではない。内裏を避けて、京を仮内裏とする契機は、不幸による忌避が契機となったのであろう。そして、延暦十二年には平安京遷都前の仮内裏として東院が登場するのである。

桓武朝の十年ほどの期間になぜこれほど多くの離宮が造営されたのかという問題もあるが、奈良～平安時代の転換期である桓武朝に京内離宮が多数造営されるに至る過程をみることも大事である。

平城・長岡・平安京における離宮や庭園との関係を考えながら長岡京の離宮について詳述する。

まず、考古学的に存在が裏付けられたのは、嶋院、山桃院、東院の三離宮が知られている。

嶋院は、左京三条二坊一町から「嶋院≡（刻線）　物守斐太一人飯三升（表）、十月廿三日領（裏）」（『長岡京木簡』（二））とする木簡によって実在が明らかになった。嶋院に編成された飛騨匠のために某所宛にだされた請飯木簡である。某所が嶋院であれば一町が嶋院そのものの、某所が他所であれば一町以外の例えば右京三条一坊付近に推定されることになる。堀裕氏は、出土木簡の内容から一町が嶋院ないし造長岡宮使関連官司の可能性を示唆している。[注21] 嶋院は、延暦四年三月戊戌条に、「御嶋院。宴五位巳以上。召文人令賦曲水。賜禄各有差」と記され、節日の曲水宴を催した園池を配した饗宴施設が備わっていたことが知られる。また、造長岡宮使藤原種継が暗殺された「長岡宮嶋町」（『日本霊異記』下巻三八）の記事、十世紀の史料『土左日記』承平五年二月十六日条、『親信卿記（天延二年記）』閏十月二五日条「嶋坂」の記事、および明治初年までの『上植野文書・古地図』に記された小字嶋坂地名の存在から、向日丘陵南西端の段丘崖下で旧小畑川が流れていた場所に比定する見解もある。つまり、長岡宮嶋院の候補地は、宮城南西部の右京三条一坊付近か宮外南東部の左京三条二坊一町のいずれかにあったと見られている。

ところで、平城京では、法華寺のなかに「中嶋院」、「外嶋院」（総称としての「嶋院」）があり、阿弥陀浄土院になったとする見解があり、[注22] 宮城の東方の法華寺の西南隅に所在地が求められる。「嶋」の造営は、神仙思想、浄土思想を反映した伝統的世界観であるから、桓武朝長岡京にその思想が息づいていたことを証左する。

筆者は、嶋院木簡が造長岡宮使関連で出土したものと推測し、長岡宮嶋院は、宮城南西隅の右京三条一坊付近の段丘崖下、小畑川氾濫原が有力ではないかと考える。

次に、山桃院である。左京三条二坊八町出土の木簡に、山桃院の東屋（推定）に使用する釘、雨壺（あまつぼ）という建築部材の送り状があり存在が明らかになった。木簡の出土層は、延暦六年前後の埋没と考えられているが、厳密には同八年までの年代幅をもつと再評価され[注23]、この送り状は使い先で廃棄されたものと考えられ、付近に同院が存在したものと推定できる。

山桃院は、名称からみて光仁朝の平城宮楊梅宮(やまもも)の宮殿名称を引き継いだものとみてよい[注24]。平城宮楊梅宮は、宮城内東張り出し部南東に位置し、東院を継承して造営された玉石組の園池である。名称の共通性を重視すれば長岡京山桃院も園池を伴っていた可能性が高い。また、その所在地も平城宮東張り出し部に相当する、宮域の東方に想定するのが自然である。岩本正二氏は、父光仁天皇が一大事業として平城宮楊梅宮造営を行ったその思いを長岡・平安両京において引き継いだと指摘する。平城宮山桃院の性格をめぐっては、宮外の離宮にも通じる性格を帯びて、独立性の強いものであったと考えられている[注25]。長岡京遷都に伴い京内に独立した可能性が充分に想定できる。「山桃院」木簡が出土した地点は、二条大路に南接する左京三条二坊八・九町の中間地点に相当する。この木簡が出土した背景には、「嶋院」木簡と同様に、九町に想定されている「造長岡宮使」との関連で理解できよう。この木簡が付け札としての目的を完了した時点とすると、出土地点の近傍に「山桃院」が所在した可能性がある。平城宮楊梅院との位置関係から、左京二条二坊十町離宮跡がその有力候補地となろう。

東院は、延暦十二年正月二十一日、「宮を壊すため、東院に遷御」した。平安京遷都のため、東宮を解体し、桓武は仮内裏として東院に移った。長岡京の北東部、北一条三坊二・三町の調査では、この東院遺構が確認されている。東西二町域の中軸線となる東三坊坊間小路計画線上に、大形の四面庇付礎石・掘立混用建物を南北に配置し、礎石建ちの脇殿を置く、内郭構造を有する。前殿の南面は広場が存在した可能性が高く、内裏との配置上の共通性が強く示唆される。築地ないし宅地内道路で区画された西側には、内蔵寮、近衛府関連に施設が配置されている。西外郭と呼ばれたこの官衙域の南部は、多数の排水溝が設けられており、その一角から「東院内侯所収帳」木簡、「東院」墨書土器など、多数も文字資料が出土し、「東院」跡であることが裏付けられた。西外郭と呼んだ「東院」南西部は、自然流路を利用した園池が存在した可能性が高い。

延暦十二年正月の記事以降、東院での活動を知る史料はないが、平安宮内裏が完成するまでの期間、内裏で行っていた聴政や儀礼は東院で行っていたものと推察される。

このように、考古学的に裏付けられた三離宮のあり方を総合すると、奈良時代後期の光仁朝以来の庭園を供えた離宮空間を原則的に引き継ぎ、宮外の周辺に配置された嶋院、山桃院に対して、東院を代表とする長岡京になって新たな空間を選ぶという、二つの様態があることが知られる。前者は、伝統的な庭園空間である宮から京への拡大と考えられ、後者は、新たな機能をもつ離宮空間の創出と見ることができよう。

後の平安京においても宮城の南東、左京二条一坊に神泉苑がある。延暦十九年（八〇〇）八月、桓武天皇は、神泉苑に行幸した。神泉苑が平安宮の南東に接して設定された点については、長岡京南園からの系譜に求める考えは首肯したい。[注26]ただし、神泉苑の園池が平安京遷都以前より存在した自然の湧水による池であったとする地形条件に対し、長岡宮南園推定地は段丘上に位置し異なっている。南園は左京四条一坊付近がふさわしい。

ところで、宮城北方の朝堂院中軸北方道路と北京極小路の交差点付近の宅地は、長岡京期の菜園と見られる畝状遺構、池状遺構が検出され、「北苑（ほくえん）」と仮称されてきた（宮第三二六次地点）。しかし、これは園池司に関連する施設ではないかと見ている。

池状遺構と畝状遺構は、少なくとも宮城の北方に方格地割内に配置されていたとみてよいが、後の平安京では、宮城の北にある園池司の土地三二町のうち、荒廃地二町を典薬寮に充てる勅が出されており、これとの関係が想起できる。しかし、平安京では長岡京にみられるような条坊に規制された形での分布ではなく、条里制の規制に基づくものと判断できる。いずれも園池司に関連する遺構とみるのが自然であろう。

その後、東一坊大路の北延長線上、北京極大（小）路の北七九〇・五メートルの位置まで同大路が延長されていることがほぼ確定し、左京域においても北京極大（小）路の北約一八〇メートルの地点で東二坊坊間西小路の延長道路を確認している。

これら京北方の遺構のあり方は、宮城北辺の官衙、あるいは左右京街区のあり方と類似性を強め、菜園を備えた後苑としての利用はごく一部に限られていたとみることが可能になりつつある。これら方形区画が条坊制と言い切ることは問題を残すものの、丘陵・段丘地形に立地する長岡宮ゆえ、独自の都城景観が北方にも展開していたとみるのが自然ではなかろうか。

三　市と津の機能・交通網

1　市と流通拠点の形成

都城における市は、平城京では東市が「相模国朝集使解」（『大日本古文書（編年文書）』から左京八条三坊五・六・十一・十二坪に、西市が地形の影響で右京八条二坊にそれぞれ推定される。[注27]また、平安京では朱雀大路を挟んで左右京七条二坊の対称位置に所在する。要するに、奈良・平安時代は都の南部に二つの市が置かれることを伝統としていた。では長岡京はどこに市が置かれたのであろうか。かつて、左京の条里図に残る地名によって、東市を左京六条三坊に推定されたこともあったが、現在は右京七条二坊で「自司進（つかさよりすすむ）」と記す（延暦）三年十二月の年紀のある付札木簡や「市」銘墨書土器等から七条二坊が有力視されている。その後も市に関係する資料が増えた。まず、西市では、左京六条二坊十一町に面する西二坊坊間小路は西側溝が幅三・五メートル、深さ一・二メートルと通常発見される側溝規模と比べ大きく、堀状を呈しており、西市周辺での水運に関わる可能性が示唆された。[注28]一方、東市推定地では、左京六条二坊で隷開和銅銭、北西の六条大路・東一坊大路交差点で漆紗冠が出土するなど工房群の存在を推定させる成果が続いている。

従って、長岡京の東西市は、七条二坊一・二・七・八町を中心とするが、周囲に市に関係する生産関係の場が広がっていたとみられる。平安京でも同様に市周囲に工房や市人の宅地が展開し外町として成立することになる。長岡京の市の広域的なあり方は、平安京外町の原型がこの時期にはできていた可能性を示唆するものであろう。長岡京の特色は、この市町の範囲が広域的である点にある。平安京にみる周囲八町にとどまらない可能性もある。

ところで、市周辺の交通の実態を知る資料が出土している。左京七条一坊七町に面する七条条間小路北側溝から出土した告知札である。破損しているが、表面には「謹んで往還の上中下の皆様に宛てて告知する。錦織□麻呂という、年が十一才、字名は錦本と呼ぶ。右の少年は今月十日に勢多より……。皇后宮舎人字名村太之……」と書かれていた。皇后宮職の下級役人の家族であろうか。迷子を探す告示を道路脇に掲示したのち、側溝に埋没したのである。破損はしているが、それほど遠方から移動したとは考え難いので、付近にあったものと推定する。当然のことながら、告知札は、往来する人々が多い場所に掲示されたであろう。発見された場所は、左京七条一坊七町で、東市と西市の間の東市寄りに位置する。この付近の道路の通行が多いのは市に関わる賑わいと無関係ではなかろう。

さらに、都城の祓所との関係も注目される。東市の東方、六条大路・東二坊大路交差点以南は、河道から多量の土製祭祀具と木製祭祀具が出土した水垂遺跡がある。また、西市の西方、西四坊大路付近には多量の土製祭祀具が出土した西山田遺跡がある。いずれも京の造営範囲の南東と南西での大規模祭祀が行われたことが明らかになっている。ちょうど、これらの祭祀遺跡が東西市とほぼ同じ都の南部にあることは、都の境界としての祭祀という性格とともに、市における巷の形成と関係するのであろう。[注29]

2 津の開発と路の交通網整備

長岡京遷都が行われた延暦三年七月、阿波、讃岐、伊予の三国に命じて山崎橋を造らせた（『続日本紀』）。これは遷都に伴い平城京から長岡京へ資材を運ぶため、水陸の便のための架橋と見られる。[注30]しかし、以降、近江「古津」の「大津」改称（延暦十三年）、長岡京と平安京の間に当たる桂川の左比津（延暦十四年）、長岡京南方、河川合流地点の淀津が延暦二十三年（八〇四）とそれぞれ開かれ、内陸部の津港の整備が進んだ。この港津と道路によって都城周辺の道路網が桓武朝を中心とする時期に整備されたと考えられる。[注31]このように見ると、山崎津の新設は都城を取り巻く交通体系再整備における最初の政策と見て良い。これは飛鳥時代以来の外交の港津としての難波津の機能を内陸部に移す目的があったのではないかと推測する。[注32]もっとも難波津は、長岡京遷都後も機能を失うことがなかった。延暦四年、淀川と三国川を繋ぐ開削工事が行われた。すでに指摘されているが、これは難波津を経由しない、瀬戸内海と長岡京を結ぶ新航路の開発が目的であったのであろう。

山崎津の開発とともに長岡京を結ぶ路の整備も進められた。長岡京の南西にある、百々遺跡では八世紀末～九世紀初頭の長岡京期頃に道路跡が確認され西国街道に並走するので「古西国街道」と呼ばれた。[注33]現在の西国街道より広い、両側溝外側肩間で二一・四メートル（路面幅一一～一二メートルほど）の相当規模を有していた。また、路辺の建物群は、都城の方位性である真北に近くなった。まさに、国家的造営による路の交通整備を示すものであろう。

四　長岡京の葬地の伝統性

平城京から長岡京への遷都に伴って、天皇や貴族・官人層も葬地を移動させたと考えられる。[注34] 平城京は歴代の天皇が平城京の北東を葬地とし、貴族の葬地も基本的に大和国を超えて造営されることはなかった。しかし、大和国から山城国へ遷都すると山城国を葬地とすることになる。桓武朝長岡京の葬地は、山城国と河内国交野郡、桓武朝平安京では山城国に固定化された。既に述べたように、長岡京の後半期は、桓武の近親者が多く亡くなる。桓武夫人藤原旅子、皇太后高野新笠、皇后藤原乙牟漏、皇太子早良親王、皇太子妃藤原帯子は、長岡京に都があった時期に亡くなっており、その多くが長岡京北方に葬地が求められたと見られている。藤原旅子は、延暦七年に亡くなり、喪葬は旅子邸で行われ、墓は「宇波太陵」として乙訓郡に葬られた。長岡京北方の大枝に推定されている。皇后高野新笠は、延暦八年末に亡くなり、翌年大枝山稜に葬られた（『続日本紀』）。このように、原則的に皇親は長岡京の北方に葬地を集めており、平城京の伝統を引き継ぐ傾向を読み取ることができよう。ただし、例外もあった。皇太子早良親王は、延暦四年の藤原種継事件で連座し、同年九月に淡路に移送中に亡くなり、淡路で埋葬された（『日本紀略』）。これは「親王の屍を淡路国に移送したのは、明らかに長岡京の近くに親王を埋葬することを避けたため[注35]」と考えられる。藤原帯子は、延暦十三年に病となり、長岡京にあった木蓮子院に移るが急死した（『類聚国史』）。そして、大和国の河上陵に葬られたとされる（『陵墓歴名』）。帯子の場合も、いわば忌避から長岡京の葬地に葬られなかったのであろう。

以上から、桓武朝長岡京での皇親の葬地は、長岡京北方に置かれるという奈良時代以来の伝統を残していたと推測できる。一方、庶民層は、京の縁辺に葬地が置かれたと推測できる。長岡京の南東、左京七条三坊（水垂遺跡）は、実質的な長岡京南東隅部と推測されるが、当時流れていた埋没河川の周囲で多数の木棺墓、土器棺墓が発見されている。後の平安京南東隅部の左比河原に通じる様相をもつ。「凡そ皇都及び道路の側近は、並びに葬り埋むることを得じ。」（『喪葬令』）と規定され、京内の葬地を禁じているから、長岡京における令の規定の徹底ぶりを示すものであろう。[注36]

終わりに――桓武朝という時代――

以上、冒頭に示した諸問題について、論じた点を整理してまとめとしたい。

（一）長岡宮の宮殿構造は、丘に宮殿を配置するという、首都として異例の選地が行われ、朝堂院に楼閣を新築するなどの独自性の強いものであった。これは唐長安の宮殿（例えば大明宮）を模倣した唐風志向を反映したもので、平安京にも引き継がれた理念形とみられる。

（二）内裏の独立と天皇の京内離宮の存在は、奈良時代にはない長岡京で始まった現象である。これらは皇権力の集中化と象徴化をはかるための宮廷儀礼の場の増加を示すもので、桓武朝長岡京を最も特色づける現象と言える。

（三）条坊制は、道路規模に明確な格差を設け、土地の広さを重視した宅地班給を実現するための都市改革を進め、奈良~平安時代の変革期の様相をよく示す。条坊の施工は、北限が北一条大路の二町北、南限が八条条間小路付近まで完成していた。

（四）東西市は、東西七条二坊に推定され、市の周囲に平安京諸司厨町・外町の原型となる工房群が形成されていた。市は京外の道とも繋がり、祭祀具のあり方から巷が形成されていたと推測できる。

（五）山崎津、路の交通網整備は、国家的政策であり、山城国の内陸部に新たな交通拠点を作るためのものである。

（六）桓武朝長岡京の葬地は、都の北に配置する点で奈良時代の伝統を強く残す在り方で、平安京に至って新たな葬地の転換が行われた。

（七）以上を総合すると、桓武朝という時代は、奈良時代の伝統を残しながらも長岡京建設を直接契機として、平安京に至るまで、皇権の正当化を強めるための実効的政策を様々な面で計画的に進めようとした時代ということができる。しかし、桓武自身の祟りへの忌避、延暦十一年の災害など、長岡京後半期の出来事は、長岡京で実現しようとした都城建設を見直し、平安京建設への変更を余儀なくされたのである。桓武朝の正当性の実現は、結果的にやや遠回りをする選択を選んだことになる。

注

1　井上満郎『桓武天皇と平安京』吉川弘文館、二〇一三年。

2　西本昌弘『桓武天皇』日本史リブレット011、山川出版社、二〇一三年。

3　『日本後紀』延暦二十五年四月七日条。

4　注1文献七七～七八頁参照。この点は既に井上満郎『桓武天皇』ミネルヴァ書房、二〇〇六年、二一三～二一四頁でも指摘されている。

5　大隅清陽『律令官制と礼秩序の研究』吉川弘文館、二〇一一年、三八〇頁、橋本義則「平安京の成立と官僚制の変質」『岩波講座日本歴史』第四巻古代四、岩波書店。

6　内裏の独立については、吉川真司氏が延暦四年元日朝賀における兵衛叫閤儀礼の停止を根拠に早くから指摘し（吉川真司「長岡宮時代の朝廷儀礼――宝幢遺構からの考察――」『都城一〇』向日市埋蔵文化財センター、一九九九年）、筆者が開折谷の存在等から大極殿北方ではなく、西方に推定した（國下多美樹・中塚良「長岡宮の地形～丘と水の都」『都城一四』向日市埋蔵文化財センター、二〇〇三年、國下多美樹「長岡宮城と二つの内裏」『古代文化』第五九巻第三号、二〇〇七年）。ただし、異論もあり確定できていない。

7　吉川真司「長岡宮時代の朝廷儀礼――宝幢遺構からの考察――」『都城一〇』向日市埋蔵文化財センター、一九九九年。

8　古閑正浩「長岡京の造瓦組織と造営過程」『考古学雑誌』九五巻二号、二〇一一年。

9　山中章「長岡宮嶋町と西宮――考古資料からみるその位置と構造――」部会ニュース古代史部会『日本史研究』六四九号、二〇一六年。

10　注9と同じ。

11　橋本義則『平安宮成立史の研究』塙書房、一九九五年。

12　その他、唐長安の宮城南西部に配置された皇后の政務空間である「椒庭宮」との関係も想定する向きもあるが、皇后は、内裏後宮に入ったはずであるから、これはあり得ないことと考える。

13　奈良国立文化財研究所『平城宮発掘調査報告』XIII（奈良国立文化財研究所学報第五〇冊）、一九九一年。

14　宮第五二一次：『向日市埋蔵文化財調査報告書』第一〇八集、向日市教育委員会・向日市埋蔵文化財センター、二〇一八年。

15　橋本義則「長岡宮東宮の空間構造」『平安宮成立史の研究』塙書房、一九九五年、一三二頁。

16　山中章「古代条坊制論」『考古学研究』三八巻第四号、考古学研究会、一九九二年。

17　國下多美樹「長岡京跡条坊遺構一覧」『年報都城』一九、向日市埋蔵文化財センター、二〇〇七年。同「長岡京」『都城――古代日本のシンボリズム』青木書店、二〇〇七年、八五頁、図六参照。なお、近年、八条条間北小路南側溝と推定される溝が確認されており、恵解山古墳の北端付近までの造営は確実視できるようになった。ただし、以南に当たる八条一坊で西一坊坊間西小路西側溝、九条一坊十五町で西一坊大路東側溝にそれぞれ推定される溝が検出されており、坊路については続く様相を示す。なお、この地域は、平安時代（十世紀前半）まで遺構・遺物が継続し長岡京廃都後の京南に置かれた第三次山城国府推定地でもある。

18 古閑正浩「畿内の国府・国庁」『講座畿内の古代学』第一巻、畿内制、二〇一八年。

19 梅本康広「長岡京」『古代の都3　恒久の都平安京』西山良平・鈴木久男編、二〇一〇年。

20 國下多美樹「長岡京型条坊制の新復原」『龍谷大学考古学論集』Ⅱ、龍谷大学考古学論集刊行会、二〇一二年。

21 堀裕「長岡京造営組織と左京三条二坊一・八・九町」『長岡京木簡』二、向日市埋蔵文化財センター・向日市教育委員会、一九九三年。

22 岸俊男「嶋雑考」『日本古代文物の研究』塙書房、一九八八年。

23 國下多美樹「古代都城の内裏と離宮――長岡京東院跡の評価を中心に――」『立命館大学考古学論集Ⅲ』立命館大学考古学論集刊行会、二〇〇三年。

24 岩本次郎「楊梅宮考」『甲子園短期大学紀要』一〇号、一九九一年。

25 吉川聡「文献資料より見た東院地区と東院庭園」『平城宮発掘調査報告』XV、二〇〇三年。

26 吉野秋二「神泉苑の誕生」『史林』第八八巻六号、二〇〇五年。

27 ａ今泉隆雄「「平城京市指図」と東西市の位置」『古代宮都の研究』吉川弘文館、一九九三年。
ｂ舘野和己「コラム　市の場所を示す「平城京市指図」」『日本古代の交通・交流・情報』遺跡と技術、吉川弘文館、二〇一六年。

28 『長岡京跡第一一五九次調査現地説明会資料』長岡京市埋蔵文化財センター、二〇一七年八月十一日。

29 國下多美樹「都の市とその周辺」『龍谷大学日本古代史論集』創刊号、二〇一八年。

30 高橋美久二『古代交通の考古地理』大明堂、一九九五年。

31 古閑正浩「平安京南郊の交通網と路辺」『日本史研究』五五一号、日本史研究会。

32 國下多美樹「長岡京遷都と後期難波宮の移建」『難波宮と都城制』中尾芳治・栄原永遠男、二〇一四年。

33　『京都府遺跡調査報告書　百々遺跡』京都府埋蔵文化財調査研究センター、一九九八年。

34　長岡京期の葬地の文献記録については、次の文献を参考にした。
a橋本義則「日本古代の宮都と葬地」『東アジア都城の比較研究』京都大学出版会、二〇一一年。
b橋本義則「日本古代の宮都と葬地――文献史料の整理と基礎的検討――」『都市と環境の歴史学』（増補版）第3集、特集
　東アジアの都城と葬制、二〇一五年。

35　文献34b橋本論文、三〇七頁。

36　國下多美樹「都城の葬地――長岡京域発見の墓をめぐって――」『史聚』第五〇号記念号、史聚会、二〇一七年。なお、長岡
京域内で木棺墓が発見されているが、いずれも廃都後の施設と判断できる。

平安京を探る

吉野　秋二

はじめに

平安京研究は、前近代のそれも含め重厚な蓄積がある。「平安遷都千百年紀念祭」が行われた一八九五年には湯本文彦編『平安通志』が、平安建都一二〇〇年記念事業が行われた一九九四年には古代学協会・古代学研究所編『平安京提要』が編さんされ、それ以前の平安京研究の総括がなされた。[注1] 一九九四年前後には、足利健亮編『京都歴史アトラス』なども刊行され、[注2] 基本文献として活用されている。

平安京研究は、文献史学と考古学・地理学などとの学際的研究によって推進されてきた。[注3] 本稿では、平安京研究の現段階について、平安京復原の方法論を中心に概観する。その上で、近年の重要な発掘調査成果を素材に、文献史学の立場から、今後の学際的研究の方法について展望してみたい。

一　平安京復原研究の材料

挿図1平安京全体図は、現代の京都市域・周辺の地図に、平安京の条坊復原図を重ねたものである。[注4]

日本古代都城の復原研究は、平城京と平安京を中心に推進されてきた。

平城京の復原研究は、幕末の国学者北浦定政の研究を嚆矢とする。[注5]平城京域は、藤原京や長岡京とは異なり、廃都後、条坊地割が残された形で農村化した。定政は、西大寺蔵の右京図・三宝料田畠目録など諸史料の情報を集成する一方、平城京推定域を踏査して地形図を作成し、現地の村名・字名などを史料と照合し条坊を復原した。明治以後の平城京研究は、彼の方法を継承する形で進められた。条坊に関しては、発掘調査によって検出される遺構データと条坊地割を精密に整合する作業が進められた。[注6]

これに対し、平安京復原研究は、江戸時代の有職故実的研究、特に、裏松固禅（光世）のそれが重要な意味を持つ。固禅の研究は、寛政の復古内裏造営の基本資料として活用され、晩年、『大内裏図考証』に集約された。これにより、平安京、特に内裏など宮域に関する室町期以前の基礎史料は、古図類も含め、網羅的に集成された。明治以後は、平城京域同様、実地測量・発掘調査などの手法によって、復原作業が進められている。挿図1は、そうした調査・研究成果を踏まえたものである。

以上のように、文献史学、考古学、地理学的手法の総合という点で、平城京研究と平安京研究は方法論の基本を共有しているといえる。

しかし、文献史料の質・量、特に、全体像を直接的に示す史料が存する点で、平安京研究は条件に恵まれている。特に重要なのが、左掲『延喜式』京職式・京程条である。

京程
南北一千七百五十三丈
　北極幷次四大路、広各十丈
　宮城南大路十七丈
　次六大路各八丈
　南極大路十二丈
　羅城外二丈、垣基半三尺、犬行七尺、溝広一丈
　路広十丈
　小路廿六、広各四丈
　町卅八、各卌丈
東西一千五百八丈　通二計東西両京一
自二朱雀大路中央一至二東極外畔一七百五十四丈
朱雀大路半広十四丈
次一大路十丈
（中略）
小路十二、各四丈　一路加二堀川東西辺各二丈一、
町十六、各卌丈、

右京准レ此

（後略）

本条は、平安京の規模に関する規定である。まず南北長を一七五三丈とした上で、一条大路とその南の四大路（土御門、近衛、中御門、大炊御門）の道幅を一丈、二条大路（宮城南大路）のそれを一七丈、以下の六大路（三条～八条）のそれを八丈、南極大路（九条）を一二丈とする。「羅城外二丈」は、九条大路南の羅城に関する規定で、築垣の基の半分を三尺、築垣南の犬行を七尺、その南の溝を一丈とする。つまり、築垣の南半と犬行、溝を合計した数値である。さらに規定は続き、大路以外の小路は計二〇本で道幅は四丈、南北の町数は三八町、各四〇丈四方とする。

一方、これにつづく部分では、東西長を一五〇八丈と規定した上で、南北道路に関して大路の道幅、小路の本数、町数（左京・右京別）、町の規模などを規定する。後略部分では、朱雀大路以下、平安京内の大路・小路について、前述の「羅城外」と同様に、道幅の内訳（「自垣半至溝辺」、「溝広」、「両溝間」）が示されている。

『延喜式』は、延喜五年（九〇五）に編さんが始まり、延長五年（九二七）に完成したが、式文の立文は、『弘仁式』、『貞観式』とその後の式を取捨編集する形で行われた。したがって、個々の式文の制定時期を正確に判断するのは、難しい場合が多い。

しかし、京程条に関しては、左掲の関連史料が残されている。

今案、延暦十三年十一月廿一日、造京式、京中大小路并築垣堀溝條坊、使従四位下民部大輔兼東宮学士右衛門督菅原朝臣真道、（中略）従六位下行相模大目行下道朝臣継成等、奉レ詔検録貢奏。

三善為康著『掌中歴』（平安時代後期成立の百科全書）京兆歴の末尾の部分である。「今案」に続く「延暦十三年」

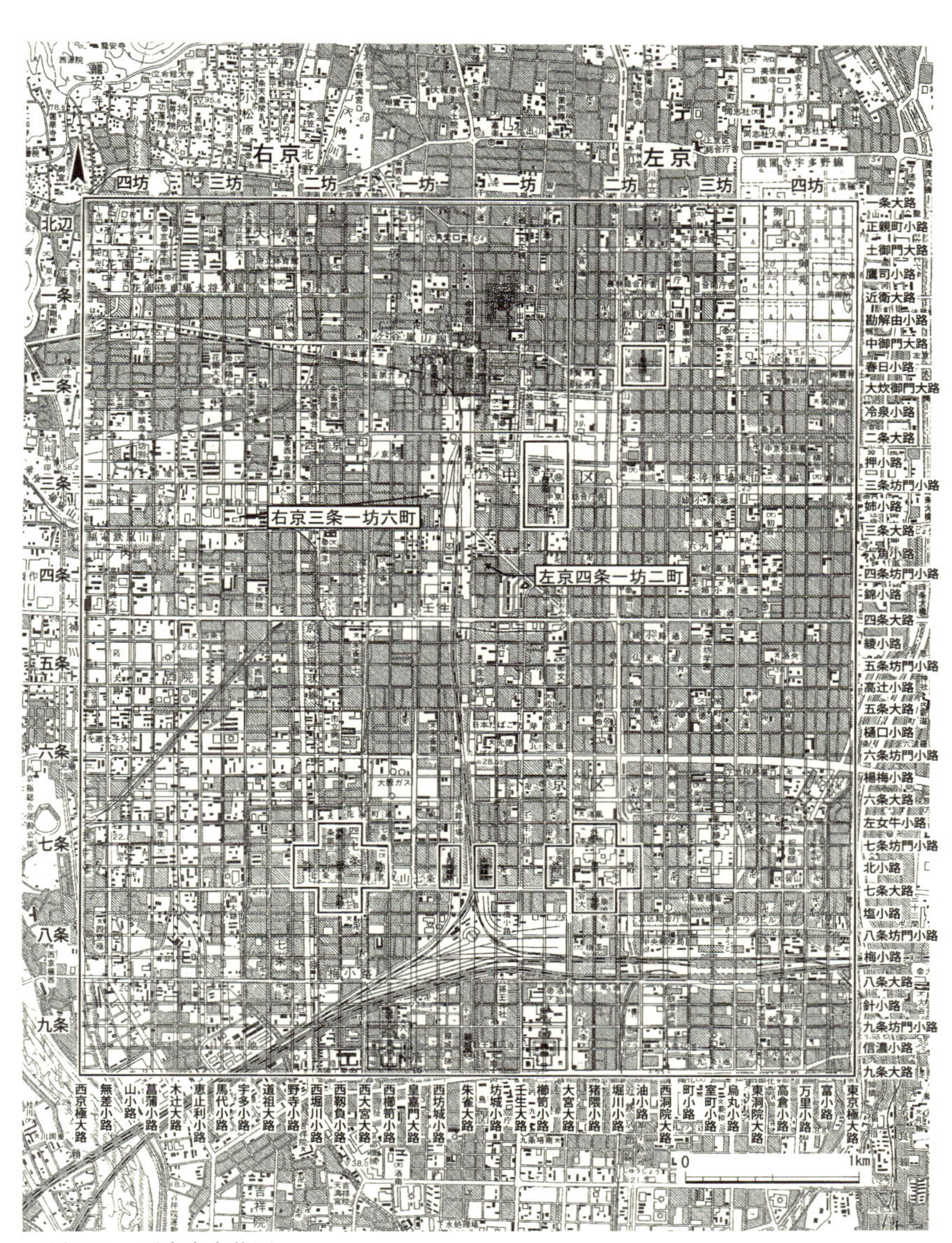
右京
左京
四坊
三坊
二坊
一坊
一坊
二坊
三坊
四坊
北辺
一条
二条
三条
四条
五条
六条
七条
八条
九条
一条大路
正親町小路
土御門大路
鷹司小路
近衛大路
勘解由小路
中御門大路
春日小路
大炊御門大路
冷泉小路
二条大路
押小路
三条坊門小路
姉小路
三条大路
六角小路
四条坊門小路
錦小路
四条大路
綾小路
五条坊門小路
高辻小路
五条大路
樋口小路
六条坊門小路
楊梅小路
六条大路
左女牛小路
七条坊門小路
北小路
七条大路
塩小路
八条坊門小路
梅小路
八条大路
針小路
九条坊門小路
信濃小路
九条大路
右京三条一坊六町
左京四条一坊二町
西京極大路
無差小路
山小路
葛蒲小路
木辻大路
恵止利小路
馬代小路
宇多小路
道祖大路
野寺小路
西堀川小路
西靭負小路
西大宮大路
西櫛笥小路
皇嘉門大路
西坊城小路
朱雀大路
坊城小路
壬生大路
櫛笥小路
大宮大路
猪隈小路
堀川小路
油小路
西洞院大路
町小路
室町小路
烏丸小路
東洞院大路
高倉小路
万里小路
富小路
東京極大路
0
1km

挿図１　平安京全体図

以下の記述は、夙に今泉隆雄が指摘するように、延暦十三年(七九四)十一月二十一日に、平安宮造宮使が桓武天皇に奏上した平安京「造京式」を摘記したものと考えられる(「菅野朝臣真道」を「菅原」とするなど、一部に誤記がある)[注7]。造宮司は、十月二十二日の遷都前後に行われた祝賀行事の一環として、「造京式」を貢上したのである。『掌中歴』は、「造京式」の内容を「京中大小路幷築垣堀溝条坊」、つまり平安京内の大路・小路と築垣・溝・条坊に関するもの、と述べる。これは、前掲の『延喜式』京職式・京程条の内容と合致する。今泉が推測するように、『延喜式』京職式・京程条は、延暦十三年十月二十二日奏上の「造京式」、すなわち平安宮造宮使が作成した平安京の設計プランに基づくものだろう。

平安遷都の場合、遷都に先立ち、延暦十二年九月二日に宅地班給、十三年七月一日に東西市の移転等が行われている。したがって、遅くとも、延暦十二年九月二日以前に「造京式」は策定され、条坊の基本的部分が施行されていたと考えられる。

九条家本『延喜式』(東京国立博物館保管)には、京程条に続いて「左京図・宮城図・内裏図・八省院図・豊楽院図・右京図」が付されている[注8]。これらが『延喜式』完成時点から具備されていたか否かは確定していない。「左京図」・「右京図」に関していえば、九条家本のそれは、施設・邸第等の情報が左京に偏るなど平安後期の状況を示している。しかし、延暦十三年十月奏上の「造京式」に、「左京図」・「右京図」に相当する条坊図が付属した可能性は大きい[注9]。

平安京復原研究では、『延喜式』京職式・京程条の記載を前提に、それが発掘調査で検出される条坊遺構とどのように対応するかが検討される。その精度は、一九七七年・七八年の公共測量基準点の設置により飛躍的に向上した。

一九八一年には、京程条を数値化した条坊復原モデルが、三三一地点の条坊データから初めて作成された。[注10] このモデルは、京域全体が同じ基準尺（一尺＝二九・八四四五一八センチメートル）、同じ振れ（南北方位は国土座標北から〇度一四分二三秒西に振っている）との仮定に立ったものである。この仮定をもとに算出した条坊の想定ラインと、実際に発掘調査で検出される道路側溝などは、標準偏差で±〇・九九メートル誤差の範囲に収まる。例えば、京程条では、一町の面積を一律に「各卌丈」と規定するが、実際、全域で、一町が均一に造成されていることが確認されている。

もちろん、平安前期には京域の東南・西南隅部では条坊遺構が確認されないなど、例外的事象は発生している。[注11] しかし、それは、設計プランとしての京程条の信憑性を揺るがすものではない。

平安京造京式は、『延喜式』京職式に京程条として掲載され、支配者集団に公開・共有された。隋唐長安城・洛陽城など中国の都城に関して、京程条にあたる史料は存在しない。中国の都城は、羅城の存在に象徴されるように、軍事的性格が強かった。都城の設計に関わる文書等は、機密性の高い軍事情報として扱われた可能性が高い。京程条の存在は、日本古代都城の非軍事的特質を反映しているのかもしれない。

『延喜式』は、平安中期以後も、公家社会で公事典拠として尊重され、近世には国学者によって祝詞式、神名式などを中心に有職故実的研究が行われた。京程条など左右京職関係の式文も、『掌中歴』や『拾芥抄』などの百科全書に収録され探究された。平安京の復原研究の水準は、形制に関していえば、世界の古代都市を見渡しても卓越した水準にある。

しかし、住民の居住状況など実態分析に関わる問題群は、正倉院文書・木簡などの一次史料に恵まれた平城京と比べて、追究が難しい面がある。次章では、最新の調査研究成果を手がかりに、そうした問題に取り組んでみたい。

二　平安京の実態――左京四条一坊二町跡・右京三条一坊六町跡――

本章では、近年、文献史学の立場から、平安京跡で行われた二つの発掘調査成果を考察し、平安京の実態に迫りたい。

1　左京四条一坊二町跡

左掲は、嘉保二年（一〇九五）正月十日「大江公仲処分状案」（『平安遺文』一三三八）の一部である。[注12]

処分目録
一坊城地壹町　在二左京四条一坊二町一
丑寅角捌戸主　西三四行、北一二三四門
建二板葺五間四面寝屋一宇一　東北二面、有二孫庇一
四間二面廊二宇
五間二面雑舎一宇
三間倉代一宇　但在二西地一、分可二移渡一
三間一面車宿一宇　但在二南地一、分同可二移渡一
此外有二六間四面屋一宇一、於二件屋一者、所分二宛男一以実也、隔二中垣一之日、可レ渡二南地一也。
（中略）

一美福地壱町　在㆓左京七条一坊八町㆒、建㆓三間四面屋一宇㆒
西三条地壱町　在㆓右京三条一坊六町㆒、建㆓三間四面屋一宇㆒
件弐箇所、先年之比、各従㆓領主手㆒、限㆓価直㆒所㆓買得㆒也。子細具見㆓券文㆒。而伝領之後、建㆑屋栽㆑樹、掘㆑池洒㆑泉、屢為㆓避暑納涼之地㆒、自留㆓遊興慶翫之思㆒。定有㆓輪廻之餘㆒、□為㆑恐々々。仍計㆓量仏堂用途、千僧供等料㆒。若会㆓恩免㆒、早帰京者、身自可㆑遂㆓其懇懐㆒、不㆑然者、子孫之中、孝心之輩、可㆑果㆑之。努力々々、莫㆓違失㆒而已。
（下略）、

嘉保元年十二月二十九日、散位従四位下大江公仲は、散位藤原資俊の邸宅に押し入り、強盗・放火・殺人を犯した罪により、隠岐国に流罪となった。その際、公仲は、右掲の処分状を作成し、妻子・近臣などに財産を処分した。公仲の祖父公資は遠江守、父広経は伊勢守の官歴があり、「受領層」に属する中級貴族である。同一家系には、大江匡衡など文人・歌人が多い。

処分状は、公仲が平安京内に所有する宅地として、一条目で、平安京左京四条一坊二町（「坊城地」）、二条目で、七条一坊八町（美福地）、右京三条一坊六町を列挙する。配列、宅地の内実に鑑みると、左京四条一坊二町のそれが本宅と考えられる。

公仲は、子孫への相続を念頭に置き、四条一坊二町を四分割している。主要建物が集中するのは東北部（丑寅角）で、中心建物は「板葺五間四面寝屋」、その他に「四間二面廊」「五間二面雑舎」などが見える。これら以外は東南部に、車宿や書倉がある程度だが、西南部（未申角）は「堂敷地」とされているから、仏堂を建設する計画だったらしい。

その後、この地は、藤原為隆の所有となった。為隆は、蔵人、木工頭、左中弁、勧学院別当、遠江守などを経て、保安三年（一一二二）正月に蔵人頭、十二月参議に任ぜられた人物である。

為隆は、大治二年（一一二七）十月一七日、左京四条一坊二町に仏堂を建て、供養を行った（『中右記』同日条）。仏堂には、丈六阿弥陀如来像、薬師如来像、不動明王像、四天王像が安置され、その前面には、池が掘られ築山が築かれた。池辺には、懺法堂、迎講堂、鐘堂なども建造された。大治五年、為隆はこの地で死去する。彼は、臨終の地として、この地を選択し仏堂を造営したと考えられる。

平安京内に貴族が造営した仏堂としては、慶滋保胤が『池亭記』に描いたそれが著名である。保胤は、具平親王から六条坊門南、町尻東隅に四分の一町の宅地を買得し、「小宅」を建てた。邸内には、主屋、書庫、島・橋・船を配した池、薬園、芹田などがあり、邸宅の一角には仏堂が付属していた。かかる邸内仏堂は、平安中期以後事例が増加する。

『本朝世紀』所収寛治元年（一〇八七）八月二十九日付官宣旨では、両京に堂舎が多数建造されている状況を憂慮し、「先符」の旨に任せて、「重ねて」禁止している。十一世紀後期段階でも、京内の堂舎建築が禁止されていること、それが遵守されず、同趣旨の法令が頻繁に発令されていることが窺える。この寛治元年官宣旨も実効性をもった形跡はなく、邸内仏堂の「供養」が客を招待してより公然と行われるようになる。[注13]

京内の邸内に仏堂を営むこと、それ自体は、平安前期段階から行われている。ただし、仏的現実と一線を画し、園池の風流を愛でる文人的美意識を反映したものが多く、総じて規模は小さかった。[注14]しかし、平安中期以後、邸内仏事や追善法会の増加、日常的な仏教的所作の進展によって、邸内仏堂は一般化・大型化し、少なからぬ邸宅が寺院に転化することになった。

前述したように、藤原為隆が建造した左京四条一坊二町の坊舎には、鐘楼が存在した。

嘉保二年、前関白藤原師実の北政所源麗子によって堂供養が行われた「京極殿御堂」では、「洛中」を憚り、瓦を葺くことと鐘楼を建てることは回避されている。為隆の場合、故意に禁制を無視しているわけだが、それが咎められた形跡はない。

二〇一四年、左京四条一坊二町跡（現在の京都市中京区壬生朱雀町）で、京都市埋蔵文化財研究所による発掘調査が行われた。[注15] その結果、平安前期（八世紀末～九世紀後半）・中期（九世紀後半～十一世紀末）・後期（十一世紀末～十二世紀）の遺構・遺物を検出し、土地利用の変遷が明らかになった。

特に後期に関しては、建物遺構と共に、池・入江・遣水遺構などが検出された。これらは、「風流絶妙」と記された藤原為隆邸の庭園として相応しいものである。礎石建建物が瓦を伴う形で発掘されているので、建物の一部に瓦が使用されていた可能性が高い。[注16] 浄土式庭園を伴った仏堂の実例として、今後、基準となる発掘調査事例といえる。

以上のように、左京四条一坊二町の発掘調査は、平安後期の邸宅史・庭園史にとって、画期的な成果となった。しかし、新発見はそれだけに止まらなかった。邸宅・庭園遺構の下層の井戸跡から、次のような木簡が発掘されたのである。[注17]

□□〔なにカ〕は□〔つカ〕にさ□〔くカ〕やこのはなふゆこもりいまはゝるへと□く□□〔やカ〕のはな□□

×□□□〔くカ〕るまらとすかたそ□〔えカ〕てはへる□□□□〔つといカ〕

木簡は四つの断片からなるが、上下は欠損している。伴出遺物から、年代は九世紀末～十世紀初期と考えられる。釈文は全文平仮名で記したが、字母（字源となった漢字）を示すと、右行は、「□□〔奈カ〕〔尓カ〕波□〔川カ〕尓左□〔久カ〕也己能波奈不由己毛利以末波、留阝度□久□□〔也カ〕能波奈□□」、左行は、「□□□□〔久カ〕留末良度寸可多曽□〔衣カ〕天波阝留□□□□〔徒度以カ〕」となる。
右行には、「難波津の歌」の全文「難波津に　咲くやこの花　冬ごもり　今は春べと　咲くやこの花」が仮名で書かれている。この歌を記した資料は、木簡・墨書土器・文字瓦など三〇例以上あるが、ほとんどは、歌の一部（多くは初句）を記したものである。[注18] 歌の最後の「奈」の下にも墨痕があるが、その意味は分からない。
左行は欠損部分が大きいが、右京同様、基本的には仮名で書かれていると推測される。ただし、「はへる」（侍る）と読める箇所が存することから、散文である可能性が高い。文字の大きさも、右行より大きく異質である。一案として、「まらと」を「客人」、「すかた」を「姿」と解し、「客人姿ぞ得てはべる（客人の姿を得ております）」という文章を想定し得るが、なお検討を要する。[注19]

近年の研究では、和歌が書かれた木簡に関して、①典礼（歌会などの儀式・儀礼）の場で和歌を詠む際の道具として使用されたもの、②習書・試し書き、という二類型が想定されている。①は約二尺（六〇センチ）の長大な木簡に仮名書き一行という形式が推定されている。[注20] 一方、②は定型がなく、歌の一部、特に初句が書かれるケースが多い。しかし、この木簡は、いずれにも該当しない。『古今和歌集』成立直前期の貴重な一次史料として、今後、和歌研究にも重要な意味をもつものといえる。

左京四条一坊二町跡の発掘調査では、他に九世紀前半期の遺構から、①医書（『本草集注』または『新修本草』）を習書し、「消石」（硝石・硫酸ナトリウム）の薬としての効能を「消石味苦辛寒」と説明した木簡、②上部中央に「返上」などと記した上で、下部に二行書で、返上する物品名と返上の理由を示した木簡も出土している。②は、物品の出納に関与する公的機関（部署）の存在を示唆する。

しかし、平安前期に関しては、唯一平安京跡最大級の大型井戸一基が発掘されたことを除くと、顕著な遺構は検出されていない。ただし、朱雀大路に面する地で、対面の右京四条一坊東半部には朱雀院が立地し、北接する左京四条一坊一町からは、「朱雀院炭日記□十一年五月十三日始」と書かれた題籤軸木簡が出土している。[注21]文献史料には記録がないが、平安前期においても、左京四条一坊二町を邸宅や公的施設として利用する場合があり、その際、上記の木簡が作成・廃棄されたのだろう。

従来、平安遷都以後、「木から紙へ」という書写材料の変化よって、木簡は急速に使われなくなったと考えられていた。しかし、近年、平安京左京九条三坊十町跡から平安前期の施薬院関係木簡がまとまって出土するなど、状況がかわりつつある。[注22]平安京域は、台地状の地形上にある宮域を除き、平城京域よりも地下水に恵まれ木簡が残りやすい地勢環境にある。今後も、特に平安前期に関しては、まとまった数量の木簡が出土する可能性は十分残されている。

貴族邸宅の状況など、平安京の利用形態を示す史料は、貴族の日記など十世紀後期以後を中心に残存する。左京四条一坊二町跡の発掘調査は、平安京復原研究の限界を克服する上で、貴重な成果となった。次節では、本節と関係する発掘調査成果をもう一つ紹介し、その意義を論じてみたい。

2　右京三条一坊六町跡

前掲嘉保二年正月十日「大江公仲処分状案」によれば、大江公仲は、左京四条一坊二町の本宅と共に、左京七条一坊八町と右京三条一坊六町に邸宅を保有し、前者を「美福地」、後者を「西三条地」と称していた。公仲は、これらの地に、園池を造営し、避暑や遊興に利用していたが、将来仏堂を営むことを望み、生前に造営できない場合、懇懐を実現するよう子孫に伝えている。

平安京内に園池を造営する場合、条坊側溝などから導水されることはなく、湧水からの導水、旧流路の伏流水など清らかな水が求められた。[注23] 公仲が京内に所有した左京四条一坊二町、左京七条一坊八町、右京三条一坊六町は、いずれも園池を造成し得る地勢状況にあった。これは偶然ではなく、文人貴族の血を引く公仲の趣向を反映したものだろう。

この内、右京三条一坊に関しては、『拾芥抄』西京図の右京三条一坊六町に「西三条」の注記がある。「西三条」とは、清和期に右大臣をつとめた藤原良相の邸宅、西三条第を指すと考えられる。[注24]『日本三代実録』には、貞観元年（八五九）四月十八日癸卯条に「皇太后遷レ自二東宮一、御二右大臣西京三条第一」、貞観二年四月二十五日条に「皇太后遷レ自二右大臣西京第一、御二東五条宮一。」とある。「西京三条第」「西京第」は西三条第の別名で、皇太后藤原順子は、貞観元年四月に東宮から西三条第に、同二年四月に西三条第から「東五条宮」に遷御したわけである。

右京三条一坊六町跡（現在の京都市中京区西ノ京星池町）に関しては、断続的に発掘調査が行われている。挿図2右京三条一坊六町（北半部）の遺構配置図は、九世紀後半期における遺構の状況を図示したものである。[注25] 既調査地区は、六町の北半部に偏っているが、北東部と北西部に園池が検出されている。東北部の池（池250）は、貯水池的性格を有し、遺水（溝43）を通じて、北西部の池に水が流されていた。一方、西北部の池は、鑑賞用のもので、州浜も施されている。北部中央には、楼閣遺構（建物1、三面庇付の掘立建物建物跡）も検出されているが、これは、西側の池への眺望を意識したものである。

右京三条一坊六町に関しては、木簡・墨書土器などの文字資料が多数発掘されている。二〇〇二年の調査では、北西部の池で「齊衡四年三條院正倉跡」と記された題籤軸木簡が出土した。その後、北東部を対象とした二

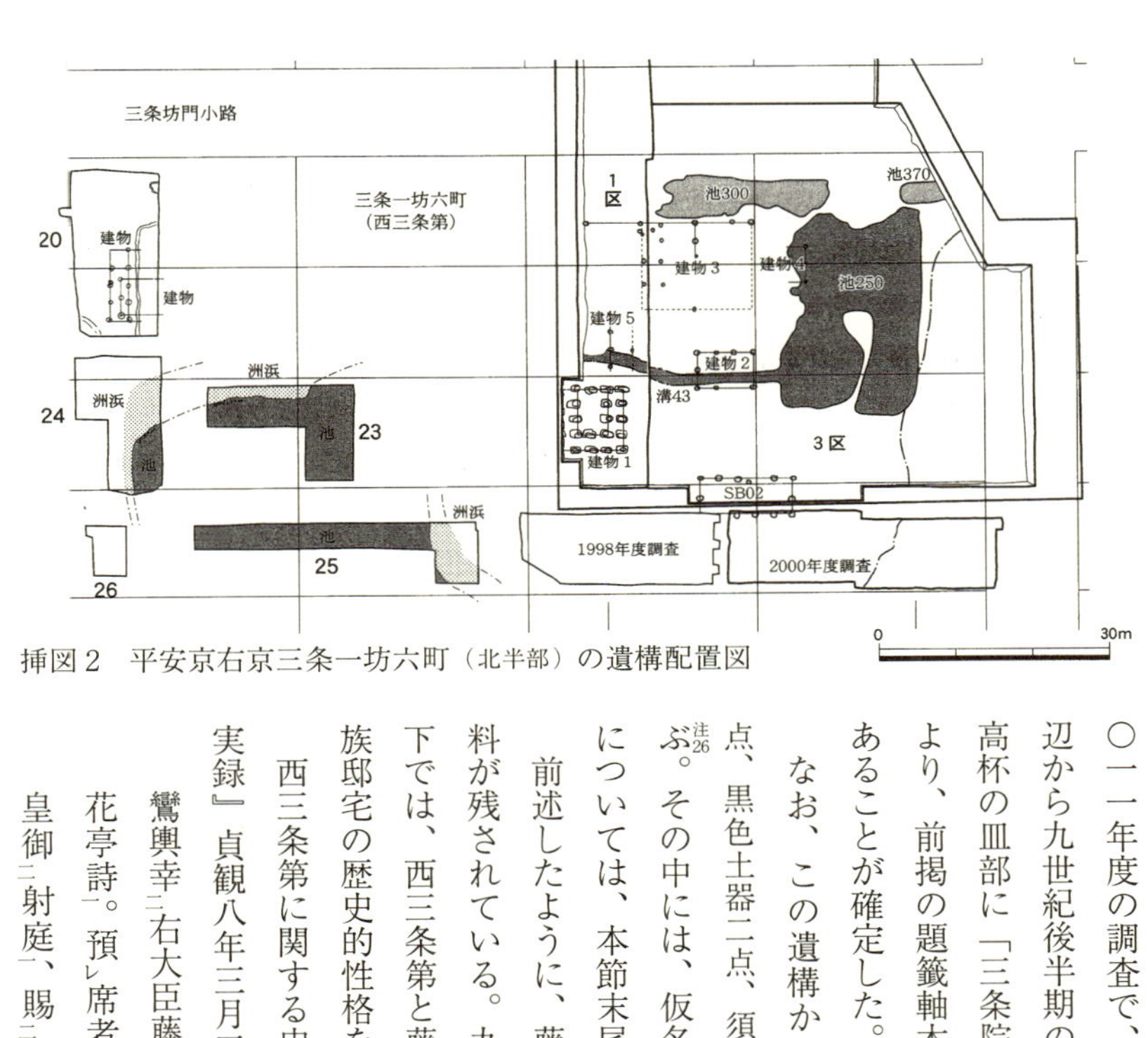

挿図2　平安京右京三条一坊六町（北半部）の遺構配置図

〇一一年度の調査で、北東部の池（池250）の釣殿遺構（建物4）周辺から九世紀後半期の墨書土器が大量に出土したが、その中には、高杯の皿部に「三条院釣殿高坏」と記されたものがあった。これにより、前掲の題籤軸木簡とあわせて右京三条一坊六町が西三条第であることが確定した。

なお、この遺構から出土した墨書土器は全七一点（土師器六〇点、黒色土器二点、須恵器二点、緑釉陶器一点、灰釉陶器六点）に及ぶ。[注26] その中には、仮名が書かれたものが多数存在するが、その意義については、本節末尾で論じたい。

前述したように、藤原良相西三条第に関しては、いくつか文献史料が残されている。九世紀後半期の邸宅としては異例といえる。以下では、西三条第と藤原良房染殿第とを対比しながら、当該期の貴族邸宅の歴史的性格を追究してみたい。

西三条第に関する史料で最も情報量が多いのは、左掲『日本三代実録』貞観八年三月二十三日己亥条である。

鑾輿幸㆓右大臣藤原朝臣良相西京第㆒、観㆓桜花㆒。喚㆓文人㆒賦㆓百花亭詩㆒。預㆑席者卌人。四位四人、五位八人、六位廿八人。天皇御㆓射庭㆒、賜㆓親王以下侍従以上射㆒。左右近衛中少将預焉。

中レ鵠者賜レ布。伶官奏レ楽。玄髫稚歯十二人逓出而舞。晩奏二女楽一。歓宴竟レ日、賜二扈従百官禄一各有レ差。
夜分之後、乗レ輿還レ宮。

清和天皇が行幸し、桜を愛でながら、文人を喚び、「百花亭詩」を賦詩させている。その後、清和は、射庭での観射、楽舞の観覧などを楽しみ、賜禄を行った後、還宮している。

「百花亭」なる呼称は、『白氏文集』巻一六「百花亭」などからとったものである。[注27]『平安朝佚名詩序集抜萃』には、「百華亭行幸」と題した都良香の詩序が残されている。[注28]

帝宮之南小一里、得二右丞相百花亭一。嚶鳴暁飛、石泉暮咽。髣二髴於神仙之宅一、宛二然於上界之居一。誠天縦二煙霞一、地饒二水樹一。是以棲二息於其間一者也。

良香は、「百花亭」の園池の「石泉」「水樹」に「煙霞」がたなびき、鳥が鳴く様子を「神泉宅」と評している。清和の西三条第行幸は、貞観四年九月にも行われている。この際には、美作国から祥瑞として白鹿が献上され、嶋田忠臣が下命に応じて賦詩し、天子の治世への瑞兆として言祝いでいる。[注29]西三条第は、祥瑞披露の場として選択され、勝地に仕立てられたのである。

このような祥瑞の利用には、先例がある。承和二年（八三五）二月、清原夏野は、別業楓里第にはえた「芝草(しそう)」を仁明天皇に献上している。[注30]「芝草(しそう)」は祥瑞（下瑞）で、食せば「眉寿(びじゅ)」（長寿）（延喜治部省式）を得るという。同年十二月には、楓里第に「五彩卿雲」が出現し、それを描写した図画が紫宸殿で披露されている。

楓里第は、平安京の西方、双ヶ丘東南麓、「双ノ池」など大小の池が点在する鷹狩スポットに位置した。淳和・仁明は、鷹狩終了後の饗宴に楓里第を利用した。承和十四年十月には、楓里第に北接する小丘（「双丘東墳」、現在の五位山）に対し、遊猟時に天皇が四方を展望する地であることを理由に、従五位下の位が与えられている。

仁明は、経史、詩文、書法、管絃の他、老荘思想、医書にも造詣が深く、調薬に関して医師なみの知識を有した。楓里第周辺は、薬草も含め多様な植物が生育し得る環境にあったが、一年に二度の祥瑞出現が偶然とは考え難い。この地を神仙に仕立て上げるための演出だろう。[注31]

楓里第は、夏野の死後、双丘寺という寺院に、その後、清和天皇の命で天安寺なる御願寺に転じた。天安寺は一一世紀以後荒廃したが、大治五年（一一三〇）、待賢門院璋子が晩年この地に法金剛院を創建し居住した。[注32] 法金剛院の本尊は阿弥陀像で、境内には「青女の滝」や園池が造営された。法金剛院の園池は、楓里第以来のそれを改造したものである。つまり、九世紀前半には神仙思想を象徴した空間が、十二世紀には浄土思想を象徴するものに転化したわけである。

貞観八年三月二十三日の西三条第行幸の一週間後、清和天皇は、「東京染殿第」でも花宴を行っている（『日本三代実録』貞観八年閏三月朔条）。染殿第は、平安京北辺四坊七町に位置する藤原良房の邸宅である。

鑾輿幸二太政大臣東京染殿第一、観二桜花一。王公已下及百官扈従。天皇御二釣台一、観二釣魚一。遷二射殿一、御二弓矢一、王公已下以レ次射。御二東門一覧二耕田農夫田婦一。雑楽皆作。還二御望遠亭一、覧二翫花樹一。伶人陪二於歌榭一。鼓鐘備陳、糸竹繁会、童男妓女、花間迭舞。喚二能属文者数人一、賦二落花無数雪詩一。終日楽飲、皇歓是洽。群臣具酔。宴竟、親王已下五位已上及六府将監尉已下賜レ禄各有レ差。五位已上未レ得二解由一者預焉。日暮車駕還レ宮。是日。召二集京城貧窮者於鴨河辺一、以二新銭五萬文、飯二千五百裹一頒給焉。於二近京卌三ケ寺一轉二読金剛般若経、般若心経一。

行幸の後、観桜、釣殿での観釣魚、射殿での観射、東門前での耕田農夫田婦の見物、望遠亭での観桜、賦詩、賜禄、還宮の順に行事が進行する。「王公已下及百官扈従」が供奉して、歩射・詩宴の他、多彩な行事が行われている。

染殿第での花宴は、貞観六年にも行われている。行事は、「花亭」での管絃・詩宴、観射、「東垣外」での「耕田礼」、管絃鑑賞、還宮の順で、貞観八年花宴とほぼ共通する。

「花亭」は「望遠亭」の別名だろう。中心的な儀場は「望遠亭（花亭）」で、望楼的桟敷建築と考えられる。[注33]寝殿にあたる建物は、記事には見あたらない。

養老令営繕令私第宅条では、私第に楼閣を建造し人家を覗くことを禁止している。実際、奈良時代以前の実例は少なく、藤原仲麻呂の田村第（恵美押勝の乱以後の「田村旧宮」）に東西楼が見えるぐらいである。しかし、前述したように、右京三条一坊六町跡の発掘調査では、楼閣遺構（挿図2建物1）が発掘されている。皇族・貴族層などの邸宅に関しては、楼閣の建造が一定度黙認された可能性がある。「望遠亭（花亭）」は、邸内の景観と、鴨川・東山の眺望、両方を楽しむことを意図した施設だろう。

田楽的芸能を含む「耕田礼」や花宴終了後の鴨川辺での施行も、左京東辺という立地条件を利用した行事である。前者には、外戚良房による清和に対する帝王教育という意味合いもある。同様の行事は、『日本紀略』天長九年（八三二）四月丙子（十四日）条「皇后幸二雲林亭一、観二農業之風一。賜二扈従五位已上被、六位以下及殖田之男女等禄一」にも見える。[注34]雲林亭（旧紫野院）は平安京北方の離宮である。染殿第では、京外離宮と同様の行事を行い得たのである。

平安京の貴族邸宅には、西三条第のように宮城域近隣に立地するものの他に、左京四坊や左京九条に位置するものが少なくない。この地域は、鴨川の氾濫原で水害の危険性は大きい。しかし、園池造営に必要な湧水・伏流水には恵まれていた。また、隣接する京外地域を占有し、一体的に経営し得るという利点があった。

藤原氏に関していえば、藤原良相も、本宅西三条第とは別に、左京六条四坊一六町に「東京六条宅」を有していた。貞観元年（八五九）、朝廷に奏請して、これを崇親院とし、藤原氏の居宅なき子女を収容し、小堂を建て収容者に観音名号を誦し後世の善根とさせた。[注35] 崇親院は、京極大路の東、鴨河堤の西、六条坊門小路の北、四条大路の南に所領があり、湧泉で水田五町を開墾した。

藤原氏の邸宅は、藤原師輔九条殿（左京九条三坊六町）、藤原三守九条宅（九条二坊十一・十四町）など左京南辺にも散見する。左京九条三坊には、藤原氏が経営に関与した東悲田院、施薬院も配置された。[注36] 施薬院は十世紀後半以前に「東五条」に、東悲田院は、十一世紀以後、「三条京極の東、鴨河の西の河原」に移転する。崇親院・悲田院・施薬院の経営は、施薬院を中心に平安期には一体的に行われた。

藤原氏以外では、嵯峨天皇の第八皇子源融が営んだ六条院が重要である。六条院は、六条大路の北、京極大路の西に四町を占めていたが、加えて京極大路の東側の四町を河原院として占定し、庄田等に使用していた。これらは一時、宇多上皇の離宮とされたが、[注37] 十世紀末期には、京外部分に仏寺河原院が新造された。

寛仁三年（一〇一九）には、藤原道長が左京一条四坊一六町の土御門第の東に、大規模な園池をもつ無量寿院（法成寺阿弥陀堂）を建立する。法成院の南方二条大路末には、藤原兼家二条京極第に由来する法興院も存した。院政期には鳥羽・白河・宇治などに院御所・別業と寺院・園池を核とする都市空間が形成されるが、左京縁辺の邸宅・寺院群の形成は、その史的前提として位置づけられる。

染殿第に関しては、もう一つ注意すべき点がある。貞観八年の染殿第の花宴で、文人は「落下無数雪詩」を賦詩している。これは、『白氏文集』巻六六残春詠レ懐、贈二楊慕巣侍郎一の「落花無限雪」に由来するものである。[注38] この際には、和歌も詠まれたらしく、『後撰集』巻二・春中五六には、「貞観御時、弓のわざつかうまつりけるに」という詞書を付す源融歌「けふ桜しづくに我が身いざ濡れむ香ごめにさそふ風の来ぬまに」が残っている。文芸の基盤として『白氏文集』があり、庭園を媒介として、和歌と漢詩が融合したことが読みとれる。

藤原良房に関しては、『文徳天皇実録』仁寿元年（八五一）三月壬午（十日）条に次のような記事も残されている。

> 右大臣藤原朝臣良房於㆓東都第㆒、延㆓屈智行名僧㆒、奉㆓為　先皇㆒、講㆓法華経㆒。往年　先皇有㆑聞㆓大臣家園桜樹甚美㆒。戯詔㆓大臣㆒、以㆓明年之春有㆑翫㆓其花㆒。俄而仙駕化去、不㆑遂㆓遊賞㆒。属㆓春来花発㆒、大臣恨曰、　先皇所㆑期之春。今日是也。春来依㆑期、仙去不帰。花是人非、不㆑可㆑堪㆑悲。道俗会者莫㆑不㆓為㆑之流涕㆒。公卿大夫或賦㆑詩述㆑懐、或和歌歎㆑逝。

良房は、「東都第」で、嘉承三年三月に死去した仁明天皇を追慕する法華会を開いている。良房は、仁明が「東都第」の桜樹の美しさを耳にし、観桜を切望しながら死去したことを惜しみ、それに呼応して参列した公卿大夫が詠詩、詠歌している。[注39] 仁明は桜を愛し、紫宸殿南庭の梅を桜に植え替えさせた人物でもある。『文徳天皇実録』には、その後、仁寿三年二月庚寅晦（三十日）条にも、文徳天皇が「藤原良房第」に行幸し、花宴を行ったことが見える。「東都第」、「藤原良房第」と染殿第の実体は同一で、仁明の伝承を意図して、「東都第」から散花を象徴する「染殿第」に呼称を変えたのだろう。貞観八年の花宴が西三条第（三月二十三日）、染殿第（閏三月朔）の順に行われているのは偶然ではない。染殿第での花宴では、散桜が詠まれなければならないのである。

以上、藤原良相西三条第と、藤原良房染殿第の利用形態を対比しながら、九世紀後期の貴族邸宅の歴史的性格を論じた。最後に西三条第跡から出土した仮名墨書土器について関説する。[注40]

仮名墨書土器は、約二〇点に及び、文字数が一〇文字以上に及ぶものも多い。中には、高杯首部の筆記困難な場所に細字でびっしりと墨書したものもある。字体も多種・多様だが、連綿が進み、平安中期以後の「平仮名」と見分けがつかないものも少なくない。

ただし、内容が判明するのは、和歌の一節「かつらきへ」と記したものなど一部に過ぎない。一方、漢字墨書土器には、仏典・漢詩の字句（「雑離」、「鴈」、「夫」、「天」）の字句とも考え得るものが含まれる。ただし、全体として内容は雑多で、特定の儀式・儀礼との関連は確認できない。

しかしながら、西三条第跡の仮名墨書土器が、九世紀後半期の仮名の基準となる資料群であること、『古今和歌集』・『土佐日記』以前に一定度成熟した仮名文化が存在したことを証明するものであることは間違いない。十世紀末期に成立した『宇津保物語』国譲上には、「真の手」「草」「仮名」「男手」「女手」などを載せた種々の仮名手本が存在したことを示す記述がある。仮名に関しても、平安中期には、平仮名を含む規範的（定型的）字体が手本によって貴族社会で共有され、初学者教育などで活用されていたわけである。[注41]

大局的に見れば、仮名文化史において、『古今和歌集』成立が持つ意義は、やはり大きい。唐絵屏風に漢詩を添えたのに倣って、延喜期以後、倭絵屏風に色紙形に記された歌を貼ることが普及する。屏風歌が屏風に書かれたことを示す最初の事例は、『古今和歌集』巻十五・恋歌五・八〇二（素性法師）詞書、「寛平御時、御屏風に歌かかせ給ひける時、よみて書きける」である。[注42]

書（芸術）としての仮名は、九世紀後期に萌芽し、十世紀以後、屏風歌の一般化などにより全面展開すると予想される。西三条第跡の仮名の多様性は、平仮名成立期、仮名手本普及以前の流動的状況を示しているのかもしれない。

前述したように、平安京右京四条一坊二町跡では、「難波津の歌」全文が仮名で書かれた九世紀末期の木簡が出土している。従来、平安前期の仮名資料は限定的で、対照資料の不足が研究の壁となっていた。二つの遺跡から出土した仮名資料群は、研究状況の一新を予感させる。平安京研究には、さらなる可能性が埋もれているのである。

おわりに

以上、平安京研究の方法、特に学際的研究の手法について、近年の重要な発掘調査成果を素材に考察した。政治中枢たる平安宮（大内裏）に関しては、既に政治・制度史、儀式研究の進展を踏まえた包括的研究[注43]が存在するので捨象し、京域、特に、邸宅史・庭園史と連関する問題群を取り扱った。しかしながら、例えば「寝殿造論」の評価など、なお捨象した重要課題は多い。

十一世紀後期成立の『作庭記』には、「南庭ををく事は、階隠の外のハしらより、池の汀にいたるまで六七丈、若内裏儀式ならば、八九丈にもをよぶべし。礼拝事用意あるべきゆへ也。」との記述がある。寝殿造は、①一町四方の敷地の中央に東西棟の寝殿、その東西に南北棟の対の屋を配置すること、②殿舎を渡廊等で結ぶこと、③寝殿の南に南庭、さらにその南に南池を配することなどが基本要素とされる。『作庭記』の記述には、寝殿の南方に、格式に応じて一定規模の南庭、園池を営む規範の存在が示されている。

平安遷都を画期として、園池を有する貴族邸宅が増加すること、それが正門の位置なども含め、邸宅全体の構造に大きな影響をもつことは間違いない。しかしながら、平安京の貴族邸宅の実態、特に園池を有する邸宅のそれは多様で、特定の形式に収めることは難しい。[注44]その原因は、園池の設計が、本主の趣向に加え、地勢的条件

（宅地の規模や湧水の位置・水量）に規定される部分が大きいためと考えられる。

本叢書は「古代文学と隣接諸学」をテーマとする。『宇津保物語』や『源氏物語』などには、貴族邸宅や園池に関する詳細な描写があるが、歴史学・建築史学などでは、副次的分析材料として扱われることが多い。しかし、創作だからこそ、理想をそのまま描写し得るともいえる。平安京復原研究を推進する史料群として、そうした観点から、文学史料を再評価すべきかもしれない。

その他残された課題は多いが、後考に俟つこととし擱筆する。

注

1 湯本文彦編『平安通志』（京都市参事会、一八九五年）、古代学協会・古代学研究所編『平安京提要』（角川書店、一九九四年）など。

2 足利健亮編『京都歴史アトラス』（中央公論社、一九九四年）。他に角田文衛監修・古代学協会・古代学研究所編『平安時代史事典』（角川書店、一九九四年）など。

3 近年の代表的成果としては、西山良平・鈴木久男編『古代の都3恒久の都 平安京』（吉川弘文館、二〇一〇年）、西山良平・藤田勝也編『平安京の住まい』（京都大学学術出版会、二〇〇七年）、鈴木久男・西山良平・藤田勝也編『平安京の地域形成』（京都大学学術出版会、二〇一六年）。

4 挿図1は、京都市文化財保護課編『京都市文化財ブックス第28集 平安京』（二〇一四年）掲載図を転載（一部加筆）。同様の地図は、他に前掲注1古代学協会・古代学研究所編『平安京提要』所収のものなどがある。長宗繁一「平安京跡イメージマップ」（京都渡来文化ネットワーク会議、二〇一四年）が発掘調査成果も織り込んだ最も詳細なもので、「平安京オーバレイマップ」としてウエブ上でも公開されている。

5 平城京復原研究の研究史については、奈良文化財研究所編『図説 平城京事典』（柊風舎、二〇一〇年）。

6 平安京復原研究の研究史については、井上満郎『研究史　平安京』（吉川弘文館、一九七八年）、前掲注1古代学協会・古代学研究所編『平安京提要』。

7 今泉隆雄「平安京の造京式」（『古代宮都の研究』吉川弘文館、一九九三年、初出一九九二年）。

8 金田章裕「平安京左・右京図について」（金田章裕編『平安京——京都　都市図と都市構造』京都大学学術出版会、二〇〇七年）。

9 『玉葉』治承四年（一一八〇）六月十五日条には、福原遷都の際、「奈良京旧指図」なるものが参照されている（京樂真帆子『平安京都市社会史の研究』（塙書房、二〇〇八年））。また、宝亀十一年（七八〇）「西大寺資財流記帳」などには、平城京右京職が作成した右京図をもとに西大寺寺院図が作成されたことが窺える記載がある。前掲金田注8参照。

10 辻純一「条坊制とその復元」（前掲注1『平安京提要』）。平安京条坊復原の現段階に関しては、山田邦和『京都都市史の研究』（吉川弘文館、二〇〇九年）、網伸也『平安京造営と古代律令国家』（塙書房、二〇一一年）。

11 前掲山田注10。

12 『大日本史料』第三編之三、六二三頁。大江公仲に関しては、村井康彦『平安貴族の世界』（徳間書店、一九六八年）、左京四条一坊二町の大江公仲邸に関しては、藤田勝也「中下級貴族層の住宅」（『日本建築史』昭和堂、一九九九年）参照。

13 清水擴『平安時代仏教建築史の研究』（中央公論美術出版、一九九二年）、上野勝之「古代の貴族住宅と宗教」（『平安京と貴族の住まい』京都大学学術出版会、二〇一二年）、上川通夫『平安京と中世仏教』（吉川弘文館、二〇一五年）。

14 前掲上野注13。

15 （公財）京都市埋蔵文化財研究所編集・発行『京都市埋蔵文化財研究所発掘調査報告 平安京左京四条一坊二町跡』（二〇一五年）。

16 前掲京都市埋蔵文化財研究所注15。ただし瓦類構成比率から、建物は総瓦葺ではなく、瓦は檜皮・板葺き建物の軒瓦として使用されていた可能性が高い。

17 吉野秋二「平安京跡左京四条一坊二町出土の木簡」（『古代文化』六八—二、二〇一六年）。

18 森岡隆「安積山の歌を含む万葉歌木簡三点と難波津の歌」（『木簡研究』三一、二〇〇九年）。

19 木簡出土以後の研究としては、犬飼隆「平安京出土「難波津」木簡の価値」（『日本歴史』八二四、二〇一七年）、鈴木景二「出土資料に書かれた歌」（犬飼隆編『古代の文字文化（古代文学と隣接諸学4）』竹林舍、二〇一七年）がある。

20 栄原永遠男『万葉歌木簡を追う』（和泉書院、二〇一一年）。

21　南孝雄「京都・平安京跡左京四条一坊一町」（『木簡研究』一七、一九九五年）。「□十一年」の不明部分にあてはまる年号としては、共伴土器の年代から、承和または貞観が考えられる。
22　吉野秋二「平安京跡左京九条三坊十町（施薬院御倉跡）出土の木簡」（『古代文化』六七―二、二〇一五年）。
23　家原圭太「平安京の邸宅分布と園池」（『古代文化』六八―三、二〇一六年）。藤原実資小野宮の園池は中川の水を水路で引いているが、例外的事例である。
24　（財）京都市埋蔵文化財研究所『京都市埋蔵文化財研究所発掘調査報告　平安京右京三条一坊六・七町跡――西三条第（百花亭）跡――』（二〇一三年）、西山良平「右大臣藤原良相と平安京の百花亭」（前掲注3西山他編『平安京の地域形成』二〇一六年）。
25　前掲注24京都市埋蔵文化財研究所報告書。
26　丸川義広「平安京左京三条一坊六町（藤原良相邸）出土の仮名墨書土器をめぐって」（『日本史研究』六三九、二〇一五年）。
27　後藤昭雄「摂関家の詩人たち」（『平安朝文人誌』吉川弘文館、一九九三年、初出一九八八年）、西山前掲注24など。
28　前掲後藤注27。
29　前掲後藤注27。
30　楓里第に関しては、瀧川政次郎「清原夏野と雙ヶ岡山荘」（『史跡と美術』三三七・三三八、一九六三年）、長岡龍作「救済の場と造形」（苅部直他編『日本思想史講座』1古代、ぺりかん社、二〇一二年）、吉野秋二「平安前期の広隆寺と周辺所領」（『古代文化』六四―三、二〇一二年）。
31　園池における「作られた祥瑞」の出現は、中国史においても多数の実例がある。多田伊織「華林苑の記憶」（白幡洋三郎編『『作庭記』と日本の庭園』思文閣出版、二〇一四年）参照。
32　角田文衞『待賢門院璋子の生涯――椒庭秘抄――』（朝日新聞出版社、一九八五年）。なお法金剛院東御所の発掘調査では、中門・中門廊・塀などの建物、中門廊を入った西には遣水が発掘されている。法金剛院は寺院であるが、璋子の居住邸宅としての性格を兼備する。発掘調査成果は、寝殿造の特徴を示す事例として重要である。鈴木久男『平安末期の広大な浄土世界　鳥羽離宮跡』（新泉社、二〇一八年）。
33　溝口正人「「内裏躰」の系譜」（『日本建築学会計画系論文集』五八八、二〇〇五年）。
34　村井康彦「花の宴という行事」（『国文学』四六―五、二〇〇一年）、吉野秋二「日本古代の禁苑と離宮」（奈良文化財研究所文化遺

産部遺跡整備研究室編『平安時代庭園に関する研究三　平成二〇年度古代庭園研究会報告書』二〇〇九年）。

35　小山田和夫「崇親院と藤原良相の仏教」（『講座日本教育史』一、一九八四年）。

36　西山良平「平安京施薬院・悲田院考」（栄原永遠男他編『律令国家史論集』塙書房、二〇一〇年）。

37　平安京右京北辺三坊西半、仁和寺御室近辺に位置した宇多院は、供御の管掌など後院的経済機能を担った。目崎徳衛「宇多上皇の院と国政」（『貴族社会と古典文化』吉川弘文館、一九九五年、初出一九六九年）。

38　泉紀子「歌合の成立」（『屏風歌と歌合（和歌文学論集５）』風間書房、一九九五年）。

39　前掲泉注38は、初唐の詩人劉希夷詩「代下悲二白頭一翁上」（『全唐詩』巻八二）の「明年花開復誰在。（略）年年歳歳花相似、歳歳年年人不レ同」を踏まえたものと推測する。

40　前掲注24京都市埋蔵文化財研究所報告書。報告書発刊後の研究成果としては、前掲鈴木注19、丸川注26、南條佳代「藤原良相邸跡出土墨書土器の仮名表記に関する考察」（『仏教大学総合研究所紀要』二一、二〇一四年）、中山陽介「仮名成立史上の西三条第跡出土土器墨書仮名の位置づけ」（『国学院雑誌』一一七―七、二〇一六年）などがある。

41　矢田勉『国語文字・表記史の研究』（汲古書院、二〇一二年）。

42　内田順子「絵と歌と書と――『古今集』における屏風歌の問題――」（『国語国文』七一―一〇、二〇〇二年）。

43　橋本義則『平安宮成立史の研究』（塙書房、一九九五年）など。

44　発掘調査成果も踏まえ類型化を試みた最新の研究としては、西山良平「平安京と貴族の住まいの論点」（『平安京と貴族の住まい』（京都大学学術出版会、二〇一二年）、前掲家原注23がある。

［付記］本研究はＪＳＰＳ科研費ＪＰ一八Ｋ〇〇九七六、ＪＰ一六Ｈ〇一九四五の助成を受けたものである。

六波羅蜜寺における結縁の講と都市民

久米　舞子

はじめに

平安京研究における「都市と仏教」という問いの不在が、京樂真帆子氏[注1]によって指摘されている。平安京は、東寺・西寺の他は寺院の建立が許されず[注2]、僧侶が京内に居住することも禁じられていたと考えられる[注3]。平安京において仏教を忌避する政策がとられたことは、平安京研究が仏教という問いを遠ざける一因となってしまったのではないか。

これまでの平安京研究において、社会不安への宗教的対応として論じられてきたのは、主として御霊信仰や疫神祭祀であった[注4]。御霊会は、仏教儀礼を含み込んだものとして成立したが[注5]、一一世紀初頭以降、御霊信仰が平安京の都市神として定着するなかで[注6]、その仏教的側面は薄れていく。

このような研究状況のなか、上島享氏が「〈法会の大衆化〉」を提唱する。上島氏は、かつて田村圓澄氏によってなされた「講会（講経）の流行は、貴族仏教の門戸を開放し、一般民衆を仏教に結縁せしめるうえで重要な役割を果たした」[注7]との指摘をふまえ、「一〇世紀末・一一世紀初頭以降、法会の芸能性が高まり、民衆教導的要素も付加され、仏教は俗人を惹きつける魅力を増していく」[注8]とした。ただし、「古代仏教と中世仏教の質的差異」として「〈法会の大衆化〉」を強調することは、一〇世紀以前にみられる、法会を聴聞する民衆の存在[注9]の過小評価につながるのではないかと懸念される。

また「中世仏教の成立こそ、日本における仏教民衆化の第一段階である」[注10]と考える上川通夫氏は、古代における「民衆仏教」の成立を認めない。平安京についてもまた、都市民衆は「十二世紀に入って」[注11]仏教信仰を求めたと理解する。しかしながら、上川氏が「平安京の民衆と仏教」を論じるために取り上げる一一世紀までの史料は、そのほとんどが仏教ではなく御霊信仰に関わるものである。

おそらく、古代史と中世史のこのような認識の断絶は、平安京研究において「都市と仏教」が問われてこなかったことの影響が大きいのであろう。そこで本稿はこの「都市と仏教」という問いについて、都市民の視点から考察を行いたい。取り上げるのは、平安京から鴨川を渡った東岸に位置する六波羅蜜寺において催された、講経法会である。「僧俗・貴賤・男女を問わず、法華経の功徳を讃仰する有志が、自身の修善のため、ともに結縁して開講する」[注12]結縁八講については、すでに分析がある。[注13]ここでは法華八講に限定せずに、僧俗・貴賤・男女を問わず有志が結縁する講を「結縁の講」とし、これを分析したい。

平安京の都市民から聴聞を集めた、六波羅蜜寺の結縁の講について、その起源を探り、それが都市平安京にとって、また都市民にとっていかなる意義をもったのかを論じたい。

一　起源としての空也

まずは『本朝文粋』巻一〇に収められた、慶滋保胤による詩序（二七六）を掲げたい。

七言暮春於二六波羅蜜寺供花会一聴レ講二法華経一同賦三一称二南無仏一　慶保胤

夫六波羅蜜寺者、空也聖者権二輿之一、中信上人潤色焉。如二此両人一者、寧非下奉二如来勅一、為二如来使一、来二此娑婆世界一、度中于濁悪衆生上乎。①於レ是毎日講二妙法一乗一、毎夜修二念仏三昧一。彼南北二京之名徳日来、逓為二講師一、逓為二聴衆一。東西両都之男女雲集、即合二十指一、即致二寸心一。開講已垂二八九載一、結縁不レ知二幾万人一。何況、転展随喜之功徳、漸々廻向之薫修乎。②暮春三月、百花争開。別修二四日八講一、号二結縁供花会一。其一日為レ導二一切男子一、二日為レ度二一切女身一、三日為レ済二一切童子一、四日為レ化二一切僧侶一也。大哉誓願、無二得而称一之。当二此時一也、緇素相語曰、世有二勧学会一、又有二極楽会一。③講経之後、以レ詩而讃レ仏。今此供花之会、何無二歎レ仏之文一哉。満座許諾、誰人間然。便以二経中一称南無仏一句一、抽為二題目一。往昔無二信心一無二善心一、其心或乱心、不二再称一不二三称一、其称只一称。彼人莫レ不二成仏一、莫レ不二得道一。嗟乎、我党一心無二余心一、千唱又万唱。脱二此凡身一、登二于覚位一、且何疑哉、何疑哉。中有下垂二白髪一紆二朱衫一者上。身暫雖レ在二柱下一、心尚如レ住二山中一。少壮之年、懃詠二一事一物一、強求二名聞一、衰暮之日、或記二蕪詞狂句一、将レ摂二菩提一。今日推為二唱首一、不二敢再辞一。聊述二大綱一、備二於後事一云レ爾。

詩序によれば、六波羅蜜寺では①毎日法華経を講じ、毎夜念仏三昧を修しており、「南北二京之名徳」が講師や聴衆として参加し、「東西両都之男女」が雲集する。開講から八、九年を経て、結縁する者は幾万人を知らず、という。また②毎年三月には四日間にわたり、「結縁供花会」と称する法華八講が修される。日毎にそれぞれ男子・女身・童子・僧侶を対象とし、③講経の後には法華経の経文を題目に、仏を讃歎する詩会をもつという。

詩序とは、「宴集の序」であり、「複数の人が会した詩作の場における複数の詩篇に付すもの[注14]」である。すなわちこの慶滋保胤による詩序は、六波羅蜜寺における結縁供花会の後に行われた詩会で詠じられた、詩群の序として付されたものである。

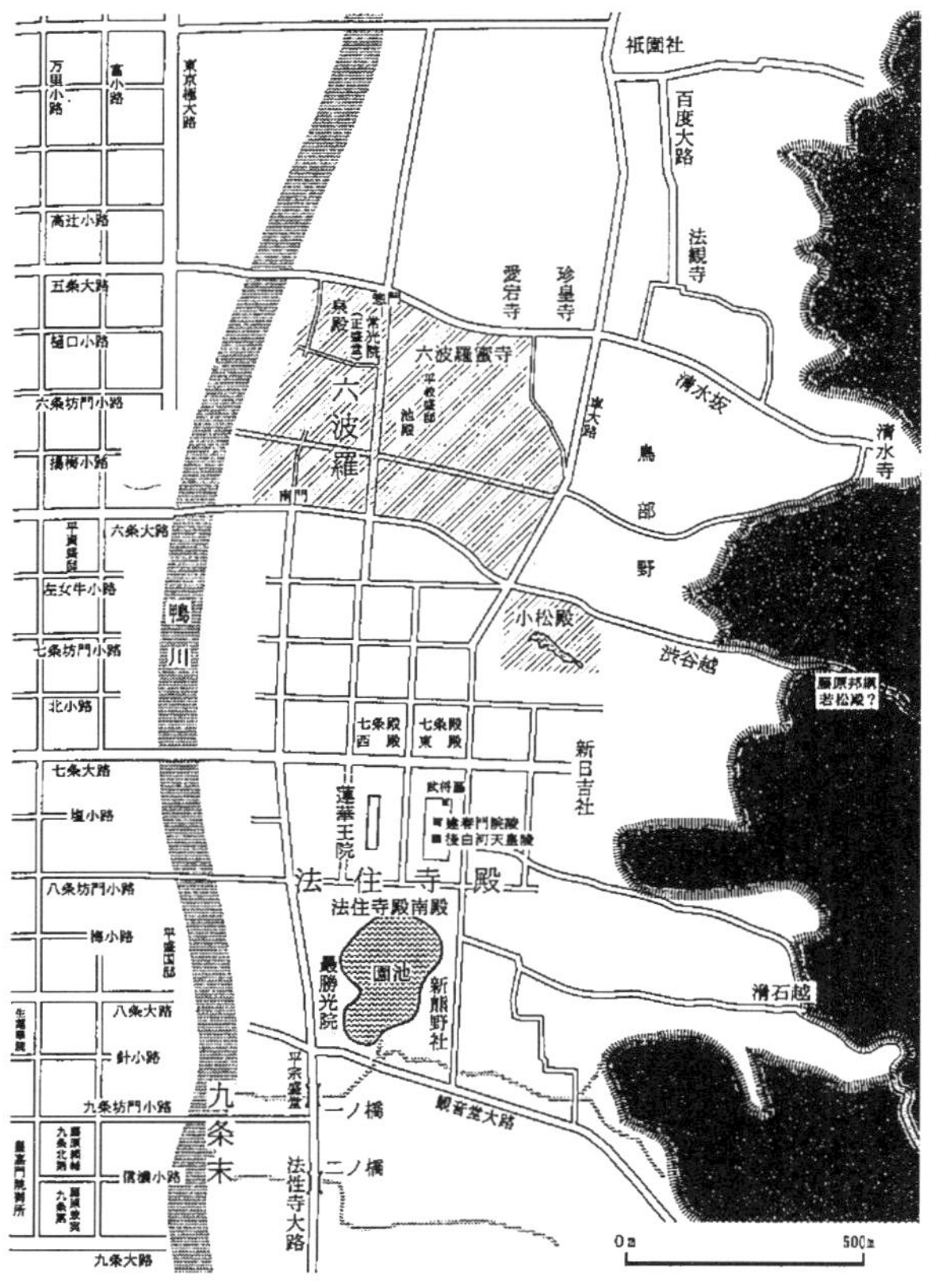

挿図１　六波羅・法住寺殿復元図
（山田邦和『日本中世の首都と王権都市』文理閣、2012、156頁）

ではこの年記のない詩序が書かれたのは、いつだろうか。まずは六波羅蜜寺の創建をみたい。保安三年（一一二二）成立の「六波羅蜜寺縁起」（九条家本『諸寺縁起集』所収）及びこの縁起が引用する長和二年（一〇一三）一二月一四日付太政官符[注15]によれば、この寺は「応和年中」（九六一～九六四）に空也によって建立された、西光寺を前身とする。天禄三年（九七二）の空也の死後、西光寺は貞元二年（九七七）に来住した中信によって再興され、六波羅蜜寺と名を改め天台別院とされた。中信はおそらく、天台僧であろう。

詩序にみえる法華講経と念仏三昧について、この長和二年（一〇一三）一二月一四日付太政官符には、中信が来住してのち「毎日講二一乗一、毎時修二三昧一」とある。また慶滋保胤は寛和二年（九八六）四月に出家するため[注16]、結縁供花会への参加はそれ以前である。おそらく六波羅蜜寺の法華講経と念仏三昧は、中信が来住した貞元二年（九七七）に始められ、それから八、九年が経った寛和元年（九八五）あるいは同二年（九八六）三月、結縁供花会に続く詩会のために、慶滋保胤によってこの詩序が著されたのであろう。[注17]

六波羅蜜寺の法会において、「南北二京之名徳」は講師とも聴衆ともなり、雲集する「東西両都之男女」がこれに結縁した。またその結縁供花会は、男子・女身・童子・僧侶が集う結縁の講であった。長和二年（一〇一三）一二月一四日付太政官符もまた、六波羅蜜寺の法会を聴聞し結縁するため、「都鄙尊卑、遠近緇素」を問わず人々が足を運ぶ、と記す。六波羅蜜寺における法会は、僧俗・貴賤・男女を問わない結縁の講として開かれた。それは、空也の事跡が参照されたためではないか。

『日本紀略』応和三年（九六三）八月二三日壬寅条には、次のような記載がある。「空也聖人於二鴨川原一、供二養金字般若経一。道俗集会、請僧六百口、自二内給所一給二銭十貫文一。左大臣以下天下諸人、結縁者多。昼講二経王一、夜万灯会。」、この日空也は鴨川原において金字大般若経を供養した。昼には講経、夜には万灯会が催されたこの法会には、僧六〇〇人が招請され、内給所から銭十貫文が給された。また「道俗」が集会し、左大臣藤原実頼以下の「天下諸人」が結縁したという。このように空也の大般若供養会は、朝廷や貴族の承認・援助のもとで行われたものであった。『扶桑略記』同日条には、「空也聖人鴨河東岸建レ堂、供二養金字大般若経会一。請僧六百人、有二舞音楽一。」とある。この鴨川東岸の堂をもとに創建されたのが西光寺であり、後の六波羅蜜寺へとつながるのであろう。

『本朝文粋』巻一三には、三善道統によるこの大般若経供養会の願文（四〇九）が収められる。

為二空也上人一供二養金字大般若経一願文　善道統

敬白

奉二書写供養一金字大般若経一部。

夫以、覚花承レ歩、応化之跡長芳、仏日懸レ光、真空之理已顕。大千世界、遍戴二慈悲之雲一、一切衆生、悉潤二智恵之雨一。嗟呼、諸法無レ相、四生無レ常。五蘊六根、雖二陰陽之陶冶一、真如棕落、在二善悪之因縁一。成劫壊劫、前身後身、禽獣魚虫、何物非二流転之父母一、山川藪沢、何処無二生死之形骸一。是以為二四恩六道成仏得果一故、①始レ自二天暦四年九月一、至二于応和三年今朝一、星霜十四廻、胸臆千万緒。常啼大士之本誓、懸二心晨昏一、法涌菩薩之対揚、寄二思開示一。市中売レ身、雖レ在二我願一、②人間催レ信、既寄二群縁一。半銭所レ施、一粒所レ捨、漸々合レ力、微々成レ功。③紺瑠璃之紙、象教垂レ跡、紫磨金之文、雁行成レ字。烏瑟暗加二護持一、羊柱適畢二書写一。抑空也齢逐レ年暮、身与レ雲浮。禅林戴レ霜、有漏之質已老、意蕊発露、無上之果欲レ求。以二先レ彼後レ我之思一為レ思、以二利レ他忘レ己之情一為レ情。薜服防レ風之外、更企二何謀一。麻湌送レ日之中、復施二何力一。曾無二一鉢之儲一、唯唱二十方之志一。於レ是幽明共動、遐邇普驚。④長安洛陽、貴賤上下、共致二帰依一、令レ遂二供養一。昔一婆羅門之展二斎筵一、広勤二三明之炬一。曇無比丘之伝二法水一、遍廻二六度之舟一。或催二功徳於人民一、或得二恭敬於草木一。仍為二広集会広随喜一、⑤殊於二王舎城之東河一、仮立二仏世尊之月殿一、忝屈二六百高僧之竜象一、将レ帰二十六大会之煙霞一。白足青眼之輩、鍱腹乗坏之人、或降レ自二雪嶺香山一、或至レ自二菴園奈苑一。甚深之義、海象吐二明月之珠一、精款之誠、天人湛二栴檀之水一。白浪咽レ石之岸、相二同鷺池一、青草敷レ煙之堤、宛如二鷲嶺一。⑥方今聊設二伎楽一、供以二音声一。洞簫羌笛之管、曲沸二晴天一、竜頭鷁首之舟、棹穿二秋水一。況亦説法之後、更臨二夜漏一、設二万灯会一、修二菩薩戒一。専念二弥陀一、永帰二極楽一。苦空伝レ音、如レ聞二命々之鳥一、禅波澄レ意、欲レ開二上々之蓮一。皆以二勝業一、先資二神祇一。無明夢驚、長別二苦海一。有習怨尽、応レ謝二稠林一。以二此善根一、奉レ祈二聖朝一。金輪千幅、道被二飛帝之先一、玉体万機、化出二哥王之表一。蘭殿椒房、鶴禁虎囲、母儀之砌、蛇歯献二駐レ老之方一、少陽之宮、竜胎勧二延レ年之術一。三台九棘、百辟千僚、華夏遠近、緇素尊卑、同浴二仏海之無辺一、須レ保二寿木之不老一。乃至有縁無縁、現界他界、無始以来、所レ有群類、動二五逆四重之辜一、免二三悪八難之苦一。⑦荒原古今之骨、東岱先後之魂、併関二薫修一、咸証二妙覚一。敬白。

応和三年八月廿二日　　仏子空也敬白

願文によれば、この大般若経は①天暦四年（九五〇）から応和三年（九六三）まで一四年をかけて書写されたもので、③紺紙金字に装飾された経典であり、②「群縁」の知識によって製作され、④平安京の「貴賤上下」の帰依により供養を遂げた。この供養会のため、空也は⑤鴨川に仮殿を立て、六〇〇人の高僧を屈請した。法会は⑥伎楽が奏でられ、竜頭鷁首の舟が浮かべられる趣向であり、説法の後には万灯会が催され、菩薩戒が修されたという。

また願文の結びには、⑦「荒原古今之骨、東岱先後之魂」への言及がある。竹内理三氏は「荒原古今の骨は、鳥部野に散乱する無縁の遺骨を念頭にうかべ、東岱先後の魂は、東山山麓に葬られた人々を指したもの」[注18]とし、山田邦和氏は「『荒原』や『東岱』はいずれも単なる抽象的な文言ではなく、六波羅や鳥部野の葬地を指していると考えるのが自然であろう」[注19]とする。鳥部野[注20]とは、山城国愛宕郡鳥部郷の野を意味し、九世紀前半から葬送地として史料にあらわれる。[注21]長和二年（一〇一三）一二月一四日付太政官符（「六波羅蜜寺縁起」）によれば、「六波羅蜜寺領地捌町」は「愛宕郡鳥部野振里八箇坪〈十九、廿、廿一、廿八、廿九、卅、卅一、卅二〉」とされており、六波羅蜜寺の所在地は鳥部野に含まれたと考えられる。大般若供養会が行われた鴨川原もまた、九世紀半ばには葬送の地であった。[注22] 泰山を意味する「東岱」には東山が、「荒原」には鳥部野だけでなく鴨川原もまた、想定されていたであろう。

天禄三年（九七二）九月一一日の空也の死後遠くない時期に著されたと考えられる、[注23] 源為憲の『空也誄』は、この大般若経供養会に「士庶」が雲集し「六百口耆徳」が屈せられたとする。さらに百数の「乞食比丘」[注24] が集会し、そのなかには空也の行に感応した「文殊」が含まれていた。

一〇世紀後半から、平安京の周辺では結縁の講の開催がみられるようになり、[注25] 一一・一二世紀には大いに盛行する。応和三年（九六三）の空也による大般若経供養会は、その先駆けとしてとらえられよう。六波羅蜜寺において盛んに催された結縁の講は、平安京の都市民と仏教とを結びつける、その導き手の一つとなったと考えられる。[注26]

二　六波羅蜜寺における結縁の講

『今昔物語集』巻一三第四二によれば、六波羅蜜寺は「京ノ諸ノ人講ヲ行フ所」として知られ、「六波羅蜜寺縁起」は、「有二結縁講専於此処一」、結縁の講は専ら六波羅蜜寺において行われるとする。一一世紀以降、六波羅蜜寺の結縁の講をめぐり多くの説話が述作され、また漢詩文や和歌が詠まれた。六波羅蜜寺の結縁の講とは、どのような場であり、どのような人々が関わりをもったのか。

六波羅蜜寺における結縁の講は、多くの場合、この寺が主体となって催されたと考えられる。しかし、必ずしもそれに限られるわけではなかった。『地蔵菩薩霊験記』巻二、乙によれば、「但馬前司国挙入道」すなわち出家した源国挙は、「大仏師定朝ヲ請ジテ、等身ノ地蔵菩薩ノ像ヲ金色ニ彩色造立シテ供養ヲ成シ、十輪経等ヲ書写シ奉リ、六波羅蜜寺ニ就テ開眼ヲ行ケル」とある。彼は定朝を請じて地蔵像を造立、[注27] 地蔵十輪経等を書写し、それらを開眼・供養する法会を六波羅蜜寺で開いた。この法会には「一会ノ道俗」が集まったという。源国挙がこれらを立願したのは、病を受けて死亡し閻王宮に召されたものの、地蔵に助けられたためであった。『小右記』長和四年（一〇一五）四月九日戊午条に「前但馬守国挙臥レ病出家。」とあることから、この説話は一一世紀前半として設定されている。定朝による地蔵像は「今ニ六波羅ニアリ」[注28]という。また『今昔物語集』巻一九第二八では、大和国宇智郡安日寺の僧蓮円が、母の後世を弔うため、鎮西から陸奥までを巡る「不軽ノ行」を行ったのち「六波羅蜜寺ノ寺ニ行テ、法華ノ八講ヲ行ヒケリ」という。六波羅蜜寺における結縁の講は、寺の主催に限定されるものではなく、外部からの求めに応じて願主を受け入れ、行われたことがわかる。

六波羅蜜寺の法会では、すでにみたように「南北二京之名徳」が講師とも聴衆ともなり（『本朝文粋』巻一〇、二七六）、「南都北京顕密之才」が講説、さらに毎月四度の「南北名僧」による釈経が別修された（「六波羅蜜寺縁起」）。また『大日本国法華経験記』巻上第三七によれば、六波羅蜜寺の住僧である康仙は、「六波羅密寺為二定読師一数十年、対二南北智者一、聞二説法論義一。」、この寺で数十年にわたり定読師を務め、南北の智者に相対して説法論議を聞き、功徳を積んだという。六波羅蜜寺は天台別院であったが、その法会に出仕する僧侶は、南都・北京また顕密を問わなかった。

『地蔵菩薩霊験記』巻二、乙にみえる、源国挙による六波羅蜜寺での地蔵像と地蔵十輪経等の供養会において「講師ハ大原ノ浄源法師」であった。また一二世紀半ばの『続詞花和歌集』巻二〇には、六波羅蜜寺の法会において、導師が詠んだ和歌が収められる。

六波羅といふ寺の講の導師にまかれりけるに、高座にのぼるに、聴聞の女房のあしをつみければよみける　　良喜法師

人のあしをつむにてしりぬわがかたへふみおこせよとおもふなるべし（九七七）

良喜（良基）は、天台僧、藤原通基の男である。[注29] 六波羅蜜寺の法会では、その高座の上から、導師である僧侶が和歌を詠むことがあった。

六波羅蜜寺における結縁の講には、いかなる聴聞者が参集したのか。『本朝文粋』巻一〇、二七六からは「南北二京之名徳」が聴衆ともなり、「東西両都之男女」が雲集したこと、また結縁供花会には男子・女身・童子・僧侶の日が設けられ、詩序を著した慶滋保胤もまた、これに参集した一人であったことが知られる。また長和二年（一〇一三）一二月一四日付太政官符（「六波羅蜜寺縁起」）には、六波羅蜜寺の法会に「都鄙尊卑、遠近緇素」が聴聞し、結縁するとある。

この「六波羅蜜寺縁起」を著した三善為康は、奥書に次のように記している。「于時保安三年壬寅三月十八日丁丑、是日寺中有二法花講一、門下有二勧学会一、愚結縁之次、慨然絶筆矣」。保安三年（一一二二）三月一八日、六波羅蜜寺において法華講とそれに続く勧学会が催された。[注30] 彼はこれらに結縁し、「六波羅蜜寺縁起」を記した。なおこの法華講と勧学会すなわち法華講会と詩会という組み合わせは、慶滋保胤の詩序にみえる結縁供花会とその詩会（『本朝文粋』巻一〇、二七六）と共通しており、これを継承する可能性がある。

『和泉式部続集』には、六波羅蜜寺の法会をめぐり詠まれた和歌がみえる。

水無月の晦がたに、六波羅の説経聞きにまかりたる、人の扇を取りかへて、やるとて

白露におきまどはすなあきくとも法にあふぎの風はことなり（三五二）

和泉式部が歌を詠んだのは、六月晦日に行われた「六波羅の説経」である。法会には聴聞者が溢れ、扇を取り違えるほどであったのだろう。また一一世紀前半の『相模集』には、次のような和歌がみえる。

祭のかへさ見て又の日、六波羅密の説経聞きにまでたるに、昨日紫野に見えし車のかたはらにありしかば、ことはてて出づとてあふひをやるとて

昨日まで神に心をかけしかど今日こそのりにあふひなりけれ（一一四）

返し、車に人つけて見せけるにや、家に入りてこそおこせたりしか

四月中酉日に行われる賀茂祭の明くる日、斎王が帰院する「祭のかへさ」を見物したその翌日に、相模は「六波羅密の説経」を聴聞し、昨日紫野で見かけた車に遭遇した。相模は車の主へ、葵をつけて歌を送った。和泉式部および相模の和歌は、いずれも一一世紀前半、六波羅蜜寺の法会に際して詠まれたものである。すでにみた『続詞花和歌集』巻二〇、九七七には、「六波羅といふ寺の講」に「聴聞の女房」の姿があった。さらに一二世紀前半の『基俊集』には、次の和歌がみえる。

三月十日ばかり、六波羅にかうおこなふと聞て、女車にのりまじりてまうでたりしに、くちおしくはてにければ、経よむあまのもとにまかりて、かへらんとするに、ひきいで物にとて、桜のいみじうさきたるをおりてえさせしかば

家づとにさのみなおりそ桜花やまの思はんこともやさしく（一二一）

藤原基俊は、三月一〇日ほどに「六波羅にかうおこなふと聞て」、女車にまぎれて聴聞しようとしたものの、法会はすでに終了しており叶わなかったという。

『栄花物語』巻一五には、藤原道長が「六波羅蜜寺、雲林院の菩提講などのをりふしの迎講などにも思しいそがせたまふ」とある。ただし六波羅蜜寺における迎講の開催は、他の史料からは確認できない。『大日本国法華経験記』巻上第二九では、法性寺の南にある定法寺の別当である僧が、同輩一〇人と共に清水寺に参詣し、「還向次入二六波羅密寺一、値二遇法華一乗講筵一、随喜而去。」、その帰路に六波羅蜜寺の法華講会を聴聞し、随喜して去ったという。また『大日本国法華経験記』巻上第三七にみえる、六波羅蜜寺の住僧である康仙は、法会において定読師を務めつつ、説法論議を聴聞した。『大日本国法華経験記』巻下第一〇二にみえるのは、次のような説話である。

右京権大夫参二詣六波羅一、値二遇講莚一。車前有二両三老尼一。一老尼流レ涙悲云、身貧年老、不レ作二善根一、徒過二此生一。還至二三途一、昼夜歎悲、三宝祈申。而昨夜夢、有二一宿徳老僧一告言、汝更無レ歎。只修二念仏一直レ心、決定往二生極楽一。左近中将雅通只直二内心一持二法華一故、雖レ不レ作二善根一、既得二往生一云々。尼見二此夢一、左近中将往二生極楽一。右京大夫聞二老尼夢一、始生二信心一、永除二疑惑一矣。

右京権大夫こと藤原道雅が、六波羅蜜寺の法会に参詣したところ、その車前に二、三人の老尼がいた。彼はそこで、源雅通の往生を告げる夢を見たという老尼の話を聞く。道雅はこれを聞いて、初めて雅通の往生を信じることができたという。『地蔵菩薩霊験記』巻六、一六では、「東京刀帯町ニ住ケル女性」が「毎月廿四日ニ六波羅密寺ノ地蔵講」を聴聞し、その説法を聞いて発心、地蔵像を造立する。彼女は病を受けて死ぬが、この地蔵に助けられて生還したという。

『地蔵菩薩霊験記』巻二、乙にみえる、地蔵像と地蔵十輪経等の開眼・供養会を催した源国挙や、『今昔物語集』巻一九第二八で、母の後世を弔う法華八講を行った僧蓮円もまた、六波羅蜜寺における結縁の講に参じたことがあり、ゆえにこの寺で自ら法会を催すことを求めたのであろう。

六波羅蜜寺の結縁の講に集まる聴聞者は、何を求めてここに参じたのか。長和二年（一〇一三）一二月一四日付太政官符（「六波羅蜜寺縁起」）では「彼寺三綱等去七月九日解状」として、結縁の講は「致二鎮護国家之御祈一、兼凝二利益衆生之弘願一」、鎮護国家を祈り、一切衆生の願いを利益するために催すとする。

結縁供花会が「四日八講」すなわち法華八講として行われ（『本朝文粋』巻一〇、二七六）、定法寺の別当の僧が「法華一乗講筵」を聴聞（『大日本法華経験記』巻上第一九）、僧蓮円が「法華ノ八講」を行い（『今昔物語集』巻一九第一八）、保安三年（一一二二）に「法華講」（「六波羅蜜寺縁起」）が行われたように、六波羅蜜寺における結縁の講は、法華講会として催されることが主であったとみられる。その功徳として期待されたのは、「依三年来聴二聞法一、依二随分行業一、当生二極楽一也。」（『大日本法華経験記』巻上第三七）とあるように、極楽への往生であろう。また僧蓮円の不軽の行と六波羅蜜寺での法華八講により、その母は「今我レ地獄ノ苦ヲ免レテ忉利天上ニ生レヌ」（『今昔物語集』巻一九第一八）とあることや、ただ一度、六波羅蜜寺の法華講会を聴聞したゆえに、定法寺の別当の僧は死んで蛇身を受けたものの、その功徳により毎日未時に「六波羅密方」より風が吹き、苦しみを免れる（『大日本法華経験記』巻上第一九）とあるように、地獄からの救済も説かれたであろう。

六波羅蜜寺では、源国挙により地蔵像が寄進され（『地蔵菩薩霊験記』巻二、乙）、毎月二四日に地蔵講が行われた（『地蔵菩薩霊験記』巻六、一六）ように、地蔵信仰もまた盛んであった。[注31] 源国挙は病死して閻王宮に召されたが、地蔵の助けによってよみがえり、東京の刀帯町に住む女性は、地蔵講の聴聞をきっかけに地蔵像を造立し、その助けによりやはり生還を果たす。地蔵信仰の功徳として説かれるのは、地獄からのよみがえりである。

このように六波羅蜜寺の結縁の講に参集した聴聞者の多くは、平安京に居住する僧俗・貴賤・男女を問わない都市民であった。彼らは徒歩あるいは牛車で、日々催される結縁の講を聴聞するため、平安京の境を越えて鴨川を渡り、六波羅蜜寺へと赴いた。説話からは、その功徳として、極楽への往生や地獄からの救済、生還が説かれたことがうかがえる。

六波羅蜜寺もまたその存続のために、広く都市民の信仰を集めることを必要としたのであろう。[注32] そのため空也の大般若経供養会をふまえた結縁の講が催され、そこでは外部から願主を受け入れ、南都・北京また顕密を問わず僧侶を出仕させた。六波羅蜜寺は、都市平安京周辺において結縁の講が催される中心的な寺院として営まれていく。

注目すべきは、この結縁の講に女性たち、尼たちの姿が目立つことである。和泉式部（『和泉式部続集』三五二）や相模（『相模集』一一四）、「聴聞の女房」（『続詞花和歌集』巻二〇、九七七）、藤原基俊は「女車にのりまじりて」結縁の講に詣でようとした（『基俊集』一二二）。藤原道雅の車前には「両三老尼」がおり（『大日本国法華経験記』巻下第一〇二）、「東京刀帯町ニ住ケル女性」は地蔵講を聴聞した（『地蔵菩薩霊験記』巻六、一六）。一〇世紀後半の六波羅蜜寺の結縁供花会には、すでに「女身」の日が設けられている（『本朝文粋』巻一〇、二七六）。六波羅蜜寺の結縁の講は、その当初から女性たちの参加が多くあったことが推測される。[注33]

六波羅蜜寺の結縁の講では、講経ののちに詩会がもたれ、そこでは聴聞者もまた漢詩文を詠んだ（『本朝文粋』巻一〇、二七六、「六波羅蜜寺縁起」）。法会をめぐって和歌が詠まれ（『和泉式部続集』三五二、『相模集』一一四）、あるいは法会の場で高座の導師と聴聞の女房とのあいだに直接的な応酬があり、そのやりとりのなかで詠まれる和歌があった（『続詞花和歌集』巻二〇、九七七）。これらは、聴聞者による法会への主体的な関わりとして評価できる。聴聞者は終始受け身の存在であったわけではなく、自ら法会を読み取り解釈し、それを表現することで、結縁の講の一部分を構成していたといえる。
　六波羅蜜寺の結縁の講では、外部の者もまた願主となることが可能であった（『地蔵菩薩霊験記』巻二、乙、『今昔物語集』巻一九第二八）。南都・北京、顕密を問わない僧侶が、講師とも聴衆ともなり（『本朝文粋』巻一〇、二七六、「六波羅蜜寺縁起」）、定読師はまた一面で聴衆でもあった（『大日本国法華経験記』巻上第三七）。このように、法会の主催者と出仕者、聴聞者の関係は固定的なものではない。六波羅蜜寺における結縁の講をめぐる人々は、そのような動態としてとらえることができる。

三　六波羅という場

　地名としての六波羅の成立は、六波羅蜜寺が立地したことに由来すると考えられる。六波羅蜜寺の成立以前に、史料からこの呼称が見出せないためである。では六波羅とは、どのような場としてとらえられていたのか。
三善為康は晩年、おそらくは六波羅蜜寺の境内と思われる場所に一蘆を建て、居住した。その経緯について、「六波羅蜜寺縁起」に次のように記す。

　今古老相伝曰、此砌名為二禅念地一所以者、何在二于此肩一。命終之人、必住正念。是則上人結界之比、邪魔削レ跡之故也。竊尋二其実一、多以有レ験、加以雖レ有レ盗、未二曽入一レ門、雖レ有二乞丐一、未二曽近一レ閾。大便不レ泣砌、雑穢一不レ置レ庭、若犯レ之者、自然有レ徴。誠上人結界之本地、地冥顕如レ此。爰朝請大夫算博士三善為康、齢及二八旬一、始建二一盧一住二山禅念地一、以作二終焉之思一、一不レ怠可哉。……

三善為康が六波羅を終焉の地としたのは、ここが「禅念地」であり「上人結界之本地」と考えるためであった。そして往生の念ゆえに、彼はここに移り住んだと考えられる。

明治三九年（一九〇六）、京都市下京区松原通大和大路東入北入小松町（現京都市東山区小松町）から、康治元年（一一四二）六月二一日の序が付された『極楽願往生歌』と二種の供養目録、青銅製の磬の破片が出土した。そのうち『白紙墨書供養目録』所掲の願文によれば、永治二年（一一四二）三月一七日にこの供養目録を記した「沙弥西念」は、「仏神之告」によって、「住宅之内」に穴を掘った。この供養目録には、「一、六波羅御寺前池中嶋、奉レ埋二如宝経匣一加埋二年来仏経供養目録一籠了」ともあり、これが『極楽願往生歌』と供養目録の埋納を指すと考えられる。「六波羅御寺前池中嶋」は、西念の住宅の内であった。三善為康や西念の六波羅への居住は、往生の念、極楽往生の願いのためであり、彼らはそこで死を迎えることを望んだと考えられる。

六波羅蜜寺に近接する珍皇寺領[注34]には、数多くの墓堂が建てられた。康和三年（一一〇一）七月五日「山城国珍皇寺所司解」（東京大学所蔵文書、『平安遺文』一四四四）は、そのうち「飛騨前司」の「宗則朝臣」と、「左衛門允」源師行[注35]の墓堂について記すものである。

珍皇寺所司等解　申注進飛騨前司幷左衛門允請造立堂舎在家等事

合

飛騨前司

堂一院　敷地〈東西廿二丈、南北卅丈〉

在家廿六家　敷地

堂南従二路外一

三郎丸　伊や児丸　犬丸　源乃　勧乃丸　勧喜丸　行照　始丸　二郎丸　京尊〈寺所司〉　京連〈寺所司〉

京徳〈鐘打〉
同西従二垣外一
善久　勢久　安久　勢与　老法師　縁起丸　行与
同北従二垣外一
　定久　糸丸　重末　二郎丸　金剛丸　字座頭
　田畠二段二百卌歩〈田百八十歩、畠二段六十歩〉
左衛門允
堂一院　敷地〈東西十六丈、南北廿八丈〉
在家六家　已上築垣外
田畠三段〈田一段半、畠一段半〉
右、件寺領地請レ領之後、不レ勤二仕一歩寺役一、所レ残役家僅廿家許也。仍為レ蒙二御裁定一、注進言上如レ件。
　康和三年七月五日　（三綱・別当連署）

「宗則朝臣」と源師行は、珍皇寺の領地を請いて敷地とし、それぞれ堂一院を建てそこに在家と田畠を付した。しかし在家は寺役を勤仕せず、わずか二〇家ばかりが残るのみであったという。

また天永三年（一一一二）八月九日付「珍皇寺内諸堂注文」（東寺百合文書ト、『平安遺文』一七七〇）は、墓堂の建立者の名を数え上げる。

　注進　珍皇寺内諸堂事
合四十八寺

築垣内廿寺
左衛門大夫堂　伴入道丶　辰巳丶　府生丶　信乃丶　先達丶　又小堂二宇　鳥羽預丶　頼源聖人丶　入
道丶　命婦丶　行事丶　堂達丶　白河預丶　権上座丶　保多丶　陽暹房丶　藤非違丶　蔵人丶
外
東三寺
陰陽大夫丶　経師丶　伴府生丶
南五寺
下野守丶　源介丶　阿弥陀丶　堂僧丶　又檜皮丶
西十九寺
紀大夫丶　京禅丶　色紙丶　官人代丶　又官人代丶　五郎丶　四棟丶　壁丶　橋寺　大和守丶　高綾丶
阿波入道丶　大工丶　光堂内五寺　四条別当丶
八坂
石蔵丶
右、注進如レ件
天永三年八月九日　上座延深

珍皇寺領には四八もの堂が建ち並び、その多くが建立者の名を冠して呼ばれた。それらが墓堂であるゆえであろう。墓堂の建立者には官人層が目立つものの、僧俗を問わない名が並び、女性である「命婦」の堂もみられる。そしてその大半が平安京の都市民であったと考えられる。

「珍皇寺は、葬場の寺である。そこに建てられた多数の個人名をもった堂は、墓堂と考えられる。そしてその墓堂の経営維持――墓堂建立の条件として、在家に修理・掃除役の勤仕があった。――のため、賤民的な在家が付属していた」[注36]と竹内理三氏は指摘する。康和三年（一一〇一）八月二七日付「僧源心解」（東寺百合文書マ、『平安遺文』一四四七）によれば、「如レ此之寺領四至内、申二請其敷地一、建二立私堂舎一、誠以不レ可二勝計一者也。」、珍皇寺領に敷地を申請し建立された私堂舎は、勝げて計うべからず、とされるほどであった。そしてそのうちの一堂に、平正盛の墓堂があった。

天仁三年（一一一〇）六月に供養された平正盛堂について、『江都督納言願文集』巻六に「丹後守正盛堂供養願文」が残る。この平正盛堂は、三間四面の檜皮葺の堂に丈六の金色阿弥陀如来像を安置し、金泥・色紙・素紙の法華経や開結経を書写・摺写して奉った絢爛なものであった。堂の建てられた「紫城東面、清水西頭」の「一名区」とは、天永三年（一一一二）一一月八日付「丹後守平正盛請文」（東寺百合文書ほ、『平安遺文』一七八一）から、「珍皇寺御領畠」を請けたものであったことがわかる。『殿暦』天永四年（一一一三）二月二五日丁未条や同永久元年（一一一三）一〇月一日己酉条、『中右記』元永二年（一一一九）八月一六日庚寅条において、この堂は「六波羅堂」、「六波羅蜜堂」と称される。墓堂の建ち並ぶ珍皇寺領は、六波羅として把握されていた。平家の六波羅は、この平正盛堂を起点として形成されることになる。

六波羅とての、しりし所は、故刑部卿忠盛の世にいでし吉所也。南は六はらが末、賀茂河一町を隔てゝ、もとは方一町なりしを此相国の時造作あり、これも家数百七十余宇に及べり。是のみならず、北の鞍馬路よりはじめて、東の大道をへだてゝ、辰巳の角小松殿まで廿余町に及ぶ迄、造作したりし一族親類の殿原の室、郎等眷属の住所細かにこれをかぞふれば、五千二百余宇の家々……

そして長門本『平家物語』巻一四にこのように描写された一大拠点を造り上げるのである。[注37]

六波羅に数多くの墓堂が建立されたのは、この場所が九世紀前半からの葬送地である鳥部野に含まれていたことに加え、空也という「上人結界之本地」（「六波羅蜜寺縁起」）であり、結縁の講が催される六波羅蜜寺の存在から、極楽往生の願いにふさわしい場と認識されていたためであろう。

また『梁塵秘抄』巻二、三一四には、平安京から清水寺への参詣道が、次のように謡われる。

何れか清水へ参る道　京極くだりに五条まで　石橋よ　東の橋詰　四つ棟　六波羅堂　愛宕寺　大仏深井とか　其れを打ち過ぎて八坂寺　一段上りて見下せば　主典大夫が仁王堂　塔の下天降り末社　南を打ち見れば　手水棚手水とか　御前に参りて恭敬礼拝して見下せば　此の滝は様がる滝の　興がる滝の水

清水寺への参詣の道程には、五条大路から鴨川を石橋で渡り、そこに六波羅蜜寺と珍皇寺[注38]が並び建っていた様子が描写される。この五条大路東末に所在し鴨川に架けられた橋とは、『水左記』承暦四年（一〇八〇）一〇月八日丙寅条「今日於二清水寺橋一〈河原〉、有二迎講事一。住二醍醐山一聖人行レ之云々。予為二結縁一参向、即帰了。」にみえる、清水寺橋を指す。その河原では迎講が催され、源俊房はこれに結縁したという。

また『明月記』建仁二年（一二〇二）五月一三日丙辰条には、昇子内親王と八条院とが日吉社参詣に赴く道程が記されている。「辰時許参二八条殿一〈浄衣〉、御禊陪膳了出御、甚雨洪水、東洞院北行、五条東自二清水橋一ク、メ地路也。……午終着二社頭一。」、彼女らは雨が激しく降るなか、五条東から清水橋（清水寺橋）を渡り、久々目路を抜けるルートをとった。『保元物語』には、保元元年（一一五六）七月のこととして「同じき五日、少納言入道信西、宣旨を奉って、検非違使等を召して、関々を固むべき由仰せ下す。……久々目路をば平判官実俊、各々宣旨に随ひて、関々へこそ向ひけれ。」とみえ、鳥羽上皇の崩御にともない警固された関々には、宇治路や淀路、山崎、大江山、粟田口に加え、久々目路が含まれていた。また文治元年（一一八五）に成立した顕昭の『古今集註』巻八には、「花山ハ山階ニアリ。東山ク、メチノハシリヲリナリ。彼僧正ノ堂房ナドアリ。教長卿注セリ。」とみえる。久々目路は、平安京から東山を越え、山科へ向かうルートの一つであった。

一一世紀後半、五条大路[注39]の西末には清水寺橋が架けられ、六波羅蜜寺へとつながっていた。一二世紀半ばにはそこからさらに久々目路を抜けて、山科へと至るルートが確立していた。平家が六波羅に拠点を築いた理由もまた、このルートの存在が大きいのであろう。六波羅蜜寺は、平安京から山科へと至るその交通路上に所在したのである。

おわりに

仏教は、それを忌避する政策がとられた平安京において、どのようなかたちで展開することが可能であったのか。京樂真帆子氏は、仏教の都市的展開とは「ミヤコに暮らす貴族にとっては『家』の仏教の成立を、都市に生きる庶民にとっては『乞食の宗教（＝仏教）化』を意味[注40]」する、とした。しかしながら、仏教の都市的展開とは、貴族であるか庶民であるかによって異なるものであったのだろうか。私は、仏教が平安京において伸長するためには、僧俗・貴賤・男女を問わない都市民に向き合うことが必要であったと考える。そのために六波羅蜜寺は結縁の講の開催を選択し、一〇世紀後半以降、都市平安京周辺におけるその中心的な役割を果たした。

櫛木謙周氏は、その著書『日本古代の首都と公共性』において、古代の都市社会を「様々な価値観をもつ異質な階層、生業等の人々が集住する場」ととらえ、その多様で異質でありつつ、都市に居住することによる共通の利害や願望をもつ人々を「都市住民」として把握した。[注41] 本稿で取り上げた、僧俗・貴賤・男女を問わず平安京に居住する人々が参集する結縁の講という場は、そのような多様で異質な彼らのあいだに、都市民（都市住民）という共通認識を繰り返し想起させ確認させる契機となる、日常的実践の場でありえたのではないか。そこでは藤原道雅が老尼たちの会話を耳にし（『大日本国法華経験記』巻下第一〇二）、導師と女房たちのあいだにやりとりが生まれた（『続詞花和歌集』巻二〇、九七七）ように、通常であれば顔をあわせることが稀な都市民の思いがけない出会いの場となった。

私はこれまでの平安京研究[注42]のなかで、都市民とは「地域社会を形成した人々[注43]」であるとする市川理恵氏の定義に依拠してきた。しかし平安京には、この「地域社会を形成した人々」としての都市民ばかりでなく、僧俗・貴賤・男女を問わない多様で異質な人々が居住する。そして都市民によって形成される地域社会と、多様で異質な都市民が集まる結縁の講のような場は、都市平安京という社会のなかで併存し、状況に応じて彼ら自身により選びとられる関係にあったと考える。

平安京の都市民の多くは、僧俗・貴賤・男女を問わない結縁の講が催されることによってはじめて、講経法会に参加することが可能になった。彼らはそこで、南都・北京また顕密を問わない僧侶による、優れた説教・論議を聴聞し、それに随喜し結縁した。また法会に接して漢詩文や和歌を詠み、あるいは高座の導師との応酬を交わし、自ら法会を読み取り解釈する主体的な関わりをもった。このような結縁の講への参加を日常のものとするために、平安京の近辺に寺院が求められ、その役割を担った寺院の一つが、六波羅蜜寺であったと考えられる。

注

1 京樂真帆子「平安京における寺院と出家」（『平安京都市社会史の研究』塙書房、二〇〇八。初出一九九三）一九七頁。

2 『類聚三代格』一九、禁制事にみえる、延暦二年（七八三）六月一〇日付太政官符「禁三断京職畿内諸国私作二伽藍一事」が根拠と考えられる。

3 『新抄格勅符抄』長保元年（九九九）七月二七日付太政官符に「一、応下重禁制僧俗無レ故住レ京及号二車宿一京舎宅事上」と定められる。

4 近年のまとまった成果として、櫛木謙周『日本古代の首都と公共性』（塙書房、二〇一四）がある。

5 今市優子「貞観五年御霊会の成立について」（『文化史学』四五、一九八九）。

6 西山良平「御霊信仰論」（『岩波講座　日本通史五』岩波書店、一九九五）。

7 薗田香融・田村圓澄「平安仏教」（『岩波講座　日本歴史四』岩波書店、一九六二）二〇〇頁（田村氏執筆部分）。

8 上島享「中世宗教支配秩序の形成」（『日本中世社会の形成と王権』名古屋大学出版会、二〇一〇。初出二〇〇一・二〇〇四）二四七～二五一頁。

9 『日本霊異記』にみえる「衆中」（中巻一一縁）、「法会之衆」（中巻一五縁）、「聴衆」（中巻三〇縁）、「衆中」（下巻一九縁）や、『東大寺諷誦文稿』にみえる「村里道俗」（一一〇行）、「男衆」（二九一行）、「女衆」（二九四・二九五行）の記載は、法会を聴聞する民衆の存在を前提とすると考える。

10 上川通夫「中世山林寺院の成立」（『日本中世仏教と東アジア世界』塙書房、二〇一二）二三三頁。

11 上川通夫『平安京と中世仏教』（吉川弘文館、二〇一五）二一二頁。

12 山本信吉「法華八講と道長の三十講」（『摂関政治史論考』吉川弘文館、二〇〇三。初出一九七〇）二九三頁。

13 山本注12論文、高木豊「法華講会の成立と展開」（『平安時代法華仏教史研究』一九七三、平楽寺書店）。

14 後藤昭雄「平安朝漢文学史の輪郭」（『平安朝漢文学史論考』勉誠出版、二〇一二。初出二〇一一）五頁。

15 「六波羅蜜寺縁起」が引用するこの太政官符には、年月日が記されていないが、官符中に六波羅蜜寺が再興された貞元二年（九七七）から「卅六箇年」とあること、またこの年は官符に連署する「右中弁正五位下大江朝臣」ことに大江景理が、この官位にあった時期と一致することから、長和二年（一〇一三）のものと推測される。

16 『日本紀略』寛和二年（九八六）四月二二日庚申条。

17 『日本紀略』寛和元年（九八五）三月一八日壬戌条に「少納言・外記等参二会六波羅密寺一、修二善根一、施レ以二饗牙百斗一。」とあるのは、この結縁供花会に関わる可能性がある。

18 竹内理三「六波羅の歴史的風土」（『竹内理三著作集第六巻』角川書店、一九九九。初出一九七六）二九一頁。

19 山田邦和「京都の都市空間と墓地」（『京都都市史の研究』吉川弘文館、二〇〇九。初出一九九六）二五八頁。

20 角田文衛「鳥部山と鳥部野」（『角田文衛著作集第四巻』法蔵館、一九八四。初出一九七六）。

21 『日本紀略』天長三年（八二六）五月一〇日丙子条に「葬二恒世親王於山城国愛宕郡鳥部寺以南一。」、および同六月一〇日丙午条に「葬二山城国愛宕郡愛宕寺以南山一。」とあるのが、早い時期の史料である。

22 『続日本後紀』承和九年（八四二）一〇月一四日甲戌条に「勅、左右京職・東西悲田、並給二料物一、令レ焼二斂嶋田及鴨河原等髑髏一。惣五千五百余頭。」、同二三日癸未条に「太政官充二義倉物於悲田一。令レ聚二葬鴨河髑髏一。」とある。

23 平林盛得「空也と平安知識人」（『聖と説話の史的研究』吉川弘文館、一九八一。初出一九五八）一四八頁。

24 『小右記』万寿四年（一〇二七）一二月四日庚午条に「令レ注二悲田病者幷六波羅蜜坂下之者数一〈悲田卅五人、六波羅蜜十九人。〉」とあり、同五日辛未条には「悲田・六波羅蜜病者・乞者等給二米・魚類・海藻等一。」との記録がある。彼ら六波羅蜜坂下の者、六波羅蜜の病者・乞者は、後の「清水坂非人」（『山槐記』保元三年（一一五八）九月七日癸亥条）につながる存在であると考えられる（吉野秋二「非人身分成立の歴史的前提」〔『日本古代社会編成の研究』塙書房、二〇一〇。初出一九九九〕一〇〇・一〇一頁）。一一世紀前半、彼らは六波羅蜜坂下の者、その病者・乞食と把握されていた。彼らが六波羅に集まる契機は空也の大般若経供養会にあり、結縁の講を頻繁に開催する六波羅蜜寺の存在が、彼らをここに定着させたのではないか。

25 貞元二年（九七七）には、良源によって神楽岡の吉田寺で舎利会が修された（『日本紀略』同四月二一日辛亥条）。これについて、『天台座主記』（良源）同年条には「是為下不レ攀二登山嶽一之女人類上、礼二拝如来舎利一、令レ結二仏縁一也。」とあり、この舎利会が特に女性の結縁を企図したものであったことがわかる。また永延元年（九八七）には、雲林院において「諸俗」が「請転法輪講」を催し、「天下人」がこれに捧物を献じたという（『小右記』同五月五日丙寅条）。正暦二年（九九一）には、僧仁康が河原院で五時講を修した（『日本紀略』同三月一八日丁巳条）。『江談抄』巻六、一五は、このとき大江匡衡によって記された願文（『本朝文粋』巻一三、四一〇）を引用し、「講筵参会貴賤済々」であったとする。

26 「空也に関係する撰述は主に勧学会周辺の文人貴族によるもの」とする指摘がある（井上和歌子「『空也誄』から『六波羅蜜寺縁起』へ」〔『名古屋大学国語国文学』九二、二〇〇三〕四〇頁）。『空也誄』を、勧学会結衆全体の要請に基づく著述とする、平林注23論文や小原仁「文人貴族の空也観」（『文人貴族の系譜』吉川弘文館、一九八七）の指摘をふまえたものである。慶滋保胤・源為憲はともに、勧学会が創始された康保元年（九六四）の結衆が知られる（『勧学会記』）。また慶滋保胤は、『日本往生極楽記』に「沙門空也」を記す。三善道統は応和三年（九六三）三月一九日に「善秀才宅詩合」（『群書類従』九）を催しており、その参加者の多くが勧学会結衆と重なる。空也に関わる彼らの言説は、平安京とその周辺における結縁の講の盛行を準備したといえるのではないか。

27 源国挙は、備中・若狭・美濃・但馬の国守を務めた受領であり、東三条院別当を務め（『権記』長保二年〔一〇〇〇〕一〇月一一日甲寅条）、藤原道長の法華三十講に非時食を送る（『御堂関白記』長和四年〔一〇一五〕五月五日甲申条）など、藤原道長とのつながりがうかがえる。定朝は、法成寺造仏賞として法橋に叙されており（『小右記』治安二年〔一〇二二〕七月一六日甲申条、『左経記』同日条）、藤原道長による法成寺の造仏に深く関わった。源国挙は藤原道長を通じて、定朝に仏像制作を依頼できた可能性がある。

28 現在、六波羅蜜寺に安置される地蔵菩薩立像について、これを『地蔵菩薩霊験記』巻二、乙（『今昔物語集』巻一七第二一）にみえる、定朝の地蔵像に比定する説がある（小林剛「六波羅蜜寺の地蔵菩薩立像について」〔『大和文華』二七、一九五八〕）。説話の地蔵菩薩が金色とされるのに対し、現存像は彩色であることから、同一像とするには疑問がある（岩佐光晴「六波羅蜜寺地蔵菩薩立像について」〔『美術史学』六、一九八四〕）が、その作風や技法から、「定朝周辺の仏師による十一世紀前半の作とする見解が定着している」（浅見龍介「《調査報告》六波羅蜜寺の仏像」〔『MUSEUM』六二〇、二〇〇九〕九頁）。

29 『究竟僧綱任』応保元年（一一六一）。

30 承暦四年（一〇八〇）九月二九日、六波羅蜜寺において勧学会が修された（『水左記』同戊午条）。勧学会は、「この頃から以後、会の場所が大体六波羅蜜寺に一定された」（桃裕行「勧学会と清水寺長講会」〔『上代学制の研究　修訂版』一九九四、思文閣出版。初出一九四二〕三七八頁）。天永二年（一一一一）三月一八日にも、勧学会は六波羅蜜寺において行われている（『中右記』同庚辰条）。また永久四年（一一一六）一〇月一三日付の「勧学会先達廻文」および「勧学会堂結廻文」（『朝野群載』一三）は、勧学会所から参加予定者に出された廻文であるが、「来廿二日可レ被レ会二六波羅密寺一」とあるように、その会場は六波羅蜜寺であった。専門の堂舎をもたず会場を転々とした勧学会に対し、六波羅蜜寺はその場を提供していた。

31　『地蔵菩薩霊験記』巻一、二によれば、陸奥国で泥中から掘り出された「御長三尺計ノ地蔵菩薩ノ像」が六波羅蜜寺に送られ、彩色修理されて「寿久仙ノ坊」に安置された。この地蔵像は「凡ソ百千人歩ヲ望ミテ信仰」し、各々の願いに応じて利益があったという。

32　昭和四〇年（一九六五）から四三年（一九六八）にかけて、六波羅蜜寺本堂が解体修理された際に、その基壇中から約七四〇〇点に及ぶ泥塔が発見された（『六波羅蜜寺の研究』綜芸舎、一九七五）。泥塔はすべて五輪塔であり、本堂造立の貞治二年（一三六三）以前、「鎌倉時代の初頭」（同一三頁）の造立と推測される。型造りのものと手づくねのものがあり、指紋鑑識の結果から「六波羅蜜寺泥塔が多数の人々の手によって造立された」（同二〇頁）ことが指摘されている。

33　六波羅蜜寺と女性たちをめぐり、この寺で尼受戒が行われたことを指摘しておきたい。『小記目録』寛和二年（九八六）九月二八日条に「於二六波羅蜜寺一尼七百余人受戒事」、長和二年（一〇一三）一二月一四日付太政官符（「六波羅蜜寺縁起」）に「始自二去寛弘二年申請一宣旨、修二尼受戒一已為二恒例一。」とある。寛弘二年（一〇〇五）の申請に対する宣旨により、六波羅蜜寺では「尼受戒」を修することが恒例であるという。『小右記』長元四年（一〇三一）九月二八日癸酉条には「臨昏中納言来云、今日、病者於二六波羅蜜一令二授戒一〈戒師奇久〉。」とあり、罹病していた藤原資平の二女が、六波羅蜜寺において受戒する。結縁の講に集まる女性たちのなかには、ここで受戒し尼になる者もいたであろう。『基俊集』一二一で、「六波羅にかうおこなふと聞て」詣でたものの、聴聞しそこねた藤原基俊は、そのまま「経よむあまのもと」を訪れる。彼女は六波羅蜜寺にて受戒し、寺辺に住む尼であったかもしれない。

34　長保四年（一〇〇二）二月一九日付「山城国珍皇寺領坪付案」（東寺百合文書ト、『平安遺文』四二一）によれば、珍皇寺領は鳥部郷三条野里、同里東外、八坂郷四条高橋里、同里東外、錦部郷六条古川里にわたり、「六波羅蜜寺領に近接していたことは確実だし、場所によっては入りくみの関係にあったことが予想される」（高橋昌明「平正盛と六波羅堂」『清盛以前』平凡社、一九八四。初出一九七九）一一〇・一一一頁）。

35　「飛驒前司」は、康和三年（一一〇一）七月二三日付「平盛基請文案」（東寺百合文書井、『平安遺文』一四四六）にもみえる「宗則朝臣」、「左衛門允」は寛治六年（一〇九二）六月二一日付「僧定尊田畠売券案」（東寺百合文書京、『平安遺文』一三〇八）から源師行にあたることがわかる。

36 竹内注18論文、二八五頁。
37 高橋注34論文。
38 『伊呂波字類抄』於、諸寺に「珍皇寺オタキテラ　愛宕寺」とある。
39 五条西洞院には、道祖神が祭られていた。『今昔物語集』巻二〇第三に「五条ノ道祖神ノ在マス所ニ、大キナル不成ヌ柿ノ木有ケリ」とある。「道祖神は『サエの神』として境界に座す神であり」、かつ成らぬ柿木は「『異界』との境界」を示すシンボルであった（田中貴子「境界の柿木」〔『あやかし考』平凡社、二〇〇四〕二二一・二二四頁）。また『新猿楽記』には「五条道祖奉粢餅」「千葉手」、『宇治拾遺物語』巻一、一には「五条の道祖神」とあり、『拾芥抄』東京図にもその位置が記される。五条に道祖神が祭られ、平安京の境界とされたのは、五条大路の東末に清水寺橋が架けられ、そこが久々目路や法性寺大路につながる平安京の出入り口の一つであったためではないか。
40 京樂注1論文、二一二頁
41 櫛木注4書、三・四頁。
42 久米舞子「松尾の祭りと西七条の共同性」（『日本歴史』七四二、二〇一〇）、同「平安京『西京』の形成」（『古代文化』六四―三、二〇一二）、同「稲荷祭と平安京七条の都市民」（『史学』八二―一・二、二〇一三）、同「平安京の地域社会に生きる都市民」（『平安京の地域形成』京都大学学術出版会、二〇一六）。
43 市川理恵「京職の末端支配とその変遷」（『古代日本の京職と京戸』吉川弘文館、二〇〇九。初出二〇〇三）八一・八二頁。

変貌する平安京

上村　和直

一　はじめに

平安京は、平安時代中期〜鎌倉時代にかけて、次第に中世都市「京都」へと変貌をとげる。このような平安京の変化の過程を、検出した遺構及び出土した遺物を中心にして検討を加える。特に、平安京や京外市街地の構造や交通路などの観点から、できるだけ具体的に述べる。

二　平安宮（大内裏）の衰微

平安宮内では、十一世紀後葉〜十二世紀の遺構は、前・中期に比べ激減し約五〇ヶ所に止まり、遺物の出土量も少なくなる。検出地点も、前・中期の遺構・遺物は全域に散在するのに対し、当該期は内裏・大極殿・朝堂院などの中枢施設、中務省・太政官などの主要官衙、諸門や南面大垣など、特定の場所に偏る。十三世紀前半には遺構・遺物はさらに少なくなり、十三世紀後葉以降の遺構・遺物は確認していない。これらのことから、十三世紀前葉まで中枢部・主要官衙・諸門と大垣は再建・整備が行われ、正面の偉容を誇示したものの、十三世紀後葉には廃絶した可能性が高い〔上村二〇〇七b〕。

さらに、十二～十三世紀前葉には、宮周辺の街路や南面大路（二条大路）、朱雀大路の二条～三条大路間の路面や側溝が整備されており、宮内の状況と合わせて興味深い。

文献史料によると、天徳四年（九六〇）に初めて内裏が焼亡して以降、中枢施設は頻繁に焼亡・再建を繰り返し、多くの官衙が衰退・廃絶するものの、王権を象徴する大極殿・朝堂院・朱雀門・南面大垣などは再建・修造される。しかし、安元三年（一一七七）には大極殿・朝堂院、安貞元年（一二二七）には内裏が焼亡し廃絶する。調査成果はこの状況を裏付ける。その後、宮域は「内野」と呼ばれる野原へと変貌するが、鎌倉時代以降も太政官庁や神祇官庁・真言院などでの即位式や大嘗会関連の祭儀は執行された〔高橋二〇〇六〕。

以上のことから、平安宮内の官衙等の施設が消滅しても、諸門や築地塀で囲繞された空間は単なる空閑地ではなく、政務の場から王権の儀式・儀礼空間に転換し、いわば「舞台装置」として平安京内での一定の役割を担い続けたと理解できよう。

三　平安京（京中）の変容

1　右京の衰退

右京の変容　右京域の二条大路以南の南西部では、条坊などの遺構が検出されておらず、平安京造営当初から条坊が造営されていないと推定される〔山田二〇〇九〕。右京域では、十世紀頃から遺構・遺物が減少し、十世紀～十一世紀以降二条大路以南では街路側溝が埋没する例が増加する。また、十世紀頃には大規模宅地が廃絶したことを考え合わせると、宅地の衰退や人口の減少が伺える。

ただし、二条大路以北や、三条大路付近・四条大路付近・七条大路付近などの地域では、小規模宅地・建物が存続し、十一世紀後葉～十三世紀まで街路路面・側溝などの整備が行われる〔山本二〇〇七〕。このように右京が全体的に衰退したわけではなく、地域的に偏差が見られることが指摘される。

『池亭記』には「西京は人家漸く稀にして、殆ど幽墟に幾し」とあり、当該期の火災記事が少ないことを含め、調査成果をある程度裏付けている。

右京域の耕作地と水路　右京域の街区内では、十二～十三世紀の耕作痕跡を数ヶ所で検出した。また、十世紀後半～十二世紀には、西大宮大路・野寺小路・道祖大路・宇多小路・六角小路などの路面上に幅四～九メートル・深さ二メートル前後の大規模な流路を開削し、街路側溝を流路に改変した例が見られる〔山本二〇〇七〕。樋口小路・馬代小路交差点では、路面がクランク状の流路となる。このような流路は自然地形に従った流路ではなく、街路に規制された計画的な水路と解釈できる。水路は農耕地の導排水や洪水排水用と考えられ、右京の実態に即して出現した施設と評価できる〔上村二〇一二〕。

『延喜式』左右京職条を初めとした多くの史料によると、京中の耕作は原則として禁止されるが、禁止しなければならないほど耕作地化が進行した状況が伺える。『兵範記』〔仁安三年（一一六八）条〕には「今、溝渠を開鑿して往来を煩わし、道路を侵略して田畝耕作することを、京職と検非違使に命じて禁止する」とあり、調査成果を示している。

2　左京の繁栄

左京の変容　左京域では、十世紀以降建物・井戸・道路などの遺構が増加し、土器などの遺物が増大し、集住の度合いが飛躍的に高まったことが明らかである。

『池亭記』には、「東京の四条以北、乾艮の二方、人々貴賤無く、多く群れ聚る所なり。（中略）小屋は壁を隔て軒を接す。東隣に火災有れば、西隣は余炎を免れず、（中略）南阮は貧しく、北阮は富めり」と記される。さらに、康和五年（一一〇三）の五条での四町余りの火災で数百軒焼失〔『中右記』〕、安元三年（一一七七）「太郎焼亡」では一八〇町の範囲（左京の約三分の一）で二万軒余りの焼亡で焼死者数千人に及ぶとある〔『玉葉』〕。このような頻繁な大火は、家屋が密集した証左となり、調査成果を裏付けている。

ただ、左京域でも東西軸である二条・三条・四条・七条大路と、南北軸である町小路などが交差する地域を中心として遺構が集中しており、地域差が見られることが指摘されている〔山村二〇〇七〕。

整地と街路の整備　左京域では、十一世紀後葉〜十三世紀代の灰黄褐色（うぐいす色）砂泥の整地（厚さ一〇〜五〇センチ）を広範囲で確認した。さらに、当該期には北部・中部で街路路面や側溝が整備され、特に南西部で石敷路面が多くなる。また、小六条院周辺では、十一世紀に六条坊門小路路面が約三六メートル北側に付け替えられ、十二世紀には街路が拡幅される。このように、街路幅の改変の例も少なくなく、条坊に規制されていない街路改変が行われたことが認められる〔山本二〇〇七〕。

街区内の宅地配置　十世紀中葉以降、街区内では街路に直交する短冊状の宅地が出現している。宅地内では、街路に近接して小規模な掘立柱建物が検出される例が多い。小規模建物は独立しており、長軸が街路と直交したものが多い。また、建物が街路側に張り出す場合もある。街区内では東西南北の小径（辻子）を検出した例があり、街区中央部を宅地や作業場などとして活用される。

宅地・建物などの検出状況から、街区周囲の街路に面して小規模な宅地が配され、宅地内には独立した小規模建物が建ち並んだ状況が復元できる。この状況は、「四行八門制」による宅地配置から、街区周囲に宅地が配置される「四面町」へと変化したことを示唆している。また、街路に沿った町並みのようすから、街路を基軸として展開する町屋に推移したと捉えることができよう。

このような宅地の変化は、平安後期頃から街路名称が定着することや、宅地表示が行門制から街路名が主体となること、宅地の面積表示が街路に面した間口・奥行で表されることと対応している。また、街区内では、多量の銭貨・器財を埋納した遺構を検出した例もあり、街区に住んだ住民による共同の祭祀が行われ、地縁的な共同体の萌芽が認められる〔上村二〇〇二〕。

左京での商工業域の発展　左京域の町小路と三条・四条大路との交差点付近では、十一世紀以降に遺構・遺物が急増し、特に輸入陶磁器類の出土量が目立っている。当地域では、埋甕が検出され漆器生産用具や鹿の角などが出土しており、商業や手工業生産も営まれたことがわかる。

文献史料によると、当地域には「物売りの四条の女」（『平安遺文』五―二―三五〇、保延二年（一一三六）条）などが見られ、久安六年（一一五〇）頃には四条町に切革坐棚（店舗）などが存在したことが知られる。これらのことから、「三条町」・「四条町」と呼ばれた三条・四条と町交差点付近で商工業が展開したことが伺える。

三条町・四条町に少し遅れ、七条大路と町小路交差点付近では、十一世紀～十三世紀にかけて遺構・遺物が急増する。当地域では、埋甕・埋納銭や鍛冶工房が検出されると共に、七条・町交差点を中心にして東西五町・南北六町の範囲で、仏具刀装具・鏡・銭貨の鋳型や坩堝などの鋳造関係道具が多数出土した。このように、当地域でも種々の手工業が展開したことが伺える〔辻二〇一六・上村二〇〇二〕。

文献史料によると、七条大路と町小路交差点付近は「七条町」と呼ばれ、『宇治拾遺物語』・『今昔物語集』によると仏師・鋳物師・仏具師・箔屋・経師などの活動が知られる。さらに、『明月記』には、「土倉員数を知らず、商賈は充満し、海内の財貨は只その所にあり」〔文暦元年(一二三四)条〕とある〔野口一九八八〕。

以上のように、十二世紀～十三世紀にかけて、町小路沿いの北・南の二つの地域に商工業者が集住した地域が成立したことがわかる。特に七条町では、同業者が地域的に集住した「町」が形成された。このような商工業地域が形成されたことにより、京中に経済的基盤が次第に整備された状況が見て取れる。

四　平安京近辺の拡張

平安京北辺への拡張　平安京北辺では、九～十一世紀頃の遺構がある程度見られるが、十二～十三世紀には、区画溝や井戸・建物などの遺構が増加し遺物量が増える。

当地域は、平安京から延伸する大宮大路末・室町小路末などの南北街路を南北軸とし、それに直交する五辻(毘沙門大路)・北小路などの東西街路を東西軸として、社寺や邸宅を核として方格地割が復元できる。ただ、当地域の街区は規模や形態などが均一でない場所が想定できる〔高橋一九八三〕。

文献史料によると、平安前期に淳和天皇が紫野院(後の雲林院)を造営し、平安中期以降北野天満宮・蓮台寺などの社寺や、貴族の邸宅や仏堂も造られる。平安中期後半には、東西南北の街路が新設されたことが知られる。周辺には、住人の小屋などが展開し、『明月記』には「舎屋相連ね、空地無し」〔嘉禄二年（一二二六）条〕とあり、火災記事も多く見られることから当地域に人々が集住した様子が伺える。

以上のように、平安京北辺地域は、平安中期以降に京域が北側に段階的に拡張し、平安京北京極大路北辺から連続した市街地が形成された。

平安京東辺への拡張　平安京左京東辺では、十一・十二世紀代の遺構・遺物をある程度確認している。当地域は、平安京から延伸する近衛大路末・二条大路末などを東西軸として、それに直交する東朱雀大路などを南北軸として、法成寺を核として方格地割が復元される〔山田二〇〇九〕。

文献史料によると、寛仁四年（一〇二〇）に藤原道長が無量寿院（法成寺）を造営し、南大門の南面には「東朱雀大路」と呼ばれる南北街路が位置した〔『中右記』〕。周辺には、寺院・貴族邸宅・小屋などが展開し、『中右記』には「大炊御門東朱雀の河原の小屋、二条に及び焼亡。人家数百宇、灰燼となる」〔嘉承二年（一一〇七）条〕とあり、当地域に人々が集住したことを反映していよう。

以上のように、平安京東辺地域は、平安中期以降に京域が東側に段階的に拡張し、平安京東京極大路東辺から連続した市街地が形成された。

平安京南東辺の拡張　左京域南東部では、七条大路以南で西洞院以東の地域は、条坊などの遺構が検出されず湿地・自然流路が見られ、十一世紀以前には条坊が造営されていない。当地域では、十一世紀以降自然流路を埋め広範囲にわたる整地が行われ、街路・街区が新設される。十二世紀中葉～十三世紀中葉には、街路・建物・井戸などの遺構や遺物が多く出土し、左京域北部・中部と同様に人々が集住したことが明らかである〔上村二〇〇二〕。

当地域は、烏丸小路・町小路などの延伸街路を南北軸として、七条大路・八条大路・九条坊門小路などの延伸街路を東西軸として、八條院施設・邸宅などを核として方格地割が復元できる。ただし、烏丸小路は信濃小路交差点の南と北で約七メートル食い違うことや、八条坊門小路は町小路・室町小路間で約一〇メートル南に位置する。このように、当地域は均質な街区ではないと推測できる。

文献史料によると、寛治三年（一〇八九）に藤原実季が七条水閣を造営し、その後八條院関係の御所や院庁・御倉・平氏の邸宅などが造営される。治承二年（一一七八）の次郎焼亡では『玉葉』に「七条東洞院から出火し、七条大路を中心に五、六〇町焼亡した」とある。このことは、家屋が密集していたと考えられ、調査成果を裏付ける。

以上のように、平安京南東部は十二世紀以降、平安前期の段階に造営されていた七条大路以北・西洞院以西の条坊を踏襲して延伸し、街区を段階的に拡張し、平安京から連続した市街地が形成された。

五　平安京外市街地の展開

1　洛西地域の開発

御室地域　御室地域では、平安京から延伸した一条大路末を東西軸とし、これに直交する仁和寺から南伸する南北街路を南北軸として、仁和寺・円宗寺などの寺院を核として方格地割が復元できる。ただ、当地域の街区は規模が均一でない場合や、街路が不整合の場所も想定できる〔上村二〇〇四b〕。

文献史料によると、宇多天皇が仁和三年（八八七）頃に仁和寺を造営し、平安中期後半に円堂院・四円寺や院家が展開し、この時点で地割が計画・施工された。その後、衣笠地区に延久二年（一〇七〇）に円宗寺が造営される。

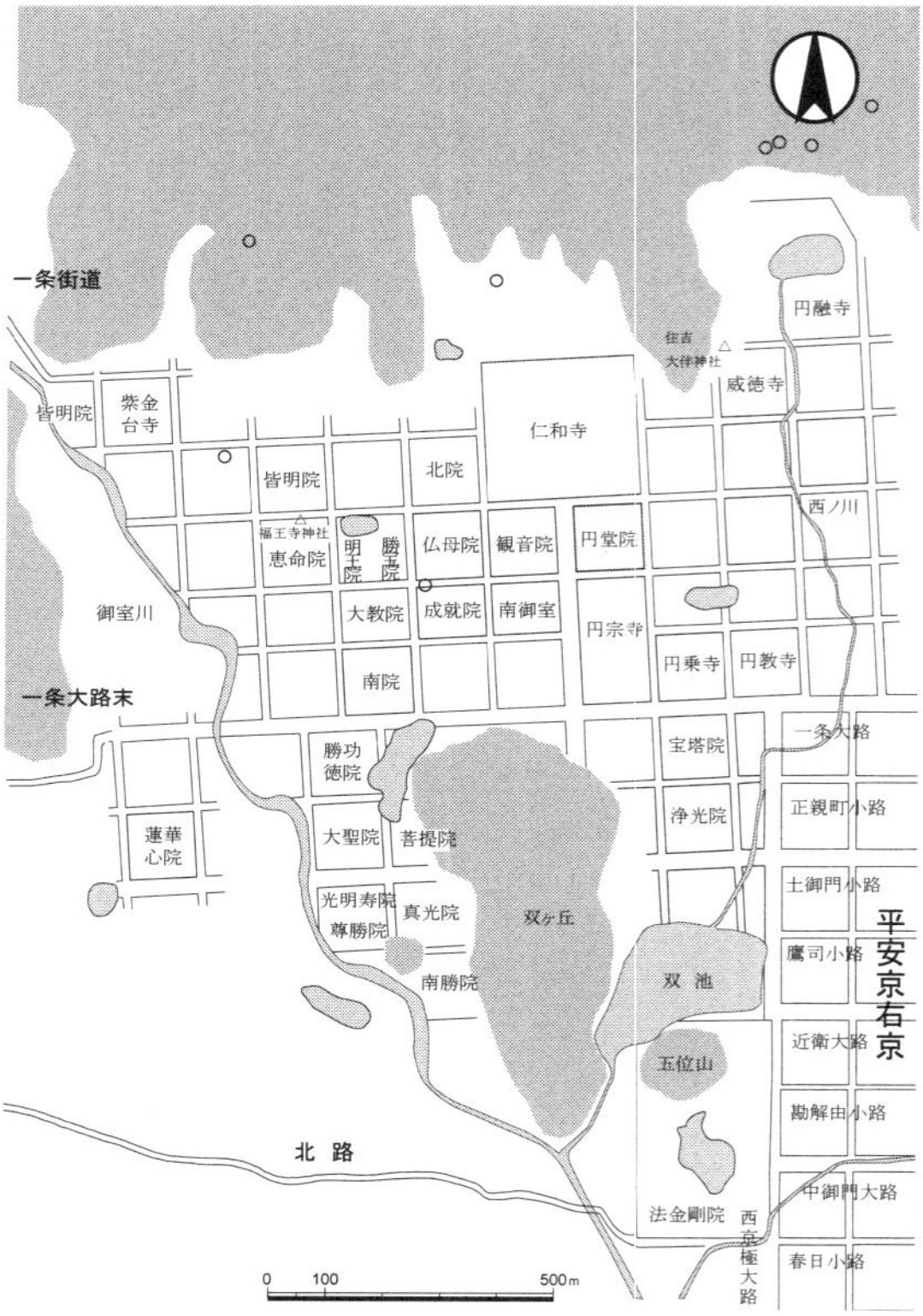

挿図1　御室地域地割復元図（1：17000）
〔挿図1～3・5は、上村2007aを一部改編〕

平安後期～鎌倉前半頃にかけて周辺に寺院・院家が展開し、西側の宇多野地区、南側の花園地区・常盤地区へと段階的に街区が形成される。

御室地域は、十一世紀頃から街区が段階的に拡大され、京外に市街地が形成された。当地域は京外に設定された初めての市街地で、その後の白河殿・鳥羽殿・法住寺殿などの先行形態として注目できる。御室地域の中心である仁和寺・円宗寺などでは、国家的な法会が催され、当該期の宗教的拠点と位置づけられる。

嵯峨野地域　嵯峨野地域では、北で西に振れる既存の葛野条理地割を踏襲して、釈迦堂から南伸する嵯峨朱雀大路（出釈迦大路）を南北軸として、これに直交する三条大路や造路などの東西街路を東西軸として、栖霞院（釈迦堂）・檀林寺などの寺院を核として方格地割が復元できる〔山田二〇〇五〕。

文献史料によると、平安前期に嵯峨天皇の嵯峨荘（後の大覚寺）が造営され、その後源融の別業が栖霞院（釈

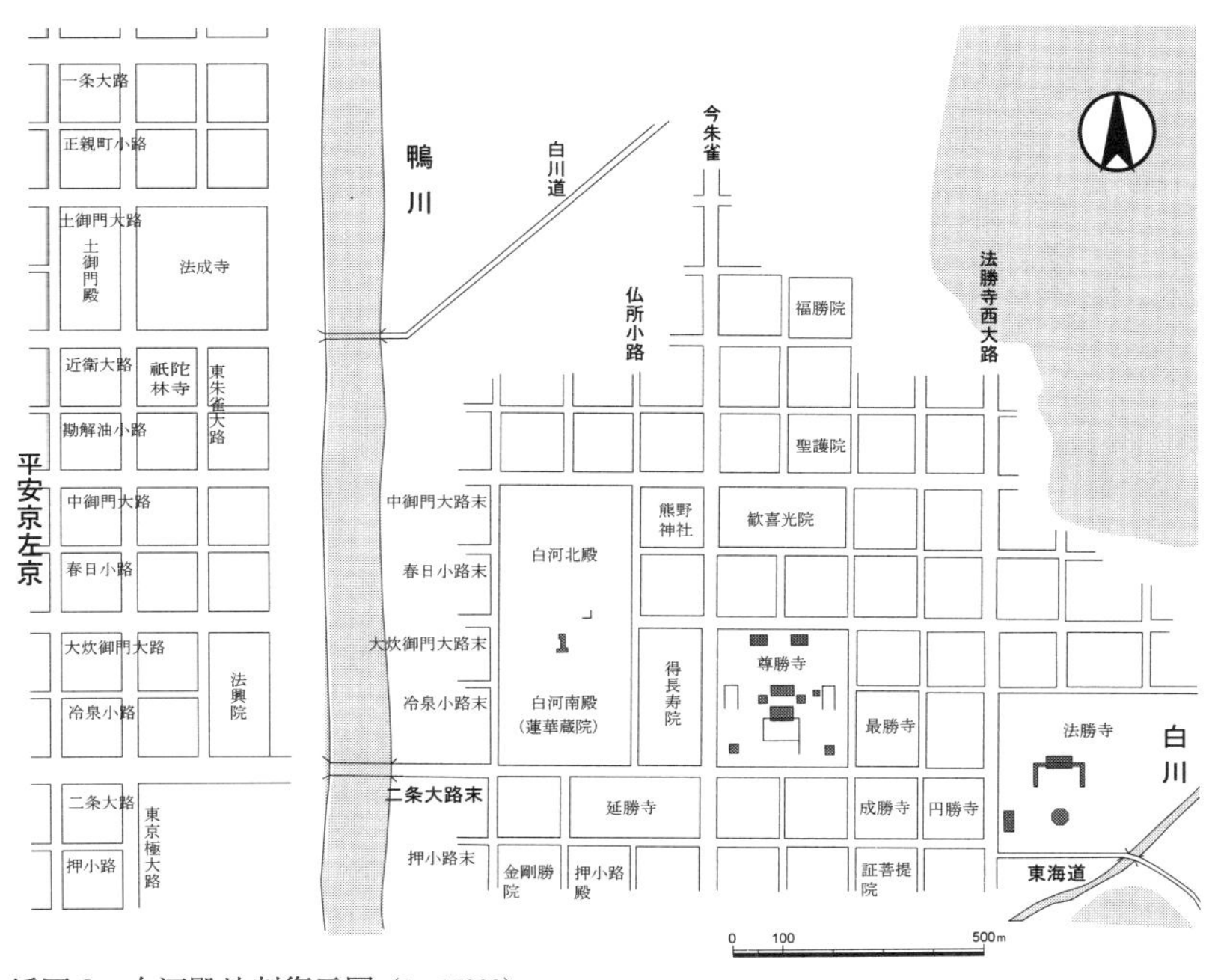

挿図２　白河殿地割復元図（1：17000）

迦堂）となり浄金剛院（檀林寺）なども造営される。その後、貴族の別業などが造営され、これによって地割が計画・施行された。調査成果などから、周辺には人々が集住したと推定できる。その後、後嵯峨天皇によって建長七年（一二五五）に亀山殿が造営され、さらに当地域の再開発が進められる。

このように、嵯峨野地域は、平安中期～鎌倉時代にかけて街区が段階的に拡大され、京外に市街地が形成された。

2　洛東北部地域の開発

白河殿　白河殿では、平安京から延伸した二条大路末を東西軸として、これに直交する今朱雀大路を南北軸として、法勝寺などの寺院・院御所を核として方格地割が復元できる。ただ、当地域の街区は規模や形態などが均一でない場所が想定できる〔上村二〇〇七a〕。

文献史料によると、十一世紀代から藤原氏の別業が営まれ、別業を白河天皇に献上したことから、承暦元年（一〇七七）に法勝寺が造営される。その時点で、二条大路末を中心として、中心部の地割が計画・施行された。十二世紀には、二条大路末に沿って六勝寺などの寺院が展開し、同じ頃に、白河泉殿（南殿）・白河北殿が造営され、街区が成立する。周辺には、貴族の邸宅・御倉・宿所や小屋なども推定できる。『平家物語』には「京白川に、四、五万の在家あり、一度に火をかけ、皆焼払う也」とあり、多数の人々が集住した。

このように、白河地域は、十一世紀後葉から街区が段階的に拡大され、十二世紀代には京外に市街地が形成される。当地域は、寺院が先行し院御所の造営が遅れたことが特徴である。法勝寺・尊勝寺では国家的な法会が開催され、当該期の宗教的拠点として位置づけられる。

3　洛東南部地域の開発

六波羅地域　六波羅地域では、平安京から延伸した六条大路末を東西軸として、これに直交する法住寺西大路を南北軸として、平氏邸宅や六波羅密寺などの寺院を核として地割が復元できる。

文献史料によると、平正盛が天仁三年（一一一〇）に六波羅堂を造り、この時点で周辺に邸宅が存在した。平安後期中葉以降、忠盛の池殿、清盛の泉殿などの邸宅が造られ、地割が計画・施行され、街区が成立したと想定できる。周辺には、郎党の宿舎や倉町があったとされる。『平家物語』には、当初は一町四方程度であったが、相国（清盛）の頃には四丁に造作があり、「屋数三千二百余宇で廿余町に及んだ」とされる〔高橋一九九八〕。

このように、六波羅地域は、十二世紀から街区が段階的に拡大され市街地が形成される。当地域は平氏の邸宅を主体として造られ、京中の西八条邸や九条末と並び平氏政権の政治的拠点として位置づけられる。

法住寺殿　法住寺殿では、平安京から延伸した七条大路末を東西軸として、これに直交する法性寺大路（大和大路）・法住寺西大路を南北軸として、法住寺北殿・南殿を核として方格地割が復元できる。ただ、当地域の街区は規模や形態などが均一でない場所が想定できる〔上村二〇〇四a〕。

文献史料によると、後白河上皇が永暦二年（一一六一）に法住寺御所（南殿）・北殿（七条御所）を造営し、この時点で地割がある程度計画・施行された。その後、蓮華王院・最勝光院などの寺院が周辺に展開する過程で、街区が成立した。また、蓮華王院に近接して建春門院・後白河の陵墓も造られる。

このように、法住寺殿地域は、十二世紀中葉から街区が段階的に拡大され、後葉には京外に市街地が形成される。当地域は、鳥羽殿と同様に院御所が先行し寺院は各御所に付属し、後白河院政の政治的空間として位置づけられる。

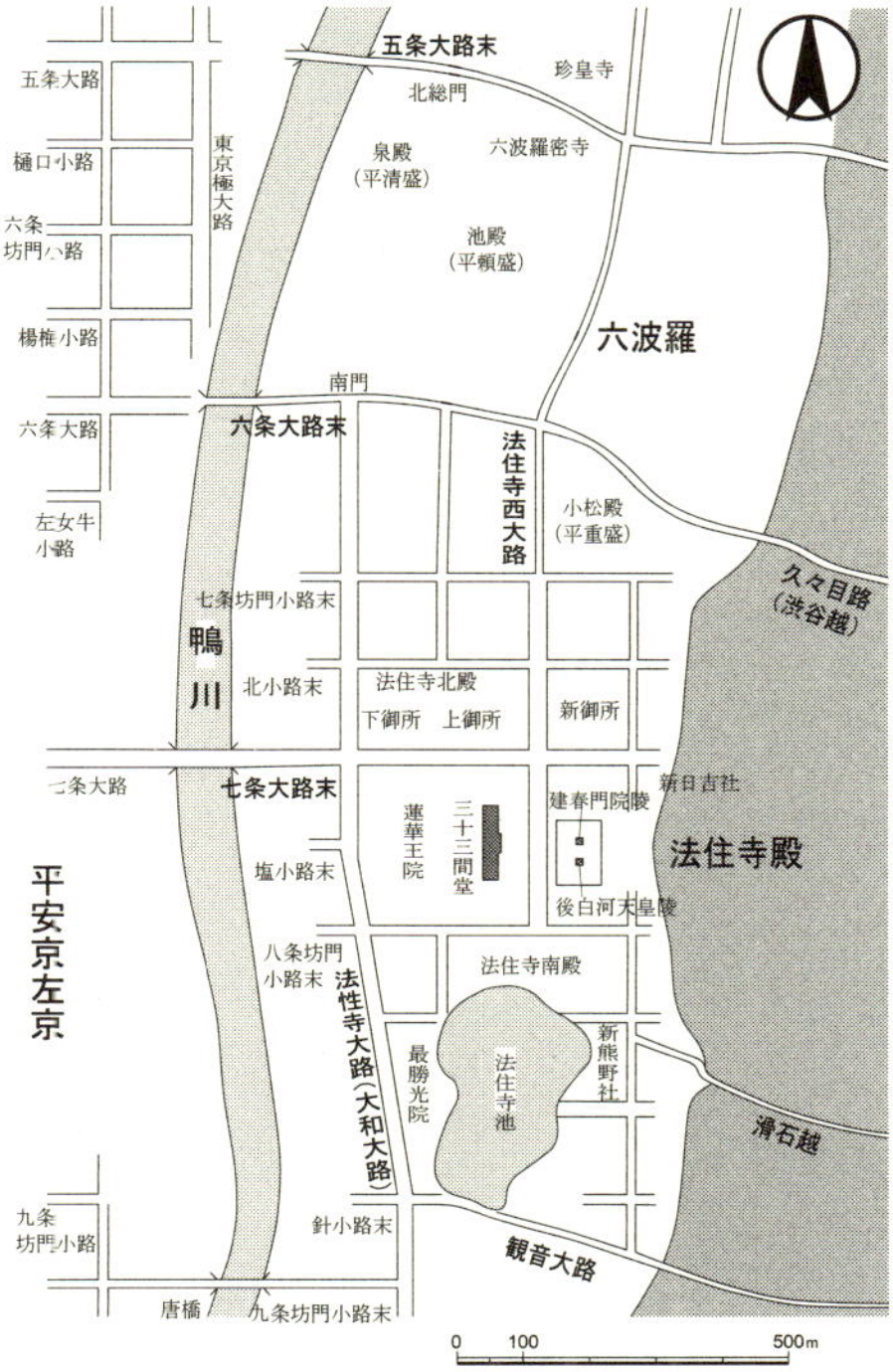

挿図3　法住寺殿地割復元図（1：17000）

宇治地域　宇治地域では、七条大路末から継続する法性寺大路（宇治路）を南北軸として、それに直交する東西街路（伍町通）を東西軸として、平等院や藤原氏邸宅を核として方格地割が復元できる。ただ、当地域の街区は規模や形態などが均一でなく街路が不整合の場所も想定できる〔浜中二〇〇三〕。

文献史料によると、長徳四年（九九八）に藤原道長が宇治院を入手し、その後永承七年（一〇五二）に藤原頼通が邸宅を平等院に改めた。十二世紀代には摂関家の邸宅が周辺に展開する過程で地割が計画・施工され、街区が成立した。調査成果から、周辺には人々が集住したと考えられる。また、近接した巨椋池に面して宇治津が位置した。

このように、当地域は、十一世紀後葉から街区が段階的に拡大され、十二世紀には京外に市街地が形成される。当地域は、摂関家の邸宅・寺院が主体に造られ、藤原摂関家の拠点として位置づけられる。

4　洛南地域の開発

鳥羽殿　鳥羽殿では、平安京朱雀大路から延伸した鳥羽作道を南北軸として、これに直交する北大路・田中殿南大路などを東西軸として、院御所・寺院を核として方格地割が復元できる。ただ、当地域の街区は規模が均一でなく街路が不整合の場所も想定できる〔長宗・鈴木一九九四〕。

文献史料によると、白河上皇によって応徳三年

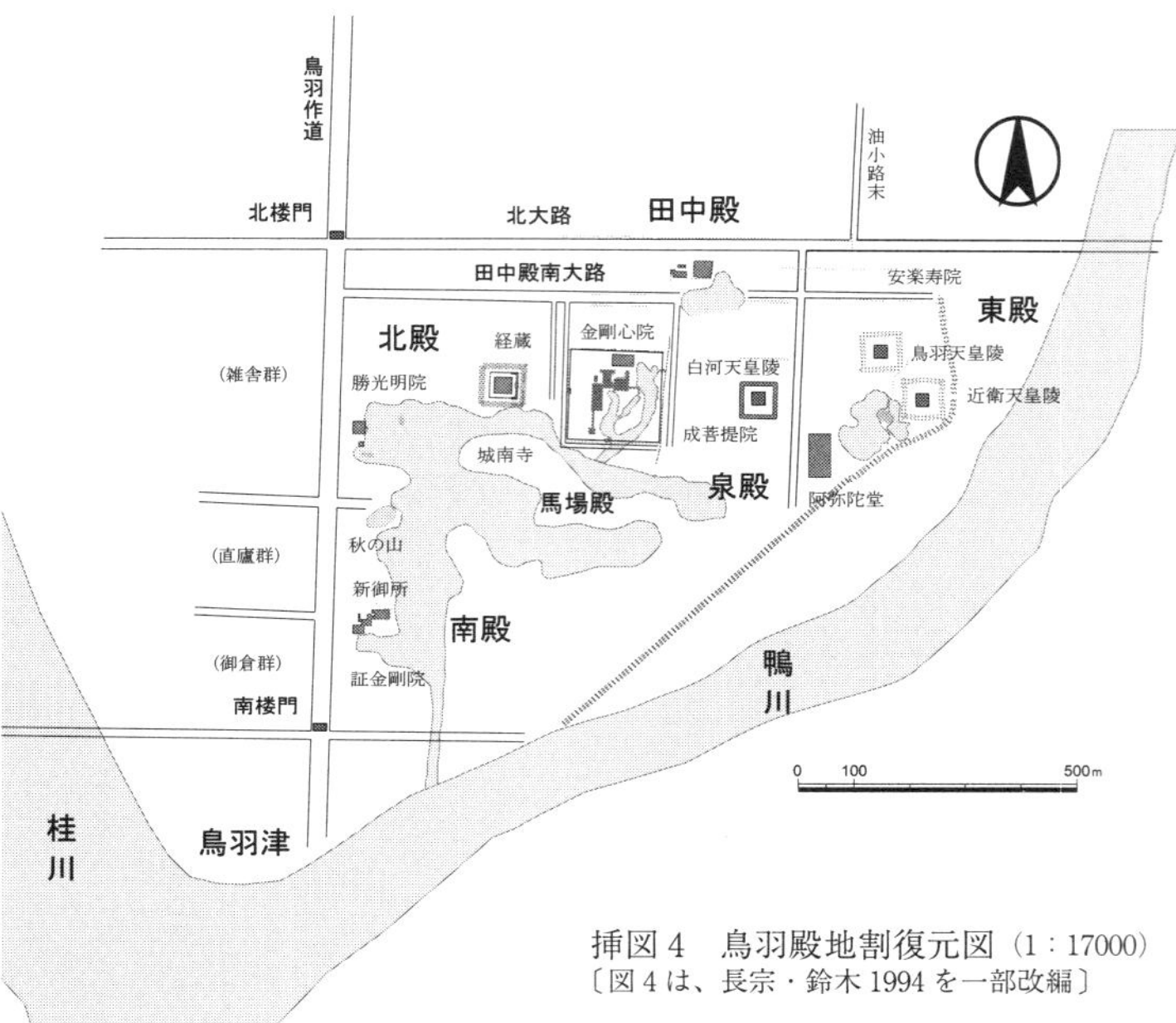

挿図４　鳥羽殿地割復元図（1：17000）
〔図４は、長宗・鈴木 1994 を一部改編〕

（一〇八六）から後院として南殿・北殿を造営し、ある程度の地割が計画・施工された。その後、十二世紀前葉から田中殿・泉殿・東殿と展開し、御所に付属して寺院が造営される。さらに、東殿に近接して白河・鳥羽・近衛上皇の陵墓が造営される。周辺には、近習・卿相・侍臣・地下雑人などが家地を班給され〔『扶桑略記』応徳三年（一〇八六）条〕、直廬や御倉・行事所・武者所・北面衛府・仏所・修理所などが存在したことが知られる。また、賀茂川・桂川の合流地点に鳥羽津が位置した。

このように、鳥羽殿地域は、十一世紀後葉から街区が段階的に拡大され、十二世紀には京外に市街地が形成される。当地域は、院御所が先行し各御所に付属して寺院が造営され、白河・鳥羽院政の政治的空間として位置づけられる。

山崎　山崎は山陽道と南海道の分岐点に位置し、平安京から延伸した山陽道を東西軸として、それに直交する南北街路を南北軸として、寺社などを核とした方格地割が復元される〔古閑二〇〇八〕。

文献史料によると、平安前期には山陽道の山崎駅や山崎離宮（河陽離宮、後の国府）が造られ、周辺に寺院なども造られ、『日本文徳天皇実録』には「山崎津頭で、三百余家を延焼する」とある〔斉衡二年（八五五）条〕。十～十一世紀には山崎津が衰退し山崎橋は無くなるものの、十二世紀頃には山陽道沿いに穀倉院の倉庫などが建てられ、周辺には人々が集住したと推定できる。『明月記』には「山崎油売小屋」とあり、商業的拠点となっていたことが伺える。

このように、山崎は平安後期～鎌倉時代に再開発が進み、京外に市街地が形成される。

水無瀬殿　水無瀬殿では、北で東に振れる既存の条理地割を踏襲して、山陽道（播磨大路）を南北軸として、これに直交する東西街路を東西軸として、院御所などを核として方格地割が復元できる〔豊田二〇一六〕。

文献史料によると、後鳥羽天皇が正治二年（一二〇〇）頃に水無瀬殿を造営し、ある程度の地割が計画・施工された。その後、御所が遷り街区が拡大する。『明月記』建保五年（一二一七）年条には、魚市が移され「商売之営」とある。

　このように、水無瀬地域は、十三世紀前葉に街区が段階的に拡大され、京外に市街地が形成される。当地域は、後鳥羽上皇の拠点として位置づけられる。

5　京外市街地の特質

　京外の市街地は、平安京から延伸した主要幹線道路に沿って形成され、当該期の交通の要衝に所在したことが特質である。また、平安京からの景観を意識して造営されたことも見逃せない。

　各市街地は、平安京からの延伸街路を基軸として、寺院・院御所・邸宅などを核として形成される。ただ、街区の規模は平安京と同じ四〇丈四方を基本とするが、広狭があり不整形の場所もある。街路は幅が均一ではなく不整合の場所も想定できる。これは、地割の基本設計が、都城のように一定のエリアを均等に割り付けた「閉鎖型地割」ではなく、中心部から漸次周辺に展開した「開放型地割」であることに起因する。さらに、各市街地の方位は、御室地域が北で西へ約三度、白河殿が北で東へ約三〇分、鳥羽殿が北で若干東へ、法住寺殿は北で東へ約一度振れており、平安京の方位（北で西へ約一四分）とは異なることも注目できる〔上村二〇〇七a〕。つまり、京外市街地の地割は、都城の条坊制に類似するものの、街路を基軸として設計・施工された点が最も大きな相違点と言えよう。このような地割計画は、京中南東部や京周辺の拡張区とも共通している。

　京外各市街地は、成立の経緯・機能などによって性格は多様であり、各市街は機能によって使い分けられ、各々一定の役割を果たしたと評価できる。ただ、市街地は都市を構成する十分な機能を保持しておらず、独立した都市とは考え難い。市街地は、天皇・院・摂関家・受領などが主体となって造営を行い、主体者の権威の所在地であることを人々に具体的に認識させ、まるで都のような空間を演出したに違いない。さらに、市街地内に建てられた巨大な伽藍や塔は、京外におけるランドマークとして、権力の象徴となっていたことは言うまでもない。

六　平安京・京都の交通網

1　洛西地域の交通路

洛西地域の主要交通路は、平安京一条大路を西に延伸し御室地域を通り、一条大路末を西行し嵯峨野に至る路が復元され、宇多野地区で丹波国・若狭国へ至る街路と分岐する。その他、春日小路末を西行して双ヶ岡南麓から嵯峨野へ至る「北路」、二条大路末を西行して広隆寺南側から嵯峨へ至る「南路」も復元できる。

さらに、洛西地域南部には、平安京七条大路を西へ延伸し、桂川を渡り大枝の関を越え、亀岡から丹波から丹後に至る山陰道（大枝路）も復元できる。

三条大路末（南路）と大堰川（桂川）との結節点には、大井津が位置する。大井津は平安前期には確認でき、平安中期頃には丹波から平安京への木材の集積地となっていた。貞観十六年（八七四）には山崎・淀・大井津（『三代実録』）、寛平六年（八九四）には大井・与度・山崎・大津で検非違使の巡察があった（『政事要略』）。これらの津は、平安中期から要津であったことが知られ、後期以降も平安京の外港として利用された可能性は高い。

2　洛東北部地域の交通路

洛東北部地域の主要交通路は、平安京二条大路を東へ延伸し、鴨川を越え、二条大路末を東行して法勝寺西門にあたる。さらに法勝寺西側を南行し、南大門の前から粟田口を越え、山科から逢坂関を経由して、近江に至る東海道・東山道が復元される。この路は、「関路」と呼ばれ平安京と東国を結ぶ要路となっていた〔『本朝文粋』〕。東海道・東山道と、主要水路である琵琶湖との結節点に大津が位置する。文献史料によると、平安前期には古津から大津へ改称され〔『日本紀略』〕、貞観八年（八六六）には「山崎大津両津頭」とあり〔『三代実録』〕、平安京の外港として位置づけられる。周辺は市街地となり、『平家物語』には「一千八百五十三宇の建物があった」とされる。『新猿楽記』には、「（馬借・車借が）東は大津・三津を駆せ、西は淀の渡・山崎を走る」とあり、平安後期には水・陸路の拠点となったことが伺える〔櫛木二〇〇二〕。

3　洛東南部地域の交通路

洛東南部地域の主要交通路は、平安京の六条大路を東へ延伸し鴨川を渡り、六条大路末を東行して六波羅地域を通り、久々目路から山科へ至り東海道へ合流又は大和へ至る路が復元できる。

また、平安京の七条大路を東へ延伸し鴨川を渡り、七条大路末を東行し蓮華王院西側の法性寺大路（大和大路）を南行し、大亀谷を経て宇治川を渡り宇治に至る。さらに南行して大和へ至る路（宇治路）が復元できる。

宇治路と巨椋池との結節点に岡屋津・宇治津が位置し、両津は奈良時代から確認できる。岡屋津は、『安祥寺資材帳』に「大津・岡屋津」〔貞観十三年（八七一）条〕とあり、醍醐寺が津預所を設置している。宇治津は、瀬田川・宇治川により大津と繋がっており、平安中期には近江からの木材の集積地となっていたことが知られる。これらの両津は、平安京の外港として利用された可能性が高い。

4 洛南地域の交通路

洛南部地域の主要交通路は、平安京九条大路から西行し桂川を佐比渡で渡り、山陽道を南行し山崎に至る路が復元できる。

また、平安京朱雀大路を南へ延伸し鳥羽作道を南行し鳥羽殿を通り、西折して桂川を赤江橋で渡り、久我畷（淀路）を南行し山崎で山陽道と合流する。さらに、水無瀬殿を通り山陽道（播磨大路）を南行し、摂津から西国に至る路が復元できる。

鳥羽作路は、『徒然草』に「鳥羽殿成立よりも古い」とあり、平安中期には成立したとされる。また、久我畷は調査により平安前期には造られたと推定される。

桂川・鴨川の合流点付近に鳥羽津が位置した。文献史料によると、平安後期には平安京の外港として利用された可能性が高い。ただ、桂川・鴨川の合流点であり土砂がたまりやすい欠点があり、平安後期後葉の段階では、『玉葉』に「鳥羽南楼辺、幷に草津辺では、河が浅く船が付けず、魚市より乗船す」（文治四年（一一八八）条）とある。

淀津（与度津）は、久我畷と淀川の結節点に位置した。文献史料によると、平安前期には確認でき、内蔵寮・内膳司の役所や納所（倉庫）が設けられ〔『三代実録』〕、検非違使が派遣されるほどの要津であった。淀津に近接して平安後期には淀魚市が設けられ、平安京の塩・相物を商ったとされる。平安中期には、山埼津から淀津に

地域	交通網
①洛北地域	┌－愛発関－北陸道 大宮大路末－大原道－竜華関－－若狭国
②洛西地域	┌一条街道－－若狭国 一条大路末－**御室**－**嵯峨殿**（**亀山殿**） 二条大路末－大井津 ‥‥ 大堰川 ‥‥ 丹波国 七条大路末－山陰道（大枝路）－－大枝関－－丹波国－－丹後国
③洛東 北部地域	┌‥‥ 琵琶湖 ‥‥ 塩津－愛発関－北陸道 二条大路末－**白河殿**－粟田口－－山科－逢坂関－**大津**－草津－－－鈴鹿関－東海道 └－－不和関－東山道
④洛東 南部地域	六条大路末－**六波羅**－久々目路－山科 七条大路末－**法住寺殿**－滑石越－山科 └法性寺大路（宇治路）－－－－－**宇治**－－－－大和国 └宇治津 ‥‥ 巨椋池 ‥‥ 淀川 ‥‥ 瀬戸内海
⑤洛南地域	九条大路－－左比川橋－山陽道（西国街道）－－－－**山崎** ├－**八幡**－－－南海道 朱雀大路－鳥羽作道－**鳥羽殿**－久我殿－久我畷－－**山崎**－**水無瀬殿**－山陽道（播磨大路） └鳥羽津 ‥‥ 鴨川 ‥‥‥ 淀津 ‥‥‥ 山崎津 ‥‥ 淀川 ‥‥ 瀬戸内海

表1　平安～鎌倉時代、平安京・京都交通網

凡例　**ゴチック**は市街地、－－－：陸路、‥‥‥：水路

機能が移り、平安京の水陸交通の結節点として、西国と平安京を結びつける流通の拠点となったと捉えられる〔大村二〇〇〇〕。

5　交通路の成立

表1には、当該期に想定される主要な陸路・水陸をまとめておいた。挿図5と合わせると、主要水路・陸路が、京中を中心として放射状に広がり、その要衝に市街地が設けられたことがわかる。さらに、陸路と河川との結節点には津が配置される。

山陽道の調査によると、平安中期後葉以降、駅家の変質・荒廃が進み、道路側溝が埋められる例が見られるが、平安後期～鎌倉時代にはこれらの道路の再整備が行われたことが判明している〔橋本二〇〇四〕。

当該期には、平安京と地方諸国との交通路の整備や運送業者が出現し、京中を中心とする交通ネットワークが形作られたと理解できよう。このような交通網の確立により、平安京への求心性が一層高まった。

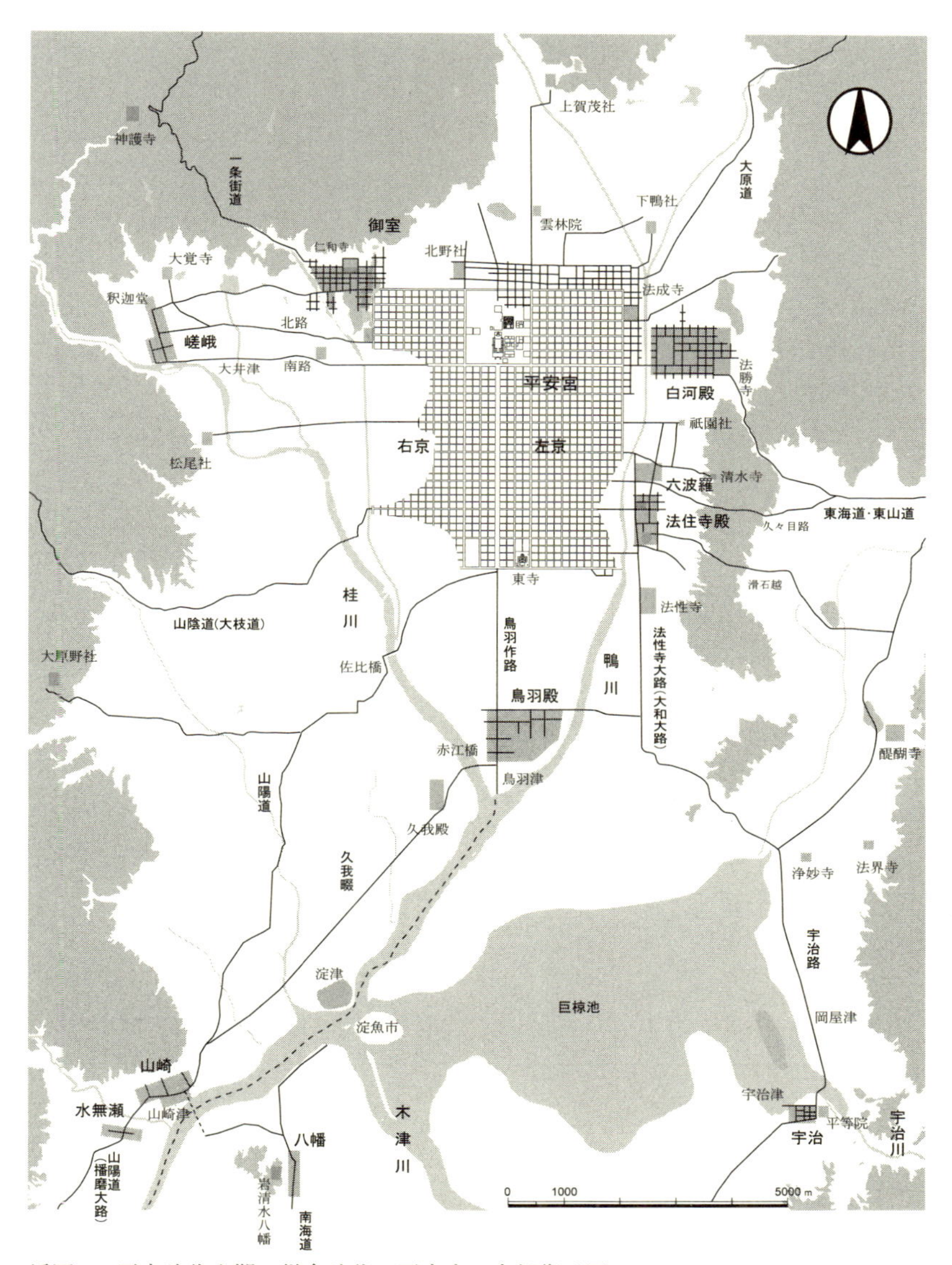

挿図５　平安時代中期〜鎌倉時代、平安京・京都復元図（1：140000）

6 流通の展開

十一世紀後葉以降、平安京内外で使用された瓦は、近郊生産瓦以外に播磨・丹波・讃岐・尾張・大和などで生産され、大量に搬入される。仁和寺再建の際には、南都の瓦を交易したことが記され〔『東大寺三綱中文』大治元年（一一二六）条〕、十二世紀代には、商品として搬入されたことが伺える〔上村二〇〇七a〕。

一方、平安中期以降中国製白磁椀・皿の出土量が増加し、その後中国製青磁椀・皿も増加する。また、十二世紀からは丹波・東播磨・常滑などの国産陶器類が増加しており、当該期には瓦や陶磁器類を初めとした大量の物資が搬入されている。

また、十一世紀中葉以降、平安宮・京中・京外市街地で行われた多数の寺院・院御所などの造営の際には、平安京への物資の他人々の移動が活発化し、さらなる流通の発展と恒常化が促進されたことが指摘されている〔上島二〇〇六〕。

七 おわりに

以上、これまで平安京内外の変化の様子を検討した。

平安中期〜鎌倉時代にかけて、平安京右京・左京は変容し京近辺は拡大する。この左京・拡張地（京中）を中核として、京外に市街地が成立する。「京中」と各京外市街地は、交通網によって有機的に結びつき、京中を中核として各市街地を包摂した「都市 京都」が形成されたと理解できよう。

当該期における都市の変化は名称に反映している。平安京は、従来「京中」又は「京」と呼ばれていたが、『平家物語』には「京白河」とあり、京中と白河を一体として捉えた意識が伺える。また、平安中期には、「京都・京洛」の名称が出現し（「尾張国郡司解文」『平安遺文』永延二年（九八八）条）、次第に使用例が増え鎌倉時代以降、京都の名称が固有名詞として定着する（『中右記』嘉保三年（一〇九六）・承徳二年（一〇九八）・『吾妻鏡』など）。

以上のように、十〜十一世紀頃には平安京を古代都城として構成した条坊制や宅地配置などの諸要素が変化し、十一〜十三世紀には京外市街地・生業地・街路を軸とした街区などの新たな要素が平安京の内外に成立する。このような変化は「平安京」から中世的な「京都」が創り出される過程であり、都市史の中での大きな画期と位置づけられよう。

平安京周辺(京外・辺土)				関連事項
洛西地域	洛東北部地域	洛東南部地域	洛南地域	
弘仁5年(814)嵯峨院初見〔三実〕。元慶4年(880)頃栖霞寺(後の釈迦堂)造営〔三実〕。 仁和3年(887)仁和寺造営〔本〕。延喜4年(904)宇多法皇御室・円堂院造営〔扶〕。	延暦13年(794)頃大津初見〔紀略〕。 貞観6年(864)頃大津・山崎津が平安京東西津とある〔三実〕。	貞観13年(871)岡屋津見られる〔安祥寺資材帳〕。 延長3年(925)藤原忠平が法性寺造営〔紀略〕。	斉衡2年(855)山崎大火〔文〕。 貞観16年(874)に山崎・淀・大井津、寛平6年(894)に大井・与度・山崎・大津に検非違使巡察〔三実〕。	982年慶滋保胤が『池亭記』を著す。 988年「京都」の初見〔尾張国解文〕。
この頃大井津初見〔延喜式〕。 延久2年(1070)円宗寺造営〔百〕。 この頃に御室地域地割が推定できる。 永保2年(1082)喜多院造営〔扶〕。	承保2年(1075)藤原師実が別業を白河天皇に献上、法勝寺造営開始、2年後(承暦元年)金堂など完成〔法〕。5年後に塔など造営〔扶〕。	永承7年(1052)藤原頼通が宇治別業を平等院とする〔扶〕。	長元6年(1033)頃久我殿造営〔中〕。	この頃から、京内管理が検非違使から保刀禰に変わる。 1071年修造左右宮城使を設置。以後、修造職・木工寮・宮城使を併設。
	この頃に白河の地割が推定できる。 嘉保2年(1095)白河覚円大僧正房(泉殿)を法皇の御所とする、白河南殿参入〔中〕。		応徳3年(1086)藤原季綱の鳥羽山荘に後院造営、翌年南殿造営〔中〕。2年後に北殿造営〔後二条師通記〕。 寛治6年(1092)東殿・泉殿造営〔中〕。6年後閑院の屋舎を鳥羽北殿へ移す〔中〕。この頃に鳥羽殿の地割が推定できる。	1086年白河上皇院政開始。 1095年頃から、京中の地点表示が、条坊から通り名表記に変わる。
元永2年(1119)仁和寺焼亡〔中〕。 この頃仁和寺の子院を造営。	康和4年(1102)尊勝寺造営〔中〕。 永久2年(1114)白河蓮華蔵院造営、翌年白河泉殿(南殿)造営〔中〕。 元永元年(1118)白河北殿造営、最勝寺造営〔中〕。 大治3年(1128)円勝寺造営〔中〕	康和3年(1101)平等院修造〔殿〕。この頃に宇治の地割が推定できる。 天仁3年(1110)平正盛仏堂造営〔平遺〕。 この頃六波羅付近に平家の邸宅できる〔百合文書〕。	康和3年(1101)南殿証金剛院造営〔長〕。 天仁2年(1109)泉殿三重塔造営〔殿〕。 天永2年(1111)泉殿多宝塔造営〔殿〕。	この頃から「京都」の呼称が一般化する。 1129年白河上皇死去。
大治4年(1129)天安寺跡に法金剛院造営〔中・百〕。 保延元年(1135)仁和寺再建〔本〕。	長承元年(1132)得長寿院造営、宝荘厳院御堂造営〔中〕。 保延5年(1139)成勝寺造営〔帝〕。 永治元年(1141)歓喜光院造営〔百〕。 康治2年(1143)白河押小路殿造営〔台〕。 久安5年(1149)延勝寺造営〔本〕。	久安年間(1145～1151)六波羅泉殿・池殿など造営、この頃六波羅拡張〔山〕。	保延2年(1136)北殿勝光明院御堂造営〔中〕。 保延3年(1137)東殿安楽寿院造営〔百〕。 仁平2年(1152)鳥羽田中殿新造〔兵〕。	1129年鳥羽上皇院政開始。 1132年平忠盛昇殿。

時期	天皇	上皇	平安京(京中)			平安京近辺
			平安宮	左京	右京	
平安時代中期以前			天徳4年(960)大極殿・朝堂院・内裏初めて焼亡〔紀略〕、その後焼亡・再建を繰り返す。	応和元年(961)冷泉院が初めて里内裏となる〔紀略〕。 天元3年(980)羅城門転倒〔紀略〕。	承和5年(838)京中の水田耕作を禁止〔続〕。 正暦元年(990)西寺焼亡〔紀略〕。	天長元年(824)防鴨河使設置〔類聚三代格〕。 天長9年(832)頃紫野院(後の雲林院)造営〔後紀〕。
	1068 後三条 1072 白河		延久3年(1071)後三条天皇による内裏再建(14次)、翌年朝堂院(3次)再建〔本〕。	康平3年(1060)高陽院再営〔小〕。	治安3年(1023)法成寺の為、宮中・神泉苑・羅城門等の礎石取る〔小〕。	寛仁4年(1020)無量寿院(法成寺)造営〔扶〕。 康平元年(1058)法成寺焼亡、7年後再建〔扶〕。
			永保2年(1082)内裏焼亡〔扶・百〕。	承保3年(1076)六条院(六条内裏)新造〔百〕。 承暦3年(1079)京中大火あり〔扶〕。 永保2年(1082)京中飢饉により、死者数万人に及ぶ〔帝〕。 寛治元年(1087)六条院を南北2町拡張し院御所とする〔中〕。		承暦2年(1078)洪水により京極辺民家流出〔扶〕。
1086 平安後期前葉	1086 堀河	1086 白河		寛治元年(1087)高陽院再建〔中〕。	応徳3年(1086)西京内三百余町の草を刈り、牛馬の飼料とする〔扶〕。	寛治3年(1089)七条室町に七条水閣造営〔中〕。
				嘉保2年(1095)閑院院御所となる〔中〕。	寛治5年(1091)朱雀大路で耕作あり〔玉〕。	嘉保2年(1095)頃「東朱雀大路」・「朱雀川」初見〔中〕。
	1107 鳥羽		康和2年(1100)内裏再建(15次)〔中〕。 嘉承2年(1107)大内裏・朝堂院修造〔中〕。	康和5年(1103)京中大火あり、数百軒焼失〔中〕。 長治2年(1105)鴨川・桂川氾濫し洪水〔中〕。		嘉承2年(1107)東朱雀河原から出火、人家数百宇焼亡〔中〕。
				永久3年(1115)京中街路内の巷所初見(針小路以北の東寺巷所)〔百合文書〕。 永久5年(1117)土御門烏丸内裏新造〔百〕、翌年三条西殿(三条烏丸殿)を御所とする〔中〕。		
	1123 崇徳		保安元年(1120)頃宮内に「内野」通りあり〔今昔物語〕。			
1129		1129 鳥羽		長承3年(1134)鴨川・桂川・西洞院川氾濫し京中洪水。翌年京中で疫病流行〔中〕。 保延4年(1138)京中大火〔百〕。		長承元年(1132)京極東で小屋焼亡〔中〕。 保延7年(1141)までに八条殿が美福門院へ伝領〔兵〕。
後期中葉	1141 近衛			康治2年(1143)三条西殿再建・焼亡〔台〕。	この頃右京域に小泉庄成立。	康治元年(1142)貴賤の輩の住居が鴨水東を占め、鴨河堤未修理の為水害〔本〕。

平安京周辺（京外・辺土）				関連事項
洛西地域	洛東北部地域	洛東南部地域	洛南地域	
	保元元年（1156）白河北殿焼亡〔兵〕。	保元元年（1156）白河上皇が信西の法住寺堂へ行幸〔兵〕。	仁平4年（1154）金剛心院造営〔兵〕。	1156年保元の乱。
承安4年（1174）蓮華心院造営〔仁〕。	元暦元年（1184）白河押小路殿が鳥羽院御所から後白河法皇御所となる〔吉〕。	永暦2年（1161）東山御所（法住寺南殿）・北殿造営〔山〕。 長寛2年（1164）蓮華王院造営〔百〕。 この頃に法住寺殿の地割が推定できる。 承安3年（1173）最勝光院造営〔玉〕、翌年七条殿改造〔吉〕。 寿永2年（1183）木曾義仲が法住寺南殿焼討〔吉〕、平家六波羅邸焼亡〔玉〕。	応保元年（1161）鳥羽北殿焼亡〔園太暦〕、5年後再建〔兵〕。 この頃、淀津繁栄〔兵〕。	1158年後白河上皇院政開始。 1159年平治の乱。 1167年平清盛太政大臣となる。 1180年源頼朝鎌倉で挙兵。 1181年平清盛死去。 1185年守護地頭設置。同年、京都大番役（大内大番役）設置。
正治2年（1200）蓮華光院造営〔百〕。 寛喜3年（1231）円融寺焼亡〔仁〕。	寿永4年（1185）大地震の為、白河殿壊滅〔玉〕。 文治4年（1188）白河押小路殿が法皇御所となる〔玉〕。 建久9年 （1198）最勝寺再建〔壬生家文書〕。 承元元年（1207）最勝四天王院（三条白河坊）造営〔明〕。 承元2年（1208）法勝寺九重塔焼亡、15年後に再建〔明〕。	建久2年（1191）源頼朝が法住寺殿再建〔吾〕。 元久3年（1206）蓮華王院修造〔三長記〕。	文治2年（1186）鳥羽南殿破損甚だしい〔玉〕 文治4年（1188）頃淀魚市栄える〔玉〕。 正治2年（1200）頃後鳥羽上皇水無瀬殿造営〔明〕。 建仁元年（1201）鳥羽南北殿修理〔猪隈関白記〕。 建保5年（1217）頃、魚市を水無瀬殿へ移す〔明〕。	1192年源頼朝鎌倉幕府開始。 1198年後鳥羽上皇院政開始。 1220年慈円が『愚管抄』を著す。
天福元年（1233）円宗寺荒廃〔民経記〕。 建長7年（1255）後嵯峨天皇が亀山殿造営〔百〕。	承久3年（1221）大火のため六勝寺など焼亡〔百〕。	承久3年（1221）六波羅探題設置〔吾〕。 建長元年（1249）蓮華王院御堂・塔焼亡、4年後に再建〔帝〕。	安貞元年（1227）鳥羽殿修造〔明〕。	1221年承久の乱。 1227年後鳥羽上皇死去。

時期	天皇	上皇	平安京(京中)			平安京近辺
			平安宮	左京	右京	
	1155 後白河		保元2年(1157)信西による内裏(16次)再建・大極殿修造〔兵〕。	久安4年(1148)京中大火、土御門内裏焼亡〔本〕。		
1158 平安時代後期後葉	1158 二条	1158 後白河		平治元年(1159)三条東殿焼亡〔百〕。		
	1165 六条 1168 高倉			仁安3年(1168)京中街路での溝渠・耕作を京職・検非違使が禁止〔兵〕。 承安2年(1172)三条西殿再建、その後消滅〔玉〕。		治承元年(1177)までに八條殿が暲子内親王に伝領、八條院御所成立〔玉〕。
			安元3年(1177)太郎焼亡により大内裏(大極殿・朝堂院焼失)・京中焼亡。 翌年、次郎焼亡あり〔玉〕。			治承3年(1179)頃西八条第造営〔百〕。
	1180 安徳	1183 後鳥羽		寿永2年(1183)西八条第焼亡〔玉〕。同年六条殿を御所とする、翌年殿内に長講堂造営〔山〕。	養和元年(1181)神泉苑で掃除・儀式を執行、以後毎年継続〔吉〕。	この頃北京極大路北側の街路推定できる〔主殿寮北畠家図〕。
1185 鎌倉時代以降			文治5年(1189)源頼朝による内裏修造(17次)〔吾〕。 建久7年(1196)朱雀門再建〔百〕。	寿永4年(1185)京中大地震〔玉〕。 文治2年(1186)閑院倒壊、翌年修理〔吾〕。文治4年(1188)六条殿焼亡、同年再建・拡大〔玉〕。		寿永2年(1183)頃七条市町衰微、七条町へ移る〔拾遺抄註〕。
	1198 土御門	1198 後鳥羽	承元2年(1208)朱雀門・築地焼失、翌年再建〔猪隈関白記〕。	建久年間頃東寺など修造〔東宝記〕。	建久年間頃神泉苑荒廃〔中〕。	建久5年(1194)八條院御所焼亡〔玉〕。
	1210 順徳 1221 仲恭	1211 後高倉 1232 後堀河	承久2年(1220)内裏再建(18次)、7年後に未完成のまま焼亡〔百〕。	元久2年(1205)高陽院再建〔明〕。 承元2年(1208)京中大火、閑院焼亡、6年後再建〔古今聴聞集〕。 建保元年(1213)京都大風・大火〔明〕。		
	1221～ 後堀河 ・四条 ・後嵯峨	1246 後嵯峨 1274 亀山	天福元年(1233)内野での馬場使用禁止〔吾〕。 仁治2年(1241)門・大垣修造〔百〕、翌年朱雀門存在〔平戸記〕。	安貞元年(1227)閑院焼亡〔百〕。 暦仁元年(1238)幕府が京中に篝屋設置〔吾〕。	承久4年(1222)朱雀大路の耕作禁止〔百〕。	文暦元年(1234)頃七条町・八條院町繁栄〔明〕。

表2　平安中期～鎌倉時代、平安京・京都略年表

凡例　続：続日本紀、後紀：日本後紀、紀略：日本紀略、三実：三代実録、本：本朝世紀、文：文徳天皇実録、扶：扶桑略記、帝：帝王編年記、百：百練抄、小右記、、中：中右記、百：百練抄、法：法勝寺造営記、玉：玉葉、兵：兵範記、殿：殿歴、長：長秋記、台：台記、山：山槐記、吉：吉記、吾：吾妻鏡、仁：仁和寺諸堂記、明：明月記、平遺：平安遺文

引用・参考文献

上島　享二〇〇六「大規模造営の時代」『シリーズ都市・建築・歴史3　中世的空間と儀礼』東京大学出版会

上村和直二〇〇二「京都「八條院町」をめぐる諸問題――出土漆器を中心にして――」『研究紀要』第八号、京都市埋蔵文化財研究所

上村和直二〇〇四a「法住寺殿の成立と展開」『研究紀要』第九号、京都市埋蔵文化財研究所

上村和直二〇〇四b「御室の成立と展開」『仁和寺研究』第四輯、古代學協會

上村和直二〇〇七a「平安京の変容と「京都」の成立」『都城　古代日本のシンボリズム　飛鳥から平安京へ』青木書店

上村和直二〇〇七b「平安宮の衰微」『研究紀要』第一〇号、京都市埋蔵文化財研究所

上村和直二〇一二「平安京の変容」『帝塚山大学考古学研究所研究報告』XⅥ号、同大学

大村拓生二〇〇〇「中世の鳥羽と淀」『日本史研究』第四五九号、日本史研究会

櫛木謙周二〇〇二「平安京への道」『京都と京街道　京都・丹波・丹後』街道の日本史32、吉川弘文館

古閑正浩二〇〇八「平安京南郊の交通網と路辺」『日本史研究』第五五一号、日本史研究会

高橋昌明一九九八「平氏の館について――六波羅・西八条・九条末」『神戸大学史学年報』第一三号、神戸大学史学会

高橋昌明二〇〇六「大内裏の変貌――平安末から鎌倉中期まで――」『院政期の内裏・大内裏と院御所』文理閣

高橋康夫一九八三「平安京北辺の地域的発展」『京都中世都市史研究』思文閣出版

辻　裕司二〇一六「平安京左京域南部における遺跡の展開」『平安京の地域形成』京都大学学術出版

豊田裕章二〇一六「水無瀬殿（水無瀬離宮）の都市史ならびに庭園史的意義」『中世庭園の研究――鎌倉・室町時代――』奈良文化財研究所学報第九六冊、研究論集18、奈良文化財研究所

長宗繁一・鈴木久男一九九四「鳥羽殿」『平安京提要』角川書店

野口　実一九八八「京都七条町の中世的展開」『朱雀』一、京都文化博物館

橋本久和二〇〇四「土器が語る中世の流通」『中世西日本の流通と交通』高志書院

浜中邦弘二〇〇三「院政期宇治の情景――予察と展望」『考古学に学ぶⅡ』同志社大学考古学シリーズⅧ、同刊行会

山本雅和二〇〇七「平安京の街路と宅地」『平安京の住まい』京都大学学術出版会

山村亜紀二〇〇七「院政期平安京の空間構造」『平安京――京都　都市図と都市構造』京都大学学術出版会

山田邦和二〇〇五「院政王権都市嵯峨の成立と展開」『中世の都市と寺院』高志書院

山田邦和二〇〇九『京都都市史の研究』吉川弘文館

Ⅲ　日本古代交通の特色

古代交通の思想

――ミコトモチを中心として――

中村　太一

一　列島の古代社会と交通

1　日本古代史における交通の問題

日本古代史において交通の問題を提起し定義づけたものとして、石母田正の考え方が著名である。[注1]石母田は、国家成立に関わる国際的契機の問題を論ずるにあたって、交通を「経済的側面では、商品交換や流通や商業および生産技術の交流であり、政治的領域では戦争や外交をふくむ対外諸関係であり、精神的領域においては文字の使用から法の継受にいたる多様な交流である」とした。しかし、歴史学と交通の問題に関して、こうした説明を示された他分野の方々は、その意味を理解しつつも、やや戸惑いを感じるのではなかろうか。交通史が取り扱うのは、交通機関や交通制度、交通路の歴史ではないのかと。

実際、交通を論ずる専門的学問分野であり、経済学の一分野に位置付けられる交通学においては、交通の意味する範囲を①人間相互の関係のすべて、②経済上の交通、③運送と通信という三段階に分類しつつ、自らが取り扱う学問的領域を③運送と通信＝狭義の交通に設定するのが一般的である。[注2] そして、交通史においても狭義の交通に関する歴史が取り上げられることが多い。なぜなら、①や②の意味で交通を扱うと、交通史という分野設定自体に意味が無くなってしまうからである。

その自らが扱う狭義の交通について、例えば交通学者佐藤敏章は「交通とは一般的には人、貨物、音信の三者が人工的並びに自然的通路を経て惹き起す社会的移動現象」であると定義した。[注3] しかし、通路のみが交通の基本要素ではないし、「貨物」は「モノ」、「音信」は「情報」とした方が普遍的になるので、筆者は「人・モノ・情報の社会的移動現象」と端的に定義するのが妥当と考える。そして交通学や交通史は、この狭義の交通について、システムやその構成要素を分析しながら論じていく学問分野といえる。

それでは、こうした交通学・交通史と石母田の考え方とを、どう整合的に理解すれば良いであろうか。まず石母田の言う交通は、交通学が分類する広義の交通に該当する。それも、②のような経済的側面にとどまらず、政治的領域や精神的領域といった最広義の交通（①）にまで及ぶ概念である。

一方、こうした広義の交通を規定する基礎条件が、狭義の交通＝人・モノ・情報の社会的移動現象といえる。その社会における交通システムの枠組みを越えて、広義の交通が恒常的に成立する余地はない。したがって狭義の交通は広義の交通を規定し、ひいてはあらゆる社会的現象に関わる基礎的条件の一つになる。いかに強力な王権・国家であっても、安定的かつ恒常的な交通を確保しなければ社会的諸関係を持続できないからである。

他方、狭義の交通を実現するために必要な技術や経済力といった諸条件は、広義の交通に左右されることが多い。すなわち、広狭二つの交通は車の両輪をなしており、歴史学において交通の問題を取り扱う場合、現象面での交通やそのシステムに注目するだけでなく、それを通じて政治や文化をも含んだ社会的諸関係を考えたり、そうした諸関係のなかに交通現象を位置づけたりする視角が必要になってくる。逆に広義の交通を考える際にも、その社会に関わる狭義の交通――システムやその性質を正確に把握しておかなければ、誤った結論を導き出しかねないことに留意すべきであろう。

2　交通手法の選択とその条件

具体的な交通機関の内容は、通路・運搬具・動力の組み合わせによって決定される。例えば日本古代の駅制は、主に、通路＝計画道路（駅路）、運搬具＝馬具、動力＝畜力（馬）で構成される陸上交通で成り立っている。つまり、ある交通システムの実現のためには、全ての要素が実現可能であることが基本的な条件になり、その実現可能性は当該社会の技術力や経済力、政策等に規定される。ちなみに前近代の日本の場合、技術的制約から、通路は陸上・水上（河川・海洋）、運搬具は馬具・輿・駕籠・車・船、動力は人力・畜力（牛・馬）・風力・流力といった要素にほぼ限定される。とはいえ、これらを組み合わせると、それなりに多様な交通システムが実現可能になってくる。こうした複数の組み合わせのなかから特定の交通手段を選び取る際には、①移動能力（空間の克服、速力）、②費用、③輸送能力（積載量と運行回数の積）、④安全性、⑤便利性（アクセス、希望発着時刻と運行時刻）、⑥快適性、⑦多方向性（移動可能な方向の数）等が考慮の対象となる。[注4]

ここに挙げた諸条件は相互に矛盾することが少なくない。移動の迅速性と費用の低廉性、あるいは迅速性と安全性は、現代においてもなお課題を残している。一般に利用者は、これら相互に矛盾した諸条件を総合的に判断して交通手段を選択する。その場合、必ずしも全ての条件が考慮されるとは限らない。自らの目的に合せて一部の条件（例えば速度）に重点を置き、他の条件（例えば費用）を等閑視するようなケースもある。ただし、現在のような市場経済下において社会的に平均化していけば、他の商品・サービスと同様に〝良い〟と〝安い〟という二つの条件のバランスが主要な判断基準になってくる。

しかし、倭王権や律令国家が交通手法を選択したり、それを制度化したりするにあたって、こうした費用対効果を判断基準の主軸に置いたとは限らない。例えば日本古代の場合、舟運や駄運に比べて明らかに効率が悪い人担による調庸物輸送制度が政策的に採用されている。[注5] つまり、王権や国家にとっては交通を行う目的の達成こそが重要なのであって、コストの問題等は二の次とされた可能性が高い。ちなみに、迅速性が重要な課題になったのは白村江敗戦後における駅制構築時のことであり、それ以前、速度はさほど重視されていなかった。[注6] すなわち、駅制や伝馬制といった律令国家の交通制度や、その形成・変容の背後には、国際関係を含めたそのときどきの社会的条件と、それに対する王権・国家の意図や政策が色濃く存在したとみなければならない。そして、その結果として律令交通制度は、〝過剰な〟大規模道路を建設する一方で、車の利用や架橋にあまり関心を示さないなど、交通学の観点からするとバランスを欠いた交通体系になったのである。[注7]

3　交通者の安全保障という難問

それでは列島の古代において、遠隔地間を移動する交通手段を選択したり、交通システムを構築したりするにあたって、どのような条件が最重要視されたのであろうか。結論から述べると、目的を達成するために絶対必要な条件――交通者の安全確保の問題であったと考えられる。電気通信によって情報通信の一部が独立するまで、人・モノ・情報は三位一体で移動せざるを得なかった。したがって、情報の伝達が主目的であったとしても、その情報を携えた交通者が目的地まで到達できなければ、その目的は達成されなかった。

また古い段階の社会は、その情報の交通が円滑に受け渡されるとは限らなかったので、たとえ交通者が目的地でその使命を果たしたとしても、帰路で遭難してしまったら、派遣した側は目的を達成できたのかどうかさえ把握できなくなった可能性が高い。したがって使者派遣のようなケースでは、目的地に到達するだけでなく、帰還して復命するまでが使命達成の要件になるのである。

実際のところ列島の古代社会には、交通を阻害するだけでなく、交通者の生命や財産をも脅かす要因が多々存在した。それを象徴するのが、交通者に害をなす「荒ぶる神」や「坂の神」である。[注8] 問題は、こうした荒ぶる神のなかに、自然災害や獣害、あるいは山賊・海賊のような強盗行為では説明が付かないケースが含まれていることである。『播磨国風土記』揖保郡広山里意此川（おしかわ）条・枚方里佐比岡（さいおか）条によると、「応神天皇」の時代、播磨国揖保郡枚方里の神尾山に「出雲大神」がいて、因幡・伯耆・出雲など山陰地域の人々が通りかかると、一〇人中五人、五人中三人を止めるなど「半ば死なし半ば生かし」たという。この出雲大神は山にいることになっているが、襲われる人々が使っているのは山裾を通る平地の道路であり、[注9] また、この荒ぶる交通神の被害に遭うのは、決まって「往来の舟」「行人」「往来の人」「行路の人」といった交通者であった。つまり、被害者は地元住民ではなく、遠方からやって来て、また遠方へ向かう人々なのである。そして、この荒ぶる神は祭られることによって鎮まったという。

このような現象は、実は共同体やそれを体現する首長の意思に基づく人為的な行為＝神の名を借りた交通妨害行為であり、遠方からの交通者が、その地域のルールや禁忌に抵触することに対するアレルギー反応だったと考えられる。要するに、地元のルールを軽視する余所者には〝神の制裁〟が発動されるが、尊重し敬意を払う通行人には手を出さないといった類いのものであり、それだけに普遍性があって、列島各地でいつでもどこでも起こりうる現象でもあった。

　このような風土記に見える荒ぶる交通神の被害者は、列島各地から近畿地方に向かっているか、諸地域間を移動する交通者であった。しかし、倭王権が各地に派遣するミコトモチもまた、こうした交通を阻害する社会的、政治的諸条件から免れていたわけではない。それは、例えばヤマトタケルの遠征伝承に、足柄坂の神や吉備穴済神（きびのあなのわたりのかみ）、難波柏済神（なにわのかしわのわたりのかみ）などの「悪神」を殺して「水陸の径（みち）」を開いたことが度々見えることにも表れている。

　そこで本稿では、倭王権が派遣するミコトモチの交通や、その交通を基盤とした〝中央（都）〟と〝地方（鄙）〟の関係について、記紀の記事からその一端を考えてみたい。

二　〝大化前代〟におけるミコトモチの交通

1　ミコトモチについて

　日本古代史では、主に国司制度の成立に関わる問題としてミコトモチが取り上げられてきた[注10]。これは、国司の古訓が「クニノミコトモチ」であり、国司制やその形成の問題が、古代国家の成立を考えるための重要なテーマになってきたからである。

　その「国司」という表記が成立したのは大宝令制定時で、藤原宮跡から「粟道宰（あわじのみこともち）」と書かれた木簡が出土しているように、それ以前は「国宰」や「宰」と称されていた[注11]。そして、国司制の重要なメルクマールとなる国司職分田も七世紀末～大宝令制定期に出現しており[注12]、この時期は、漢字表記の問題だけではなく、内実の面でも国司制度成立の画期であったとみられる。

その一方で『日本書紀』は、このような令制以前の〃地方派遣官〃の多くを「国司」と記す。しかし、例えば清寧二年十一月条等で「播磨国司」とされる山部連小楯（来目部小楯）について、『古事記』清寧記は「針間国之宰」、『播磨国風土記』美嚢郡志深里条は「針間国之山門領」とするので、その表記は必ずしも一致していない。

このうち宰について『釈日本紀』巻十一・述義七は、「私記曰く、師説、天皇の御言を持たしむる人也。故に美古止毛知と称す」と注釈する。そして、『日本書紀』神功摂政前紀十二月辛亥条分註に「新羅宰」、応神三年十一月条に「海人之宰」、推古十七年四月庚子条以下に多数の「筑紫大宰」がみえ、また敏達六年五月丁丑条には「大別王と小黒吉士を遣わして、百済国に宰とす。〔王人、命を奉りて、三韓に使と為り、自ら称して宰という。韓に宰になると言うは、蓋し古の典か。如今は使と言うなり。（後略）〕」とある。つまり令制以前、倭王権から列島内外にミコトモチが派遣され、「天皇」の「御言」を伝達したり、そこに表現された王権の意思を執行したりする役割を果たしていた。そして、そうした伝達者・執行者を、後に「宰」や「国司」の語を用いて記したものと考えられる。

こうした令制以前のミコトモチ――とくに〃大化前代〃のそれについては、（A）特定の任務を帯びて中央から地方に派遣された臨時の使者とみる見解が有力であるが、（B）六世紀中頃[注13]もしくは七世紀初頭以前[注14]には、恒常的ないし定期的に列島各地へ派遣され、現地の国造を率いる「国司」の制度が確立していたとする説もある。ただし（B）の諸説は、主に国司につながる性格を持ったミコトモチを論じたものであり、（A）のような特定任務・臨時派遣型ミコトモチの存在を否定しているわけではない。加えて、ミコトモチとは倭王や天皇の言葉を伝達する使者というニュアンスが強い言葉であり、クニノミコトモチ（国宰・国司）やオホミコトモチ（大宰）は職務をより限定的に表すための語句を付した名称であること、[注15] 特定任務型の使者の例として『日本書紀』応神十三年春三月条に「専使（たくめつかい）」があること、令制下においても中央から地方に派遣される駅使や伝馬使らがいることなどから、令制以前より特定任務・臨時派遣型のミコトモチと、恒常派遣型のミコトモチとがともに存在したとみて大過ないだろう。そして、このうちの恒常派遣型ミコトモチが、七世紀末～大宝令制定期に令制国の成立と連動しつつ、①全国的かつ恒常的に任命されて現地に赴任し、②境界によって区切られた空間の範囲（令制国）と、③任期によって区切られた時間の範囲のなかで、④総合的な行政権限を有し、⑤独自の官衙（国府）や財源（国司職分田）を付与された、国司の制度に帰結したものと考えられる。

以上のように日本古代史では、王権が派遣する使者や国司制度に関する問題としてミコトモチの研究が進められてきたが、これとは別に本居宣長以来、記紀にみえる「ミコトモチ」の語義が論じられてきた。

『古事記伝』四之巻において本居は、神名に付ける「命（みこと）」は尊称ではあるが、その「ミコト」の意味については解釈を思いつかないと述べる。そして、「命」の字は借字であり、これを命令に関する意味と解するのは失当であるとした。命令を出す人をミコトとするのはまだ理解できるが、受ける人もミコトと呼んだことになってしまうので違うというのである。また、「ミコトモチ」と「ミコトモチテ」とは意味が異なり、後者を「軽き辞なり」とする。これは、この註釈を付けた古事記本文で「御言もちて」国土の「修理固成」を実行したのが皇祖神のイザナキ・イザナミだからであろう。つまり、「御言持ちて」ではなく、「御言以て」という解釈である。

こうした「ミコト」をめぐる問題に答えを出したのが折口信夫であった。[注16] その折口の見解を要約すると、次のようになろう。（1）ミコトは天つ神の命令＝御言であり、尊称としてのミコト（命・尊）はミコトモチ（御言持ち）を省略したもので、天つ神の命令を伝達・執行する者を意味する。（２）最高のミコトモチがスメラミコト（天皇）、天つ神と天皇の仲立ちを行うミコトモチがナカツスメラミコト（中天皇・中皇命＝女帝・皇后）、また天皇と臣下の間に立つ中ツ臣（＝中臣氏）やそれを諸国の人民に伝達するツカサビトもミコトモチである。（３）伝達者が御言を唱えると、伝達者はその御言を発した神や天皇と同格に、時間は発せられたときと同じ〝時〟に、空間は発せられたところと同じ〝場〟と認識される。かくして、命令を発する者と受ける者がともにミコトの尊称を付された理由が説明できるようになったわけである。

ミコトモチに関する折口の見解は、神話から国制、社会（村落祭祀等）に至るまで一貫した説明を試みようとしたものであり、意欲的ではあるが、その分融通無碍で史料的根拠が弱いと感ずる部分も少なくない。また「中天皇」の解釈のように、現在の研究水準からは首肯できないものもある。しかし、天皇を頂点として地方官に至るまでの重層的なミコトモチの構造を考慮しなければ、尊称ミコトの語義のように解釈しきれない問題もあるので、その構造的理解は継承すべきであろう（表1）。

表1　ミコトモチをめぐる重層構造

最広義	神や貴人の言葉を伝達・執行する者				
広義	A類	倭王・天皇の言葉・意志を伝達・執行する者			
狭義		B類	遠隔地に赴いて倭王・天皇の意志を執行する使者		
最狭義			C類		地方行政官
			1型	2型	D類
類型	中語型	奉勅型	勅使型	軍事外交型	国司型
主な事例	倭王・天皇	マエツキミ	宰？	「新羅宰」？	宰・国宰
	神祇官	上卿	伝馬使	征○使	令制国司
	家司	内侍	巡察使	持節将軍	大宰府官人
		宣命使	固関使	遣○使	按察使

こうしたなか中大輔は、歴史学研究会二〇一七年度大会報告の質疑応答のなかで、法規定がない大化年間以前に王権が派遣した使者

には「ウナガシ」や「ツカイ」を含めて様々な呼称があったが、なかでもミコトモチは王の詔を持っていくため、大化以降、王権の中央集権化が図られた時期に生まれた呼称であるとの考えを示している。[注17]

これはおそらく、遅くとも七世紀初頭までに恒常派遣型のミコトモチが成立したとみる（B）諸説との相違を念頭に置いた回答だと思われるが、国司制度形成の問題に引きつけすぎた説明のように思われる。折口の見解を踏まえるならば、ミコトモチとは倭王や天皇の言葉を伝達し、その範囲内で物事を執行する者であり、たとえ「ミコトモチ」と明記されていなくても、王権から伝達者・執行者として「遣」わされた者は、[注18]その内実から広くミコトモチと理解すべきであろう。〝倭王や天皇の意を受けて〟という点を重視すれば、「ミコトモチ」という語には、「ウナガシ」や「ツカイ」という言葉では代替しきれない意味が含まれているからである。したがって、列島内に派遣された使者に限定したとしても、少なくとも王権が〝地方〟の問題に介入を始める六世紀段階[注19]にはミコトモチが存在したと思われるし、連絡・調整役を務める使者や、必ずしも恒常的な〝地方支配〟にはつながらない単発の〝命令〟を伝えたり執行したりするミコトモチならば、それ以前――例えば五世紀代から存在した可能性があろう。というのは、（確実な史実として扱うのは躊躇われるものの）『日本書紀』に以下のような例が散見されるからである。（a）日向から髪長媛を召すために、「専使」を派遣（応神十三年春三月条）。（b）近江の坂田にいた弟姫（衣通郎姫）を召すために、舎人中臣烏賊津使主を派遣。その際、烏賊津使主は、弟姫に「命以て召す」と述べたという（允恭七年十二月壬戌朔条）。（c）いわゆる〝吉備氏の反乱〟の際、「雄略」が部隊を派遣して吉備下道臣前津屋らを殺害（雄略七年八月条）。こうした場合、部隊の指揮官は広い意味での命令執行者と見做すことができる。

ただし、ミコトモチが発遣されたとしても、それによって王権の意志が実際に伝達されたか否か、あるいはその意志が実現したかどうかについては、別問題になってくる。次節では、そうした古い段階のミコトモチが直面したであろう諸問題について考えてみたい。

2　阻害されるミコトモチの交通と使命

神話はもちろん史実ではないが、非科学的な現象を除けば、神話を語り、聞いた人々が生きた社会の枠組み――常識や規範、行動様式等に規定されたエピソードが多いものと思われる。当時の人々にとってそれなりに真に迫った話でなければ、そのエピソードは淘汰されてしまうからである。その意味において、神話や説話として語られてきた人間類型――本稿の考察対象に即して言えばミコトモチをめぐるエピソードについて、それを史実として捉えるのではなく、ありえた構造の問題として考察することは可能だと考える。ただし日本神話の場合、その多くを記した記紀が古代天皇制国家の正当性を主張するために編纂された書であることを、常に念頭に置いておく必要がある。また、歴史研究に神話を用いる際には、時間軸上の正確な位置を与えられない点も問題になる。後述する〝原伝馬制〟は七世紀前半頃にはおおむね機能していたと思われるので、ここで取り上げる〝障害〟の事例はそれ以前、おおよそ古墳時代の列島社会で起きていた事象であると推測されるが、それ以上の絞り込みは困難であることもお断りしておかねばならない。

さて、記紀に見えるいわゆる〝国譲り神話〟は、古い段階のミコトモチを考えるにあたって興味深いエピソードを多く含んでいる。神話に登場する「高天原」の「天つ神」は近畿地方に根拠を置いた王権が、「葦原中国（あしはらなかつくに）」の「国つ神」は列島各地の地域社会（とくに出雲）とその首長が、それぞれのモデルになっていることは言うまでもない。したがって、前者から後者に派遣される神々には、現実に存在したミコトモチのイメージが投影されているとみてよいであろう。なお、複数ある『日本書紀』の別伝を含めると神話の内容は少しずつ異なっているが、そもそもが史実ではないので細部にこだわる必要はあるまい。そこで以下、神話のストーリーについては主に『古事記』に基づいて紹介する。

①アマテラスの子孫に葦原中国を治めさせるためアメノホヒが派遣されたが、三年間「復奏」しなかった。②次にアメノワカヒコが派遣されたが、オホクニヌシの娘シタテルヒメ（『日本書紀』別伝の一つでは、多くの国つ神の女子(むすめ)）と結婚し、葦原中国を自分のものにしようと考えて八年間「復奏」しなかった。③そこで、事情を問いただすために雉のナキメが派遣されたが、アメノワカヒコによって射殺されてしまう。④最終的にタケミカズチが派遣され、オホクニヌシらとの問答とタケミナカタとの力比べを経て、葦原中国は天つ神の子孫に譲られることとなった。

これら一連のエピソードから、次の諸点を指摘することができよう。（a）ミコトモチのなかには戻ってこない者がいる。（b）その場合、再度ミコトモチが派遣されることがある。（c）帰ってこない原因のなかには、現地の勢力にミコトモチが取り込まれるケースがあった。（d）ミコトモチが、現地の首長一族と婚姻関係を結ぶ例があった。（e）複数のミコトモチの間で、対立や紛争が起きることがあった。（f）ミコトモチのなかには〝武官〟もいた。要するに、倭王の言葉が派遣先に伝達されなかったり、ミコトモチ自身が執行しなかったり、それによって紛争が起きたり、といったことが起きていたようなのである。

このうちミコトモチの変心に関しては、単なる寝返りの問題としてではなく、複数の王権や首長と関係を取り結ぶことがありえた当時の社会状況を考慮すべきであろう。例えば、現地の女性と結婚して王権側と政治的に対立するというエピソードは、『日本書紀』神功六十二年条が引く『百済記』に見える「沙至比跪(さちひこ)」の行動を彷彿させる。このサチヒコとは葛城襲津彦（そつひこ）のことで、四四二年、倭王から新羅攻撃を命じられて朝鮮半島に向かったが、新羅から贈与された美女二人を受け取って加羅を討ったので、加羅王らが百済に救援を求め、これを知った倭王が「大怒」したという。これは朝鮮半島での出来事であるが、奈良盆地の葛城を本拠とし、五世紀の政治・外交に強い影響力を持った大豪族の首長が、現地の王権と独自の関係を取り結び、倭王の外交方針と対立したわけである。[注20] 列島の内か外かという違いはあるものの、神話に見えるミコトモチをめぐる対立の構図が決して荒唐無稽なものではなかったことを示していよう。

続く〝天孫降臨〟や〝神武東征〟の話のなかにも、示唆に富んだエピソードが含まれている。主人公のニニギやイワレビコ（神武）は〝皇祖神〟や〝天皇〟にあたるが、アマテラスの指示で降臨したり、その延長線上で東征したりするので、まさに折口が指摘する天つ神の命令を執行する最高のミコトモチとしてのスメラミコトということになる。

このうち〝天孫降臨〟では、次のエピソードが注目される。⑤ニニギが降臨する際、「天（あめ）の八衢（やちまた）」に国つ神のサルタヒコがいて、「御前（みさき）に仕（つか）え奉（まつ）らん」こと（ここでは先導の意）を申し出る。⑥それを受けてニニギは、アメノコヤネら五つの「伴緒（とものお）」を率いて降臨。⑦降臨後、ニニギは、オオヤマツミの娘コノハナサクヤヒメと結婚する。⑦はやはりミコトモチの婚姻譚になるが、先の②とは異なり、どちらかといえば王権に対して融和的・友好的なエピソードである。当たり前といえば当たり前であるが、（g）ミコトモチを通じて王権と良好な関係を取り結ぼうとする在地勢力もいたことが確認できる。それどころか、（h）ミコトモチの交通にあたって、先導役（道案内）を務める者たちがいた（⑤）。そうした現地案内役のなかには、後述⑧のような水先案内人もいたらしい。実際、ミコトモチが目的地に到達するためには、多くの場合、道案内が必要だったと考えられる。なぜなら当時の王権が、列島各地——とくに遠隔地の詳しい地理情報を把握し、それをミコトモチに携帯させることができたとは思えないからである。そして主要道路の分岐点で進路を間違えると、たいていの場合、目的地には到達できない。したがって、サルタヒコがチマタで「参り向(まいむか)(迎)」えたというのは必然の設定であった。すなわち、ミコトモチが使命を達成するためには、ミコトモチ自身やその下僚が目的地に至るルートに精通しているか、あるいは地域の事情に詳しい案内人を目的地に至るまで適宜確保していくか、そのいずれかが必要条件になったと考えられるのである。ちなみに前者のような人物が〝都〟にいたことについては、倭王の宮等に上番した筑紫君磐井や武蔵北部出身のヲワケの存在(後述)から類推されよう。

また⑥からは、(ⅰ)ミコトモチが、集団のリーダーとしての性格を有していたこともわかる。ニニギの場合は立場上、単身で行動するという設定にはできないこともあるが、通常のミコトモチであっても単身で派遣されることはあるまい。見知らぬ土地を一人で長距離移動をするのは危険極まりない行為で、本人の身の安全を保障できないばかりか、ミコトモチとしての使命の達成も危うくしてしまう。したがってミコトモチには、少なくとも身の回りの世話をする者や護衛役など複数のスタッフが付き従っており、大なり小なり集団を組んで移動したとみられる。そして、ミコトモチの安全を最大限保障し、かつ王権の意志を貫徹しようとするならば、軍隊を同行させるのが最も良いということになる。すなわち〝軍事指揮官〟としてのミコトモチ(表1のC類2型)であり、そうしたミコトモチの様相は、次の〝神武東征〟に見える種々のエピソードから読み取ることができる。

⑧東征出発後、速吸門(はやすいのと)(豊予海峡)で出会った国つ神サオネツヒコに海の道案内をさせる。⑨ナガスネヒコとの戦闘の結果、大阪平野上陸を阻止されたイワレビコは、紀伊半島を南に回って熊野に到着。⑩荒ぶる神によって兵士共々昏倒させられたところに、タカクラジが現れて救援。⑪宇陀(うだ)に至ったとき、エウカシとオトウカ

シに遭遇。従うか否かをヤタガラスに尋ねさせたところ、エウカシに追い返される。⑫エウカシは待ち伏せしようとしたが、兵が集まらなかったので、仕奉すると偽って罠を仕掛けた「大殿（おおとの）」を建築。⑬イワレビコのもとにオトウカシが「参り向」え、エウカシの〝陰謀〟を暴露。結果、エウカシは自分が作った罠によって殺害される。⑭その後、忍坂（おさか）でツチグモたちを謀殺するなどして、イワレビコは橿原宮で即位。

この一連の説話はもちろん史実ではないが、在地には先導役として協力する者のほかに、（j）武力を用いてでもミコトモチの交通を拒絶しようとする勢力や、逆にミコトモチを助ける勢力などがいて、それぞれがそれぞれの意図を持ってミコトモチに対応しようとしていた状況を読み取れる。とくに興味深いのは⑪〜⑬に見えるエウカシ・オトウカシのエピソードで、（k）在地の共同体やその首長たちも必ずしも一枚岩ではなく、ミコトモチへの対応をめぐって路線対立が生じえたことを示している。こうした点を考えると、自らの交通によって多様で流動的な社会を結ぶミコトモチの任務は、ただ目的地に赴いて倭王の言葉を伝えれば良いという単純なものではなかったことがわかる。目的地に至るまでの諸地域には、それぞれの思惑を持った人々やその首長たちがおり、大なり小なり軋轢が生じて、ミコトモチは彼らと政治的交渉を図ったり、逆に武力を行使したりしながら協力を取り付け、使命を遂行し、また倭王のもとに戻って「復奏」しなければならなかったのである。

記紀には、この後にも〝四道将軍の派遣〟や〝ヤマトタケルの遠征〟といったミコトモチに関わるエピソードが収録されているが、そこから抽出される要素は同工異曲になってしまうので、これ以上は繰り返さない。ちなみに軍隊や戦争は、自らの意志を相手に強要する手段なので、軍隊の派遣が必ずしも戦闘行為に発展するとは限らない。武力を行使せずとも、〝武威〟によって王権の意志を強要できれば、ことは済むからである。地の利が在地側にある状況での戦闘は、むしろ政治的に困難な事態を招きやすいことを考えると、実際には〝武威〟を背景とした交渉によって決着することが少なくなかったのではなかろうか。また、こうした専門的なスタッフを多く含んだミコトモチの組織が、より洗練されると外交使節団になると考えられる。ただし、最後に渡唐した承和の遣唐使のなかに「射手」の肩書きを持つ上教継(かみのりつぐ)や身人部貞浄(むとべのさだきよ)がいたように（『入唐求法巡礼行記』）、古代においては、軍事的要素を完全に分離除外した使節団などおそらく存在しなかった。

3　伝馬制の形成過程

さて、ここまでは形式的な側面に基づいて、〝ミコトモチは倭王の言葉＝意志を伝達する使者である〟と単純化して説明してきた。しかし、倭王と各地の首長との間の実際の交通や支配／被支配関係の多くには、王権を構成する王族・群臣(まえつきみ)（大夫）とその家政機関である宮／宅(やけ)が介在していた。[注21]『日本書紀』宣化元年夏五月辛丑朔条には、「宣化」自身が阿蘇仍君(あそのきみ)を遣わして「河内国茨田郡屯倉」から、蘇我稲目(いなめ)が尾張連を遣わして「尾張国屯倉」から、物部麁鹿火(あらかい)が新家連(にいのみのむらじ)を遣わして「新家屯倉」から、阿倍臣が伊賀臣を遣わして「伊賀国屯倉」から、それぞれ「筑紫国」へ稲穀を輸送させようとしたことが記されており、倭王・群臣層（およびその代理人）と各地の首長との間に個別の関係が成立していたことをうかがわせる。また、各地のミヤケに派遣された「ウナガシ（令・領）」や「ツカイ（使・令）」も、例えば白猪屯倉の「田令(たづかい)」となった白猪史(しらいのふひと)らが蘇我大臣(おおおみ)家との統属関係を有したと考えられるなど、個別の宮や宅から派遣されたと想定される。先に見た播磨の「出雲大神」を祭り鎮めるにあたっても、出雲との関係が深い額田部連(ぬかたべのむらじ)が王権から派遣されており、この額田部連が近畿―出雲間のルート上に位置する地域社会と良好な関係を構築したことで、以後の円滑な交通が確保されるようになったとみられている。[注22]

以上のような倭王や王族・群臣層と各地の首長との間の個別的・氏族制的な関係をベースとした交通の在り方は、倭王の下に「仕奉」を一元化できないなか、現実に存在する親密な人脈に狭義の交通を便乗させることで、使者の安全や目的の達成を可能な限り担保しようとしたものと評価できる。しかし、結果として、列島内遠隔地間交通のための普遍的・汎用的な制度にはなりえなかった。なぜなら、理念上は倭王と各地の首長との関係であっても、実際には間に入った王族・群臣層と首長たちとの個別的な関係をただ束ねただけのものなので、そこから得られる情報や人脈を王権全体で共有することができなかったからである。つまり実用レベルの交通に必要な情報等は、それぞれの宮/宅に集積されたり更新されたりしていくだけで、他の宮や宅に属する者がそれを有効活用できなかった。しかも上宮王家や蘇我大臣家のように〝滅亡〟してしまうと、その宮や宅に集積されていた情報や人脈は雲散霧消しかねなかったのである。[注23]

一方、最終的に律令で明文化・法制化される伝馬制は、(Ⅰ)立評の際、それぞれのコホリ(評・郡)に伝馬設置を義務づけ、(Ⅱ)派遣の都度、倭王のミシルシであり伝馬の利用許可証となる伝符(『日本書紀』天武元年七月辛亥条では「伝印」)をミコトモチに付与する、という二つのルールを導入することによって孝徳朝段階に成立している。[注24]

この新旧二つの交通手法に共通する基盤は、各地の首長からミコトモチが受ける二つの仕奉——「逓送」(=使者の送迎)と「供給」(=食事や宿泊等の提供)にあった。すなわち伝馬制以前から既に、ミコトモチがこうした奉仕を受けながら目的地に向かい、使命を果たした後に同様な方法で帰還するという都鄙間交通慣行が存在していたと考えられる。ただし、この交通慣行には、後の伝馬制とは異なる次のような性質や問題を内包していた。①逓送手段(=運搬具+動力)が多様で、馬だけではなく、船なども利用された。②その逓送手段も、各地で交換できたわけではなく、拠点的な個所のみで行われた可能性が高い。上宮王家滅亡事件の際に、三輪文屋君が「深草屯倉に移向きて、茲より馬に乗り、東国に詣りて」云々と上申した例（『日本書紀』皇極二年十一月丙子朔条）は、ミヤケ等の拠点的な奉仕単位でしか乗馬を調達できなかった状況を示している。③同様に、個々のミコトモチに対する奉仕の有無や内容は、上述したような個別的・氏族制的な関係の相違により、各地・各首長で異なっていた可能性が高い。特定の宮／宅が派遣したミコトモチにしか奉仕しない首長がいたというだけでなく、ミコトモチが通らない地域などでは全く関与することがなかったであろう。④このため、ミコトモチの派遣元になる宮／宅が異なれば、迎える側の地域や首長も変化し、結果として使用する交通路も違っていた可能性がある。極端な場合、同じ東国に向かう場合でも、ある王族が派遣した使者は東海道ルートを、ある群臣が派遣した使者は東山道ルートを、といった相違まで生じえた。

以上の点から古い段階の都鄙間交通慣行は、ミコトモチに対する首長層による奉仕（逓送・供給）を軸としつつも、細部の交通手法には多様性があったことがわかる。①～④に示した条件をそれぞれ組み合わせていくと、膨大なパターンが発生するからである。駅制成立以前の記事に見える「駅」＝早馬も、こういった多様な内実を持つ交通慣行のバリエーションの一つであったと考えられる。

さて、この古い段階の交通慣行が有した問題の多くは、先にみた伝馬制の二つのルールによって解消されている。例えば、①や②は全てのコホリに伝馬を用意させることで、一元化や義務化が達成できた。また③と④に関しては、伝符給与者に対してコホリが一律に奉仕することになったので、原理的には、使者ごとに奉仕内容や交通ルートが変化するようなことはなくなったであろう。

しかし、古い段階の交通慣行と伝馬制の間には、なお大きなギャップが存在していたように思われる。例えば、それまで関係を持ってこなかった宮／宅やミコトモチに対する奉仕を、各地の首長たちにどう納得させたり、慣れさせたりしたのであろうか。国司が部内を定期的に巡行するようになるまでは、ミコトモチが全くやって来ない、通らない、あるいは通過するだけという地域が多数存在したと推測される。これに対して伝馬制は、「伝馬、使无き道は置くのみ」（『令集解』厩牧令置駅馬条跡記）とあるように、全てのコホリに伝馬設置を義務づけている。伝符携帯者に対する奉仕も含め、こうした義務化を地域社会や首長たちが一片の命令で受け入れたのであろうか。やはり、個別的・氏族制的な関係に基盤を置いた古い交通慣行と、孝徳朝に成立した伝馬制との間にはもうワンステップ、例えば〝原伝馬制〟とでもいうべき交通慣行の段階が存在したのではなかろうか。

この原伝馬制について筆者は、後の伝馬制の内容からおおよそ次のように考えている。（ⅰ）古くから用いていた個別的・氏族的な関係による交通奉仕に加えて、日常的に交流を持っている隣接地域・首長間でミコトモチを「逓送」。（ⅱ）これは、単なる案内人や交通手段の提供というだけでなく、王権から派遣されたミコトモチの〝身分〟を隣接首長間で保障し合うことで、ミコトモチの交通と安全を担保するシステムとして機能。（ⅲ）地域ごとに提供される食事等の「供給」には歓待儀礼等が伴い、ミコトモチと首長たちとの間に人格的・政治的な関係が取り結ばれた。その結果、隣接首長からの紹介で初めてミコトモチを迎えたような地域でも、以後、仕奉の由緒が成立。

こうした連鎖的なネットワークがある程度拡充し、機能するようになると、最初の受け入れ地域でミコトモチの身分と安全を保障するプロトコルさえ成立すれば、この〝紹介システム〟によって目的地に到達できたものと思われる。もちろん実際は言うほど簡単ではなかったろうし、上宮王家滅亡事件の際のように最初から安全保障を期待できないような場合は、古くからの個別的・氏族制的な関係しか頼れるものはなかったと考えられる。しかし、トモ—ベ制が拡大し、その個別的関係に基盤を置いた交通手法がどんどん普遍性を失っていく状況のなかで、伝馬の設置と伝符による利用資格の付与をいきなり制度化するだけで伝馬制ができるとは思えない。やはりその間には、ミコトモチと首長との人格的関係を構築する普遍的な手法が模索された段階が存在し、それが隔地間交通の阻害要因となった共同体の閉鎖性を少しずつ止揚して、伝馬制成立の前提条件を用意したのではないだろうか。

三　ミコトモチの婚姻とその影響

1　国造と地方伴造の成立

本稿では、〝都〟と〝鄙〟を往来し、両者を媒介する交通者として、主にミコトモチの問題を取り上げてきた。しかし実は、こうした〝大化前代〟における都鄙間交通者には、もう一つの類型があった。すなわち、ミコトモチとは逆の方向性で都鄙間を往来する〝地方〟出身の「トモ」や、その前身的存在になる「○○人（杖刀人・典曹人など）」である。彼らは、各地の首長が一族のなかから宮／宅に上番・出仕させた人々であり、『日本書紀』に見える例として「官者（とねり）」の吉備弓削部虚空（きびのゆげべのおおぞら）がいる（雄略七年八月条）。虚空は、いったん帰郷した際に吉備下道臣前津屋に使われてなかなか「京都（みやこ）」に上れなかったが、雄略に召されて戻った後、前津屋ら吉備の不穏な情勢を上申したという（いわゆる〝吉備氏反乱伝承〟）。〝鄙〟の情報は、こうした人々からも〝都〟にもたらされていた。

また、若い頃の筑紫君磐井も〝都〟に出仕していたらしい。『日本書紀』継体二十一年六月甲午条によると、継体の命で近江毛野が六万の軍勢を率いて朝鮮半島に赴こうとしたところ、新羅から「貨賂」を受けた磐井がその行く手を遮り、「今こそ使者たれ、昔は吾が伴として、肩摩り肘触りつつ、共器にして同食ひき。安ぞ卒爾に使となりて、余をして儞が前に自伏はしめむ」と言挙げしたという（いわゆる〝磐井の乱〟）。毛野は、死後、近江に葬られているので同地の出身とみて良く、その毛野と磐井が「昔」、肩肘が触れあうような状態にあって同じ釜の飯を食べたというのは、両者が同時期に上番し、同僚として親しんだことを示している。注意されるのは、筑紫出身の磐井と近江出身の毛野が、個別的な関係を持ったことである。都鄙間交通は、〝都〟と〝鄙〟の間の交通だけでなく、〝都〟をセンターとして〝鄙〟と〝鄙〟の交通をも成立させたのである。

さて、ミコトモチやトモは、〝都〟と〝鄙〟を往来する狭義の交通者であると同時に、王権と地域社会を政治的・社会的に媒介する広義の交通者でもあった。このうちミコトモチは、本来的には公平な立場ではなく、あくまでも倭王の言葉を伝え、王権の意志を執行することを任務としていた。しかし、地域社会の側がミコトモチにその立場の変更を働きかけることがあり、その際に用いられた手段の一つが婚姻であったと考えられる。婚姻は、人と人、氏族と氏族を結びつける最も強力な手段であり、広義の交通の一種でもある。そして現地首長一族と姻戚関係を結んだミコトモチは、多かれ少なかれ、その政治的立場の重心を地域社会の側に移動させることになった。〝反乱〟ほど派手なものではないが、各地の首長たちの手になるミコトモチへのこうした働きかけも、首長制社会における平等化現象[注25]の表れ方の一つとみて良いであろう。

またミコトモチの婚姻は、そのときどきの人格的・政治的諸関係を左右するだけでなく、世代を超えて未来の諸関係にも影響を与えた。というのは、二人の間に子女が誕生した場合、それ以前は〝都〟と〝鄙〟とに遠く隔たっていた二つの氏族の系譜が結合し、それが子女とその子孫に伝えられていくからである。しかも、ミコトモチの婚姻は必然的に妻問い婚になるので、誕生した子女は母方の地域社会で養育されることになる。すなわち、〝中央〟氏族と同族になる〝地方〟氏族の誕生であり、時空間を超えた広義の交通の発生ともいえる。こうした事例を象徴するのが、吉備諸氏の始祖にあたる吉備武彦(きびのたけひこ)の娘吉備穴戸武媛(きびのあなとのたけひめ)との間に、ヤマトタケルがもうけた武(たけ)卵王(かいごのみこ)が讃岐綾君(さぬきのあやのきみ)の、同じく十城別王(とおきわけのみこ)が伊予別君(いよのわけのきみ)のそれぞれの祖になったという伝承（『日本書紀』景行五十一年八月条）であろう。そこで最後に、ミコトモチの婚姻が影響を及ぼしたかもしれない二つの可能性について試論を述べ、それをもって本稿の結びに代えることとしたい。

一つは、〝地方〟における国造や伴造の設定、とくにその成立の契機に関する問題である。いわゆる「国造本紀」（『先代旧事本紀』巻十）を通覧すると、王族や群臣層と同じ祖先を持つと記された国造が多数見出される。最も極端な例をあげると、三三ある東海道の国造のうち、参河・遠淡海（遠江）・久努(くど)・珠流河（駿河）・伊豆・久自（久慈）の六国造が、物部連と同祖であると記されている。

また、倭王・王族・群臣層やその宮／宅に仕奉するトモ―べ制のなかで、〝中央〟の伴造と同じウヂ名を持つ在地の首長たちがいた。例えば、岡田山一号墳（松江市）出土の大刀に「額田部臣」と記された銀象嵌の銘文が見つかっている。この額田部臣は、臣のカバネを持つことから「出雲国造出雲臣」の同族であり、かつ広域首長たる出雲臣の配下にある中規模首長で、この地域の額田部を管掌していたと考えられている。[注26] 出雲には、ほかにも「日置部臣」ら臣のカバネを持つ地方伴造がおり、その多くが後に出雲国諸郡の郡司に就任している（『出雲国風土記』）。こうした「〇〇部臣」は、擬制を含む出雲臣の同族が部民を管掌したときに成立したとみられる[注27]が、その際、当該首長が中央伴造――例えば額田部連と擬制的な親族関係を結んで、同じウヂ名を名乗るようになったと説明されることが多い。[注28]

しかし、以上のような〝中央〟氏族との同族関係を称する国造や、中央伴造と同じウヂ名を持つ地方伴造が成立した事情の一部、その背景に、先にみたミコトモチと現地首長一族との婚姻、および両者間に生まれた子女の存在を想定することはできないだろうか。すなわち、ミコトモチの婚姻によって生まれた子女が、現地の広域首長の承認やリーダーシップの下で、父方から「奉事の根源」やウヂ名を、母方から現地の首長権（もしくはその一部）やカバネを継承することによって国造や地方伴造の地位に就き、中央の同族や宮／宅を通じて王権に仕奉するトモ―べの都鄙間関係が形成される、そういった場合も含まれていたと考えられないだろうか。

また、群臣層と同じウヂ名を有する部民が特定の地域に色濃く分布しているケースについても、任務の関係上〝移動〟を伴うミコトモチの介在を考慮に入れれば、説明できる場合が出てくるように思われる。例えば、目的地に至るまでの途次で複数の首長一族と姻戚関係を結べば帯状に、あるいは一定のエリアを巡回する任務のなか、行く先々で子をなせば特定の地域に集中するように、ミコトモチの子女とその子孫が分布することになる。そうしたなかに群臣層出身のミコトモチがいて、その子女が同じウヂ名を名乗り、同じウヂ名を付けた部民を管掌することになれば、例えば蘇我部や和邇部のような豪族名を帯びる部民が〝地方〟に生じることがありうるのではないか。

ただし、臣姓を持つ出雲の地方伴造には、中央伴造との希薄な関係が指摘されており[注29]、また、ウヂどころかカバネまで同じくしながら、祖先を異にする例や関係性が確認できない〝地方〟氏族の例が多々ある。群臣層のウヂ名が付いた各地の部民にしても、現地で管掌する伴造氏族が分からないケースの方が圧倒的に多い。したがって、〝地方〟の国造や伴造の成立について、その全てをミコトモチの婚姻で説明できるわけではない。またトモ―べ制の性格を鑑みれば、個々の関係の成立について、その全ての契機や事情を一つの要因で説明しようと試みるのはかえって危険であろう。しかし、こうした都鄙間関係のなかには、以上のようなミコトモチの婚姻が、その成立の契機になった例も含まれているのではないだろうか。次節以降では、その具体的な例として、埼玉稲荷山古墳出土の金錯銘鉄剣に記された武蔵北部の首長層の問題について検討してみたい。

2　埼玉稲荷山古墳出土金錯銘鉄剣をめぐる諸問題

ミコトモチの婚姻という要素を考慮することで新しい視点を提示できるかもしれない第二の可能性は、埼玉県行田市の稲荷山古墳から出土した金錯銘鉄剣に関する問題である。

稲荷山古墳は、五世紀後半から七世紀初頭にかけて武蔵北部の首長墳が営まれた埼玉（さきたま）古墳群のなかで最初に築造された、全長一二二メートルに達する東国屈指の大型前方後円墳である。一九六八年に行われた発掘調査で、礫槨と粘土槨の二つの埋葬施設が見つかり、このうち礫槨から出土した鉄剣に銘文があることが一九七八年に判明した。ただし、この二つの埋蔵施設は後円部墳頂の中心から少しずれた浅い位置にあり、主たる埋葬施設が別に存在する可能性があったので、一九八二年と一九九八年に地下レーダー探査が行われている。そしてその結果、盗掘を受けつつも部分的に残っているらしき中央部のものを含めて、土質が異なっている反応が三箇所で得られ、稲荷山古墳には五つ程度の埋葬施設がある可能性が指摘されている。注30

こうした点から、稲荷山古墳全体の主人公たる初葬者が葬られたのは中央部の埋葬施設であり、礫槨の被葬者はその一族であった可能性が高いと考えられている。問題は、古墳築造年代＝初葬者の埋葬年代と、礫槨被葬者の埋葬年代との間にある時期差をどの程度見積もるか、である。白石太一郎は、くびれ部から採集された須恵器の年代から稲荷山古墳の築造を五世紀後半頃、礫槨から出土した鈴杏葉の年代からその埋葬時期を五世紀末ないし六世紀初頭とし、礫槨被葬者は二〇～三〇年ほど遅れて追葬された人物であるとみる。[注31]その一方で、「鈴杏葉だけを特に新しくする必要はない」という見解[注32]もあり、考古学の素養を欠く筆者には是非の判断が覚束ない。そこで、ここでは論理的に厳しい側の条件を採用し、「最大三〇年程度の差がありうる」という前提で以後の考察を進めていく。

さて、この礫槨から出土した鉄剣には、よく知られているように一一五文字の銘文が刻まれていた。その訓読は、次のようになろう。

辛亥年七月中、記す。ヲワケの臣の上祖、名はオホヒコ。其の児、タカリのスクネ。其の児、名はテヨカリワケ。其の児、名はタカヒシワケ。其の児、名はタサキワケ。其の児、名はハテヒ。其の児、名はカサヒヨ。其の児、名はヲワケの臣。世々、杖刀人首と為り、奉事し来たり今に至る。ワカタケル大王の寺、シキの宮に在りし時、吾、天下を左治し、此の百練の利刀を作らしめ、吾が奉事の根原を記す也。

このうち、辛亥年は四七一年、ワカタケル大王は倭王武＝「雄略」とみるのが通説である。また「世々」は大王の〝御世御世〟のことで、[注33]ヲワケは、ワカタケル以前から「杖刀人首」として仕奉していた可能性が高い。したがって銘文の内容は、ヲワケが、ワカタケルの世においても引き続き杖刀人首を務めて「天下を左治」することになったので、この鉄剣を製作させ、自身の系譜とともに「奉事の根原（源）」を記した、という意味に解することができる。

こうしたなかで現在、意見が大きく分かれているのは、Ⅰヲワケを〝中央〟の首長層とみるか、Ⅱ武蔵北部地域の首長層とみるか、並びに、ａヲワケを礫槨被葬者とみるか、ｂ被葬者ではなく、被葬者の武蔵北部の首長に鉄剣を下賜した人物とみるか、という二つの論点に対する見解の相違である。これらの論点を組み合わせていくと、論理的には次の四つのパターンが生じることになる。
Ⅰaヲワケは〝中央〟の首長層で、東国に派遣されて現地で死亡した礫槨被葬者である。[注34]
Ⅰbヲワケは〝中央〟の首長層で、礫槨被葬者である武蔵北部の首長に鉄剣を下賜した人物である。[注35]
Ⅱaヲワケは武蔵北部の首長層で、礫槨被葬者である。[注36]
Ⅱbヲワケは武蔵北部の首長層で、礫槨被葬者に鉄剣を下賜した人物である。
ただし、〝中央〟が一切関与しなかったことになるⅡbの考え方は、銘文の内容や江田船山古墳（熊本県和水町）出土の銀錯銘大刀との共通性といった問題から成り立たない可能性が強いので、実際にはⅠaからⅡaまで三種類の見解の間で論争が行われている。
このうちヲワケを〝中央〟の首長層とする見解（Ⅰ）は、①ヲワケの上祖とされるオホヒコが、記紀に「孝元天皇の皇子」で「四道将軍」の一人と記され、かつ阿倍臣・膳臣（かしわでのおみ）ら七氏の始祖とされる「大毗古（大彦）」と同一人物とみられることを重視する。また、この立場からはⅡ説に対して、②東国から出仕した人物に「天下を左治」するという政治的立場を想定するのは難しい、③膳臣等の統轄下にあった武蔵北部の首長一族がオホヒコを上祖とする系譜を取り込んだことになるが、そうした〝詐称〟を素直に認めて金錯銘鉄剣を製作させたというのは考えにくい、④武蔵には臣（おみ）姓豪族が確認できない、⑤礫槨被葬者は、初葬者に約二〇～三〇年遅れて埋葬された追葬者であり、族長本人とは考えがたい、といった疑問・批判が投げかけられている。
こうした見方に対して篠川賢は、以下のような諸点を指摘している。[注37] ①オホヒコを祖とする氏族は多数存在し、そこには地方豪族も多く含まれる。また、オホヒコからタサキワケまでの五代の系譜は、ヲワケが杖刀人首として「奉事」したことにより加えられた可能性が高く、逆に、ヲワケの前のハテヒ・カサヒヨがヒコ・スクネ・ワケなどの称号をもたないのは、稲荷山古墳が埼玉古墳群最初の古墳で、その造営者が新興の豪族と考えられることと対応する。②地方の豪族が中央の有力な地位に就くことはなかったというのは、なんら証明されていない。逆に、五世紀代には外交使節や軍事指揮官の名に地方豪族の名が多く見出せる。④ヒコ等の称号や個人名などの倭語は全て漢字の音を借りて表記されているのに対して、「臣」のみを「オミ」という訓で表記したとみるのは不自然。「臣」は漢語の臣であり、「シン」と音読するのが正しい。

また田中史生も[注38]、①ヒコ等の尊称を持つタサキワケまでの五代の系譜は他の一族にも共有された共同系譜で[注39]、独自の系譜はハテヒ以下三代にすぎないので、オホヒコにつながる系譜を根拠に〝中央〟の首長と判断することはできない、と指摘する。また②についても、倭王武の父済が宋朝に二三人への将軍号・郡太守号の除正を求めた（『宋書』倭国伝）ように、地方の大首長も王権を支える立場にあり、かつ東国屈指の前方後円墳である稲荷山古墳に葬られた首長が郡太守号の所持者であっても不自然ではなく、その子弟が「天下を左治し」たという表現を用いても、誇張に過ぎるとはいえないという。

さらに、ヲワケを東国に派遣されて現地で死亡した〝中央〟の首長層とみる見解（Ｉａ）に対しては、稲荷山古墳は、埋葬施設の構造が〝中央〟の典型的な家型石棺とは異なり、長方形周壕や後円部の造り出し等も含めて在地色が強いという批判がある[注40]。また近年の研究によると、古墳時代を通じて首長墳の埋葬原理にはキョウダイ原理が通底しており、配偶者でも出身集団の墳墓に帰葬されるのが一般的で、この出身親族の墓地に葬るという〝都〟の慣習は平安貴族まで受け継がれたという[注41]。これは、先にみた近江毛野が、対馬で病死した後、近江に葬られたと記される（『日本書紀』継体二十四年是歳条）こととも符合する。こうした埋葬原理は西日本の事例から導き出された学説なので、東国の慣習は異なるという見方もできるかもしれない。しかし、埋葬された者が東国に派遣された〝中央〟の首長層ならば、出身地である〝都〟の慣習が採用された可能性が高く、ましてや他人の墓に葬られることなどあり得ないのではなかろうか。しかも鉄剣を伴った礫槨被葬者は墳頂中央の初葬者ではなく、相対的に下位になる追葬者なので、その人物が〝中央〟の首長層であるということはますます考えられまい。

ちなみに、ヲワケを武蔵北部の首長とみることに対する批判⑤についても、この埋葬のキョウダイ原理によって反論が可能になるものと思われる。すなわち、ヲワケは稲荷山古墳初葬者の弟で、兄の死後、約二〇～三〇年たってから追葬された人物と想定することができるからである。また本章の最後に述べるように、ヲワケが武蔵北部地域の首長（族長）位に就任したと断定するのは早計であろう。

一方、Ｉｂのいわゆる下賜刀説に対しても、Ⅱ説を唱える多くの論者が批判の手を加えている。これらの批判にほぼ共通しているのは、自らの系譜とともに「奉事の根源」を記した鉄剣を第三者に譲渡するのは不自然という指摘である。このように〝特化〟した刀剣は、銘文を刻ませた本人やその子孫が所持することに意義があり、いかに関係が深い配下であっても他人には全く意味をなさない〝代物〟だからである。最近では馬場基が、他の刀剣銘文が鍛錬句と吉祥句からなる「刀剣の説明」であるのに対し、稲荷山鉄剣の銘文は系譜や「奉事の根源」などの銘文それ自体に意義があることを指摘し、こうした見方を補強している。注42

加えて、テヨカリワケの「テよ」が、工列音で始まりオ列音へ続く、奈良期東国方言の特徴的な語幹で記されていることも指摘されており、注43 東国の人間が銘文作成に関与した可能性が高いことが判明している。この点も、下賜刀ではなかった可能性を強く示唆していよう。なぜなら、〝中央〟の首長層が作らせた鉄剣の銘文に東国方言が混じる確率は極めて低いと考えられる一方、鉄剣を製作させたヲワケが東国出身者だとすると、彼の発音が

銘文の文字に反映されたという事態は十分にありうることだからである。[注44]

以上の点からヲワケに関しては、王宮に上番した武蔵北部の有力首長の子弟であり、かつ稲荷山古墳の礫槨被葬者であるとみる説（Ⅱａ）が妥当と考えられる。ただし、それでもなお二点、説明できていない問題があるように思われる。一つは、オホヒコからタサキワケの五代の共同系譜を、自分たちの系譜に加上した／加上できたのはなぜか、という疑問である。系譜の内容が史実ならば説明を加える必要はない。しかし、虚構の系譜や共同系譜の加上であるとするならば、その系譜を選択した理由を具体的に考えていく必要があろう。

3　ミコトモチの婚姻と新興首長層の生成

この系譜の加上について田中は、阿倍氏系前身集団の統轄を受けていたことと、首長たちが系譜の共有によって自らの政治的立場や正当性を主張したことに要因を求めている。[注45]傾聴すべき見解であるが、阿倍氏系の集団に統轄されたという点は必ずしも立証されていない。というよりも、オホヒコを上祖とする系譜から導き出された見解と思われ、循環論に陥ってしまっている。また、後に舎人（とねり）・膳夫（かしわで）・靫負（ゆげい）に三区分されるトモのうち、護衛に当たる靫負が大伴氏に統轄されていたとみられることとの整合性も問われよう。

加えて、上述の批判③に答えるためにも、〝地方〟出身の新興首長層であるヲワケの一族が、〝中央〟の氏族に共同系譜の使用者として受け入れられた理由も説明されねばならない。独自部分の系譜上でヲワケは三代目ということになっているが、義江明子が明らかにしたように、[注46]この系譜は実の親子関係ではなく、竪（たて）系図の『海部（あま）系図』と同様に〝族長位〟の継承を示したものとみられる。そして、稲荷山古墳が埼玉古墳群で最初に築造された古墳であること、その稲荷山古墳にヲワケも葬られていること、そしてそれはキョウダイ原理による埋葬である可能性が高いことを考えるならば、ハテヒからヲワケの三代のなかに兄弟関係が必ず含まれていたということになろう。したがって彼らは、埼玉古墳群を形成した首長層の第一～二世代であったという理屈になる。その彼らが、擬制とはいえ、どうして〝中央〟氏族に同族として受け入れられたのか。

第二の問題は、この新しい一族がなぜ、王権の支援を受けつつ稲荷山古墳を築造できたのかという疑問である。定型的な前方後円墳の築造者には王権との密接な政治的関係があったとみられており、吉村武彦は、大仙陵古墳の四分の一規格で造られた稲荷山古墳は、王権との関係なしに築造することは不可能であると指摘する。[注47] ならば、彼ら第一～二世代は、その政治的関係をどうやって手に入れたのであろうか。

金錯銘鉄剣をめぐるこうした問題に、ミコトモチの婚姻というファクターを導入すれば答えていくことができるのではないか、というのが筆者の着想である。そして、ヲワケの「祖」のなかに、ミコトモチとして東国にやって来て子女をなした者がいたとしたら、共同系譜の最後に記されたタサキワケ、もしくはタサキワケを族長と仰ぐ集団の構成員であった可能性が高いと推測する。実のところ、タサキワケ本人よりも、後者のケースを想定した方が良いと考えているが、それを個人レベルで特定するのは不可能と言わざるを得ない。そこで、ここでは《タサキワケ》と表記して論述を進めることにしたい。

さて、先に見たように古墳時代の首長墳の埋葬にキョウダイ原理が通底していたのならば、稲荷山古墳の初葬者と礫槨被葬者は兄弟であったという可能性が強くなる。したがって、独自系譜にあたるハテヒ―カサヒヨ―ヲワケの三代は、全員が兄弟であったか、ハテヒを父としてカサヒヨとヲワケが兄弟であった可能性が高い。その場合「三〇年程度」という埋葬年代の差をどう考えるかであるが、兄弟間の生年の差に死亡時の年齢差を加えれば、ありうる年代差とみて良いだろう。例えば、長兄である初葬者に一〇～一五年遅れて生まれた末弟が、長兄よりも一五～二〇才長生きするといったことは十分に考えられる。

他方、この時期のミコトモチが現地首長一族との婚姻で子女をもうけたとしても、特定の女性との間に生まれる子供はせいぜい一人程度だったと思われることにも注意せねばならない。なぜなら、〝国譲り神話〟のアメノホヒらのような〝想定外〟の例を除くと、ミコトモチは使命を終えたら〝都〟に戻って「復奏」するのが常なので、現地に滞在する期間はさほど長いものにはならないからである。また、複数の女性との間に異母兄弟をもうけたとしても、兄弟の年齢差はほとんど生じないだろう。すなわち、《タサキワケ》がこの東国の首長一族との間にもうけた実子は、ハテヒだけだった可能性が高い。したがって、埼玉古墳群に葬られた首長一族を《タサキワケ》の実子とその子孫に限定して考えるならば、（1）埋葬年代に二〇～三〇年程度の差が想定される稲荷山古墳の初葬者（ハテヒ）と礫槨被葬者（ヲワケ）とでは世代が異なり、しかもその二人が同じ古墳に葬られたと考えるか、（2）《タサキワケ》が東国に長期滞在したり、複数回訪れたりするなどして年齢差が大きい兄弟をなしたと考えるか、いずれにしてもやや異例の状況を想定する必要がある。

しかし、ハテヒの後に母を同じくする異父キョウダイが生まれ、彼ら／彼女らを含めて埼玉古墳群の首長層が形成されたのであれば、話は違ってくる。ハテヒとカサヒヨ・ヲワケとは異父兄弟で、ほかの兄弟姉妹ともども母方の一族に養育されたと考えるならば、五つ前後あると推定される稲荷山古墳の埋葬施設についてもキョウダイ原理で理解することができる。この場合、《タサキワケ》とカサヒヨ以下の兄弟姉妹との関係は擬制ということになるが、少なくとも長兄のハテヒは実子なので、本人たちも、そして周囲の人々にとっても受け入れやすかったであろう。そして彼ら／彼女らが、王権（父方）と現地の出身首長層（母方）の双方から支援を受けつつ稲荷山古墳を築造し、そこに埋葬され、以後、子孫たちが埼玉古墳群を形成していったのではなかろうか。

ちなみに、彼ら第一世代を生み育てた母方の一族について、後の〝武蔵国造の乱〟（『日本書紀』安閑元年十二月是月条）で武蔵地域の上級首長として登場する上毛野氏[注48]の前身集団であったと考えるのは、想像が過ぎるであろうか。ハテヒが王権と上毛野氏、その双方の支援を受けて武蔵北部の首長になったと考えれば、いきなり一二〇メートル級の前方後円墳を築造できたことや、その稲荷山古墳が大王墓に通ずる規格性と在地色が強い要素とを合わせ持つことについても、説明がつきやすいように思われる。

以上の点から筆者は、ヲワケは東国に生まれ育った首長一族の子弟で、〝都〟に上番して複数の倭王に仕え、金錯銘鉄剣を作らせた人物であったと推測する。しかし同時に、兄のハテヒとカサヒヨを含めて彼らが、ミコトモチを介して〝中央〟の系譜を引きつつ、新たに成立した〝地方〟首長層の第一世代であったことにも留意せねばならない。そのため、彼らは〝中央〟との系譜的なつながりを意識したであろうし、逆に〝都〟と〝鄙〟の系譜が結合してできた新興の一族であることも自覚していたであろう。こうした自意識が、〝都〟の共同系譜と「奉事の根源」、そして「杖刀人首」として「天下を左治」した〝自負〟を記した鉄剣を製作させた動機の一つになったのではなかろうか。また加上された系譜にしても、少なくともタサキワケに関しては、彼らにとって〝事実〟そのものであったろう。だからこそ、倭王以下〝都〟の関係者も、オホヒコを上祖とする共同系譜を鉄剣に刻むことを認めたのではなかろうか。すなわち、ミコトモチの婚姻とその子弟による上番、この二世代にわたる二重の都鄙間交通が金錯銘鉄剣を生んだのである。

なお蛇足かもしれないが、帰郷後、ヲワケが武蔵北部地域の首長に就任したか否かについては、厳密には不明とせざるをえない。なぜなら、金錯銘鉄剣を製作した段階のヲワケは〝都〟で杖刀人首を務めており、地元で首長位に就いていたのは兄のハテヒかカサヒヨと考えられるからである。兄たちと自分を結んだ〝族長系譜〟は、ヲワケが首長位を継いだ後に記した〝歴史事実〟というわけではない。この点は、カサヒヨ死亡の知らせを受けて、後を襲うために帰郷する際に作らせた鉄剣だと仮定した場合でも同じである。おそらくは鉄剣製作以前に、稲荷山古墳の初葬者であるハテヒが死亡して次兄のカサヒヨが首長位を継いでいたため、ヲワケとの埋葬時期に大きな年代差が生じたり、鉄剣製作時にハテヒ―カサヒヨ―ヲワケという系譜が既定事実であるかのように記載されたりしたのであろう。しかし、ヲワケが首長位に就いたのだとしても、それは鉄剣製作よりも後の出来事だったとみなければならない。また、稲荷山古墳では大王墓に次ぐ〝地方〟トップクラスの首長墓にのみ許された六条突帯円筒埴輪が出土する[注49]一方、礫槨から出土した画文帯神獣鏡は面径一五・五センチメートルのもので、王権からの評価はさほど高いものではないという[注50]。こうした古墳全体と礫槨被葬者との間にある微妙な差異や矛盾も、ヲワケが首長位に就くことがないまま死去した可能性を示唆しているように思われる。

以上、屋上屋を架した感もあるが、これまで積み重ねられてきた先行研究の成果に、〝ミコトモチの婚姻〟という要素を加味することによって、上記のような想定が可能になるのではないかと考える。ただし、ミコトモチの婚姻が介在したことそのものを立証できているわけではなく、現状はあくまでも作業仮説の域を出るものではない。とはいえ、ミコトモチの婚姻は狭義の交通と広義の交通が直接的に交錯し、また影響し合う問題になるので、古代の交通に関する重要なテーマになる可能性を秘めている。例えば、先に見たように恒常派遣型ミコトモチの延長上に国司制度が成立したわけであるが、平安期になると受領国司として現地に赴任した桓武平氏や清和源氏らが、婚姻を通じて現地の豪族たちと結びついて〝地方〟に勢力を扶植していく。そして、その子孫たちが中世という新しい時代を切り開く重要な役割を担ったことについては、指摘するまでもないだろう。筆者としても、今後さらに検討を重ねていくことにしたい。

注

1 石母田正『日本の古代国家』（岩波書店、一九七一年）。

2 R. Van der Borght, Das Verkehrswesen, 1925.

3 佐藤敏章『交通学研究』（白桃書房、一九六九年）。

4 角本良平『新・交通論――実学の体系』（白桃書房、一九八五年）。

5 武田佐知子「道と古代国家」（『評林』一五、一九八八年）、同「古代における道と国家」（『ヒストリア』一二五、一九八九年）。

6 中村太一「日本古代国家形成期の都鄙間交通――駅伝制の成立を中心に――」（『歴史学研究』八二〇、二〇〇六年）。

7 中村太一『日本古代国家と計画道路』（吉川弘文館、一九九六年）。

8 山近久美子「交通に関わる祭祀」（舘野和己・出田和久編『日本古代の交通・交流・情報3　遺跡と技術』吉川弘文館、二〇一六年）、中村太一「古代の道路と景観」（鈴木靖民・荒木敏夫・川尻秋生編『日本古代の道路と景観――駅家・官衙・寺――』八木書店、二〇一七年）。

9 坂江渉「『播磨国風土記』からみた地域間交通と道」（『条里制・古代都市研究』二七、二〇一二年）。

10 例えば、黛弘道「国司制の成立」（『律令国家成立史の研究』吉川弘文館、一九八二年。初出は一九六〇年）、薗田香融「律令国郡政治の成立過程――国衙と土豪との政治関係――」（『日本古代財政史の研究』塙書房、一九八一年。初出は一九七一年）、鐘江宏之「「国」制の成立――国・七道の形成過程――」（笹山晴生先生還暦記念会編『日本律令制論集』上、吉川弘文館、一九九三年）、市大樹「国司制の成立と伝制――国司職分田制との関わりから――」（『日本古代都鄙間交通の研究』塙書房、二〇一七年。初出は一九九六年）、毛利憲一「六・七世紀の地方支配――「国」の歴史的位置――」（『日本史研究』五二三、二〇〇六年）、北康宏「国造制と大化改新――大化前代の支配構造――」（『史林』九四―二、二〇一一年）、中大輔「日本古代国家形成期の交通と国司――その前史と成立・展開――」（『歴史学研究』九六三、二〇一七年）など。

11 前掲注10薗田論文、直木孝次郎「藤原宮木簡にみえる「粟道宰」について」（『日本通史月報』二、一九九三年）など。

12 前掲注10市論文。

13 毛利憲一「倭国における地域社会の編成――地方支配制度を中心に――」（『歴史評論』八〇九、二〇一七年）。

14 前掲注10北論文。

15 亀井輝一郎「大宰府覚書（三）――国宰・大宰とミコトモチ――」（『福岡教育大学紀要』五五、二〇〇六年）。

16　ミコトモチについて言及した折口信夫の論考は極めて多いが、今回は『折口信夫全集』（中央公論社、一九六五～六八年）から以下のものを参照した。「神道に現れた民族論理」（『神道学雑誌』五、一九二八年）、「村々の祭り」（『民俗芸術』一―一〇、一九二八年）、「古代生活における惟神の真意義」（『神社協会雑誌』二九―一一・一二、一九三〇年）、「日本文学の発生――その基礎論――」（『岩波講座日本文学』一九三二年）、「神道に見えた古代論理」（『国史学』二〇、一九三四年）、「日本古代の国民思想」（『日本精神講座』一二、一九三五年）、「「くに」及び「ひと」を主題に」（『邦人』一―五、一九三五年）、「古代人の信仰」（『惟神道』二―二～五、一九四二年）、「女帝考」（『思索』三、一九四六年）、「天子非即神論」（一月一六日～一八日付『夕刊新大阪』一九四七年）、「神々と民俗」（『瑞垣』一六、一九五四年）。

17　「古代史部会討論要旨」（『歴史学研究』九六三、二〇一七年）。

18　壬生幸子「古事記における「遣」と「使」――使者派遣場面の用字意識――」（古事記学会編『古事記研究大系』一〇、高科書店、一九九五年）。

19　佐藤長門「倭王権の転成」（鈴木靖民編『日本の時代史2　倭国と東アジア』吉川弘文館、二〇〇二年）。

20　田中史生『越境の古代史』（角川ソフィア文庫、二〇一七年。初出は、ちくま新書、二〇〇九年）。

21　仁藤敦史「「斑鳩宮」の経営について」（『古代王権と都城』吉川弘文館、一九九八年。初出は一九九六年）、前掲注10中論文。

22　平石充「出雲西部地域の権力構造と物部氏」（『古代文化研究』一二、二〇〇四年）。

23　前掲注10中論文。

24　前掲注6。

25　鈴木靖民「日本古代国家形成史の諸段階」（『倭国史の展開と東アジア』岩波書店、二〇一二年。初出は一九九三年。）、同「国家形成の諸段階の再検討――首長制社会と対外交通」（同。初出は一九九六年。）。

26　平石充「6～7世紀の出雲社会――倭王権の影響下で広域首長が登場した」（『週刊　新発見！日本の歴史』三、二〇一三年）。

27　八木充「国造制の構造」（『日本古代政治組織の研究』塙書房、一九八六年。初出は一九七五年）。平石充「地域社会からみた部民制・国造制・ミヤケ制」（『歴史学研究』九七六、二〇一八年）。

28　例えば、吉村武彦『日本の歴史③　古代王権の展開』（集英社、一九九一年）。

29　前掲注27平石論文。

30 小川良祐「埼玉稲荷山古墳の新情報」（小川良祐・狩野久・吉村武彦編『ワカタケル大王とその時代――埼玉稲荷山古墳』山川出版社、二〇〇三年）。

31 白石太一郎「五世紀の有銘刀剣」（『古墳と古墳時代の文化』塙書房、二〇一一年。初出は一九九七年）は古墳築造を五世紀第4四半期の早い段階、礫槨の埋葬時期を五世紀末頃とし、同「考古学からみた稲荷山鉄剣」（『発見・検証　日本の古代Ⅱ　騎馬文化と古代のイノベーション』角川文化振興財団、二〇一六年）は五世紀後半と六世紀初頭とする。

32 宮代栄一「古墳時代における馬具の年代観――埼玉稲荷山古墳出土例を中心に――」（『九州考古学』七一、一九九六年）。

33 平野邦雄「四、五世紀のヤマト王権」（『大化前代政治過程の研究』吉川弘文館、一九八五年）。

34 田中卓「稲荷山古墳出土の大刀の銘文について」（『皇學館大学史料編纂所報』五、一九七八年）、和田萃『大系日本の歴史2　古墳の時代』（小学館、一九八八年）など。

35 黛弘道「鉄剣文字はどう読まれ、なぜ問題になったか」および原島礼二「鉄剣文字で古代史の何がかわったのか」（黛弘道・斎藤忠・森浩一・井上秀雄・原島礼二『鉄剣文字は語る』ごま書房、一九七九年）、川口勝康「五世紀と金石文」（井上光貞・大野晋・岸俊男・斎藤忠・直木孝次郎・西嶋定生『シンポジウム鉄剣の謎と古代日本』新潮社、一九七九年）、山尾幸久「雄略大王期の史的位置」（『日本古代王権形成史論』岩波書店、一九八三年）、白石太一郎「日本古墳文化論」（歴史学研究会・日本史研究会編『講座日本歴史1　原始・古代1』東京大学出版会、一九八四年）、鈴木靖民「武（雄略）の王権と東アジア」（佐伯有清編『古代を考える　雄略天皇とその時代』吉川弘文館、一九八八年）、前掲注31「五世紀の有銘刀剣」、森公章『古代豪族と武士の誕生』（吉川弘文館、二〇一三年）など。このほかに、岸俊男「稲荷山鉄剣銘と丈部――万葉歌からみた新しい遺物・遺跡（一）――」（『日本古代文物の研究』塙書房、一九八八年。初出は、一九八〇年）が中央氏族説を採るが、派遣説と下賜説については「結論を急が」ないとしている。

36 井上光貞「鉄剣の銘文　五世紀の日本を読む」（『諸君』一九七八年一二月号）、直木孝次郎「古代ヤマト政権と鉄剣銘」（『日本古代国家の成立』社会思想社、一九八七年。初出は一九七九年）、佐伯有清「鉄剣銘と武蔵国の古代氏族」（『東アジアの古代文化』一九、一九七九年）、前掲注33、義江明子「古代の氏と共同体および家族」（『歴史評論』四二八、一九八五年）、篠川賢「鉄刀銘の世界」（佐伯有清編『古代を考える　雄略天皇とその時代』吉川弘文館、一九八八年）、熊谷公男『日本の歴史03　大王から天皇へ』（講談社、二〇〇〇年）、狩野久「稲荷山鉄剣銘をどう読むか」および吉村武彦「ワカタケル王と杖刀人首ヲワケ」（小川良祐・

狩野久・吉村武彦編『ワカタケル大王とその時代――埼玉稲荷山古墳』山川出版社、二〇〇三年)、佐藤長門「有銘刀剣の下賜・顕彰」(平川南・沖森卓也・栄原永遠男・山中章編『文字と古代日本1　支配と文字』吉川弘文館、二〇〇四年)、田中史生「倭の五王と列島支配」(大津透・桜井英治・藤井譲治・吉田裕・李成市編集『岩波講座 日本歴史』二(古代2)、二〇一四年)、笹生衛『神と死者の考古学　古代のまつりと信仰』(吉川弘文館、二〇一六年)、馬場基「埼玉県稲荷山古墳出土鉄剣銘をめぐって」(『日本古代木簡論』(吉川弘文館、二〇一八年)、など。

37　前掲注36篠川論文。

38　前掲注36田中論文。

39　溝口睦子「氏族系譜からみた稲荷山鉄剣銘文」(『日本古代氏族系譜の成立』学習院学術研究叢書、一九八二年)。

40　橋本博文「東国における埼玉稲荷山古墳の位置づけ」(小川良祐・狩野久・吉村武彦編『ワカタケル大王とその時代――埼玉稲荷山古墳』山川出版社、二〇〇三年)。

41　清家章『埋葬からみた古墳時代　女性・親族・王権』(吉川弘文館、二〇一八年)。

42　前掲注36馬場論文。

43　森博達「稲荷山鉄剣銘とアクセント」(小川良祐・狩野久・吉村武彦編『ワカタケル大王とその時代――埼玉稲荷山古墳』山川出版社、二〇〇三年)。

44　前掲注36吉村論文および田中論文。

45　前掲注36田中論文。

46　義江明子「児(子)系譜にみる地位継承――「稲荷山鉄剣銘」・「海部系図」――」(『日本古代系譜様式論』吉川弘文館、二〇〇〇年。初出は一九八八年)。

47　前掲注36吉村論文。

48　前掲注19。

49　前掲注40。

50　車崎正彦「稲荷山古墳出土の画紋帯環状乳神獣鏡を考える」(小川良祐・狩野久・吉村武彦編『ワカタケル大王とその時代――埼玉稲荷山古墳』山川出版社、二〇〇三年)。

日唐比較交通論
——律令条文を中心として——

市　大樹

はじめに

本稿では、古代日本と唐の律令条文の比較検討を通じて、両国における交通制度の大枠を考えてみたい。

日唐律令条文の比較に際して、これまで大きなネックとなっていたのは、唐令が早くに散逸してしまったことであった。そのため、各種文献から唐令の逸文を集め、復原する作業が必要となる。それは日本側で精力的に進められ、仁井田陞『唐令拾遺』（東方文化学院、一九三三年）、仁井田陞著・池田温編集代表『唐令拾遺補』（東京大学出版会、一九九七年）がまとめられた。さらに近年では、中国寧波の蔵書楼である天一閣から、北宋天聖令（一〇二九年）が発見された。天聖令の編纂方針は、各篇目ごとに、①唐令（開元二十五年令）のうち北宋代に現行の条文を選んで修訂した条文（宋令）を最初に掲げ、②北宋代には継承されなかった唐令の条文（不行唐令）をつぎに掲げる、というものである。これによって、かなり精度の高い唐令の復原が可能となってきた。二〇〇六年には、天聖令の全文と唐令復原案を提示した、天一閣博物館・中国社会科学院歴史研究所天聖令整理課題組編『天一閣蔵明鈔本天聖令校証　附唐令復原研究　上・下』（中華書局、二〇〇六年）が刊行されている。
発見された天聖令は、一〇巻一二篇目に限られるが、交通制度との関わりの深い賦役令・倉庫令・厩牧令・関市令が含まれており、その他の篇目にも交通制度に関わる条文が散見する。これらを日本令と比較すると、かなりの相違点が認められる。これまで筆者は、駅伝制度・関制度（過所制度）・貢納物輸送制度を中心に考察をおこなってきた。[注1]本稿では、これらの交通制度を根底で規定したとみられる国土の違いに着目し、律令条文を日唐間で比較してみたい。[注2]なお、本稿は交通制度の大枠を示すことに重点を置くため、駅伝制度などの個別の問題にあまり触れられないが、詳細は別稿などを参照していただければ幸いである。

一　閉じられた日本、拡大・縮小する唐

日本は周囲を海に囲まれているが、唐は海に接する東方を除いて隣国と陸続きとなっている。それもあって、唐の国土は日本よりも可変的にならざるを得なかった。現に、六一八年に建国された唐は、六二八年に中国大陸を統一すると、その周辺諸国を次々と滅ぼし、七世紀後半には巨大な版図を形成するにいたる。しかし、八世紀になると徐々に後退し、安史の乱（七五五～七六三年）以降、その国土は著しく縮小する。一方、日本律令国家の場合、九州南部や東北地方の一部を新たに支配地として組み込んだとはいえ、唐に比べれば国土の変化はさほどなかった。これに関して興味深いのは、次のような日唐令文の相違である。

【史料1】天聖賦役令唐12条

諸没二落外蕃一得レ還者、一年以上、復三年。二年以上、復四年。三年以上、復五年。各給二賜物十段一。外蕃之人投レ化者、復十年。其夷獠新招慰、及部曲・奴被レ放附二戸貫一者、復三年。応レ給二賜物一、於二初到州一給二三段一、余本貫給。

【史料2】養老賦役令15条

凡没二落外蕃一得レ還者、一年以上、復三年。二年以上、復四年。三年以上、復五年。外蕃之人投レ化者、復十年。其家人・奴被レ放附二戸貫一者、復三年。

ともに外蕃から帰還・帰化した人々などの復除を定めるが、復除の対象者として、唐令にあった「夷獠新招慰」が、日本令では削除されている。「夷獠」は中国の西南部から南方に分布していた民族の総称で、「招慰」は国家・政府の政策として、異民族の地域・集団・組織などを支配下に入れることを意味する。[注3]この規定を日本令で削除したことは、大津透氏が指摘するように、日本では外蕃人については、「投化」という個別的な帰化だけを想定し、集団的な「招慰」、たとえば朝鮮半島の一部を支配下に置くことなどは想定していなかったことを物語る。[注4]つまり、日本列島から海を越えて国土を押し広げることまでは、特に考えていなかったのである。

これに関連して注目すべきは、日本の国境地帯を管轄する国司の職掌である。養老職員令70条をみると、次のような特別な職掌を有していたことがわかる。

陸奥・出羽・越後の国司　　　　　：饗給、征討、斥候

壱岐・対馬の島司、日向・薩摩・大隅の国司：鎮捍、防守、蕃客、帰化

今泉隆雄氏が指摘するように、奥羽越三国は蝦夷に対して「饗給、征討」して帰服させ、「斥候」するのに対し、九州の二島・三国は侵寇する者に対して「鎮捍、防守」し、来朝する「蕃客」や「帰化」する者を受け入

れる、という大きな違いが認められる。今泉氏は、前者は列島内の蝦夷に対する職掌であるのに対して、後者は海を隔てた諸蕃・外蕃人に対する職掌であるとし、隼人に対する職掌は特に定められていないことを明らかにした。[注5]隼人の位置づけについては議論の余地も残るかもしれないが、少なくとも日本律令国家が海を渡って朝鮮半島などに国土を広げる意志をもっていなかったことは明らかである。一方、東北の蝦夷が居住する地域に対しては、征討などを通じて日本律令国家の支配下に組み入れることが想定されていた。実際、七世紀後半から九世紀にかけて征夷が国家的事業として推進され、東北地方北部まで支配地は押し広げられていった。また、七世紀末から八世紀初頭にかけては、九州南部も直接の支配下に置いている。

このように日本律令国家の国土が不動であったわけでは決してないが、日本列島の内外でその扱いは異なっていた点に注意したい。唐では諸蕃と夷狄は通用したのに対し、日本の蝦夷や隼人は夷狄ではあっても、諸蕃とは位置づけられず、海を隔てた先の新羅や唐などとは異なるものと認識されていた点を改めて想起したい。[注6]

さて、唐は国境の大部分が陸上に設定されていたため、その維持・管理に莫大なエネルギーを注ぎ込む必要性に迫られた。その最たるものが、軍事関連施設の維持である。国境地帯には多数の鎮・戍が置かれ、都護府がこれらを統括した。第三節で述べるように、内地から大量の人員や物資が国境地帯に投入されている。これ以外にも、国境地帯に関を設置し、人・物の出入を厳格に管理するように努めている。この問題は榎本淳一氏が詳しく検討しており、その成果に導かれながら、概要をみていくことにしよう。[注7]

【史料3】天聖関市令宋8条に対応する唐令復原条文

諸禁物、不レ得二将出一レ関。若蕃客入朝、別勅賜者、連二写正勅一、牒レ関聴レ出。

【史料4】養老関市令9条

凡禁物、不レ得二将出一レ境。若蕃客入朝、別勅賜者、聴二将出一レ境。

ともに禁物を国外へ出すことを禁止した条文であるが、唐令の「関」を、日本令では「境」に改めている。唐の場合、次の史料5に示されているように、国境地帯に西辺関・北辺関などが置かれたが、日本には国境地帯の関は存在しなかったことが関係しよう。日本の律令条文に規定されている関は、三関（鈴鹿関、不破関、愛発関）—摂津関・長門関—余関の三区分で把握されていたが（養老衛禁律25・26条）、余関として具体的な関名が念頭にあったわけではなく、少なくとも国境地帯には関が置かれていない。長門関がそれに該当するのではないかという意見もあろうが、吉永匡史氏が述べるように、長門関は摂津関とあわせて瀬戸内海交通の両端を抑えることにより、都の西側の交通の要衝を掌握する意図のもとに置かれたと考えられる。[注8] 日本の関は、その配置状況からも明らかなように、都の防衛に主眼があったのである。もちろん、唐でも京城四面関に代表されるように、京の防衛に重点が置かれていたが、国境地帯の関もまた看過できない役割を担っていた。

【史料5】天聖関市令唐6条

諸錦・綾・羅・縠・繡・織成・紬・絲絹・絲布・犛牛尾・真珠・金・銀・鉄、並不レ得下与二諸蕃一互市、及将入上レ蕃。（綾不レ在二禁限一。）所レ禁之物、亦不レ得下将度二西辺・北辺諸関一、及至二縁辺諸州一興易上。其錦・繡・織成、亦不レ得三将過二嶺外一。金・銀不レ得三将過二越嶲道一。如有二縁身衣服一、不レ在二禁例一。其西辺・北辺諸関外戸口、須レ作二衣服一者、申二牒官司一、計二其口数一斟量、聴下於二内地一市取上。仍牒レ関勘過。

【史料6】天聖関市令宋7条に対応する唐令復原条文

諸齎二禁物一私度レ関、已下過所関司捉獲者、其物没官。若已度レ関及越度、被二人糾獲一、三二分其物一、二分賞二捉人一、一分入レ官。若私共二化外人一交易、為レ人糾獲、其物悉賞二糾人一。如不レ合三将至二応レ禁之地一、為レ人糺獲者、皆㆓二分其物㆒、一分賞㆓糺人㆒、一分入㆑官。若官司、於㆓其所部㆒捉獲者、不㆑在㆓賞限㆒、其物没官。

【史料7】天聖関市令唐7条

諸居㆓在禁鉄之郷㆒、除㆓縁身衣服㆒之外、所㆑須乗具及鍋・釜・農器之類要須者、量給㆓過所㆒。於㆓不㆑禁郷㆒市者、経㆓本部㆒申牒、商㆓量須数㆒、録㆓色目㆒、給㆑牒聴㆑市。市訖、官司勘㆓元牒㆒無㆑賸、移㆓牒本部㆒知。

史料5の冒頭には、諸蕃との互市ならびに諸蕃への持ち出しが禁止された物品が多数列挙されている。これらの禁物について、西辺関・北辺関・嶺外・越嶲道より先に持ち出したり、縁辺諸州で交易したりしてはならないとする。ただし、縁身衣服に関わる場合には禁止対象外とされた。これに関連して、西辺関・北辺関より外側の戸口が、衣服作成の必要性から内地で禁物を購入する際に、「牒」による関の通行を認めている。

史料6は、禁物を関から持ち出すのを防止する目的で、違反者の逮捕に協力した者への報賞を規定する。

史料7は、禁物のひとつ鉄に関する規定である。鉄製品の生産・売買の禁止区域である「禁鉄之郷」に居在している者が、縁身衣服以外に必要な鉄製品を購入する際には、正式な通行証である「過所」を必要としたこと、また、「不㆑禁郷」で購入する際にも、本部を経て申請し、「牒」を取得しておく必要があったことがわかる。[注9] 国境地帯にのみ限定される条文ではないと思われるが、その主要な対象地域であったことは確かであろう。

もちろん、諸蕃などとの交易が禁止されたのは、あくまでも禁物である。その他の物品は、国境地帯での交易(互市)が認められていた。唐令には、互市官司による管理のもと、四面を塹壕と籬で囲んだ互市所において、互市官司が蕃人と対面して物価を決めてから交易すべきこと(天聖関市令宋17条に対応する唐令復原条文)、交易品を持参して互市に参加する者は過所を要すること(天聖関市令唐3条)などが規定されている。一方、日本令には互市の条文は受容されず、次のとおり、史料5・6の対応条文も抜本的に改変された(史料7も受容されず)。

【史料8】養老関市令6条

凡弓箭兵器、並不レ得下与二諸蕃一市易上。其東辺・北辺、不レ得レ置二鉄冶一。

【史料9】養老関市令8条

凡官司未二交易一之前、不レ得下私共二諸蕃一交易上。為レ人糺獲者、二二分其物一、一分賞二糺人一、一分没官。若官司、於二其所部一捉獲者、皆没官。

史料8の前半部は諸蕃との交易を規定するが、史料5と違って、交易禁止品として弓箭兵器を示すにすぎず、交易を禁止する場所にも特に触れない。後半部は「東辺」「北辺」における鉄製錬施設の設置を禁止している。これは榎本氏も指摘するように、唐雑令にあった条文の一節「其西辺・北辺、無レ問二公私一、不レ得下置二鉄冶一及採鉱上」（天聖雑令宋10条に対応する唐令復原条文）を改変したものである。これはあくまでも鉄製品の生産に関わる内容であり、史料5のような交易に関わる規定ではない。もちろん、「東辺」「北辺」は陸奥・出羽の蝦夷を念頭に置いたものである。ちなみに、養老軍防令65条に「凡縁二東辺・北辺・西辺一諸郡人居、皆於二城堡内一安置。（後略）」とあるように、東辺・北辺のほかに「西辺」も特別な扱いを受ける地域であった。しかし、東辺・北辺が陸上の国境地帯であるのに対し、西辺は主に海上の国境地帯ということもあって、それほど危険視されず、史料8の規定からは除外されたのであろう。

史料9は、官司先買の原則を独自に定めた上で、違反者の逮捕に協力した者への報賞を規定する。だが史料6と違って、関について言及しておらず、禁物の持ち出しを防止する規定でもない。榎本氏が指摘するように、日本では他国から要望されるような文物がないため輸出を規制する必要はなく、むしろ蕃客がもたらす先進文物や貴重品を国家が独占的に入手することが重視され、大幅に条文が改変されたのである。

以上のように、唐関市令には国境地帯における交易活動を前提とする条文があり、関で禁物の交易・輸出を制限する意図が明確であるのに対し、日本ではそうした発想に乏しかった。これは律の条文からも確認できる。すなわち、唐衛禁律30条は禁物の私度に関する罰則を定め、同31条は縁辺の関塞を越度して、化外人と私交易・禁兵器の輸出・婚姻をした際などの罰則を定めるが、ともに日本律には継受されていない。

国境地帯における出入管理に関わって、蕃客（外国使節）の入朝に関する条文にも目を向けてみよう。

【史料10】天聖関市令宋6条に対応する唐令復原条文

諸蕃客初入朝、本発遣州給㆓過所㆒、具㆓姓名・年紀・顔状㆒、牒㆓所㆑入関㆒勘過。所㆑有一物以上、関司共㆓当客官人㆒、具録申㆓所司㆒。入㆓一関㆒以後、更不㆑須㆑検。若無㆑関処、初経㆓州鎮㆒、亦准㆑此。即出㆑関日、客所㆑得賜物及随身衣物、並申㆓所属官司㆒、出㆓過所㆒。

【史料11】養老関市令7条

凡蕃客初入㆑関日、所㆑有一物以上、関司共㆓当客官人㆒、具録申㆓所司㆒。入㆓一関㆒以後、更不㆑須㆑検。若無㆑関処、初経㆓国司㆒、亦准㆑此。

唐令（史料10）によると、蕃客が初めて入朝したとき、それを受け入れた州は、蕃客の姓名・年齢・顔の特徴を書いた過所を発給し、これから入る関に牒を発することになっている。これらの過所・牒をもとにして、蕃客は関（基本的に国境の関であろう）を通過したのである。その際、関司は蕃客の接待役の官人と一緒に蕃客の所持品を調べ、具に記録して所司に報告することになっている。また、蕃客が関から出て行く際、つまり帰国の際には、蕃客の賜物や随身衣物を所属官司に申請して、過所を発給してもらうことになっている。

これに対して日本令（史料11）では、蕃客を最初に受け入れた国の対応を記さず、蕃客の過所に関する規定を完全に削除し、蕃客の帰国時の措置も削除するなど、唐令との看過できない相違点が認められる。これらの令文改変をみるかぎり、日本では国境で蕃客の出入を厳格に管理する意識に乏しいといわざるを得ない。

もちろん日本でも、天智二年（六六三）の白村江における敗戦を契機に、大陸や朝鮮半島からの侵攻に備えて、北部九州に防人を配置し、緊急時の情報伝達のために烽を配備し、水城や朝鮮山城を築くなどの措置を講じている。その後、差し迫った侵攻の危機はなくなるが、防人や烽は軍防令などでも明確に位置づけられている。また、前述したように、国境付近を統治する国司・島司の特別な職掌が職員令に規定されている。

しかし、日本は大部分が天然の要害ともいうべき海に囲まれていることもあって、周辺国から侵略される度合いは圧倒的に低かった。これに関連して、烽の設置間隔は興味深い。唐では三〇里間隔（これは駅の間隔と同じである）であったが（『唐令拾遺』軍防令復旧37条）、日本では四〇里間隔に改められている（養老軍防令66条）。これは軍事的緊張度合いの差異を反映するものといえよう。よく知られているように、日本令では唐令の軍事規定を削除する傾向にあった。[注10] 本稿で詳しく触れる余裕はないが、これは交通制度に関しても該当する。[注11]

二　放射状に東西に延びる日本、同心円的に四方に広がる唐

ユーラシア大陸東端の沿岸沖に位置する日本は、列島群が細長い弧状をなすが、都の置かれた奈良盆地に視点を据えると、その東と西に国土が展開しているといえる。これに対して唐は、東西はもちろんこと、南北にも大きく膨らんでいる。こうした国土の広がり方の違いに関わって、両国の地域編成も異なるものとなった。

日本律令国家は、全国を畿内と七道に区分して地方を支配した。道は都を起点とする方位によって、東の東海

道・東山道、北の北陸道、西の山陽道・山陰道・西海道、南の南海道に分けられる（山陰道は北と認識された可能性もある）。京・畿内を中心として、畿外が四方に延びるものとして設定されている。ただし、東西南北が均等に設定されているわけではなく、東と西の優位性は明らかである。また、北に延びる北陸道に関しても、律令国家成立当初の段階には越後や佐渡が北限となっていたが、和銅五年（七一二）に出羽国が建国されて以降、少し状況が変わってくる。すなわち、出羽国は当初は北陸道諸国に属し、北限の国として位置づけられていたが、やがて陸奥国と同じ東山道諸国として組み込まれるようになる。[注12]

もともと日本では、著名な倭王武の上表文の一節に「東征㆓毛人㆒五十五国、西服㆓衆夷㆒六十六国」（『宋書』夷蛮伝倭国条）とあり、『古事記』景行天皇段に「小碓命者、平㆓東西之荒神、及不㆑伏人等㆒也」とあるように、東西に広がる世界と認識されていたようである。[注13] 日本律令国家の形成とともに中国の華夷思想を本格的に取り入れ、四方に広がる世界観にもとづいた地域編成をおこなうが、東西の二大区分のほうが馴染みやすかったと思われる。

さて、七道の第一義は行政ブロックの呼称であるが、各国を貫くように都から地方に延びる幹線道路、すなわち駅路をも指す（西海道駅路は大宰府から放射状に駅路が延びる）。武田佐知子氏が指摘するように、『延喜式』民部式上1～8条には、畿内と七道のそれぞれに属する国名が列挙されているが、西海道を除くと、畿内諸国に接する国を近国の筆頭にあげ、それから漸次遠国に及ぶという記載方法をとっており、七道制が現実の道を基準としていたことを示している。[注14] 鐘江宏之氏が述べるように、天武十二年（六八三）から同十四年にかけて、当時整備されつつあった直線道路も利用しながら国境画定事業が推進され、これと連動しながら、都から放射状に延びる幹線道路を軸とした畿外諸国の編成ブロックとして、七道制が整備されたのである。[注15]

中央政府は地方に各種の使者（朝使）を派遣したが、全国一斉派遣型の朝使は畿内と七道を単位に任命され、路次諸国を順次通過しながら職務を遂行していった。ある特定の国へ下向する朝使や地方官である国司も、七道の駅路を使用するのが原則である。中央政府から諸国へ命令を下す際には、全国令の場合には、畿内と七道を対象に計八通の文書を作成し、それぞれ国から国へ順次送り届る諸国逓送方式がとられた。ある特定の国に文書を下達する場合にも、特に急を要するのでなければ、諸国逓送方式によるのが基本であった。逆に、地方から都へ向かう際にも、七道の駅路を利用することになっていた。それは令文にも明示されている。

【史料12】養老公式令51条

凡朝集使、東海道坂東、東山道山東、北陸道神済以北、山陰道出雲以北、山陽道安芸以西、南海道土左等国、及西海道、皆乗㆓駅馬㆒。自余各乗㆓当国馬㆒。

国司は定期的に国内の行政状況を中央に報告する義務を負い、それを代表するのが、朝集使・計帳使・正税帳使・貢調使からなる「四度使」である。このうち朝集使は最も重視されたこと、考課スケジュールとの関係などもあって、史料12にあるように、駅馬の利用が早くから認められた[注16]（計帳使・正税帳使は少し遅れて認められた）。本条で注目すべきは、七道ごとに駅馬の利用対象範囲が示されている点である。このことは、七道が単なる行政ブロックであるのみならず、現実の道でもあったことを反映するものであろう。

七道の具体的呼称が明記された令文は史料12に限られるが、七道を意識したとみられる令文はいくつかある。

【史料13】養老厩牧令16条

凡諸道置㆓駅馬㆒、大路廿疋、中路十疋、小路五疋。使稀之処、国司量置、不㆓必須㆑足。（後略）

【史料14】養老賦役令3条

凡調庸物、毎レ年八月中旬起輸。近国十月卅日、中国十一月卅日、遠国十二月卅日以前納訖。（後略）

史料13は、大路・中路・小路ごとに駅馬数を規定する。駅田の設置を定めた養老田令33条も、「凡駅田、皆随レ近給。大路四町、中路三町、小路二町」とあり、やはり大路・中路・小路が基準となっている。『令義解』厩牧令16条などによれば、大路は山陽道および大宰府までの西海道、中路は東海道と東山道、小路はその他の道を指す。西海道のみ少し特殊であるが、原則として七道駅路ごとに等級が定められた[注17]。

史料14は、調庸物を毎年八月中旬から納入し始め、近国は十月三十日、中国は十一月三十日、遠国は十二月三十日までに、それぞれ中央に完納すべきことを規定する。近国・中国・遠国の配当は、和銅五年（七一二）以前成立の「民部省式」（『令集解』賦役令3条古記）や、『延喜式』民部式上2～8条から知られ、後者には上りと下りの行程日数も記されている。上りの行程日数をみると、近国は一～一二日、中国は七～二五日、遠国は一四～五〇日で、かなりの幅があり相互に重なる部分もある。下りの行程日数は上りの半分程度であるが、やはり同様である。これについて、全国一律の基準があったとみると矛盾が生じるが、七道を個別にみれば特に問題はない。熊田亮介氏が指摘したように、遠国だけで構成される西海道諸国を除いて、六道それぞれに近国・中国・遠国が存在するように設定したことによる（特に山陽道諸国の場合、他道の基準であれば中国までに収まるにもかかわらず、わざわざ遠国を設定している）[注18]。それだけ日本では、七道ごとのまとまりが重視されたのである。

こうした七道制のモデルとなったのは、唐の十道制（後、十五道制）である。唐が中国全土を統一する前年の貞観元年（六二七）、増えすぎた州を併合するために、地勢や交通の便を考慮しながら、一〇のブロックに区分したものである（『旧唐書』地理誌）。武田氏が指摘するように、十道のうち六道までが京畿に接しておらず、日本のように京畿を起点にして放射状に延びる道を基準としたものになっていない。武田氏は、王畿の周囲を五〇〇里ごとに区画し、侯服・甸服・男服・采服・衛服・蛮服・夷服・鎮服・荒服を配置して、同心円の形に広がる空間構造を有する九服の制（『周礼』夏官司馬篇）などに着目し、王都を中心に、それを取り囲む形で被支配地域を配する中国特有の世界観に関わっていると指摘した。これに対して荒井秀規氏は、山河や交通網によってブロック化された伝統的地域があり、それを道と呼称したものとする。[注19] しかし、両氏の指摘は必ずしも矛盾するものではなかろう。地域ごとのまとまりを重視して道として編成し、中国的世界観にもとづく意味づけを与えたとみればよいのでないか。ともあれ、唐では日本とは違った原理で地域編成されたことは間違いない。

さて、唐の十道は地理的区分として始まったが、徐々に地方行政区画としての性格を帯びるようになり、開元二十二年（七三四）に採訪処置使が置かれ、道の治所が設置されると、純然たる地方行政区画へと変貌を遂げる。[注20] ただし鍾江氏が指摘したように、十道が早くから遣使派遣の単位として機能していた点も見落とすべきではなかろう。唐でも道のまとまりが重視されたことは、たとえば次のような令文からも明瞭に窺うことができる。

【史料15】天聖賦役令唐25条

諸租調庸及丁匠、応㆔入㆑京若配㆓余処㆒者、尚書省預令㆘本道別与㆓比州㆒相知、量㆓程遠近㆒、以㆑次立㆖限、使㆓前後相避、勿㆑令㆓停壅㆒。（後略）

【史料16】天聖厩牧令唐23条

諸府官馬及伝送馬驢、毎㆑年皆刺史・折衝・果毅等検簡。（中略）省司封㆑印、具録㆓同道応㆑印㆑馬州名㆒、差㆓使人㆒分㆑道、送㆓付最近州㆒、委㆓州長官㆒印。（中略）印訖、印署及具録㆓省下州名符㆒、以㆑次逓㆓比州㆒。同道州総準㆑此。印訖、令㆘最遠州封㆑印、附㆓便使㆒送㆖省。若三十日内無㆓便使㆒、差㆓専使㆒送、仍給㆓伝驢㆒。（後略）

史料15は、租庸調・丁匠の入京・外配に際して、尚書省はあらかじめ道ごとに遠近を量って到着期限を定めることを規定する。養老賦役令3条（史料14）に対応する天聖賦役令唐2条は、「諸庸調物、毎㆑年八月上旬起輸、三十日内畢。九月上旬、各発㆓本州㆒。（後略）」というもので、調庸物を九月上旬に本州を出発することを規定し、日本令と違って最終的な到着期限を記さない。しかし、日本の令文には継受されなかった史料15によって、天聖賦役令唐2条（さらに丁匠に関わる後掲史料20）の内容を補完していたのである。

史料16は、折衝府官馬と伝送馬・驢を毎年検簡し、老病のため乗騎に堪えなければ、新たな馬・驢に取り替えるべきことを定める。本条は養老厩牧令20条に受け継がれるが、改変の度合いが著しい。[注21] ここでは焼印の送付方法に注目したい。日本では焼印の制度はあまり発達していなかったが、唐では諸畜の種類・所属・由来・用途などに応じて、各種の焼印を押すことになっている。唐では中央の諸官司で管理された焼印も多く、焼印を送付するための使者が道ごとに派遣されたのである。中央から派遣された使者が焼印の送付に携わるのは、各道の最寄りの州までである。以下、焼印を州ごとに順次送り届け、最遠の州は使者を立てて中央まで返送したのである。

このように唐でも十道のまとまりが重視されたが、都から放射状に延びる駅路ごとに編成されたわけではない。

【史料17】天聖厩牧令唐33条

諸駅各置㆓長一人㆒、並量㆓閑要㆒置㆑馬。其都亭駅、置㆓馬七十五匹㆒。自外第一道、馬六十匹。第二道、馬四十五匹。第三道、馬三十匹。第四道、馬十八匹。第五道、馬十二匹。第六道、馬八匹。並官給。使稀之処、所司仍量置㆑馬、不㆓必須㆒㆑足。（後略）

本条は、養老厩牧令16条（史料13）のほかに、駅長の任用・交替を規定した養老厩牧令15条にも受け継がれたが、ここでは駅馬の設置方法に着目したい。唐令では、都亭駅の七五匹を頂点に、「第一道」の六〇匹から「第六道」の八匹まで、七段階に分けて駅馬数が定められている。史料17と同内容のことを記す『唐六典』巻五尚書兵部駕部郎中員外郎の記載を参照すると、「第〇道」は「諸道之第〇等」と言い換えられ、「諸道のうち第〇等にあたる駅」の意と考えられる。唐では、都の起点となる都亭駅を除いて、道路の等級に応じて各駅の駅馬数が決まったのである。

このように道路の等級ごとに駅馬の設置数が定められた点では、唐と日本は共通している。唐では長安から放射状に延びる駅路が六本ないし七本想定できるので、これらが第一道から第六道に対応するようにみえなくもない。しかし、仮にそうであった場合、全駅の起点となる都亭駅に設置される駅馬は、到底七五匹では済まなかったはずである。唐の国土は日本と比較にならないほど広大であり、駅路も途中から複数に枝分かれしていく。これらの点も考慮すると、都にある都亭駅を頂点として、駅路のうち都に近い場所が第一道で、基本的に遠く離れるのに応じて等級も下がっていった[注22]、とみるのが現実的ではないか。第一道の六〇匹から第六道の八匹まで七倍以上もの格差が設けられているのも、そのように考えると理解しやすいように思われる。このようにみて大過ないとすれば、都から延びる道路のまとまりを重視した日本とは、やはり原理的に違うということになろう。

三　都鄙間交通に収斂される日本、地域間交通をも重視する唐

唐では、変動しやすい国土を維持・拡大するために、国境地帯（特に陸続きの場所）へ大量の人員や物資を安定的に供給することが強く求められる。大津透氏が明らかにしたように、それは主として、予算編成に携わる度

支の指示の指定した場所へ直接送付する「外配」を通じて実現した。[注23] 唐賦役令には、外配の関係条文が五ヵ条ある。そのひとつが前掲の天聖賦役令唐25条（史料15）で、残り四ヵ条のうち三ヵ条を次に掲げよう。

【史料18】天聖賦役令唐3条

諸租、準二州土収穫早晩一、斟二量路程険易・遠近一、次第分配。本州収穫訖発遣、十一月起輸、正月三十日納畢。（中略）其輸二本州一者、十二月三十日納訖。若無レ粟之郷輸二稲麦一者、随レ熟即輸、不レ拘二此限一。納二当州一未レ入二倉窖一、及外配未レ上レ道、有二身死一者、並却還。

【史料19】天聖賦役令唐5条

諸輸二租庸調一、応二送レ京及外配一者、各遣二州判司一充レ綱部二領其租一。（後略）

【史料20】天聖賦役令唐23条

諸丁匠赴レ役者、皆具造レ簿、於二未レ到前三日内一、予送二簿尚書省一分配。其外配者、送二配処一、任下当州与二作所一相知追役上。皆以レ近及レ遠、依レ名分配。

これらによると、唐の租は、本州に納入される租、京へ送られる租、それ以外の地に外配される租、の三種類に分類される（史料18・19）。調と庸については、京へ送られるものと、京以外の地に外配されるものがあった（史料19）。また、天聖賦役令宋3条に対応する唐令復原条文によれば、諸州が税物を別の場所へ貯納したり、別の品目に替えて納めたりした場合、送納が完了すれば中央の財政官司に報告することになっていた。そして、丁匠のなかにも外配される者がいた（史料15・20）。『大唐六典』巻三尚書戸部度支郎中員外郎には、

凡物之精者与二地之近者一、以供レ御。謂レ支二納司農・太府・将作・少府等物一。物之固者与二地之遠者一、以供レ軍。謂レ支二納辺軍・諸都督・都護府一。皆料二其遠近・時月・衆寡・好悪一、而統二其務一焉。

とあり、渡邊信一郎氏が指摘するように、高品質および京に近接する地域の税物は供御財政とされ、低品質および京から遠い地域の税物は供軍（辺軍軍事）財政に編成された。[注24] 渡邊氏は、儀鳳三年（六七八）度支奏抄・四年金部旨符などの分析をもとに、七つの財政的物流実態をみいだした。これらは次の二つの物流圏に収斂されるとし、両者は基本的に分断されており、長安と洛陽のみが連結されているとした。

①洛陽を終着点とし、揚州大都督府・荊州大都督府・幽州大都督府などを物流拠点とする河北・河南・淮南・江南・山南道を圏域とする財政的物流圏

②長安を中核とし、益州大都督府・涼州中都督府・霊州中都督府・秦州中都督府などを物流拠点とする関内・河東・剣南・隴右道を圏域とする財政的物流圏

そして、これらの財政的物流では都督府が大きな役割を果たした点に着目し、他史料なども使いながら、（a）租庸調物など財物の流通・集配拠点、（b）鋳銭・流通拠点、（c）外民族からの朝貢・貢納の応接拠点、（d）流刑者の集結・配分拠点としての役割を浮かび上がらせた。このうち（d）は令文で規定されている。

【史料21】天聖獄官令唐5条

諸流移人、州断訖、応レ申二請配一者、皆令三専使送二省司一。令二量配訖一、還附二専使一報レ州、符至、季別一遣。若符在二季末一至者、聴下与二後季人一同遣上。具録二所レ随家口一、及被符告若発遣日月一、便移二配処一、遞差二防援一。其援人皆取二壮者一充。余応二防援一者、皆準レ此。専使部領、送二達配所一。若配二西州・伊州一者、並送二涼州都督府一。江北人配二嶺以南一者、送二付桂・広二都督府一。其非二剣南諸州人一、而配二南寧以南及嶲州界一者、皆送二付益州大都督府一、取レ領即還。其涼州都督府等、各差二専使一、準レ式送二配所一。付領訖、速報二元送処一、並申レ省知。（後略）

これは配流の手続きを規定したものである。諸州から西州・伊州へ送る際には涼州都督府へ、江北人を嶺以南へ送る際には桂・広両都督府へ、剣南以外から南寧以南・嶲州界へ送る際には益州大都督府へ、それぞれ流刑者を集結させることが述べられている。

こうして渡邊氏は都督府について、管轄下の鎮戍組織を通じて軍事・警察拠点を形成するとともに、財政的物流の結節点・集配拠点をも構築したことを指摘し、軍事拠点である都督府を結節点とする供軍財政の編成を通じて帝国化が推進された、という重要な指摘をおこなった。また、大津氏は、儀鳳三年度支奏抄・四年金部旨符では、特に西域の輸送基地である秦州や涼州への送納に集中することを指摘し、当該期は西域で吐蕃・西突厥と戦闘の真最中であったことを指摘している。

このように唐では外配が重要な意味をもっており、都鄙間交通だけに収斂されない構造となっていた。これに対して日本では、唐賦役令の外配に関する五ヵ条のうち、天聖賦役令唐23条（史料20）にもとづく養老賦役令24条だけしか継承しなかった。その結果、日本では都鄙間交通に収斂される傾向が顕著なものとなっている。

日本における都鄙間交通への関心の高さは、関の通行証の側面からも読み取れる。すなわち、唐関市令には、関の通行証として本来「過所」が必要なところ、同一州県内・隣接州県間の移動ということもあって、特例的に「簿」「県牒」「簿籍」「往還牒」「行牒」「牒」の使用を認めた条文が四ヵ条存在するが（天聖関市令唐4〜7条）、天聖関市令唐6条（史料5）を除いて、日本には継受されなかった。しかも、唐6条にもとづく養老関市令6条（史料8）は、抜本的な改変を受けている（第一節）。そのため、養老関市令に規定された関の通行証ないしその機能をもつものは、「駅鈴」（養老関市令4条）、「伝符」（同条）、「本国歴名」（同5条）、「過所」（同1・3・4条）に限られた。このうち、伝制の利用許可証である伝符は中央にのみ保管され、都鄙間交通で使われたものである。丁匠・庸調脚の名前を列挙した本国歴名も、諸国から中央に向かう者が主な対象となるため、やはり都鄙間交通で利用されたといえる。駅制の利用許可証である駅鈴や、関の正式な通行証である過所も、都鄙間交通以外の利用も想定できるが、関が都の周辺に多いことを考えると、主流は都鄙間交通での使用となろう。

以上のとおり、唐令では都鄙間交通に限定されない地域間交通について、広域範囲の移動に関わるもの、隣接地域間の移動に関わるもの、この二つが規定されている。しかし日本では、実態として地域間交通が活発に展開したにもかかわらず、令文として規定することはほとんどなかった。ここで「ほとんど」と述べたのは、国境警備のため東国から北部九州へ送られる防人を看過できないからである。防人は都を特に経由しないので、都鄙間交通とはならない。しかし、次のような令文に注意したい。

【史料22】養老軍防令56条

凡防人向レ防、各齎二私粮一。自レ津発日、随給二公粮一。

【史料23】養老軍防令60条

凡旧防人替訖、即給二程粮一発遣。（後略）

北部九州へ向かう防人は、津（難波津）まで私粮を持参しなければならなかったが、その先は公粮が支給され、任を終えて帰郷する際にも全行程で程粮が支給されることになっている。これに対して丁匠・庸調脚の路粮は、往路も帰路も自弁が原則であった。防人が東国から難波津まで私粮によったのは、上京する丁匠・庸調脚との負担バランスをとるためであろう。このことは、防人の難波津までの移動が、丁匠・庸調脚の京までの移動に準じて扱われたことを意味する。いわば難波津から先は二次的な移動ということもあって、公粮が支給されたのではないか。そうであるとすれば、防人の移動は都鄙間交通に準じるものとして理解できる。一方、帰郷時の防人に路粮が支給されたのは、三年間にも及ぶ過酷な防人役に報いるための恩典とみられる。

四　畿内との関係・日数で把握する日本、里数で把握する唐

日本と唐では、国土把握の基本となる距離（特に遠距離に及ぶもの）の認識も違っていた。

【史料24】唐名例律4条

流刑三

二千里。贖銅八十斤。　二千五百里。贖銅九十斤。　三千里。贖銅一百斤。

【史料25】養老律目録4条

流罪三　近流。贖銅一百斤。中流。贖銅一百廿斤。遠流。贖銅一百卌斤。

三流について、唐律は具体的な里数で示すが、日本律では近流・中流・遠流という相対的な基準によっている。この改変は日本律全般にわたって認められる。同様の唐令が推定される天聖獄官令宋11条「諸流人応レ配者、各依二所レ配里数一。（後略）」も、養老獄令12条では「凡流人応レ配者、依二罪軽重一、各配二三流一。謂、近・中・遠処」に変えられている。近流・中流・遠流の地に関しては、『延喜式』刑部式18条に、

凡流移人者、省定二配所一申レ官。具録二犯状一、下二符所在幷配所一。良人請二内印一、賤隷請二外印一。其路程者、従レ京為レ計。伊豆去レ京七百七十里。・安房一千一百九十里。・常陸一千五百七十五里。・佐渡一千三百廿五里。・隠伎九百一十里。・土左等国一千二百廿五里。為二遠流一。信濃五百六十里。・伊予等国五百六十里。為二中流一。越前三百一十五里。・安芸等国四百九十里。為二近流一。

とあり、具体的な配流国と京からの里数が示されている。一見、日本でも里数を踏まえて三流が定められたかのようである。しかし熊田亮介氏が明らかにしたように、佐渡を除いて七〇里もしくは三五里で割り切れる（佐渡も一二二五里の誤記であれば三五里で割れる）ことから、馬の一日あたりの標準行程「馬日七十里」（養老公式令88条）と所用日数によって算出された二次的な里数にすぎず、実測値とみるべきではない。歩行の標準行程「歩五十里」ではなく、馬行の標準行程によったのは、養老獄令15条に「凡流移人在レ路、皆逓給二程粮一。毎レ請レ粮停留、不レ得レ過二一日一。其伝馬給不、臨時処分」とあるように、馬を利用することがあり得たからであろう。

史料24・25に戻ると、配流の起点が問題になる。日本で京を起点としたことは、『延喜式』刑部式18条の「其路程者、従レ京為レ計」から明らかである。唐の場合、本人の郷里なのか京なのか議論があるが、辻正博氏が主張するように、唐代に京からの距離の遠近が刑罰の軽重を意味する史料があることなどから、同じく京とみるのがよいであろう。[注25] すなわち、日本・唐ともに、京・地方いずれで流刑判決を受けたとしても、京起点の三流の基準によって配流先が決まったのである。当然、配流先に向かう際に、京を経由するとは限らない（むしろ経由しないのが一般的であろう）。事実、天聖獄官令唐5条（史料21）には、京を経由しない移送方法が示されている。

さて、熊田氏が指摘しているように、日本では唐の律令にあった里数の規定を改変する傾向が認められる。天聖令の発見を受けて、この点はより明瞭になった。以下、いくつかの条文を取り上げてみよう。

【史料26】天聖仮寧令唐6条

諸外官授訖、給二装束仮一。其去二授官処一千里内者四十日、二千里内五十日、三千里内六十日、四千里内七十日、過二四千里外一八十日。並除レ程。其仮内欲レ赴レ任者聴之。（中略）若京官先在レ外者、其装束仮、減二外官之半一。

【史料27】養老仮寧令13条

凡外官任訖、給二装束仮一。近国廿日、中国卅日、遠国四十日。並除レ程。其仮内欲レ赴レ任者聴之。（後略）

ともに外官に任命された者への装束仮（身支度を整えるための準備期間）の日数を定める。唐令では任地までの里数に応じて五段階に分けている。本条の最後に京官が先に京外にいた場合の規定があるので、起点は京であることがわかる。これに対して日本令は、近国・中国・遠国の三段階になっている。この区分は調庸物の納入期限を定めた養老賦役令3条（史料14）にも認められる。後者の近国〜遠国は、『延喜式』民部式上2〜8条などから、畿内を起点に設定されたとみてよかろう。史料27の近国〜遠国も同様に理解できることは、養老公式令87条「凡外官赴レ任、子弟年廿一以上、不レ得二自随一。畿内任官、不レ在二此限一。其須二覲問一者聴」からわかる。これによれば、外官でも畿内に赴任する場合には、二一才以上の子弟を随行することが禁じられておらず、畿内の外官は京官に準じる扱いを受けていたことが判明するからである。

日本で畿内が特別視されたことは、次のような令文の改変からも読み取ることができる。

【史料28】天聖仮寧令唐3条

諸文武官、若流外以上長上者、父母在二三百里外一、三年一給二定省仮三十日一。其拝墓、五年一給二仮十五日一。並除レ程。若已経レ還レ家者、計二還後年一給。其五品以上、所司勘当、於レ事無レ闕者、奏聞。（後略）

【史料29】養老仮寧令2条

凡文武官長上者、父母在二畿外一、三年一給二定省仮卅日一。除レ程。若已経レ還レ家者、計二還後年一給。

史料28・29は、父母に対する定省仮（御機嫌伺いのための休暇）を規定する。父母の所在地について、唐令では三〇〇里以上離れている必要があったが、日本令では畿外とされている。唐では官人の所在地からの距離が基準とされたが、日本では官人の所在地にかかわらず、父母が畿外にいるかどうかが問題とされたのである。

【史料30】天聖仮寧令唐5条

諸京官請レ仮、職事三品以上、給二三日一。五品以上、給二十日一。以外及欲レ出レ関者、若宿衛官当上五品以上請レ仮、並本司奏聞。（中略）其非レ応レ奏、及六品以下、皆本司判給。応二須奏一者、又本司奏聞。其千牛・備身左右給訖、仍申二所司一。若出二百里外一者、申二兵部一勘量、可レ給者、亦奏聞。東宮千牛、亦準レ此録啓。

【史料31】養老仮寧令11条

凡請レ仮、五衛府五位以上、給二三日一。京官三位以上、給二五日一。五位以上、給二十日一。以外及欲レ出二畿外一奏聞。其非レ応レ奏、及六位以下、皆本司判給。応二須奏一者、並官申聞。

史料30・31は、京官が休暇を請求する場合の規定である。第一に注目すべきは、唐令の「出レ関」が日本令では「出二畿外一」に改変された点である。この唐令の関は京城四面関を指す。礪波護氏によれば、唐代の「畿内」は「関中」「関内」と同義とみなされていた。注26「畿内」と「関中」「関内」が対応しているとすれば、唐令では「出レ関」「出二畿外一」いずれの表現でもよかったことになる。だが日本では、三関は畿内よりも一回り外側にあるため、「出レ関」と表現してしまうと、畿外でも近江国などであれば特に奏聞しなくてもよいことになりかねない。それを避けるためにも、明確に「出二畿外一」と表現する必要があったと考えられる。

第二に注目すべきは、唐令では千牛・備身左右などが京から一〇〇里以上離れた場所へ休暇で出掛ける際に、特別の手続きが必要であったことである。このことは、唐では畿内に収まる移動であっても、一定の制限があったことを物語る。しかし、日本では畿内における移動については、特に制限が設けられていない。

史料27・29・31のような事例をみると、日本では京よりもむしろ畿内を基準に考える見方が強かったように思われる。それでは、史料25はどうか。これに関連する『延喜式』刑部式18条では、たしかに配流国の里数は京を起点に二次的算出されている。しかし、配流国に畿内諸国は含まれず、畿外諸国も比較的遠方の国が多く充てられており、実質的な起点は畿内であったとみることもできる。

これまで取り上げてきた日本律令の条文は、唐律令条文の里数表示を、近国・中国・遠国・畿外などに改めたものであったが、そのほかにも日数に改変することもおこなわれた。

【史料32】天聖賦役令唐11条

諸人居二狭郷一、楽レ遷二就寛郷一、去二本居一千里外、復三年。五百里外、復二年。三百里外、復一年。一遷之後、不レ得二更移一。

【史料33】養老賦役令14条

凡人在二狭郷一、楽レ遷二就寛一、去二本居一路程、十日以上、復三年。五日以上、復二年。二日以上、復一年。一遷之後、不レ得二更移一。

史料32・33は、狭郷から寛郷へ移住したとき、本居からの移動距離に応じて復除期間を三段階に分けて示す。唐令では移動距離を里数で示すが、日本令では「路程」の日数に書き改めている。

【史料34】天聖捕亡令唐3条

諸奴婢逃亡経二三宿一、及出二五十里外一、若度二関棧一捉獲者、六分賞レ一。五百里外、五分賞レ一。千里外、四分賞レ一。千五百里外、三分賞レ一。二千里外、賞レ半。即官奴婢逃亡、供二公廨一者、公廨出レ賞、余並官酬。其年六十以上、及残廃不レ合レ役者、幷奴婢走投二前主一、及鎮戍関津、若禁司之官、於二部内一捉獲者、賞各減レ半。若奴婢不レ識レ主、牓召。周年無二人識認一者、判入レ官、送二尚書省一、不レ得二外給一、其賞直官酬。若有二主識認一、追二賞直一還之。私牓者、任依二私契一。

【史料35】養老捕亡令7条

凡官私奴婢逃亡、経二一月以上一捉獲者、廿分賞レ一。一年以上、十分賞レ一。其年七十以上、及癃疾不レ合レ役者、幷奴婢走捉二前主一、及関津捉獲者、賞各減レ半。若奴婢不レ識レ主、牓召。周年無二識認一者、判入レ官。其賞直官酬。若有二主認一、徴二賞直一還之。

史料34・35は、逃亡した奴婢を捕獲した際の報賞額などを定める。[注27] 報賞額を決める際の基準について、唐令が奴婢の逃亡里数にしたところを、日本令は奴婢の逃亡期間に改めている。しかも、唐令では逃亡距離を五段階に細かく分けるが、日本令では逃亡期間を二分するにすぎず、報賞額もかなり低く抑えられている。

日本令において、広域的な移動に対して、里数はもちろんのこと、日数すら記載しなかった条文も存在する。

【史料36】養老賊盗律18条

凡殺レ人応レ死、会レ赦免者移郷。（後略）

【史料37】養老賦役令16条

凡以二公使一外蕃還者、免二一年課役一。其唐国者、免二三年課役一。

史料36は、人を殺害して死罪の者が恩赦にあった場合に強制移住させる「移郷」の規定である。これに対応する唐賊盗律18条では、「諸殺レ人応レ死、会レ赦免者、移二郷千里外一。（後略）」となっており、一〇〇〇里以上離れた地に強制移住させることが記されている。しかし日本では、近流よりも短距離の強制移動を表現することは困難なこともあってか、単に「移郷」とのみ記す。

史料37に対応する天聖賦役令唐13条は、「諸以二公役使一二千里外還者、免二一年課役一」で、国内外を問わず、二〇〇〇里以上離れた場所に使者として赴き、そこから帰還した者に対して一年分の課役を免除する規定である。しかし日本令では、外蕃から帰還した場合は一年分の、唐国から帰還した場合は三年分の課役を免除する規定に改められている。日本令で想定されているのは、海を渡って国外へ使者として赴く場合だけであり、里数・日数ともに表示するまでもない、と考えられたことがわかる。なお、唐で使者として派遣される場合に、派遣先までの里数が問題とされたことは、次の条文からも窺うことができる。

【史料38】天聖雑令宋20条

諸官人縁レ使、及諸色行人、請賜訖停レ行者、並却納。已発二五百里外一者納レ半。一千里外者勿レ納。応レ納者、若已造二衣物一、仍聴二兼納一。其官人有二犯レ罪追還一者、但未レ達二前所一、賜物並復納。

三上喜孝氏が述べるように、唐令もほぼ同文であったと推定される。[注28] 官人が使者として得た賜物について、使者の派遣が停止されることになった場合の措置を定める。使者派遣の停止決定までに進んだ里数に応じて、どれだけの賜物を返納すべきかが決まった。ここで五〇〇里以上を対象としているのは、三上氏が指摘しているように、五〇〇里以下の場所に遣わされる場合には、賜物が支給されなかった（天聖倉庫令唐21条）ためである。一方、史料38に対応する養老雑令16条は、「凡官人等、因レ使得レ賜、使事停者、所レ賜之物、並不レ在二追限一。其有二犯レ罪追還一者、所レ賜物、並徴納」に大きく改変されている。罪を犯して呼び戻されないかぎり、派遣停止になっても賜物を返納する必要はないとし、唐のように実際に移動した距離が問題にされることもなかった。

以上の事例からもわかるように、唐では里数に対する関心が高いが、日本ではそうなっていないのである。[注29]

もっとも日本でも、駅の三〇里ごとの設置を定めた養老厩牧令14条、烽の四〇里ごとの設置を定めた同軍防令66条、一日あたりの標準行程を定めた同公式令88条など、里数を示した律令規定は若干存在する。[注30] しかし熊田氏が述べるように、これらは総じて里数の少ないものであり、その範囲が国土の全域に及ぶような場合、意図的に里数を避けていることは明らかである。

こうした相違が生じたのは、中国では早くから国土全域が掌握され、各地点ごとの里数が詳細に把握されていたのに対し、日本では『隋書』東夷伝倭国条の一節に「夷人不レ知二里数一、但計以レ日。其国境東西五月行、南北三月行、各至二於海一」とあるように、里数が十分に把握されていなかったことに起因しよう。日本でも律令国家が成立すると里数の把握が徐々に進められ、天平五年（七三三）勘造の『出雲国風土記』に典型的なように、各地点までの里数が極めて細かく規定されようになる。しかし『出雲国風土記』の場合、新羅との戦闘を想定した節度使体制下という時代的特殊性も考慮すべきである。日本ではその後も行程を日数で記すことが依然として多かった。

おわりに

古代日本と唐の交通制度の研究といえば、駅伝制度・関制度（過所制度）・貢納物輸送制度が一般に想起される。これに対して本稿では、これらの交通制度を根底で規定した国土の違いに着目し、近年公表された天聖令を活用しながら、いくつかの日唐律令条文を読み比べてみた。日本は周囲を基本的に海に囲まれているが、唐は隣国と陸続きの場所が多く、国土の面積も圧倒的に大きかった。こうした両国の国土の違いは、国境地帯における交通政策、国境地帯への人員・物資の輸送体制の仕組み、地域編成のあり方などに影響を与えていることを、具体的な事例をあげながら概観してみた。ただし、これはあくまでも律令条文を中心とした検討にとどまり、実態については別途考察する必要がある。また、律令条文についても、交通制度に関わる一部のものを取り上げたにすぎず、論及できなかった問題も少なくない。いずれも今後の検討課題としたい。

注

1 拙著『日本古代都鄙間交通の研究』（塙書房、二〇一七年）第一・二・五～七章、拙稿「日本古代交通制度の法的特徴」（鷹取祐司編『古代中世東アジアの関所と交通制度』立命館大学、二〇一七年）など。

2 以下、主な比較対象とするのは、天聖令から復原される唐開元二十五年令（七三七年）と養老令（七一八年頃制定、七五七年施行）である。本来であれば、唐永徽令（六五一年）とそれを藍本とした大宝令（七〇一年）が望ましいが、それは史料的制約から困難である。しかし、古記などを通じて復原される大宝令の条文は、養老令との間に細かな字句の違いはあっても、抜本的な改変を受けた部分は極めて少ない。永徽令も開元二十五年令と大きく違わないとされる。よって、開元二十五年令と養老令の比較は意義があることを確認しておきたい。

3 石見清裕「唐代内附民族対象規定の再検討」（『東洋史研究』六八―一、二〇〇九年）一三～一八頁など。

4 大津透「「日本」の成立と律令国家」（『日本古代史を学ぶ』岩波書店、二〇〇九年、初出二〇〇四年）五四～五六頁。

5 今泉隆雄「律令における化外人・外蕃人と夷狄」（『古代国家の東北辺境支配』吉川弘文館、二〇一五年、初出一九九四年）一三四～一三六頁。

6 石母田正「天皇と「諸蕃」」（『日本古代国家論　第一部』岩波書店、一九七三年、初出一九六二年）三三〇～三三四頁など。

7 榎本淳一『唐王朝と古代日本』（吉川弘文館、二〇〇八年）第一部。以下、榎本氏の見解は本書による。なお、史料3・6・10の唐令復原条文は本書補論三による。

8 吉永匡史「律令制下における関剗の機能」（『律令国家の軍事構造』同成社、二〇一六年、初出二〇一二年）一七五頁。なお、注1拙著三三九～三五六頁で論じたように、延暦八年（七八九）に三関と摂津関が廃止された後、長門関は陸奥国の白河剗・菊多剗とともに辺境の関として位置づけ直されるようになる。

9 注1拙著三三七～三三八・三七四頁、注1拙稿六四～六五頁で示した返り点・解釈を改めた。本稿における理解は、「禁鉄之郷」における鉄製品の購入は、「不レ禁郷」における購入よりも制限が大きかったため、関を通行する際には牒ではなく過所が必要とされた、というものである。史料7に牒の発給手続き・事後の対応が規定されているが、過所はそうなっていない。それは唐関市令の別条（天聖関市令宋1～3条などに対応する唐令条文）において、すでに規定済みであるためであろう。なお、本条については、吉永匡史「日唐関市令の成立と特質」（『金沢大学歴史言語文化学系論集　史学・考古学篇』一〇、二〇一八年）一一～一三頁も検討しているが、本稿とは少し解釈を異にしている。

10 坂上康俊「律令国家の法と社会」（歴史学研究会・日本史研究会編『日本史講座2　律令国家の展開』東京大学出版会、二〇〇四年）一五～一八頁、吉永匡史「日唐軍防令と北宋天聖令」（注8著書所収、初出二〇一一年）一三〇～一三六頁、大津透「古代日本律令制の特質」（『思想』一〇六七、二〇一三年）四二～四五頁など。

11 注1拙著第一・二・五～七章の各所で指摘し、注1拙稿六五～六七頁で簡潔に述べた。

12 永田英明「出羽国の東山道移管と陸奥按察使」（『日本歴史』八一一、二〇一五年）によると、養老五年（七二一）に出羽国を陸奥按察使の管下に置いた（『続日本紀』同年八月癸巳条）時点のことである。

13 日本古代の空間認識については、門井直哉「古代日本の空間意識に関する覚書」（吉川真司・倉本一宏編『日本的時空間の形成』思文閣出版、二〇一七年）を参照。

14 武田佐知子「道と古代国家」（『評林』一五、一九八八年）。以下、武田氏の見解はこれによる。

15 鐘江宏之「「国」制の成立」（笹山晴生先生還暦記念会編『日本律令制論集　上』吉川弘文館、一九九三年）。以下、鐘江氏見解はこれによる。

16 永田英明「駅制運用の展開と変質」（『古代駅伝馬制度の研究』吉川弘文館、二〇〇四年、初出一九九六年）一〇〇～一〇一頁。

17 厳密にいえば、大路・中路の扱いを受けるのは、山陽道・西海道（一部）・東海道・東山道の各駅路のうち本線だけであり、本線から派生する支線は小路として位置づけられた。

18 熊田亮介a「「京より一千三百二十五里」」（『新潟県歴史教育論考』五、一九八五年）、同b「流刑と「三分」法」（羽下徳彦編『中世の地域社会と交流』吉川弘文館、一九九四年）。以下、熊田氏の見解はこれらによる。

19 荒井秀規「古代東アジアの道制と道路」鈴木靖民・荒井秀規編『古代東アジアの道路と交通』勉誠出版、二〇一一年）三七九頁。

20 井上以智為「唐十道の研究」(『史林』六―三、一九二一年)。

21 注1拙稿三二〜五四頁で詳細に検討をおこなった。

22 唐では洛陽が長安に並ぶ位置にあり、洛陽からも複数の道路が放射状に延びている点に着目すると、ここで述べる都としては洛陽も念頭に置いておく必要があるかもしれない。詳細は今後の課題としたい。

23 大津透「唐律令国家の予算について」(『日唐律令制の財政構造』岩波書店、二〇〇六年、初出一九八六・一九九〇・二〇〇〇年)など。

24 渡邊信一郎「唐代前期律令制下の財政的物流と帝国編成」(『中国古代の財政と国家』汲古書院、二〇一〇年、初出二〇〇九年)。以下、渡邊氏の見解はこれによる。

25 辻正博「唐律の流刑制度」(『唐宋時代刑罰制度の研究』京都大学学術出版会、二〇一〇年)七八〜八八頁。

26 礪波護「唐代の畿内と京城四面関」(『隋唐都城財政史論考』法藏館、二〇一六年、初出一九九二年)。

27 史料34・35の比較考察に関しては、吉永匡史a「天聖捕亡令と身分制」(『唐代史研究』一七、二〇一四年)八五〜八九頁、同b「大宝律令施行前後における軍事構想」(注8著書所収)二〇五〜二〇八頁を参照。

28 三上喜孝「北宋天聖雑令に関する覚書」(『山形大学歴史・地理・人類学論集』八、二〇〇七年)九四〜九五頁。

29 本稿で取り上げなかったもののほかに、天聖田令唐33・34・37・41条、同倉庫令唐10条、同仮寧令唐2条、同宋4・16条、同喪葬令唐4条なども、それぞれ里数を記すが、条文自体が日本令に受け継がれなかったり、里数の規定が記されなかったりしている。このうち興味深いのは、天聖喪葬令唐4条「諸去二京城一七里内、不レ得二葬埋一」が、養老喪葬令9条「凡皇都及道路側近、並不レ得二葬埋一」に改変されていることである。「京城」は「皇都」に改められ、「七里内」は「側近」という抽象的な語句に置き換えられ、「道路」という条件も付加されている。

30 そのほか、養老衛禁律33条、同職制律38条、養老軍防令23条、同75条、同廐牧令19条がある。

〔付記〕本稿はJSPS科研費(17K03065)による研究成果の一部である。

古代交通制度の成立
——駅伝制の史的前提——

中　大輔

はじめに

本稿の課題は、日本古代国家における交通制度の成立過程を明らかにすることである。国家による支配を貫徹するためには、国家意思を支配領域内に伝達したり、租税や必要な労働力などを集めるなど、中央と地方を結ぶ交通（都鄙間交通）を維持する制度が不可欠となる。日本の古代国家は七世紀後半に唐から律令制を継受することで成立するが、律令に規定された交通制度としては駅伝制（駅制・伝制）が知られている。まず、本稿の課題に関わる範囲で駅伝制の基本的な構造を確認しておきたい[注1]。

律令国家は都城を中心に全国的な官道網を敷設したが、主要官道上には三〇里（約一六キロメートル）ごとに駅家が設置され、駅馬が配備された。駅馬に乗った使者は三駅ごとに食料の供給を受け、駅家に宿泊した。一般の公戸とは別に設定された駅戸が駅馬を飼養し、駅戸から徴発された駅子が駅務に専従した。駅家には財源としての駅田・駅稲が設定された。駅制の使用許可証は駅鈴であり、中央では中務省の主鈴が、地方では大宰府と諸国の長官が駅鈴を管理した。駅制を利用できる条件は律令に規定されているが、それらは「急速大事」に特徴がある。駅制の有する独自の施設・交通手段・労働力・財源は「急速大事」に対応するためのもので、日常的な地方支配のために規定されたものではなかった。

一方、駅馬とは別に、郡ごとに五疋の伝馬が配備されて、伝馬に乗って移動する使者にも食料が供給された。伝馬による交通制度（伝制）[注2]のための労働力は雑徭、財源は郡稲という地方一般会計から支出され、独立した労働力・財源は持たない。伝馬の利用には伝符が必要であり、伝符も駅鈴同様に主鈴が管理したが、諸国には置かれなかった。このことから伝馬は基本的には中央派遣使のための制度であったと考えられるが、実態としては伝符を所持していない往来人にも様々な文書によって食料や交通手段（馬・船など）が支給された。[注3]伝制を利用できる条件についての律令規定は少なく、伝制は日常的な地方支配のための逓送・供給制度と位置づけられ、郡を基盤として運営された。

駅伝制は、郡を基盤として日常的な公使の往来を担った伝制と、そこから諸要素を独立させて「急速大事」に特化した駅制という二重構造からなっていた。これは唐の駅伝制を踏襲するものだが、駅制・伝制の双方ともミコトモチ（中央派遣使）のための制度としての性格を強く持っていたことや、[注4]律令では駅制と伝制が同一条文で規定される場合が多かったことなど、[注5]日本の独自性も指摘されている。日唐交通制度の比較については本書で別に詳述されているのでそちらに譲るが、その独自性は駅伝制の成立過程に由来すると考えられる。そこで、以下では律令制以前のミコトモチの往来を支えた逓送・供給のあり方を明らかにし、それが律令駅伝制へと展開していく過程について述べる。

一　大化以前の都鄙間交通

1　大化以前のミコトモチ

律令国家のミコトモチ（中央派遣使）の典型であり、地方支配の要となったのは国司（クニノミコトモチ）である。国司は任国に一定期間常駐し、国内の地方行政を統轄した。国司制は七世紀半ば以降、段階的に成立していくが、『日本書紀』にはそれ以前にも「国司」と表記される中央派遣官が見え、近年はこの中央派遣官＝ミコトモチの意義が高く評価されている。[注6]ただし、史料が乏しいこともあり、ミコトモチの実態が十分に解明されているとは言いがたい。

『日本書紀』皇極二年十月己酉条（以下、『日本書紀』の条文名は年月日のみ記す）には、「国司」らに対して「前の勅せる所の如く、更改め換うること無し。厥の任けたるところに之りて、爾の治す所を慎め」との詔が出されている。この前年には、百済大寺や飛鳥板蓋宮造営のための資材や労働力が諸国から徴発されており（皇極元年九月乙卯・辛未条）、「前の勅せる所」とはこれらを指すと考えられる。[注7]すなわち諸国からの貢納・奉仕を実行するためのミコトモチがここでの「国司」であった。

では「国司」に命じられたのは誰だったのだろうか。顕宗即位前紀には「播磨国司」として伊予来目部小楯が見えている。小楯は「親ら新嘗の供物を弁う」、あるいは「郡県を巡り行きて、田租を収斂む」ことを職務として播磨国に派遣され、そこで顕宗・仁賢天皇を発見したことが両天皇の即位に繋がるのだが、その功績により小楯は山官に任命され、山部連の氏姓と部曲としての山守部を与えられている（顕宗元年夏四月丁未条）。これは山部連が山官の職掌をもって王権に仕え、そのことで山守部を部曲として領有したことの正当性を示す伝承であり、[注8]令制前の段階において山部連がミコトモチとして畿内と播磨国を往来していた事実を反映している。八世紀段階の播磨国には山部の分布が確認でき、[注9]播磨国に赴いた伴造の山部連によって山部が設定され、王権への貢納・奉仕に従事したと考えられる。[注10]

また、吉備の白猪屯倉に派遣された胆津は、「白猪田部丁籍」を検定した功績によって白猪史の氏姓を与えられ、田令に任じられている(欽明三十年正月辛卯朔条・同四月条)。吉備地域には白猪部が分布しており、[注11]この伝承も白猪史―白猪田部という伴造―部民制的な関係によるミコトモチの派遣を示している。履中五年十月甲子条には車持君が筑紫に赴いて「車持部を校」したという記事もあり、伴造層がミコトモチとして地方に赴き、部民を設定して貢納・奉仕をおこなっていたことは広く認められる。

地域社会において実際に部民を設定し、貢納・奉仕をおこなったのは地域首長である国造らと考えられている。[注12]しかし、安閑元年四月条で天皇の勅を受けた膳臣大麻呂が「使を遣わし」て伊甚国造に真珠を貢納させているように、その際にもミコトモチが介在したことは看過できない。ミコトモチは伴造―部民制的な関係によって地方に派遣され、現地で国造らの首長層と対峙して貢納・奉仕を遂行させるのである。

2 ミコトモチとミヤケ

次に、ミコトモチによる交通の様相を見ていきたい。先に見た「播磨国司」の小楯は縮見ミヤケに滞在しており、ミコトモチが派遣先で貢納・奉仕を遂行する際の拠点となった場としてはミヤケを想定することができる。『出雲国風土記』神門郡日置郷条は、欽明天皇の時代に「日置伴部等遣され来て、宿停まりて、政為し所」が日置郷となったという地名起源伝承だが、この中央から派遣された日置伴部[注13]が「政為し所」もミヤケとみて良い。[注14]

従来、『日本書紀』に見える「屯倉」の記事から、ミヤケは王権による大土地所有・領域支配に本質があると考えられてきた。[注15] しかし、後述するように大化の東国国司詔（大化元年八月庚子条）からは、国造・伴造・県稲置らの地域首長はみな「此の官家（みやけ）を領り、是の郡県（こほり）を治」めていたことが窺われる。「官家」もまたミヤケなのであり、ミヤケの本質は国造・伴造・県稲置ら地域首長層が王権に貢納・奉仕をおこなうための拠点であった。[注16]『日本書紀』などに固有名が見えているミヤケは氷山の一角に過ぎず、実際にはかなり多数のミヤケの存在を想定することができる。[注17]

ミヤケはミコトモチの滞在場所であるのみでなく、そこへ至る中継点として逓送・供給の場ともなっていた。皇極天皇二年十一月丙子朔条では、山背大兄王に対して三輪文室君が「深草屯倉に移向きて、茲より馬に乗りて、東国に詣りて、乳部を以て本とし、師を興して還りて戦わん」と進言しており、ミヤケには交通手段となる馬が飼養されていたことが知られる。[注18]

ミヤケの設置と交通路の関係は夙に指摘されているが、『播磨国風土記』にはミヤケと交通路について興味深い記載が多い。[注19] 飾磨郡飾磨御宅条には、意伎・出雲・伯耆・因幡・但馬の五国造らが上京する際に使者を水手として使ったことの贖罪として田を作らせ、その米を収納するために飾磨ミヤケを建造させたと見えている。登場するのはいずれも山陰地方の国造であり、美作路・但馬路などの陸路[注20]で飾磨まで到来した後に瀬戸内海交通で畿内へ向かったと考えられ、飾磨ミヤケは陸上交通と瀬戸内海交通の結節点となっていた。[注21] 瀬戸内海ルートのミヤケとしては筑紫の那津ミヤケ（宣化元年夏五月辛丑朔条）や吉備の児島ミヤケ（敏達十二年是歳条など）なども知られ、那津―児島―難波というルート[注22]のなかに飾磨ミヤケも位置づけることができる。

山陰地方から飾磨に至る美作路のルート上には越部ミヤケが存在している（揖保郡越部里条）。また、そこから揖保川を南下した位置にあたる立野には、土師弩美宿禰（野見宿禰）が出雲国への往来の途中で当地に宿泊したという伝承が残されている（揖保郡立野条）。立野は現在のたつの市龍野町の揖保川西岸に比定され、後の古代山陽道が付近を通り、揖保郡家関連施設と考えられる小神芦原遺跡[注23]にも隣接する地域である。ここにもミヤケの存在を想定することは可能だろう。ミコトモチはこのようなミヤケを縫うように都鄙間を往来したのである。

ただし、ミコトモチが全てのミヤケを自由に利用できたわけではない。三輪君文室が山背大兄王に深草ミヤケの馬の使用を進言したのは、深草ミヤケが上宮王家と深い関係を有する秦氏の管掌するミヤケだったからであろう。[注24]那津ミヤケの修造の際には、宣化天皇が直接に河内国茨田ミヤケに命令を下した他、蘇我氏―尾張国ミヤケ・物部氏―新家ミヤケ・阿倍氏―伊賀国ミヤケのように、群臣層がそれぞれ別のミヤケからの稲穀の輸送を命じている。これらは、王族や群臣層とそれぞれのミヤケを管掌する地域首長と間の個別的な関係に依拠したものであり、[注25]その関係が実際の交通ルートを左右したことも推測される。

このようなミコトモチと経由地のミヤケとの個別的な関係を窺わせる史料として、『播磨国風土記』の神尾山の伝承がある。神尾山は現在の太子町とたつの市の境界付近に立地する明神山（笹山）と考えられている。[注26]意比川条には、神尾山にいた出雲御蔭大神が通行人の半ばを殺害したため、出雲・伯耆・因幡の人がこれを朝廷に訴え、それを鎮めるために額田部連が派遣されたという伝承が見える。大化期の旧俗改廃詔（大化二年三月甲申条）では、役民が京から帰郷する際に行路上の地域共同体とのトラブルから抜除を強要されることが問題となっているが、意比川条に見えるような交通妨害神は地域共同体の閉鎖性によって通行人の円滑な交通が妨げられていたことを象徴し、それは祭祀行為によって通行人と地域共同体が関係を構築することで解消された。[注27]出雲国には額田部が分布しており、[注28]額田部連は神尾山付近を経由して畿内と出雲国を往来するミコトモチであったと考えられる。意比川条の伝承は、額田部連という特定の伴造氏族と経由地の地域共同体との間の個別的関係の存在を示すものであり[注29]、この祭祀行為を媒介として円滑な交通が可能となっていたことを意味する。推測を逞しくすれば、この伝承を伝えた人々は額田部に編成され、そこに額田部のミヤケが置かれていた可能性もあるだろう[注30]。

一方、出雲之大神が神尾山で通行人を妨害していたという伝承は枚方里の佐比岡条にも残っているが、こちらでは出雲人が鎮祭に失敗し、出雲之大神は河内国茨田郡枚方里からやってきた漢人によって鎮められている。この漢人は開発のために移住してきたと考えられ、当地にはミヤケの存在も推定されている[注31]。意比川条と佐比岡条の伝承の相違は、額田部連や出雲の人々は新たに移住してきた漢人らとの間には個別的な関係を構築し得なかったことを物語るのではないだろうか。同じ神尾山付近を通交するにあたっても、通交人と地域共同体の関係構築の可否によって経由できるミヤケが異なっていたのだと考えられる。

ここまで見てきたように、大化以前のミコトモチは行路上のミヤケで地域首長からの逓送・供給を受けながら畿内と各地を往来していた。これが後の駅伝制の前提となったと考えられるが、一方でその逓送・供給はミコトモチとなる伴造層と地域首長との個別的な伴造―部民制的関係に依拠するものであり、交通制度としては未成熟な段階であったことは留意しなければならない。

二 「大化改新」と伝制の成立

1 大化の東国国司詔

大化二年（六四六）正月甲子、孝徳天皇が難波小郡宮において発布したとされる「改新の詔」には、駅伝制についての規定も含まれている。第二詔の主文には「初めて京師を修め、畿内・国司・郡司・関塞・斥候・防人・駅馬・伝馬を置き、及び鈴契を造り、山河を定む」とあり、副文にも「凡そ駅馬・伝馬給うことは、皆鈴・伝符の剋数に依れ。凡そ諸国及び関には、鈴契給う。並に長官執れ。無くは次官執れ」とある。文字通りに受けとれば、ここで律令制的な駅制・伝制が成立したこととなる。

しかし、「国司・郡司」などの表記に明らかなように、『日本書紀』の「改新の詔」に令文によって述作された部分のあることは疑いなく、「改新の詔」がこの時に出されたものかどうかも含めて、そのまま史実としては認められない。[注32] 一方、孝徳期に後の郡制へと連続する評制が全国的に施行されたことは事実と考えられ、[注33] 出土文字資料の増加からも、この時期に大きな変革があったことは認められるようになってきた。[注34] ただし、それがただちに律令国郡制の成立を意味するものではなく、大化期の変革の内実を具体的に検討していく必要がある。

ここでは、交通制度の成立過程を考えるにあたって、大化元年八月庚子条の東国国司詔を取りあげる。

拝二東国等国司一。仍詔二国司等一曰、随二天神之所奉寄一、方今始将レ修二万国一。

[A]凡国家所有公民、大小所領人衆、汝等之レ任、皆作二戸籍一、及校二田畝一。其薗池水陸之利、与二百姓一倶。

又ⓐ国司等、在レ国不レ得レ判レ罪。

ⓑ不レ得下取二他貨賂一、令上レ致二民於貧苦一。

ⓒ上レ京之時、不レ得三多従二百姓於己一。唯得レ使レ従二国造・郡領一。但以二公事一往来之時、得レ騎二部内之馬一、得レ飡二部内之飯一。

ⓓ介以上、奉レ法必須褒賞。違レ法当降二爵位一。判官以下、取二他貨賂一、二倍徴之。遂以二軽重一科レ罪。

ⓔ其長官従者九人、次官従者七人、主典従者五人。若違レ限外将者、主与二所従之人一、並当科レ罪。

ⓕ若有下求レ名之人上、元非二国造・伴造・県稲置一、而輙詐訴言、自二我祖時一、領二此官家一、治二是郡県一。汝等国司、不レ得三随レ詐便牒二於朝一。審得二実状一而後可レ申。

Ⓑ又於二閑曠之所一、起二造兵庫一、収二聚国郡刀甲弓矢一、辺国近与二蝦夷一接レ境処者、可下尽数二集其兵一、而猶仮中授本主上。

（以下、倭六県への使者派遣、鍾匱の制、男女の法と続く）

この「国司」はⒶの「戸籍を作り、及び田畝を校える」ことと、Ⓑの「兵庫を起造りて、国郡の刀甲弓矢を収め聚む」の二つを任務とし、Ⓐに付帯する注意事項としてⓐ～ⓕが定められている。

Ⓐの「作戸籍」とは、律令制的な編戸ではなく、人口調査を意味するとされる。[注35]前節でも取りあげた注意事項ⓕでは、国造・伴造・県稲置でないものが「名を求める」ために偽って「此の官家（みやけ）を領り、是の郡県（こほり）を治め」てきたと申告しても慎重に審査して報告せよと命じているが、「名を求める」とは新たに設置される評官人への就任を意味し、「国司」はその銓擬をおこなったのである。[注36]コホリとはミヤケに所属する人間集団を指し、[注37]ここでの「作戸籍」とはその人間集団の所属確認であると考えられる。従来の多元的な貢納・奉仕関係を評家という新しいミヤケに一元化し、人間集団を評（コホリ）として再編したのが孝徳期の立評であり、[注38]その準備作業を命じたのが東国国司詔であった。

2　東国国司詔と交通制度

交通制度の成立を考える上で注目されるのが、付帯事項ⓒの傍線部である。「国司」が「公事」をもって往来する時には「部内」の馬・飯の提供を受けることができると規定されている。この規定から大化前代以来の首長層による逓送・供給慣行を読みとり、それを律令伝制の淵源とする指摘は多い。[注39] ただし、前節で見たようにミヤケを拠点とする首長層による逓送・供給は個別の伴造―部民制的な関係に依拠するものであり、制度的には未成熟なものであった。それに対し、ここでは「国司」への逓送・供給が詔によって保証されており、制度化の萌芽が見えている点で前代との相違も重要である。

東国国司詔はあくまでも立評の準備段階であり、ここで提供された馬も直接に伝馬の前身となる評家の馬ではなく、国造・伴造・県稲置など地域首長層の私馬と考えられる。大化二年三月辛巳条では「国造の馬」「湯部の馬」「田部の馬」を略取した「国司」が処罰の対象となっているが、東国国司詔で認められたのはあくまでも任務遂行の際の乗用であり、それを私物化したことが咎められているのである。馬を差し出すという行為は個別的な従属関係の構築に繋がるのであり、紀麻利耆拕臣が朝倉君・井上君ら地域首長に馬を牽いてこさせたことが罪となっているのも、この行為によって「国司」と首長層との個別的な従属関係が構築されることが問題視されているからに他ならない。

「国司」と地域首長との個別的な従属関係の構築を抑制しようとする姿勢は、他の禁止事項や処罰の実例からも明確に窺われる。ⓑで禁止されている「賄賂」は地域首長からの食料や物品の提供を指すが、それは「国司」への従属を示すものであった。[注40] これもⓒで認められた「部内之飯」との違いに留意しなければならない。

ⓔでは従者の数が定められている。律令駅伝制では駅鈴・伝符の剋みの数によって支給される駅馬・伝馬の数が規定されているが、これは同行できる従者の数を意味し、同時に食料の支給額を定量化することにも繋がる。ⓔの従者数が律令に規定された伝符の剋数と対応することも指摘されており、[注41] この点からも逓送・供給の制度化

が窺われる。

また、「改新の詔」の第四詔に官馬の貢納に関する規定があることにも注目される。この規定は律令には見えず、北魏の制度の影響によるものと見なされているが、[注42]伝馬に繋がる「官馬（みやけのうま）」を規定したものとも考えられる。[注43]東国国司詔の結果として新たに設置された評家には、評造の私馬とは別に「官馬」が配備され、それが「国司」の巡行に提供されたのである。

以上のような逓送・供給の制度化を実行するためには、評を管掌する地域首長側がミコトモチが食・馬を提供すべき王権からの派遣官であることを認識できなければならない。これまでは祖先伝承や祭祀行為の共有などに裏づけられた伴造―部民制的関係によってそのことが保証されていたのだが、ここに至って個別的な関係がなくともミコトモチと認識できるための可視的表象（ミシルシ）が必要とされるようになる。時代は下るが、天武元年七月辛亥条には壬申の乱後に難波以西の「国司」から「官鑰・駅鈴・伝印」が没収されたとする記事がある。律令制の知識による潤飾ならば「改新の詔」のように「駅鈴・伝符」とあってしかるべきであり、この段階の「国司」が原初的なミシルシ（伝印＝ツタヒノシルシ）を携帯していたことを示す。[注44]そのようなミシルシも立評とともに定められたものであろう。

東国国司詔からは、従来のミヤケを拠点とした個別の伴造―部民制的な逓送・供給慣行にかわる、新たな交通制度の萌芽を見ることができる。これを受けて、評家を拠点とするミコトモチへの逓送・供給制度が成立するのであり、これを律令伝制の前提となる〝原伝制〟と見なすことができる。

三　駅制の成立

1　駅制の成立過程

前節では、律令交通制度の前提として孝徳期の立評により〝原伝制〟が成立したことを述べたが、本節では駅制の成立過程を検討する。

駅制に関する記載は『日本書紀』の大化以前の記事にも見えているが、それは必ずしも律令制的な駅制の存在を示すものではない。六世紀末以降の記事に関しては、筑紫と中央を結ぶ場面に登場することが多いことから、何らかの早馬的な制度の存在を想定する見解も多い。[注45]ただし、第一節でみた飾磨ミヤケの場合、山陰地方から飾磨までの移動は陸路だが、飾磨から先は船を利用していた。筑紫と畿内を結ぶ交通網の中心は那津―児島―飾磨―難波のミヤケの港湾を拠点とする瀬戸内海の海上交通だったと考えられ、この段階での早馬を制度的なものと見なせるかは疑問である。[注46]

前節で見たように「改新の詔」には駅鈴・駅馬も規定されている。孝徳期に〝原伝制〟が成立したことが「改新の詔」に反映しているならば、駅制の成立に関しても何らかの事実を示している可能性は否定できないが、積極的にこれを認める徴証にも乏しい。

駅制の成立に関する最初の確実な史料は天武元年紀の壬申の乱の記述である。

①大海人皇子が吉野から東国へ向かう際、臣下の進言により倭京留守司の高坂王のもとに使者を派遣して駅鈴の入手を試みるが、失敗する（六月甲申条）。

②大海人皇子一行は吉野から伊賀→伊勢→美濃へと向かう過程で、伊賀国隠郡で隠駅家、同伊賀郡で伊賀駅家にそれぞれ火をつける（六月甲申条）。

③伊勢国の朝明郡家に到達した大海人皇子のもとに、美濃国に先行していた村国男依が「駅に乗りて」到来し戦況を報告する（六月丙戌条）。

④大友皇子は発兵のための使者を倭京・東国・西国に派遣するが、「東方駅使」は不破を塞いでいた大海人皇子方の軍勢に捉えられる（六月丙戌条）。

⑤乱後、将軍大伴吹負が難波小郡で西国の国司から官鑰・駅鈴・伝印を没収する（七月辛亥条）。

①からは交通を円滑におこなうには駅鈴を所持していれば有利となったことが知られる。⑤は前節でも扱った記事だが、この段階で伝印とは別に駅鈴が存在していたと見なして良い。④の発兵のための使者が「駅使」とされていることも、〝原伝制〟から独立した「急速大事」用の制度が存在していることを示す。③の村国男依は大海人方についた美濃国司の駅鈴を利用したとすれば、不破～朝明郡家間で駅馬を利用したと考えることができる。②で大海人皇子一行が「隠駅家」「伊賀駅家」に火をつけているのは追っ手に利用されることを恐れたためであり[注47]、これも駅家が「急速大事」に利用されていたことを顕著に示すものである。郡家と駅家が書き分けられていることからも、壬申の乱の段階で「急速大事」のために独立した施設としての駅家が存在したことが認められる。遅くとも天智末年までには〝原伝制〟とは区別される「急速大事」に対応するための〝原駅制〟が成立していたと見なして良いだろう。

2 「駅評」をめぐる問題

もう一つ、駅制の成立過程を考える上で重要な史料が、静岡県浜松市伊場遺跡[注48]から出土した21号木簡である。伊場遺跡では七世紀後半から十世紀の紀年を持つ木簡が多数出土しているが、複数の郡符木簡が存在することから、伊場遺跡に郡家の機能があったとみて間違いない。近隣の城山・梶子・梶子北・中村・三永・九反田・鳥居松遺跡なども合わせた伊場遺跡群として、遠江国敷智郡家（渕評家）を構成していたと考えられる。

21号木簡は長さ一メートルを越える長大な木簡で、現存部分には表裏七段ずつに人名と屋・椋の数が列記され[注49]、報告書では「屋椋帳」と呼称されている。ここで注目されるのは、列記された人名の所属を示す語句として「駅評人」「加毛江五十戸人」の記載があることである。「五十戸」の表記が「里」に切り替わるのは天武十年から持統元年頃であり[注50]、この木簡も天武年間に遡るものと考えて良い。

『延喜式』兵部省式79駅伝馬条によれば、遠江国内には猪鼻・栗原・引摩・横尾・初倉の五駅があった。伊場遺跡からは「栗原」「栗原駅長」などと記された墨書土器も出土しており、「駅評」は栗原駅家に関係するものと考えられる。律令制下の駅家は単なる交通施設ではなく、駅戸集団で編成された里相当の行政単位でもあっ

0　5cm

屋椋帳（実測・全体）

た。[注51] このことをふまえれば、「駅評人」も駅戸集団を示すと考えて良いだろう。ただし、そう考えるにあたって問題となるのは、駅が「五十戸」（サト）ではなく、「評」（コホリ）として位置づけられていることと、一方で「駅評」と「加毛江五十戸」が同格のように記載されていることである。

「駅評」の理解については永田英明氏の見解が重要である。[注52] 永田氏は、律令制下の駅家がヤとクラからなる景観を呈していることや、駅稲・駅田による農業経営の拠点であることなどから、駅家はヤケとしての構造を持っていることを指摘し、そのモデルとしてミヤケを想定する。その上で、「駅評」とはミヤケとしての駅家に所属する駅戸のコホリであり、後の敷智郡に連続する領域的支配単位である渕評の内部に重層して設置されたとする。永田氏の「駅評」の理解は妥当なものであり、[注53] 本稿もこれに従うが、「駅評」と渕評の関係についてはなお検討を要する。

これまで「駅評」が渕評の下に属すると考えられてきたのは、21号木簡の作成主体を渕評と見て、これを「渕評屋椋帳」としてきたためである。伊場遺跡からは出挙に関する木簡も多く出土しており、七世紀段階の出挙は椋を単位として稲の貸付がなされていたとの指摘をふまえれば、[注54] 21号木簡の屋・椋の記載も出挙に関連して利用されたと考えることができる。ただし、その出挙の主体が行政単位としての渕評であったのかは自明ではない。

兵庫県丹波市山垣遺跡は丹波国氷上郡の郡家別院と想定されている遺跡だが、[注55] 山垣遺跡出土5号木簡[注56] には出挙の貸付先として「伊干我郡嶋里秦人部安古」が見えている。この木簡は八世紀初頭のものだが、干支年の記載や「貸給」という表現から七世紀的な要素を強く残した木簡と考えられており、評制下の椋を単位とする出挙が里（五十戸）や郡（評）の領域を越えておこなわれる場合があったことが窺われる。[注57] 「加毛江五十戸」は渕評の下に属する「五十戸」と考えて差し支えないが、[注58] 「駅評」は渕評に属していたとは言えず、行政単位としてはあくまでも渕評と同格であったとしなければならない。

律令制下の駅戸集団は駅馬数と同数で設定され[注59]、遠江国栗原駅家の場合は十戸であったと考えられる。「駅評」の段階での駅馬・駅戸数は不明とせざるを得ないが、五十戸に満たなかった可能性は大きい。にもかかわらず、「駅評」という独立した評となっていたことに大きな意味がある。

律令制下における郡の規模は、最小の小郡で二～三里と規定されているが（戸令2定郡条）、「改新の詔」では小郡（実際には小評か）は三里以下としか規定されておらず、一里のみで構成される評や、一里に満たない評の存在も想定できる。「改新の詔」の規定が実際にどの段階のものなのかは確定しがたいが、仁藤敦史氏はこれを庚午年籍段階のものと見て、この段階の評はあくまでも人間集団としての性格が強いものであり、領域的支配単位としての性格を確立した郡段階とは異なるものであったことを強調する[注60]。

「駅評」が後の栗原駅だとすれば、「駅評人」の居住する領域が渕評と重なり合うことは大いに考えられる。実際には「駅評人」も渕評を管掌する地域首長（渕評造）の支配下にあったため、その下で実施された出挙を受けており、21号木簡の「屋椋帳」に記載されているのであろう。しかし、その貢納・奉仕先は駅家（ウマノミヤケ）という渕評家（フチノコホリノミヤケ）とは別のミヤケであり、地方行政単位としては渕評と「駅評」は同格のコホリだったのである。ここに、郡の一般的機能として設定された伝制と、そこから独立した駅制という、律令駅伝制に特徴的な構造の直接的な淵源を見出すことができる。

3　「駅評」の成立と展開

このような「駅評」は、〝原駅制〟の成立と同時に、駅家に属する駅戸を編成して立評されたと考えられる。

原理的には評制が成立した孝徳期以降に「駅評」は存在しうるので、〃原駅制〃の成立は孝徳期以降・天智期末年までのいずれかの時点ということになるが、永田英明氏は壬申紀に見える交通体系が倭京を中心としていることから天智六年（六六七）の近江大津宮遷都以前とし[注61]、さらに中村太一氏は白村江の戦いを受けた天智三〜六年の時期とする[注62]。「急速大事」に対応するための制度であることからすれば、目的地までの間で一律に駅馬や労働力の提供がなされなければ十分な機能は果たせないので、白村江での敗戦という緊張関係のもとで「駅評」に類するコホリが全国的に設けられた蓋然性は高い[注63]。「駅評」の史料は現在までに伊場遺跡の21号木簡のみしか知られていないが、岡山県立博物館所蔵の刻書須恵器や滋賀県野洲市森ノ内遺跡出土2号木簡には「馬評」の記載が見えており、これも「駅評」＝ウマノコホリだったと考えられる[注64]。

では、「駅評」を拠点とする〃原駅制〃はいつ律令制的な駅家へと転換するのだろうか。

天武期末年から持統期にかけて、地方行政機構は大きく再編された。令制国に直接連続する国境の確定は天武十二〜十四年（六八三〜六八五）にかけて実施され[注65]、前述のようにサトの表記が「五十戸」から「里」へと変化するのも天武末年前後であった[注66]。コホリの表記が「評」から「郡」へと変化するのは大宝令の施行によるが、同じ「評」の表記であっても、あくまでも人間集団としての性格が強かった前期評から、浄御原令施行前後に領域性を有する後期評へと転換し、これが大宝令の郡にほぼそのまま連続することも指摘されている[注67]。

以上のような地方行政機構再編の議論をふまえるならば、評が領域性を持つことによって「駅評」は渕評の内部に取り込まれ、行政単位としての駅家は里相当の特殊な単位として郡の下部に位置づけられることになる[注68]。一方、交通施設としての駅家は郡家（評家）からは独立したミヤケとして維持され、交通手段・労働力・財源が独自に設定された。これによって、国―郡（評）―里の一元的な地方行政単位と、国の下に伝制と駅制が並立するという律令交通制度が成立し、大宝令の施行によって成文化されるに至るのである。

おわりに

最後にここまで述べてきた駅伝制の成立過程をまとめておきたい。

①大化以前において、ミコトモチは地域首長の貢納・奉仕の拠点であるミヤケで逓送・供給を受けながら任務を遂行した。ただし、その逓送・供給はミコトモチと地域首長との個別的な伴造―部民制的関係に基づいておこなわれたもので、統一的な交通制度としては未成熟なものだった。

②大化期に、従来の多元的な貢納・奉仕関係を王権のもとに一元化すべく、様々なミヤケを再編して全国的な立評が実施された。これに伴い、ミコトモチがミシルシを所持することで評家（コホリノミヤケ）で逓送・供給を受けることができるという、統一的な交通制度としての〝原伝制〟が成立した。

③白村江の敗戦による緊張のなかで、通常の評（コホリ）とは別に、「急速大事」の逓送・供給機能に特化した「駅評」（ウマノコホリ）が立評され、日常的なミコトモチの往来を担う〝原伝制〟から「急速大事」に特化した〝原駅制〟が分離した。

④天武末年以降の地方行政機構の再編によって、行政単位としての「駅評」は里と同格となり、国評里制のなかに位置づけられることとなる。一方で、駅家・駅馬・駅戸などの郡からの独立は維持され、大宝令で駅伝制が成文化される。

史料が乏しいこともあり推測に過ぎる点も多いが、律令駅伝制の成立に至る道程に一応の見通しをつけた次第である。諸賢の御批正を請い、ここで擱筆したい。

注

1 駅伝制の研究は、戦前の坂本太郎『上代駅制の研究』（至文堂、一九二八年）を嚆矢として積み重ねられてきたが、以後の研究の集大成と言えるのが永田英明『古代駅伝馬制度の研究』（吉川弘文館、二〇〇四年）である。また、近年では北宋天聖令との比較や、出土文字資料の検討から、市大樹『日本古代都鄙間交通の研究』（塙書房、二〇一七年）が新たな知見を多く提示している。以下の律令駅伝制の構造に関する記述は、これらの研究による。

2 「伝制」の語で示される範囲については議論のあるところだが、本稿では伝馬の乗用に限らず、郡の担う逓送・供給機能の総体を「伝制」と捉える。

3 大日方克己「律令国家の交通制度の構造」（『日本史研究』二六九、一九八五年）、市大樹前掲注1書。

4 永田英明前掲注1書。

5 中大輔「北宋天聖令からみる唐の駅伝制」（鈴木靖民・荒井秀規編『古代東アジアの道路と交通』勉誠出版、二〇一一年）、永田英明「唐日伝馬制小考」（同前書）、市大樹前掲注1書、同「日本古代交通制度の法的特徴」（鷹取祐司編『古代中世東アジアの関所と交通制度』立命館大学、二〇一七年）など。

6 毛利憲一「六・七世紀の地方支配」（『日本史研究』五二三、二〇〇六年）、北康宏「国造制と大化改新」（『日本古代君主制成立史の研究』塙書房、二〇一七年、初出二〇一一年）。また、筆者は国司制の成立過程について、「日本古代国家形成期の国司と交通」（『歴史学研究』九六三、二〇一七年）を発表している。本稿の一・二節の内容とは重複する部分も多く、合わせて参照されたい。

7 門脇禎二「「国司」の任命と「無改換」問題」（『「大化改新」史論』下巻、思文閣出版、一九九一年、初出一九七六年）。

8 記紀の伝承が氏族の「仕奉」を正当化する機能を有していたことについては、熊谷公男「令制下のカバネと氏族系譜」（『東北学院大学論集』歴史学・地理学一四、一九八四年）、長谷部将司「律令体制下の氏族秩序」（『日本古代の地方出身氏族』岩田書院、二〇〇四年）を参照。

9 福島好和「古代播磨国における山部氏の分布について」（『関西学院史学』三一、二〇〇四年）。

10　伴造―部民制については、伴造らは王権から部曲の領有を認められ、それを品部として率いることで王権への奉仕を遂行するという鎌田元一氏の理解に従う。鎌田元一「『部』についての基本的考察」（『律令公民制の研究』塙書房、二〇〇一年、初出一九八四年）。

11　狩野久「白猪屯倉と蘇我氏」（『発掘文字が語る 古代王権と列島社会』吉川弘文館、二〇一〇年、初出二〇〇五年）。

12　国造については厖大な研究の蓄積があるが、近年までの研究動向は大川原竜一「国造制研究の現状と課題」（篠川賢・大川原竜一・鈴木正信編『国造制の研究――史料編・論考編――』八木書店、二〇一三年）を参照。

13　律令制下の伴部とは中央諸官司の番上の官人だが、『令集解』職員令34典鋳司条の跡説には「諸司の伴部等、皆直ちに友造（とものみやつこ）と称うのみ」とあり、ここでの「日置伴部」は中央から派遣された日置部の伴造氏族と考えられる。「政」の具体的な内容は明らかではないが、吉松大志氏は藺・葦の生産や席・薦などの作製に従事する日置部の設定を想定している。吉松大志「日置氏と欽明朝の出雲」（『出雲古代史研究』二六、二〇一六年）。

14　舘野和己「屯倉制の成立」（『日本史研究』一九〇、一九七八年）。また、武廣亮平氏は神門郡の郡家別院的施設と想定される三田谷Ⅰ遺跡との関連を指摘している。武廣亮平「出雲国の日置氏について」（『史叢』九二、二〇一五年）。

15　平野邦雄「六世紀の国家組織」（『大化前代政治過程の研究』吉川弘文館、一九八五年）、鎌田元一「屯倉制の展開」（『律令公民制の研究』塙書房、二〇〇一年、初出一九九三年）など。

16　舘野和己前掲注14論文、仁藤敦史「貴族・地方豪族のイエとヤケ」（『古代王権と支配構造』吉川弘文館、二〇一二年、初出二〇〇七年）。

17　薗田香融氏は中大兄皇子が一八一ヵ所もの忍坂部のミヤケを天皇に献上している皇太子奏請文（大化二年三月壬午条）などから、後の一郡に二～三個程度のミヤケが存在していたとする。薗田香融「皇祖大兄御名入部について」（『日本古代財政史の研究』塙書房、一九八一年、初出一九六八年）。

18　松原弘宣「令制駅家の成立過程について」（『日本古代の交通と情報伝達』汲古書院、二〇〇九年、初出一九八八年）。

19　播磨国のミヤケと交通路については、八木充「播磨の屯倉」（『古代の日本』五巻、角川書店、一七〇年）、坂江渉「志深ミヤケの歴史的位置をめぐる基礎的考察」（『ひょうご歴史研究室紀要』二、二〇一七年）など参照。

20　『播磨国風土記』に見える山陰・山陽連絡路については、坂江渉「『播磨国風土記』からみる地域間交通と祭祀」（『日本古代国

家の農民規範と地域社会』思文閣出版、二〇一六年、初出二〇一一年）。

21　松原弘宣「播磨灘交通圏の成立と展開」（『古代国家と瀬戸内海交通』吉川弘文館、二〇〇四年、初出一九九五年）。

22　松原弘宣「大化前代における瀬戸内海交通」（前掲注21書、初出一九九〇年）。

23　岸本道昭「七世紀の地域社会と領域支配」（『国立歴史民俗博物館研究報告』一七九、二〇一三年）。

24　仁藤敦史「『斑鳩宮』の経営について」（『古代王権と都城』吉川弘文館、一九九八年、初出一九九〇年）、加藤謙吉『秦氏とその民』（白水社、一九九八年）。

25　黒瀬之恵「日本古代の王権と交通」（『歴史学研究』七四二、二〇〇〇年）。

26　飯泉健司「行路妨害神と移住者・旅人」（『播磨国風土記神話の研究』おうふう、二〇一七年、初出一九九四年）、坂江渉前掲注20論文。

27　中村太一「日本古代計画道路の形成要因」（『日本古代国家と計画道路』吉川弘文館、一九九六年）。

28　出雲国の額田部氏については、武廣亮平「額田部氏と部民制」（瀧音能之編『古代王権と交流』七、名著出版、一九九五年）を参照。

29　平石充「出雲西部地域の権力構造と物部氏」（『古代文化研究』一二、二〇〇四年）。

30　『播磨国風土記』には揖保郡大田里の鼓山条にも額田部連伊勢の名前が見えている。また、管見の限り揖保郡に額田部の分布は確認できないが、播磨国内では造東大寺司解案（『大日本古文書』一五巻二五七頁）に美藝（嚢ヵ）郡横川郷戸主の額田部眞嶋と戸口額田部廣濱の名前が見えている。

31　鷺森浩幸「『播磨国風土記』に見える枚方里の開発伝承」（『日本古代の王家・寺院と所領』塙書房、二〇〇一年、初出一九九一年）。

32　「大化改新」の研究史については、野村忠夫『研究史　大化改新〔増補版〕』（吉川弘文館、一九七八年）、石上英一「大化改新論」（『律令国家と社会構造』名著刊行会、一九九六年、初出一九九四年）など参照。

33　鎌田元一「評の成立と国造」（前掲注10書、初出一九七七年）。

34　吉川真司「律令制の形成」（『日本史講座』第一巻、東京大学出版会、二〇〇四年）、市大樹「大化改新と改革の実像」（『岩波講座日本歴史』第二巻、岩波書店、二〇一四年）。

35　大化元年九月甲申条では諸国に「使者」を派遣し、「民の元数を録す」ことが命じられており、これは東国国詔と同内容を指示したものと考えられる。井上光貞「大化改新と東国」（『井上光貞著作集』第一巻、岩波書店、一九八五年、初出一九五四年）。

36　薗田香融「律令国郡政治の成立過程」（前掲注17書、初出一九七一年）、早川庄八「選任令・選叙令と郡領の『試練』」（『日本古代官僚制の研究』岩波書店、一九八六年、初出一九八四年）。

37　米沢康「コホリの史的性格」（『日本古代の神話と歴史』吉川弘文館、一九九二年、初出一九五五年）、鎌田元一「評制施行の歴史的前提」（前掲注10書、初出一九八〇年）。

38　仁藤敦史「額田部氏の系譜と職掌」（前掲注16書、初出二〇〇一年）。

39　佐々木虔一「律令駅伝制の特色」（『古代東国社会と交通』校倉書房、一九九五年、初出一九八四年）、大日方克己前掲注3論文、松原弘宣前掲注18論文など。なお、この規定を令制下の国司が朝集使などとして上京する際の「当国馬」の利用に繋がるものとする見解もあるが（柳雄太郎「駅制からみた朝集使と国司」『続日本紀研究』二二〇、一九八二年、永田英明「伝馬制の機能とその成立」前掲注1書、初出一九九二年）、これは国司部内巡行の淵源となる規定であり、国司の常駐化が確立する以前は国内の巡行も任地への往来も同様に伝制を利用していたとする市大樹「国司制の成立と伝制」（前掲注1書、初出一九九六年）の見解が妥当であろう。

40　早川庄八「『供給』をタテマツリモノとよむこと」（『中世に生きる律令』平凡社、一九八六年、初出一九八〇年）。

41　薗田香融「郡稲の起源」（岸俊男教授退官記念会編『日本政治社会史研究』中、塙書房、一九八四年）。

42　坂本太郎「大化改新の研究」（『坂本太郎著作集』吉川弘文館、一九八八年、初出一九三八年）。

43　松原弘宣前掲注18論文、毛利憲一「六・七世紀の国家と収取制度」（『歴史学研究』九七六、二〇一八年）。

44　市大樹前掲注39論文。

45　青木和夫「古代の交通」（『日本律令国家論攷』岩波書店、一九九二年、初出一九七〇年）、福田和憲「律令的駅伝制の成立」（『史元』一四、一九七二年）、松原弘宣前掲注18論文など。

46　「急速大事」の交通手段としては陸上交通の方が適しているとも考えられるが、かなり後の事例ではあるものの、十一世紀には瀬戸内海交通において「隼船」という早舟が陸上交通と遜色ない速度で移動していたという指摘もある（森哲也「律令制下の情報伝達について」『日本歴史』五七一、一九九五年）。陸上の交通制度が未成熟な段階では、「急速大事」の際にも海路が用いられていたのではないだろうか。

47 中大輔「アズマへの道と伊賀国」（鈴木靖民・吉村武彦・川尻秋生編『古代山国の交通と社会』八木書店、二〇一三年）。

48 以下、伊場遺跡については浜松市教育委員会『伊場遺跡発掘調査報告書第12冊　伊場遺跡総括編（文字資料・時代別総括）』（浜松市教育委員会、二〇〇八年）。また、鈴木敏則「静岡県伊場遺跡群と遠江の古代交通」（鈴木靖民・荒木敏夫・川尻秋生編『日本古代の道路と景観――駅家・官衙・寺――』八木書店、二〇一七年）、同『古代地方木簡のパイオニア　伊場遺跡』（新泉社、二〇一八年）なども参照。

49 屋・椋の後の「一」「二」の記載については、数量ではなく合点と見るべきとの指摘もある。鐘江宏之「伊場遺跡出土木簡にみる七世紀の文書木簡利用」（『学習院大学文学部研究年報』五四、二〇〇八年）。

50 市大樹「飛鳥藤原出土の評制下荷札木簡」（『飛鳥藤原木簡の研究』塙書房、二〇一〇年、初出二〇〇六年）。

51 行政単位としての駅家の性格に関しては、永田英明「駅伝馬制経営の基本構造」（前掲注1書、初出一九九三年）

52 永田英明「古代駅家の成立」（前掲注1書、初出一九九九年）。

53 中村太一「日本古代国家形成期の都鄙間交通」（『歴史学研究』八二〇、二〇〇六年）、市大樹「出土文字資料からみた駅制と七道制」（前掲注1書）、渡辺晃宏「出土文字資料から伊場遺跡群を考える」（鈴木靖民・荒木敏夫・川尻秋生編『日本古代の道路と景観――駅家・官衙・寺――』八木書店、二〇一七年）なども基本的に永田氏の理解を踏襲する。

54 新井重行「郡雑任の再検討」（『史学雑誌』一一二―二、二〇〇三年）、三上喜孝「古代の出挙に関する二、三の考察」（笹山晴生編『日本律令制の構造』吉川弘文館、二〇〇三年）。

55 平川南「郡符木簡」（『古代地方木簡の研究』吉川弘文館、二〇〇三年、初出一九九五年）。

56 加古千恵子・平田博幸・古尾谷知浩「兵庫・山垣遺跡」（『木簡研究』二〇、一九九八年）。

57 新井重行前掲注54論文、三上喜孝前掲注54論文。

58 「加毛江五十戸」は、かつては「加□江五十戸」と読まれていたため、『和名類聚抄』にみえる敷智郡柴江郷に関連するものと考えられていたが、「加毛江」であれば『和名類聚抄』段階では敷智郡に該当する郷名は存在しない。ただし梶子北遺跡一号木簡には「浜津郷鴨部里（かもべ）」の記載があり、五十戸制段階での「加毛江五十戸（かもえ）」が、後に郷里制下のコザトの名称となったのだと考えられる。

59 大山誠一「古代駅制の構造とその変遷」（『史学雑誌』八五―四、一九七六年）、同「令制の駅戸数について」（『日本古代の外交と

地方行政』吉川弘文館、一九九九年、初出一九九五年）。
60 仁藤敦史前掲注38論文。
61 永田英明前掲注52論文。
62 中村太一前掲注53論文。
63 なお、歴史地理学では木本雅康「古代国府と駅路の成立」（『古代文化』六三―四、二〇一二年）など天智期に全国的な直線的駅路網が成立したとする見解が多い。これに対し、近江俊秀氏は考古学的な観点から直線的駅路網の成立は七世紀末から八世紀初頭に下るとしているが、その前段階として直線的ではないプレ駅路の成立を認めており、いずれにしても天智期に〝原駅制〟が成立したことは認められよう。近江俊秀「駅路の成立と展開」（『古代国家と道路』青木書店、二〇〇六年）。
64 市大樹「西河原木簡群の世界」（前掲注50書、初出二〇〇八年）、同前掲注53論文。
65 大町健「律令制的国郡制の特質とその性格」（『日本古代の国家と在地首長制』校倉書房、一九八六年、初出一九七九年）、鐘江宏之「「国」制の成立」（笹山晴生先生還暦記念会編『日本律令制論集』上、吉川弘文館、一九九三年）。
66 市大樹前掲注50論文。
67 山中敏史「評制の成立過程と領域区分」（岸和田市教育委員会篇『考古学の学際的研究』昭和堂、二〇〇一年）、荒井秀規「領域区画としての国・郡（評）・里（郷）の成立」（『古代地方行政単位の成立と在地社会』奈良文化財研究所、二〇〇九年）。
68 ただし、地方行政単位としての駅家は律令に明確には規定されていないため、実際の表記としては「駅里」「駅家」「駅戸」などの多様性が生じている。八世紀以降の行政単位としての駅家については機会を改めて検討したい。

官衙と古代交通

大橋　泰夫

はじめに

古代の律令国家が中央集権的支配を実現するにあたって、地方行政機構と交通路の整備が必要であった。そのために、律令国家は全国に国府・郡衙などの地方官衙を配置し、中央から地方官である国司を派遣し、伝統的な地方豪族を郡司に任命して地方支配を行った。律令国家の領域的な支配は、孝徳朝の立評、天武朝の国境確定、飛鳥浄御原令、七〇一年（大宝元年）の大宝律令の制定を受けて確立していく。こうした中で古代国家は、中国にならい中央集権的支配の徹底を図り、都や地方官衙は舞台装置として、同時に支配の手段としての役割を果たした。そのなかで、律令国家が地方支配を進める上で重要としたのが、都と地方を結ぶ交通路の整備であった。

古代交通の研究は、各地で道路跡が考古学的に発見されはじめた一九九二年に設立された、古代交通研究会が中心になって急速に進んだ。研究会では歴史学・考古学・地理学・文学・土木史などの学際的研究によって、道路そのものだけではなく、駅家・運河の検討、交易など多角的に検討が進められた。考古学・歴史地理学の成果として、古代道路が直線的で大規模な道路であったことが明らかにされた。一方で、文献史学によって交通制度の解明がなされてきた。このように古代交通については、考古学、文献史学、歴史地理学の学際的研究によって進展し、道路跡だけではなく、官衙である国府・郡衙・駅家などの遺跡との空間構成、景観が問題となっており、その歴史的性格や意義を考える段階に入っている（鈴木・川尻編二〇一七）。

ここでは官衙と古代道路について、各地の発掘調査成果を踏まえて、両者の関係が深いことをみていきたい。

一　官衙と駅路の建設

地方支配の拠点である国府がいつ設置されたを知る上で、天平五年（七三三）に成立した『出雲国風土記』に国庁と記された出雲国府の発掘調査成果は大きな手がかりの一つとなってきた。出雲国府では調査によって所在郡の意宇郡でない「大原評」と記された評制下の木簡が出土し、その時期に遡る国庁、曹司、国司館などがみつかり、七世紀末には国府として機能していた。地方を統治する施設として置かれた国府・郡衙は独立した施設ではあるが、有機的な関係の下に地方行政を担い、国府・郡衙は藤原京に都が置かれた七世紀末から八世紀初め頃、全国的に整備された（大橋二〇一八）。

また、都と地方を結ぶ交通路として設けられた七道は、幅広く直線的である事実が発掘調査によって各地で明らかにされている。『出雲国風土記』に正西道と記載された出雲国内の山陰道も、出雲市杉沢遺跡などの発掘調査によって道幅九メートルと大規模だったことが知られている（出雲市二〇一七）。

駅路の創設時期

直線的で大規模な駅路が駅家とともに全国的に整備された時期については、七世紀後半でも早い天智朝説と七世紀末頃の天武・持統朝説とに分かれている。

筆者は古代道路の建設時期について、駅家の設置と直線的で大規模な駅路の建設時期は分けて理解している。駅家は、『日本書紀』壬申の乱記事や『上野国交替実録帳』に記された庚午年籍から、天智朝の七世紀第3四半期には広く設置されていたとみられる。その一方、考古学的には幅九メートルを超える大規模な直線道路については、各地の道路遺構の考古学的成果からは七世紀末を大きく遡って全国的に広く設置されたとみることは難しい。全国的な駅路建設と駅家の設置は天智朝の七世紀第3四半期から構想・施行され、畿内周辺や都と大宰府を結ぶ山陽道などの道路はいち早く敷設されたとみられるが、大規模な直線道路が都を中心に七道として全国的に整備されたのは七世紀末まで下るようであり、段階的に進み天武朝の国境確定とそれにともなう国府設置、評衙の整備などの地域支配強化と連動して達成されたのであろう。

出雲国府と正西道・黒田駅

『出雲国風土記』によれば、天平五年（七三三）以前、黒田駅は西北二里（約一キロ）の黒田村にあった。後に黒田駅は東に移転し、郡衙と同じ位置になったと風土記に記載された。黒田駅は七三三年までに山陰道と隠岐道の十字街付近に移転し、出雲国庁、意宇郡衙、意宇軍団と近接していた。移転前にあった黒田駅の移転理由としては、国庁北側の十字街付近という隠岐国に向かう駅路に便がよい位置に移転した点から、駅路の再編・整備と密接に関わっていた。黒田駅の移転は国府や駅路（山陰道・隠岐道）の設置・整備と深く関わる。その移転時期については、出雲国府の成立が七世紀末である点から、国府や駅路の整備とともに行われたものだろう。

木下良は、駅路を幹線とする官道網が基準線としての役割を果し、国府はその分岐点の「十字街」を基準点に設置され、駅家も同所に置かれたと考えた（木下一九七七）。こうした国府の十字街については、木本雅康によってまとめられている（木本二〇一七）。備後国府の発掘調査では、山陽道から国府中枢部へ向かう交差点の様子が明らかにされている（道田二〇一七）。府中市によって公園として復元整備され、国府への進入路とクロスする官道によって形成される十字街（交差点）が、国府を構成する重要な要素であることを現地で知ることができる（挿図1）。

挿図1　備後国府の交差点

国府をはじめとする官衙設置と大規模な直線道を特徴とする古代道路の関係については、出雲国府が駅路分岐点の十字街に位置することから、先に駅路が整備され後に国府が設置された可能性もあるが、これまでの各地の国府と古代道路の調査成果からみて、七世紀末頃の全国的な国府設置を契機として進められた官衙整備に関わる一連のものと考えている。

二　駅家の実態

駅家は、史料からみると駅門を設け、築地塀などに囲まれた駅館院と、倉や厩舎などの雑舎群からなる。駅館院は、山城国山崎駅やそれが転用された河陽宮の史料などから、正殿や後殿、脇殿、楼閣などで構成され、コの字形配置をとると考えられている（高橋一九九五）。

山陽道の駅家

山陽道沿いの駅家は蕃客に備えて立派に見せるように、瓦葺きで白壁造りとすることが求められており、実際に山陽道の播磨国内における駅家の発掘調査によって、コの字型の配置をとる例が兵庫県小犬丸遺跡（播磨国布勢駅）、兵庫県落地八反坪遺跡、同落地飯坂遺跡（同野磨駅）でみつかっている。播磨国の他では、駅家とみられる大型の瓦葺き建物は、広島県前原遺跡（安芸国芦田駅）、広島県下岡田遺跡（安芸国安芸駅）でも確認されている。これらは駅館院の中枢建物であり、正殿もしくは脇殿に相当すると考えられている。

駅家の創設

山陽道では駅家は七世紀末から八世紀初頭には駅路沿いに、左右対称のコの字形配置として成立しはじめ、八世紀中葉以降には礎石建ちの瓦葺き建物となり整備されていく。一方で、史料によれば、天武元年（六七二）の壬申の乱関係記事に、隠駅や伊賀駅を焼いたとあり、すでに建物を含めた駅家施設があったと推測できる。

史料上では、この頃までに都に近い東海道には駅家が置かれたとみられるが、七世紀第3四半期に遡るような駅家はみつかっていない。律令国家がもっとも重要視した大道である、山陽道においてもその時期の駅家の手がかりは考古学的には少ない。第一次播磨国野磨駅とされる落地八反坪遺跡では、礎石建ち瓦葺き駅家に先行する掘立柱建物がみつかっている。八脚門をもち独立した掘立柱塀に区画された中に、掘立柱建物群が左右対称のコの字形配置をとる。規模は小さいが、正殿前に庭を持ち儀礼的な空間を備えている。ただし、施設は正方位をと

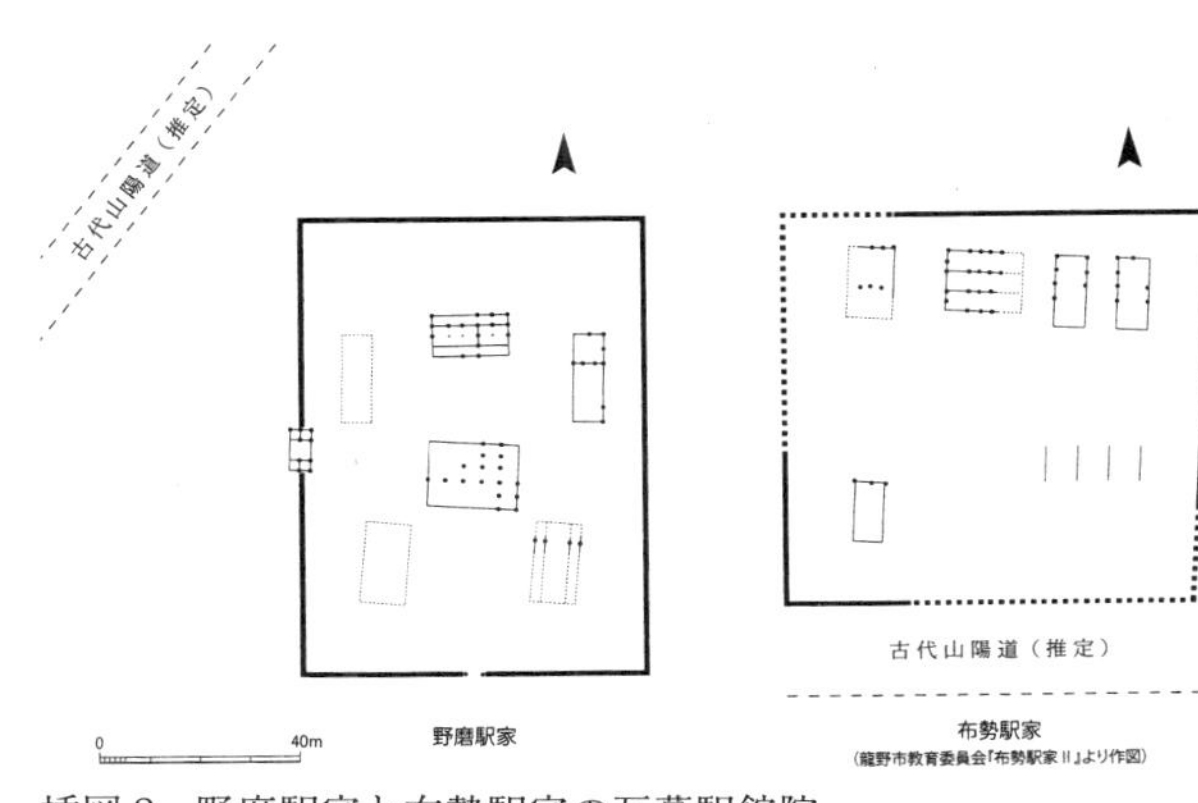

挿図2　野磨駅家と布勢駅家の瓦葺駅館院

らず、駅路の方位にあわせて設置される。地方官衙のなかで独立した塀をもつコの字形配置の建物群としては、もっとも古い一つであり、七世紀第4四半期から八世紀前半にかけて機能していた。後に、八世紀後半には近くの落地飯坂遺跡に駅家は移転し、山陽道と方位を変えて正方位となり、礎石建ちの瓦葺き建物として建設される（挿図2）。

兵庫県小犬丸遺跡（布勢駅）や長坂寺遺跡（邑美駅）でも、掘立柱建物から礎石建ちの瓦葺き建物に建て替わる。小犬丸遺跡では瓦葺き建物の下層から九棟の掘立柱建物がみつかり、瓦葺きになる前の初期布勢駅とみられている（龍野市教委一九九四）。建物配置については、よくわかっていないが、そのなかに片廂付の七間以上三間の南北棟が含まれており、大型建物が駅家中枢部に建っていた。ただし、山陽道においても確実に七世紀第3四半期に遡る駅家施設はみつかっておらず、創設期の駅家の実態がどのようなものだったか、今後の課題となっている。

山陽道以外の駅家

茨城県長者山官衙遺跡は、近くに「目島」などの小字名があることから『常陸国風土記』に記され、弘仁三年（八一二）十月二十八日に廃止された「藻島駅」が存在する可能性が指摘されてきた。発掘調査により幅六メートル

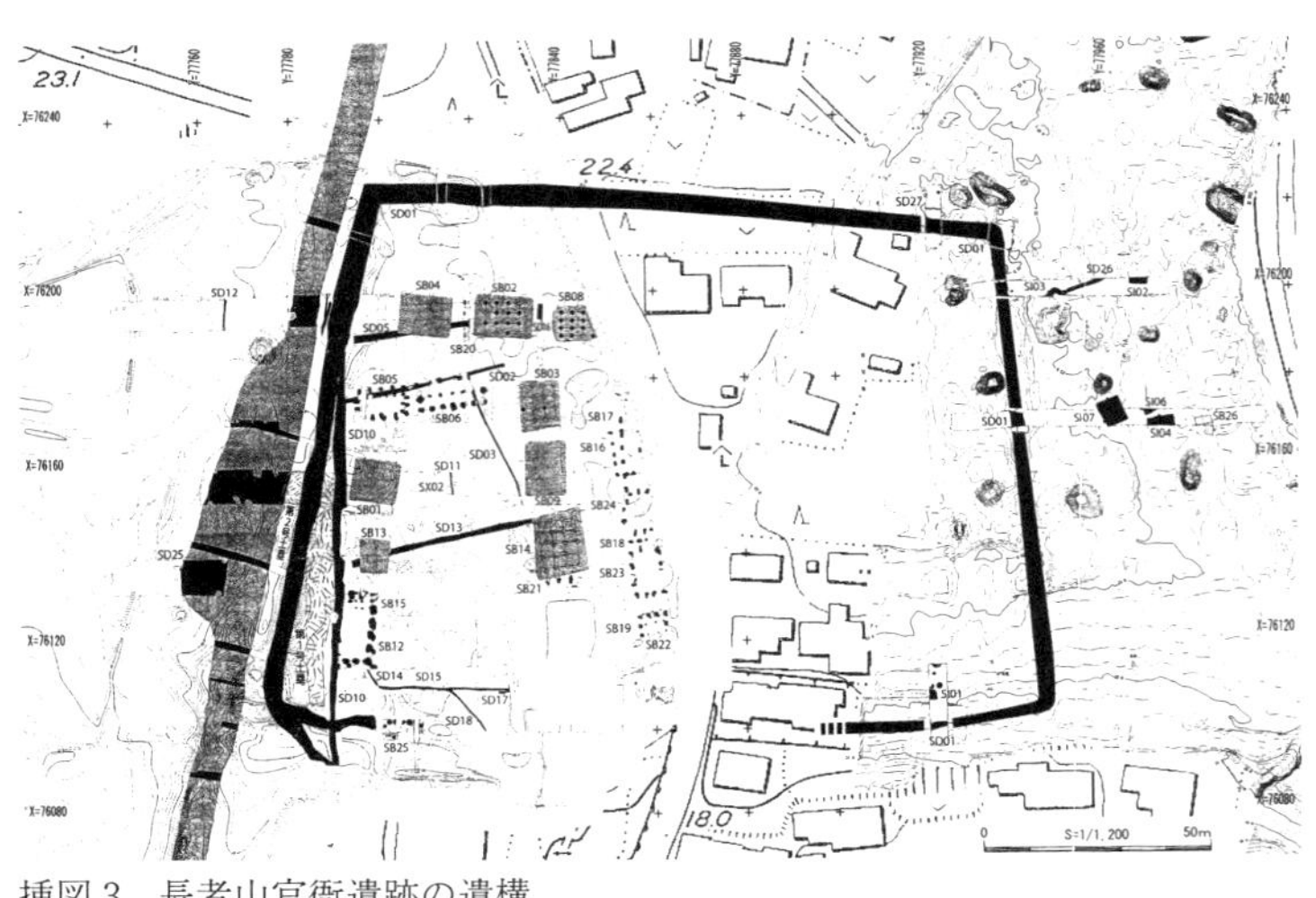

挿図３　長者山官衙遺跡の遺構

ほどの道路跡に東接して、溝で区画された東西一三四～一六五メートル、南北一一〇～一一六メートルの範囲の中から、八世紀中葉から十世紀代の掘立柱建物群と礎石建物群が見つかっている（挿図３）。建物群は二時期あり、まず掘立柱建物がコの字型に配置された後、九世紀中葉以降に礎石建物群に建て直される。ここからは炭化穀稲も多量に出土しており、礎石建物群は多珂郡正倉別院の倉庫とみられる。当初のコの字型配置の施設は立地や存続時期から藻島駅の可能性が考えられ、交通と密接に関わる官衙遺跡で、古代国家の交通政策を知る上でも重要として国史跡となっている。藻島駅と推定される施設は、山陽道でみつかっている駅家のように瓦葺き礎石建物ではなく、郡庁のように規格性が高いコの字型配置をとらない掘立柱建物であるが、一定の計画性をもって官道沿いに設置されている官衙施設であった。このようなあり方が一般的な駅家の実態であったのか、今後、駅家を検討する上で重要である。

駅家と国府

山陽道の駅家に葺かれた瓦については、国府との関係が深く国府系瓦と評価されている。山陽道諸国では国庁については、建物配置を含めてよくわかっていないために、国府と駅家との建物配置や構造の検討はされていない。

こうしたなかで、播磨国府の中枢部とみられる姫路市本町遺跡では、建物をはじめとする遺構や出土遺物の研究がすすみ、播磨国内の駅家と類似することが明らかになっている。播磨国府の一画とみられる本町遺跡は、国庁そのものでなく、周囲に設けられた付属官衙と推定されている。方位が八世紀以降、斜方位から正方位に変わり、それに合わせて山陽道も方位を変えたとみられる。

Ⅰ期（七世紀末～八世紀前半）には、建物や掘立柱塀の方位が飾磨郡主条里の地割と一致し、大型の柱穴をもつ建物からみて官衙の創建時期である。方位から、山陽道を基準に条里と同じ方位で施設が設けられたことを示している。方位が大きく変わるのは、Ⅱ期の八世紀後半で、建物や溝はほぼ正方位となり、付近に駅家と同じ播磨国府系瓦を葺いた瓦葺き建物が建設される。瓦から礎石建ちになった可能性が高い。国府の正方位に合わせて、付近の地割全体が大きく改変されたと考えられる。

播磨国内を通る山陽道の駅家は、八世紀後半に駅路と向きを変えて正方位になり礎石建ちの瓦葺き建物に建て替わる。同じ時期に、本町遺跡（播磨国府）においても、施設が正方位に変わり、礎石建ちの瓦葺き建物になっていた。こうした国府と駅家の官衙建物にみられる類似性は、偶然ではなく、国府とともに駅家も方位を変えて、瓦葺き建物になったとみられる（大橋二〇一四）。制度上、駅家は国司の監督下にあり、これまで国府系瓦から国衙の関与が指摘されてきたが、建物配置や方位からも国衙が駅家の造営や修繕に深く関わっていることがわかる。

高橋美久二は栃木県長者ヶ平遺跡（芳賀郡衙別院）で古代官道の十字街近くでみつかったコの字形配置の施設について、山陽道などで検出されている駅家の遺構と類似し、駅家と古代官道との関係を典型的に示すとし、駅家の可能性を指摘した（高橋二〇〇二）。高橋が長者ヶ平遺跡のコの字形配置建物群を駅家と推定した時点では、まだ周辺の調査が進んでいなかった。その後、コの字形配置建物群を囲んで、大規模な倉庫群が配置されていることが明らかになり、郡庁と正倉と理解する意見が有力となっている。

一方で、木本雅康も東山道沿いに確認されている、コの字形配置建物群をもつ、長者ヶ平遺跡や上神主・茂原官衙遺跡について、郡衙そのものとして理解するのではなく、駅家と郡衙正倉別院という複合的な性格を持つ遺跡の可能性があるとし、コの字形配置の建物群＝郡庁とみることに疑問をもち、コの字形配置建物群を駅館とし、高床倉庫群は正倉別院と考える（木本二〇〇八）。

山陽道以外の駅家の構造については、十分にわかっていない。文献史料の検討によれば、山陽道以外の駅家の実像について、瓦葺き粉壁の立派な駅家は山陽道沿いだけで一般化できないとする意見も出されている（市二〇一七）。市大樹は、駅家は「倉・屋を中心とした建物が立ち並び、区画施設で囲まれて院を構成していた」とし、「瓦葺粉壁」に改修され、儀礼空間としての性格が付与されていたような山陽道の駅家のようなイメージを一般の駅家に抱くべきではないとする。これまで、駅家は山陽道で見つかった古大内遺跡などを参考にして、各地の遺跡のなかで類例を探すことが行われてきたが、そのような視点からではみつからないことが指摘された。

これまで郡衙の郡庁とみられる遺跡のなかに、駅家が含まれているという視点から検討が行われた場合もあったが、駅家を遺跡の上で認定する上で重要な指摘である。藻島駅とみられる長者山官衙遺跡の構造が、郡庁のような格式を備えていない点に通じるものである。

一方で、高橋美久二は瓦葺き粉壁を山陽道駅家に限定して考える必要はないと考えた。各地の道路沿いの瓦を出土する遺跡については、引き続き駅家の可能性も含めて検討する必要があり、その上で山陽道と他地域の駅家の構造が異なるのかどうか、検証する必要があろう。

三　官衙遺跡群と交通路

郡衙や駅家は駅路沿いに設置されるだけでなく、『出雲国風土記』によれば、意宇郡衙は山陰道と隠岐道の十字街付近で黒田駅に接し軍団や国府と近い位置にあったこと、神門郡衙も狭結駅と接した水陸交通の要所に設置されていたなど、郡衙と駅家や軍団が交通の要所の一箇所にまとまっている例が知られていた。

実際の官衙遺跡の発掘調査においても、各地で郡衙の機能だけでなく、駅家などの官衙施設が含まれる複合的な機能を持つ遺跡群としての実態が明らかになっている。ここでは、複合的な官衙施設の実態が明らかにされている常陸国の事例を中心にみる。

常陸国那賀郡衙の様相

常陸国北部に位置する那賀郡では、郡内を二分する那珂川の両岸において複数の官衙施設が確認されており、地方支配の実態を知る上で重要な様相を示している。

那珂川右岸の台渡里官衙遺跡群は、那賀郡衙正倉院と寺院からなる。北から長者山地区・観音堂山地区・南方地区の三地区からなり、さらに南東に離れて官衙施設の台渡里遺跡が位置する（挿図４）。長者山地区は那賀郡衙正倉院で炭化米が出土し、高床倉庫とみられる礎石建物の中には桁行二〇メートルを越える大型の瓦葺き建物（法倉）もある。

長者山地区のすぐ南側に、寺院跡である観音堂山地区と南方地区が位置する。観音堂山地区では、金堂・講堂・塔などが確認されている。その後、南側の南方地区に西に金堂、東に塔を配置した寺院として再建される。

長者山地区から南東約六〇〇メートル離れた台渡里遺跡は一部が調査されただけであるが、陸奥国府の多賀城に向かう駅路に面しており、溝で区画された中に掘立柱建物や礎石建物が確認され、炭化米や官衙施設を示唆する「備所」と記された墨書土器が出土し、長者山地区とは別に設置された郡衙正倉と考えられている。

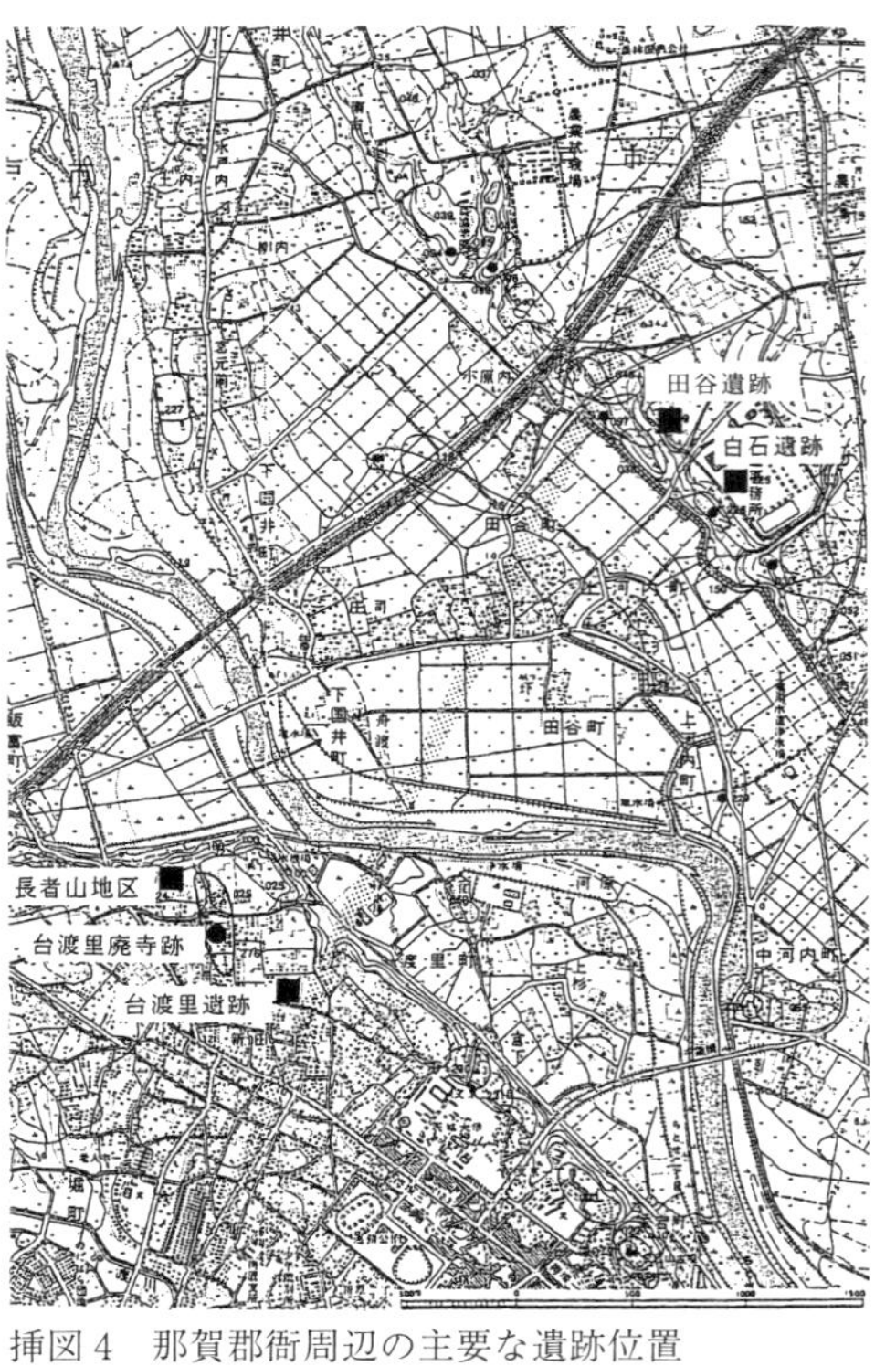

挿図４　那賀郡衙周辺の主要な遺跡位置

台渡里官衙遺跡群においては、那賀郡衙正倉院の長者山地区の他に、約六〇〇メートル離れた台渡里遺跡でも駅路に面して正倉が設置された状況が明らかになっている。台渡里遺跡の正倉は、長者山地区よりも遅れて八世紀後半になって建設されており、これは当時の対東北政策に関わる可能性がある。

一方で、台渡里遺跡群の那珂川対岸においても、官衙施設の田谷遺跡、白石遺跡がみつかっている。この地点は、那賀郡衙の台渡里遺跡群を通り那珂川を渡河した駅路ルート沿いにあたり、この那珂川渡河付近に河内駅が置かれていたと推定されている。田谷遺跡では六棟の礎石建物が確認され、長者山地区と同じ文様の軒先瓦や文字瓦が出土し、那賀郡衙正倉別院とされ、瓦は正倉に葺かれていた。その南方に位置する白石遺跡からは奈良・平安時代の竪穴住居跡一六軒の他に、桁行八八メートルの長大な掘立柱建物が確認されている。田谷遺跡、白石遺跡については河内駅に関わる施設とみる説もある。

また、那賀郡内では別地点の『常陸国風土記』に記された平津駅付近にあたる大串遺跡でも、礎石建物や掘立柱建物がみつかり、炭化穀稲も出土し、常陸国那賀郡衙正倉別院と考えられる。平津駅は対東北政策に重要な役割を担ったとみられることから、平津駅近くに那賀郡衙正倉別院が設置されたと理解できる。こうした郡衙と駅家が隣接したあり方は、『出雲国風土記』に記された意宇郡衙と黒田駅、神門郡衙と狭結駅と同じである。

常陸国那賀郡においては、官道に沿って複数の官衙施設が認されている。その特徴は、駅路沿いの那珂川両岸に複数の官衙施設が展開する点である。河内駅も同じ官衙遺跡群に含まれていた可能性が高い。台渡里官衙遺跡群だけでなく、対岸に位置する田谷遺跡や白石遺跡も官衙施設であり、那珂川両岸に複数の官衙施設を設けるあり方は、郡内統治のために数箇所に官衙を設けて郡内支配の便を計ったものである。加えて、那賀郡の官衙遺跡の特徴は、正倉の数が多く大規模な点である。これは単に郡内の統治に関わるものだけでなく、八世紀後半に緊張が高まる対東北政策の影響もあると考えられる。

官道沿いの官衙遺跡

官道の駅路沿いに官衙遺跡を設置するあり方は、常陸国茨城郡でも確認されている。東平遺跡は駅路沿いで安侯駅の遺称地である安居に位置し、駅家そのものはみつかっていないが、炭化穀稲とともに大型の高床倉庫がみつかり、周辺の遺跡から出土した墨書土器「騎兵長」から、郡衙正倉別院の周辺に駅家や軍団の駐屯施設が設けられた、複合的な官衙施設として評価されている（黒澤ほか二〇〇一）。

先に取り上げた多珂郡藻島駅（長者山官衙遺跡）に関わる『常陸国風土記』の記述によれば、多珂郡衙から藻島駅までの距離は三〇里（約一六キロメートル）とあり、この距離は標準駅間距離三〇里と同じであることから、次駅の棚嶋駅は多珂郡衙と同所にあったと推定できる。里程から北茨城市磯原の大北川河口付近にあたり、水陸の要衝地に郡衙と駅家が駅路沿いの同一場所で複合的なあり方をして置かれていたのであろう。

最近では、常陸国から多賀城に向かうルート上にあたる『延喜式』の「玉前駅」、多賀城木簡の「玉前剗」の推定地である、宮城県原遺跡において材木塀に区画された建物群がみつかり、その性格が問題となっている（岩沼市二〇一八）。この場所も交通の要衝地であり、ここに駅家と剗が複合的に存在していた可能性が高まっている。

官道沿いに設置された複合的な官衙遺跡は、常陸国以外でも各地でみつかっている。加賀郡牓示札と名付けられた郡符木簡が出土した石川県加茂遺跡は、北陸道沿いに設置された官衙遺跡である。その性格については特定されていないが、北陸道の深見駅、加賀郡衙の出先機関、関、荘園経営の拠点、加賀郡田領丈部氏の統治施設などさまざまな可能性が提起されている。そのため、加茂遺跡に複合的な性格があったとみるべきという意見も出されている（森田二〇一七）。

一方で、これまで伊場遺跡（静岡県）では、墨書土器「布知厨」「郡鎰取」「栗原驛長」などから、敷知郡衙（渕評）の機能だけでなく駅家も近くにあった可能性が高いとされていたが、駅家そのものは南方に想定される東海道沿いにあり、出土文字資料は駅家の存在を示さないという意見もでている（渡辺二〇一七）。出土文字資料だけでなく、駅路との位置関係なども含めて、官衙遺跡の性格を考える必要性を示す事例である。

官衙の実態は、郡衙や駅家が単独で設けられる場合だけでなく、両者が駅路などの官道沿いに接して官衙遺跡群を形成する場合も多かったことが発掘調査によって明らかにされてきた。

四　官道沿いの景観

古代律令国家は中央集権国家の威信表示を重要とし、実用性を超えた荘厳化を都城・地方官衙や道路に求めた。平城京の朱雀大路が幅員七五メートルと実用性を超えた規模であったのは、国家統治を進める上で道路においても威信を示すことが必要だったことによる。地方においても、官道の駅路が幅九～一五メートルと広い点は同じような機能が期待されていたことを示す。

七世紀末に藤原宮は宮殿としては初めて荘厳な瓦葺き建物として造営される。地方官衙（国府・郡衙）の整備時期であり、藤原宮の荘厳化が国府や郡衙の造営、整備に大きな影響を与えていた。藤原宮で採用された礎石建ち瓦葺き建物は、平城宮でも引き継がれ壮麗な大極殿が造営された。そこでは元日の朝賀や天皇の即位式、さらに蕃客の謁見などが行われた。平城京では邸宅を丹塗りの瓦葺き建物にするようにとの命令が出されており、瓦葺き建物が平城京を壮麗にするという視覚的な役割を持っていた。さらに宮殿だけでなく貴族の邸宅の一部にも瓦葺き建物が採用された。中央政府は対外的な視覚効果を目的として建物の瓦葺きを奨励した。地方では都に倣い、国府周辺には丹塗り瓦葺き建物が官舎や寺院として建てられ、直線的な大規模道路が計画的に設けられ、農村とは異なる都市的景観を形成していた。

藤原京期には地方官衙の国府・郡衙でも数は少ないが、瓦葺き建物が採用される。地域支配の拠点であった国府は七世紀末から八世紀初めに全国で広く設置され、この時期に遡る瓦を出土する国府として、下野国府、常陸国府、美濃国府がある。

郡衙は国府と同じ七世紀末に官衙施設として独立して設置・整備される。この時期に瓦葺き建物を採用した郡衙遺跡として、宮城県名生館遺跡（陸奥国丹取郡衙か・郡庁正殿）・福島県根岸遺跡（磐城郡衙）・岡山県勝間田遺跡（美作国勝田郡衙・郡庁か）・万代寺遺跡（因幡国八上郡衙・郡庁）がある。

藤原京期に瓦葺き建物を採用する国府は一部であり、多くの国府での導入時期はほぼ八世紀中頃を前後する国分寺創建前後にあたる。同じ頃、東国の陸奥国とそれに接する下野国、常陸国では郡衙正倉でも一部の大型倉庫（法倉）に礎石建ちの瓦葺き建物が採用される。国府や郡衙正倉における瓦葺き建物の採用時期は八世紀前葉から中葉にかけてである。

郡衙正倉のなかで威容を示した高床倉庫は法倉と呼ばれ、正倉院のなかでもっとも目立つ高所に建てられ、下野国那須郡衙（那須官衙遺跡）

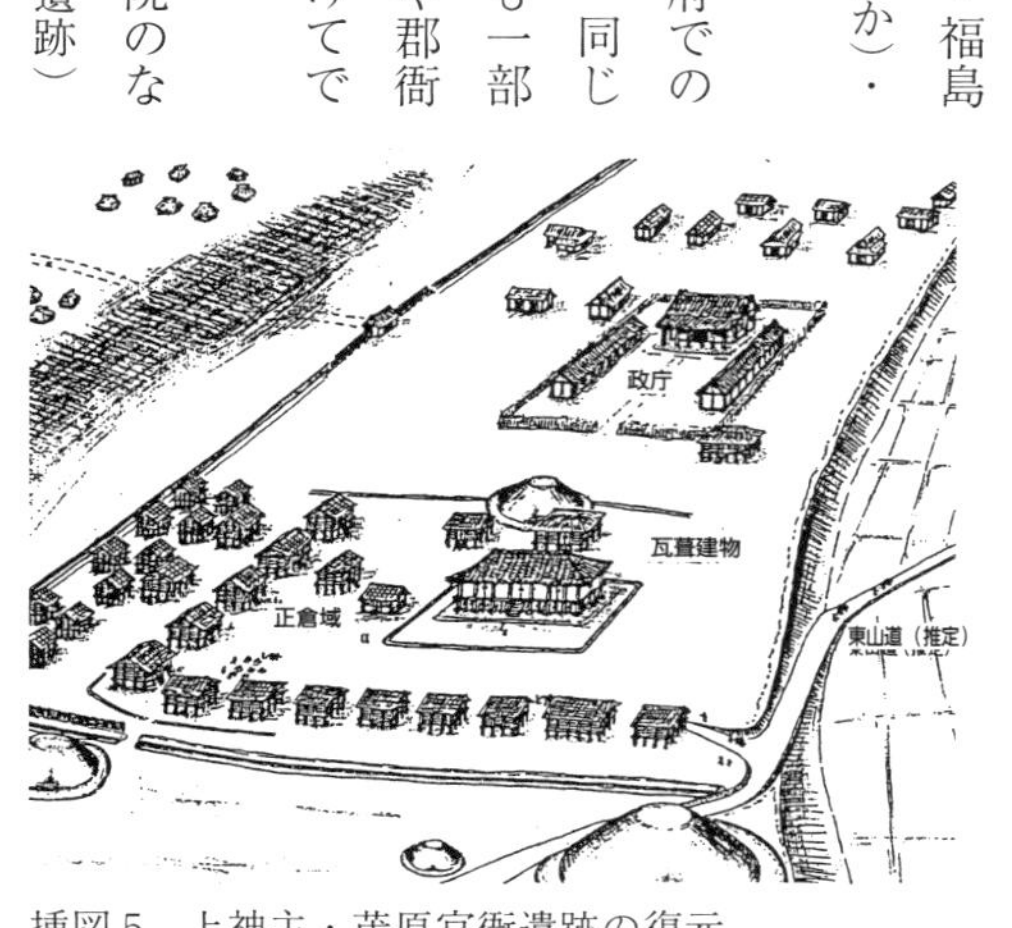

挿図５　上神主・茂原官衙遺跡の復元

や河内郡衙の上神主・茂原官衙遺跡にみるように、下野国や常陸国のように建物を丹塗りし瓦葺き建物として駅路に面して、威容を示して建てられた地域もあった（挿図５）。台渡里官衙遺跡群では那珂川を見下ろす台地上にあり、陸上および水上交通も重要視された位置にあった。また、美濃国武義郡衙の弥勒寺東遺跡も長良川右岸の河岸段丘上にあり、稲穀運搬などに舟運が大きな役割を担っており、法倉とみられるひときわ大型の正倉は郡庁よりも一段高い地点に立ち、この法倉を含めて郡衙施設が河川からの景観も意識されて設置されていた。

古代寺院と交通路

古代寺院が交通路に面して景観を意識して建立されるあり方は、全国各地でみられる。出雲国でも山陰道などの道路沿いに寺院が設けられる例が多い。国府にもっとも近い位置に建立されたのは、『出雲国風土記』に記載された四王寺跡（意宇郡山代郷南新造院）であり、山陰道や国府からの景観も意識しているとみられる。四王寺跡は風土記によれば、飯石郡少領であった出雲臣弟山によって建てられた。出雲臣弟山は後に国造になる出雲国の最有力氏族で、四王寺跡は国庁・意宇郡家にもっとも近い位置にあたる。国府周辺に造営された氏寺は、後に定額寺となって地域支配の一端を担い国の法会を行うだけでなく律令国家の象徴的な存在として駅路沿いに建っていた。

国府・郡衙などの官衙に加えて国分寺や氏寺も古代道路沿いに建立され、寺院が在地においてランドマークとして機能していた。

街路樹

平城京においては、『万葉集』の歌から大路に柳が街路樹として植えられていたことが知られていたが、地方の駅路や国府などの官衙において街路樹が植えられていたかについては、その存在の有無が問題となっていた。そうした中で、鳥取県青谷横木遺跡の発掘調査で柳の並木がみつかり、地方においても都と同じように並木が存在していたことが明らかになっている（鳥取県二〇一八）。青谷横木遺跡で確認された道路は直線的で長さ三〇〇メートルにわたり、山陰道と考えられており、その側溝の外側に築かれた盛土上で柳の植栽が六〇メートルほどにわたって確認されている。

また、奈良時代には東大寺僧の普照によって、「全国の駅路の両側に果樹を植えるべきである」という意見が朝廷に提出され、法令として発布されたが、実際に駅路に果樹が植えられたかどうかは不明となっていた。近年、駅路に果樹が植えられた可能性を示す成果が、備後国府の発掘調査で得られている。先に紹介した備後国府の交差点の発掘調査において、山陽道から国府中枢部へ向かう進入路の側溝埋土中から、榛の花粉がみつかっている（府中市教育委員会のご教示）。榛は、『延喜式』の諸国貢進菓子条に載る果樹の一種であり、実際に駅路沿いに果樹が植えられていた可能性も高まっている。

まとめ

近年、官衙と古代道路については、文献史学、考古学、歴史地理学のそれぞれの分野の研究の深化に加え、学際的研究によって多くの成果があげられてきた。道路についても駅路ルートの追究にとどまらず、郡衙間を結ぶルートなどの実態も明らかになりつつあり、道路沿いに設けられた国府・郡衙・駅家などとの空間構成、景観も研究が深化しつつある。

古代国家は、中国にならい中央集権的支配の徹底を図り、宮都や地方官衙は舞台装置として、同時に支配の手段としての役割を果たした。筆者は、国府を中心とする地方官衙の検討から国郡制の形成を次のように理解している（大橋二〇一八）。

第一の画期は、七世紀中頃から後葉で、拠点的官衙施設が特定の場所に設置された。大宰府、筑後国府の先行官衙、久米官衙遺跡群、郡山遺跡Ⅰ期官衙などである。この時期、特定の任務を携えた巡検使的な役割を担って諸国に派遣された国司（国宰）は独立した庁舎を持たず、こうした拠点的官衙施設や評衙を利用して職務を果たしていたとみられる。一方で、評衙の多くは発掘調査で明らかになってきたように、まだ居宅と未分化なあり方をしていた。

第二の画期が、七世紀末から八世紀初めである。国境が確定し、国司は諸国に派遣されて常駐し国衙が設置され、郡衙も整備された。これ以降、諸国で定型化した国庁が設置され、周辺に曹司・国司館などの国衙施設の充実化が図られる。大宝令により国郡制度が整えられ、国庁における国司朝拝が制度化されたことが背景にあると考える。こうした行政制度の整備を経て、国衙が整備されていくのが八世紀前葉以降であった。柱を丹塗りした瓦葺き建物が国庁を中心に採用されており、都城を中心とした荘厳化政策とも深く関わる。

駅路の整備過程についても、まず第一の画期である七世紀中頃から後葉に、古墳時代以来の畿内と地方を結ぶ交通路を利用して、各地の拠点的な官衙施設を結ぶように駅家が設置され、段階的に直線的な駅路が作られたと憶測している。第二の画期は国府が全国的に設置された七世紀末から八世紀にかけての時期であり、この頃に全国的に大規模で直線的な駅路の整備が進む。

古代における官衙と交通網の整備におけるもっとも大きな画期は、七世紀末から八世紀初めの藤原京期であり、全国的に国府が設置され、国の骨格である官道の駅路や郡衙・駅家が整備され、条里地割の施行も進んだ。

参考文献
出雲市教育委員会二〇一七『出雲国古代山陰道発掘調査報告書』
市大樹二〇一七「文字資料からみる駅家」『日本古代の道路と景観――駅家・官衙・寺――』八木書店
岩沼市教育委員会二〇一八『原遺跡第2次調査概要報告書』
上郡町教育委員会二〇〇六『野磨駅家跡』
上三川町教育委員会・宇都宮市教育委員会二〇〇三『上神主・茂原官衙遺跡』
大橋泰夫編二〇一二『古代日本における法倉の研究』平成21年度~平成23年度科学研究費補助金・基盤研究（C）研究成果報告書
大橋泰夫二〇一四「長舎と官衙研究の現状と課題」『第17回古代官衙・集落研究会報告書長舎と官衙の建物配置　報告編』（独）国立文化財機構奈良文化財研究所
大橋泰夫二〇一八『古代国府の成立と国郡制』吉川弘文館
木下良一九七七「国府の「十字街」について」『歴史地理学紀要』一九
木本雅康二〇〇八『遺跡からみた古代の駅家』日本史リブレット69、山川出版社
木本雅康二〇一七「西日本の交通・官衙と景観――国府の朱雀大路と十字街――」『日本古代の道路と景観――駅家・官衙・寺――』八木書店
黒澤彰哉・海老澤稔・川口武彦・渥美賢吾二〇〇一『茨城県岩間町　東平遺跡発掘調査報告書――推定安候駅家跡――』岩間町教育委員会
鈴木靖民・川尻秋生編二〇一七『日本古代の道路と景観――駅家・官衙・寺――』八木書店
高橋美久二一九九五『古代交通の考古地理』大明堂
高橋美久二二〇〇二「古代の官道と官衙」『季刊考古学』第八〇号
龍野市教育委員会一九九四『布勢駅家Ⅱ』龍野市文化財調査報告一一

鳥取県埋蔵文化財センター二〇一八『青谷横木遺跡』鳥取県埋蔵文化財センター調査報告書六七
日立市教育委員会二〇一七『東海道常陸路及び長者山官衙遺跡』
道田賢志二〇一七「備後国府の発掘調査」『条里制・古代都市研究』第三二号、条里制・古代都市研究会
森田喜久男二〇一七「〔コラム〕石川県加茂遺跡と北陸道」『日本古代の道路と景観――駅家・官衙・寺――』八木書店
山中敏史一九九四『古代地方官衙遺跡の研究』塙書房
渡辺晃宏二〇一七「出土文字資料から伊場遺跡群を考える」『日本古代の道路と景観――駅家・官衙・寺――』八木書店

〔図版出典〕

挿図1 府中市教育委員会提供、挿図2 上郡町教育委員会、二〇〇六年、挿図3 日立市教育委員会、二〇一七年、挿図4 筆者作成、挿図5 上三川町教育委員会・宇都宮市教育委員会、二〇〇三年

古代の水上交通

川尻　秋生

はじめに

古代の交通を語る上で欠かせないものに水上交通がある。まわりを海に囲まれ、多くの河川が海に流れ込む日本列島では、少なくとも縄文時代から船による交通が存在したことが、多くの丸木船の出土例から知ることができる。

中国が大運河を開削したような大規模な国家的事業を展開した訳ではないが、古代日本の水上交通は、国家の関与を受けつつ、それなりの展開を遂げた。本稿では、古代における水上交通の実態について、主として文献史料によりつつ、概観することにしたい。

なお、遣隋使・遣唐使などによる対外交通については、膨大な研究があり、本書でも河内春人氏の専論があるため、詳細はそちらに譲ることにしたい。[注1]

一　海上の水上交通

1　畿内の水上交通

まず、西日本の水上交通を考える場合、畿内の水上交通を検討する必要がある。

その場合、第一にあげねばならないのは難波津であろう。[注2] 古墳時代、あるいはそれ以前から、西日本、そして大陸との交通の出入り口であった。伝承上の宮の存在はともかく、上町台地の上に、古墳時代の巨大な倉庫群が造られ、また、大化改新の直後に難波長柄豊埼宮が造営され、同時期に四天王寺が大改修を受けたことも、難波津との関係から説明できるであろう。[注3] 難波津は、大和と瀬戸内海を結ぶ結節点として機能していたといえる。

この難波津と大和を結んでいたのが大和川である。たとえば、推古十五年紀にみえる裴世清が小墾田宮を訪れた際など、大和川水系が使用されていたと推測されている。[注4]

一方、淀川水系についても多くの研究があるが、ここでは長岡京・平安京との関係で触れておく。周知のように、長岡京の建築資材は、後期難波宮を解体した上で、淀川水系を使って運ばれたと考えられている。長岡京は淀川が存在してはじめて成立した都城であるといっても過言ではない。

この点は三国川（現在の神崎川）の事例からさらに明らかになる。『続日本紀』延暦四年（七八五）正月庚戌条には、「使を遣して、摂津国神下・梓江・鯵生野を掘りて三国川に通ぜしむ」とあり、淀川と三国川を直結させている。これは、淀川と瀬戸内海を結ぶ新たな流路を開くこと、および氾濫を抑えるためであった。背景には、前年に長岡京に遷都したことがあり、長岡京と瀬戸内海をあらたに結んだのであった。また、淀川の河口部に土砂が堆積したことによって洪水が起こり、それにともなう難波津の機能低下を克服するためでもあった。[注5]

一方、平安京にとっても、淀津・宇治津・山崎津は、難波津から船で遡って上陸する地点、そして、河川交通と陸上交通の接点としても、後世に到るまで重視されていた。[注6] 淀津については後述する。

さて、日本の水上交通を考える場合、その主体は西日本である。[注7] もちろん、後述するように、東日本でも海上交通の重要性が指摘されるようになってきたが、中国の交通体系の「南船北馬」をもじって「西船東馬」と表現すること、また、同時に起きた西の藤原純友の乱、東の平将門の乱を対比してもよくわかるように、西日本の海上交通は、ある意味で当該地方の動脈であった。この要因は瀬戸内海交通にあった。[注8]

瀬戸内海は、陸地に囲まれているために海面が穏やかで、遭難の心配が少なかった。そのため、海上交通が発達し、結果、西日本からは米などの重貨が輸送されることが多かった。重貨の場合、陸上交通（人担）よりも海送が適していた。

さらに、陸路としても西海道・山陽道があり、とくに山陽道は大陸からの使節の接遇のため重要視されたが、一方では、西日本との人的交流に船が用いられたこともあった。もちろん、南海道からの上京には、必ず船を用いる必要があった。この点は、土佐守の任期を終えて上京するようすを描いた紀貫之『土佐日記』を想起すれば十分であろう。

こうした点から、瀬戸内海沿岸には、早くから津が発達した。たとえば、額田女王の名歌がある。

熟田津に船乗りせむと潮待てば月もかなひぬ今は漕ぎい出な　（『万葉集』巻一）

熟田津の比定地についてはいくつかあるが、斉明天皇の朝鮮半島出兵に際しての歌とすれば、畿内の海上交通の要である難波津から北九州に向けて、津を経ながら西進したようすが浮かび上がってこよう。兵士の輸送と海上交通の関係は、難波津を出発し、北九州に赴いた東国の防人についても当てはまり、そのようすが『万葉集』に残された防人歌から、断片的にではあるが、知ることができる。

2　『散木奇歌集』からみた航海

津を経由しながら上京したようすは、従来、連続的に知ることができなかった。そこで、筆者は、『散木奇歌集』に収められた和歌から、経由地、ならびに船旅のようすを明らかにできることに気づき、研究をしたことがある。[注9]

『散木奇歌集』は、全十巻、宇多源氏の源俊頼（天喜三年〔一〇五五〕～大治四年〔一一二九〕）の自選の私家集で、最晩年の大治三年頃の成立である。父は管絃に優れ、『帥記』を著した大納言源経信である。承徳元年（一〇九七）に、父が大宰権帥として現地で亡くなった後、俊頼は地名や周囲のようすを詠み込みながら上京した。

一連の和歌は第六、悲嘆部に収められている。父とともに博多にいた俊頼は、正月六日、父の死に立ち会うと、一連の仏事を執り行って、荒津を船で出発し、鐘の岬（福岡県宗像郡玄海町）を過ぎた。

あらつを出でて、かねのみさきといふ所を過ぎにけるに、やう〳〵つくしを離れぬることなど、心細さにつゝみもあへられぬ心地して

音に聞く鐘の岬はつきもせずなく声ひびくわたりなりけり

『続日本紀』神護景雲元年（七六七）八月辛巳条によれば、筑前国宗形郡大領宗形深津とその妻竹生王が僧寿応に勧められて「金埼船瀬」をつくったとみえ、人工的な施設であった。鐘の岬と同じ場所のことであろう。

ついで、門司（北九州市門司区）を過ぎた。

門司の関すぐるに関屋に人の見えざりければよめる

ゆきすぐる門司の関屋よりとどめぬさへぞかき乱りける

門司の関屋に人が見えなかったことを詠んでいる。門司については、『類聚三代格』巻十六、船瀬幷浮橋布施屋事にみえる延暦十五年（七九六）十一月廿一日官符が参考になる。そこでは、「豊前国門司」としてみえ、公私の船の勘科に当たっていたことが明瞭にわかる。院政期の門司にも、「関屋」が存在していたことがうかがえて興味深い。

この後、赤間（福岡県宗像郡宗像町）、ひくしま（山口県下関市）、むべの泊（不明）、くちなしの泊（広島県沼隈郡）、室積の泊（山口県光市）、しらいしの洲（山口県岩国市）を経て、鞆の浦（広島県福山市）に停泊した。

ともといふ所にとまりけるを、「まだ日高し、さりぬべからんとまりあらば過ぎばや」などいへども、
　船どもみなとゞまりにければ、いかがはせんとて、とどまりてよめる
ふなどもはともにとまれとわび人のなげく心は過ぎぬるものを

鞆の浦は古来著名な停泊地であった。「まだ日が高いから、しかるべき湊があれば、そこまで行こう」という言葉から、当時は昼航海し、夜は湊に留まっていたことがわかる。瀬戸内海には数多くの湊があり、旅程に合わせて停泊地を選んでいたことが推察される。

つぎに、児島（岡山県倉敷市）に停泊した。

　にはかに東風ふくとて、こじまといふ所にとゞまりて、くだりにはこちはよかりしものをなど思ひて、
　それさへことたがひたる心ちしてよめる
思へどもこちなき旅の涙かなはじめこしまはなげきやはせし

児島も著名な停泊地であったが、急に東風が吹いたので停泊したという。湊は、夜停泊するためだけではなく、風待ちのためにも必要であった。

このような風待ちをすることもあれば、次には追い風が吹き快走することもあった。

きにはをいでてまかるに、追風たちて走るによめる
おほふねのほにあげて物を思ふには走る走るぞ袖はぬれける

しかし、風が強すぎると障害も起こった。

はしりけるに、風ゆふはりして、ほばしら折れなどしてさわぎけるを見てよめる
けふもまた世を倦みわたるほばしらの折れぬる舟の身をいかにせん

風が強まって帆柱が折れた。また、先の和歌と併せれば、「大船」で帆船であったことがわかる。

さらに、旅で困ったのは風ばかりではなかった。

例ならぬ人の船にあるが、苦しかると聞きて、そひ船にのせて移すを聞き
いとほしやまたうきことをそひ船にうつし心もなくなりにけり

病人が出る場合もあった。その場合「そひ船」に乗せて収容した。この点は重要である。当時の大船は、単独で航行していたのではなく、小型船が併走していたことになる。

さらに風が立つと浪も立った。室津（兵庫県揖保郡）では、

むろには日ごろとゞまりて、たま〳〵いでて漕ぎゆく程に、なごろなほたかしとて、漕ぎもどるを見て
なごろには漕ぎもどりけりあはれわが別れの道にこちも吹かなむ

室津で天候の回復を待っていたところ、たまたま出帆したものの、浪がまだ高かったので、再び室津に引き返している。こうした天候の悪化に対処する方法は、神仏に祈願するしかなかった。おまえ（兵庫県西宮市）では、

おまへといふ所にて風吹きなどす。なごろと申すものたつといひさわぐを聞きて、その神にみてぐらたてまつるとて書きつけける

さのみやは人のなさけをしら波のたつはおまへのしわざとぞみる

その地の神に御幣を捧げて、波が収まるのを祈った。この神とは津の守り神のことであろう。このような祈願の方法は、当時、一般的であったとみえ、『土佐日記』や後述する『津守国基集』にもみることができる。

さて、その後、江口では「しろ」という幼い遊女に会いながら、父の喪という理由で取り合わず、まて（大阪府門真市）に至った。

まてといふ所にてしばしとどまりて、つなでの者どもに物食はせけるに、岸の家どもより人々あまた来て見ればよめる

思ひきやうかりししほをすごし来てけふまで人に見えんものとは

淀川の下流を少し遡ったところで、綱手の者に食事を与えた情景を詠んだ。綱手とは牽船（船に綱を付けて人力で川を遡上する方法）の綱を引く者のことで、この場所に多く住居を構えていたことがわかる。食事を与える代わりに、労働力を確保したことになろう。

淀川の牽船については、『類聚三代格』巻十九、禁制事、昌泰元年（八九八）十一月十一日官符にみえ、淀川河畔で「舫船を牽引」していたが、河川敷には公私の牧があり、綱手が牧に入ることを認めず、もし、足を踏み入れようものなら、牧子が恣に掠奪を重ねていた。そこで、今後は河畔の幅五丈に限って綱手の入部を認める命を下している。

さらに淀川を遡り、淀では次のように詠んだ。

淀のわたりに着きて、車に乗り移りて、日ごろの舟にさへ別れぬるかなしさによめる

涙もやよどむと思へばあやにくにせきだにあへぬ渡りなりけり

俊頼は、淀川を遡って淀津で牛車に乗り換えた。この場所が、河川交通から陸上交通への乗り換え場所であったことを示している。淀津は、平安京の南に位置し、宇治津や山崎津とともに、繁栄したことが各種史料から判明しているが、その理由の一端は、河川交通から陸上交通への乗り換えであった。

以上のように、人々は自然を巧みに利用したり、時にはその脅威を避けながら、水上交通を利用したのであった。

二　東国の海上交通

1　東国と陸奥国

従来、東国の海上交通は、あまり注目されてこなかった。しかし、西日本ほどではないにしろ、活発な交通が存在したことが、筆者をはじめとする近年の研究で明らかになってきた。[注10]

筆者がまず注目したのは、坂東からの征夷軍への兵糧の運送方法である。『続日本紀』宝亀七年（七七六）七月己亥条には、次のように見える。

安房・上総・下総・常陸四国をして船五十隻を和市せしめ、陸奥国に置く。以て不虞に備えん。[注11]

この史料で、まず注目したいのは、「和市」である。これは、中世の古辞書では「あまないあきなう」ないし「あまないかう」などと訓じ、相互の合意に基づく売買を示す言葉であった。[注12] したがって、各国衙が安房・上総・下総・常陸四国の船を所有者と合意の上で買い上げ、「不虞」すなわち緊急事態に備えて陸奥国に配置したという意味になる。緊急事態とは、蝦夷との戦いを意味することは明らかである。[注13]

この船は、買い上げられる存在であるから、民間の船と考えられる。当時、民間で船を所有できたのは、郡司など在地の有力者であろう。東国の縁海国の郡司層は、私船を所有しており、その船は、陸奥国まで航行が可能な能力を有していたことになる。

こうした点は、縁海国の郡家の所在地からも推測することができる。相模国から陸奥国にかけての縁海国の郡家の立地場所は、多くの場合、海に流れ込む河川の河口近くに存在する。[注14] 例えば、相模国高座郡家の下寺尾官衙遺跡群（神奈川県茅ヶ崎市）は相模川の河口の少し上流に、[注15] 常陸国那珂郡家の台渡里官衙遺跡群（茨城県水戸市）は、那珂川の下流に存在する。[注16] 陸奥国行方郡家の泉官衙遺跡群（福島県南相馬市）に到っては、新田川の河口近くにあるばかりか、後述するように、新田川から運河を郡家近くに引き込んでいる。[注17] 東国の郡家と河川・海上交通には密接な関係があった。

さらに、『続日本紀』天応元年（七八一）二月己未条では、穀十万斛を相模・武蔵・安房・上総・下総・常陸六カ国から陸奥軍所へ「漕送」させている。これは対蝦夷戦争のために、多賀城に軍糧を送ったことを示すのであろう。米などの重貨は、海難事故さえなければ、人担よりも海運の方が遙かに適している。確かに、瀬戸内海に比べて、東国の太平洋は海が荒れやすく波も高い。しかし、季節や水先案内人さえ選べば、海運も可能なのであった。東国の海上交通を侮ってはならない。

2　東京湾の横断

さらに、東国の沿岸交通を示す『津守国基集』所収の和歌は興味深い。[注18]

安房国より、かみの道からまかり上りしに、駿河に入江の浦といふ所にて、風吹きて、八日まで船を出ださず、怪しみ嘆く程に、人の夢に、住吉の人のする事もなくて、下り上りするが安からねば、翁が吹かする風なり、となむ見へ[え]ると語れば、驚きて尋ぬれば、渚に神の社あり、みを(御穂)の明神と申、にはかにみてぐら挟みて、垂に書き付け侍し、

みをの神住むと聞きてぞ入江なる　なぞ船据ゑて日数経へぬらん

かくてぞ程なく、風やはらぎ、波静かにて船出だし侍し、

これは、津守宣基が承暦元年（一〇七七）に安房守になったため、父の津守国基が安房国を訪れた帰路、安房国から海路を用い、駿河国入江の浦（江尻の津　静岡県静岡市）で詠んだものである。どうして足止めして出立させてくれないのかと幣に和歌を書き付けて、御穂の神に奉納したことがわかる。式内社の御穂神社は津の守り神でもあった。

さて、都から安房国へは陸路で往復することになっていたが、実際には海路を用いることもあった。先の史料は院政期のものであるが、次の史料は摂関期の安房国司の海上交通を示すものとして貴重な事例である。[注19]『本朝文粋』巻第六、奏状、申受領には、寛仁四年（一〇二〇）正月付けの大江時棟が丹後守などを望んだ奏状があり、その中で彼は、安房守であった時の功績を強調している。そこでは、

況や亦安房国の体為るや、山重なり、江複なり、路遠く境遙かなり。黔首の辺雲に栖するや、草沢を家として閩越の俗に類す。渡口の嶮浪に畳するや、水道に棹さして呂梁の危うきを過ぐ。

と述べている。安房国のようすは、山が重なり入り江も複雑で、都から遙かに遠い。人々は辺境に住み、草沢を家とし、閩越（現在の中国福建省付近にいた先住民族）の風俗と似ている。とかなり大げさな表現を用いた後、渡口（渡し場、津）には荒波が幾重にも打ち寄せ、水道（海が陸地に挟まって狭くなったところ）に棹さして（船に

乗って）渡り、呂梁の危険を過ぎた、としている。呂梁とは、『荘子』などに見える流れの速い堤の名で、水流が速く危険であることを強調していることになる。時棟は、現在の浦賀水道を渡海して安房国に赴任したことが推測できるであろう。

実は、宝亀二年（七七一）以前の東海道（古東海道という）は、三浦半島から走水（浦賀水道）を渡海して房総半島に上陸するというものであったが、宝亀二年以降の東海道は、相模国府（平塚市）から多摩川を渡って武蔵国府（府中市）に行き、下総国府・上総国府・安房国府に到る経路であった。東京湾を横断して上総国に到るコースについては、景行四十年紀にみえるヤマトタケル説話を想起することも可能であろう。

十一世紀はじめの安房国司は、規定上は陸路で赴任することになっていたが、実際には奈良時代以前と同じく、東京湾を横断して赴任することもあったということになる。津守国基の存在も考慮すれば、東国には活発な海上交通が存在した。

三　北陸道の海上交通

1　海路と山路

北陸道からの税物の貢上には、海上交通が用いられることも多かった。延喜主税式諸国運漕雑物条には、北陸道諸国から敦賀津までの海送費用が規定されている。日本海は、冬季には大陸からの季節風によって時化たが、夏を中心とした季節には穏やかになるからである。

また、海上交通におけるもう一つの好条件は、天然の良港の存在である。[注20] 越後国などには、河口に潟湖（ラグーン）が発達し天然の良港として利用されていた。[注21] 潟湖は、砂地の海底で、直接、外海の波浪の影響を受けにくく、時化の際の避難場所としてまた津として利用されていたのである。

ここで興味深い例をあげておきたい。

院政期に活躍し、歌人としても著名な橘為仲は、国守として陸奥国および越後国に任じられたことが知られ、下向の途中で、和歌を詠んでいる。[注22] 一般に、この時期の和歌に詠み込まれる地名は「歌枕」と呼ばれ、実際に現地に赴かず、地名に表象化した意味を持たせる一つの修辞技法であった。

しかし、為仲の場合は、実際に通過した場所を読み込んでおり、国司の足取りを追うことができる絶好の史料である。[注23]

越後守にて下り侍りしに、射水といふ所を渡りて、上津といふ所にとどまりたるに、松虫の鳴きしかば、

われならぬ人はこしぢと思へども　たれがためにか松虫の鳴く

（中略）

都井といふ所。

都井と聞くに影だにゆかしきを　水もつららになりにけるかな

園原を発ちて、御坂を過ぐとて、

よそにのみ聞きし御坂は　白雲の上までのぼる懸路なりけり

姨捨山の月を見て、

これやこの　月みるたびに思ひいづる姨捨山のふもとなるらむ

越後にて、正月七日、雪の降りたるを見て、

雪深き越路は春も知らねども　今日春日野は若菜摘むらむ

京に上りて、四月十一日、稲荷に参りて、杉の上にほととぎすの鳴くを聞きて、

卯の花の垣根ならねど　ほととぎす　杉むらにてぞ初音聞きつる

まず、ここでの問題は「上津」である。為仲は、越中国府があった射水から、「上津」に「渡った」という。ここで、東海道線の「国府津（神奈川県小田原市）」を「こうづ」と発音することからすれば、「上津」も同様に越後国の国府津を意味するのではないかと推測できる。また、松虫が鳴いていることからすれば、秋のこととなる。ちなみに、越後国府が所在した上越市には「国府」（こう）の地名がみえる。

このように考えると、為仲は、海路で越後国に赴任したことになる。[注24] 本来、越後国へは、国司は北陸道を通って陸路で任国に赴任することになっていた。しかし、実態としては海路を用いたことになる。

ところが、為仲は、任期を終えて帰京する際は陸路を用いた。和歌には信濃国の地名が読み込まれ、難所として知られる神坂峠を経て帰京したことがわかるから、東山道を経由したのである。そして、帰京したのは卯の花が咲く四月十一日の直前であった。

だが、春とは言え、まだ雪の残る季節。この時期の神坂峠越えは、難渋を極めたはずである。それにもかかわらず、このコースを用いたのには、北陸道を用いることができなかった理由があったはずである。

2　北陸道の難所

この点を教えてくれるのは、『勘仲記』弘安十年（一二八七）七月十三日所引治暦元年九月一日付けの越中国司宛の官符である。

官続文

太政官符越中国司

雑事二箇条

（中略）

一、応レ停下止路次国々泊津等、号二勝載料一、割中取運上調物上事

近江国　塩津　大津　木津

若狭国　気山津

越前国　敦賀津

右、得二同前解状一偁、謹検二案内一、当国者北陸道之中、是難治之境也。九月以後三月以前、陸地雪深、海路波高。僅待二暖気之期一、運二漕調物一之処、件所々刀禰等、称レ勘二過料物一、留二料物一、割二取公物一、冤二凌綱丁一。徒送二数日沙汰一之間、空過二参期一、遅留之怠、職而此由。是非二只官物之減耗一、兼又致二進済之擁滞一。望天恩、因二准先例一、被レ停二止件所々勘過料一、将下全二行程之限一、弥致中合期之勤上者。同宣、奉レ勅、依レ請者。下二知彼国々一既畢。

以前条事如レ件。国宜二承知依レ宣行一レ之、符到奉行。

治暦元年九月一日　左大史小槻宿禰

権左中弁源朝臣

弘安十年七月十三日条では、同様の申請が同年七月七日に越中守従五位下源朝臣仲経から出されたことが記されており、先例として治暦三年（一〇六七）の太政官符が引用された。その官符には、北陸道では海上交通が盛んで

あったことがわかるが、越中国は「難治の境」であったという。九月から翌年の三月までは陸地は雪が深く、海は波が高かったという。

さらに、陸路の通交困難には、親不知・子不知という北陸道の難所が含まれていたことであろう。この場所は、崖が海岸近くまで迫り、難所中の難所として古来より知られている。為仲が難所として知られる神坂峠を用いて上京した理由は、積雪期の北陸道を往来することが困難であったためであると考えられる。この事例は、この冬期の北陸道がいかに通交困難であったのかという点を明確に語ってくれる。

以上から、温暖な季節には海上交通が適していたが、冬季は海が荒れ、また積雪の影響で海路および北陸道が使用不能となったため、代わりに東山道を用いたのであった。つまり、海路と山路は季節によって使い分けられていたことになる。時期によって荒れる海と雪・山路、日本列島の交通は、こうした自然との戦いであった。

四　古代の運河

1　都城と運河

近年、注目されているのが人工的な運河である。もちろん、煬帝によって建設された大運河のような巨大な施設は存在しなかったが、古代日本においても、人工河川はつくられた。[注25]

古くは、仁徳紀にみえる難波堀江がよく知られている。『日本書紀』仁徳十一年十月条には、

宮の北の郊原を掘りて、南の水を引きて西の海に入る。因りてその水を号けて堀江と曰う。

とあり、仁徳の「難波宮」の北の野を掘って堀江と名づけたという。その目的については、河内湖の水を排水で

きるようにしたこと、運河としての機能の二つが想定されている。この記載を直ちに信じることはできないが、五世紀のことであると指摘されている。[注26] ヤマト王権にとって重要な難波津の交通をよりよく利用することを目的としてつくられたといわれる。

次に地域の運河に注目してみよう。近年注目されているのは、官衙近くに掘削されたものである。先に述べたように、多くの郡家は河口近くに営まれたが、さらにその河川から、官衙近くに人工河川を掘削し、引き込み用の水路をつくる場合がある。

例えば、陸奥国行方郡家に比定される泉官衙遺跡群では、太平洋に注ぐ新田川からほど近いところに郡家があるが、さらに郡家のすぐ近くまで、河川から運河を引き入れている。[注27]

一方、国府については、早く近江国府の近くを流れる高橋川が、地形的に不自然に流れているところから、琵琶湖と国府を直接的に結ぶ人工的な河川ではないかと、木下良は指摘した。[注28] この他、近年では、陸奥国府である多賀城の南を流れる砂押川が、自然流路に手を加えられていることが指摘された。[注29]

一方、都城と運河の関係も、近年、注目されている。

斉明元年（六五五）是歳紀には、興作を好んだ斉明天皇が「水工」に渠を掘らせ、香具山の西から石上山まで、舟二百隻に石上山の石を積んで「控引」き、宮の東の山に石垣を造らせたといい、人々は「狂心の渠」と呼んで、斉明の三失政の一つに数えたとする。近年では、この運河らしい溝跡が検出され、石垣も明日香村の酒船石遺跡のそれではないかと推測されるようになってきた。[注30]

藤原京では、その準備段階で、大極殿・朝堂の前まで運河が掘削され、施設の完成とともに、埋め戻されたことが指摘されている。建築資材の運搬に用いられたらしい。[注31]

平城京でも、東市を貫くように南北に走る流路が東堀川で、物資の輸送に用いたと推定される。[注32] また、右京でも秋篠川から運河をつくって資材の運搬に用いた後、埋め戻されたことが近時確認された。

平安京では、平安京遷都から間もない延暦十八年六月に、囚人たちが人工河川を掘らされていたことが『日本後紀』にみえる。その史料は、『日本後紀』延暦十八年（七九九）六月丙辰条に、

是日、詔曰、（中略）而近巡㆓京中㆒、過㆓堀㆑川処㆒。鉗鏁囚徒、暴㆑体苦作。興言於茲、愀㆓然于懐㆒、（後略）

とあり、新訂増補国史大系本では「堀川の処を過ぎ」と返り点を付けられているが、むしろ「川を堀るの処を過ぎ」と読んで、「堀川」を固有名詞として解さないほうが実情にあっているように思う。

さらに、『掌中歴』京兆歴には、源為憲が著した『口遊』からの引用があり、そこには、延暦十三年十一月二十一日に上奏された「造京式」が引用され、「京中の大小路并びに築垣・堀・溝・条坊」の規格が記されていたらしい。「造京式」は、後の延喜京職式に継承されたと思われ、もともとは、詳細な数字をともなった規格を記載していたと推測される。注目すべきは「堀」で、堀川のことと考えられる。「造京式」は、桓武天皇の要求に従って、造京使が平安宮の規模を細かく天皇に報告したと考えられ、天皇が平安京の細部に至るまで高い関心を持っていたことを示している。堀川の掘削は、平安京造営の当初から計画され、実行に移されたといえる。平安京における堀川の重要性を知ることができよう。[注33]

一方、『本朝世紀』天慶二年（九三九）七月十六日条には、

去る延喜十五年七月の例に依り、鴨河幷びに東堀河を堰き、諸司幷びに王臣家の材木を運び引く事を停止す。同じき百姓等の訴えに依る也。

とあり、百姓の訴えにより、延喜十五年（九一五）七月の例にならって、鴨川と東堀河をせき止め、諸司や王臣家

が材木を「運び引く」ことを禁止している。
これは、天慶当時日照りが続き、鴨川や東堀川の水位が低下したことにより、諸司や王臣家が材木を「運び引く」ために川をせき止めて水位を上昇させることを禁止させたもので、これらの河川の往来ができなくなったを百姓たちが訴えたためのであろう。
ここで「運び引く」という表現に注目すれば、七条堀川の情景として、流れに入って筏を引く人物と、岸から筏に綱を付けて引く人物が描かれている『一遍上人絵伝』に思い至る。つまり、「運び引く」とは外からの力で動かしたことを示す言葉で、いわば曳舟のようにして材木を運漕したことを表しているのであろう。[注34]
堀川は、中世に至るまで物資の運搬に用いられ、両岸には材木商が立ち並んでいたが、その起源は古代にまで遡るであろう。

2　河川改修

最後に、材木の搬出にかかわる河川改修に関する史料をあげておこう。
天徳三年十二月、東大寺は七重塔の再建に際して、大和国などが材木の調進を拒否したため、みずからの杣山の伊賀国玉瀧荘から、塔の心柱を切り出したことの苦労を述べた後、同杣に他司や院の使者が入部することを禁じることを太政官に申請し、許可された。[注35]
そこには、「峻しい巌を削平して、材木を挽くの大路を作り、曲谷を掘り通して桴筏を流すの巨川を為ること数百余町」とあり、岩を削って材木を牽く大きな路を作ることと、曲がった谷を掘り通して大きな川を作ることを対句で表記している。注目したいのは後半で、自然流路に手を加えて大きな川を作ったことを示している。その理由は、心柱の長さであろう。史料中には、法性寺の重要性は認めつつも、その用材は長大ではなく、一方、東大寺の材木は極めて長大であると述べているところから明らかである。材木は長ければ長いほど川の途中で引っかかりやすく、流すことが困難になるのである。

一般に河川改修について述べた古代の史料は少ないが、この事例は誠に貴重である。[注36]

おわりに

水運に関する古代の史料は少ない。しかし、周囲を海に囲まれ、多くの河川が海に流れ込む日本列島の特質として、水上交通が発達していたことは疑いない。こうした研究上の困難な条件を克服するためには、丹念な文献史料の調査・研究が必要であることは当然であるが、考古学や歴史地理学との学際的な協同作業が欠かせない。また、前近代の交通は、地形に大きく制約されるため、自然地形に適した形で、水上交通が運用されたといえる。また、文学史料など、従来、着目されてこなかった史料にも目を向ける必要もある。

なお、本稿は、その性格上、水上交通のアウトラインの描写に留まったが、詳しくは、参考文献などに当たって、確かめていただきたい。

注

1　筆者も技術的な観点から、一部私見を述べたことがある。川尻秋生「船を操る技術」（舘野和己・出田和久編『日本古代の交通・

交流・情報』三、吉川弘文館、二〇一六年）参照。

2　畿内の水運全般については、千田稔「古代畿内の水運と港津」（『探訪古代の道』二、法蔵館、一九八八年）、同「宮都と水運」（『日本古代の歴史地理学的研究』岩波書店、一九九一年）参照。

3　難波津の所在地については、大阪府三津寺町付近とする説と、中央区高麗橋付近とする説が代表的である。

4　岸俊男「大和の古道」（『古代宮都の研究』岩波書店、一九八八年）、近江俊秀「大和川の河川と水運」（鈴木靖民・川尻秋生・鐘江宏之編『日本古代の運河と水上交通』八木書店古書出版部、二〇一五年）、なお、本書の近江論文も参照されたい。

5　小出博「淀川の歴史」（『利根川と淀川　東日本・西日本の歴史的展開』中公新書、一九七五）、河音能平「平安遷都と交通体系の変化」（新修大阪市史編纂委員会編集『新修　大阪市史』二、一九八三年）。

6　このあたりの事情については、川尻秋生『シリーズ日本古代史五　平安京遷都』（岩波書店、二〇一一年）参照。

7　水上交通全般としては、松原弘宣『日本古代水上交通史の研究』（吉川弘文館、一九八五年）が先駆的業績である。なお、個別の最近の研究については、舘野和己・出田和久編『日本古代の交通・交流・情報』一・二・三（吉川弘文館、二〇一六年）の各論文を参照されたい。

8　瀬戸内海交通については、松原前掲注7書、同『古代国家と瀬戸内海交通』吉川弘文館、二〇〇二）が全般的に扱っている。

9　川尻秋生「船を操る技術」（前掲『日本古代の交通・交流・情報』三）参照。

10　川尻秋生「古代東国の外洋交通」（『古代東国史の基礎的研究』塙書房、二〇〇三年）、中村太一「古代東国の水上交通」（『日本古代国家と計画道路』吉川弘文館、一九九六年）

11　新日本古典文学本『続日本紀』では、「和市」となっているが、新訂増補国史大系本では、その部分は「令造」になっていた。結論としては「和市」が正しいが、その辺の事情については、川尻前掲注10論文参照。

12　豊田武「商品流通の展開」（豊田武著作集二『中世日本の商業』吉川弘文館、一九八二年）

13　蝦夷戦争における坂東と東北の関係については、川尻秋生「坂東の成立」（前掲『古代東国史の基礎的研究』）参照。

14　川尻秋生「東国からみた東北との交流」（国士舘大学考古学会編『古代社会と地域間交流　土師器からみた関東と東北の様相』六一書房、二〇〇九年）

15　田尾誠敏「相模国における運河と水上交通」（鈴木靖民・川尻秋生・鐘江宏之編『日本古代の運河と水上交通』八木書店古書出版部、

二〇一五年）

16 川口武彦「常陸国那賀郡家と周辺寺院――その造営と修造に係る三つの問題――」（佐藤信編『古代東国の地方官衙と寺院』山川出版社、二〇〇七年）

17 藤木海「福島県泉官衙遺跡」（前掲『日本古代の運河と水上交通』）

18 川尻秋生「古代東国の沿岸交通」（前掲『古代東国史の基礎的研究』）

19 川尻秋生「古代東国の沿岸交通」（前掲『古代東国史の基礎的研究』）

20 出越茂和「金沢平野の庄園と水上交通」（前掲『日本古代の運河と水上交通』）

21 相澤央「出土文字資料にみる古代越後平野の水上交通」（前掲『日本古代の運河と水上交通』）

22 川尻秋生「古代東国における交通の特質――東海道・東山道利用の実態――」（『古代交通研究』一一、二〇〇二年）

23 川尻秋生「山道と海路――信濃国・越後国・会津郡と日本海交通――」（鈴木靖民・吉村武彦・加藤友康編『古代山国の交通と社会』八木書店古書出版部、二〇一三年）

24 藤原惟規『惟規集』には、

越の方にまかりし時、もろともなりし女

荒海も　風間も待たず　船出して　君さへ浪に　濡れもこそすれ

とあり、寛弘八年（一〇一一）頃、紫式部の義兄藤原惟規が父で越後守藤原為時のもとに向かったとき、懇ろな女性から贈られた和歌である。浪が静まるのも、風待ちもせずに船出し、服が浪に濡れることを心配した内容であるから、惟規は海路越後に向かったことがわかる。

25 まとまった文献としては、前掲『日本古代の運河と水上交通』がほとんど唯一である。

26 日下雅義「消費の場を復原する」（『古代景観の復原』中央公論社、一九九一年）

27 藤木前掲注17論文

28 木下良「近江国府址について」（『人文地理』一八―三、一九六六年）

29 吉野武「陸奥国の城柵と運河」（前掲『日本古代の運河と水上交通』）

30 千田稔「宮都と水運」（『日本古代の歴史地理学的研究』岩波書店、一九九一年）、小澤毅「飛鳥の宮都空間」（『日本古代宮都構造の研究』青木書店、二〇〇三年）。

31 小田裕樹「藤原宮の造営と運河」（前掲『日本古代の運河と水上交通』）

32 舘野和己「相模国調邸と東大寺領東市庄」（『日本古代の交通と社会』塙書房、一九九八年）

33 川尻秋生「古代の運河と交通」（前掲『日本古代の運河と水上交通』）

34 綱を付けて船を岸から引く方法を牽船といい、同様に『一遍上人絵伝』播磨国明石にみることができる。自然河川の場合、水深があるから水中から引くことは困難だが、浅ければ水の中から綱で引く方法も採ることができた。

35 『平安遺文』二七三号文書

36 川尻秋生「古代の運河と交通」（前掲『日本古代の運河と水上交通』）

Ⅳ 中央と地方

近畿の古代交通

近江　俊秀

はじめに

近畿の古代道路については、一九七〇年に岸俊男[注1]が本格的な検討を行って以来、文献史学や歴史地理学、考古学の立場からさまざまな見解が述べられてきた。特に二〇〇〇年以降は、近畿でも古代道路跡の発掘調査が相次ぎ、考古学からの検討が活発化するものの、その敷設時期は未だ解明されていないどころか、『日本書紀』などに見える古代道路の路線復元についても見直しを求めるような見解が出されるなど、その研究は混迷の度合いを深めていると言える。

よって本稿では近畿における古代交通に関する研究史を踏まえながら、基礎的な事実関係を整理し、今後の研究のための課題の抽出することにしたい。

一　近畿の古代道路網

1　壬申の乱と道路網

近畿の古代道路網の復元を行う上で最も重視されてきた史料が『日本書紀』に記された壬申の乱の記事である。まずは、この記事から七世紀後半の近畿の道路網について概観することとしたい。

壬申の乱の記事に現れる道路は、上中下道（以下、上ツ道、中ツ道、下ツ道と表記）、石手道、大坂（道）、竜田（道）、懼坂道、大津道、丹比道である。乱の経過について省くが、それぞれの路線を復元する上で、キーワードとなる事柄について紹介する。まず、上ツ道であるが、この道に布陣した大海人軍の置始連菟が、南下してくる大友軍と箸墓付近で戦っていることから、この道は箸墓付近を通過することが分かっている。

中ツ道は大海人方の将軍、大伴吹負が進軍したルートであるが、この道路は村屋社の中を通過していると記されている。この村屋社は奈良県田原本町にある村屋坐弥冨都比売神社のことと考えられており、現在でもこの神社境内を南北道路が通過している。また、下ツ道の通過地点は、直接的には記載されていないものの、平城山へと向かった吹負軍が稗田を通過していることが知られるので、稗田、平城山を結ぶルートが下ツ道であったことが分かる。このように、この上中下道については、通過地点の地名や施設が記されており、かつ現在でも明瞭に道路痕跡を留めていることなどから、現在の推定路線に異を唱える見解は聞かれない（挿図1）。

石手道、大坂（道）、竜田（道）、懼坂道、大津道、丹比道は、吹負軍の別働隊である坂本臣財軍の軍事行動の中に現れる道路であり、石手道、大坂（道）、竜田（道）は、河内と大和とを結ぶ大和側の主要ルート、大津道、丹比

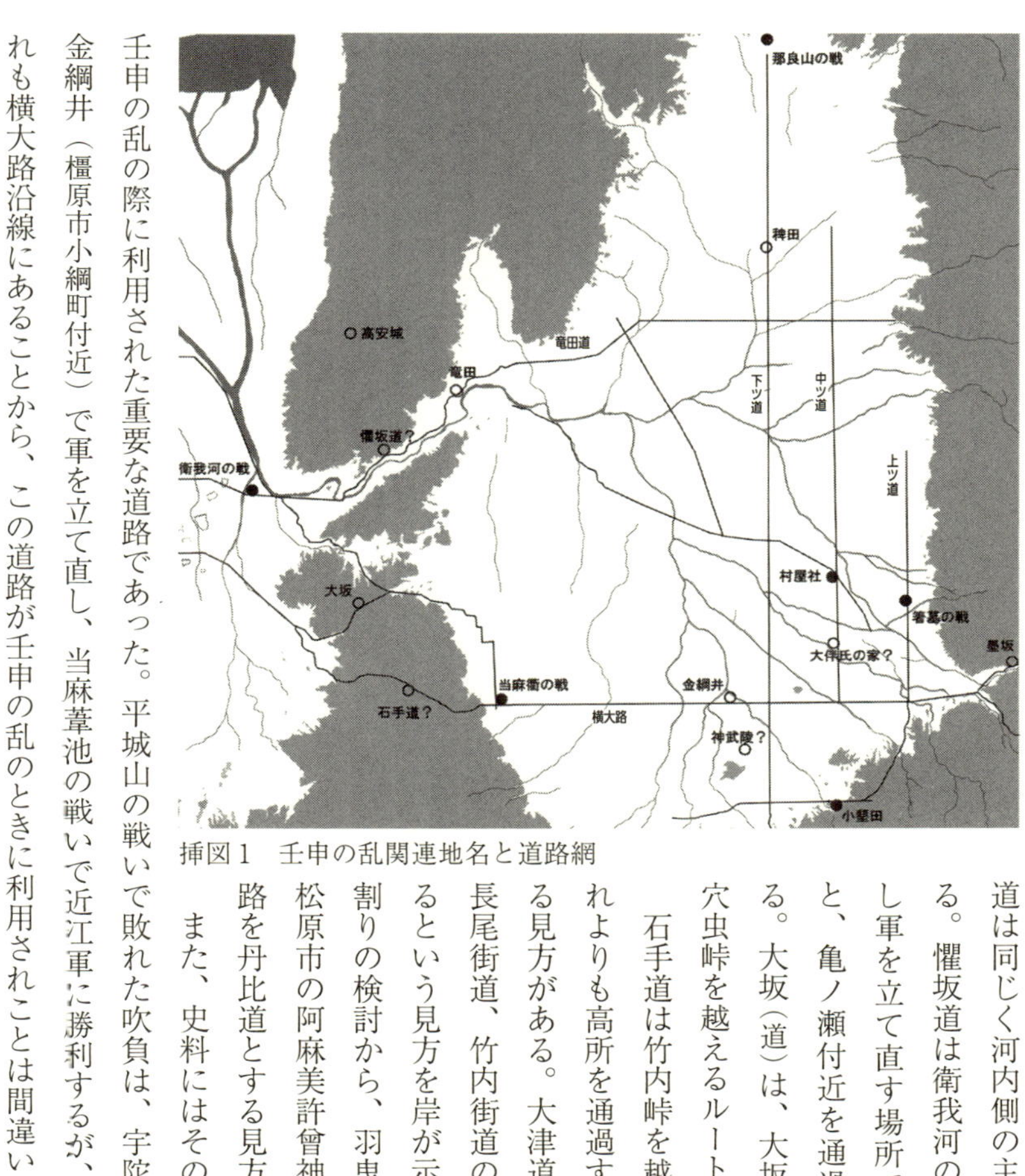

挿図１　壬申の乱関連地名と道路網

道は同じく河内側の主要ルートであることが分かる。懼坂道は衛我河の戦いで敗れた財軍が、後退し軍を立て直す場所であり、田尻峠に当てる説と、亀ノ瀬付近を通過するルートとする説がある。大坂（道）は、大坂山口神社の存在などから、穴虫峠を越えるルートとする見方が有力である。

石手道は竹内峠を越えるルートとする説と、それよりも高所を通過する岩屋峠越えのルートとする見方がある。大津道、丹比道はそれぞれ近世の長尾街道、竹内街道の路線とほぼ同じルートであるという見方を岸が示したが、足利健亮[注2]は遺存地割りの検討から、羽曳野市の大座間池付近から、松原市の阿麻美許曾神社まで西北に延びる斜向道路を丹比道とする見方を示している（挿図２）。

また、史料にはその名を残さないが、横大路も壬申の乱の際に利用された重要な道路であった。平城山の戦いで敗れた吹負は、宇陀の墨坂で置始連兎と合流、金綱井（橿原市小綱町付近）で軍を立て直し、当麻葦池の戦いで近江軍に勝利するが、墨坂、金綱井、当麻はいずれも横大路沿線にあることから、この道路が壬申の乱のときに利用されことは間違いあるまい。

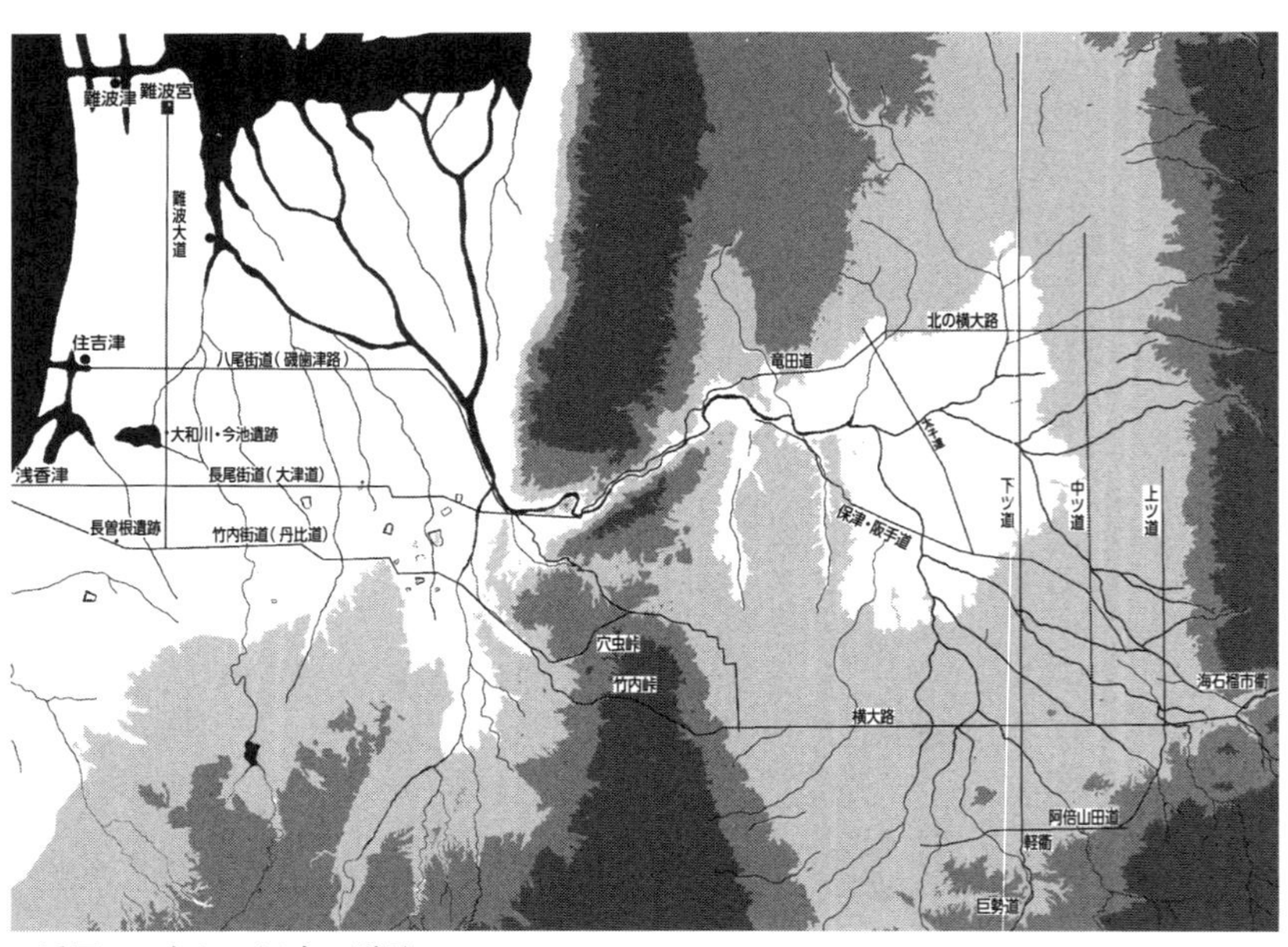

挿図２　大和・河内の道路

2　岸俊男の研究

冒頭に記したように近畿の古代道路網について、最初に本格的に研究を行ったのは岸である。岸の論点は多岐に及ぶが、大雑把に内容を整理すると、直線道路の路線構成、個々の路線の通過地点、敷設時期、敷設の歴史的背景、条里並びに周辺の遺跡との関係に区分でき、それらの問題について、丁寧に根拠を示しながら見解を述べている。ここでは、岸が示した路線復元と道路網の形成時期に関する見解とその根拠、そして、今日における評価を簡単に紹介する。

（1）路線構成について

上ツ道、中ツ道、下ツ道の南北三道と横大路とは相互に関連性が認められる。[注3] 具体的には、南北三道は横大路上で計測すると約二・一キロメートルの間隔であり、この間隔は盆地北部では崩れ、中ツ道は西へ約一二〇～一三〇メートルほど振れている。このことから横大路上で南北三道の間隔が決定され、そこから北へ向けて路線を延長したことが分かる。また、横大路は上ツ道との交差点を境に方位を北に振っていることから両者が一体的に整備されたことがうかがわれる。このように、これらの道路網は、相互に強い関係性を有しており、これらの道路網が一体的に整備された可能性が高い。さらに飛鳥を中心に敷設されていることが認められるので、飛鳥に都がある時期に整備されたと考えられる。

この岸の路線復元と評価については、その後の発掘調査により、それぞれの路線推定ライン上で幅二三メートル前後の正方位直線道路跡が検出されたこともあり、復元の正しさが考古学的にも立証され、評価も含めて定着している。現状では異論をさしはさむ余地がないと言えるので、少なくとも奈良盆地の路線についての岸の指摘は、事実と認めてよい。

河内平野においても、大阪府松原市で、難波宮から南下する難波大道と名付けられた正方位直線道路が検出され、また同じく松原市上田町遺跡では長尾街道に面した点の発掘調査で、六世紀末から七世紀初めごろの須恵器や土師器が出土する道路側溝と考えられる幅一七〇センチメートル、深さ三〇センチメートルの溝が検出されており、奈良盆地と同様、正方位直線道路網が存在したことが知られる。しかし河内平野では、先に紹介したように足利により斜向道路を大津道、丹比道に当てる見方が示され、発掘調査でも足利の推定ライン上での検出例はないものの、上町台地上を中心にいくつかの斜向道路が検出されている。そのことから斜向道路を基本とした道路網が壬申の乱以降に正方位直線道路網に再編された可能性も指摘されるなど、路線構成については、今後、さらなる検討が必要な状況にある。

（２）敷設時期について

壬申の乱における大伴吹負の大和での軍事活動の記事に、「則分軍、各当上中下道而屯之。」という記述があり、ここに南北三道の名が見られることから、敷設年代は天智天皇の近江遷宮以前となることは確実とみてよい。そして、岸は推古十六年（六〇八）に入京した隋使裴世清が、飛鳥から見ると北東方向にあたり、かつ大和川に面した場所に推定されている海石榴市を経由し小墾田宮に入っていることから、隋使は大和川の舟運を利用して海石榴市に至ったとし、その理由を横大路をはじめとする幹線道路網の未整備に求める見方を示した。そして、『日本書紀』推古二十一年（六一三）十一月条の「自難波至京置大道」の記事や、白雉四年（六五三）六月の「脩治処処大道」の記事に注目し、外国使節の入京を契機に、次第に道路網が整えられていったと評価した（表1）。一方、岸は横大路と下ツ道に先行する道路（自然発生的な路線を指すのか、人工路線を指すのかは不明）の存在を認めている。[注4] このことは、正方位直線道路網は推古朝から活発化する外交上の理由、具体的には外国からの使者に倭国の国力や大王の権威を見せるため装置として整備されたことを示していると考えられる。

これらの見解については、いくかの問題が指摘され、現在も研究上の争点になっている。以下に主な見解を挙げよう。

表1　日本書記・続日本記に見える主な作道・架橋記事

西暦	年	月	日	内容
	応神三年	十月	三日	厩坂道を造る。
	仁徳十四年			京の中に大道を造る。
	仁徳十四年	十一月		猪甘（大阪市生野区）の津に架橋する。
	雄略十四年	正月		呉の客のために、磯歯津路に通じる道路を造る。
六一三	推古二十一年	十一月		難波から京に至る大道を造る。
六五三	白雉四年	六月		処々の大道を修理させる。

a壬申の乱の記事に見える道路が、発掘調査で見つかる幅二三メートル前後の直線道路とは限らず、その前身となる道路である可能性もある。そのため、挿図1で示した直線的な道路網の成立時期について再検討する必要がある

（直線道路網整備七世紀末説）。

b推古二十一年の大道は横大路であるとは限らない。その場合、横大路と強い関連性をもつ南北三道の敷設年代を始め、奈良盆地の正方位直線道路網のそのものの成立時期も見直す必要がある（同七世紀中頃以降説）。

c隋使裴世清が海石榴市に迎えられたことは『日本書紀』の記載に見られるが、舟運を利用したとの記載はなく、大和川の舟運の利用を示す古代の文献史料は認められない。よって隋使が舟運を利用したとは断定できないとともに、この時期に直線道路網が整備されてなかったとは言えない（同七世紀前半以前説）。

他にも、条里との関係や都城との関係においては、その後の研究で異論が示されているが、この点については本稿の趣旨とは異なるので割愛する。

3　古代道路をめぐる今日的課題

ここまで述べてきたように、近畿の古代道路については比較的恵まれた文献史料と、今に痕跡をとどめる直線的な道路痕跡を軸に進められてきた。そして、それぞれの道路の路線推定ライン上で行われた発掘調査成果を加え、敷設年代論や文献史料を実際の道路痕跡に対比されることに主眼を置き進められてきた。その結果、奈良盆地を中心に展開する道路網の復元については、大方の了解を得るに至ったが、先にあげた三つの争点が、いずれも正方位直線道路網の成立年代につながる史料解釈であることが示すように、正方位直線道路網の成立時期については多くの課題を残している。

よって以下では、正方位直線道路網の成立に関する課題を中心に岸以降の研究を踏まえながら概説することとする。

二　直線道路網成立以前の交通網

1　文献史料からみた古代以前の道路網

周囲を山に囲まれた奈良盆地には、その出入口となる峠道が複数認められる。『日本書紀』にも、こうした峠（境界）が何度か現れており、それは当時の道路網を知る上でも重要なヒントを与えてくれる。また、岸も直線道路網の成立以前に、その前身となる自然発生的な道の存在を想定している。全国的な視野で見ても、後に古代駅路が通過する場所に沿って、前方後円墳が分布する事例が各地で認められるなど、特に交通関係の記事を評価するにあたっては、こうした史料に見える通行記事や遺跡の分布から推定される道路網も視野に入れておく必要がある。

それではまず『古事記』と『日本書紀』にみえる古墳時代の近畿の交通網を知る上で注目される記事をいくつか紹介しよう。

『古事記』崇神段に「又宇陀の墨坂神に赤色の楯矛を祭り、又大坂神に黒色の楯矛を祭り……」とあり、同じく垂仁段には「即ち曙立王、兎上王の二柱を其の御子に副へて遣はしし時、那良戸よりは跛盲遇はむ。大坂戸よりも亦跛盲遇はむ。只木戸ぞ是れ掖月の吉き戸とトひて出て行かしし時……」とある。崇神段の記事は、墨坂神と大坂神を祀ることによって悪疫が止み、国家安平になったことを記したものであり、このふたつの神は奈良盆地の東西の境界の神であったことが分かる。道饗祭に代表されるように、古代には悪神の進入を防ぐために都市の境界で祭祀が行われているが、ここに見える祭祀もこれと同様の目的で行われたと考えられる。つまり、このふたつの神は奈良盆地の境界の神であり、これらは横大路の延長上に立地しているのである。

　南北の境界は垂仁段に見える那良戸と木戸であろう。この記事は垂仁天皇の子、出雲神の祟りを鎮めるために本牟智和気王らを出雲に向かわせる時の記事であり、ここに見える三つの戸とは、大和から西方に向かう境界を示している。大坂戸は崇神段に見える大坂神を祀った場所と同所を指していると考えられる。那良戸は大和と山背との境界にあたる平城山付近に比定でき、木戸の「木」は紀伊を示していると考えられることから盆地南部のいずれかの場所を指していると考えられる。壬申の乱の時に、大伴吹負が下ツ道を通って平城山に向かったことからすると、那良戸と木戸は下ツ道の南北それぞれの端を示している可能性が高い。つまり、壬申の乱の記事に見える道路網のうち、少なくとも横大路と下ツ道の路線は、古くからの奈良盆地の境界を結んでいると言えよう。

　また、大和と河内を結ぶ道路網については『日本書紀』履中即位前紀の記事が注目される。弟の住吉仲王の反乱により難波から避難した去来穂別尊（後の履中大王）は埴生坂を越え飛鳥山の麓に至った。そこで一行は不思議な少女に出会う。大坂に伏兵がいるかという問いに少女は、

　「兵を執れる者、多に山中に満めり。廻りて当麻径より踰えたまへ」

と答えたとある。ここに見える埴生坂は羽曳野市野々上付近、飛鳥山は近鉄上の太子駅付近と考えられている。そして、当麻径とは河内から当麻とを結ぶ近世の竹内街道に相当する路線、大坂とは穴虫峠を指すと考えられる。結局、一行は当麻径を用いず、竜田から石上へと向かうのであるが、この記載からも、難波から飛鳥へと向かう当麻径、大坂道、竜田を経由して石上へ向かうルートの存在があったことが分かる。

　なお、径とは小道のことを指すので、竹内峠越えのルートは間道であったことが分かり、大坂は先に見たように奈良盆地の西の境界として扱われているので、古墳時代から古代においては最も主要なルートであったことが

分かる。また竜田越えのルートは、奈良墓地に入ると斑鳩を通過した後に、東西の直線道路である北の横大路と呼ばれる道路に連結しており、天理市にある和爾下神社の参道につながっている。

2　宮やミヤケの分布から見た道路網

直線道路敷設以前の道路網は、交通関係の記事だけでなく宮やミヤケなどの施設の立地からも推定され、古墳をはじめとする遺跡の分布からも想定される。岸は横大路の前身道路の存在を指摘した根拠として、大和・河内の大型前方後円墳が横大路の路線に沿って分布していることをあげている。

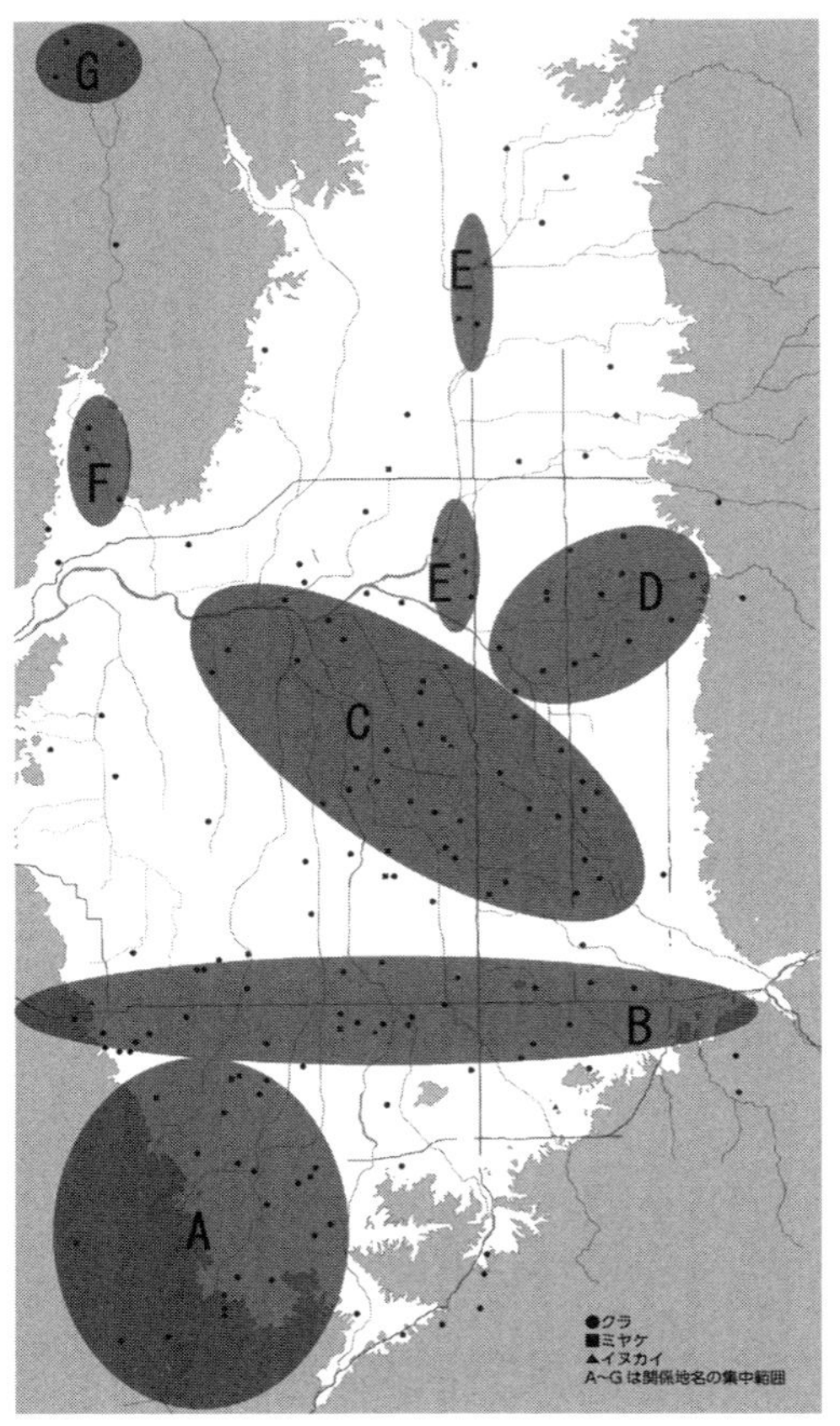

挿図3　奈良盆地におけるミヤケ関係地名の分布
（近江俊秀「大和のミヤケと直線道路網成立」『日本歴史』731、2009より）

和田萃[注5]は、六世紀後半に成立した倉人の分布範囲が、横大路・竹内街道沿いに認められること、磯城嶋金刺宮・訳語田幸玉宮・磐余池辺双槻宮・石村神前宮が横大路沿いに分布することから、横大路は推古朝以前（欽明朝か）に、直線道路として整備されていたのは確実とし、さらに勾金橋宮・磐余玉穂宮・磐余甕栗宮・磐余若桜宮等が横大路沿いに分布することは、それに先行して横大路とほぼ同じ場所に、自然発生的な道路が存在したと論じた。
また、舘野和己[注6]は、ミヤケの設置を論じる際に、ミヤケと池、道路は、それぞれ密接な関わりを有するとし、南北三道沿線にも書紀に見える池やミヤケ関連地名、「クラ」関係地名が分布することを示した。舘野はミヤケの成立を推古朝に求める見方を採っているので、その場合、南北三道も推古朝の成立であると言えよう（挿図３）。

3　発掘調査成果に基づく指摘

正方位直線道路に先行する道路は発掘調査でも見つかっている。奈良県御所市鴨神遺跡では五世紀後半の作道と考えられる自然地形に沿いながらも、切り通しや地盤改良などを行った人工的な道路跡が見つかっている。この路線は秋山日出男[注7]が想定した葛上斜行道路の路線とほぼ合致しており、王宮のあった磯城・磐余地域と紀ノ川河口とを結ぶ道路の一部である可能性が示されている。この道路遺構は六世紀後半に廃絶したと見られるが、それは、この道路遺構のすぐ東側を南北方向に走る近世に高野街道と呼ばれる道路の位置に付け替えられたためと考えられている。

下ツ道についても大和郡山市八条遺跡などで下ツ道と重複する五世紀後半代の溝が、延長約八〇〇メートルにわたって検出されており、調査担当者である坂靖はこれをプレ下ツ道と名付け、下ツ道以前の南北道路と評価している[注8]。また、横大路でも葛城市竹内付近で横大路と併行する五世紀後半〜六世紀の溝が長さ約二二〇メートルにわたって存在することが神庭滋により指摘されている[注9]。これらは、古代道路のように地表に明瞭な痕跡をとどめていないため、路線復元には至っておらず、そのためこれらが前身道路そのものであるか否かについては、評価が分かれるところである。しかし、ここまで見てきたように、文献史料や遺跡の分布などからすると五世紀後半段階には、少なくとも奈良盆地には後の正方位直線道路と同様の役割を果たす道路網が存在した可能性は強いと言える。

三　正方位直線道路網

1　隋使入京と道路網の成立。

繰り返しになるが近畿の古代の道路網の研究において最も問題とされ、議論が分かれているのが、正方位直線道路網の敷設時期である。これらの道路については発掘調査事例も蓄積されており、下ツ道については幅が二三メートル前後であることや、基本的に東西両側溝を有することなどが知られているが、敷設時期を特定できる資料に恵まれていない。この点については後程、改めて述べることとし、まずは、岸が直線道路成立の契機とした隋使入京記事の評価、具体的には隋使入京時には道路網が整備されていなかったと見なしてよいのかという点について述べ、続いて正方位直線道路網の成立時期に関する様々な見解について紹介することとしたい。

推古十六年の隋使入京記事は奈良盆地における交通網を考える上で、無視することができないものである。難波から小墾田宮へと向かった裴世清一行が、桜井市金屋付近と推定されている海石榴市で額田部臣比羅夫により出迎えられたことを、岸は大和川の舟運を利用したと評価するとともに、この頃はまだ陸路が整備されていなかったという見解を示した。

岸説の根拠をここで改めて示すと、

①難波から小墾田宮へと向かう際に、海石榴市を経由するのは迂回的であること。
②海石榴市は大和川に面していたと考えられており、古代にはこのあたりまで船で遡上することが可能であったと考えられること。
③裴世清らを出迎えた額田部臣比羅夫の本拠地は、複数の河川が合流する額田部の地にあり、『額田寺条里図』には船墓の文字が見えるなど、水運に関わった氏族であった可能性が考えられること。

の大きく三つであり、これだけであれば、あくまでも『日本書紀』に見える記述に対する解釈論に過ぎない。しかしながら、この岸説に説得力を持たせているのは、隋使入京後の推古二十一年（六一三）に、「難波から京に至る大道を置く」という記事が見えることによる。このことは、隋使入京を契機に陸路の整備がなされたという評価にもつながっているのである。

このように、隋使入京記事は水運の話だけではなく、陸上交通網の整備と密接に関わるかたちで定説化していったと言え、隋使入京と大道敷設という二つの記事を関連づけ、合理的に解釈するためのひとつの仮説として提示されたものである。そして、この見解は多くの支持を集め、現在ではこれが定説となっている。しかし、少数ながら、隋使は陸路を利用したとする見方もある。

中村太一[注10]は、大和における道路網の変遷に関する検討をつうじて、それぞれの道路の成立時期について論じている。中村は、道路網の変遷を、①自然道路→②人工的な非直線道路→③斜向道路→④直向道路であるとし、斜向道路の代表として、筋違道（太子道）と大和川の北側を通過し海石榴市へと向かう道路痕跡を歴史地理学的な方法で復元し、これを隋使入京路と名付けた。中村がいうこの道路は、発掘調査ですでに検出されていた保津・阪手道と名付けられた道路と同じものであり[注11]、筆者も中村と同様の見解を示している。

筆者は、『日本書紀』などの古代の史料に大和川の舟運を利用した記事が一切存在しないことや、隋使は難波を出発し、その日のうちに海石榴市まで到着しているが、所要日数の記述が正しければ、この行程は物理的に困難であると考えた。難波から海石榴市までの距離は、正方位直線道路を使った場合は約四八キロメートルである。これは、壬申の乱の時、近江大津宮を脱出した大海人皇子の移動距離などからして、徒歩でも一日で移動可能な距離と推定される。それに対し、河内潟から当時の大和川の流路を遡るとするとその距離は約四五キロメートルであり、『土佐日記』に見える淀川の遡上に要した時間からすると、数日はかかる距離である。さらに、裴世清入京は旧暦八月三日で大和川の水量が最も少なくなる頃であり、近世の大和川の舟運は六月から九月までは河川の渇水のために、休航していたことが知られている。[注12]

このように、直線道路網敷設の上限を示す記事として扱われてきた裴世清の入京路については、今日的な視点で改めて検討すべきであり、この記事をもって直線道路網の上限を論じることはできないと考えられる。[注13]

2 直線道路網敷設時期を巡る諸説

正方位直線道路の成立時期をいつに求めるか、現在では大きく四つの見解がある。

正方位直線道路網を一連のものととらえ、その成立を最も古く見るのは筆者であるが、[注14] 個別路線に関しては、山辺道や上ツ道、横大路を古墳時代前期と見る清水真一[注15]の見解などがある。

次いで、南北三道・横大路を七世紀初頭の敷設とする小澤毅[注16]や舘野の見方がある。舘野の見解は先に紹介したとおりであるが、小澤は下ツ道をはじめとする直線道路網の成立時期を、五条野丸山古墳の被葬者の検討等をつうじて、推古二十年（六一二）の堅塩媛改葬に伴う、軽街で行われた誄に求める見方を示している。七世紀初頭説は、比較的早くから示されていたものであるが、史料解釈や資料評価に基づく見解は、この両者が述べているのみである。

次に、和田が南北三道の敷設時期とした斉明～天智朝、中村が官道整備の段階とした孝徳・斉明朝に、敷設時期を求める見方がある。これは白雉四年の大道修治の記事や、斉明天皇による飛鳥の大規模土木工事の施工、白村江の戦いに代表される対外関係の緊張を契機とする見方である。最後が発掘調査成果から七世紀末頃に求める説である。

七世紀末説は山川均[注17]や竹田政敬[注18]により唱えられている。山川は、直線交通路の敷設にあたっては、河川制御が必要であり、それが技術的に可能になるのは七世紀であるとし、さらに発掘調査で検出された横大路の側溝から出土した土器の時期が、七世紀末であることから、敷設時期もその頃と考えた。そして、推古二十一年の記事に見える大道は、横大路ではなく、竜田を経由し斑鳩へと向かい、そこから筋違道を通過して飛鳥へ向かうルートとした。同様の見解は後に安村俊史によっても示されている。[注19]

竹田も藤原京の京域を論じるにあたって、横大路の路面から出土した地鎮め遺構に注目し、それが示す天武末年頃の年代を横大路の整備時期であるとした。

ここで示した諸説はいずれも奈良盆地の直線道路敷設時期に関する説であり、河内では状況が少し異なっている。

まず、河内では難波宮から南下する難波大道を仁徳紀にみえる大道に充て、古墳時代の敷設とする考えがある。考古学的には大阪府堺市長曾根遺跡検出の難波大道に直交する可能性がある「復元「竹内街道」」の敷設時期が、[注20]出土遺物の検討から六世紀末以前に存在したと考えられることが根拠となるが、難波宮下層で正方位の遺構が認められないことから、否定的な見方が強い。

次いで、孝徳天皇の前期難波宮と同時期に敷設されたとする見方がある。大阪府松原市大和川今池遺跡の発掘調査では、七世紀中頃に難波大道が敷設時期された可能性が示されている。[注21] 一方、近年、最も支持されているのが七世紀後半~末に求める積山洋[注22]らの見方である。これは、発掘された道路遺構そのものの時期や文献史料の検討によるものではなく、河内平野における寺院等の施設や水田の方位が正方位を指向するようになるのが七世紀後半以降であることを根拠とするものである。また、河内平野では方位に合致しない直線道路が複数、確認されている。[注23]

3　敷設時期を巡る混迷と要因

ここまで見てきたように近畿の古代道路の敷設時期は諸説あり、その時代幅も大きい。また、学史的にも一体性が強いものとして考えられてきた大和と河内の道路網についても、敷設時期に関する見解が分かれている。こうした違いが生じている理由のひとつは、文献史料と考古学の成果の取り扱い方の違いによるところが大きい。『日本書紀』には道路敷設の記事がいくつか認められており、岸俊男以来、こうした史料の分析を中心に研究が進められてきたという経緯がある。文献史料に重きを置く立場では当然のことながら、『日本書紀』の道路に関する記事に敷設時期の定点を置き、それぞれの記事がどの道路のことを指しているのか、また、その形状はどのようなものだったのかという方向で研究が進められる。こうした研究姿勢は、当時の社会の流れの中で、道路網がどのように整備されていったのか、すなわち交通制度の成り立ちと契機やさらには、社会の変化と同じ目線で道路網の整備を把握するという視点である。

文献史料や研究の蓄積も多く、かつ道路痕跡が明瞭に残る奈良盆地の古代道路研究では、このような研究姿勢が主流となっているいう実情があるため、七世紀中ごろ以前に整備時期を求める見方が有力となっている。もちろん、発掘調査で見つかる幅広の正方位直線道路が史料に見える時期に整備されたものとは限らないなど、実際の道路遺構と史料との照合という点では問題がつきまとうことになるため、先に紹介したような諸説が生まれるのである。

一方、発掘調査成果、すなわち考古学に重きを置く場合は、まずは発掘調査で見つかる正方位直線道路の敷設時期がいつかということが研究の入り口になる。そのため、道路沿線の施設も含めた発掘調査成果を積み重ねた上で、正方位直線道路の敷設時期を推定し、そこから文献史料を見直し、敷設の歴史的背景を探すという方法となる。

つまり、前者の姿勢が文献史料に記されている道路網の復元にあり、後者は発掘された道路遺構の時期決定にあるのであって、極端に言えば研究目的そのものが異なるのである。こうした研究姿勢の違いが、敷設時期の解釈に大きな差を生み出しており、それが似て非なるもの、すなわち前身道路の時期と大規模に整備された時期それぞれを指している可能性がある。しかし、必ずしもそうとは言えない。例えば、壬申の乱の時には奈良盆地の道路網は成立していたことは確実であるが、史料に見える道路を仮に発掘調査で見つかる幅広の直線道路に先行するものとした場合、前身道路が遺構として全く痕跡を留めていないという大きな問題が生じる。もちろん、改変され痕跡を留めていない可能性や側溝などの明確な遺構を伴っていなかったという解釈もできるだろうが、少なくとも七世紀中頃以前の敷設が確実視される保津・阪手道や河内平野の斜向道路に側溝があることからすると、このような見解が成り立つ余地は乏しい。そしてそのことは、少なくとも奈良盆地の南北三道は天智大王による近江遷宮以前に、発掘調査でみつかる幅二三メートル前後の正方位直線道路網として整備されていたと見るのが妥当であるという結論につながると考える。

このように、単に前身道路の存在を想定するよって、敷設時期に関する多岐に及ぶ見解を整合的に解釈することはできない。

4　考古学による時期決定の課題

筆者は、発掘調査の成果から正方位直線道路網の成立を七世紀末とする見方には問題があると考えている。その根本的な問題とは、事実関係の把握と評価にかかる点にあると考える。先に紹介した山川、竹田の説は、道路の敷設年代を側溝内の出土遺物に求めているが、この点については小澤が「側溝出土遺物に古い年代のものがないという理由で、これらを下降させようという所論（中略）長期間にわたって存続した溝の掘削年代と埋没年代を混同した論理といわざるをえない」と断じたように、一定期間、維持管理され続けた遺構から、その敷設当初の遺物が出土することはむしろ希であり、側溝から出土する遺物とは、管理がおろそかになった頃のものと考えるのが妥当と考えるからである。作道に伴う地鎮具などでない限り、側溝出土の遺物は敷設年代を示す根拠にはならない。

それに対し、道路の走行方法と同じ方向を向く施設や地割りの成立から、道路の敷設時期を決定するという方法は一定程度の説得力を持つ。この方法の有効性については、近畿の古代道路の成立時期の問題だけではなく、七道駅路の敷設時期を考える上でも重要であるので、今後の研究にあたり留意すべき点を含め、章を改めて述べることとする。

四　近畿の正方位直線道路網に関する諸課題

1　正方位をとるということ

直線道路の成立を考える上では、周辺の地割りや施設との関係が注目される。それは、現在でもそうであるように、住宅をはじめとする諸施設は目の前を通過する道路に平行もしくは直交して作られるのが通例であり、古代でもそれは同様と考えられるからである。すなわち、道路に面する施設が、道路の走行方向に合致されるように建て替えられていれば、その時期こそが道路の敷設時期と見なされるのである。正方位直線道路の成立を考える場合は、当然のことながら正方位をとる施設の出現に注目する必要がある。

なお、道路は廃棄の場にならないだけでなく、長期間にわたり、維持・管理が繰り返されながら利用されるものであるので、その敷設時期を示す遺物が出土することが極めて希である。そのため、考古学の立場から、古代道路の敷設時期について検討する場合には、道路そのものから出土する遺物よりも、むしろ、沿線の施設の成立や展開を視野に入れて行われる。

七世紀において方位を強く意識する施設には寺院がある。飛鳥においても、飛鳥時代初期の遺構は約二〇度西偏するものが目立つが、そうした中でも飛鳥寺は正方位を指向している。奥山廃寺や山田寺などの寺院も同様である。また、飛鳥以外でも飛鳥時代前半の正方位の遺跡が認められている事例がある。葛城市の首子遺跡群は、古墳時代から飛鳥時代にかけて継続的に営まれた集落であるが、七世紀初頭には方位に合致した大規模な掘立柱建物が造られている。[注24]

しかし、その一方で、舒明大王の飛鳥岡本宮跡と考えられる飛鳥京下層遺構は、約二〇度西偏しており、正方位の施設の建設が周囲の施設の方位にも影響を与えている状況は認められない。こうした傾向は、飛鳥では七世紀中頃まで続く。さらに視野を広げてみると、奈良盆地全体に正方位を指向する施設が展開するのは、七世紀後半以降のことである。つまり、七世紀後半までの間、奈良盆地には正方位の施設とそうでないものが混在し、かつ正方位直線道路網が存在したのである。

このことは、正方位直線道路網の成立を考える上では、周辺の地割りが重要なヒントを与えてくれるものの、直線道路敷設による周辺地割りへの影響は、必ずしも広域に及ぶものではなく、道路に近接する限られた範囲のみへの影響に留まっていた可能性を示している。つまり、奈良盆地全域といった広域に及ぶ正方位地割りの成立と直線道路網整備の話は切り分けて考える必要があり、道路の整備時期は沿線施設の状況に限って考えるのが妥当である。このことは、七道駅路に面する各地の官衙遺跡の中でも、道路の走行方向と施設の方向とが合致せず、外郭線で、調整している事例も存在していることからも言える。

現在の大和と河内の道路網の研究からすれば、七世紀中頃には奈良盆地で正方位直線道路網が成立していたと見られるが、それと連結する河内の道路網は斜方位直線道路であったということになる。この場合、七世紀中頃の正方位直線道路網の敷設範囲は都のある奈良盆地に留まっていたということになり、正方位直線道路の敷設目的や施工時期・主体を考える上で大きな問題を生み出すことになる。先に述べたように大和と河内の道路研究はその視点や方法が異なっており、それが敷設時期の違いとなって現れている可能性がある。そうした問題を解消するためには奈良盆地と河内平野の道路網を俯瞰する研究が重要となる。また、ここまで述べてきたように、河内平野の広域に及ぶ正方位地割りの成立をもって正方位直線道路網の成立とする見方については、先述したとおり沿線施設の外郭線の方向など細部にも注目した上で再評価する必要があると考える。

2　方位に則った街区の形成

七世紀中頃に正方位に則った土地利用がなされていたことを示す事例がある。天智六年（六六七）に遷宮された

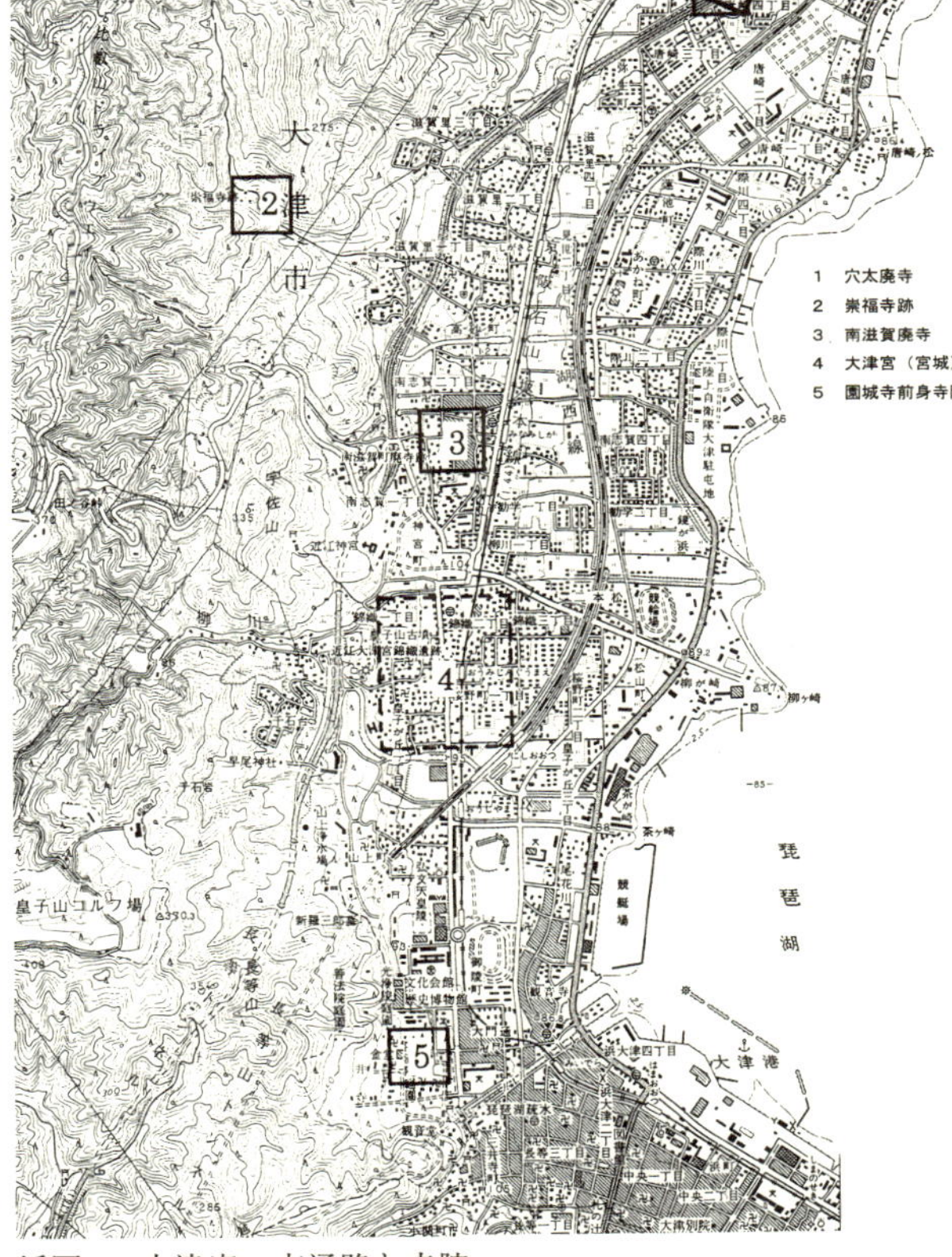

挿図４　大津宮の交通路と寺院

近江大津宮周辺には七世紀前半から中頃にかけて建立された複数の寺院がある。中でも穴太廃寺は、発掘調査により建立時期と配置が異なる新旧二つの伽藍が重なって検出されている。大津宮造営前後に創建されたと考えられる古い伽藍は、建物の主軸方位は北に対し東へ約三五度振っているのに対し、再建寺院は、ほぼ南北方向となっている。これは、大津宮造営直後に新

しい宮を中心とした地割に一致させるために改築されたという説が有力であり、このことは穴太廃寺と大津宮の問題だけでなく、方位に合致した街区が形成された可能性を示している（挿図４）。

また、これは七世紀中頃には方位に合致した都市計画がすでに行われていたことを示すものである。天智天皇は正方位直線道路網を骨格とした飛鳥と同様の都をこの地に造ろうとしたのかも知れず、そのことは飛鳥を起点として直線道路網の成立が斉明朝以前に遡ることを示していると考えられよう。

なお、木本雅康は大津宮が造営された頃に七道駅路が整備された可能性を示唆している。それは創建時の穴太廃寺の伽藍の方位が、北陸道推定路線の方位と合致することを根拠とするものである。[注25]

3　斜方位直線道路との関係

正方位直線道路網の成立を考える上で、斜方位直線道路と関係も忘れてはならない。中村太一が指摘するように、道路網の成立過程を①自然道路→②人工的な非直線道路→③斜向道路→④直向道路といった具合に段階的に発展するという見方がある。この見方は、奈良盆地の斜方位直線道路である筋違道が斑鳩と飛鳥を結んでいることと、道路痕跡が条里地割により分断されていることから、下ツ道に代表される正方位直線道路網に先行し、かつ正方位地割りが広く施工されることにより廃絶すると見られていたことによるもので、今でも道路網の変遷に関する評価において少なからぬ影響を及ぼしている。しかし、正方位直線道路網と斜方位直線道路とは併存していることは明らかである。具体例をあげよう。

先に紹介した保津・阪手道は大和川の北側を通って飛鳥へと向かう道路であり、その成立時期は、七世紀中頃以前に遡ると見られている（挿図５）。また、この道路は周辺の土地利用にも大きな影響を及ぼしており、沿線

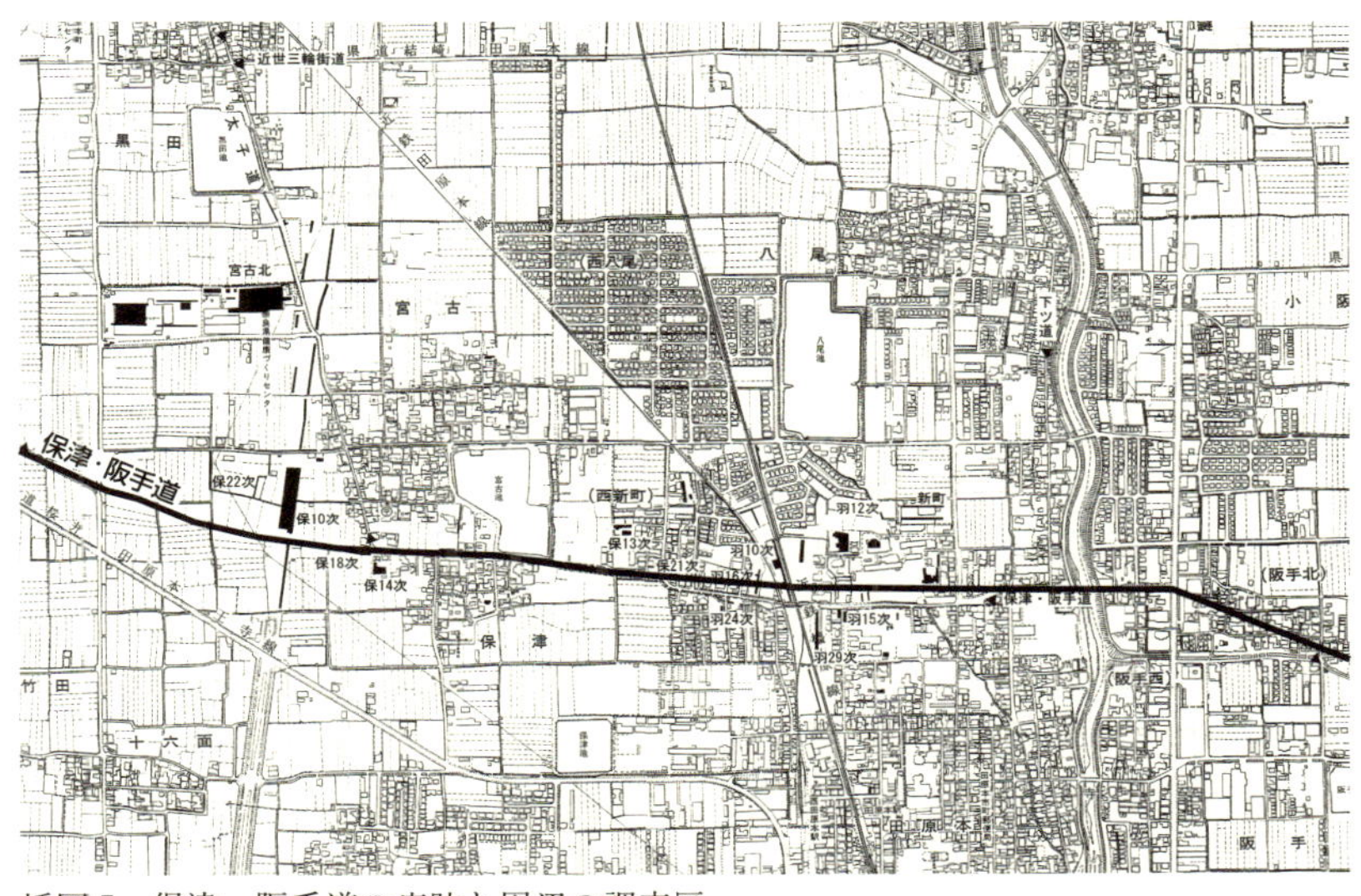

挿図５　保津・阪手道の痕跡と周辺の調査区

に所在する宮古北遺跡では、この道路の走行方向と方位を同じくする七世紀中頃の掘立柱建物群が検出されており、保津・宮古遺跡などでもこの道路の走行方向に並行もしくは直交する七世紀後半から八世紀の掘立柱建物跡が複数検出されている。つまり、正方位直線道路網が成立した後もこの道路は、存続しており周辺の土地利用にも強い影響を及ぼしているのである。しかも、沿線の遺跡からは墨書土器や銙帯など、官衙的性格の遺物が出土するなど、官衙的な施設が沿線に点在していた可能性がある（表2）。

また、発掘された道路の路面幅は、当初は一四・五メートル（側溝心々一七・八メートル）であったが、北側溝の掘り直しにより、一〇・五メートル（同一四・五メートル）、九メートル（同一三・三メートル）へと縮小する。当初の規模は、大阪府松原市で検出されている難波大道とほぼ同様であり、最終段階のものでも、駅路の規模にほぼ等しい。こうしたことからも重要な官道として機能していたことが分かる。

なお、この道路は部分的に条里地割りに合致するよう付

表2　保津・阪手道沿線の調査成果

	次数	古代以前の遺構	古代の遺構	古代以降の遺構	備考	報告
保津・宮古	1次	古墳時代前期井戸		井戸	木製楯出土	町年報1
	2次					町年報1
	3次	弥生中期河道、古墳時代前期溝・土坑	掘立柱建物　南北棟		宮古北1次	県報告
	4次				宮古北2次	県報告
	5次					町年報2
	6次					県概報
	7次			素掘溝		県概報1992
	8次		土坑・溝			町年報4
	9次					県概報
	10次					県概報
	11次					県概報
	12次	古墳時代後期土坑		素掘溝　南北	古代の小溝あり。ほぼ東西方向であるが若干、西南西に傾く。筋違道の方位にほぼ一致するものもある。この溝が先行。古墳時代後期～飛鳥時代の遺構分布範囲の西端。	町年報5
	13次	庄内期の溝4条・中期の溝・後期方墳		素掘溝　南北	素掘溝は保津・阪手道の方位に合致	町年報5
	14次	縄文時代土坑・弥生時代後期の溝・土坑、古墳時代中期古墳?後期土坑	筋違道西側溝の可能性がある溝		側溝の可能性がある溝は7世紀後半埋没	町年報5
	15次	弥生時代前期土坑		土坑・柱穴・井戸		町年報5
	16次	弥生時代?土坑		大溝		町年報6
	17次			溝・土坑・溜池状遺構		町年報6
	18次	弥生時代前期土坑・後期土坑・溝	保津・阪手道南側溝		墨書人面土器・土馬・円面硯出土	町年報6

	19次		筋違道西側溝？	溝・土坑		町年報7
	20次	縄文後期落ち込み・弥生後期溝、古墳時代土坑		溝		町年報7
	21次				時期不明河道・保津・阪手道と並行	町年報8
	22次	弥生後期土坑・溝、古墳時代中期井戸・溝	井戸・溝、奈良時代掘立柱建物	素掘溝	滑石製模造品・ミニチュア土器多数、6世紀後半斎串	町年報8
	23次	弥生時代中期溝		大溝・土坑		町年報8
	24次			井戸・素掘溝		町年報9
	25次		溝	溝		町年報9
	26次	弥生時代後期土坑・方形周溝墓	後期方墳・墓壙	溝		町年報9
	27次	弥生時代溝		井戸・土坑		町年報10
	28次			土坑・素掘溝		町年報11
	29次	弥生後期土坑・溝・河道	中期溝・後期柱穴	素掘溝	遺跡の西端を確認。5世紀中頃の陶質土器出土。	町年報11
	30次			土坑・溝・柱穴		町年報13
	31次	弥生前期土坑		土坑		町年報13
	32次			土坑	宮古池改修	県概報2004
	33次			素掘溝		町年報14
宮古北	9次	古墳時代前期溝・土坑・柱穴				町年報9
	10次		溝	素掘溝		町年報9
	11次			素掘溝	遺構密度粗	町年報10
	12次					
	13次	弥生時代前期土坑、古墳時代前期土坑・落ち込み、中期落ち込み		素掘溝		町年報12
	14次			素掘溝		町年報14
羽子田	3次	古墳時代前期土坑・古墳				町年報1

4次	古墳時代前期古墳・後期溝				町年報3
5次	弥生中期井戸・後期井戸、古墳時代方墳・溝				町年報4
6次	古墳時代前期井戸、中期・後期古墳8基				町年報5
7次					
8次	縄文時代後期河道、弥生中期土坑、後期井戸、古墳時代前期溝			集落北東端か	町年報7
9次	古墳時代後期前方後円墳				町年報7
10次	古墳時代前期溝・土坑、後期古墳	保津・阪手道側溝			町年報7
11次	古墳時代後期以前溝・流路、後期古墳			楯持人埴輪出土	町年報7
12次	古墳時代前期竪穴住居	保津・阪手道側溝関連溝？			町年報7
13次	古墳時代前期溝		中世井戸・素掘溝		町年報7
14次	古墳？				町年報8
15次	弥生時代河道？		素掘溝		町年報8
16次	弥生時代中期落ち込み、古墳時代前期落ち込み・中期溝	保津・阪手道側溝			町年報8
17次					町年報9
18次	古墳時代中期掘立柱建物・土坑		近世粘土採掘坑	八尾池改修	県概報1999
19次	古墳時代前期土坑・井戸				町年報10
20次	弥生時代方形周溝墓		素掘溝	八尾池改修	県概報2000
21次	弥生時代後期溝・土坑・河道、古墳時代後期土坑		落ち込み・土坑		町年報11
22次			近世溝	八尾池改修	県概報2001
23次	弥生中期溝		河道		町年報11
24次	弥生後期河道、古墳時代後期溝・土坑	溝	素掘溝		町年報11
25次			素掘溝	八尾池改修	県概報2002

	26次			素掘溝		町年報13
	27次			河道		町年報13
	28次					
	29次	古墳時代土坑・溝	飛鳥時代溝		保津・阪手道と方位が合致	町年報15
	30次	弥生後期竪穴住居、古墳時代中期土坑				町年報16
	31次	弥生後期～古墳初頭　井戸・土坑・溝 後期溝（方墳）・土棺墓		素掘溝		町年報16
阪手北	3次		落ち込み	溝・土坑・井戸・柱穴・素掘溝	官衙に関係すると考えられる遺物が出土	町年報11
	4次					
	5次			素掘溝		

け替えられているようであるが、路線の東半では斜方位を維持したまま、近世には三輪街道と呼ばれ、現在でもその痕跡を明瞭に留めている。

つまり、保津・阪手道は正方位直線道路網が整備された後には、下ツ道などの南北三道とともに、奈良盆地の主要道路網を形成していたのである。このように、斜方位直線道路と正方位直線道路とは一体のものとして機能する場合があったのであり、斜方位直線道路網から正方位直線道路網へと移行するものではなかったのである。

4　近畿の古代道路とその意義

岸は道路網整備の契機を外交使節の往来に求めている。難波から京に至る大道が置かれた推古朝は、遣隋使の派遣に象徴される国際化の時代であった。当時の倭国は諸外国から様々な制度や文物を取り入れ、国際社会の一員として外国から侮られない国づくりを目指した。そうした過程の中で、道路網の整備がなされたとするならば、近畿の道路網整備とは単なる交通網の整備だけに留まらず、外交を意識した国づくりの中の重要政策のひとつとしてなされたと評価できよう。近畿の道路網の研究は、そうした問題にも直結する課題であることを意識しておく必要がある。

また、今回は大和と河内の道路網についてのべてきたが、全国的な直線道路網である七道駅路が整備される以前、今回みたような直線道路網が、一体、どの範囲まで敷設されていたかという問題も重要である。大化二年（六四六）のいわゆる改新の詔では、畿内の範囲を東は名墾（名張）の横河より以来、南は紀伊の兄山より以来、西は赤石（明石）の櫛淵より以来、北は近江の狭狭波の合坂山（逢坂山）より以来とするが、その範囲まで及んでいたのか否かは、正方位直線道路網の敷設目的や後の駅制との関係、当時の境界意識を考える上でも重要である。

さらに、今回は述べることができなかったが、藤原京や平城京といった都城は既存の正方位直線道路網により、その位置が規制されており、しかも幹線道路が交差する地点に造られた藤原京と下ツ道を規準線として造られた平城京とで意味が異なる（挿図6）。また、都城は七道駅路の起点にもなっているので、遷都は都周辺における交通網の再編にもつながり、それに伴い駅家などの沿線諸施設の再編が行われたことは確実である。こうした点も、今後、追究す

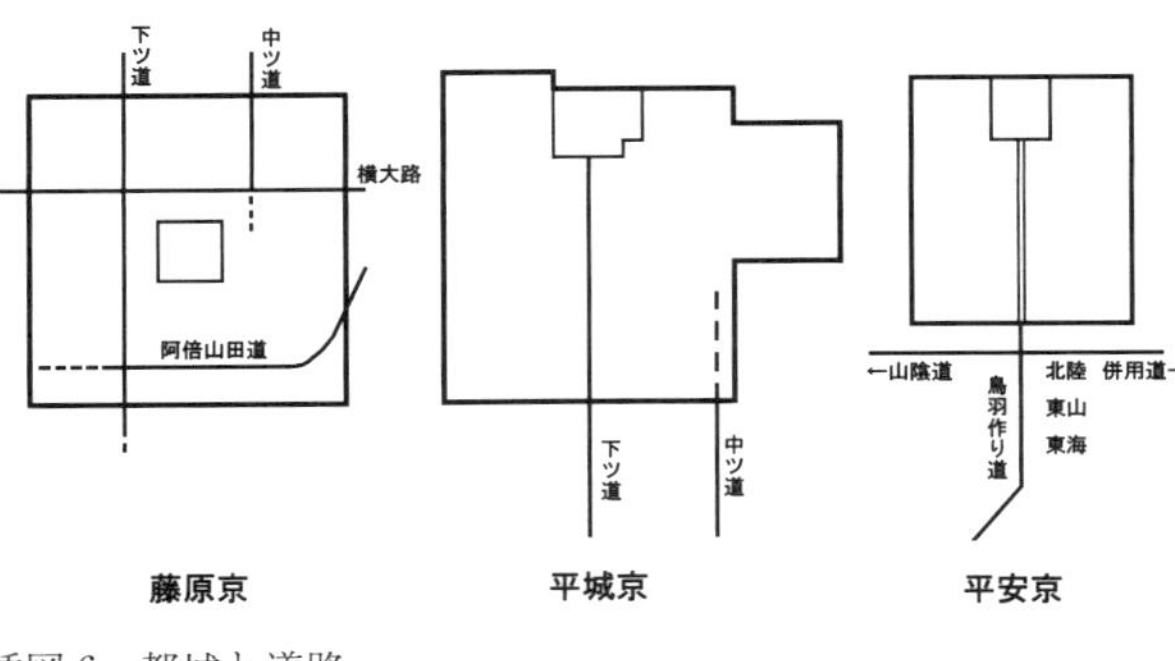

挿図6　都城と道路

べき課題である。

以上、雑駁な話に終始した感はあるが、与えられた紙面も尽きたので、ここで筆をおくこととする。

注

1 岸の古道に関する論文は以下のとおり
　a「緊急調査と藤原京の復元」『日本古代宮都の研究』岩波書店、一九八八、初出一九六九
　b「古道の歴史」『古代の日本』5近畿、角川書店、一九七〇
　c「大和の古道」『日本古文化論攷』奈良県立橿原考古学研究所、一九七〇
　d「飛鳥と方格地割」『史林』第五三巻第四号、一九七〇
　e「見瀬丸山古墳と下ツ道」『青陵』一六、一九七〇
　f「難波――大和古道略考」『小葉田淳教授退官記念国史論集』一九七〇
上記論文は、いずれも『日本古代宮都の研究』岩波書店、一九八八に再録されている。

2 足利建亮『日本古代地理研究』大明堂、一九八五

3 岸は、三〇〇〇分の一の都市計画図等を基に、三道の間隔を計測した結果、約二・一キロメートル間隔で併走していることを明らかにし、令制四里間隔で計画的に敷設されたものとした。これに対し、秋山日出雄は、これらの道路が令制以前の敷設であると考えられるので、令前の一〇〇〇歩を基準に敷設されたとした。

4 具体的には、推古十八年来朝の新羅使の入京ルートとして、阿刀川邊（田原本町坂手付近）に上陸、以後騎馬で下ツ道を通り、飛鳥に入ったと推定していることに現れている。

5 和田萃「横大路とその周辺」『古代文化』第二六巻六号、一九七四

6 舘野和己a「屯倉制の成立――その本質と時期――」『日本史研究』一九〇、一九七八。b「ミヤケ制再論」『奈良古代史論集』第二集、一九九一。c「畿内のミヤケ・ミタ」『新版　古代の日本』第五巻、角川書店、一九九二。

7 秋山日出雄「日本古代道路と一歩の制」『橿原考古学研究所　創立三五周年記念論集』一九七五

8 坂靖「下ツ道の変転」『八条遺跡』奈良県立橿原考古学研究所、二〇〇六

9 葛城市歴史博物館『竹内街道の成立　大道を置く』葛城市博物館、二〇一三

10 中村太一「大和における計画道路体系の形成過程」『国史学』一五五号、一九九五、後に、『古代国家と計画道路』吉川弘文館、一九九六に再録。

11 田原本町教育委員会『太子道の巷を掘る』二〇〇六ほか。近江俊秀「古道と開発」『考古学雑誌』第九五巻第一号、二〇一一

12 肥後和男「近世における大和川の舟運」『王寺文化史論』第一書房、一九二七

13 近江俊秀「大和国の河川と交通」『日本古代の運河と水上交通』八木書店、二〇一五

14 近江俊秀「下ツ道考」『古代文化』第六一巻二号、二〇〇九

15 清水真一『山の辺古道と古代大和政権』桜井市埋蔵文化財センター、二〇〇一

16 小澤毅「三道の設定と五条野丸山古墳」『文化財論叢Ⅲ』奈良国立文化財研究所、二〇〇二

17 山川均「大和における七世紀代の主要交通路に関する考古学的研究」『ヒストリア』第一五〇号、一九九六

18 竹田政敬「藤原京の京域」『古代文化』第五二巻第二号、二〇〇〇

19 安村俊史「推古二一年設置の大道」『古代学研究』第一六九号、二〇一二

20 森村健一「大阪・堺市長曽根遺跡の復元「竹内街道」」『古代交通研究』第四号、一九九五る。

21 三宮昌弘「大和川・今池遺跡における「難波大道」」『条里制古代都市研究』第二七号、二〇一二

22 積山洋『東アジアにおける難波宮と古代難波の国際的性格に関する総合研究』大阪市文化財協会、二〇一〇

23 京嶋覚『古代道路成立過程の研究』二〇一二

24 奈良県立橿原考古学研究所『只塚廃寺・首子遺跡』二〇〇三。七世紀前半の方位に合致した掘立柱建物は、大和郡山市来光遺跡でも検出されている。（大和郡山市『来光遺跡第2次発掘調査概報』一九九五）

25 木本雅康「古代道路に規制されて斜めの方位をとる建物について」『考古学ジャーナル』五六六、二〇〇七

古代東日本の交通
——駅路と往来する人々——

荒井　秀規

はじめに

古代日本の交通を都を中心に東西に分けると、西日本の交通が大宰府を経て中国・朝鮮半島へと通じる道であるのに対して、東日本の交通は、坂東（関東地方）を経て東北蝦夷社会へと通じる道であった。

天智二年（六六三）の白村江の敗戦後、戦時体制のなかで、九州へは防人が派遣され続けたが、実際には唐・新羅が日本に攻め込むことはなく、したがって西日本の道が軍事的に使われたのは、天平十一年（七三九）に大宰府で挙兵した藤原広嗣の討伐に大将軍大野東人以下一万七〇〇〇人が派兵されて以降、大規模な軍勢の西下は、天慶四年（九四一）小野好古率いる藤原純友追討軍を待たねばならない。

これに対して、東日本の交通は、対東北戦争において延暦十三年（七九四）の胆沢への一〇万の派兵ほか、膨大な兵力が北上し、かつその前後に多量な人民が東北の柵戸へ、あるいは朝鮮半島の争乱によって発生した大量の

難民型渡来人が東国各地へと移配させられた。[注1]

それほど多くの兵力、人員の移動を可能にしたのが、東海道・東山道の駅路の整備である。江戸時代の東海道は道幅六間（約一〇・八メートル）と定められていたものの（『家康百箇条』）、実際には広くとも四・五間程度であったから、かっては古代の地方の「道路の巾は二メートル程度で事たりた」[注2]とも考えられていたが、一九八〇年代以降、各地で古代道が発掘され、その幅員は広いところでは一二メートル（両側溝心々間）にも及ぶことがわかった。そのひとつに、平成元年（一九八九）に埼玉県所沢市の東の上遺跡から検出された幅員約一二メートルの東山道駅路（東山道武蔵路）があり、その側溝下部から七世紀第Ⅲ四半期の須恵器が出土したことなどから、五畿七道制が整備された天武朝後半には、東海道・東山道の駅路が東国にまで延びていたと考えられている。

そのほか、東京都国分寺市の東山道武蔵路、東海道では静岡市の曲金北遺跡、北陸道では石川県津幡町の加茂遺跡などで駅路が発見され、曲金北遺跡では「常陸國鹿嶋郡」と記された木簡、加茂遺跡では加賀国の勧農政策を箇条書きした嘉祥年間（八四八～八五一）の「加賀郡牓示札」が出土し、耳目を集めた。

以下、東日本の東海道・東山道・北陸道の三駅路を中心に、奈良・平安時代の東日本の交通についてとりあげることにする。[注3]

一　ヤマトタケル説話と東海道 ―東京湾を渡る―

古代東日本の交通を考えるとき、まず取りあげるべきは記紀のヤマトタケル東征伝承である。

『古事記』と『日本書紀』とで、東征路に相違はあるが、記紀ともに足柄坂を越えたヤマトタケルは、相模

（相摸・相武。以下相模に統一する）より武蔵へとは向かわず、走水（はしりみず）（馳水。神奈川県横須賀市）より房総半島（千葉県富津市）へと東京湾を渡る。[注4] このルートが初期の東海道駅路（挿図1の㋒）であり、ヤマトから伊賀→伊勢→尾張→参河→遠江→駿河→相模→上総（→下総）→常陸と向かうのがメインルートであった。総が分割された上総・下総も、上野・下野同様に都（ヤマト）に近い方が「上」であるというセオリーに適った順となっている。

我々は、「東海道」というと、江戸時代の江戸日本橋・京都三条大橋間の東海道五十三次、あるいは東京・神戸駅間のＪＲ東海道本線をまず思い浮かべるので、武蔵国を東海道諸国の一つに数えるのが、むしろ普通である。しかし、武蔵国が東海道となるのは、奈良時代も終りに近い宝亀二年（七七一）十月のことである。それ以前、武蔵国は東山道の一つで、東山道駅路は近江→美濃→信濃→上野→武蔵→下野→陸奥へと進んでいた。それが、宝亀二年以降になって、東海道駅路は駿河から足柄坂を越えたあと相模→武蔵→下総→上総へと続くようになった。このルートは、海路で東京湾を横断することはなく、陸路で東京湾岸を東進する。

もっとも、この東京湾岸ルートは宝亀二年になってはじめて開かれた道ではない。神護景雲二年（七六八）三月には武蔵国府（東京都府中市）と上総国府（千葉県市原市）間の五駅（武蔵国乗潴（あまぬま）・豊嶋駅、下総国井上・浮嶋・河曲駅）にそれぞれ駅馬五疋を加えて計十疋としたが、その理由は「山・海の両路を承け、使命繁多なり」（『続日本紀』）ということであった。以前より、東山道・東海道両駅路間にはこの五駅を通る連絡路があり、公使の往来があった。宝亀二年の処置は、その連絡路を、実態に則して東海道駅路本線に格上げしたものである。[注5]『高橋氏文』によれば、景行天皇の東国行幸は「上総国安房浮島宮」から下総葛飾野と巡り、磐鹿六獦（いわかむつかり）をして無邪（武蔵）・知々夫（秩父）両国造の上祖を招集している。このことは『景行紀』にも同様の話が載り、先に見たヤマトタケルの東征路ともども、八世紀前半以前にすでにヤマトからは、相模→上総（・安房）→下総→武蔵の東京湾岸ルートが使用されていたことを示している。

一方、三浦半島→房総半島の東京湾渡航ルートの駅路は、宝亀二年に東京湾岸ルートが東海道駅路のメインルートになったからといって即座に廃止されたのではなかった。それが廃されたのは、延暦二十四年（八〇五）十月に上総国府から下総国府（千葉県市川市）を経ず常陸国府（茨城県石岡市）へと向かう駅路の下総国印播郡鳥取駅、埴生郡山方駅、香取郡真敷・荒海駅の四駅が「不要」を理由に廃された際で（『日本後紀』）、それまでは東京湾岸ルートと東京湾渡航ルートの新旧両駅路が併用されたと考えられる。[注6] ただし、その後においても東京湾渡航ルートである三浦・房総両半島を結ぶ浦賀水道の航路は、漁撈や運輸・交易の道として今に存続している。駅路（東京湾岸ルート）を行くべき国司の赴任にしても、たとえば大江時棟が寛仁四年（一〇二〇）正月に安房守として赴任するときに東京湾を渡っている（『本朝続文粋』寛仁四年正月十五日奏状）。また、摂津の住吉神社の神主津守国基の歌集『津守国基集』によれば、応徳二年（一〇八五）から四・五年の頃に、津守国基は息子が国守として赴任している安房国を訪ねたのであろうか、その帰京に安房→上総→下総→武蔵の東京湾岸ルートの駅路をとらず、「あはのくに（安房国）より、かみのみちからまかりのほ（上）りしに、するか（駿河）にいりえのうら（入江浦）といふところにて、かせ（風）ふきて、八日までふねをいた（出）さす」と、安房から航路「かみのみち」で伊豆半島を廻って、駿河国の入江浦（江尻津か）へと渡航している。[注7] この「かみのみち」は、三浦半島～相模湾を示す相模の道の「さ」の脱字ではなかろうか。

相模・伊豆・駿河間は、陸路の足柄坂越えとともに、この房総半島→三浦半島→伊豆半島あるいは直接に房総半島→（伊豆大島）→伊豆半島を結ぶ外洋航路が用いられた。弘仁十一年（八二〇）二月に遠江・駿河二国の新羅人七〇〇人が反乱した際、両国の兵では鎮圧できず「伊豆国の穀を盗み、船に乗りて海に入る。相模・武蔵等七国の軍を発して」（『日本紀略』）追討したのは、反乱勢が伊豆国府（静岡県三島市）を襲撃後、海路で伊豆半島を東へ廻って相模湾、そして東京湾へと向かったことによる。

鎌倉時代ともなれば、当然房総から三浦半島を廻り、幕府のある鎌倉へと航海したことを示す史料は少なくないが、それ以前、古代でも東京湾渡航ルートは駅路の有無とは別に頻繁に用いられていた。

ところで、東海道駅路における海路としてもう一つ、伊良湖水道航路（志摩半島・鳥羽→渥美半島・伊良湖岬）が指摘されることがある。これは、初期の尾張国を東山道の一国とする理解や[注8]、伊勢湾を渡る交易が古墳時代から盛んであったことなどから、初期の東海道駅路を伊賀→伊勢→志摩→参河、東山道駅路を近江→美濃→尾張→信濃とするものであるが、筆者は同意できない[注9]。七道制の基本はヤマトからの使者の派遣単位であって、地方の交通路とは直結しない。伊勢・参河間、あるいは美濃・尾張間の親密性は、尾張国が東山道に属することの根拠とはならない。

この点で注目すべきは、ヤマトタケルは東国へ向かう前に伊勢神宮に立ち寄るが、それを景行四十年紀が「道を枉げて、伊勢神宮を拝みたまふ」（読みは『日本古典文学全集』本による）と表現していることである。これは伊賀の名墾の横河を経て伊勢へ出たあと、志摩方面へ南下するのは「枉道」で、北上するのが正道であったことによる。その正道たる北上の行程は、景行四十年紀に「昔に、日本武尊東に向でまし歳に、尾津浜に停りて」（同前）、景行記の歌謡に「尾張に直に向へる尾津の崎なる」とあって尾津（三重県桑名市）から伊勢湾を尾張へと渡るものであった。『日本書紀』大化二年（六四六）三月条の旧俗を廃する詔に、上京する東国の人は乗馬を参河・尾張の住人に託すことが、帰路での預かり賃をめぐるトラブルの基になっているとある。木曽川河口を避けて、伊勢湾内を船で尾津浜へと進んだのであろう。

二　東山道武蔵路と信濃坂

東国の駅路変遷の最大の転機は、先にもふれた宝亀二年の武蔵国の東山道から東海道への所属変更である。[注10] その事情は、『続日本紀』宝亀二年十月己卯（二十七日）条に次のようにある。

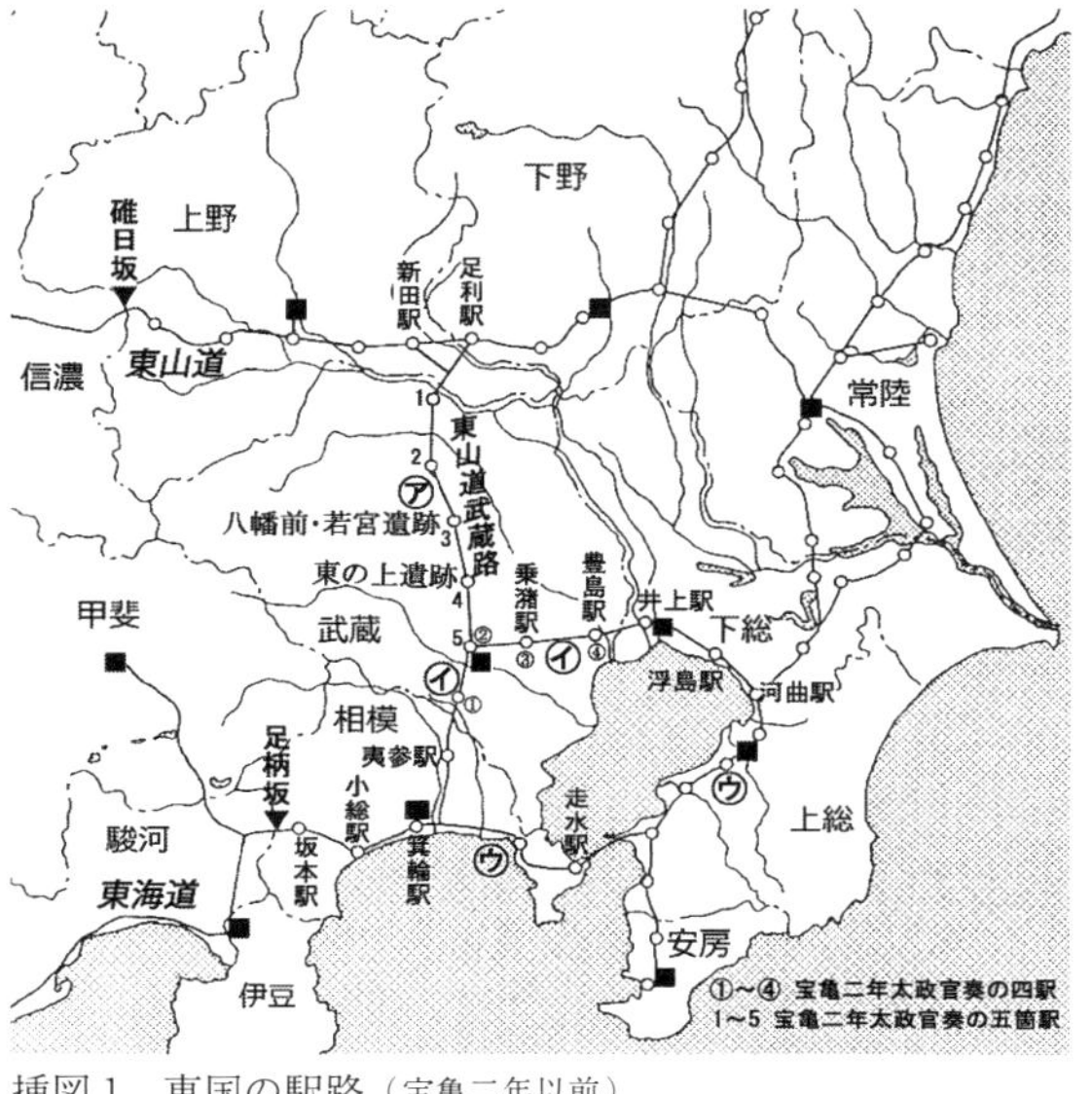

挿図1　東国の駅路（宝亀二年以前）

太政官奏すらく「武蔵国は、山道に属すと雖も、兼ねて海道を承く。公使繁多にして、祗供（しく）堪へ難し。其れ東山の駅路は、上野国新田駅より下野国足利駅に達す。此れ便道なり。しかるに枉（ま）げて上野国邑楽（おうら）郡より、五箇駅を経て武蔵国に到り、事畢（をは）りて去る日、また同じき道を取りて、下野国に向ふ。今、東海道は、相模国夷参（いさま）駅より、下総国に達す。其の間四駅、往還便にして近し。しかるに此を去り彼につくは、損害極めて多し。臣等商量するに、東山道を改めて、東海道に属せば、公私所を得て、人馬息ふこと有らむ」とまうす。奏可す。

これを箇条書きすれば次の（1）～（5）となる。

（1）武蔵国は東山道に属するが、すでに『続日本紀』神護景雲二年三月条をとりあげたように東海道駅路も通っていて公使の往来が多く、その「祇供」（応接・供給）の負担が大きい。また、（2）東山道駅路は、上野国新田駅と下野国足利駅を直結する「便道」を利用せず、都からの公使は上野国府（群馬県前橋市）を出ると新田駅から南下する東山道武蔵路で五つの駅を経て武蔵国府へと向かい、注11そこでの公務が終わると、南下してきた「同じき道」（東山道武蔵路。挿図1の㋐）を北上して足利駅を経て下野国府（栃木県栃木市）へと向かう遠回りなルートとなっている。一方、（3）東海道駅路には副線として、相模国夷参駅（神奈川県座間市）から四駅（某駅・武蔵国府近辺駅・乗潴駅・豊嶋駅）を経て下総国に達する「便にして近し」の「往還」（挿図1の㋑）がある。かくして、（4）㋐上野→武蔵→下野の東山道駅路本線（東山道武蔵路）に加えて、㋑相模→武蔵→下総の東海道駅路副線が武蔵国府で交接するので、公使繁多となっている。そこで、（5）その対策として、武蔵国を東山道から東海道へ編入することで、東海道駅路の本線を従来の浦賀水道を渡る東京湾渡航ルート（挿図1の㋒）から、㋑相模国府から武蔵国府を経由して下総国府へ達する「往還」（東京湾岸ルート）に変更したのである。

この結果、上野・下野両国府間と武蔵国府を結ぶ㋐東山道武蔵路は駅路ではなくなり、東山道駅路は上野国府と下野国府が「便道」で直結したのであった。

もっとも、これ以前でも、東山道の東国三国（上野・武蔵・下野）と都の往来は、東海道駅路も頻繁に使われていた。『万葉集』をみれば、和銅元年（七〇八）三月に上野国司に任ぜられた田口益人が赴任途中の駿河国の清見崎（静岡市清水区興津地区）で「廬原（いほはら）の浄見（きよみ）の崎の三保の浦の　寛（ゆた）けき見つつもの思ひもなし」と詠み（二九六番歌）、天平勝宝七歳（七五五）の防人歌には武蔵国埼玉郡防人の「足柄の御坂（みさか）に立して袖振らば　家なる妹は清（さや）に見もかも」（四四二三番）ほか、武蔵国の防人が難波津に向かうのに東山道駅路の碓日坂ではなく東海道駅路の足柄坂を越えることを詠う歌がいくつかある。また、作者未詳の東歌に「入間路の大家が原のいはゐ蔓引かばぬるぬる吾にな絶えそね」（三三七八番）とある入間路が東山道武蔵路の一部にあたる。

そして、遡れば、天平十年（七三八）「駿河国正税帳」には、本来は東山道駅路を通るべきところを、駿河国を通行すなわち東海道駅路を利用している例が少なからず載る。平城京から下野国の那須温泉に湯治に往く従四位下小野牛養の一行、同じく下野国の薬師寺（栃木県下野市）に向かう造薬師寺司僧と助僧、逆に陸奥国から上京する進上御馬部領使や摂津職へ逓送される俘囚などである。これらは、正式に枉道（抂道）すなわち東海道駅路への迂回が認められたもので、それゆえ、それぞれ駿河国の正税で食料支給を受けている。このように。㋐東山道武蔵路とそれに続く相模国と武蔵国を結ぶルート（㋑の一部）の公的利用は早くからあった。[注12]

都と東国（坂東）を結ぶ交通について、大河川の河口が多い東海道駅路は危険度が高く、とくに東国からの馬による往来・運搬には東山道駅路がもっぱら使われ、東海道が主となるの鎌倉時代以降であるとする理解がある。[注13] しかし、中世に京と鎌倉との往来であるならば東海道が主となるのは自明であり、また馬の利用が東山道に多いのは御牧が甲斐・武蔵・信濃・上野四国に限られるなど馬産地の分布に起因するが、東海道でも馬で上京することが大化期以前よりあることはすでに取りあげたとおりである。確かに海道駅路には大河渡河の困難はあるが、一方東山道には山国ならではの道の険しさがある。

たとえば『日本書紀』のヤマトタケル説話に、信濃国は「山高く谷幽し。翠き嶺万重れり。人杖倚ひて升り難し。巌嶮しく磴紆りて、長き峯数千、馬頓轡みて進かず」とある。降って弘仁六年（八一五）、東国に向かう最澄は、「信濃坂に赴く。其の坂数十里なり」、「一日の行程に能わず。唯、半山（山の中腹）に宿し、纔に聚落に達す。大師、此の坂の艱難にして、往還に宿無きを見る」として、信濃坂（神坂峠・御坂峠[注14]）を挟んで美濃・信濃両国に布施屋を設けている（『叡山大師伝』）。また、『日本紀略』天延三年（九七五）七月二十九日条に「東国民烟、風の為に多く損ふ。信濃御坂の路壊る」、『扶桑略記』康平元年（一〇五八）十二月十六日条「信濃国、神の御坂霖雨の間頽壊する事を言上する」など信濃路は険難で、かつ自然災害による通行遮断があった。加えて雪がある。斉衡二年（八五五）正月二十八日官符が引く美濃国解には「（美濃国）恵奈郡坂本駅と信濃国阿智駅は相ひ去ること七十四里。雲・山は畳重なり、路は遠く、坂は高し。星を載きて早く発けども夜を犯して遅く到る。一駅の程、猶数駅に倍す。駅子の荷を負ふに常に運送に困り、寒節の中道に死す者も衆し」（『類聚三代格』）とある。雪道に倒れるのは駅子だけではない。弘仁五年（八一四）撰上の『凌雲集』の坂上今継の「信濃坂を渉る」に「積石は千重に峻し、危途九折に分かる 人は迷う辺地の雪、馬は躡む半天の雲」とあり、また、『小右記』長元四年（一〇三一）九月十八日条は「厳寒の比、信乃坂、堪へ難かる可し、正月の間の往還は用ひず」と厳冬期の往還の困難を訴えている。

かくして官人の赴任や公使の往来に東山道駅路から東海道駅路への枉道が多くなり、[注15] 延喜十四年（九一四）六月十三日官符はその停止を命じた（『別聚符宣抄』）。本来は東山道駅路を赴くべき国司が東海道経由の枉道許可の官符を得て任地に向かうため、路次諸国の駅子や馬の負担が増えて疲弊していることを駿河国が訴えたことによる。このような東山道から東海道への枉道は奈良時代に遡る。先にみた「駿河国正税帳」の例のほか、天平六年（七三四）「尾張国正税帳」にも、陸奥国からの進上御馬や逆に上野国の牧に向かう種牡馬を連れた官人の枉道があり、また静岡県浜松市の伊場遺跡からは、遠江国から平城京に向かうのに、参河国の三つの駅家を経たのち東山道の不破関へ向かう道順を示す奈良時代前半のものと想定される過所木簡（通行手形）が出土している。[注16]

ところで、全国の駅家のリストが『延喜式』の兵部省式にある。それによれば、武蔵国内の駅路は相模国府から武蔵国府を経て下総国府へ向かう㋑のルートより転じて、相模国府と下総国府を直接結び、武蔵国府へはその途中から分かれた支路で向かうルートとなっている。江戸時代に東海道の脇往還として整備された矢倉沢往還（大山街道。国道二四六号）はこの『延喜式』の東海道駅路を踏襲したもので、ルート上に武蔵国の都筑郡家（神奈川県横浜市青葉区）、橘樹郡家（同川崎市高津区）が発見されている。[注17] そのほか、北関東や下総・常陸国の駅路の変遷については、それぞれ関連博物館の展示図録に詳しいが、[注18] 近年とくに注目されるのは茨城県日立市の長者山官衙遺跡で、『常陸国風土記』多珂郡条の「郡の南三十里に藻嶋駅家あり」との関連が指摘され、平成三十年（二〇一八）に隣接する官道跡（常陸国海道跡）と併せて国の史跡に指定された。

三　東山道と甲斐路、越路

東海道のなかでも、武蔵国同様に一時期東山道に属していた可能性が指摘されるのが甲斐国である。甲斐国は非沿海国であり、東山道的な国と言える。[注19] とくに、平成二十一年（二〇〇九）に奈良県の西大寺旧境内の遺構より表面に次のように記された木簡が出土し話題を呼んだ（裏面は南海道の国郡名ほか）。

伊賀　尾張　遠江　伊豆　上総　常陸　近江　火太　甲斐　下野　□
東海道　内　志麻　武蔵　東巽道『錦』
伊勢　□河　駿河　相武　下総　阿波　美濃　信野　上野　常奥　□□

武蔵国が東海道の一国とされていることや、ともに出土した土器の形式から、宝亀二年以後ほどなく土器とともに排水溝に一括投棄されたと考えられている。東山道が「東巽道」と表記され、甲斐国がその所属のように記されているが、甲斐国は一貫して東海道であるから、木簡の記載は誤解である。山国である甲斐国の東山道的な性格が影響したのであろうが、さらに、甲斐国が東国における東海道（駅路）と東山道（駅路）の結節点であったことも指摘されている。[注20]『古事記』のヤマトタケル東征説話でもその帰路は、甲斐→信濃→美濃→尾張であるように、甲斐国から信濃国諏訪郡（養老五年〔七二一〕～天平三年〔七三一〕は諏方国）へ向かう逸見路（へみじ）（茅野北杜韮崎線）が東海道・東山道両駅路を結ぶ道であった。[注21]

さて、『日本書紀』のヤマトタケル説話では、信濃より吉備武彦が別働隊として越に派遣されている。また、『古事記』垂仁天皇段で、天皇の命で鵠をヤマトの東西に追った使者は、東日本では美濃→尾張→信濃→越と進んでいる。この両説話のルートは、近江→若狭→越前（→加賀）→越中→越後の北陸道駅路本線とは別に、東山道の信濃と北陸道の越後とを結ぶ連絡路的駅路を反映している。[注22]東山道駅路には、信濃国筑摩郡の錦織駅から上野国碓日坂へ向かう本線と分かれて、越後国頸城（くびき）郡で北陸道駅路に合流する連絡路があった。大伴家持は「あしひきの 山坂越えて 行きかはる 年の緒長く しなざかる 越にし住めば」（万葉集四一四九番）と詠ったが、「越」にかかる枕詞の「科坂在（しなさかる）」は科野より遠ざかって越に至ることに由来するという指摘がある。[注23]大化四年（六四八）に磐舟柵（いわふねのき）に置かれた柵戸は越と信濃の民であったように（『日本書紀』）、信濃から越への道はヤマトから見れば、対蝦夷戦争への動員の道でもあった。逆に、この道は越後・佐渡・出羽三国から見ると、朝集使が上京する際に北陸道駅路の越中・越後国境近辺の日本海岸の難所親不知（おやしらず）（新潟県糸魚川市）を迂回する内陸路として利用された。

なお、養老令の公式令朝集使条は朝集使が駅馬利用で上京できる国を、東日本では東海道は「坂東」（足柄坂）以東、東山道は「山東」（碓日坂）以東、北陸道は「神済（かんのわたり）」以北の国と定めるが、その「神済」を親不知付近に比定するのが通説である。しかし、親不知付近を流れる富山・新潟県境の境川が越中・越後国境となるのは大宝二年（七〇二）三月であり（『続日本紀』）、かつ朝集使条の内容は大宝令以前に遡ると考えられるから、旧の越中・越後国境である阿賀野川河口（新潟市）こそが「神済」である。[注24]

その公式令朝集使条に関する『令集解』跡説が東山道を「奈加津道」と呼ぶように、東海・北陸二道に挟まれる東山道の駅路は、支路により両道を連絡した。美濃国方県（かたがた）駅から東山道駅路支路で結ばれた飛驒国府（岐阜県高山市）からも、北陸道の越中国への連絡路があったと想定されている。[注25] さらに、東山道の山々から流れる河川が東山道と他の二道とを結んだ。長野県の歌「信濃の国」に「信濃の国は十州に 境連ぬる国にして 聳（そび）ゆる山はいや高く 流るる川はいや遠し」、「流れ淀まずゆく水は 北に犀川・千曲川 南に木曽川・天竜川」とあるように信濃国は周囲十国の中心で南へと北へと大河で船運を通じさせている。そのほか、甲斐国からは富士川・相模川、美濃国からは長良川・揖斐川、飛驒国からは宮川（神通川）がそれぞれ太平洋あるいは日本海へと流れ込む。[注26]

『日本霊異記』中巻第四に美濃国の女と尾張国の女の美濃国小川市（岐阜市）での争いの話があるが、これは愛智潟の海産物を河川で内陸（東山道）の市へ運ぶことをめぐる紛争が話のもとにあろう。同様に内陸への塩の販路が、いわゆる「塩の道」であり、その代表が信濃国（長野県松本市）と日本海沿岸（糸魚川市）を結ぶ千国（ちくに）街道であるが、富士川と駿州往還あるいは相模川を通じて甲斐国に運ばれた製塩土器の出土から、甲斐国と太平洋沿岸を結ぶ「塩の道」も指摘されている。[注27]

四　平安文学に見る東日本の都鄙間交通

平安時代、東日本の都鄙間交通が窺える文学として、まずは『伊勢物語』をとりあげる。在原業平

（八二五～八八〇）と覚しき男を主人公とする説話が多いことから『在五中将物語』などとも呼ばれる。注28 その第七～九段が「東下り」で、続く第十～十五段が「東国物語」である。男は都での恋愛に挫折した後、住むべき場所を東国に求めて武蔵に至る。そして、武蔵・下総国境の隅田川（元荒川下流）で見かけた京には見えぬ鳥の名を渡守から聞いて、『古今和歌集』に収められた有名な歌「名にし負はばいざ言問はむ都鳥　わが思ふ人はありやなしやと」を詠う。現在隅田川には東京都の台東・墨田区間で昭和三年（一九二八）竣工の言問橋が架けられているが、当時の渡し場は、それより少し上流の現在の白鬚橋付近の「橋場の渡」（台東区橋場）であったとされている。

さて、隅田川には渡守がいて、渡船が行われていた。承和二年（八三五）六月二十九日の官符（『類聚三代格』）で、東海・東山駅路の河川には浮橋や布施屋、渡船が置かれた。坂東の隅田河・太日河（江戸川）・岩瀬河（多摩川）・鮎河（相模川）のほか、墨俣河（岐阜県長良川）、草津渡（愛知県庄内川）、飽海河（愛知県豊川）、矢作河（愛知県）、大井河・阿倍河・富士河（いずれも静岡県）は、渡船が不足していたり、川幅が広く橋梁が備わらない有り様で「貢調の担夫（運脚）」らが川辺に滞り、騒乱や死傷事件がおこり、官物が流出するなどしていた。そこで、鮎河と富士河には浮橋を架け、そのほかには渡船を増やしたのである。この時、隅田河では渡船二艘を加えて計四艘となったが、それは正税で買い備えた貢調用の官船である。また、養老令でも雑令で津済（川津）には、国司・郡司が管理する渡船と、雑徭によって徴発、派遣された渡子（渡守）を船一艘につき二人置くと定められている。これに対して、『伊勢物語』で業平（と覚しき男）らを乗せた船は、民間の船のようである。各地の渡河地には官や民間の船が混在して渡船を行い、人々が集散していた。渡船については、万葉歌にも「駅路に引き船渡しただ乗りに　妹は心に乗りにけるかも」（二七四九番）や「麻久良我の許我の渡りの韓楫の　音高しもな寝なへ児ゆゑに」（三五五五番）ほか数多い。前者は、陸から船を引いて川を上り下りするのではなく、川の両岸に張り渡した綱を伝って渡河する船のことであり、後者は渡良瀬川（茨城県古河市）の渡船の渡来系新式舵が大きな音を出すことを詠っている。[注29]

さて、業平は元慶二年（八七八）正月に権相模守に任ぜられているが右近衛権中将との兼任であり（『日本三代実録』元慶四年五月二十八日条卒伝）、実際に東国へ下ったことの証しはない。しかし、元慶四年（八八〇）の没後ほどない延喜五年（九〇五）奏上の勅撰『古今和歌集』が業平の東下りの歌を採用しているのは、それが史実であったからで、母である伊都内親王の服喪中の貞観四年（八六二）に東国下向したとする説がある。[注30]

また、天暦五年（九五一）頃成立、その後増補されたとされる『大和物語』の第一四四段には、業平子息の在原滋春（生没年不詳）が、父と同じく東下りしたとある。

この在次君（滋春）、在中将（業平）の東にいきたりけるにやあらむ、この子どもも、人の国がよひをなむ、時々しける。心あるものにて、人の国のあはれに心細き所々にては、歌よみて書きつけなどなむしける。小総の駅といふ所は海辺になむありける。それによみて書きつけたりける。「わたつうみと人や見るらむあふことの　なみだをふさに泣きつめれば」。又、箕輪の里といふ駅にて、「いつはとはわかねどたえて秋の夜ぞ身のわびしさは知りまさりける」とよみて書きつけたりける。

ここに、『延喜式』兵部省式に載る相模国の小総駅と箕輪駅が見える。海辺の小総駅は神奈川県小田原市国府津に比定され、箕輪駅は一説に伊勢原市笠窪字三ノ輪に比定されるが、前者が相模湾岸であるのに対して後者が内陸の丹沢山系大山の麓であることは、平塚市四之宮の相模川河口に近くの相模国府を目指す駅路としては不自然となるので、箕輪駅を平塚市域の国府周辺に求める理解が強い。[注31]もっとも、右に続けて、ある人が「三河国よりのぼるとて、この駅（小総・箕輪）どもに宿りて」とあるのは行程上不自然であるから、もとより駅の順序を云々すべき史料ではないのかもしれない。

続いて『更級日記』である。[注32] 菅原道真の五世孫の孝標の次女（一〇〇八〜一〇五九以降）が晩年に、十三歳の寛仁四年（一〇二〇）から五十二歳頃の康平二年（一〇五九）までの約四十年間を回想した内容で、父孝標が上総介の任期を終えた後の、寛仁四年九月三日の上総国府出立から十二月二日の帰京までの道々を綴った旅日記が当時の東国の様相を伝えている。なお、房総三国を「亡国」と化した平忠常の乱が起きたのはこの八年後の長元元年（一〇二八）のことである。

晩年の回顧録であるから、記憶違いも少なくない。たとえば、上総国府を出てほどなき九月十八日に「下総の国と武蔵との境にてある太井川（ふといがわ）といふが上の瀬、まつさとの渡りの津」に泊まるとある太井川（太日川）は下総国内の江戸川のことであり、下総・武蔵国境を流れるのは隅田川である。したがって

武蔵と相模との中にゐて、あすだ川といふ、在五中将の「いざ言問わむ」と詠みける渡りなり。中将の集にはすみだ川とあり。舟にて渡りぬれば、相模の国になりぬ

とあるのも間違いで、武蔵・相模国境は正しくは、戸塚丘陵（神奈川県横浜市）〜境川上流（横浜・綾瀬市境）である。文学少女であった作者は『源氏物語』に憧れ、とくに宇治川の橋を往来して境界性を意識させる浮舟に傾倒している。都への途次で、太日川、あすだ川、大井川、富士川、天中川（天竜川）、浜名の橋、八橋、墨俣の渡、瀬田の橋ほか、川を渡ること、国境を越えることをいちいち記している所以であるが、幼き日の記憶、あるいは老いての知識は必ずしも正しくはない。

ともかく、相模に入ってからは、「にしとみといふ所の山、絵よくかきたらむ屛風を立て並べたらむやうなり。片つ片は海、浜のさまも」云々→「もろこしがはら」（唐ヶ原）→「足柄山」と進む。「にしとみ」は神奈川県藤沢市西富とされることが多いが、藤沢市西富は明治時代の成立地名である。当時、相模国足下郡の別称が

「西富」であるから（『伊呂波字類抄』）、平塚・大磯海岸の「もろこしがはら」に至る藤沢・茅ヶ崎海岸から遠望した箱根から伊豆半島、そしてその奥の富士山の山並が屏風のように見えたのではなかろうか。[注33]

そして、足柄山の恐ろしげな暗がりの夜に遊女三人と出会った後、国境の足柄坂を越えて駿河の横走関（静岡県小山町か）を過ぎたのが十月初旬。以降、万年雪を積もらせながらも「山の頂の少し平ぎたるより煙は立ちのぼる。夕暮れは火の燃え立も見」る富士山を見ながら進み、十月末には尾張国の宮路山（愛知県豊川市）を越えて、美濃不破関、崩れかけた瀬田の橋を経て、十二月二日夕刻に京三条の自宅に帰り着いた。

このような作者の旅であるが、考えるべきは、この旅は父上総介の離任の旅であることである。国司の場合に、任国への赴任には伝馬が支給され（『延喜式』太政官式）、任期後の帰京には長官の夫三〇人・馬二〇疋、六位以下長官と次官の夫二〇人・馬十二疋など、職階に応じた支給があった（『同』雑式）。したがって作者の父には夫二〇人・馬十二疋が上総国より支給されることになる。ただし、寛仁四年段階で、式制がどこまで実行されたのかは不明である。先に見た滋春の東下りでは駅家を利用したようであるが、降って『更級日記』となると駅馬・伝馬を利用した記述はない。承徳三年（一〇九九）に因幡守に赴任した平時範は播磨国で明石駅・高草駅に宿泊しているが（『時範記』）、寛仁期の東国はどうであったか。駅家が存続していたとしても律令制的な駅伝制は形骸化していたのであろう。永久四年（一一一六）成立の『朝野群載』巻二二の国務条々事は新任国司の心得集であるが、その第六条には、郎党一人・二人を先発させて、その日の宿泊場所を確保させるとある。『更級日記』作者一行は道々で寺社（武蔵竹芝寺）、富豪の家（近江息長）などに泊まり、また仮屋（まつさとの渡・天中川）や廬（足柄山）などを設けながら旅を続けている。途次の国府（国司の館）や郡家（郡司の館）にも泊まったのであろうが、『更級日記』にはその記載がないのは、作者にその思い出がなかったからであろう。

なお、「まつさとの渡りの津」（千葉県松戸市。異説あり）[注34]では「舟にてかつがつ物など渡す」とあり、船には輦車（人車）も積み込んでいる。国司一行は馬と車とで構成されていた。馬も乗船させたのか、あるいは騎乗のまま渡河したのであろうか。

最後に、『更級日記』の作者が東国の地を去った頃に下向してきた女流歌人相模（九九八〜一〇六一）をとりあげたい。「恨みわびほさぬ袖だにあるものを 恋にくちなん名こそ惜しけれ」（『後拾遺和歌集』）の歌は百人一首でおなじみである。彼女は、摂津源氏の源頼光の娘もしくは養女で、三十歳の頃に相模守となった夫大江公資の赴任に同行したので相模と呼ばれた。その『相模集』の詞書によれば、相模に下ったのは治安元年（一〇二一）で、万寿二年（一〇二五）に任期を終えた夫とともに帰京し、その後に離縁している。[注35]

夫に随って東国まで来たものの夫婦仲はすでに冷えていて、「心にもあらで東路へ下りしに、かかるついでにゆかしき所見む」と相模国府から伊豆山走湯権現（静岡県熱海市）などの参詣にその愁いを慰め、万寿元年（一〇二四）には走湯権現に百首歌を奉納した。また、日向薬師（神奈川県伊勢原市）では目の病の治癒祈願に薬師経を読ませて、その柱に「さして来し日向の山を頼むには 目も明らかに見えざらめやは」と書き付けた。受領階級の妻が、夫とは別に隣国へも遊山に出かけられるほど当時の交通網は整備されていたということであろうか。

走湯権現は、十一世紀後半成立の『新猿楽記』に修験の霊場として富士山・熊野山・大峰山などとともに挙げられているから、相模は下向前から、走湯権現に期するものがあったのであろう。「あづまぢに来てはくやしと思へども 伊豆に向かうぞうれしかりける」、「はこね山あけくれいそぎ来し道の しるしばかりはありと知らせむ」と箱根山を越えて参詣している。相模から伊豆へは、足柄峠越えの東海道駅路で駿河を経由するのが本来であるが、ここでは箱根湯本から芦ノ湖南岸を抜けて箱根峠を越えて直接伊豆へ向かうルートを選んでいる。このルートは延暦二十一年（八〇二）に富士山噴火の噴石で塞がれた足柄路に代わって駅路とされた箱根路であり、この時は翌延暦二十二年に旧に復されたが、中世以降はむしろ箱根路がメインルートとなった。

また『更級日記』作者が畏怖した足柄山については、「くやしさも忘られやせむ足柄の　関のつらきをいつになりなば」、「ゆきかひのみちのしるべにあらましを　隔てけるかな足柄の関」と詠っている。足柄関は当時横行していた群盗（僦馬の党）を取り締まるために足柄坂の相模側に昌泰二年（八九九）に置かれた関であったが（『類聚三代格』昌泰二年九月十九日官符）、相模が都に戻ってほどなく、足柄坂の駿河側の横走関とともに廃されたようである（藤原資房の日記『春記』長暦四年（一〇四〇）九月四日条）。東海道の往来が、足柄路ではなく、箱根路が主となったことによろう。『更級日記』に「関屋どもあまたありて、海まで釘抜きしたり」と建物や海辺まで延びる柵列の様子が記されている清見関（静岡市清水区）は、鎌倉時代にも存続している。[注36] その一方、足柄関は、鎌倉時代の初めに鎌倉に下った飛鳥井雅経（参議藤原雅経）が「足柄の山の関守いにしへは有もやしけん跡だにもなし」、「とまるべき関屋はうちもあらわにて　嵐ははげし足柄の山」（『明日香井集』）と詠むような有り様であった。ただし、付近には宿が展開し（神奈川県南足柄市関本付近）、貞応二年（一二二三）の鎌倉下向を記した『海道記』には、「関下の宿を過れば、宅を双ぶる住民は人を宿して主とし、窓にうたふ君女は客を留て夫とす」とその様相を伝えている。

おわりに

最後に、鎌倉期の東海・東山両道の一端をとりあげる。まず、東海道は、『海道記』をはじめ、『信生法師日記』（一二三五）、『東関紀行』（一二四二）、『十六夜日記』（一二七七）、『春の深山路』（一二八〇）、『問はず語り』（一三一三頃）ほか、京鎌倉往還に関わる史料は事欠かない。[注37] また、絵画資料として、一遍没後十年の正安元年（一二九九）に制作された『一遍聖絵』も有用で、第六巻には富士川に渡された浮橋が描かれている。

東山道では、東山道武蔵路が駅路でなくなった宝亀二年以後も、北関東（上野・下野国）から武蔵国府まで、さらには相模国府へと、関東平野を南北に縦貫する東国交通の大動脈として機能し続けた。天長十年（八三三）に武蔵国「多磨・入間両郡界」に「公私旅行の飢病者」を救うため悲田処が置かれ、『延喜式』主税式に武蔵国の出挙稲として悲田料四五〇〇束が計上されている。[注38]

そして、鎌倉期になると、この旧東山道武蔵路が鎌倉道の一つとして、途中の「堀兼の井」の存在から「鎌倉街道堀兼道」と呼ばれている。[注39]「堀兼の井」の存在は古くより都でも知られていた。『枕草子』に「井は、ほりかねの井、玉の井」云々とあるほか、紀貫之は「はるばると思ひこそやれ武蔵野の ほりかねの井に野草あるてふ」、藤原俊成は「武蔵野の堀兼の井もあるものを うれしや水の近づきにけり」と詠った。そして、実際に武蔵野をを歩いたと思われる西行（一一一八～一一九〇）は「汲みてしる人もありけんおのずから 堀兼の井のそこのこころを」と詠んでいる。

本書で本稿と対となる古代西日本の交通は、長年の友人である木本雅康さんが執筆される予定であった。しかし、木本さんは昨年（二〇一八）一月に永眠された。東日本と西日本とで、木本さんと内容や用語の調整をしたいと考えていたが、それが出来なかったこと残念至極である。本書には、西日本の総合的内容を欠くことになったが、それは、注3に掲げた書籍のほか木本さんの遺作を参考にされたい。[注40]

注

1 横浜市歴史博物館『東へ西へ　律令国家を支えた古代東国の人々』二〇〇二年。陸奥・出羽駅路については、中村太一「陸奥・出羽地域における古代駅路とその変遷」（『国史学』一七九、二〇〇三年）参照。

2 田名網宏『古代の交通』（吉川弘文館、一九六九年）五六頁。

3 近年の日本古代の道路・交通研究の成果は、古代交通研究会の大会成果を纏めた三冊の論集、鈴木靖民・吉村武彦・加藤友康編『古代山国の交通と社会』（八木書店、二〇一三年）、鈴木靖民・川尻秋生・鐘江宏之編『日本古代の運河と水上交通』（同、二〇一五年）、鈴木靖民・荒木敏夫・川尻秋生編『日本古代の道路と景観』（二〇一七年）に網羅されている。また、東西の古代道路については、島方洸一・立石友男・金田章裕・木下良ほか編『地図でみる東日本の古代：律令制下の陸海交通・条里・史跡』（平凡社、二〇一二年）および同西日本編（二〇〇九年）、古代交通研究会編『日本古代道路事典』（八木書店、二〇〇四年）が詳細である。ほかに、『日本古代の交通・交流・情報』全三巻（吉川弘文館、二〇一六年）参照。なお、本稿は参考文献掲載に遺跡発掘調査報告書と自治体史は割愛した。

4 荒井秀規「東海道駅路と走水駅」（前掲『日本古代の道路と景観』）、田尾誠敏・荒井秀規『古代神奈川の道と交通』（藤沢市文書館、二〇一七年）。

5 武蔵国を中心とする東国（坂東）駅路の変遷は、拙著『覚醒する〈関東〉』（吉川弘文館、二〇一七年）で詳述した。そのほか、中村太一『日本古代国家と計画道路』（吉川弘文館、一九九六）、森田悌『日本古代の駅伝と交通』（岩田書院、二〇〇〇）参照。

6 木下良『事典　日本古代の道と駅』（吉川弘文館、二〇〇九年）。

7 川尻秋生「古代東国の沿岸交通」（『古代東国史の基礎的研究』塙書房、二〇〇三年）。

8 田中卓「尾張国はもと東山道か」（『律令制の諸問題』国書刊行会、一九八六年、初出は一九八〇年）。近年では中大輔「アズマへの道と伊賀国」（前掲『古代山国の交通と社会』）。

9 荒井秀規「古代東アジアの道制と道路」（鈴木靖民・荒井秀規編『古代東アジアの道路と交通』勉誠出版、二〇一一年）。また、小林宗治「尾張国はやはり東海道か」（『あいち国文』二、二〇〇八年）参照。

10 荒井秀規『覚醒する〈関東〉』（前掲）。また、木本雅康「宝亀二年以前の東山道武蔵路」『古代官道の歴史地理』（同成社、二〇一一年）参照。東山道武蔵路に関わる発掘調査の成果は、川越市立博物館『古代入間郡の役所と道』（二〇一五年）、国分寺教育委員会『古代道路を掘る』（二〇一七年）参照。

11 本稿冒頭でふれた埼玉県所沢市の東の上遺跡を武蔵国府側から二番目の駅家跡とする理解があり、また、三番目の駅家とされる同県川越市の八幡前・若宮遺跡からは「駅長」と書かれた墨書土器が出土している。

12 藤沢市教育委員会『神奈川の古代道』（一九九七年）。荒井秀規「『うみつみち』と『やまつみち』」（神奈川東海道ルネッサンス推進協議会『神奈川の東海道』上、かなしん出版、一九九九年）。武蔵国がはじめ東山道であった背景には、古墳時代に武蔵の地が北関東の毛野の勢力下であったことがある。この点は、拙稿「神奈川古代史素描」（『考古論叢神奈河』七、神奈川県考学会、一九八四年）参照。

13 小山靖憲「古代末期の東国と西国」（『岩波講座日本歴史4 古代4』岩波書店、一九七六年）。山村規子「東海道と宿」（『歴史の道・再発見』第二巻、フォーラム・A、一九九七年）。

14 神坂峠については、近時のものとして和田明美『古代東山道園原と古典文学』（愛知大学綜合郷土研究所ブックレット、二〇一〇年）、市澤英利『東山道の峠の祭祀　神坂峠』（新泉社、二〇〇八年）がある。

15 杠道については、渡辺直彦「伊勢諸継・紀春枝・「配流と杠道」」（『古事類苑 月報』二一、一九六八年）、川尻秋生「古代東国における交通の特質」（『古代交通研究』十一、二〇〇二年）参照。

16 東海地域の古代交通については、和田明美編『道と越境の歴史文化』（青簡舎、二〇一七）、考古学研究会東海例会資料集『東海地方の駅家研究の最前線』（二〇一一年）参照。

17 荒井秀規「古代南武蔵の郡家と交通」（『史叢』九五、日本大学史学会、二〇一六年）。

18 群馬県立歴史博物館『古代のみち』（二〇〇一年）、なす風土記の丘資料館『あづまのやまみち』（二〇〇六年）、葛飾区郷土と天文の博物館『古代東海道と万葉の世界』（二〇一一年）、土浦市・上高津貝塚ふるさと歴史の広場『古代のみち』（二〇一三年）。

19 畿内と東山道を除けば、東海道の伊賀国、山陰道の丹波国、山陽道の美作国が非沿海国であるが、伊賀国は天武九年（六八〇）に伊勢湾を擁する伊勢国より分割された国（『扶桑略記』）、丹波国は和銅六年（七一三）の丹後国分離以前は日本海に面し、美作国は同年に瀬戸内海に臨む備前国の山間部を以て建国された国である（『続日本紀』）。

20 平川南「七道の結節国」（『律令国郡里制の実像』上、吉川弘文館、二〇一四年）。甲斐の酒折宮を東海道から東山道への連絡路の変換点、また両道の結節点であり、足柄坂・碓日坂同様に「祭祀の場」であったとし、甲斐の国名の原義を行政上の「交ひ」に求め、後に「甲斐酒折宮の謎を解く」(『上代文学』一一三、二〇一四年)で再論している。なお、行旅中の足柄坂・碓日坂など坂での祭祀(手向け)から坂が峠と呼ばれるようになったことは、拙稿「堺としての坂と手向け」(市澤英利・荒井秀規編『古代の坂と堺』高志書院、二〇一七年)を参照。

21 荒井秀規「東山道と甲斐の路」(前掲『古代山国の交通と社会』)。なお、甲斐国の古代交通については、杉本悠樹「東海道甲斐路の御坂と追坂」(前掲『古代の坂と堺』)、大隅清陽『古代甲斐国の交通と社会』(六一書房、二〇一八年)参照。

22 新潟駅上越市の延命寺遺跡で平成十九年(二〇〇七)に出土した天平七年(七三五)銘木簡に「伊神郷」とあり、従来『和名類聚抄』に対応する郷名がないことから諸説あった伊神駅家の所在が頸城郡内と確認された。このことから、木下良『事典 日本古代の道と駅』(前掲)は、伊神駅を東山・北陸両駅路の連絡路上の駅家と想定している。

23 田島公「古代国家と東山道」(小林達雄編『新版 古代の日本 7 中部』角川書店、一九九三年)。また、原田和彦「北陸道の越後国と東山道の信濃国」(地方史研究協議会編『信越国境の歴史像』雄山閣出版、二〇一七年)参照。

24 荒井秀規「公式令朝集使条と諸国遠近制」(鈴木靖民編『日本古代の地域社会と周縁』吉川弘文館、二〇一二年)。なお、通説の親不知説として、米沢康『北陸古代の政治と社会』(法政大学出版会、一九八九年)、鈴木景二「北陸道の交通と景観」(前掲『日本古代の道路と景観』)参照。また、北陸道の海路とその運送費用については、拙稿「古代史料にみる海路と船」(前掲『日本古代の運河と水上交通』)で詳述した。

25 鈴木景二「古代の飛驒越中間交通路」『富山史壇』一三二、二〇〇〇年。

26 古代日本における海・川の交通と舟・筏については、前掲拙稿「古代史料にみる海路と船」及び「律令制下の交易と交通」(『日本古代の交通・交流・情報』二、吉川弘文館、二〇一六年)で詳論した。

27 平野修「川を上り峠を越える製塩土器」(前掲『古代山国の交通と社会』)。

28 戸川点「在原業平伝説(『伊勢物語』)」(すみだ郷土文化資料館編『隅田川の伝説と歴史』東京堂出版、二〇〇〇年)。

29 黒済和彦「東国の河川と渡し場」(前掲『日本古代の運河と水上古通』)。

30 角田文衛「在原業平・その虚像と実像」『国文学:解釈と教材の研究』二四―一一、一九七九年。

31 木下良『事典 日本古代の道と駅』(前掲)。田尾誠敏・荒井秀規『古代神奈川の道と交通』(前掲)。

32　作者が武蔵国で立ち寄った竹芝寺に関わる武蔵武芝伝説の歴史的背景は、拙著『覚醒する〈関東〉』（前掲）に詳述した。
33　藤沢市教育委員会『神奈川の古代道』（前掲）
34　山路直充「『更級日記』上洛の記」（『王朝文学と交通』竹林舎、二〇〇九年）。
35　福田以久生「相模守大江公資とその妻」『駿河相模の武家社会』清文堂、二〇〇七年。鳥養直樹『足柄の里と坂の古代的世界』夢工房、二〇〇五年。
36　倉田実「平安時代の関所」（前掲『王朝文学と交通』）。
37　倉本一宏『「旅」の誕生』（河出書房新社、二〇一五年）。
38　黒済玉恵「東山道武蔵路と悲田処」（前掲『日本古代の道路と景観』）。
39　埼玉県立嵐山史跡の博物館『「鎌倉街道」をゆく』二〇一一年。碓氷峠から倉賀野（群馬県高崎市）、埼玉県毛呂山町を経て東南に下って東の上遺跡手前で合流する鎌倉道が「鎌倉街道上道」と呼ばれている。
40　木本雅康『日本古代の駅路と伝路』（同成社、二〇一八年）。ほかに前掲『古代官道の歴史地理』、また木本氏ほかが監修した海鳥社刊行の『海路』一二号（古代官道と道の文化、二〇一五年）、一三号（九州の古代官道、二〇一七年）がある。

遣唐使の交通
——その往路——

河内　春人

はじめに

本章に与えられた課題は、遣唐使の交通に関する論点の整理である。遣唐使の交通というと海上移動を想起しやすい。遣唐使にまつわる交通のエピソードといえば、阿倍仲麻呂や鑑真の遭難がまっさきに挙げられることからもそのことは容易に窺われる。これまでもこのテーマでは、航路や船舶の研究に議論が集中している。しかし、それは果たして妥当なのだろうか。

ところで、その具体的な検討に入る前にもう一つ確認したいことがある。それは「交通」の定義である。一般的に「交通」の語が用いられる場合、辞書には「人が行ったり来たりすること、ゆきき、通行、往来」「運輸および通信機関をもってする遠隔地との、人の往復、貨物の輸送、また意思の伝達」などの説明が与えられているように[注1]、移動・輸送などに関する意味に重きが置かれているといえよう。

それでは「交通」とはもともとそのように捉えられていたと考えてよいのだろうか。字義について見てみると、「交」はまじわる、接触する、ひろがるという意味である。「通」はつきとおる、という意味である。「交通」とはこれらの字義の組み合わせからなる語である。その比較的早期の用例としては、『礼記』に「周道四達、礼楽交通」とある。そこから見て取れるのは、「交通」とは主体が他者と関係を切り結ぶことを意味するものであり、交流と同じような幅広い意味が込められていたといえるだろう。本来の「交通」は、様々な内実が含意されているそうした交流総体を示す語として理解されるべきである。「遣唐使の交通」というテーマについていうなれば、それは本来、遣唐使という外交使節が作り上げた日中関係全体をとして捉えるべきなのである。

ただし、そのように定義するとあまりにも大きな課題となり、筆者の力量で論じるのは困難である。そこで本稿では現在の「交通」に対する一般的な理解も加味して、移動の意味に重点を置いて論じることとしたい。なお、その場合交通において重要なのは行き来ということであろう。交通とは単なる移動ではなく、帰還を前提としている。双方向的な移動を特に重視しておきたい。

そして、交通について往来という双方向的な移動ということを重視する場合、出発地と到着地をどのように設定するかということがまず問題となる。遣唐使に即して考えると、従来の研究では五島列島に代表される出発地と中国江南が到着地として想定されることが多い。しかし、それは遣唐使の移動の一部に過ぎないということに注意しなければならない。そこで小稿では遣唐使の往路の行程について概観することでその全体像を把握することに努めたい。なお、遣唐使は律令制の成立を境として大きく変化する。[注2] 律令以前（便宜的に遣隋使を含む）を前期、律令制以降を後期として区別しておく。

一　列島内の移動

遣唐使の移動について、その起点として出発地をどのように規定するか。まずはこの問題から考えることにする。

そもそも遣唐使は任命された後、すぐ出発するわけではない。前期についてはいずれの出発記事も「遣於大唐」とするのみでその詳細はわからない。これに対して後期の遣唐使はその動向をある程度明らかにできる。そこで後期の遣唐使のルートを中心に、必要に応じて前期に言及することにする。

遣唐使は任命されると春日などで安全を祈る祭祀を行なった後、天皇に辞見して節刀を授かりそのまま出発する。律令にこれに関連する規定がある。[注3]

①軍防令18節刀条

凡大将出征、皆授㆓節刀㆒。辞訖、不㆑得㆔反宿㆓於家㆒。其家在㆑京者、毎月一遣㆓内舎人㆒存問。若有㆓疾病㆒者、給㆓医薬㆒。凱旋之日、奏遣㆑使郊労。

本条は将軍の出征における節刀授与とそれに付随する処置に対するものであるが、律令制下の遣唐使も節刀を授かる対象であるのでこの条文に準拠した措置が行なわれた。これによれば遣唐使は節刀を授かった後は帰宅を許されず、そのまま出立した。節刀は天皇大権の一部委譲を象徴するものであり、[注4]節刀を授かりすでに委任された状態にある大使が国内で不適切に行使することを防ぐためである。すなわち出立は平城宮・平安宮における節刀授与を起点として考えるべきである。

ただし、九世紀になるとこの規定は形骸化し始めている。八三七年三月十五日に渡航の失敗から平安京に戻っていた藤原常嗣が再度節刀を授かる。ところが、常嗣はすぐに京から出たわけではなかった。「遣唐大使藤原朝臣常嗣出レ自二鴻臚一、発二向大宰府一」（『続日本後紀』承和四年三月壬午条）とあるように常嗣は平安京の鴻臚館に滞在し、出発したのは節刀を授かって四日後の三月十九日であった。しかも、副使の小野篁は「遣唐副使小野朝臣篁発レ自二鴻臚一、向二大宰府一」（『続日本後紀』承和四年三月丁亥条）とあり、その出発は常嗣よりさらに遅れて三月二十四日であった。節刀を管理する大使と副使が別々に京を出るという行動をとっており、天皇大権の象徴である節刀に対する意識が低落している様子が窺われるのである。

「遣唐使の交通」を航海あるいは渡海と捉える視点ではこうした節刀授与から乗船までの移動という視角が脱落することになる。しかし、乗船までの陸路もまた遣唐使の移動の過程として見落としてはならないのである。

さて、遣唐使は都を出る際に羅城門を通過した。七七七年の遣唐使の時には、「遣唐大使佐伯宿禰今毛人等辞見。但大使今毛人到二羅城門一、稱レ病而留」[注5]とあるように、大使佐伯今毛人が羅城門で病を訴えている。このことから、節刀を授かり宮を出た遣唐使は朱雀門より朱雀大路を南下したことがわかる。この羅城門―朱雀大路―朱雀門のラインは元日朝賀における夷狄の朝貢でも機能しており、[注6]交通的にみると天皇支配の秩序外との交流における最初、あるいは帰国時には最後の境界として機能していたといえる。

都を出ると、遣唐使は乗船のために難波に向かう。前期の難波までのルートについては、太子道と遣隋使を関連付けて考える中村太一氏の見解が注目される。[注7]遣隋使が隋の計画道路を目撃したことによって倭国における道路造営が行なわれたとする。さらに隋使裴世清到来はそれを促進させる出来事であっただろう。裴世清は六〇八年四月に筑紫に至った。そして、六月に難波に到来するものの同地に逗留し、入京は八月のことであった。入京に時間をかけたように見えるのは、隋使を迎え入れるにあたって道路を整備していたということをその理由の一つとして想定するのはそれほど無理な推測ではないだろう。これ以後の遣隋使が飛鳥から難波に向かう際に、太子道を外交用の道として利用した蓋然性は高いと考える。

そして、『日本書紀』推古二十一年十一月条に「又自二難波一至レ京置二大道一」とあるように、六一三年に飛鳥と難波をつなぐ道路の整備はさらに進む。これを横大路とするか否かは見解が分かれているが[注8]、当時難波に出る主要幹線として外交使節が通ったことは間違いないだろう。六三〇年の最初の遣唐使はこの「大道」を進んだと考えられる。

これ以後の七世紀の状況を考えると、孝徳朝の遣唐使（六五三・六五四年）は宮が難波長柄豊崎宮だったので移動ルートを考える必要はない。その後、横大路が整備され、六五九年の斉明朝の遣唐使は横大路を進んだであろう。一方、天智朝の六六九年の遣唐使は大津宮から淀川を下るという水上ルートを想定しておきたい。

さて、遣唐使一行は難波に到着すると、同地に幾ばくか滞在することになる。七三三年には閏三月二十六日に節刀を授かり、程なくして難波に到着し、四月三日に難波津を発っている。この事例からすれば、難波の滞在は数日程度ということになる。難波に客館があったことは外国使節の迎接から明らかであるが、遣唐使が逗留にあたってそこを利用したかどうかは定かではない。先述の佐伯今毛人は難波まで進んだが、その病状について摂津職から朝廷に報告がなされており、摂津職が管理する官舎に滞在していたとも考えられる。

なお、難波出立の日付を見ると、六五九年の遣唐使の際には七月三日であるのに対して、七三三年は四月三日、七七七年が四月二十二日、八〇三年は四月十六日[注9]、八三六年が五月十四日である。後期はおおむね四月に難波を出発している。後期の遣唐使は唐の元会（元日朝賀）への参加に合わせて日程調整をしており[注10]、逆算して四月が難波出発の時期として定められたものであろう。そうすると、前期である六五九年における七月というのが、元会を考慮していない派遣であったということが浮き彫りになる。この時の遣唐使はきわめて順調かつ急いだ行程を進み、十一月一日の朔旦冬至に参加している。これだけを見ると元会参加に準じた意図を持っていたように見えなくもない。しかし、この年は高宗が洛陽に滞在していたため遣唐使も洛陽が目的地となり旅程が短縮されるなど想定外のことが発生しており、遣唐使が冬至を意識して派遣されたとはいいがたいだろう。

難波からは船に乗る。瀬戸内海を舟行して筑紫（大宰府）に進む。七三三年や八三六年のケースでは四船で難波を発している。四船で唐に行くことが定まった後期[注11]においては船の移動は難波から考えなければならない。

なお、難波から筑紫までの瀬戸内海航行において気を付けたいのが七六二年のケースである。

②『続日本紀』天平宝字六年四月丙寅条

遣唐使駕船一隻自二安芸国一到二于難波江口一、著レ灘不レ浮。其柁亦復不レ得二発出一、為二浪所一レ揺、船尾破裂。於是、擯二節使人一限以二両船一。授二判官正六位上中臣朝臣鷹主従五位下一為レ使、賜二節刀一。正六位上高麗朝臣広山為レ副。

右では船が難波で破損している。「著灘不浮」というのは座礁を意味するのであろう。こうした船の破損によって遣唐使は、船数を二船に減らして使節の員数も削減するという規模縮小という措置が取られた。

この記事の注目点を挙げておく。第一に船の破損の問題である。これは遣唐使船の構造に由来する。遣唐使船は船底がＶ字型の構造をしていたと考えられており、[注12]浅瀬では座礁しやすい。当難波津は土砂堆積により港としての機能が低下していた。[注13]その結果として事故が発生したのである。

第二に、難波に派遣された船の数である。律令制下の遣唐使は四船での派遣が基本であり、この時も同じであった。そのことは造船記事から確認できる。

③『続日本紀』天平宝字五年十月辛酉条

遣従五位上上毛野公広浜・外従五位下広田連小床・六位已下官六人、造二遣唐使船四隻於安芸国一。

前年の七六一年に安芸において遣唐使船四隻を造営させている。ところが②を見る限り、難波に向かったのは一隻のみである。この時の予定としては一隻で遣唐使を筑紫まで移動させ、筑紫から四隻で唐に赴く計画だったということになる。そこで、なぜこのような変則的な措置が取られたのかという疑問も生じる。この問題について、難波津の港湾機能の低下が意識されて四隻の繋留は困難として図られたものだったという説明も考えつかないではないが、八三六年の遣唐使は四隻で難波を発しているのでそのようには考え難い。いずれにせよ難波から筑紫まで一隻での移動ということになると、遣唐使の上層部、事務官、技術職などを一括して一船に乗せようとしたということになる。それはある種の合理性を窺わせるが、遣唐使の人員は合計するとそれなりの数になり、まとめて乗せるというのは無理があったであろう。そして、破損の船に代わる造船はなされず使節と船数の削減という対処となり、結果的には派遣すら中止されたのである。

さて、難波津を出港したところで、瀬戸内海の海上交通も外洋交通に比べれば安全度は高いが、全く安全というわけではなかった。七六二年には史料②に「為浪所揺、船尾破裂」とあり、船の破損を引き起こしている。この後も瀬戸内海における船舶破損は続いている。八〇三年の時にも大きな事故が生じている。

④『日本紀略』延暦二十二年四月癸卯条

遣唐大使葛野麻呂等言。今月十四日、於難波津頭、始乗レ船、十六日進発云々。時暴雨疾風、沈石不レ禁。未初、風変打二破舟一云々。其明経請益大学助豊村家長、遂波没、不レ知レ所レ著。沈溺之徒、不レ可二勝計二云々。今遣二右衛士少志日下三方一、馳問二消息一、廻委曲奏上。

この時は死者が出るなど大きな被害を出しており、そのため遣唐大使藤原葛野麻呂は節刀を返還している。

また、八三六年にも瀬戸内海での嵐が記されている。

⑤『続日本後紀』承和三年五月丙辰条

夜裏大風、暴雨交切、折レ樹発レ屋。城中人家不レ壊者希。斯時入唐使船寄二宿摂津国輪田泊一。遣二看督近衛一人於船処一、河水氾溢不レ得二通行一。更遣二左兵衛少志田邊吉備成一問二其安危一。

この時は船が輪田泊に入港しており、大事には至っていない。とはいえ朝廷はその安否を問う使者を派遣しており、船の破損などを確認しようとしたのであろう。

このように筑紫までの交通も支障となるような事態が発生している。難波から筑紫に向かう瀬戸内海交通も決して安心できるようなものではなかった。[注14]

筑紫に到着すると、筑紫館（筑紫鴻臚館）に滞在した。[注15] 筑紫館は六八八年に新羅使金霜林や耽羅使佐平加羅を饗応したように、外国使節の迎接として機能していた。ただしそれだけではなく、遣外使節の滞在も確認できる。

⑥『万葉集』巻十五

天平八年丙子夏六月、遣二使新羅国一之時、使人等各悲レ別贈答、及二海路之上一慟レ旅陳レ思作レ歌。并当所誦詠古歌一百四十五首

（中略）

至二筑紫館一、遙望二本郷一、悽愴作歌四首

右では遣新羅使が筑紫館において詠歌している。大使阿倍継麻呂、副使大伴三中、大判官壬生宇太麻呂、少判官大蔵麻呂とする七三六年の遣新羅使は四月に拝朝しており、六月の時点で筑紫に進み渡海を待っていた時の歌であり、筑紫館が遣外使節の出航までの宿泊施設として活用されていたことが見て取れる。

筑紫館はその後、大宰府鴻臚館と称されるようになる。

⑦『続日本後紀』承和三年七月甲申条

勅符二大使藤原朝臣常嗣・判官菅原朝臣善主等一。（中略）又勅符二大宰大弐藤原朝臣広敏等一。得二今月十日飛駅奏一、知下遣唐使第一・第四船廻二着肥前国一之状上。使等不レ利二西飄一、漂廻嘗レ艱。宜安二置府館一、迄二于更発一。依レ旧供億。（後略）

これによれば、朝廷は大宰府に対して、八三六年に渡航に失敗した承和の遣唐使藤原常嗣等を「府館」に安置するように指示している。この「府館」とは大宰府鴻臚館の略称であろう。遣唐使が筑紫において滞在するのは一貫して筑紫館―大宰府鴻臚館であったと考えられる。

二　渡海

遣唐使の移動上の最大の難関が渡海であることは疑いのないところであろう。そして、遣唐使の復命においてその道中の報告が国史に掲載されることによって、現代でも詳細を知ることができる。

出発から筑紫までの遣唐使の動向について、前節でみたように前期はわからないことがほとんどである。これに対して渡海については様子を窺うことができる事例を二つ挙げることができる。

六五三年の遣唐使は吉士長丹と高田根麻呂の二人を大使とする変則的な構成を取っている。[注16]このうち吉士長丹は首尾よく唐にたどり着くことに成功するが、高田根麻呂は遭難死の憂き目にあう。

⑧『日本書紀』白雉四年七月条

被レ遣二大唐使人高田根麻呂等一、於薩麻之曲・竹嶋之間、合船没死。唯有二五人一、繋二胸一板一、流二遇竹嶋一。不レ知レ所レ計。五人之中、門部金、採レ竹為レ筏、泊二于神嶋一。凡此五人、経二六日六夜一、而全不レ食レ飯。於是、褒二美金一、進レ位給レ禄。

注目されるのは、根麻呂の遭難が薩摩と竹嶋の間とされていることである。現在地でいえば薩摩半島の南西海上ということになる。また、かろうじて助かった門部金ら五人は「神嶋」まで筏で北上して助かった。[注17]遭難の実情を推し量る際に問題となるのが薩摩に漂流しているという点である。一般に七世紀の遣唐使は朝鮮半島経由の北路、すなわち壱岐・対馬から半島を沿岸航行して黄海を横断して山東半島に到達すると理解されている。このルートの場合に薩摩に漂流する事態は想定しにくい。そのため早くから高田根麻呂は南島路[注18]あるいは南路の開拓[注19]という役割を担っていたことが指摘されてきた。一船が安全なルートを取り、もう一船が新しいルートの開拓を目指したという解釈である。[注20]ただし、吉士長丹が帰国後に呉のウヂ名を授かっていることから長丹も南路を取っており、二船とも南路であったという見解もある。[注21]

一方、北路を取ったことが明確なのが吉士長丹・高田根麻呂の翌年に派遣された、高向玄理らの遣唐使である。

⑨『日本書紀』白雉五年二月

二月。遣大唐押使大錦上高向史玄理或本云。夏五月。遣二大唐押使大華下高玄理一。・大使小錦下河辺臣麻呂・副使大山下薬師恵日・判官大乙上書直麻呂・宮首阿弥陀或本云。判官小山下書直麻呂。・小乙下中臣間人連老老、此云於唹。田辺史鳥等、分乗二船、留連数月、取新羅道泊于萊州、遂到于京、奉覲天子。（後略）

これによれば、この時は前年同様二船が仕立てられ「新羅道」を通って萊州に到達している。北路のことを「新羅道」と称しているのはその交通に新羅が関与していたからというこれまでの理解で大過ないだろう。萊州は山東半島北岸で渤海に面した州である。ここに到達するには遼東半島から廟島列島を島伝いに進むのが最も安全であるが、当時の新羅と高句麗の情勢に鑑みると難しいといわざるを得ない。新羅が唐への通交のために確保し続けた半島西岸部の漢城周辺であり、そこから山東半島へ渡ったというのが実情であろう。

ただし、北路はこのルートに限定されるものではない。六五九年はまた異なるルートを取る。

⑩『日本書紀』斉明五年七月戊寅条所引伊吉連博徳書[注22]

伊吉連博徳書曰。同天皇之世、小錦下坂合部石布連・大山下津守吉祥連等二船、奉使呉唐之路。以己未年七月三日、発自難波三津之浦。八月十一日、発自筑紫大津之浦。九月十三日、行到百済南畔之嶋。嶋名毋分明。以十四日寅時、二船相従、放出大海。十五日日入之時、石布連船横遭逆風、漂到南海之嶋。嶋名爾加委。仍為嶋人所滅。便東漢長直阿利麻・坂合部連稲積等五人、盗乗嶋人之船、逃到括州。州県官人送到洛陽之京。十六日夜半之時、吉祥連船行到越州会稽県須岸山。東北風、風太急。

ここでは筑紫を八月十一日に出発し、九月十三日に「百済南畔之嶋」に到達している。ここまで一カ月を要しているのは行程としては緩慢なように見えるが、対馬や百済南岸での滞在が長引いていたものであろう。そして、両船は半島西岸を北上することなく東シナ海に乗り出した。換言すれば、「新羅道」を取らなかった。このルートは百済南西部から東シナ海に進み、東シナ海から黄海にかけて時計の逆回りに廻る流れである逆転循環回流[注23]に乗って中国沿岸部への到達を目指したものである。南畔嶋から津守吉祥の船は順調に進み、首尾よく中国沿岸に寄せることができて二日で越州に到達した。ところが、坂合部石布の船は台州近くの括州にまで流されてしまったのである。このルートは百済も対中国交通で採用していたと考えられる。

このルートを便宜的に百済南畔ルートと呼ぶことにする。

⑪『日本書紀』推古十七年四月庚子条

筑紫大宰奏上言。百済僧道欣・恵弥為レ首一十人、俗人七十五人、泊二于肥後国葦北津一。是時、遣二難波吉士徳摩呂・船史龍一以問レ之曰。何来也。対曰。百済王命以遣二於呉国一。其国有レ乱不レ入。更返二於本郷一。忽逢二暴風一漂二蕩海中一。然有二大幸一而泊二于聖帝之辺境一、以歓喜。

江南に赴いた百済が帰国の際に暴風に遭って肥後に漂着したとするが、これも逆転循環回流の影響の可能性がある。さらにさかのぼれば、そもそも隋の中国統一以前に百済が南朝に外交使節を派遣する際には山東半島を経由するのが確実なルートであった。ところが四六九年に北魏が山東半島を占領することによってこのルートでの渡航は厳しくなる。それにも拘らず以後六世紀になっても百済は南朝との外交を継続しており、山東半島によらない交通ルートを確立していたと考えられる。百済南畔ルートの淵源はそこにあるのではないだろうか。

『日本書紀』白雉元年是歳条に「遣二倭漢直縣・白髪部連鐙・難波吉士胡床於安芸国一使レ造二百済舶二隻一」とあり、六五〇年に百済船を造営しているが、これは六五三年の遣唐使船と推定される。遣唐使の航海に百済の知識や技術が提供されていたことを窺わせるものであり、百済南畔から東シナ海というルートもそうした歴史的背景を見て取ることができるのである。

六五九年の遣唐使に戻ると、百済南畔ルートを採用した理由としてはやはり当時の国際関係に左右されたと見なすべきであろう。六五八年から六五九年にかけて唐が高句麗に侵攻しており、唐の高句麗征討を軸として東アジアの国際関係は流動化していた。[注24] 半島を北上することは危険という認識が当時の倭王権にあったと考えられる。

このように前期のうち、特に六五〇年代は遣唐使のルートが推定可能であるが、それは一定しておらず当該期の東アジア情勢によって変化する不安定なところがあったといえる。ただ、そうしたなかにおいて六五三年の薩摩漂着を考えると、六五九年の百済南畔ルートが注目に値する。薩摩に漂着したことに関して、南島路の可能性については九州西岸に沿って南下するならば遭難の可能性は低いはずである。よって南島路ではなかろう。[注25] 残るは南路か百済南畔ルートということになるが、前代までの倭国の海外渡航を考えるならば後者の蓋然性が高いというべきであろう。

ところで、三十余年のブランクを経て七〇二年に遣唐使は再開される。この遣唐使のルートについても、実は百済南畔ルートが注目される。

七〇二年の遣唐使の往路について史料を挙げながら整理すると次のようになる。『続日本紀』に七〇一年に遣唐使の任命があったとする。西本願寺本『万葉集』に国史の引用として「大宝元年正月遣唐使民部卿粟田真人朝臣已下百六十人乗船五隻、小商監従七位下中宮少進美努連岡麻呂云々」とあるが、遣唐使任命の日時に派遣までまとめて記したものである。遣唐使は五月に節刀を授与された。美努連岡麻呂墓誌に「大宝元年載次辛丑五月、使乎唐国」とあるのは節刀授与に伴い都を出発した日付を強調したものである。遣唐使はそのまま筑紫まで進んだが、『続日本紀』大宝二年六月乙丑条に「遣唐使等去年従二筑紫一而入レ海。風浪暴険不レ得二渡海一。至レ是乃発」

とあり、同年中の渡海は果たせず、翌年にようやく出立した。

こうした動きのなかで渡海ルートを窺わせる史料が次である。

⑫『万葉集』巻一

三野連名闕入唐時、春日蔵首老作歌

在根良　対馬乃渡　渡中尓　幣取向而　早還許年

右の「三野連名闕」は岡麻呂のことであり、春日蔵首老が餞に送った歌である。老はもともと弁紀[注26]という僧で、七〇一年三月に還俗している。[注27]歌を送った時期は還俗から五月の出京までの間ということになる。

この歌の中に「対馬乃渡」が出てくることをめぐって、これまで航路について言及した研究がある。代表的なものを挙げると、市村宏氏は対馬を通っていることから北路であったとする。[注28]これに対して、老が遣唐使のルートについて南路を進むことを知らなかった思い込みで歌の中に読み込まれた表現とする見解も示されている。[注29]ただし、歌を送られた岡麻呂はルートを知っていたはずであり、それにも拘らず歌がそのまま残ったのは不審とする東野治之氏の批判もある。東野氏は、遣唐使が東シナ海に乗り出した五島列島は朝鮮半島への出発点でもあり、五島列島が「対馬乃渡」として表現されたとする。[注30]森公章氏も松浦郡美禰良久埼を指すとする。[注31]

「対馬乃渡」が五島列島を指すことは間違いない。その呼称は七世紀に五島列島が朝鮮半島へのルートとして対馬への出航地であったことに基づくものであろう。そして、唐での着岸地点は楚州塩城県である。[注32]そうであるならば七〇二年の遣唐使は六五九年のように、五島列島から対馬を北上して半島南畔に至りそこから大海に乗り出したと見なすことも可能であろう。

七〇二年の遣唐使は律令国家最初の遣唐使として重要な意義を有する遣使であった。[注33]しかし、三十年余りのブランクは全てを一新するばかりではなく、七世紀の経験に頼らざるを得ない面も確実にあったのである。
なお、八世紀の「対馬乃渡」（＝美禰良久埼）からの渡海について、直接西海に乗り出したという史料もある。

⑬『肥前国風土記』

遣唐之使、従ㇾ此停発、到㆓美禰良久之埼㆒。即川原浦之西埼是也。従ㇾ此発ㇾ船、指ㇾ西度ㇾ之。

これによれば確かに遣唐使は美禰良久埼より西に進んだことになる。ただし、ここで留意すべきが『風土記』の成立年代である。『風土記』は七一三年五月に国郡に発せられた土地調査が編纂の契機である。そして、『肥前国風土記』についていえば、内容に節度使との関連を思わせる記述と郷里制表記から七三三～七四〇年頃の編纂と推定される。七二〇年に『日本書紀』が成立すると律令貴族の間に新羅蕃国視が定着するようになる。[注34] 特に七三〇年代は新羅との関係が悪化する時期であった。

従来は北路から南路への変更は大宝律令制定による律令国家の成立を画期として、遣唐使の交通において新羅に依拠しない政治的判断と位置づけられてきた。[注35] しかし、七〇二年の時点では対馬を経由した半島南畔ルートが生きていた可能性が高く、そうであればこの時点で新羅に頼らないという方針は確立していないことになる。むしろ現実に新羅との関係が悪化するなかで新羅への依拠を断念し、五島列島から直接西進して東シナ海に乗り出すルートが取られたという理解も十分に可能であろう。七三三年に進発した遣唐使こそその最初の遣唐使であり、『肥前国風土記』はそのことを特記したものではないだろうか。少なくとも『肥前国風土記』の五島列島西進記事はいつのことか時期を明確にできるものではない。

五島西進路が新羅との関係を意識したルートであるならば、渤海路往路は東アジアの国際情勢を反映させたルートである。七五九年に派遣された迎入唐大使使を、安史の乱で混乱した唐へより安全に向かわせるための措置として取られた。

安史の乱が終息すると遣唐使の海路は南路で固定化する。七七七、八〇四年の遣唐使は国史に行程の日記が掲載され、八三九年の遣唐使は『入唐求法巡礼行記』に詳細な記録が残されている。

これまでは遣唐使の渡航ルートは、北路（半島西岸北上）、南路（五島列島西進）、南島路（南西諸島南下）というイメージで考えられがちであった。このうち近年の研究では南島路の存在については否定的であり、航行ルートに関する評価も研究によって変化する。また、岸俊男氏が強調したように、前期における南路の存在も再検討されるべき課題である。[注36] すなわち、これまで考えられてきた三ルートだけに捉われることなくそれ以外のルートについても検証されるべきであり、特に百済南畔ルートを再検討する必要があろう。

三　唐での移動

一節で都を出発点と定めたが、それでは到着点はどこか。遣唐使の長距離移動において、遣唐使は着岸してたどり着けばよいというものではない。遣唐使の目的は唐の皇帝に謁見し、朝貢というかたちをとって日本と唐の平和的関係を維持することであるとすれば、目的地は唐皇帝の在所ということになる。本節では遣唐使の着岸から到着点としての唐の都である長安までのルートについて見渡しておきたい。

史料から判明する遣唐使が唐に到着してから入京するまでのルートが一定程度判明するケースについて、その日時を整理したのが表である。この表から次のようにいえる。

京に入るまでのルートとして要所となるのは、最初の着岸地、同地の州府、そして京である。なお、長安に入る直前に労問として長楽駅で皇帝からの慰労儀礼が実施される。入京儀礼の一環として欠かせないものであり、遣唐使の復命にもそのことが多々確認できる。それらを整理したのが表である。

なお、遣唐使の到着点までの交通で特に重視すべきが、前述した元会への参加である。皇帝の徳を顕示するものとしてその参加が求められており、それに合わせた移動日程が組まれた。八〇五年の遣唐使は元会出席のために年内の入京を目指し、「星発星宿、晨昏兼行」[注36]という強行軍で上京しているのはその象徴的な事例である。以下、ルートに沿って留意点を見ておきたい。

まず出航であるが、前期は九月であり、後期に比してかなり遅い。これについては前述した。

第二に、唐に上陸してから現地の州府に至るまでに一月、場合によっては二カ月弱の期間を要している。遣唐使は着岸してまず行なうことは到着地の確認であった。

表　遣唐使の在唐中における往路の行程

年次	船	出航	着岸地	現地州府		長楽駅	入京
659		9/14 百済南畔嶋	9/22 越州餘姚県	10/1 越州		―	10/15長安、10/29洛陽
702			楚州塩城県	楚州?		○	
778	③	6/24	7/3 揚州海陵県	8/29 揚州	10/15		1/13長安
	②	6/24	7/3 揚州海陵県	8/29 揚州	10/16		1/13長安
805	①	7/6	8/10 福州長渓県	10/3 福州	11/3	12/21	12/23長安
	②		明州?	明州	9/1		11/15長安
838	①	6/23 有救島	7/2 揚州海陵県	8/1 揚州	10/4	12/3	12/3長安
	④		海州	8/24			
	②	7/29	8/10 海州				

⑭『続日本紀』慶雲元年七月甲申朔条

正四位下粟田朝臣真人自㆓唐国㆒至。初至㆑唐時、有㆑人来問曰、何処使人。答曰、日本国使。我使反問曰、此是何州界。答曰、是大周楚州塩城県界也。更問、先㆑是大唐。今称㆓大周㆒。国号縁㆑何改称。答曰、永淳二年、天皇太帝崩、皇太后登㆑位。称㆓号聖神皇帝㆒、国号大周。問答略了。唐人謂㆓我使㆒曰、亟聞海東有㆓大倭国㆒、謂㆓之君子国㆒。人民豊楽、礼義敦行。今看㆓使人㆒、儀容大浄、豈不㆑信乎。語畢而去。

右は粟田真人と唐人の問答である。この問答自体は粟田真人の報告なのでその内容については割り引いて考える必要があるかもしれないが、唐人は語り終わったのちに去ったという点は粟田真人が潤色する必要はなく事実であろう。唐人は遣唐使に対して問いかけているものの、それ以上の行動はとっていない。役人であれば入国の手続きなどをするはずであり、必要以上に関わろうとしないところからこの時の唐人は現地の人であったと考えられる。

この他、八三八年の遣唐使も到着して現在地確認のために人を探すところから始めている。こうした現地の外国使節に対する距離の取り方はきわめて興味深い。遣唐使は自身で到着地の役所に接触しなければならなかった。到着地が県で記録されていることがほとんどであることに鑑みると、自力で県の役所とコンタクトを取り、さらに上級官司である州への取り次ぎを要請したと見るべきであろう。

それにしても一～二カ月というのは時間がかかっているように見えるが、「州に至る」というのは単なる州府への移動だけではないかもしれない。『入唐求法巡礼行記』には大使藤原常嗣と揚州刺史李徳裕の会見が特筆されている。[注38]こうした会見で大使が皇帝への取り次ぎを要請したと考えられ、「州に至る」という記載はその日付を指すとも推測できるだろう。換言すれば、それ以前から州に移動はしており、州長官との面会の日程調整で一定程度の時間がかかった結果上述の期間になったのかもしれない。

遣唐使から上京許可を求められた州長官は朝廷にその旨を報告し、朝廷からの指示を受ける。この時に上京人数も指示される。それを承けて遣唐使が皇帝のもとへ出立する。この時に州長官から過所が発給される。また、唐国内における交通管理のために関津が各所に設置されており、遣唐使が通過する関津に対して通過人数が辺牒によって知らされた。[注39] 過所は交通管理のための書類であるとともに、身元を保証するという機能もあわせて持っていた。[注40]

そして、州を出発することになる。氣賀澤保規氏は遣隋使の上京についてその道中の様子を多角的に分析されている。[注41] そのルートは六〇七年の遣隋使ということで登州から洛陽というルートである。

一方、遣唐使は表のように江南からの上京が比較的具体的に判明する。ここでは氣賀澤氏の分析手法にならって、八〇五年の遣唐使について考えてみる。福州から長安までの距離は『元和郡県図志』によると五二九五里である。馬による一日の進行距離が七〇里として、七六日かかる試算となる。ところが実際には五九日で到着している。規定の一・三倍のスピードで長安に向かっていた計算となる。「星発星宿、晨昏兼行」はまごうこと無き事実であったといえるだろう。他に特例であるが、六五九年の遣唐使は「乗駅入京」とあり、駅馬を利用することもあった。駅馬の進行は一日一八〇里であり、きわめて速い。この時の駅馬の利用は遣唐使を朔旦冬至に参加させるための措置とする指摘があり、[注42] その通りであろう。

ただし、全ての遣唐使が駅馬を利用したかというとそうではないらしい。石見清裕氏は八三八年の遣唐使について、揚州から長安までの二七〇〇里を五八日でのんびり進んでいると述べている。[注43] 確かに一日当たり四七里という計算になり、馬での移動に比べると急がず進んでいることが見て取れる。徒歩での移動が一日五〇里という規定であり、これとかなり近い数値といえる。

なお、ここで注意しなければならないのは、移動の手段である。江南から長安へ赴く際に船の利用が想定されている。[注44]江南の交通事情を考えれば、運河による北上という交通手段は容易に想像される。遣唐使の朝貢品が織物など重貨であったことを考えれば、船での移動は至極妥当であるといえる。ただし、遣唐使の報告に船の利用を窺わせる記述は残されていない。

移動中の宿泊は駅舎が利用された。長安直前の駅である長楽駅に到着すると、長安から迎接の使者が派遣されて郊労儀礼が行なわれる。[注45]そして、長安に到着し、皇帝に謁見することによって遣唐使の往路の交通は終わりを迎えるのである。

おわりに

小稿では遣唐使の往路の交通について雑駁な概観を試みた。遣唐使の交通は天皇（大王）の在所である都を出発点、皇帝のいる長安（洛陽）を到着点として、いくつかのポイントで分節される。略示すると次のようになる。

都――難波――筑紫――外洋――唐沿岸――州府――長安（洛陽）

遣唐使の移動はこうした総体のもとに理解されなければならない。

遣唐使の交通に関わる論点すべてに言及することはできなかった。また、紙幅の都合上、復路について述べることも叶わなかった。これについては稿を改めることにする。

注

1 「こうつう【交通・行通】」(『日本国語大辞典』7、小学館、一九七四)。

2 遣唐使の時期区分については三期区分(森克己『遣唐使』至文堂、一九六六、東野治之『遣唐使』岩波新書、二〇〇七、鈴木靖民「遣唐使と古代の東アジア」『遣唐使船の時代』角川書店、二〇一〇)と二期区分(石井正敏「外交関係」『古代を考える　唐と日本』吉川弘文館、一九九二、森公章「遣唐使の時期区分と大宝度の遣唐使」『遣唐使と古代日本の対外政策』吉川弘文館、二〇〇八)があるが、三期説は二期説の後期をさらに区分するものであり決定的な理解の違いがあるわけではない。著者の考える時期区分については拙著『東アジア交流史のなかの遣唐使』(汲古書院、二〇一三)の表18を参照していただきたい。

3 節刀については、瀧川政次郎「節刀考」(『國學院大學政経論叢』五―一、一九五六)、拙稿「大宝律令の成立と遣唐使派遣」(『日本古代君主号の研究』八木書店、二〇一五)。

4 天皇に代わって外交を行なう外交権が任されるのはいうまでもないが、他に節刀授与宣命に「所遣使人判官已下死罪已下有犯者順罪弖行止之弖節刀給久止」とあるように(『続日本紀』宝亀七年四月壬申条)、刑罰権も委任されていたことが判明する。

5 『続日本紀』宝亀八年四月戊戌条

6 『続日本紀』和銅三年正月壬午朔条、霊亀元年正月甲申朔条。

7 中村太一「道と駅伝制」(『列島の古代史　4人と物の移動』岩波書店、二〇〇五)。

8 横大路とする代表的な説は、岸俊男「古道の歴史」(『古代の日本　5近畿』角川書店、一九七〇)。ただし、中村太一前掲論文は批判的に捉えている。

9 ただし、この時は瀬戸内での暴風雨のために船が破損し、遣唐使はいったん平安京に戻っている。

10 東野治之「遣唐使船の構造と航海術」(『九州史学』一一一、一九九四)。

11 前期の遣唐使は六五〇年代以降は二船である。また、七〇二年の遣唐使は西本願寺本『万葉集』によると五船とするが検討を要する。拙稿「七世紀における遣唐使の組織構成」(前掲注2書所収)参照。

12 茂在寅男『古代日本の航海術』(小学館、一九七九)、石井謙治「海上交通の技術」(『海外視点日本の歴史5　平安文化の開花』ぎょうせい、一九八七)。

13 日下雅義『古代景観の復原』(中央公論社、一九九一)。

14　遣唐使ではないが、『万葉集』巻十五では遣新羅使が「佐婆海中忽遭二逆風一、張浪漂流」したとあり、周防灘付近で難航している。
15　森克己前掲注2書。
16　拙稿「七世紀における遣唐使の組織構成」（前掲注2書所収）。
17　日本古典文学大系では、竹嶋を硫黄島東方の竹島、神嶋は肥前西南海中の神島あるいは甑島列島の上甑島と比定する。
18　木宮泰彦『日支交通史』上下（金刺芳流堂、一九二六・二七）、森克己前掲注2書。
19　石井謙治前掲注12論文。
20　石井正敏「遣唐使と新羅・渤海」（『石井正敏著作集』2、勉誠出版、二〇一八）。
21　岸俊男「「呉・唐」へ渡った人々」（『日本の古代3　海をこえての交流』中央公論社、一九八六）、大高広和「七世紀における遣唐使の航海と沖ノ島祭祀の変遷」（『沖ノ島研究』四、二〇一八）。
22　伊吉連博徳書は『日本書紀』では細字双行で記されるが、便宜的に大字で示す。なお、同書の史料的性格については、北村文治「伊吉連博徳書考」（『大化改新の基礎的研究』吉川弘文館、一九九〇）参照。
23　森克己前掲注2書。
24　この時期を概観したものとしては、拙稿「隋唐の東アジア政策と倭国」（『歴史と地理』七〇五〈日本史の研究二五七〉、二〇一七）。
25　杉山宏「遣唐使の航路について」（『日本海事史の諸問題　対外関係編』文研出版、一九九五）は、遣難の可能性は十分に考えられるとするが、南島路自体に対しては否定している。
26　『続日本紀』による。『万葉集』では弁基。
27　還俗の意味については、関晃「遣新羅使の文化的意義」（『関晃著作集　3帰化人』吉川弘文館、一九九六）。
28　市村宏「第七次遣唐使の航路」（『美夫君志』一一、一九六七）。
29　日本古典全集『万葉集1』（小学館、一九七一）。
30　東野治之「ありねよし　対馬の渡」（『続日本紀の時代』塙書房、一九九四）。
31　森公章『遣唐使の光芒』（角川選書、二〇一〇）。
32　『続日本紀』慶雲元年七月甲申朔条。

33 拙稿「律令制下における遣唐使の組織構成」（前掲注2書所収）、同前掲注3論文。
34 拙稿「古代東アジアの国際関係と交流」（『日朝関係史』吉川弘文館、二〇一七）。
35 保科富士男「遣唐使航路の北路変更事情に関する予備的考察」（『白山史学』二三、一九八七）。
36 岸俊男前掲注21論文。
37 『日本後紀』延暦二十四年六月乙巳条。
38 『入唐求法巡礼行記』承和五年八月一日条。
39 榎本淳一「北宋天聖令による唐関市令朝貢・貿易管理規定の復原」（『唐王朝と古代の日本』吉川弘文館、二〇〇八）。
40 荒川正晴「中国律令制下の交通制度と道路」（『日本古代の交通・交流・情報　1』吉川弘文館、二〇一六）。
41 氣賀澤保規「倭人がみた隋の風景」（『遣隋使がみた風景』八木書店、二〇一二）。
42 東野治之前掲注2書。
43 石見清裕『唐代の国際関係』（山川出版社、二〇〇九）。
44 石見清裕前掲注43書、森公章前掲注31書。
45 田島公「日本の律令国家の「賓礼」」（『史林』六八—三、一九八五）。

おわりに

本巻では、古代の都城と古代の交通という二つのテーマを扱った。

一見すれば、相互の関係はあまりないように思われるかも知れないが、実は有機的な関係がある。すなわち、いずれも古代国家の体面を表象しているからである。壮大な大極殿・朝堂院などの建造物を中心とし、条坊道路に規則正しく区切られた都城も、直線的で時には十メートルを越える道路幅を持つ古代道も、律令国家の威厳を示していたといえる。

後世の歴史から見て、こうした「荘厳」が必要であったのかどうかは、判断が難しいが、未開な倭国から中国に倣った日本の古代国家に転身する際には、避けて通ることができなかった「通過儀礼」と表現することができるかも知れない。

こうした視点から見れば、本書で扱った二つのテーマは、日本の古代を考察する場合、極めて重要な事象であったと評価できる。

最後になるが、お忙しいところ、本書に執筆してくださった方々に厚くお礼を申し上げたい。それぞれの内容についてのより専門的な論考は、注の中に収められているので、興味のある読者は、それらに当たって理解を深めていただければ幸いである。

なお、本書には、もう一本の論文が収められるはずであった。西日本の交通体系について、木本雅康氏にまとめていただくことになっていたのである。ところが、二〇一八年一月二十四日、木本氏は、五十四歳という若さで逝去されてしまわれた。誠に痛恨の極みである。心から哀悼の意を表したい。

二〇一九年三月

川尻　秋生

執筆者一覧

相原　嘉之	あいはら よしゆき	日本考古学	明日香村教育委員会
荒井　秀規	あらい ひでき	日本古代史	藤沢市役所学芸員
市　　大樹	いち ひろき	日本古代史	大阪大学准教授
上村　和直	うえむら かずなお	歴史考古学	京都市埋蔵文化財研究所
海野　　聡	うんの さとし	日本建築史	東京大学大学院准教授
大橋　泰夫	おおはし やすお	歴史考古学	島根大学教授
近江　俊秀	おおみ としひで	歴史考古学	文化庁文化財調査官
小田　裕樹	おだ ゆうき	歴史考古学	奈良文化財研究所研究員
川尻　秋生	かわじり あきお	日本古代史	早稲田大学文学学術院教授
國下 多美樹	くにした たみき	歴史考古学	龍谷大学教授
久米　舞子	くめ まいこ	日本古代史	
河内　春人	こうち はるひと	日本古代史・東アジア交流史	関東学院大学准教授
豊田　裕章	とよだ ひろあき	日本史・比較都市史・日中交流史	国際日本文化研究センター共同研究員
中　　大輔	なか だいすけ	日本古代史	國學院大學兼任講師
中島　　正	なかしま まさし	仏教考古学	同志社大学非常勤講師
中村　太一	なかむら たいち	日本古代史・歴史地理学	北海道教育大学釧路校教授
仁藤　敦史	にとう あつし	日本古代史	国立歴史民俗博物館教授
古市　　晃	ふるいち あきら	日本古代史	神戸大学准教授
吉野　秋二	よしの しゅうじ	日本古代史	京都産業大学教授

監修

鈴木　靖民	すずき やすたみ	日本古代史・東アジア古代史	横浜市歴史博物館館長

古代の都城と交通　〈古代文学と隣接諸学 8〉

2019 年 5 月 10 日　発行

編　者　川尻　秋生

発行者　黒澤　廣

発行所　竹林舎
112-0013
東京都文京区音羽 1-15-12-411
電話 03(5977)8871　FAX03(5977)8879

印刷　シナノ書籍印刷株式会社

ISBN 978-4-902084-78-8

古代文学と隣接諸学〈全10巻〉

監修　鈴木靖民

第１巻	古代日本と興亡の東アジア	編集　田中 史生
第２巻	古代の文化圏とネットワーク	編集　藏中 しのぶ
第３巻	古代王権の史実と虚構	編集　仁藤 敦史
第４巻	古代の文字文化	編集　犬飼 隆
第５巻	律令国家の理想と現実	編集　古瀬 奈津子
第６巻	古代寺院の芸術世界	編集　肥田 路美
第７巻	古代の信仰・祭祀	編集　岡田 莊司
第８巻	古代の都城と交通	編集　川尻 秋生
第９巻	『万葉集』と東アジア	編集　辰巳 正明
第10巻	「記紀」の可能性	編集　瀬間 正之